# Una introducción a
# LA LEY EN GEORGIA

Por Socios de la Comisión de Abogados
Jóvenes del Colegio de Abogados
del Estado de Georgia (State Bar)

Compilación por Ann Blum y Anna D. Boling

Traducción al español por Pablo Gil Casado

**CARL VINSON INSTITUTE OF GOVERNMENT
THE UNIVERSITY OF GEORGIA**

**Library of Congress Cataloging-in-Publication Data**

Introduction to law in Georgia. Spanish.
   Una introduccíon a la ley en Georgia / por socios de la Comisíon de Abogados Jóvenes del Colegio de Abogados del estado de Georgia (State Bar) ; compilacíon por Ann Blum y Anna D. Bolling ; traduccíon al español por Pablo Gil Casado.
    p. cm.
  ISBN 0-89854-209-X (pbk.)
   1. Law--Georgia--Popular works.  I. Blum, Ann, 1933- II. Bolling, Anna D., 1959- III. State Bar of Georgia. Younger Lawyers Section. IV. Title.

KFG81.I5818 2003
349.758--dc22

                                                                    2003065234

# PRÓLOGO Y RECONOCIMIENTOS

Desde el año 1985, cuando se publicó la primera edición en inglés de la obra *An Introduction to Law in Georgia* (Una introducción a la ley en Georgia), el Colegio de Abogados del Estado de Georgia y el *Carl Vinson Institute of Government* han colaborado con fines de brindarles a los jóvenes de Georgia información de acceso fácil y rápido en materia de derecho estatal y federal. Actualmente en su cuarta edición, la obra ha dado pruebas de ser un recurso valioso para impartir conocimientos sobre las leyes de nuestro estado y aprender acerca de ellas. La publicación de la version español de la obra, no solo amplía su enfoque, sino que les brinda a los adultos de habla hispana que vienen a radicar en el estado la misma oportunidad de conocer las leyes de Georgia.

Son varias las personas que posibilitaron la edición de la obra en español. Anna Boling, profesora del Instituto y de la Facultad de Derecho, quien además coordina los programas educativos en materia de derecho estatal, propuso la idea de publicar la obra en español, acumuló los recursos necesarios y se hizo cargo de la coordinación del proyecto. La obra contiene material casi idéntico al que aparece en la versión en inglés, la cual fue escrita por integrantes de la *Younger Lawyers Section of the State Bar of Georgia* (Comisión de Abogados Jóvenes del Colegio de Abogados del Estado de Georgia). Carolina Colin-Antonini redactó el capítulo veinte, especialmente para la edición en español. El Dr. Pablo Gil Casado tradujo la obra al español. La Dra. Francine Cronshaw se encargó de la corrección de estilo y de pruebas y tradujo algunas secciones al español. La intervención de Jesús A. Nerio en el proyecto fue importante. El patrocinio financiero se obtuvo de varias entidades: la *Georgia Bar Foundation, Inc.* (Fundación del Colegio de Abogados del Estado de Georgia); la *Georgia Civil Justice Foundation* (Fundación para la Justicia Civil del Estado de Georgia); la Oficina Administrativa de los Tribunales de Georgia y la Cámara de Comercio Hispana de Georgia. Por el apoyo personal que le brindaron al proyecto, merecen reconocimiento especial el Lic. C. Len Horton, Director Ejecutivo de la Fundación del Colegio de Abogados del Estado de Georgia, el Lic. Fred H. Smith, Director Ejecutivo de la Fundación para la Justicia Civil del Estado de Georgia y el señor Albert J. Bolet, III.

Fueron muchas las personas que pusieron todo su empeño y dedicación en sacar a luz, y en actualizar posteriormente, las ediciones en inglés. Gracias a la labor que ellas realizaron, se ha logrado forjar la edición en español. Les agradecemos su colaboración ininterrumpida, así como la de las personas y organizaciones que específicamente fueron instrumento de apoyo para la edición en español. En conjunto, los aportes de todas las personas que de una manera u otra colaboraron en el proyecto han constituido un recurso importante para expandir los conocimientos generales de los habitantes de este estado y ampliar sus aptitudes para desenvolverse en la vida diaria de Georgia.

James G. Ledbetter
Director
Carl Vinson Institute of Government

# PREFACE

Since publication of the first edition of *An Introduction to Law in Georgia* in 1985, the State Bar of Georgia and the Carl Vinson Institute of Government have been working together to provide easily accessible information about state and national laws to Georgia's young people. Now in its fourth edition, the book has proved to be a valuable resource for teaching and learning about the law of our state. Publication of a Spanish edition expands the focus of the book and extends the same opportunity to learn about the law in Georgia to Spanish-speaking adults who have come here to live and work.

A number of people made development of the Spanish edition possible. Anna Boling, Institute faculty member who currently also serves as the state law-related education coordinator, proposed the idea for the Spanish edition, garnered resources, and coordinated the project. It is based on chapters authored for the English version by members of the Younger Lawyers Section of the State Bar of Georgia. Chapter 20 was especially developed for the Spanish edition by Carolina Colin-Antonini. Dr. Pablo Gil Casado translated the book from the English edition. Dr. Francine Cronshaw edited the manuscript and translated selected portions. Jesus A. Nerio contributed significantly to the project. Financial support was provided by the Georgia Bar Foundation, Inc., the Georgia Civil Justice Foundation, the Administrative Office of the Courts for Georgia, and the Georgia Hispanic Chamber of Commerce. C. Len Horton, Executive Director of the Georgia Bar Foundation, Inc., Fred H. Smith, Executive Director of the Georgia Civil Justice Foundation, and Albert J. Bolet, III are specially acknowledged for their personal support of this project.

Many people have contributed to the English editions and subsequent updates, and it is on their work that the Spanish edition is built. We appreciate their continued participation as well as those of the individuals and organizations that specifically helped develop the Spanish edition. Combined, their contributions have created a significant resource for broadening the general knowledge and life skills of the people who live in our state.

James G. Ledbetter
Director
Carl Vinson Institute of Government

# Agradecimientos

Los autores: Gary Blaylock Andrews Jr., John P. Brumbaugh, Carolina Colin-Antonini, Lee Creasman Jr., Emily J. Culpepper, Civia L. Gerber, Cheri Alison Grosvenor, Brian C. Harms, Laura Bedingfield Herakovich, Jonathan W. Hickman, Trishanda Hinton, Kelly Michael Hundley, Laura W. Hyman, Jaimie N. Johnson, Patrick Lee Lail, Alexandra O. Liner, Randy H. Luffman, Julianne H. Lynn, Marla S. Moore, Alisa L. Pittman, April R. Roberts, David A. Stevens, Kenneth N. Winkler.

*NOTA:* El contenido de *Una introducción a la ley en Georgia* fue redactado como libro de estudio y por lo tanto no constituye en sí ninguna clase de asesoría legal por parte de ninguno de los autores ni por parte del Carl Vinson Institute of Government.

---

*NOTE:* The contents of *An Introduction to Law in Georgia* were prepared as textbook information and do not constitute legal advice on the part of any author or the Carl Vinson Institute of Government.

# CONTENIDO

## PARTE 1
## LOS FUNDAMENTOS

## PARTE 5
# LA INMIGRACIÓN

# FIGURAS

# Parte 1

# LOS FUNDAMENTOS

1. Los derechos y obligaciones legales

2. Los orígenes de la ley

3. Los tribunales

# 1 | Los derechos y obligaciones legales

Este libro trata de ti y de la ley. Puede ser que sepas quién eres. Pero ¿sabes lo que es LA LEY? ¿Sabes de dónde procede LA LEY? ¿Cómo se hace cumplir? Finalmente, ¿sabes por qué es necesaria? ¿Sabes cómo LA LEY te afecta a ti?

En este libro se intenta responder a las preguntas anteriores. El libro te proporcionará un mejor entendimiento de cómo la ley contribuye al funcionamiento de la sociedad. También te ayudará a entender cómo la ley está a tu disposición como miembro de la sociedad.

En los capítulos posteriores, te vas a enterar de los aspectos particulares de la ley. Pero antes de empezar a entender cómo la ley te afecta en situaciones específicas, debes tomar en consideración algunos aspectos generales de la ley. Los primeros capítulos te ayudarán a entender las otras partes de este libro.

## ¿QUÉ SON LOS DERECHOS Y OBLIGACIONES LEGALES?

"Eh, chico, no puedes hacer eso. Eso va contra la ley".

"Tendrás que hacerlo. La ley dice…"

"Un momento, tengo derechos legales".

Probablemente, has oído frases como las anteriores. Pero tal vez no sepas cuándo tales observaciones son válidas. Puede ser que no estés seguro cuándo algo es realmente parte de la ley, o cuándo un derecho o una obligación son legales.

De hecho, vivimos en un mundo con muchos tipos de reglas. Las familias, los clubes sociales, las escuelas, los comercios, las clases dominicales de la iglesia, los sindicatos, los gobiernos, los equipos de fútbol, las bibliotecas, hasta las bandas de música escolares, todos tienen sus reglas. Esas reglas suponen obligaciones y derechos.

Esas reglas y derechos te afectan cotidianamente. ¿Cómo se puede diferenciar entre los que son legales y los que no lo son? ¿Cuál es la diferencia? La contestación a dichas preguntas te servirá para entender lo que es LA LEY.

### ¿Qué se entiende por los derechos legales?

**SITUACIÓN 1.** En casa, se supone que debes sacar la basura todos los días. Pero se te ha olvidado hacerlo dos días. Tus padres se han

---

**Habla Legal** — el derecho constitucional • el contrato • el delito • el debido proceso legal • la igual protección ante la ley • la ley • la obligación legal • el derecho legal • la posesión de la propiedad • los daños y perjuicios

enojado. ¿Has faltado a una obligación legal?

**SITUACIÓN 2.** Perteneces a un club musical. La regla es que se debe pagar una multa si se llega tarde a las reuniones. ¿Tienes la obligación legal de pagar la multa?

**SITUACIÓN 3.** Manejas por una carretera con mucho tránsito. El conductor que te sigue da bocinazos continuamente, tan pronto como el semáforo cambia al verde. Te enojas porque crees que su conducta es peligrosa y grosera. ¿Falta él a sus obligaciones legales como conductor?

Los grupos sociales en que vivimos establecen algunas obligaciones. La familia es un grupo social. Las familias, como sabes, establecen ciertas obligaciones y derechos para sus miembros. La situación 1 representa la obligación familiar; no es una obligación legal. (Se dice *legal obligation* en inglés.) Como no la cumpliste, tus padres serán los que deben hacerla cumplir—no el gobierno.

La situación 2 es también un deber social. En este caso, el grupo social es el club en vez de la familia. Si no pagas la multa, no has faltado a ninguna obligación legal. El club puede cumplir la regla y expulsarte.

Los grupos sociales pueden ser muy grandes. Pueden incluir a aquéllos que integran tu círculo de amigos, o la comunidad en que vives. Pueden comprender la nación de que formas parte, o incluso toda la raza humana. El tratamiento cortés de la gente es un deber social. Sin embargo, la descortesía no constituye generalmente una violación de ninguna obligación legal (la situación 3), a menos que resulte en daño físico.

**SITUACIÓN 4.** En la religión que profesas es obligatoria la asistencia dominical a la iglesia. En vez de eso, quieres ir de jira al lago. ¿Tienes la obligación legal de asistir a la iglesia?

La situación 4 se refiere a otro tipo de obligación—la religiosa. Una de las libertades más básicas de nuestra sociedad es la protección de la libertad religiosa. Por lo tanto, nuestro gobierno no puede prohibir que se cumplan las creencias religiosas, a menos que el cumplimiento de esas creencias resulte en daños físicos a uno mismo o a otros. En los países que tienen una religión oficial, las obligaciones religiosas y las legales pueden ser las mismas. Pero en este país, la religión y el gobierno están separados. El gobierno no puede hacer cumplir las obligaciones religiosas. El cumplimiento de los deberes religiosos en los Estados Unidos, es solamente un asunto entre los individuos y las instituciones religiosas de su preferencia. Así, en la situación 4, no tienes la obligación legal de asistir a la iglesia.

**SITUACIÓN 5.** Ves un accidente en el que alguien resulta herido, lo que ha atraído a una multitud. ¿Tienes la obligación de pararte y ofrecer ayuda?

La situación 5 comprende el deber moral de asistir a otros. La obligación moral se puede definir como una acción que se debe hacer por ser correcta, o que no se debe hacer por no serlo.

Bajo nuestras leyes, las obligaciones morales de hacer algo—o sea, de hacer una acción—no se hacen cumplir generalmente. En la situación mencionada antes, si no ofrecieses ayuda a la víctima del accidente no se te detendría. Sin embargo, la conciencia te puede remorder. O quizás, sientas que no has cumplido con un deber religioso.

**SITUACIÓN 6.** Odias la escuela. Una noche apedreas las ventanas del edificio y rompes varias.

**SITUACIÓN 7.** Encuentras una cartera abandonada en un asiento del cine, que contiene el nombre del dueño. También tiene $50. Como no tienes ni un centavo, decides quedarte con el dinero.

¿Has violado los derechos legales de alguien en las situaciones 6 y 7?

La ley hace cumplir un número de deberes, de acuerdo con los que *no* se debe hacer algo. En Georgia, como en cualquier otro sitio, la ley impone la obligación de *no* tomar o dañar la propiedad de otros; impone la obligación de *no* perjudicar al prójimo. En la situación 6, la ley puede castigarte por el daño que has causado a la propiedad pública. Lo mismo se puede decir si te apropias de la propiedad de otro (la situación 7).

Por consiguiente ¿cuál es la diferencia entre una obligación legal y una obligación social, religiosa, o moral? ¿Has notado el empleo de las palabras "hacer cumplir" en la discusión de las situaciones mencionadas?

Una obligación es legal si el gobierno la puede hacer cumplir. Es decir, se hace cumplir por medio de la policía, de los tribunales o las cortes, o de otras agencias gubernamentales. Todos los deberes u obligaciones no se pueden cumplir siempre. Por ejemplo, no todo el que comete un crimen es detenido. Pero el punto es que alguna dependencia del gobierno *puede* hacer que se cumpla un deber. A un individuo se le puede detener por cometer un crimen.

¿Qué es lo que significa eso? Significa que si no cumples con una obligación legal, como la asistencia a la escuela, el gobierno (o alguna de sus dependencias) puede actuar contra ti. Si alguna persona no cumple con el deber legal que tiene contigo, puedes ponerles un queja. O sea, que puedes emplear el poder del gobierno contra esa persona. Quizás decidas no hacer nada—pero si quieres hacerlo, cuentas con el derecho legal.

## ¿Qué son los derechos legales?

Así como tenemos obligaciones legales, también tenemos derechos legales (se dice *legal rights* en inglés). Algunos de esos derechos son claramente el reverso de las obligaciones legales. Por ejemplo, tienes el deber de no hacer mal a otros. Por lo tanto tienes el derecho legal a una compensación, si otros te causan un mal injustamente.

Como en una obligación, un derecho es "legal" solo si una dependencia del gobierno la puede hacer cumplir. La situación 8 ilustra la explicación.

**SITUACIÓN 8.** En la Escuela Secundaria Siempreazul tienen la regla de "no hablar en la biblioteca". Esto proporciona a los alumnos el *derecho* a tener un lugar silencioso donde estudiar y hacer tareas de investigación.

El Club XYZ decide de pronto reunirse en la biblioteca. La reunión es ruidosa. Cuando les dicen que deben callarse o marcharse, los miembros del club responden que tienen el *derecho* de hablar durante las reuniones del club.

¿Cuál de los derechos alegados es legal? Los tribunales no pueden hacer cumplir el "derecho" del Club XYZ. Por lo tanto, no es un derecho legal.

Por otro lado, la escuela podría hacer cumplir la regla del silencio en la biblioteca. Es probable que el director de la escuela o una maestra la hagan cumplir en lugar de los tribunales.

Un derecho es legal si el gobierno puede protegerlo por medio de la policía, los tribunales, o cualquier otra agencia gubernamental, incluidas las escuelas públicas.

Lo que antecede no significa que, para ser legal, el gobierno deba proteger ese derecho mediante algún tipo de acto positivo. Basta que sea posible la protección del derecho por medio de la acción gubernamental. En otras palabras, en la situación 8, los alumnos tienen el derecho al silencio de la biblioteca. El derecho existe, aunque la escuela no ponga vigilantes en cada mesa para mantener el silencio. Es suficiente que la escuela pueda actuar para restablecer el silencio si no se observa.

## ¿Qué es la ley?

Ya hemos definido lo que son derechos y obligaciones legales. Pero la ley es más que eso. Comprende también los procedimientos o medios para hacer cumplir esos derechos y obligaciones. Podemos definir la ley de la siguiente manera:

La ley (*the law*) consiste de todos los derechos, deberes y obligaciones legales que el gobierno (o una de sus dependencias) puede hacer cumplir, y de los modos y procedimientos para hacerlos cumplir.

Algunos derechos y responsabilidades se refieren generalmente a todas las situaciones. Examinaremos algunos brevemente en este capítulo. Otros derechos y obligaciones son pertinentes solamente cuando haces ciertas cosas. Por ejemplo, algunos derechos y obligaciones legales te afectan solamente si eres un comprador o un vendedor. En otros casos, son pertinentes únicamente si eres un inquilino o un propietario, un padre o un hijo, un empleado o un patrón.

Hay que hacer resaltar otro punto importante en torno a las leyes. Las leyes solamente tienen aplicación en la *jurisdicción* del gobierno que puede mantenerlas. La jurisdicción se refiere al área de competencia de un gobierno o agencia gubernamental. Se dice *jurisdiction* en inglés. (El área puede o no ser geográfica.)

Para ilustrar lo que antecede, mientras residas en Georgia debes cumplir con las responsabilidades legales y puedes participar de los derechos legales de un residente del estado. Si te mudas a Alabama, pasas a la jurisdicción de la ley de Alabama, donde tendrás que obedecer las leyes de Alabama. Algunas leyes de Alabama son como las de Georgia; otras leyes no lo son.

Similarmente, como residente de los Estados Unidos estás bajo las leyes de los Estados Unidos. Pero si te vas a Francia, estarás sujeto a las leyes de ese país. Tus derechos y obligaciones no serán los mismos, aunque algunos pudieran parecerse.

Cada parte del mundo tiene sus propias leyes, y tiene sus propios derechos y obligaciones legales. Ningún grupo ni gobierno ha durado mucho tiempo sin leyes que regulen la conducta de sus miembros.

En este libro se enfoca en los derechos y las obligaciones legales—las leyes—que te afectan como ciudadano o residente de Georgia y de los Estados Unidos.

### Solo los hechos

1. ¿Cómo una obligación legal es diferente de una obligación social, religiosa o moral?
2. ¿Qué es una jurisdicción?
3. ¿En qué consiste LA LEY?

### Piensa

1. Las obligaciones legales solo tienen aplicación en las jurisdiciones que tienen el poder de hacerlas cumplir. ¿Qué pasa con los deberes sociales, con los religiosos, o con los morales? ¿Cambian si te vas a otro estado? ¿a otro país? Explícate.

## LOS TIPOS DE LOS DERECHOS Y OBLIGACIONES LEGALES

Probablemente sabes que hay un número considerable de leyes federales, estatales y hasta del gobierno local. Quizás te preguntes cuántos derechos y obligaciones legales tienes.

En lo que sigue del presente capítulo, se examinará algunos de los derechos y las obligaciones fundamentales.

### La obligación de no agraviar a los demás: Los daños y perjuicios y los delitos

**SITUACIÓN 9.** Hermes va a cazar ciervos. Oye un ruido, vislumbra a un animal, apunta y dispara. Ha sido un tiro perfecto… excepto que mata a uno de los valiosos toros de la señora Higgins. El toro había saltado la cerca y se había ido al bosque.

**SITUACIÓN 10.** Carolina es una vendedora de drogas. Se gana la vida con la venta de la cocaína y la heroína a los vecinos.

¿Han faltado Hermes o Carolina a alguna obligación legal?

En Georgia y en los Estados Unidos, así como en otros países, toda persona tiene la obligación legal de no perjudicar a las demás personas. Esta obligación comprende negligencias (accidentales) así como daños intencionados. Dicha obligación incluye el respeto a la propiedad ajena.

La ley que trata de esas obligaciones se llama la ley de los *daños y perjuicios*. En inglés se dirá *law of torts*. La falta a la obligación legal de no agraviar a otros constituye un daño y perjuicio. Si cometemos un daño y perjuicio, tenemos la obligación legal de compensar (o pagar) al que hemos dañado como resultado de nuestras acciones. La situación 9 ilustra lo que es un daño y perjuicio. Hermes tiene la obligación legal de compensar a la señora Higgins por la pérdida del toro. La señora Higgins podría ponerle un pleito a Hermes. Podría pedir al tribunal que Hermes le compensara por los daños ocasionados. (En el capítulo 10 se ampliará la información sobre la ley de daños y perjuicios.)

La necesidad básica de proteger a la gente de los agravios que otros les puedan ocasionar es la base de gran parte de nuestras leyes. Como esta protección es tan esencial para mantener una sociedad donde haya orden y seguridad, el gobierno pasa leyes donde se considera que ciertos actos perjudiciales son delitos o crímenes. (En el capítulo 15 se hablarán de los crímenes con más detalle.)

La situación 10 ilustra lo que es un crimen. En Georgia y en otros lugares, la ley considera que la venta de "drogas peligrosas" es un crimen. Como Carolina ha cometido un crimen, el estado de Georgia podría tomar medidas contra ella. Si se prueba que es culpable, el estado puede imponerle una multa y sentenciarla a prisión.

¿Cuál es la diferencia entre un daño y perjuicio (*tort*) y un crimen (*crime*)?

Generalmente, un acto es un delito o crimen si viola un estatuto penal (ley). El daño y perjuicio es cualquier impropiedad civil que resulta de un acto, o de la falta de un acto, por la cual la ley permite una compensación (daños). Se decide a base de los hechos de cada caso.

Hay otra diferencia esencial entre los delitos y los daños y perjuicios. Si cometes un daño y perjuicio, tu obligación legal es con la persona que sufre el daño. Hermes, en la situación 9, tendría que compensar a la señora Higgins.

Sin embargo, nuestra obligación de obedecer las leyes penales es una obligación con el gobierno y la sociedad. Si a Carolina le declaran culpable, tendría que pagar la multa al estado.

Algunos actos, como el robo de un automóvil, pueden ser simultáneamente un daño y perjuicio y un delito. O sea que el ladrón ha faltado al derecho legal del propietario del automóvil y al gobierno. Cada uno de los dos puede actuar legalmente contra el ladrón.

Lo antedicho nos presenta otra diferencia entre delitos y daños y perjuicios. Cuando se comete un crimen, el caso se juzga de acuerdo con la ley penal. Todas las demás acciones quedan bajo el título general de ley civil. La ley de daños y perjuicios forma parte de la ley civil. Lo mismo se pudiera decir de la ley que se refiere a los contratos, que examinaremos a continuación.

## Los contratos

Loreta compra un aparato estereofónico por $300. Firma un acuerdo y entrega inmediatamente $50 al comercio. El resto del precio lo pagará a lo largo de los seis meses siguientes.

El vecino de Otoniel le ofrece $5 por hora si recoge las hojas que hay en su terreno. Otoniel acepta.

Los dos acuerdos son contratos. El contrato (*contract* en inglés) es un acuerdo que crea derechos y responsabilidades legales entre las personas que lo subscriben. Esas personas son las partes del contrato. Cada parte se compromete a desempeñar alguna obligación con respecto a la otra parte. Estas obligaciones—y derechos—existen solo a causa del contrato. Sin embargo, el gobierno puede hacer cumplir los contratos legales—como en cualquier otra ley. (El capítulo 4 te informará con más detalle de los contratos.)

En el futuro, se supone que subscribirás muchos contratos: tal vez prestes o tomes prestado dinero, alquiles o compres una casa, tengas un empleo o contraigas matrimonio. Salvo unos pocos casos, puedes subscribir contratos, lo que crea derechos y obligaciones legales para hacer o no hacer casi cualquier cosa.

¿Cómo se diferencian los derechos y obligaciones bajo contrato, de la obligación a no causar daños a otros y del derecho a estar libre de tales daños?

Los derechos y obligaciones bajo contrato son completamente voluntarios, en el sentido de que nadie puede forzarte a entrar en un contrato. Por ejemplo, no te pueden obligar a subscribir un contrato para comprar discos compactos a cierto club de discos. Sin embargo, si firmas el contrato, se requiere que cumplas con él. Como contraste, un ciudadano de los Estados Unidos—o un ciudadano de casi cualquier otro país—está automáticamente sujeto a la obligación de no causar daños a otros.

## La posesión de la propiedad (los bienes)

Es después de la época navideña. Javier tiene ahora una motocicleta. Karina posee su primera computadora. ¿Qué significa, legalmente hablando, poseer algo? Supón que Karina y su hermana quieren usar la computadora al mismo tiempo. ¿Tiene la hermana más derecho a hacerlo que la otra? ¿Qué pasa si Javier le presta su motocicleta a Luis Miguel, y éste choca con una pared y la estropea? ¿Tiene Luis Miguel la obligación de repararla?

He aquí otro tipo importante de derecho legal—el derecho a poseer la propiedad. En inglés la frase será *the right to own property*.

La propiedad que posees puede ser inmóvil—como un terreno. Puede ser algo que puedes mover de acá para allá, como un automóvil o un saco. Puede ser algo que no puedes tocar físicamente, como por ejemplo, el derecho contractual de una compañía para basar una película en un libro.

¿Qué significa para ti "poseer" un particular trozo de propiedad? Básicamente, significa que tus derechos, por lo que a esa propiedad se refieren, son superiores a (mayores que) los derechos de cualquier otro en esa misma propiedad. Si posees una bicicleta, por ejemplo, tu derecho a usarla es superior al de cualquier otra persona. De hecho, nadie puede usarla legalmente sin tu permiso.

Generalmente, el gobierno no puede privarte de tu propiedad sin compensarte por su valor. Tu propiedad te la pueden quitar otros para satisfacer reclamaciones a tu cargo (tales como deudas). Pero tales demandas deben de sostenerse ante un tribunal o la corte mediante el requerido proceso legal.

¿Puedes usar tu propiedad como quiera que te plazca?

Los derechos que emanan de la posesión de la propiedad no son ilimitados. La ley puede limitar la habilidad de los individuos a usar la propiedad que poseen. Un ejemplo corriente es el de un automóvil. Aunque el automóvil sea tuyo, no puedes conducirlo o manejarlo como se te antoje. No se permite que el vehículo circule por las aceras. No está permitido que dejes que tu sobrina de tres años lleve el automóvil por la carretera.

Los derechos que los individuos tienen a usar su propiedad están limitados también por la ley de daños y perjuicios. Los propietarios tienen el derecho a una compensación si su propiedad sufre daños. También tienen el deber de no usar su propiedad de modo que cause daños a otros, accidental o intencionadamente.

Las obligaciones contraídas en un contrato pueden limitar los derechos del uso y disposición de tal propiedad. Sin embargo, las obligaciones contractuales tienen aplicación únicamente si el propietario se ha comprometido a ellas.

La obligación legal de no causar daños a otros y el derecho legal a extender contratos son básicos en las leyes de casi todos, o tal vez de todos, los gobiernos. El derecho a la posesión individual de una propiedad es fundamental en esta la sociedad estadounidense. Pero no existe en algunos otros sistemas legales. En algunas tribus, la propiedad no pertenece al individuo sino a la tribu. En un sistema puramente comunista, toda la propiedad es del estado. A los ciudadanos simplemente se les permite el uso de la propiedad.

## Los derechos constitucionales y sus límites

¿Los siguientes incidentes violan tus derechos y tus libertades como residente estadounidense?

**SITUACIÓN 11.** Haces los planes para ir de viaje a Nashville, Tennessee. En la frontera de Tennessee, un oficial patrullero del estado te pide que le enseñes el permiso para hacer el viaje a Tennessee. Como no tienes uno, no te deja entrar en el estado.

**SITUACIÓN 12.** Estás totalmente opuesto a la política extranjera del gobierno nacional. Le refieres tus puntos de vista a un amigo, mientras coges un autobús que va a una ciudad cercana. Al bajar del autobús, una agente de policía te detiene. Te indica que hablar contra el gobierno en público es ilegal.

**SITUACIÓN 13.** Te detienen. No te permiten hablar con nadie. Te llevan ante el juez y te sentencian a cumplir seis años de cárcel.

En cada una de las situaciones precedentes, se han violado tus derechos constitucionales (*constitutuional rights*). Como miembro de una sociedad libre, tienes el derecho a viajar dentro de los Estados Unidos a donde te plazca (la situación 11). Tienes otras libertades—la libertad de la expresión (la situación 12), de la prensa y de la religión. Tienes un número de derechos, tales como el derecho a un juicio antes de que te priven de la vida, de la libertad o de la propiedad (la situación 13). Estos derechos se basan en la Constitución de los Estados Unidos y sus enmiendas.

Las libertades y derechos mencionados se examinarán en posteriores capítulos del libro (los capítulos 13, 14 y 15). Por ahora, debes entender que ésos son derechos legales. El gobierno los puede proteger y los puede hacer cumplir.

**SITUACIÓN 14.** El último partido de fútbol fue muy alborotado. Varios alumnos fueron maltratados. Por lo tanto, el director de la escuela ha prohibido todas las reuniones festivas antes de los partidos. ¿Limita eso tu derecho a la libre expresión y asociación?

Al igual que los derechos a poseer propiedad y a subscribir contratos, nuestros derechos y libertades individuales no son ilimitados.

Al gobierno (sector público) se da el poder de limitar razonablemente el uso de nuestros derechos y libertades, porque se cree que esas limitaciones son para el bien de toda la sociedad en general. Por ejemplo, las leyes penales obviamente limitan nuestras acciones. Sin embargo, esas limitaciones son claramente deseables. Los actos delictivos dañan a todo el mundo.

En forma similar y para nuestra propia protección, se permite que el gobierno ponga algunos límites al derecho a viajar. Se permite que el gobierno conceda un permiso a los conductores de automóviles, para proteger a otros de conductores inexpertos o peligrosos. También limitamos nuestros estimados derechos a la libertad de palabra y de asociación. Por ejemplo, se permite estas limitaciones cuando hay peligro de causar daños a la gente (la situación 14).

En otras palabras, las restricciones de los derechos individuales se permiten cuando el uso de esos derechos podría dañar a otra persona o a la sociedad. El balance entre la preservación de los derechos y la protección de los individuos y de la sociedad, como verás, puede a veces ser muy delicado.

Sin embargo, no se concede mano libre al gobierno para que limite estos derechos y libertades; más bien se restringe los poderes del gobierno para hacerlo así. Dos restricciones principales existen en las constituciones de los Estados Unidos y de Georgia:

1. El gobierno puede quitar la "vida, la libertad o la propiedad" de los individuos solamente mediante el "debido proceso legal" (*due process of law* en inglés).

En simples términos, el "debido proceso legal" significa el "tratamiento (trato) justo". El requisito del debido proceso legal es el fundamento de la relación estadounidense entre los individuos y el gobierno. Quiere decir que el gobierno en sí, está limitado por la ley. Por ejemplo, el presidente puede alegar que Oscar O. ha cometido una traición y que se le debe castigar inmediatamente. Pero a Oscar no se le puede privar de la vida, la libertad o la propiedad sin un juicio justo. Este requisito restringe la actividad gubernamental que pueda poner en peligro las libertades individuales. Se limita las acciones del gobierno que puedan revocar otros derechos legales.

2. El gobierno debe proporcionar "igual (o idéntica) protección ante la ley" (*equal protection of the laws*) a todos los individuos. Esto significa que el gobierno no puede discriminar injustamente contra individuos o clases de individuos. Cada persona, sea rica o pobre, de piel blanca u obscura, mahometana o cristiana, debe de ser tratada por el gobierno de la misma forma.

Aquí también, permitimos algunas limitaciones a este derecho de igual protección. Por ejemplo, la ley de Georgia requiere que una persona tenga 18 años de edad para recibir el permiso de conducir sin ningunas restricciones. Se podría alegar que esa ley discrimina contra los jóvenes. ¿Por qué se permite? La discriminación de la ley de permisos se permite, porque interesa a la seguridad pública. En otras palabras, existe una base razonable y permisible para hacerlo así.

---

### Solo los hechos

1. ¿Qué diferencia hay entre un delito y un daño y perjuicio?
2. ¿Quién crea los derechos y obligaciones en un contrato?
3. ¿Qué significa "poseer" una propiedad?
4. Nombra dos de tus libertades constitucionales.
5. ¿Cuáles son las dos restricciones impuestas al poder gubernamental que limitan nuestros derechos individuales?

1. ¿Por qué la obligación de no dañar a otros—a sus personas o propiedad—es tan importante en una sociedad con orden?

2. Los pupitres de la sala de clase son de propiedad de la escuela. Haz una lista de las reglas que rigen el uso de esta propiedad.

   Ahora, piensa cómo cambiarían esas reglas si cada alumno tuviera que comprar (y poseer) su propio pupitre. ¿Qué pasaría si la clase entera tuviese que comprar todos los pupitres y establecer las reglas que gobiernan su uso? Crea reglas que gobiernen estas nuevas situaciones.

3. Piensa en qué situaciones permitirías al gobierno limitar los derechos de libertad de palabra. Si crees que no debiera haber límite alguno, explica las razones.

## LA MIRADA HACIA ADELANTE

Hasta aquí has aprendido algo sobre los derechos y obligaciones legales. Has establecido también una definición apropiada de lo que es la ley. En el proceso, encontraste algunos de los términos y conceptos que vas a emplear a lo largo del libro.

Has aprendido algunas preguntas básicas que puedes hacerte cuando explores áreas específicas de la ley. Cuando encuentres situaciones en este libro, pregúntate:

- ¿Cuáles serían mis derechos legales en esta situación?
- ¿Cuáles serían mis obligaciones legales?
- ¿Cómo se hacen cumplir esos derechos y obligaciones legales?

La obligación de no causar daños a la persona o propiedad de otros es muy básica. También lo es el derecho a la protección contra daños. Los dos son el fundamento de muchas leyes y acciones gubernamentales. Cuando leas, considera:

- En esta situación, ¿los derechos y obligaciones legales se han establecido para proteger a los individuos y a la sociedad de daños?

A menudo, los derechos y obligaciones legales están en conflicto entre sí. El derecho de una persona a respirar aire limpio puede estar en conflicto con el derecho de otra a desarrollar una empresa lucrativa. Cuando leas, considera:

- ¿Hay conflictos entre ciertas obligaciones y/o derechos en esta situación?
- ¿Se puede establecer un balance entre los dos?

Nuestro derecho al "debido proceso legal" y a la "idéntica protección ante la ley" es muy importante. Ambos tienen que ver con el derecho fundamental de lo que sea justo. Cuando leas, considera:

- ¿Es el cumplimiento de esas leyes específicas justo con ambas partes?
- ¿Es esta ley injusta con algunos individuos? ¿Hay alguna razón para justificar semejante discriminación? ▪

# 2 Los orígenes de la ley

En el capítulo 1 has aprendido que las leyes consisten de las responsabilidades legales y de los derechos. Pero ¿quién decide cuáles han de ser? ¿De dónde proceden las leyes? ¿Quién las crea? ¿Se pueden cambiar?

Pensemos primero en quién impone las obligaciones que no son legales. ¿Quién establece las reglas que hay en tu familia? ¿En tu club social? Cuando de niño jugabas con tus compañeros, ¿quién hacía las reglas? ¿Quién determina las reglas que rigen en los partidos de fútbol? Cuando en una tienda se niegan a aceptar un cheque, a menos que muestres algún tipo de identificación, ¿quién estableció esa regla?

En todos los casos, esas obligaciones y derechos fueron instituidos por la gente. Algunas de esas reglas, las establecieron unas pocas personas. Algunas se deben a muchas personas.

En forma parecida, la gente establece las leyes—las reglas que los gobiernos pueden hacer cumplir—. En algunos sistemas políticos, solo una o unas cuantas personas pueden decretar las leyes. Por el contrario, en una democracia como la de los Estados Unidos, todos los ciudadanos deciden lo que habrán de ser las leyes o las reglas.

¿Eso quiere decir que los ciudadanos de los EE.UU. deciden cada una de las leyes? No, eso no sería práctico. En su lugar "nosotros, el pueblo", como reza la lema, se ha establecido una *democracia representativa*. Esto quiere decir que se elige los representantes y se otorguen con la autoridad de aprobar las leyes y hacerlas cumplir a nivel local, estatal y nacional. Y esos poderes se reparten entre las tres ramas del gobierno.

Esos representantes que se elige con la capacidad legal de promulgar las leyes forman la rama legislativa del gobierno. La rama ejecutiva es la responsable de hacer cumplir dichas leyes. La rama judicial tiene el poder de interpretar esas leyes (de decir lo que significan y cómo deben de hacerse cumplir). (Nota de la editora: En la América Latina se emplea el término "el gobierno" para referirse de la rama ejecutiva, sobre todo el jefe de estado. En el ámbito estadounidense, la palabra "gobierno" tiene una aceptación más amplia. Muchas veces incluye no solo los gobernadores sino también toda la administración

**Habla Legal**

la ley administrativa • el código • la cláusula elástica • la ordenanza • los poderes policiales • la ley reglamentaria

## Las ramas y los niveles del gobierno

| Los niveles del gobierno | Las ramas del gobierno | | |
| --- | --- | --- | --- |
| | La legislativa (nombre del cuerpo) | La ejecutiva (nombre del jefe) | La judicial |
| Federal | Congreso de los EE.UU.: Senado y Cámara de Representantes | Presidente | Sistema de Tribunales (o Cortes) Federales (diagrama, p. 32) |
| Estatal (Georgia) | Asamblea General de Georgia: Senado y Cámara de Representantes | Gobernador | Sistema de Tribunales o Cortes de Georgia (diagrama, p. 30) |
| Local (Condado/ Municipio) | Comisionario(s) del Condado/ Concejo Municipal | Junta de los Comisionarios del Condado Comisionarios/ Alcalde | Los tribunales o cortes superiores, y otros tribunales o cortes del sistema estatal/tribunales o cortes inferiores, como el tribunal policial y el tribunal municipal o del condado |

pública, los legisladores y toda la esfera oficial desde la local y la estatal hasta la federal.)

Esas tres ramas son muy diferentes y están separadas, tanto en el gobierno del estado como en el federal. De hecho, cada una pone coto a las otras. Esto impide que cualquier rama tenga demasiado poder. Pero como se puede ver en la ilustración 2-1, la separación de los poderes no es siempre tan clara a nivel local. Fíjate que los comisarios del condado (*county* en inglés), tienen responsabilidades de las dos ramas, de la ejecutiva y de la legislativa.

Hasta aquí, has aprendido que la rama legislativa aprueba las leyes del país. Tal vez te preguntes ahora: "¿Son las leyes que los legisladores promulgan las únicas leyes que hay?" La respuesta es no—el origen de las leyes de esta sociedad viene de varias partes. Reconocemos cuatro orígenes de ley. Ellas son:

1. Las constituciones de los EE.UU. y de Georgia
2. Los estatutos—aprobados por las legislaturas, formadas por los legisladores que hemos elegido

3. La ley administrativa—establecida por las agencias oficiales
4. La jurisprudencia—establecida por los tribunales

Naturalmente, las constituciones forman la base y el armazón de las leyes de esta sociedad. Pero ¿qué ocurre con las otras tres categorías? En las constituciones se declara que la rama legislativa promulga las leyes. ¿Cómo es que las agencias pueden aprobar leyes? ¿O por la rama judicial—es decir, los tribunales?

## LOS ORÍGENES DE LA LEY

### El primer origen—La ley constitucional

La ley primaria de la sociedad estadounidense se encuentra en sus documentos básicos. Éstos son: la Constitución de los Estados Unidos y las constituciones de Georgia y de los otros estados. Estas constituciones forman el armazón legal de esta sociedad en que vivimos. En estos documentos, se comunica la idea de que entre los ciudadanos, "nosotros, el pueblo, hemos establecido cómo debemos ser gobernados". (Véase la ilustración 2-2.) Cada constitución declara llanamente que su autoridad le viene del pueblo.

### La adopción de las constituciones

Mientras que la Constitución de los EE.UU. tiene más de 200 años, Georgia tiene una constitución relativamente nueva.

La primera constitución de Georgia se redactó en el año de 1777. Pero ni ésta, ni las ocho que la siguieron, satisficieron a los georgianos por mucho tiempo. O las eran demasiado esquemáticas, o excesivamente detalladas, o permitían demasiadas enmiendas. En 1976, la Asamblea General estatal (*General Assembly* en inglés) estableció un comité para revisar la constitución de Georgia. El 2 de noviembre de 1982, la décima constitución del estado fue aprobada por los ciudadanos de Georgia mediante un voto afirmativo del 72.9% de los votantes. Entró en efecto en el mes de julio de 1983.

### El contenido de las constituciones

¿Qué es lo que realmente se dice en las constituciones? Las dos constituciones, la de Georgia y la de los EE.UU., determinan la estructura de sus respectivos gobiernos. Cada una establece una rama legislativa, una ejecutiva y una judicial. Cada constitución establece el proceso para poner en ejecución las leyes. Cada una le otorga al gobierno ciertos poderes para su accionar. Cada una impone límites al gobierno sobre lo que puede o no puede hacer, y establece los derechos básicos mínimos de las personas.

Tanto la constitución federal como la de Georgia contienen lo que se llama la Declaración de Derechos y Garantías, o sea las primeras diez enmiendas (en inglés se dice *Bill of Rights*). Éstas tratan del derecho a llevar armas, a ejercer la libertad de expresión, a ser libre de practicar una religión, a estar libre de registros y embargos ilegales, al derecho de juicios con jurado, etc. Muchos de los derechos mencionados se expondrán en los capítulos posteriores. Es importante hacer notar que la Constitución de Georgia sigue el modelo de la Constitución federal (de los EE.UU.). La Constitución de Georgia no puede reducir los derechos que tenemos bajo la Constitución de los EE.UU., que se considera como "la suprema ley de la nación". Sin embargo, la de Georgia puede ampliar esos derechos y, de hecho, lo hace. Eso significa que, en algunos casos, el pueblo de este estado tiene derechos más amplios bajo la Constitución de Georgia que bajo la Constitución de los Estados Unidos de América.

## El segundo origen—La ley reglamentaria

Las leyes promulgadas por las legislaturas, ya sean estatales o federales, se conocen con el nombre de los estatutos (en inglés *statutory law*). En su conjunto, se denominan la ley reglamentaria.

Para que sea ley válida, el estatuto debe reunir tres requisitos:

1. Cuando se promulgan, deben seguir los procedimientos establecidos en la Constitución de los EE.UU. (si se trata de una ley federal), y en la constitución estatal (si es una ley de Georgia).

2. La Constitución de los EE.UU. (si se trata de una ley federal) y las dos constituciones (si se trata de una ley estatal) deben de haber otorgado el poder al gobierno

**ILUSTRACIÓN 2-2**
## Los preámbulos de las constituciones

**NOSOTROS, EL PUEBLO** de los Estados Unidos, a fin de formar una Unión más perfecta, de establecer la Justicia, de asegurar la Tranquilidad doméstica, de proveer la defensa común, de fomentar el Bienestar general y de asegurarnos las Bendiciones de la Libertad para nosotros mismos y nuestra Posteridad, ordenamos y establecemos esta Constitución para los Estados Unidos de América.

*Preámbulo, Constitución de los Estados Unidos*

Para perpetuar los principios del gobierno libre, asegurar la justicia para todos, preservar la paz, fomentar el interés y la felicidad de los ciudadanos y de la familia y para transmitir a posteridad el disfrute de la libertad, **NOSOTROS, EL PUEBLO** de Georgia, confiando en la protección y guía del Altísimo, ordenamos y establecemos esta Constitución.

*Preámbulo, Constitución del Estado de Georgia.*

## La esquema de cómo un proyecto de ley se convierte en ley en la Asamblea General de Georgia

**El proyecto se...**
- introduce bien en el Senado o bien en la Cámara de Representantes
- se le pone un número
- se remite al Comité

**El Comité...**
- considera el proyecto y
- lo recomienda,
- lo recomienda con cambios, o
- lo rechaza
- retiene el proyecto

**si lo recomienda**

**La Cámara de Representantes...**
- considera el proyecto
- debate el proyecto
- puede enmendar el proyecto
- vota el proyecto

Si el proyecto se aprueba, pasa a la otra cámara.

**La otra Cámara...**
- somete el proyecto a un proceso similar al de la primera cámara
- si se aprueba sin cambios,*

**el proyecto pasa a**

**El gobernador, y...**
el proyecto se convierte en ley reglamentaria
- si el gobernador firma, o no desaprueba (veto) dentro de los 40 días que siguen a la conclusión de la sesión legislativa.
- si la Asamblea General invalida el veto con un voto mayoritario de las 2/3 partes.

* Las dos cámaras deben de ponerse de acuerdo sobre el proyecto de ley para completar la aprobación. Si no se pueden llegar a un acuerdo, se puede establecer un Comité de Consulta, con representantes de las dos cámaras, a fin de resolver los desacuerdos.

---

para poner en ejecución las leyes sobre el asunto en cuestión.

3. El estatuto no debe exceder los límites constitucionales del poder que tiene el gobierno para actuar. Las dos constituciones tienen vigencia en el caso de una ley estatal.

Para ver cómo funcionan, examinemos cuatro leyes. El Congreso de los EE.UU. ha aprobado dos y la Asamblea General de Georgia las otras dos.

### EL CASO DE LAS CUATRO LEYES

 1. El Congreso ha aprobado una ley que requiere que todos los niños asistan a las escuelas públicas.

2. El Congreso ha aprobado una ley para crear un nuevo cuerpo de las fuerzas arma-das que se ocupará de la defensa del espacio interplanetario. La ley dice que solamente los estadounidenses que hayan nacido en este país pueden servir en ese cuerpo nuevo.

3. La Asamblea General de Georgia ha aprobado una ley por la que conducir (o manejar) un automóvil a alta velocidad en las carreteras estatales sea un delito.

4. La Asamblea General de Georgia ha aprobado una ley para crear la municipalidad (la ciudad) de Supernuevo, Georgia.

Supongamos que las cuatro leyes reúnen el primer requisito. En otras palabras, las dos primeras leyes se promulgaron de acuerdo con los métodos establecidos por la Constitución de los EE.UU. Las dos últimas se aprobaron de acuerdo con los métodos establecidos por la Constitución de

Georgia. La ilustración 2-3 es un diagrama muy sencillo de cómo las leyes se decretan en Georgia. Los procedimientos para aprobar los estatutos federales son similares.

### ¿Qué leyes puede promulgar el Congreso?

La Constitución de los EE.UU. concede al Congreso el poder de promulgar leyes únicamente con respecto a ciertas materias específicas. Éstas incluyen los poderes para imponer impuestos, para regular el comercio interestatal, para establecer el servicios de los correos, para declarar la guerra y para reunir y mantener las fuerzas armadas. El Congreso no está autorizado para establecer las escuelas en las localidades, y por lo tanto, no puede hacerlo. No puede tampoco adoptar leyes que definan los delitos que ocurran dentro de los límites de un particular estado.

Si se comparara la lista de los estatutos federales que se han presentado en este libro con los poderes legislativos específicos del Congreso, pudiera resultar desconcertante. ¿Cómo puede el Congreso poner en ejecución leyes sobre muchísimos más asuntos de los que, en apariencia, la Constitución trata?

Una de las razones por las cuales que el Congreso puede poner en ejecución estas leyes es por lo que se denomina "la cláusula elástica" (*elastic clause*) de la Constitución. Esta cláusula concede al Congreso el derecho de aprobar todas las leyes "necesarias y apropiadas" para desempeñar todos los poderes que le ha delegado la Constitución.

La extensión del poder legislativo del Congreso se basa en otra razón. Los tribunales federales han interpretado los poderes concedidos al Congreso en un sentido amplio. Por ejemplo, el Congreso tiene el poder de regular el comercio entre los estados y con el extranjero. La Corte Suprema (o Tribunal Supremo) de los EE.UU. ha definido el "comercio interestatal" en un sentido amplio. Su interpretación estableció las bases constitucionales de las leyes que prohíben discriminar por razones de color, raza u origen nacional, a las empresas que ejercen el comercio interestatal.

A veces, parece como si no hubiera límite a los poderes del Congreso. Por ejemplo, el Congreso quería reducir el número de las muertes y las lesiones causadas por los conductores ebrios. Quería hacerlo con elevar la edad mínima legal para consumir las bebidas alcohólicas a los 21 años. Pero el Congreso no tiene el poder de establecer tales límites, que incumben solamente a los estados.

Sin embargo, el Congreso puede imponer las condiciones para la concesión de beneficios federales. Y los fondos para la construcción de carreteras quedan bajo el poder que tiene para regular el comercio interestatal. Así pues, el Congreso aprobó una ley que concedía a los estados el término de dos años para que impusieran la edad mínima de 21 años para el consumo del alcohol. En caso contrario, los estados pudieran perder los fondos destinados a las carreteras federales.

Georgia cambió la ley de la edad mínima para el consumo de las bebidas alcohólicas. Si no lo hubiera hecho así, habría podido perder el fondo de 15 millones de dólares solo para el año 1986. Al imponer ese requisito como condición para recibir los fondos, el Congreso en esencia, estableció la edad mínima para la consumición de bebidas alcohólicas en los estados.

### EL CASO DE LAS CUATRO LEYES, *continuación*

 ¿Se le ha otorgado al Congreso el poder para aprobar las leyes 1 y 2?

1. La Constitución no ha dado al Congreso el poder de promulgar leyes que afecten a la educación pública que dispensan los estados. La primera ley no sería válida.

2. El Congreso tiene el poder de declarar la guerra y mantener un ejército y una marina de guerra. Estos poderes se han interpretado en forma que afecta a las otras fuerzas armadas, como las fuerzas aéreas. Sin duda, el Congreso tendría el poder de crear ese nuevo cuerpo para la defensa del espacio interplanetario.

### ¿Qué leyes puede promulgar la Asamblea General?

La Constitución de los EE.UU. otorga a los estados y al pueblo todos los poderes que no haya delegado específicamente al gobierno federal, o que la constitución ha prohibido.

La Constitución de los EE.UU. adjudica poderes específicos al Congreso. Como contraste, la Constitución de Georgia da a la Asamblea General de Georgia poderes generales.

Puede promulgar todas las leyes que no sean inconsistentes con esta Constitución, y que no repugnen a la Constitución de los EE.UU., las cuales deberán ser necesarias y apropiadas para el bienestar del estado.

Dicha declaración autoriza lo que se denominan los *poderes policiales* del gobierno estatal. Éstos no son simplemente poderes para hacer cumplir las leyes penales. Son los poderes que se han concedido a los gobiernos para que actúen a fin de garantizar la salubridad y la seguridad públicas, así como para mantener el bienestar de los miembros de la sociedad.

Por lo común, como se ha visto aquí, los poderes policiales no se detallan. En vez de eso, se los dan en los términos generales. Forman la autoridad que respalda muchas de las acciones y las leyes de los gobiernos estatales y locales. Las acciones que quedan bajo estos poderes van desde el establecimiento de las escuelas y universidades, hasta el mantenimiento de las cuerpos policiales. Incluyen el suministro de programas para los minusválidos que no puedan cuidarse por sí mismos, tanto como la reglamentación de los provisores de servicios como los médicos o los taxistas. Como verás, esos poderes son también la autoridad que ejerce algunas restricciones sobre los derechos constitucionales.

En *El caso de las cuatro leyes*, la Asamblea General de Georgia tiene el poder de aprobar las leyes 3 y 4. El poder para promulgar leyes sobre dichos asuntos procede de la ley estatal.

## Los límites del poder legislativo

Para que sea válido, un estatuto no puede ir más allá de los límites del poder gubernamental. Las libertades que nos otorga la Constitución son tales límites. Los gobiernos estadounidenses deben tener razones poderosas para restringir libertades tales como la de expresión o de religión. La necesidad de proveer una protección idéntica o igual ante la ley (*equal protection before the law*) es otro límite. El requisito de que ante la ley no se prive a nadie de la vida, la libertad o la propiedad, sin el debido proceso legal, también es otro límite.

En nuestro caso, ¿se puede comprobar que las leyes son válidas?

### EL CASO DE LAS CUATRO LEYES, *continuación*

1. La ley federal que requiere la asistencia escolar ya se ha declarado inválida.

2. El hecho de que solo los ciudadanos nacidos en los EE.UU. puedan participar en el cuerpo de la defensa del espacio, hace que esta ley sea inválida. Eso discrimina contra los estadounidenses que no han nacido en el país. La ley viola el derecho de "idéntica protección ante la ley".

3. Otro aspecto del debido proceso legal es que las leyes no pueden tener un carácter tan vago o impreciso que sería imposible hacerlas cumplir imparcialmente. ¿Qué quiere decir "manejar o conducir un automóvil a alta velocidad"? Una persona diría que es 50 millas por hora. Otra persona pudiera decir que es 70 por hora. La ley no precisa lo que quiere decir. Pudiera darse una situación como la representada en la caricatura. Como esta ley es vaga, podría violar el debido proceso legal. Por lo tanto sería inválida.

4. Esta ley no excede los límites del poder del gobierno estatal. Por lo tanto, sería válida.

## Las ordenanzas municipales y de los condados

La relación entre los gobiernos locales y el estado es diferente de la que existe entre un gobierno estatal y el federal. El gobierno federal se formó mediante la unión de los estados. Los gobiernos locales (como los municipales y los del condado o *county* en inglés) son las creaciones del estado.

En Georgia, la constitución estatal se ocupa de los distritos judiciales llamados condados (*counties* en inglés) por ser las subdivisiones políticas del estado. La Constitución de Georgia concede al cuerpo gubernativo de cada condado el poder de promulgar leyes

> que se relacionen con la propiedad, asuntos y gobierno local, que la ley general no haya previsto y que no sean inconsistentes con la Constitución.

La constitución estatal también permite la creación de las "corporaciones municipales". Éstas son las ciudades.

Las ciudades se crean mediante los documentos escritos que se llaman las cartas constitucionales. Éstas se deben aprobar, como cualquiera otra ley, por la Asamblea General. La carta constitucional pasa a ser la "constitución" municipal, que establece los poderes y los límites del gobierno municipal. También establece los procedimientos para elegir a sus oficiales, para recaudar impuestos y para poner en ejecución las leyes del ayuntamiento.

Las leyes municipales y de los condados se llaman las *ordenanzas* (en inglés *ordinances*). Las leyes y la Constitución de Georgia especifican, sin lugar a dudas, la clase de ordenanzas que los condados y los municipios pueden y no pueden aprobar. Por ejemplo, ni los municipios ni los condados pueden aprobar leyes donde se establezca en qué consiste un crimen y su penalización. La autoridad en esos casos generalmente le pertenece a la legislatura estatal. En la ilustración 2-4 se da una lista de algunos tipos de leyes que las municipalidades y los condados pueden aprobar.

En general, el proceso de aprobar ordenanzas es más simple que el de poner en ejecución las leyes federales y estatales. Una de las razones es porque generalmente, en los municipios y en los condados, solo un cuerpo de legisladores tiene que votar para aprobar las leyes.

Además, los cuerpos legislativos locales son usualmente más pequeños. Por ejemplo, las comisiones de los condados de Georgia tienen entre 1 y 11 miembros. Compárese con los 56 miembros del Senado de Georgia y los 180 de la Cámara de Representantes. O con los 100 miembros del Senado de los EE.UU. y los 435 miembros de la Cámara de Representantes.

---

**ILUSTRACIÓN 2-4**
## Los servicios de la administración local

La Constitución de Georgia autoriza a las municipalidades y a los condados que promulguen leyes para proveer servicios como

la protección de policía y bomberos,

la recolección de basuras y su eliminación,

la construcción y reparación de calles y carreteras,

las áreas de parques y recreo,

las viviendas subvencionadas,

el transporte público y las bibliotecas.

---

### Los códigos

Las leyes de que venimos hablando, cualquier nivel del gobierno que sea, se encuentran recopiladas en su casi totalidad en los *códigos*. Eso significa que todas las leyes de un gobierno están organizadas por materias. Esta organización hace fácil encontrar las leyes que traten de un tema dado. Nótese que las leyes sobre un asunto específico—tal como la ley penal—se pueden denominar también con el término *código* (en inglés se dice *code*).

Los estatutos adoptados por el Congreso se recopilan en el Código de los EE.UU. Los estatutos de la Asamblea General están organizados en el Código Oficial Anotado de Georgia. Las ordenanzas locales también están recopiladas. Puede ser que estén organizadas por materias en publicaciones separadas, tales como el código de edificación, la ordenanza de planificación urbana y el código de salubridad y sanidad.

---

### Solo los hechos

1. ¿Cuántas constituciones han tenido los EE.UU.? ¿Cuántas han existido en el estado de Georgia?
2. ¿Cuáles son las condiciones para que una ley sea válida?
3. ¿Cómo se ha ampliado el poder del Congreso para promulgar leyes?

4. Las siguientes declaraciones ¿son correctas o incorrectas? Si es incorrecta, corrige la declaración.

   a. Los gobiernos locales y los estatales solo emplean los poderes policiales para detener a los criminales.

   b. Un código es una organización por materias de las leyes gubernamentales.

   c. La carta constitucional es la "constitución" de un condado en Georgia.

### Piensa

1. "Es bueno que el Congreso pueda ampliar su poder legislativo". Explica por qué estás o no estás de acuerdo.

2. En consideración de lo que ya sabes, ¿qué poder parece tener más restricciones, el del Congreso o el de la Asamblea General? ¿Por qué?

3. En algunos estados, los ciudadanos pueden iniciar leyes estatales (mediante una petición) y votarlas directamente. Explica por qué lo recomendarías o no lo recomendarías en Georgia.

## El tercer origen—La ley administrativa

La tercera procedencia de la ley reside en las reglas y regulaciones de las agencias gubernamentales. Esas agencias son, casi siempre, parte de la rama ejecutiva del gobierno. Sus leyes se denominan la ley administrativa (*administrative law* en inglés).

Cada agencia recibe el poder de aprobar reglas de la ley que la estableció. Por ejemplo, la ley federal que estableció el Servicio de Hacienda (*IRS*, por sus siglas en inglés, para decir *Internal Revenue Service*) de los EE.UU., le asigna la responsabilidad de recaudar los impuestos federales. El Servicio de Hacienda recibe el poder de establecer los formularios, las reglas y las regulaciones que todo ciudadano debe seguir.

Del mismo modo, las leyes estatales pueden establecer y otorgar el poder de aprobar las reglas a las agencias gubernamentales. En la ilustración 2-5 se detallan algunas de las agencias estatales más importantes de Georgia. Las ordenanzas de los gobiernos locales pueden también establecer las agencias, tales como el departamento de policía o de recreo. A esas agencias locales también se les han concedido los poderes o autoridades para adoptar o promulgar las leyes.

Las reglas y regulaciones de una agencia deben de ser consistentes con la autoridad que se le ha dado a esa agencia. Las agencias no pueden ir más allá de esa autoridad. Es exactamente lo mismo que en el caso de las leyes aprobadas por el Congreso o por la Asamblea General, que deben ser consistentes con la autoridad que les han concedido las constituciones de los EE.UU. y del estado de Georgia.

**SITUACIÓN 1.** Una ordenanza municipal da al departamento de recreo la autoridad para decretar y hacer cumplir las reglas que mantengan y protejan los edificios de recreo. Se aprueban tres reglas:

1. Nadie puede usar el gimnasio si no lleva calzado apropiado (con las suelas de goma).

2. Solo las personas que se vistan de color rojo o amarillo pueden usar el gimnasio.

3. Ninguna joven puede usar el gimnasio, si no lleva calzado apropiado (con suelas de goma).

¿Serían válidas estas reglas? El tribunal probablemente declararía que la primera regla válida. La regla quedaría bajo el poder otorgado para aprobar reglas que protejan los edificios.

---

ILUSTRACIÓN 2-5

## Algunas de las principales agencias del estado de Georgia

Departamento de Servicios Administrativos

Departamento de Agricultura

Departamento de Asuntos Comunitarios

Departamento de Correcciones (Prisiones)

Departamento de Enseñanza

Departamento de Recursos Humanos

Departamento de Trabajo

Departamento de Recursos Naturales

Departamento de Seguridad Pública

Departamento de Hacienda

Departamento de Transporte

---

Por lo tanto, el supervisor del gimnasio puede legalmente prohibir el uso del gimnasio al que no lleve calzado con suelas de goma. La segunda regla probablemente no sería válida. El color de la ropa no contribuiría al mantenimiento del gimnasio ni a su protección. La tercera regla parece que discrimina contra las mujeres. Probablemente sería inválida porque priva a las jóvenes del derecho constitucional a la idéntica protección ante la ley.

Las reglas y regulaciones de las agencias gubernamentales te afectan todos los días. Ellas regulan cómo se debe purificar el agua que bebes. Regulan los programas de televisión que ves.

### El cuarto origen—La jurisprudencia

El último origen de la ley, la jurisprudencia, es el resultado de la interpretación de los estatutos. La autoridad que interpreta las leyes reside en la rama judicial—o el sistema de tribunales o cortes. ¿Cómo esa autoridad permite a los tribunales "aprobar leyes"? El capítulo 3 lo aclarará plenamente. En este momento, considera esta situación:

SITUACIÓN 2. El estado X acaba de promulgar una ley donde merodear (*loitering* en inglés) es un crimen. La ley no define claramente lo que es merodear. Juan y LeRoy han pasado dos horas delante de la farmacia. Dicen que esperan a unos amigos. Los detienen por merodear. La juez debe decidir si estaban merodeando. La juez decide que sí lo estaban. ¿Cómo es que esa decisión interpreta la ley?

En efecto, esa decisión añade un nuevo significado a la ley. Dice que una clase o una categoría de holgazanería es esperar en la acera, en un sitio, por dos horas. Esta manera de definir o interpretar un estatuto es una de las formas en que los tribunales o las cortes "crean" las leyes.

### La localización de los orígenes

Como se puede ver, la ley tiene muchos orígenes en este país. Hay constituciones federales y estatales. Hay cuerpos legislativos federales, estatales y locales. Hay agencias gubernativas que son federales, estatales y locales. Y además, hay

leyes establecidas por los tribunales, que solo se han mencionado brevemente aquí. Se expondrán con más detalle en el próximo capítulo.

Existe una jerarquía (rango) de las leyes (véase la ilustración 2-6), con la Constitución de los EE.UU. a la cabeza. Las leyes del rango inferior deben de ajustarse a las del rango superior. Pero las relaciones entre las leyes no siempre son obvias. Puede ser que las reglas decretadas por las agencias estatales tengan los límites impuestos por la ley estatal, así como por las reglas de las agencias federales que las proveen de fondos.

Obviamente, las reglas por las que se rigen las agencias locales proceden de muchos orígenes. La escuela de tus hijos es un buen ejemplo. Sin duda alguna sabes que existen muchas leyes y reglas que gobiernan la escuela. Pero tal vez no estés enterado de donde proceden todas. En

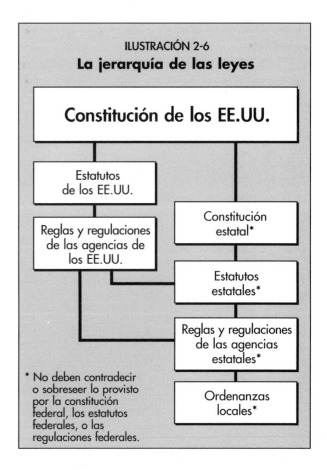

ILUSTRACIÓN 2-6
**La jerarquía de las leyes**

**Constitución de los EE.UU.**

Estatutos de los EE.UU.

Reglas y regulaciones de las agencias de los EE.UU.

Constitución estatal*

Estatutos estatales*

Reglas y regulaciones de las agencias estatales*

Ordenanzas locales*

* No deben contradecir o sobreseer lo provisto por la constitución federal, los estatutos federales, o las regulaciones federales.

la ilustración 2-7 se da una lista de algunas reglas que regulan las escuelas. Antes de seguir leyendo esta sección, mira si puedes adivinar su origen.

La Constitución de los EE.UU. no hace responsable al gobierno federal de la enseñanza. Por lo tanto, ha pasado generalmente a los estados. Sin embargo, el derecho constitucional a una idéntica protección ante la ley, es la base del accionar de los tribunales y del departamento ejecutivo, por lo que a la integración de las escuelas se refiere (la regla "e" en la ilustración 2-7). La Corte Suprema (o el Tribunal Supremo) dictó en el año 1954 que las escuelas segregadas racialmente no proveían de las oportunidades educativas iguales para todos los estudiantes.

Otras leyes federales afectan a las escuelas. Los programas de los almuerzos gratuitos están financiados federalmente (la regla "g"). Lo mismo ocurre con los programas para la preparación de los maestros, con los préstamos a estudiantes y con el desarrollo de materiales de enseñanza. El financiamiento de dichos programas ha incrementado la influencia de las leyes y las agencias federales en la enseñanza.

Hasta cierto punto, las reglas y regulaciones de las escuelas locales, se basan directamente en las leyes aprobadas por la Asamblea General (las reglas "b", "i", "m"). La constitución y los estatutos estatales también otorgan a las juntas estatales la autoridad de establecer las directrices generales de los sistemas locales (las reglas "a" y "c").

Las juntas locales de enseñanza (*school boards*) y los administradores del sistema escolar ponen en práctica las directrices. Establecen las reglas que gobiernan la conducta de los empleados del distrito escolar, así como la de los estudiantes. Las reglas "d" y "l" son regulaciones de la junta local de enseñanza.

Dentro de cada escuela, el director (se dice *the principal* en inglés) adoptará las reglas y regulaciones ("f", "h" y posiblemente la "k"). Finalmente, cada maestro establecerá las reglas que se refieren a la conducta en el salón de clase (la regla "j" y posiblemente la "k").

Todas esas personas—los legisladores, la juntas estatales y locales de enseñanza y los superintendentes, directores y maestros—pueden es-

tablecer las reglas únicamente dentro de los poderes que les otorga la ley. Por ejemplo, las reglas del director deben de ser consistentes con las reglas de la junta local de enseñanza, de la junta estatal de enseñanza y con la constitución y estatutos estatales. Los encargados de establecer las reglas de las agencias también están sujetos a los límites que los ciudadanos han impuesto al accionar del gobierno. Son límites que se refieren a los derechos individuales de todos, y al derecho de cada persona a un proceso legal establecido y a la igual protección ante la ley.

---

## ILUSTRACIÓN 2-7
## ¿Quién aprueba las leyes del ámbito escolar?

¿Puedes adivinar cuáles son los orígenes de las reglas y regulaciones que se detallan abajo? ¿La autoridad procede de la constitución federal o de la estatal? ¿de los estatutos? ¿de las reglas de las agencias? Las respuestas están en el texto, en las páginas 18–19.

a. La certificación de los maestros

b. El número de días en el año escolar

c. El número de horas de curso necesarias para graduarse de la escuela secundaria

d. La asignación de los estudiantes a las escuelas

e. La integración racial de la escuela

f. Los requerimientos de vestuario—p. ej., se deben llevar zapatos, se prohíben los corpiños

g. Las regulaciones para los almuerzos gratuitos

h. Las reglas de fumar

i. Los días de asistencia necesarios para aprobar las materias

j. La prohibición de hablar en clase fuera de turno

k. Las sanciones por llegar tarde al salón

l. El coordinación de fechas en el calendario para cada año escolar

m. Las edades entre las que los alumnos deben asistir obligatoriamente a la escuela

## LOS CAMBIOS SOCIALES Y POLÍTICOS EN LAS LEYES ESTADOUNIDENSES

Este capítulo empezó con la declaración de que el pueblo hace las leyes. Se indicó que las constituciones—y los gobiernos—que nos rigen se basan en el poder que les ha otorgado el pueblo.

Sin embargo, después de haber leído los múltiples orígenes que las leyes tienen en este país, puedes sentirte enterrado bajo cantidades asombrosas de leyes. Cómo, tal vez te preguntes, ¿puede una persona corriente—como tú o yo—tener voz en una ley cualquiera?

Se deben tener presentes tres puntos.

*Primer punto: Para que las leyes funcionen, deben reflejar los valores de la mayor parte de la gente a la que gobiernan.* Para ilustrarlo, considera lo que pasó en los Estados Unidos hace algunos años. Ciertas personas creían de verdad que el consumo de las bebidas alcohólicas era un mal. Como resultado de sus esfuerzos, en el año 1920 entró en efecto una enmienda a la Constitución de los EE.UU. Ella prohibía la venta de las bebidas alcohólicas en los Estados Unidos. Sin embargo, resultó muy difícil hacer cumplir esta ley. Muchos estadounidenses querían adquirir las bebidas alcohólicas. Las infracciones de la ley era cosa de todos los días. Finalmente, en el año 1933, la enmienda fue derogada. En efecto, tantos estadounidenses querían tomar las bebidas alcohólicas que se hacía imposible hacer cumplir la ley.

*Segundo punto: Los valores del pueblo así como su estilo de vida cambian con el tiempo y con los años. Las leyes deben de acomodarse a tales cambios sociales para que funcionen.* Es fácil ver cómo el desarrollo tecnológico afecta a las leyes. La llegada del automóvil dio lugar a una red de carreteras pavimentadas. También resultó en otra red de leyes y regulaciones. Las leyes que existían sobre el tránsito de caballos y los coches de caballos quedaron obsoletas. Para reemplazarlos, se necesitaban nuevas leyes que regularan el uso de las carreteras, la venta de los automóviles, la operación de los vehículos, etc., que luego fueron puestas en ejecución.

Tal vez la esclavitud sea el mejor ejemplo de los efectos que el cambio de valores sociales ejerce sobre las leyes de este país. A los comienzos de esta nación, se aceptaba la práctica de tener a otros seres humanos como esclavos. Las leyes protegían la posesión de los esclavos africanos. Luego, los valores sociales cambiaron. Más y más gente veía a la esclavitud como un mal. La Proclamación de la Emancipación en el año 1863 declaró el fin del derecho a tener esclavos. La Enmienda Decimotercera, ratificada en 1865, prohibió la esclavitud. Y es fácil de comprender por qué las leyes que mantienen la esclavitud no serían toleradas en la América de hoy.

¿Puedes pensar en alguna otra ley reciente que refleje los cambios en los actitudes y valores sociales? Un buen ejemplo sería las leyes que protegen al medio ambiente. Poco a poco nos hemos dado cuenta de los peligros de la contaminación del aire y del agua. Y entendemos los resultados de crear los montones incontrolables de basura. También nos hemos dado cuenta de que el patrimonio de los animales, de plantas, de paisajes escénicas y tierras vírgenes, podrían ser destruidos si no se protegen.

En general, las leyes vienen detrás de los cambios en los valores, las costumbres y las tecnologías de la sociedad. No obstante, al seguir leyendo este libro, encontrarás muchos otros ejemplos de cómo las leyes reflejan los valores sociales de hoy. También encontrarás ejemplos en los medios masivos de comunicación. Allí puede que te enteraras de las nuevas leyes que se ocupan de la alta tecnología de las computadoras o del "derecho a morir".

*Tercer punto: En una democracia, la gente como tú y como yo puede esforzarse para que cambien las leyes, o para que adopten otras.* No es fácil. Pero a menudo se logra la meta.

## La ley constitucional

En cualquier sistema político es importante que las leyes puedan adaptarse a los cambios. Al mismo tiempo, es necesario que exista un armazón de principios que presten la consistencia y la continuidad a las leyes. Es como en una casa: Si va a durar, la estructura básica debe tener una cierta permanencia.

La constitución de los EE.UU. y las estatales sirven, respectivamente, de armazón para la ley federal y estatal. Por lo general, no se pueden cambiar fácilmente.

No obstante, los creadores de las constituciones de este país se dieron cuenta de que los cambios ocurren. Así pues, nos proporcionaron un sistema para llevar a cabo los cambios mediante el recurso de las enmiendas (*amendments*). Los métodos para enmendar las constituciones de Georgia y de los Estados Unidos se enumeran en la ilustración 2-8 . ¿Cuál es más fácil de alterar?

Como podrás ver, la Constitución de Georgia es más fácil de cambiar. En cambio, la Constitución de los EE.UU. no es fácil de enmendar. Solamente ha habido 26 enmiendas en sus 200 años de existencia. Una de ellas, la que prohibía la venta de bebidas alcohólicas, fue derogada.

Si es tan difícil cambiar la Constitución de los EE.UU., ¿cómo se ha acomodado los 200 años de cambios de los valores sociales y tecnologías? En efecto, se podía porque sus provisiones han sido interpretadas y reinterpretadas mediante las decisiones de los tribunales o las cortes. (El tema se ampliará en el capítulo 3.)

## Los estatutos y las ordenanzas

Los estatutos (y las ordenanzas) cambian del mismo modo que se establecen. (Véase la ilustración 2-3.) Se pueden reemplazar, enmendar o derogar (cancelar) mediante la aprobación de nuevas leyes.

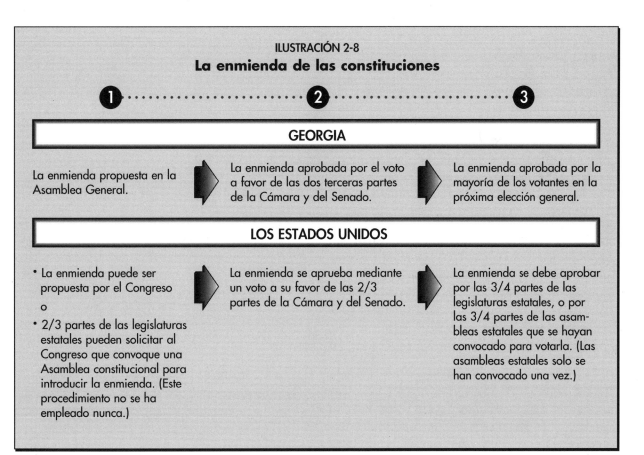

ILUSTRACIÓN 2-8
**La enmienda de las constituciones**

**1** · · · · · · · · · · · · · · · **2** · · · · · · · · · · · · · · · **3**

**GEORGIA**

| La enmienda propuesta en la Asamblea General. | La enmienda aprobada por el voto a favor de las dos terceras partes de la Cámara y del Senado. | La enmienda aprobada por la mayoría de los votantes en la próxima elección general. |

**LOS ESTADOS UNIDOS**

| • La enmienda puede ser propuesta por el Congreso o<br>• 2/3 partes de las legislaturas estatales pueden solicitar al Congreso que convoque una Asamblea constitucional para introducir la enmienda. (Este procedimiento no se ha empleado nunca.) | La enmienda se aprueba mediante un voto a su favor de las 2/3 partes de la Cámara y del Senado. | La enmienda se debe aprobar por las 3/4 partes de las legislaturas estatales, o por las 3/4 partes de las asambleas estatales que se hayan convocado para votarla. (Las asambleas estatales solo se han convocado una vez.) |

Los fundadores de este sistema político tenían el propósito de que la ley reglamentaria fuera la que respondiera más a la voluntad popular, así como a los cambios de valores y tecnologías. Por eso, a cada nivel gubernamental, los legisladores son elegidos y no nombrados.

Se supone que los representantes elegidos deben de conocer las opiniones de aquellos que representan. De otro modo, ¿cómo pueden representarlos? Por cierto, que si no responden a la voluntad popular, es posible que no sean reelegidos.

¿Como ciudadano(a), cómo puedes hacer saber a tu senador, concejal u otro representante lo que opinas de la ley? Puedes llamarlos por teléfono, escribirles o visitarlos. Pueden unirte a otros que compartan tus puntos de vista, para promover la legislación de una ley en particular, o para oponerse a ella. Cuando llegue la época de las elecciones, puedes hacer una campaña de publicidad a favor de aquellos candidatos que coincidan con tus puntos de vista, y votar por ellos. Puedes votar contra los que no lo hagan así.

*La ley administrativa*

Dentro de los poderes y los límites establecidos por las constituciones y leyes reglamentarias, las agencias oficiales pueden establecer las reglas que sean necesarias. Pueden también adaptarlas a los cambios sociales o políticos o los progresos actuales. Por ejemplo, el departamento municipal de recreo (la situación 1) puede cambiar la regla del calzado con suelas de goma que deben llevarse en el gimnasio, si hay un barniz nuevo para el suelo que sea más resistente.

Sin embargo, muchas personas se quejan de que las leyes de las agencias no responden muchas veces a la opinión popular, o a las necesidades de aquellos a quienes regulan. De hecho, ¿qué puede hacer la persona para que una agencia cambie una regla?

Algunas agencias tienen los procedimientos para revisar públicamente sus regulaciones antes de que se aprueben. Tanto la agencia federal de Protección del Medio Ambiente (*EPA* por sus siglas en inglés, que quiere decir *Evironmental Protection Agency*), como la División de Protección del Medio Ambiente estatal, siguen tales procedimientos de revisión. Antes de que una u otra adopten una regulación, se hace público el texto. Esto permite que los ciudadanos interesados hagan comentarios sobre las regulaciones. Luego la agencia puede hacer los ajustes que sean necesarios.

Pero ¿qué puede una sola persona hacer para cambiar una regla de una agencia? Considérese la situación 3.

**SITUACIÓN 3.** La directora de una escuela pone reparos a una regla de la junta estatal de enseñanza. Ésta requiere que todos los maestros nuevos tomen cursos adicionales para recibir su certificación. A ella le parece que es injusto para los profesores entrantes. ¿Qué puede ella hacer?

Podría desobedecer la regla. Podría contratar los maestros sin el certificado. Sin embargo, esa respuesta probablemente le ocasionaría líos, tanto a ella como a otras personas.

Podría presentar ante la junta escolar sus argumentos contra el requisito, en forma legal y ordenada. Si otros opinaran lo mismo, podrían unirse a ella.

Si la protesta presentada ante la junta estatal no resultara en una acción de la junta, la directora podría consultar con un abogado sobre la posibilidad de poner un pleito. El tribunal no estaría interesado en si a la directora, o a otros, les gustaba la regla. El tribunal consideraría si la regulación era válida de acuerdo con el criterio dado arriba (p. 19). ¿Y si la regla discriminara contra ciertos maestros? El tribunal podría en este caso invalidarla.

### Solo los hechos

1. ¿Cómo se diferencian los procedimientos para enmendar las constituciones de los EE.UU. y de Georgia?
2. ¿Por qué la ley reglamentaria puede considerarse más sensible a la opinión pública que la ley administrativa?

### Piensa

1. ¿Qué pasa cuando los gobiernos aprueban leyes que van contra la voluntad de mucha gente? ¿Cómo responden los gobiernos a la inconformidad pública?

2. Para mostrar cómo los cambios tecnológicos afectan a las leyes, haz una lista de algunos tipos de leyes que parezcan ser necesarias para regular el transporte aéreo.

3. "La Constitución de los EE.UU. debe de ser enmendada de modo que permita a los ciudadanos votar directamente en cuestión de enmiendas". Prepara los argumentos a favor o en contra de dicha propuesta.

## EN RESUMEN

¿De dónde proceden las leyes? En este capítulo, hemos visto cómo los ciudadanos, o sea, el pueblo, son el origen básico de la autoridad que resulta en estas leyes. Hemos descrito las constituciones nacional y estatal, que forman el armazón de las leyes que nos rigen. Hemos examinado el proceso para establecer los estatutos y las ordenanzas. También hemos descubierto cómo las agencias establecen las reglas—otro origen de la ley.

El único origen de la ley que no hemos expuesto completamente es el sistema de los tribunales o las cortes. La ley que establecen los tribunales y el sistema judicial es el tema del capítulo 3. ❑

# 3 Los tribunales

Puede ser que nunca hayas estado ante el tribunal o la corte. Pero alguna vez en el futuro—quizás muchas veces, tendrás que ir. ¿Por qué necesitarías comparecer ante un tribunal?

- Probablemente te llamarán para que sirvas en un jurado (pero solo si eres ciudadano).
- Puede ser que tengas que declarar sobre algún incidente que presenciaste.
- Pudiera ser que te veas envuelto en un divorcio—el tuyo o de otra persona.
- Tal vez cometas un crimen o te acusen de haberlo cometido.
- Pudiera ser que te pusieran un pleito por los daños y perjuicios, digamos, como resultado de un accidente automovilístico.
- Puede ser que pongas un pleito contra alguien por el incumplimiento de contrato.
- Puede ser que tengas que legalizar el testamento de un miembro de la familia.
- Pudieras adoptar a un niño.

Estas posibilidades son razones por las que te convendría saber algo de los tribunales o las cortes, *antes* de que comparezcas ante uno.

En el presente capítulo, veremos lo que los tribunales hacen. Examinaremos las diferentes clases de tribunales o cortes y sus responsabilidades. Consideraremos cómo los tribunales crean la ley. Y finalmente, veremos hasta qué punto la jurisprudencia establecida por los tribunales responde a los cambios sociales y económicos.

## ¿QUÉ ES UN TRIBUNAL?

Los tribunales o las cortes (o sea, el sistema judicial) forman parte del sector público (o que se suele llamar el "gobierno"). Forman la rama a la que la Constitución hace responsable de la interpretación de las leyes de este país.

Hay miles de tribunales en los Estados Unidos. Hasta que la nueva constitución entró en vigor en el año 1983, solo el estado de Georgia tenía aproximadamente 2,470 tribunales. Ahora, con un sistema relativamente simplificado, Georgia cuenta con unos 1,100 tribunales.

La función básica de todos los tribunales es esencialmente la misma: declarar, determinar y si

---

**Habla Legal**

el analogía • el tribunal de apelación • la arbitración • la jurisprudencia • la ley común • el/la acusado(a) • la jurisdicción • la mediación • el/la demandante • el precedente • el tribunal de primera instancia • los procedimientos extrajudiciales para la resolución de las disputas es necesario, hacer cumplir los derechos y las obligaciones de la gente ante la ley. Para hacer cumplir las decisiones, los tribunales pueden imponer penas a quienes no cumplan dichas decisiones.

Aunque su función básica sea la misma, hay límites en cuanto a lo que un tribunal o corte puede oír o decidir. Supongamos que alguien dice: "Para proteger tus derechos, debieras acudir a los tribunales". Tú pudieras muy bien responder: "¿A qué tribunal?" ¿A un tribunal federal o a uno estatal? ¿A un tribunal testamentario o a uno de magistrados? ¿A un tribunal fiscal o a uno penal? ¿A un tribunal de Georgia o a uno de Tennessee?

A continuación se dan cuatro casos imaginarios. Necesitarás determinar qué tribunal va a juzgarlos. Las siguientes secciones te servirán de guía.

### CUATRO CASOS EN BUSCA DE UN TRIBUNAL

1. Manuel Manejo reside en el Condado de Brooks. En Valdosta (Condado de Lowndes) ha comprado un automóvil de segunda mano a Emilio de la Venta. El automóvil tiene una avería. Manuel está seguro que el contrato que firmó al comprar el automóvil cubre la reparación. Emilio no está de acuerdo. Manuel lleva el automóvil para que se lo reparen el taller de Ricardo. Manuel dice que si Emilio no le reembolsa los $150 de la factura, le pondrá un pleito.

2. A Luz Marina del Puesto no la contrata la Giant Gadget Company, del Condado de Cobb. (La compañía vende sus productos por todos los Estados Unidos.) El hombre a quien han contratado está mucho menos cualificado que Luz Marina. A Luz Marina le parece que han discriminado contra ella por ser mujer. Cree que le han negado la igual protección ante la ley. Así que decide llevar el caso ante los tribunales.

3. Esteban Estafador, residente de Savannah, ha enviado anuncios por correo que tratan de un plan falso para hacerse rico rápidamente. En los anuncios, insta a los lectores a que le remitan un depósito de $100. A Esteban lo detienen en Brunswick, Georgia. Se le acusa de estafar a la gente.

4. Durante un intento de atraco, Juliana Quemálaeres mató a un hombre en una tienda de Hartwell, Georgia. Ella vive en Elberton, Georgia, pero la detuvieron en Anderson, South Carolina.

### LOS DESACUERDOS: CIVIL O PENAL

Cuando se solicita de los tribunales que decidan en asuntos de los derechos y las obligaciones, es corrientemente para resolver una disputa. Todos los casos imaginarios que hemos presentado suponen disputas. Manuel dice que Emilio de la Venta debiera pagar la reparación del automóvil. Emilio dice que no tiene ninguna obligación legal de hacerlo. Luz Marina dice que la Giant Gadget Company discriminó contra ella. La compañía niega los cargos. El gobierno dice que Esteban Estafador y Juliana Quemálaeres cometieron crímenes. Ellos dicen que son inocentes.

Sin embargo, no todos los acuerdos en cuestión de derechos y obligaciones legales suponen la existencia de disputas. Cuando los padres se presentan ante un tribunal para adoptar a un niño, no hay disputa que resolver. El tribunal simplemente establece la relación legal entre los padres adoptivos y el niño. Se declara los derechos legales entre ellos.

Cuando un tribunal oye una disputa, primero se procede a su vista en un *tribunal de primera instancia* (*trial court* en inglés; literalmente será la "corte del juicio"). Los tribunales son de primera instancia o de apelación. Los *tribunales de apelación* pueden revisar las decisiones de los tribunales de primera instancia, y determinar si la ley se aplicó en forma apropiada (*appellate court*).

Por lo tanto, los casos que hemos dado se iniciarán en los tribunales de primera instancia. Para determinar de cuál tribunal de primera instancia se trata, debemos decidir primero si se trata de los casos civiles o penales.

Las disputas pueden incumbir a la ley civil o a la ley penal. Algunas veces, puede tratarse de las dos. La ley penal atañe a actos que el gobierno ha declarado ser delictivos. Las disputas que no se refieren a delitos quedan bajo el dominio de la ley civil. De la clase de la ley de que se trate dependerá los procedimientos que se deben seguir. También determinará si la disputa se ha de oír ante un tribunal penal o civil.

## La ley civil

En un caso civil, las partes interesadas recurren al sistema legal, para que se decida lo que es una disputa personal entre ellas. La parte que inicia el caso civil se llama el (o la) *demandante* (en inglés *the plaintiff*). La parte que es acusada, se llama el *demandado* (en inglés *the defendant*). El demandante acusa, ante el tribunal apropiado, al demandado de que

1. le debe al demandante alguna obligación legal, por ejemplo una suma de dinero, o que

2. ha violado algún derecho legal del demandante. Un ejemplo sería el derecho a no dañar la propiedad de uno, como puede ocurrir en el caso de un accidente automovilístico.

Cuando se le pone título a un caso civil, se da primero el nombre del demandante. El caso 1 es un caso civil. Manuel Manejo pone un pleito a Emilio de la Venta por daños. Manuel es el demandante, y Emilio de la Venta es el demandado. El título del caso sería *Manuel Manejo contra Emilio de la Venta*.

El caso 2 también es un caso civil. Luz Marina del Puesto es la demandante. La Giant Gadget Company es la demandada. ¿Qué título llevaría este caso?

Nótese que la segunda parte de dicho texto incumbe a asuntos que quedan bajo la ley civil.

## La ley penal

Los casos titulados *EE.UU. contra los Seis Secuestradores Secretos* o *Georgia contra Nayelí la Pistolera* serían sin duda casos penales. En un caso penal, una de las partes es siempre un gobierno. La razón es que las leyes del gobierno establecen lo que constituye un delito. A una persona como tú pueda ser que no le haya afectado el acto criminal. Pero los tribunales consideran que el acto fue cometido contra el estado.

Los gobiernos (más precisamente, la rama judicial) inician la mayor parte de los casos penales. Para hacerlo, el gobierno eleva un cargo ante el tribunal competente. El cargo declara que el acusado (la persona acusada) ha cometido algún acto que, bajo las leyes del gobierno, se considera como un delito.

En un caso penal, el gobierno será siempre "la persona" (en el sentido legal) que entabla la acción judicial. Si se han violado las leyes federales, el gobierno federal será el fiscal. Si se ha faltado a las leyes estatales, el gobierno estatal será el fiscal.

Solamente los gobiernos estatales y federales pueden poner en ejecución las leyes penales y actuar como el fiscal. Los gobiernos municipales y de los condados pueden, sin embargo, poner en ejecución las ordenanzas y entablar una acción judicial si se ha faltado a alguna. Las ordenanzas regulan las actividades en lugares públicos como las calles del municipio o los parques del condado.

### CUATRO CASOS EN BUSCA DE UN TRIBUNAL, *continuación*

Tanto el caso 3 como el caso 4 quedan bajo la ley penal. En el tercero, a Esteban Estafador se le acusa de cometer un delito. Él es el acusado. Juliana Quemálaeres será la acusada en el cuarto caso. Pero no podemos todavía titular los casos. Primero, necesitamos averiguar cuál gobierno puede entablar la acción judicial. En el caso 3, ¿será el gobierno federal o el estatal? En el caso 4, ¿será el gobierno de South Carolina o el de Georgia? Las respuestas dependerán del gobierno que tenga jurisdicción en dichos casos.

## LA CUESTIÓN DE LA JURISDICCIÓN

Cada tribunal o corte tiene autoridad para oír ciertos casos, pero no todos. Los derechos y obligaciones legales que un tribunal puede decidir y hacer cumplir determinan la *jurisdicción* (o la competencia) de ese tribunal. La jurisdicción es el poder y autoridad de un tribunal para oír y decidir un caso.

Hay dos tipos de jurisdicción que debes conocer: el de la materia y el personal.

## La jurisdicción sobre la materia

Un tribunal debe tener la autoridad para hacer cumplir el tipo de leyes (o derechos y obligaciones legales) que entran en una disputa. Se llama *subject matter jurisdiction* en inglés. En español esto se llama la *jurisdicción sobre la materia*. La ley que ha creado el tribunal define dicha autoridad.

**SITUACIÓN 1.** Cary Postal ha robado en el Condado de Gilmer, Georgia, el correo que transportaba un camión de Correos de los EE.UU. Lo han detenido en el Condado de Cherokee, Georgia. ¿El tribunal de qué condado tendría jurisdicción sobre el caso?

Antes de contestar, no te olvides que las leyes federales han creado los tribunales federales. Las leyes estatales han establecido los tribunales estatales. Por lo general, las leyes estatales definen también la jurisdicción o competencia de los tribunales del gobierno local.

La persona que falta a una ley federal—como introducir en el país las drogas de contrabando—sería procesada ante un tribunal federal. En general, los tribunales o las cortes federales oyen disputas que surgen bajo las leyes federales.

Por otro lado, la regla general es que la persona que falte a una ley en Georgia solo puede ser juzgada por un tribunal de Georgia. Lo mismo ocurre al tratar de otros estados. Un tribunal federal o un tribunal de otro estado, no tendrían jurisdicción o competencia sobre el caso.

Se puede dar una excepción al caso citado cuando se ha violado el estatuto civil de un estado. Semejante violación puede quedar bajo la jurisdicción suplemental del tribunal federal. Y si es así, un tribunal federal podría juzgar el caso.

El robo del correo es un crimen federal. Así pues, el tribunal del distrito federal tendría la jurisdicción sobre la materia en la situación 1. Ninguno de los dos tribunales del condado podría juzgar el caso.

La ley establece que el tribunal o la corte ha de ser muy específico, por lo que se refiere a sus poderes. Considera la siguiente situación:

**SITUACIÓN 2.** Una ley estatal requiere que todas las ciudades deben tener "tribunales municipales". Dichos tribunales pueden juzgar solamente casos civiles en los que se reclamen menos de $5,000. ¿Tendría el tribunal municipal jurisdicción sobre la materia de los siguientes casos?

a. ¿un robo de artículos por valor de $500?

b. ¿una disputa relacionada con la indemnización de seguros por la cuantía de $10,000?

c. ¿una reclamación por daños de $500?

Ése tribunal solo tendría jurisdicción sobre la materia, en el caso "c". El caso "a" es un caso delictivo, y el caso "b" supone una cuantía muy elevada.

Un tribunal como el "tribunal municipal" que se ha descrito, se denomina de *jurisdicción limitada*. Tiene el poder de oír únicamente casos específicos. Cuando examines en las páginas pp. 30 y 32 las ilustraciones de los tribunales federales y de Georgia, fíjate en los que tienen jurisdicción o competencia limitada.

Algunos tribunales o cortes no tienen límites en cuanto a los tipos de obligaciones y derechos que pueden hacer cumplir. Pueden oír cualquier tipo de disputa en la que tengan jurisdicción sobre la materia. Dichos tribunales se denominan de *jurisdicción general*.

Sin embargo, en ciertos casos, las leyes otorgan jurisdicción o competencia sobre la materia a más de un tribunal. Existen muchos ejemplos. En Georgia, los casos donde se reclaman daños se puede oírlos un tribunal o corte superior o un tribunal del estado (depende de la cantidad reclamada). Los fallos de los tribunales federales han establecido que las violaciones de la ley federal, por lo que se refieren a una igual oportunidad de empleo, pueden oírse tanto en tribunales estatales como en los federales. En tales casos, dichos tribunales se denominan de *jurisdicción concurrente*.

### CUATRO CASOS EN BUSCA DE UN TRIBUNAL: LA JURISDICCIÓN SOBRE LA MATERIA

 1. La disputa sobre la factura de la reparación del automóvil queda bajo la ley estatal. Por lo tanto se juzgará en un tribunal de Georgia. En tales casos, la cantidad de la reclamación a menudo determina cuál entre los tribunales tendrá jurisdicción.

2. Luz Marina alega que han violado sus derechos, de acuerdo con la Constitución de los EE.UU. Los tribunales federales juzgan generalmente tales casos, y ése es el tribunal al que recurrirá. No obstante, los tribunales estatales pueden oírlos también.

3. El empleo del correo para defraudar a alguien es una ofensa federal. A Esteban se le procesará ante un tribunal federal. El caso se titularía *Estados Unidos contra Esteban Estafador*. En un caso penal, se da primero el nombre de la parte que entabla el proceso.

4. Juliana Quemálaeres cometió el crimen en Georgia, por lo tanto, los tribunales de Georgia tienen la jurisdicción. Le pedirían al estado de South Carolina que enviara a Juliana Quemálaeres a Georgia para ser juzgada. El caso se titularía *Georgia contra Juliana Quemálaeres*.

## La jurisdicción personal

Un tribunal o corte también debe tener el poder de actuar con respecto a las partes que comparecen ante el tribunal, en lo que se dice *personal jurisdiction* en inglés. Ese poder se denomina la *jurisdicción personal*. Dos condiciones se deben dar para que el tribunal tenga jurisdicción sobre las partes.

Primero, debe existir una relación razonable entre el tribunal y las partes. A menudo es cuestión de lugar y localización.

En casos civiles, el tribunal del condado donde reside la persona a la que se le pone el pleito (la demandada) es generalmente donde el caso se oye. Algunas veces, el demandado reside fuera del estado, pero tiene suficientes contactos en Georgia, de modo que queda bajo lo que se llama el estatuto del "brazo largo" (*long-arm statute*). Entonces, el caso civil se oirá en el condado donde el problema se llevó a cabo.

¿Cómo funciona el estatuto del "brazo largo"? Para explicarlo, supón que un producto defectuoso, fabricado en California, ha lesionado a varios georgianos. Bajo el estatuto del brazo largo, podrían ponerle un pleito al fabricante de California ante un tribunal de Georgia. Todo dependería de cuanto contacto tenga el fabricante con el estado. A falta del estatuto del brazo largo, los georgianos tendrían que entablar el pleito en California.

¿Qué pasa en un caso penal?

**SITUACIÓN 3.** Roberto Mora, que reside en el Condado de Muscogee, Georgia, atraca una joyería en el Condado de Twiggs. Más tarde, lo detienen en el Condado de Greene, Georgia. Qué tribunal tiene jurisdicción: ¿el del partido de Muscogee, el de Twiggs o el de Green?

En casos penales, el tribunal del condado donde la ofensa se ha cometido, tiene la jurisdicción sobre la persona detenida. En la situación 3, por lo tanto, el tribunal del Condado de Twiggs es el que tiene la jurisdicción.

El segundo componente de la jurisdicción personal, consiste en que el tribunal debe notificar a los enjuiciados de las acusaciones civiles o penales contra ellos. Esto les da la oportunidad de proteger sus derechos. A un acusado se le debe notificar con la suficiente antelación (anticipación) de modo que le permita preparar adecuadamente la defensa del caso.

Se puede renunciar a la notificación. Pero la renuncia solo puede ser voluntaria y con pleno conocimiento de sus consecuencias.

### CUATRO CASOS EN BUSCA DE UN TRIBUNAL: LA JURISDICCIÓN PERSONAL

1. Cuando se trata de un caso civil, y las dos partes residen en Georgia, el caso se iniciaría en el condado del demandado. El caso de *Manuel Manejo contra Emilio de la Venta* se iniciaría en un tribunal del Condado de Lowndes.

2. El caso de Luz Marina se oiría ante el tribunal federal del distrito. Ella recurriría al tribunal donde el encausado, Giant Gadget Company, reside. Como se dijo arriba, en el caso específico de Luz Marina, esta particular materia se podría resolver ante un tribunal de Georgia. Aquí sería en el Condado de Cobb.

3. Esteban Estafador cometió el crimen en Savannah. Se le juzgaría ante el tribunal federal con jurisdicción en Savannah.

4. Juliana Quemálaeres cometió el crimen en el Condado de Hart. No lo cometió en el estado de Carolina del Sur ni en Elberton. El caso se vería ante el tribunal apropiado del Condado de Hart.

# EL SISTEMA DE TRIBUNALES DE GEORGIA Y LOS TRIBUNALES FEDERALES

## Los tribunales de Georgia

Georgia tiene un sistema de tribunales, o cortes, relativamente complicado (la ilustración 3-1). Así es todavía, a pesar de que el sistema se simplificó bastante cuando la constitución del año 1983 entró en efecto.

### Los tribunales de primera instancia

Georgia tiene un número de tribunales, o cortes, que se llaman de la jurisdicción (o la competencia) original. Esto quiere decir que dichos tribunales pueden ser los primeros que oyen y deciden un caso. Los tribunales de jurisdicción original se llaman los tribunales de primera instancia.

El tribunal (o la corte) superior es el principal tribunal de primera instancia (*trial court*). En otros estados, puede ser que dichos tribunales se llamen de otra forma. Se pueden llamar los tribunales del circuito (*circuit courts*) o los tribunales del distrito (*district courts*).

Los tribunales superiores se dividen en 49 circuitos o áreas geográficas. La mayor parte de los circuitos incluye más de un condado. En ese caso, las sesiones del tribunal superior tienen lugar todos los años en cada condado. El tribunal lleva el nombre del condado donde celebra sus sesiones. En otras palabras, cuando el Tribunal Superior del Circuito de Pataula tiene lugar en el Condado de Early, se conoce con el nombre de Tribunal Superior del Condado de Early. Por eso, se dice que cada condado tiene un tribunal superior.

Los tribunales (o cortes) superiores son tribunales de jurisdicción general. Tienen jurisdicción exclusiva en los delitos graves (los delitos más serios en la ley de Georgia), y en ciertas áreas de la ley civil.

Examina la lista del sistema de tribunales de Georgia: incluye cuatro clases de tribunales (o cortes) bajos o inferiores, dentro del nivel de tribunales estatales. De los tribunales mencionados, tres tienen lugar o celebran sesiones en cada condado. ¿Sabes cuál es el que no lo hace?

Solo 70 condados tienen tribunales del estado. Los tribunales del estado se crearon para reducir la carga de casos ante los tribunales de primera instancia. Tienen la jurisdicción sobre las infracciones (las ofensas menos serias que los delitos graves; se dice *misdemeanors* en inglés) y sobre muchas de las disputas civiles.

Cada condado cuenta con un tribunal de las últimas voluntades (*probate court* en inglés). Estos tribunales figuran entre los más antiguos de Georgia. Antiguamente, los jueces eran también los administradores del condado. Algunos de sus deberes administrativos existen todavía. Todos los tribunales de últimas voluntades tienen jurisdicción para examinar (o comprobar) la lega-

# El sistema de tribunales de Georgia

## EL TRIBUNAL SUPREMO O CORTE SUPREMA—7 jueces

Tiene la jurisdicción de la apelación exclusiva en los casos que implican las cuestiones constitucionales, construcción de tratados, disputas electorales, delitos graves por los que se puede imponer la sentencia de muerte, títulos de propiedad, últimas voluntades (testamentos), hábeas corpus, equidad, divorcios y pensiones pos-matrimoniales y remedios extraordinarios (*Supreme Court* en inglés). También considera consultas certificadas y elevación de autos del Tribunal de Apelaciones.

## EL TRIBUNAL O CORTE DE APELACIONES—12 jueces

Tienen la jurisdicción de apelación, en casos donde el tribunal o la corte suprema no tiene la jurisdicción exclusiva (*Court of Appeals* en inglés).

## LOS TRIBUNALES SUPERIORES*—49 circuitos

Tienen la jurisdicción de primera instancia: general, exclusiva en delitos graves, divorcios, títulos de propiedad y casos de equidad (*superior courts* en inglés).

Tienen también la jurisdicción de apelación: en casos de tribunales de últimas voluntades (testamentos), de tribunales de magistrados y de tribunales municipales.

## LOS TRIBUNALES DEL ESTADO
### 70 tribunales

Tienen la jurisdicción penal: infracciones, vista preliminar en procesos por delito grave, y delitos contra el código de circulación (tránsito). Se dice *state courts* en inglés. Tienen jurisdicción civil en casos donde el tribunal superior no tiene la jurisdicción exclusiva.

## LOS TRIBUNALES DE ÚLTIMAS VOLUNTADES*
### 159 tribunales

La jurisdicción exclusiva en casos de legalización testamentaria, administración de herencias, nombramiento de tutores y de la hospitalización involuntaria de individuos incapacitados. También pueden expedir licencias matrimoniales, supervisar elecciones, juzgar violaciones de tránsito, de caza y de pesca, presidir sobre vistas preliminares en casos penales, ocuparse de diversos delitos menores, etc. (*probate courts* en inglés).

## LOS TRIBUNALES DE MENORES*
### 159 tribunales

Tienen la jurisdicción sobre los menores de hasta los 17 años de edad, considerados como delincuentes, indóciles, o que son acusados de ofensas de tránsito; o sobre menores de 18 años que se consideran como desatendidos (*juvenile courts*).

## LOS TRIBUNALES DE MAGISTRADOS*
### 159 tribunales

Tienen la jurisdicción penal: las vistas preliminares, órdenes de detención y fianzas.

Violaciones de ordenanzas del condado, diversos delitos menores y violaciones por la expedición de cheques sin fondos (*magistrate courts*).

Tienen la jurisdicción civil sobre las pequeñas demandas de menos de $15,000.

## LOS TRIBUNALES MUNICIPALES O DE LA "CIUDAD"

Se llaman los tribunales municipales, de la alcaldía, del concejo municipal, o de la policía. Tienen la jurisdicción sobre las infracciones de circulación, violaciones de las ordenanzas municipales y vistas preliminares (tales como órdenes de detención) en los delitos penales. Los tribunales municipales también se ocupan de delitos menores como la posesión de menos de unos 28 gramos (1 onza) de marihuana o el hurto de las tiendas. Estos tribunales no son parte del sistema estatal y en el inglés se les llama *municipal "city" courts*.

*Cada condado cuenta con uno de estos tribunales.

lidad de un testamento, pero los otros poderes que tienen varían según el caso. Algunos, por ejemplo, funcionan como los tribunales de circulación (tránsito).

Cada condado cuenta también con un tribunal de menores. En el año 2002, había 120 jueces para presidir en los 159 condados. El estado de Georgia provee los fondos suficientes para pagar un juez de tiempo completo por cada cuatro jueces de los tribunales superiores en un circuito dado. Oyen asuntos relacionados con los niños menores de edad, de que se expondrá más extensamente en los capítulos 9 y 18.

La Constitución de Georgia de 1983 requirió que cada condado tuviera un tribunal de magistrados para el año 1985. Estos tribunales reemplazaron diversos tribunales (tribunales de menor cuantía, tribunales de los jueces de la paz, etc.). Tienen la jurisdicción sobre una variedad de asuntos, que incluyen la expedición de órdenes de detención, y la audiencia de casos donde se disputan pequeñas sumas de dinero, por ejemplo, cuando la persona pone un pleito a otra a causa de los daños ocasionados a su automóvil en un accidente.

Los tribunales municipales y especiales no quedan bajo el sistema estatal. Sus poderes varían de un municipio a otro. Tendrás que averiguar si la ciudad donde resides tiene un tribunal de este tipo, y cuál es su jurisdicción.

### Los tribunales de la apelación

Como la mayor parte de los estados, Georgia tiene dos tribunales de apelación: el Tribunal Supremo o Corte Suprema de Georgia, y el Tribunal o Corte de Apelaciones de Georgia. En su función de tribunales de apelación (*appellate courts* en inglés), tienen el poder de revisar y modificar las acciones judiciales de los tribunales inferiores.

El Tribunal Supremo o Corte Suprema de Georgia es el tribunal más alto del estado. Oye casos en los que tiene jurisdicción exclusiva de apelación. También puede oír la apelación de la parte que perdió en una decisión apelada al Tribunal o Corte de Apelaciones de Georgia. Sin embargo, el tribunal supremo puede decidir si quiere o no quiere revisar el caso. El tribunal

supremo en general solo revisa dos tipos de casos. Uno se refiere a los principios legales de importancia. El otro tiene que ver con casos donde el tribunal cree que se ha podido ya cometer una gran injusticia.

El Tribunal o la Corte de Apelaciones tiene la jurisdicción para oír apelaciones que proceden de los tribunales indicados en la ilustración 3-1.

Los tribunales superiores también tienen los poderes de la apelación. Pueden revisar los casos que vienen desde los tribunales inferiores de jurisdicción limitada. Sin embargo, la apelación ante un tribunal superior es algo diferente de la apelación ante los dos tribunales de la más alta apelación. En el caso de un tribunal superior, a veces se puede presentar evidencia adicional. En los tribunales de la más alta apelación no se permite introducir alguna evidencia novedosa. De hecho, la apelación ante un tribunal superior puede convertirse en todo un nuevo juicio del caso en cuestión. Es lo que se llama el juicio "de novo" (*trial de novo* en inglés).

### Los tribunales federales

El sistema federal de tribunales (ilustración 3-2) es algo similar al sistema de tribunales de Georgia. Hay diversos tribunales de primera instancia y dos tribunales o cortes de apelación.

El sistema divide el país en 12 circuitos. Cada circuito consiste de estados o territorios específicos. (Véase la ilustración 3-3.) No obstante, el Distrito de Columbia (Washington, D.C.) es un circuito por sí solo. Cada circuito tiene un tribunal de apelaciones. Este tribunal oye las apelaciones que proceden de los tribunales incluidos en el circuito.

A cada circuito se divide en los distritos. En cada estado existen entre uno y cuatro distritos. Georgia tiene tres distritos—Norte, Centro y Sur. En cada distrito hay un tribunal. Estos tribunales de distrito son los tribunales de primera instancia del sistema federal. Son los tribunales de la jurisdicción general. Sin embargo, hay ciertos límites. Por ejemplo, en casos civiles, la litigación debe de ser por una cuantía de $50,000 o más.

El sistema federal tiene un número de tribunales de primera instancia y de apelación, con

## ILUSTRACIÓN 3-2
### El sistema básico de los tribunales federales

#### El Tribunal Supremo o la Corte Suprema de los Estados Unidos

(1 presidente y 8 jueces asociados)

- Resuelve los pleitos entre los estados de EE.UU.
- Revisa las decisiones de los tribunales federales de apelación
- Revisa las decisiones de los más altos tribunales estatales de apelación, si se trata de leyes federales o constitucionales

#### Los Tribunales de Apelaciones de los EE.UU.

(12 circuitos; cada uno con entre 3 y hasta 15 jueces)

- Oye las apelaciones de los tribunales del distrito, de los tribunales territoriales y de los tribunales fiscales de los Estados Unidos
- Revisa las decisiones de las agencias administrativas federales

#### Los Tribunales de Distrito de los EE.UU.

(De 1 a 4 distritos en cada estado; cada distrito tiene entre 1 y hasta 27 jueces)

- Oye los casos penales bajo la ley federal
- Oye los casos civiles bajo la ley federal, o entre ciudadanos de dos estados, en os que la litigación es por una cuantía superior a los $50,000
- Oye los casos de quiebra

les militares. Las decisiones del tribunal militar se apelan al Tribunal de Apelaciones Militares de los EE.UU., que tiene la jurisdicción final. Dentro de este sistema, los tribunales de quiebras (*bankruptcy courts*) son también un tipo especial de tribunal. Los casos de quiebra se inician allí, y las apelaciones resultantes se conducen ante el Tribunal de Distrito de los EE. UU.

A diferencia del Tribunal Supremo o Corte Suprema de Georgia, el Tribunal Supremo o Corte Suprema de los EE.UU. puede actuar como tribunal de primera instancia. Puede oír ciertos casos por primera vez. Por ejemplo, el Tribunal Supremo oiría las disputas limítrofes (de frontera).

A semejanza del Tribunal Supremo o Corte Suprema de Georgia, el Tribunal Supremo de los EE.UU. solo considera ciertas clases de apelaciones. Generalmente, estas apelaciones tienen que ver con las cuestiones substantivas de la ley constitucional federal. No obstante, el Tribunal Supremo puede decir si quiere o no quiere revisar las decisiones de los tribunales de apelaciones.

## ILUSTRACIÓN 3-3
### Los tribunales federales: Circuitos de los EE.UU. y distritos de Georgia

El Tribunal o Corte de Apelaciones del Undécimo Circuito incluye Alabama, Georgia y Florida. A Georgia se la divide en tres distritos, cada uno con un tribunal de primera instancia.

jurisdicciones limitadas y exclusivas. Éstos incluyen el Tribunal de Reclamaciones de los EE. UU., el Tribunal Fiscal de los EE.UU. y el Tribunal de Comercio Internacional de los EE. UU. (cuyas apelaciones se presentan primero ante el Tribunal de Apelaciones de Aranceles y Patentes de los EE.UU.). Además, hay los tribuna-

## CUATRO CASOS EN BUSCA DE UN TRIBUNAL,
*conclusión*

Al fin, podemos asignar nuestros cuatro casos a los tribunales respectivos.

1. El caso de *Manuel Manejo contra Emilio de la Venta*, lo oiría el Tribunal de Magistrados del Condado de Lowndes. Éste es el condado donde Emilio de la Venta reside. Podría oírlo el tribunal de primera instancia o el tribunal del estado, si el Condado de Lowndes tuviera un tribunal del estado. Pero un juicio en esos tribunales sería más costoso. El costo no sería justificable, dada la cuantía de los daños reclamados.

2. El caso de *Luz Marina del Puesto contra Giant Gadget Company* lo oiría el Tribunal del Distrito Federal del Distrito Norte de Georgia. O, si se prefiere el sistema de tribunales de Georgia, lo oiría el tribunal del estado o el tribunal superior del Condado de Cobb.

3. El caso de *Los Estados Unidos contra Esteban Estafador* quedaría bajo la jurisdicción del Tribunal del Distrito Federal, en el Distrito Sur de Georgia.

4. El caso de *Georgia contra Juliana Quemálaeres* lo juzgaría el Tribunal o Corte Superior del Norte de Georgia, que sirve el Condado de Hart.

---

### Solo los hechos

1. Identifica los siguientes tribunales de Georgia, indicando si son tribunales de apelación o tribunales de primera instancia: (a) tribunal superior, (b) tribunal de magistrados, (c) tribunal supremo, (d) tribunal del estado, (e) tribunal de apelaciones.
2. En el sistema federal, ¿cuál es el tribunal principal de primera instancia? ¿Cuál es el tribunal más alto (o el superior) de los Estados Unidos?
3. ¿Qué tribunales tendrían jurisdicción sobre los siguientes tipos de procedimientos judiciales?
   a. un caso de divorcio
   b. una infracción de circulación o tránsito
   c. una reclamación de $500 por incumplimiento de contrato
   d. una reclamación de $17,000 por incumplimiento de contrato
   e. un pleito en que se acusa la violación de derechos constitucionales
   f. la disposición de una herencia de acuerdo con el testamento de un residente de Georgia
   g. el paso de contrabando por la frontera de los EE.UU.
   h. una disputa fronteriza entre Texas y Oklahoma
   i. la violación de una ordenanza municipal
   j. un estudiante de 15 años de edad que ha hurtado en una tienda

## LOS JUECES Y LOS JURADOS

Las expresiones como "el tribunal oye un caso" o "la corte decide" pueden resultar confusas. ¿No son los tribunales (o las cortes) sitios en el sentido de espacios físicos? Las expresiones suenan como si los sitios mismos tuvieran oídos, bocas y cerebros.

Naturalmente, dichas expresiones se refieren a las personas que, como parte del tribunal, oyen y deciden los casos. La principal figura de cada tribunal es la juez o el juez. De hecho, los abogados a menudo se refieren a "el tribunal" o a "la corte" cuando se dirigen la palabra al juez.

En un juicio, el juez controla el desarrollo del juicio y garantiza el tratamiento justo de todas las partes. Un juez decide en las cuestiones de derecho. Si no hay jurado, el juez decide también las cuestiones relacionadas con los hechos del caso.

El derecho a un juicio ante el jurado es una parte muy estimada en nuestro sistema de justicia. Tanto los tribunales estatales como los federales tienen dos clases de jurado: el *jurado de acusación* (conocido como el gran jurado; en inglés se dice *grand jury*) y el *jurado procesal* (también llamado el pequeño jurado o jurado de negación). Los jurados de acusación levantan el acta de acusación (acusan formalmente) a personas sospechadas de haber cometido delitos graves. El jurado procesal (*trial jury*) decide los hechos mediante los juicios penales o civiles.

Como las ilustraciones en las páginas 30 y 32 indican, muchos tribunales tienen más de un juez. Normalmente, solo un juez oye cada caso en los casos que caben en la categoría de tribunal de primera instancia. El Tribunal Superior del Condado de Fulton tiene 19 jueces. Pero cada uno preside individualmente en los casos que se presentan ante el tribunal.

Por otro lado, todos o varios de los jueces del tribunal oyen generalmente los casos de apelación. El número exacto de los jueces depende de las leyes que gobiernan el tribunal. Los siete jueces del Tribunal Supremo de Georgia oirán juntos cualquier caso específico.

Sin embargo, el Tribunal de Apelaciones de Georgia funciona en cuatro divisiones de tres jueces cada una. Cada división oye y decide los casos independientemente. Sin embargo, si hay desacuerdo en un caso, el tribunal entero lo oye conjuntamente. El tribunal entero también oye conjuntamente un caso, si dos jueces de la división a la que se le ha asignado un caso, lo recomiendan.

Para decidir un caso en un tribunal de apelación, usualmente la mayor parte de los jueces deben estar de acuerdo con la decisión. Solo puede haber una decisión. Pero puede haber una variedad de opiniones sobre esa decisión. (Véase la ilustración 3-4.)

En el sistema federal de tribunales, casi todos los jueces son nombrados de por vida. Esto es un requisito de la Constitución de los EE.UU.

Sin embargo, en el sistema de tribunales de Georgia, casi todos los jueces son elegidos por períodos fijos. Los jueces de apelaciones lo son por seis años; generalmente, los jueces de primera instancia son elegidos por cuatro años. A los jueces de los tribunales de menores (con una sola excepción) y a algunos jueces de tribunales de magistrados, se les nombra por un período similar de tiempo. Una vez que ocupan su puesto, la mayor parte de los jueces de Georgia son reelegidos hasta que se jubilan.

## CÓMO LOS TRIBUNALES "CREAN" LAS LEYES

En este libro se ha declarado, más de una vez, que los tribunales interpretan la ley. ¿Sabes lo que se quiere decir con eso?

Cuando un tribunal interpreta la ley, explica o clarifica lo que la ley quiere decir. Un tribunal puede interpretar la ley desde el punto de vista de una constitución, de un estatuto, o del

---

### ILUSTRACIÓN 3-4
## Las opiniones de los jueces

Los jueces del Tribunal o Corte Suprema usualmente escriben o redactan las opiniones sobre las principales decisiones. Pueden darse varias opiniones en un solo caso. Pueden estar de acuerdo o en desacuerdo con la decisión.

### Opiniones...

#### Están de acuerdo con la decisión

Opinión de la mayoría—Explicación de la decisión, escrita por un juez y firmada por cada juez que está de acuerdo con la mayoría.

Opinión concurrente—Escrita por un juez o jueces que está(n) de acuerdo con la decisión, pero que está(n) en desacuerdo con las razones de la opinión mayoritaria. La opinión expresa lo que el escritor cree que son mejores razones.

#### Están en desacuerdo con la decisión

Opinión discrepante—Escrita por un juez o jueces que está(n) en desacuerdo con la decisión. La opinión explica por qué el escritor cree que la decisión debiera haber sido diferente.

---

reglamento de una agencia pública. He aquí una ilustración:

**SITUACIÓN 4.** La Asamblea General de Georgia aprueba una ley donde se dice que es un delito llevar un arma de fuego oculta. A Tamara de las Armas se le acusa del siguiente delito: llevaba una pistola en un pequeño bolso de tela. Durante el juicio, su abogado afirma que no ocultaba el arma. Presenta testigos que declaran que el bulto de la pistola indicaba claramente que iba en el bolso. Por lo tanto, el abogado dice que a Tamara no se le debe declarar culpable.

El tribunal debe decidir hasta donde puede llegar la amplitud de la palabra "oculto".

El juez lo decidiría cuidadosamente. Él o ella pueden indagar la intención de la legislatura cuando se escribió el estatuto. ¿Quería decir que el arma tenía que estar fuera de cualquier clase de envase? El juez comprobaría si había casos semejantes y cómo se resolvieron. Él o ella examinarían cuidadosamente la evidencia.

Supón que el tribunal decidió que Tamara era inocente. Diría, entonces, que el bolso no "ocultaba" el arma. La decisión alteraría la definición legal de lo que significa "oculto". En inglés se dice *concealed weapon*. En efecto, redefiniría la ley en el sentido de que un arma no está oculta si se nota su bulto.

Supón que el tribunal decidió que Tamara era culpable. Esa decisión también alteraría la definición legal de lo que significa "oculto". Significaría que las armas que están dentro de un bolso están ocultas, aunque su bulto sea visible.

Otra forma en que los tribunales crean la ley es cuando determinan la validez de las leyes. Como recordarás (del capítulo 2), eso requiere comprobar si la ley se puso en ejecución apropiadamente. Significa también que se irá a comprobar si la ley queda dentro de los poderes y límites del gobierno.

Las interpretaciones judiciales (o de los tribunales) sobre los poderes y límites del gobierno pueden cambiar con el pasar del tiempo. Por ejemplo, en la década de los años 1960 surgieron muchas preocupaciones por los derechos de quienes habían sido acusados de delitos. En 1963, la Corte Suprema decidió que la persona acusada de un delito grave (un crimen de importancia) tenía el derecho de que un abogado la representara ante el tribunal. Este requisito pasó entonces a formar parte del derecho al "debido proceso legal" (*due process of law*). Antes del año 1963, no había formado parte de ese derecho. ¿Sí ves cómo esa decisión dio un nuevo significado a la ley que se ocupaba del "debido proceso legal"?

## La ley común

Hasta aquí, hemos hablado de los casos ante los tribunales que proceden de las leyes creadas por las constituciones, las legislaturas o las agencias oficiales. Pero ¿qué pasa cuando los tribunales deben hacer decisiones, basándose en derechos y obligaciones legales sin ninguna ley escrita que gobierne la situación?

Antiguamente, ese era el caso. Antes de que existieran los Estados Unidos, el origen principal de la ley en Inglaterra era lo que se llama la ley común. ¿Qué es la ley común (*common law* en inglés)? La *ley común* se puede definir como los derechos y obligaciones que los tribunales—en ausencia de estatutos específicos—declaran que existen en situaciones dadas. Luego, otros tribunales pueden aplicar las decisiones de los tribunales en casos previos, a casos presentes que se refieran a situaciones similares.

El sistema estadounidense de justicia ha heredado gran parte de la ley común inglesa (y es bastante distinto del sistema latinoamericano que tiene otras bases históricas y filosóficas). Gran parte de la ley común ha sido codificada, es decir, que se ha reunido en áreas, por materias. Éstas se han publicado en las compilaciones de leyes o los códigos. Luego, puede ser que las legislaturas estatales las hayan sancionado como la ley reglamentaria.

Sin embargo, algunos tipos de leyes no han pasado a los estatutos. Unos ejemplos son las leyes de los daños y perjuicios y de los contratos. Los tribunales están continuamente ocupados con la interpretación, renovación y creación de la ley común en dichas áreas.

Las interpretaciones que los tribunales hacen de la ley reglamentaria o de la ley común reciben el nombre de la *jurisprudencia*.

### El razonamiento por analogía

Tú, como juez de un tribunal, consideras un caso. ¿Cómo vas a decidir cuáles son los derechos y las obligaciones de los litigantes?

Primero, buscarás en las constituciones, los estatutos o en las agencias oficiales, una regla de la ley que sea aplicable. Comprobarás también lo que otros tribunales han decidido en situaciones similares.

Este método de llegar a las decisiones—comprobando lo que ha ocurrido en situaciones similares—se llama el *razonamiento por analogía*. Es básico en el pensamiento legal. (En inglés se dice *reasoning by analogy*.) Se basa en la idea de que si dos o más cosas concuerdan entre sí de alguna manera, probablemente concuerdan con otras. En otras palabras:

La solución K resuelve el problema J.

El problema F es como el problema J.

El razonamiento por analogía sugiere que la solución K deberá resolver el problema F.

Necesitarás emplear este razonamiento para decidir los casos en los ejercicios que hay en este libro.

Para ver cómo funciona este razonamiento, lee el siguiente caso. Supón que eres el/la juez que debe resolverlo.

### EL CASO DE LAS UVAS APLASTADAS

Carlos pasaba junto a las cajas de fruta del supermercado. Algunas uvas sueltas se habían caído al suelo. La gente que pasaba por allí había pisado algunas. Al ver a un amigo, Carlos se volvió para saludarle. Por desgracia, Carlos pisó las uvas aplastadas en ese momento. Se resbaló. Al caerse, se agarró al brazo de la persona más cercana, una anciana. Ella también se cayó y se le rompió la muñeca.

La anciana ha iniciado un pleito. Pide que la tienda le pague los daños ocasionados por la lesión. Cree que la lesión fue el resultado de la negligencia de la tienda, que no recogió las uvas.

Siendo el/la juez, vas a tener que decidir si la tienda deberá ser responsable por los daños que ha sufrido la anciana. Necesitarás saber si otros tribunales han decidido casos similares.

Un caso que leerás es el de *La mancha resbaladiza*. En dicho caso, Joana Marrón cruzaba de prisa el comedor de un restaurante. Joana resbaló al pisar una mancha de espagueti con mantequilla que habían derramado antes. Al caerse, derribó el platón de lasaña que llevaba un camarero, cuyo contenido cayó sobre el señor Wilson, arruinando su traje.

En dicho caso, el juez dijo que el restaurante tenía la obligación legal de mantener un ambiente exento de peligros para los clientes. Por lo tanto, tenía la obligación legal de limpiar la mancha resbaladiza del espagueti, lo cual era

necesario para evitar que alguien resbalara. Como no habían limpiado la mancha, el restaurante fue declarado responsable de los daños causados por el resbalón y la caída de Joana. Tuvo que pagar los daños causados por el resbalón y caída de Joana, incluyendo los desperfectos causados al traje del señor Wilson.

En tu papel de juez, te preguntarás si la misma regla legal se debe aplicar al caso de *Las uvas aplastadas*.

La primera pregunta que te debes hacer es si los hechos de tu caso son similares a los del caso de *La mancha resbaladiza*. ¿Tiene también la tienda la obligación legal de mantener un ambiente exento de peligros para los clientes? Si es así, ¿tiene que recoger las uvas que se han caído al suelo? ¿Debe evitar que la gente resbale y se lesione?

Los hechos en los dos casos parecen ser similares. Por lo tanto, como juez del caso de *Las uvas aplastadas*, puedes decidir que se debe aplicar la misma regla legal.

El razonamiento por analogía se ha convertido en la herramienta básica de los tribunales para tomar decisiones. En parte es así, porque los tribunales se preocupan por mantener la consistencia. Es necesario que las decisiones de los tribunales tengan cierto grado de consistencia, de modo que la gente sepa cuáles son sus obligaciones legales. Por eso, los tribunales se apoyan en casos previamente resueltos para resolver los casos presentes. Cuando lo hacen así, se dice que se apoyan en un *precedente*.

### Los precedentes

Una juez que emplee el caso de *La mancha resbaladiza* para resolver el caso de *Las uvas aplastadas* se referiría a un precedente (en inglés *precedent*).

El principio por el que una decisión previa se aplica solo a otros casos donde los hechos son similares, se llama *stare decisis*. Es un principio de ley bien conocido que trae nombre en el idioma latín. Sin embargo, un tribunal puede decidir que los hechos presentados son diferentes del caso anterior. Entonces, el tribunal no está obligado a seguir la decisión del primer caso.

No obstante, antes de romper deliberadamente con la consistencia, un tribunal debe de estar muy seguro de que existe una diferencia substancial en los hechos del caso.

## EL CASO DE LAS UVAS APLASTADAS, *continuación*

En el caso de *La mancha resbaladiza*, la mancha permaneció en el suelo durante mucho tiempo. Tanto el camarero como el encargado del restaurante tuvieron el tiempo suficiente de darse cuenta de la mancha. También tuvieron tiempo de limpiarla. La situación, en apariencia, se parece al caso de *Las uvas aplastadas*.

Sin embargo, supongamos que (a) las uvas se habían caído al suelo poco antes de que Carlos las pisara. O, (b) que él mismo provocó accidentalmente la caída de las uvas.

Tanto en una situación como en la otra, ningún empleado de la tienda habría tenido la oportunidad de descubrir que las uvas eran un problema en potencia. Así pues, los hechos del caso serían diferentes del caso de *La mancha resbaladiza*. Como juez, podrías decidir que la misma regla no era aplicable. Pudieras opinar que a la tienda se le debería otorgar un tiempo razonable para descubrir semejante peligro, que no se le debería hacer responsable de los daños causados por una situación que no tuvo tiempo de remediar.

¿Y qué ocurre si no hay decisiones en casos similares al caso presente? En otras palabras ¿qué ocurre si no existe una regla legal aplicable? ¿si no hay un precedente a seguir? Entonces el tribunal debe diseñar una regla nueva que, en su opinión, sea una decisión justa en el caso presente.

Lo que eso significa es que tu decisión en el caso de *Las uvas aplastadas*, podría crear una nueva regla legal. Si se apela tu decisión, un tribunal de apelación de Georgia la revisaría. Si el tribunal de apelación ratifica tu decisión, con toda probabilidad se convertiría en un precedente para los tribunales de Georgia. Aunque no fuese revisada por un tribunal de apelación, pudiera ser que otro tribunal de primera instancia de Georgia la consideraría como un precedente persuasivo.

¿Qué ocurriría si tu decisión fuese revisada por el Tribunal Supremo o Corte Suprema de los EE.UU., y si el Tribunal ratificara tu decisión? Entonces, tu decisión establecería un precedente que deberán considerar los tribunales federales y los tribunales de otros estados.

### La equidad

De vez en cuando, un tribunal se encuentra con una situación donde al aplicar una regla establecida por la ley, se producen resultados indeseable o injustos. El poder que el tribunal tiene para ignorar una regla en una situación especial se llama la *equidad* (en inglés *equity*).

Para ilustrarlo, supongamos que has subscrito un contrato para comprar un automóvil antiguo—un Modelo T del año de 1920. Has entregado cierta cantidad de dinero a cuenta. Sin embargo, cuando vas a recoger el vehículo, el propietario se lo ha vendido a otra persona por un precio más elevado. Tú no quieres que te devuelva la cantidad entregada a cuenta; lo que quieres es el automóvil.

Bajo la ley cotidiana, tendrías derecho a que te devolviera el dinero. Pero para conseguir el automóvil, podrías entablar un pleito de equidad. En los juicios de equidad, se busca (a) el cese de alguna acción, o (b) se reclama algún cumplimiento específico, como en nuestro ejemplo. En dicho caso, quieres que el tribunal "ordene" al vendedor que te venda el automóvil a ti.

### Solo los hechos

1. Define lo que es la ley común.
2. ¿Es lo siguiente un ejemplo del razonamiento por analogía? La solución C resuelve el problema A. El problema B es el mismo que el problema A. La solución D se puede aplicar al problema B. Si no resulta ser un ejemplo, ¿qué cambio es necesario hacer para que lo sea?
3. ¿Qué es un precedente?

### Piensa

1. ¿Por qué la consistencia es importante en toda ley?

## LOS CAMBIOS EN LA LEY CREADOS POR LOS TRIBUNALES

### Los efectos de los cambios a las leyes

Los tribunales, en general, son cautelosos con los cambios a la ley. Al tomar las decisiones, normalmente se fijan en lo que ha sucedido antes. Se consideran los precedentes. Usualmente, los tribunales se apartan de los precedentes solo por razones poderosas.

Por otro lado, con cada decisión de un tribunal, de alguna forma, se añade un nuevo significado a las leyes existentes. De ese modo, las leyes creadas por los tribunales—y las leyes en general—se redefinen y cambian constantemente. Esos cambios han hecho que esta Constitución federal sea una estructura viva. Han permitido que se adapte a los cambios de la sociedad y de la tecnología de los últimos 200 años.

Para ilustrarlo, veamos cómo las interpretaciones de los tribunales se han adaptado a los cambios tecnológicos.

**SITUACIÓN 5.** Los ingenieros genéticos de la empresa "4891 Company" han alterado los genes de los manzanos para crear un nuevo árbol. Este manzano "nuevo" puede producir tres cosechas de manzanas al año. La 4891 Company quisiera proteger legalmente esta nueva forma de vida. ¿Puede hacerlo?

La Constitución de los EE.UU. concede al Congreso el poder de promulgar las leyes relacionadas con las patentes. Las leyes de patentes y de marcas registradas se aprobaron originalmente para proteger la invención de máquinas o de otros inventos identificables. Probablemente, nunca se les ocurrió a los antiguos legisladores que se pudieran inventar nuevas formas de vida.

¿Se pueden patentar las nuevas formas de vida? Sí. El Tribunal Supremo o Corte Suprema de los EE.UU. ha juzgado que son similares a otras invenciones. Por lo tanto, las nuevas formas de vida, como el manzano, se pueden patentar.

En forma parecida, las interpretaciones de los tribunales han modificado las leyes como respuesta a los cambios de valores de la sociedad. Un buen ejemplo fue una señalada decisión (*Brown contra Topeka Board of Education**) del Tribunal o Corte Suprema de los EE.UU., del año 1954. En efecto, decía lo siguiente: Las escuelas racialmente segregadas no son idénticas. No proveen

*347 U.S. 483 (1954).

a todos los niños con la "idéntica protección ante la ley" (en inglés *equal protection of the law*). Muchos años antes, los tribunales que consideraron el mismo tema sostuvieron que tales escuelas podían ser "separadas pero iguales". La decisión de 1954 reflejó el cambio en la forma de pensar de mucha gente.

## El empleo de los tribunales para realizar el cambio social o político

En muchas situaciones, los tribunales representan el modo más efectivo que la gente puede emplear para intentar un cambio de las leyes existentes. De hecho, los tribunales parecen ser la única protección frente al poder del gobierno y de la sociedad.

La gente puede entablar pleitos

— para que cesen las acciones perniciosas del gobierno o de otros.

— porque creen que un acto gubernamental ha quebrantado las leyes existentes.

— porque creen que sus derechos han sido violados.

Sin embargo, la gente no puede recurrir a los tribunales con el propósito de cambiar las leyes, a menos que exista una polémica auténtica. O que exista algún mal real, o el peligro de un mal inmediato que, una vez causado, sea irremediable.

Algunas veces—para que se realice cierto cambio—a gente deliberadamente desobedece la ley. Es lo que ocurrió en la década de los años 1960, cuando se protestaba contra las leyes que protegían la segregación. La gente intentaba llamar la atención de los tribunales, en cuanto a las violaciones de la idéntica protección.

Al faltar a las leyes existentes, la gente se ponía en peligro de sufrir los castigos. Pero se creía que el riesgo merecía la pena.

Se debe tener presente, sin embargo, que las decisiones de los tribunales—aun siendo las decisiones señaladas—no producen los cambios anhelados inmediatamente. Algunas veces, tienen que pasar los años—y hasta las décadas—para que las decisiones de los tribunales produzcan los efectos deseados. Ése fue indudablemente el caso de la decisión relacionada con la integración racial de las escuelas.

## LOS PROCEDIMIENTOS EXTRAJUDICIALES PARA RESOLVER DISPUTAS (*ADR*)

Recientemente, existen otras opciones en lugar de recurrir a los tribunales, que se han hecho más populares, y que son más ampliamente disponibles. ¿Por qué? Porque esas alternativas pueden ser más rápidas, menos costosas y más confidenciales (en términos de la privacidad de la persona) que un juicio público. En esta sección se expondrán algunas de las ventajas y las desventajas de los varios procedimientos extrajudiciales para resolver disputas (los *ADR* por sus siglas en inglés para referirse a *alternative dispute resolution*).

### ¿Qué son los procedimientos extrajudiciales para resolver disputas (los *ADR*)?

¿Puedes imaginarte medios para solucionar disputas pacíficamente, sin acudir a un tribunal? Eso es lo que se intenta hacer en un procedimiento extrajudicial. Hay muchos procedimientos extrajudiciales. Las formas más corrientes son la mediación y la arbitración. ¿Sabes en qué consiste la diferencia? He aquí un resumen de algunos de los métodos que se emplean:

*La negociación*: Cada parte de la disputa, o alguien que actúa en su lugar (*p. ej.*, el abogado), habla directamente con la otra parte o con su abogado, para llegar a un acuerdo (*negotiation* en inglés). La idea no es nada nueva. Se ha empleado durante siglos. Por desgracia, algunas veces fracasa y no se puede llegar a un acuerdo.

*La mediación*: Una o más personas (los llamados "mediadores") ayudan a las partes de la disputa, para que se pongan de acuerdo en cuanto a la forma de resolver su problema. El mediador no juzga ni se pone de un lado (*mediation* en inglés). Él o ella simplemente guía a las partes hacia un acuerdo que satisfaga a las dos partes. Como en el caso de la negociación, la decisión final es voluntaria. Los dos lados deben estar de acuerdo para que legalmente sea de cumplimiento obligado.

*La arbitración*: Una o más personas (los llamados "árbitros") oyen los argumentos y hechos de las dos partes. Luego deciden lo que se debe hacer (*arbitration* en inglés). Es como un juicio en privado, pero con menos formalidades. A diferencia de un mediador, un árbitro *sí* juzga y se pone de una parte. A diferencia de un juicio, la arbitración no incluye normalmente todas las complejidades de las reglas y los procedimientos de un tribunal. Como en la mediación, las partes disputantes deben estar de acuerdo en entrar en el proceso, a fin de que sea legal. Pero en la arbitración, los disputantes prometen *de antemano* cumplir cualquier decisión a la que el árbitro llegue. De esta forma, no se pueden dejar de cumplir después.

*Los híbridos*: Los procedimientos extrajudiciales para resolver disputas (los *ADR* por sus siglas en inglés) son todavía muy nuevos y siguen desarrollándose en diferentes formas y combinaciones. Los procedimientos híbridos se pueden crear para satisfacer a las partes involucradas en una disputa. Por ejemplo, se pueden combinar la mediación y la arbitración (que da la llamada "*medarb*" en inglés). En el medarb, primero el mediador trata de que las partes disputantes lleguen a un acuerdo elegido por las mismas partes. Si no se ponen de acuerdo, otro árbitro se hace cargo del caso y arbitra una decisión.

### ¿Por qué recurrir a los procedimientos extrajudiciales (*ADR*)?

Así pues, ¿cuál de estas alternativas es la mejor? Y sea como fuera, ¿por qué no poner un pleito? El mejor método para seguir en los procedimientos extrajudiciales, y hasta la misma decisión de emplearlo, depende de las circunstancias y de las partes en cada caso. Los procedimientos extrajudiciales no resuelven todos los problemas. De hecho, el recurso al *ADR* no está permitido en algunos casos. He aquí algunas de las ventajas y desventajas de los procedimientos extrajudiciales para resolver disputas *(ADR):*

- *Ausencia o falta del jurado:* Los procedimientos extrajudiciales eliminan la preocupación de lo que un jurado pueda decidir. Sin embargo, la parte que prefiera que un jurado compuesto por sus semejantes juzgue el caso, recurriría a los tribunales.

- *Fallo de expertos:* En algunos caos, el fallo puede ser complejísimo. En los procedimientos extrajudiciales, ambas partes de la disputa pueden escoger un mediador, árbitro o evaluador, que tenga conocimientos pertenecientes al campo específico a que se refiera el caso.

- *Confidencialidad (o privacidad):* Mientras la mayor parte de los procesos de los tribunales son públicos, la mayor parte de los procesos extrajudiciales se conducen a puerta cerrada. La confidencialidad puede ser un factor importante para las partes.

- *Finalidad:* La mayor parte de los procesos extrajudiciales terminan con una decisión o un acuerdo que obliga a todas las partes. Los juicios ante los tribunales, por otro lado, pueden resultar en años de apelaciones. La parte que prefiera el derecho a la apelación probablemente elegiría el sistema de tribunales en vez del *ADR*.

- *Puntualidad:* Los procedimientos extrajudiciales son por lo general, pero no siempre, más rápidos que el sistema de tribunales. Los tribunales pueden tener una gran acumulación de casos pendientes que resultan en demoras.

- *Costos:* Los procedimientos extrajudiciales son, a menudo, más económicos que el sistema de tribunales. Son más rápidos y se prestan a la menor cantidad de apelaciones. El empleo de menos documentos durante el proceso legal también reduce la cantidad de tiempo y los costos. Sin embargo, la reducción de los costos depende también de las preferencias personales y de cómo se organice el proceso. Los procesos extrajudiciales tienen algunos costos que los tribunales no tienen. Por ejemplo, las partes disputantes pagan al proveedor de los servicios extrajudiciales. En el sistema de tribunales, las partes litigantes no pagan al juez ni los servicios administrativos de los tribunales. (Los impuestos públicos los cubren.)

- *Clima de adversarios:* Los partidarios de los procedimientos extrajudiciales sostienen que este sistema produce interacciones menos enfadadas entre las partes que el sistema "de adversarios" o las contrapartes. Los que oponen ambiente y las interacciones personales realmente dependen de las partes que disputan.

- *Desahogo:* A menudo, todo lo que necesitan las partes disputantes es dar salida a sus frustraciones y desahogarse con una tercera parte imparcial. En esos casos, la mediación y otros procedimientos extrajudiciales pueden producir mejores resultados que los tribunales.

Si se necesita recurrir a un proceso extrajudicial y cuál de ellos se debe seguir, es una decisión muy personal. Considera las siguientes situaciones. ¿Seguirías un proceso extrajudicial en cualquiera de ellas? (*Nota: no hay respuesta exacta.*)

**SITUACIÓN 6.** A Vicente le despidieron de su empleo y afirma que no se lo notificaron con la adecuada anticipación. Cree también que tiene derecho a una indemnización y a una paga atrasada, que ascienden a $2,000. La empresa, Wall-Ton Cement Manufacturers, dice que no está obligada legalmente a notificarle el despido con antelación. No había contrato por escrito. Es más, la indemnización y la paga atrasada se han destinado a cubrir el importe para reparar la máquina que estropeó en el trabajo.

**SITUACIÓN 7.** Adalberto compró un paquete de fuegos artificiales fabricado por la empresa Explosivos ACME, S.A. Cuando los prendió fuego, explotaron y le causaron lesiones serias. Adalberto afirma que sus lesiones se deben a un producto defectuoso. ACME asegura que Adalberto empleó los fuegos de forma indebida—no del modo que claramente se especifica en la etiqueta de advertencias. Las lesiones de Adalberto incluyen la pérdida total y permanente de la vista. A la compañía ACME le preocupa que si indemniza a Adalberto, otros intentarán cobrar también. Eso obligaría a la compañía a retirar su producto del mercado.

**SITUACIÓN 8.** Gilma y Betty han sido vecinas durante muchos años. Betty tiene un hijo adolescente que recientemente ha empezado a montar su moto todo-terreno por la noche, en un campo que queda al lado. Gilma y su esposo, Federico, se han quejado a Betty pues el ruido los aturde y los molesta. Betty le ha pedido a su hijo que no lo haga más. Al mismo tiempo, también les ha dicho a Gilma y a Federico que el campo no es de ellos. También les ha indicado que la moto no hace tanto ruido, ni tampoco la hora de la noche es tan avanzada. Gilma está considerando si debe llamar a la policía o si debiera ponerles un pleito.

**SITUACIÓN 9.** Lucero y Thalía son estudiantes del tercer año de la escuela secundaria. Han sido amigas desde el cuarto curso de la escuela primaria, pero últimamente no se llevan bien. Primero, a Lucero la incluyeron en la cuadrilla que jalea al equipo de la escuela, y a Thalía, no. Entonces, Thalía empezó a salir con Nelson Ned, del que Lucero estaba enamorada. De hecho, esperaba que Nelson Ned le pidiera que fuera su pareja en el baile de graduación. La semana pasada, Lucero no encontró uno de sus libros escolares, y le acusó a Thalía de habérselo hurtado. Las dos muchachas riñeron a gritos en el pasillo, enfrente de los roperos, y las llevaron al despacho del director de la escuela.

Las cuatro situaciones se podrían someter a los procedimientos extrajudiciales (*ADR*), si las partes se pusieran de acuerdo para hacerlo así. Sería muy indicado en las situaciones 6 y 8. Las lesiones en los dos casos son pequeñas, pero el costo de un pleito sería elevado. La mediación sería una buena alternativa en la situación 8. Gilma y Betty han sido vecinas durante muchos años, y posiblemente continúen siéndolo. La mediación generalmente ayuda a que la gente siga sus relaciones personales y comerciales después de que la disputa se ha resuelto. Esto es, hasta cierto punto, porque las partes que disputan han colaborado ellas mismas para llegar a una solución.

En la situación 7, puede ser que lo mejor no sea solucionarla mediante procedimientos extrajudiciales, ya que las lesiones y las cuestiones a resolver son tan enormes. Por otro lado, los procedimientos extrajudiciales podrían ser más privados de lo que serían ante un tribunal público. Además, los costos serían probablemente inferiores para todos los participantes.

La situación 9 es única en el sentido que no sería posible un pleito. ¿Qué resolvería exactamente un pleito? Los problemas que existen entre Lucero y Thalía, van más allá del incidente del libro de estudio. Los procedimientos extrajudiciales incluyen la mediación a cargo de iguales (o pares), y muchas escuelas han establecido semejantes procedimientos. En éstos, los compañeros de clase resuelven las disputas. Los maestros y otras personas que entienden las técnicas de los procedimientos extrajudiciales han entrenado a estudiantes para que sean los mediadores. ¿Crees que el "desahogo" de Thalía y de Lucero podría producir resultados en semejante situación?

## ¿Dónde se celebran las sesiones de los procedimientos extrajudiciales (*ADR*)?

Así pues, ¿a dónde acuden las partes de una disputa para participar en esta alternativa, en vez de recurrir a los tribunales? Esto también depende del caso. Por ejemplo, digamos que la disputa es el resultado del incumplimiento de un contrato. El contrato pudiera tener una cláusula sobre los procedimientos extrajudiciales, donde se especifica cómo se resolverá el problema y por quién será resuelto.

Por otro lado, un gran número de los sistemas judiciales ofrece ahora los procedimientos extrajudiciales. El gobierno los ha establecido y los mantiene. En sistemas que ofrecen estos programas, los jueces pueden recomendar a las partes que intenten seguir los procedimientos extrajudiciales antes de entrar en un pleito. El costo de estos programas puede ser muy bajo. En algunos casos, hasta es gratis. Si esas dos posibilidades no existen y las dos partes quieren servirse de los procedimientos extrajudiciales, tendrán que ponerse de acuerdo sobre quién va a ser el provisor del procedimiento extrajudicial.

## Solo los hechos

1. Es cierto o no es cierto: Los procedimientos extrajudiciales (*ADR*) son siempre mejor que un pleito. ¿Por qué? ¿Por qué no?
2. Haz una lista de las ventajas y las desventajas de los procedimientos extrajudiciales (*ADR*). Da un ejemplo donde el procedimiento extrajudicial probablemente sería una buena idea y otro ejemplo donde probablemente no lo sería.
3. ¿Cuál es la diferencia entre la mediación y la arbitración?

## Piensa

1. La existencia de los procedimientos extrajudiciales (*ADR*) ¿sugiere que el sistema de tribunales no funciona bien? Explica la contestación.
2. ¿Sería deseable que en tu instituto de estudios hubiera un programa de mediación con compañeros (de pares)? ¿Por qué? ¿Por qué no? Entre los compañeros tuyos, ¿quién sería un buen mediador?

## EN RESUMEN

En este capítulo has descubierto que hay muchas clases diferentes de tribunales: los hay civiles y penales, de primera instancia y de apelación, estatales y federales. Has aprendido lo que hacen y de las jurisdicciones. Has visto cómo crean la ley y cómo provocan o responden al cambio social o político, o cómo reaccionan ante los cambios en la sociedad. También has aprendido cómo las disputas se pueden solucionar pacíficamente sin necesidad de un pleito. Se han planteado algunas formas alternativas de resolver las disputas.

Puede que te hayas dado cuenta que Georgia simplificó el sistema de los tribunales durante la década de los años 1980. Algunos creen que son necesarios más cambios para mejorar nuestros tribunales así como el sistema de justicia. De fijo, los tribunales procesan una crecida cantidad de los casos, lo que causa enormes retrasos. Para muchas disputas ¿se podrían resolver de otros modos? El sistema de acá ¿permite demasiadas apelaciones? Éstas son las cuestiones a considerar en los capítulos siguientes.

En la próxima sección del libro, te enterarás de las leyes que afectan la vida cotidiana. Tienen que ver con el trabajo, con las compras, con los préstamos y con el manejo o la conducción de un vehículo. Tienen que ver con tu familia y tu casa. Encontrarás frecuentes referencias al papel que los tribunales desempeñan en la interpretación de esas leyes. También te enterarás de cómo los tribunales hacen cumplir los derechos y las obligaciones en esas diferentes áreas de la ley.

En el resto del libro, también podrás practicar algo de lo que has aprendido en este capítulo. Por lo que se refiere a cada área de la ley, deberás considerar qué tribunales tendrán la jurisdicción sobre los casos descritos. Deberás desarrollar la habilidad de razonar por analogía, a la vez que decides qué situaciones acomeden con los precedentes descritos. ∎

# Parte 2

# LA LEY CIVIL

***LAS PROMESAS***

4. Los contratos y los consumidores

5. Los préstamos

6. La vivienda

***LAS RELACIONES INTERPERSONALES***

7. El trabajo

8. El matrimonio

9. Los hijos

***LAS OBLIGACIONES***

10. Los daños y perjuicios

11. Los automovilistas

12. Los pleitos

# 4 Los contratos y los consumidores

**SITUACIÓN 1.** Timoteo, que tiene 15 años de edad, le pone un papel bajo las narices a Guillermito, de 13 años. "Es un contrato", le dice. "Fírmalo". El papel reza : "Yo, Guillermito Menor, prometo proporcionarle las respuestas del examen de matemáticas a Timoteo Guapetón. A cambio, Timoteo Guapetón no pegará nunca más a Guillermito a la salida de la escuela". Guillermito tiene miedo y garrapatea su nombre rápidamente.

¿Es esto un contrato? Y de todos los modos, ¿qué es un contrato? ¿Es un documento legal?

La primera parte de este capítulo trata de los contratos (en inglés *contracts*). Los contratos son acuerdos con fuerza legal que se usan para tomar dinero prestado, para adquirir una vivienda y para conseguir un empleo. En breve, los contratos son básicos para vivir en esta sociedad. Un contrato puede ser cualquier acuerdo entre dos partes que cumpla las cuatro condiciones descritas en este capítulo. Si el papel de Timoteo Guapetón (la situación 1) es o no es un contrato legal, es una cuestión que podrás contestar pronto con facilidad.

La segunda parte de este capítulo se ocupa de la ley del consumidor. La ley del consumidor gobierna el gasto del dinero a efecto personal, familiar o de la casa. Dicha ley cubre compras tan importantes como un automóvil o tan insignificantes como un chicle.

## LOS CONTRATOS

El derecho a entrar en contratos es uno de nuestros derechos legales más importantes. ¿Qué es un contrato? Un contrato es un acuerdo entre dos o más personas mediante el que se requiere que cada persona haga algo específico. Ese acuerdo puede también requerir que la persona se abstenga de hacer algo que él o ella tiene el derecho de hacer. Los contratos tienen cuatro componentes esenciales. Para que exista un contrato legal, debe haber

1. un acuerdo mutuo o un "acuerdo de las voluntades",
2. dos o más partes que tienen capacidad para contratar o para llegar a un acuerdo,

---

**Habla Legal** a riesgo del comprador • las contrapartidas • el consumidor • el contrato • el fraude • la garantía

3. un acuerdo mediante el que las dos partes tienen que desempeñar alguna obligación y

4. un propósito que sea legal.

## Los requisitos de un contrato

### El acuerdo de las voluntades

"Un acuerdo de las voluntades" es básico para que exista un contrato. Las partes tienen que entender y expresar entre sí lo que cada uno espera del otro (se dice *meeting of the minds* en inglés). Supongamos que Lisandro cree que está vendiendo un elefante a Pastor por $100. Pastor, sin embargo, cree que está comprando un teléfono a Lisandro por $10. Por lo tanto no existe un acuerdo de las voluntades. Más aún, considera una situación relacionada con la compra de una embarcación (barco). Chalino es el comprador. Cree que el precio que paga incluye el remolque para la embarcación. Pero Elvis, el vendedor, no incluye el remolque en el precio. Por lo tanto, no existe un acuerdo de las voluntades.

El proceso contractual comienza usualmente cuando una parte hace una oferta. La otra parte puede aceptar la oferta, rechazar la oferta o puede hacer una *contraoferta*. Por ejemplo, si Roberto le ofrece a Paulina la venta de su bicicleta por $100, y ella dice "te doy $75", eso es una contraoferta (*counteroffer* en inglés). Hacer una contraoferta es entrar en una negociación.

Para que se celebre un contrato, una persona debe aceptar la oferta de la otra persona. En el ejemplo dado arriba, si Roberto dijera, "Bien, acepto los $75 por la bicicleta", un contrato con fuerza legal se establece como resultado de que Roberto aceptó la contraoferta de Paulina. Una oferta se puede aceptar solo por la persona a quien se la hace. Por ejemplo, si María oyó por casualidad la oferta de Roberto de vender su bicicleta a Paulina por $100 y exclama, "Yo lo compraré", no se establece un contrato. Roberto jamás la ofreció a María.

El acuerdo de las voluntades fundamental para celebrar un contrato solo puede ocurrir cuando las dos partes llegan libremente a un acuerdo. Si a una parte se le coacciona para que firme, entonces no existe un acuerdo de las voluntades. El término legal que describe el acto de estar coaccionado para que celebrara un contrato es la coacción (*duress*). Bajo las leyes de Georgia, la *coacción* se define como el encarcelamiento, las amenazas u otra acta por lo cual la voluntad de la persona se restringe y su consentimiento se efectúa. ¿Qué pasa si un vendedor te "presiona" para que firmes un contrato para comprar una motocicleta? ¿Eso quiere decir que puedes romper el contrato? Pudiera ser, pero si te llevas la motocicleta a casa y la usas, es posible que no. El uso reforzaría la aceptación del contrato.

### Las partes con la capacidad para entrar en un contrato

La expresión "las partes con la capacidad para entrar en un contrato" tiene un significado legal específico. Para que un contrato tenga lugar, debe existir un acuerdo de las voluntades. Para que las voluntades coincidan, cada parte debe *entender* lo que está ocurriendo.

La ley considera que ciertos grupos de gente son incapaces de entender los acuerdos. Por ejemplo, se considera que los incompetentes mentales son incapaces de suscribir un contrato válido. Los tribunales pueden anular un contrato firmado por una persona que es mentalmente incompetente.

Se considera también que los menores de edad son incapaces de comprender substancialmente las obligaciones contractuales que les obligan al firmar. En Georgia, la mayoría de edad legal son los 18 años. Los jóvenes que no han llegado a esa edad (los menores de edad), se presume que son legalmente incompetentes para entrar en los contratos.

**SITUACIÓN 2.** Juana la Nena, de 17 años de edad, mintió al declarar su edad cuando hizo el contrato para comprar un automóvil usado al representante Martín de los Motores. Se comprometió a pagar el automóvil en un año. Pero cuando le despidieron a Juana del trabajo, no pudo pagar los plazos estipulados en el contrato. Martín de los Motores quiere que Juana pague lo que debe o que devuelva el automóvil.

Dado que Juana era menor de edad, ¿es el contrato válido? ¿Puede Martín de los Motores recobrar el dinero que Juana le debe? La ley presume que las personas menores de 18 años de edad son legalmente incompetentes para entrar en contratos. Sin embargo, eso no quiere decir que la gente puede mentir al declarar su edad cuando firma un contrato y luego retener la compra sin pagarla. En Georgia, el menor de edad debe devolver las compras, si eso es posible, para cancelar un contrato. Probablemente Juana tendría que devolver el automóvil.

Una sola clase de menor de edad puede suscribir contratos bajo la ley de Georgia. Alguien que tenga menos de 18 años, que no es mantenido por sus padres, puede ser clasificado como un *menor emancipado*. El menor emancipado puede suscribir contratos (en ciertas situaciones limitadas) cuando se trata de las necesidades de la vida—es decir, alimentos, ropas, vivienda y los estudios.

### Un acuerdo con obligaciones

Supongamos que Esteban Establos le dice a José Jinete, "Te daré mi caballo de nombre Pegaso el próximo martes". José le contesta, "De acuerdo". ¿Sería eso un contrato?

No, es la promesa de hacer un regalo. En un acuerdo bajo contrato *ambas* partes—no solamente una—debe tener algún tipo de obligación. Cada uno debe prometer algo al otro. Estas obligaciones mutuas se llaman las *contrapartidas* (en inglés se dice *consideration*). El contrato no existe sin que cada parte esté de acuerdo con las obligaciones.

**SITUACIÓN 3.** El anciano Venerable escribió una carta a Yolanda Juventud que decía: "Si me llevas al supermercado todos los viernes por la tarde en tu automóvil para hacer las compras, te dejaré $10,000 en mi testamento". ¿Sería éste un contrato legítimo?

Probablemente, sí. Podría ser que el servicio prestado no valga $10,000. De todos los modos, es una contrapartida, por pequeña que sea, a cambio de la asignación testamentaria por $10,000.

Sin embargo, en unos pocos casos, cuando existe una gran desproporción entre las obliga-

ciones, se puede emplearla como evidencia para anular el contrato. Si los términos del contrato son tan unilaterales que se hace obvio de que ninguna persona competente o razonable se pondría de acuerdo con ellos y de que ninguna persona honrada (honesta) se aprovecharía de los mismos, se dice que el contrato es desmedido (*unconscionable*). Un contrato desmedido no se hará cumplir por los tribunales. Por ejemplo, supongamos que el anciano Venerable hubiera ofrecido $10,000 a Yolanda para que le llevara una sola vez y que ella hubiera estado de acuerdo. En este caso, el contrato se podría rescindir, sobre todo si también hubiera una gran diferencia entre las habilidades mentales de las dos partes. El contrato se podría rescindir si el anciano Venerable padeciera de la enfermedad Alzheimer y se supiera que Yolanda era demasiado aprovechada.

La contrapartida no tiene que ser de idéntico valor por las dos partes, y no tiene que tratarse únicamente de dinero. Puede ser un objeto de valor o una acción. Puede ser la promesa de hacer algo que uno no esté obligado a hacer. O puede ser una promesa de no ejecutar una actividad que uno tiene el derecho legal de desempeñar. ¿Qué pasa si Juan Carlos promete dar $100 a Ricardo si no fuma por todo un año? Este acuerdo serían un contrato legítimo.

Para los fines de un contrato, no es necesario que las obligaciones a cumplir sean simultáneas. Una persona puede cumplir inmediatamente con su obligación. La otra puede cumplir con la suya algún día en el futuro.

Es posible suscribir un contrato en el que hay dos personas que se comprometen a cumplirlo en el futuro. Un ejemplo sería un contrato mediante el que Alicia Autora se compromete a escribir un libro de texto sobre las leyes de la protección al consumidor. La editorial "Marketplace Publishers" promete publicarlo y pagarle $ 5,000 cuando esté redactado.

### El efecto legal

Tener un efecto (o propósito) legal (*legal purpose* en inglés) es tan importante en un contrato como tener el acuerdo de las voluntades, tener partes legalmente capacitadas y tener obligaciones mutuas. Sin embargo, a menos que lo prohíba la ley, casi todos los efectos se permiten bajo la libertad de la sociedad estadounidense. Pero de otra parte, un contrato no se puede hacer cumplir a menos que sea legalmente permisible.

**SITUACIÓN 4.** Jacobo y Samy escriben un contrato por el que Jacobo pagará $100 a Samy, si el equipo de fútbol de la Universidad de Georgia queda como número uno al final de la temporada. Samy estipula que le pagará $100 a Jacobo si no ocurre así. El equipo no asciende al primer puesto. Samy se niega a pagar. ¿Puede Jacobo ponerle un pleito para obligarle a pagar?

**SITUACIÓN 5.** Federico Firma quiere vender al municipio un terreno para que se construya un parque. Lo cedería por un dólar si es que el uso del parque se limitara únicamente para las personas de piel blanca. ¿Sería legal el contrato entre Federico y el municipio?

Lo que Jacobo y Samy han hecho (la situación 4) es un contrato de apuestas. Sería ilegal y, por lo tanto, los tribunales no pueden hacer que se cumpla. Un contrato que falta a la ley—sea porque tiene que ver con el juego de azar, porque es para dar una paliza a alguien, o porque es para comprar drogas ilegales—no tiene un efecto legal. No es legítimo. Además, una persona que subscribe un contrato ilegítimo puede dar como resultado que dicha persona vaya a la cárcel.

El hecho de que un contrato no falte a la ley penal, no quiere decir que tiene un efecto legal. Un contrato que falta a un estatuto civil, o que viola la ley constitucional, la ley reglamentaria, la ley administrativa o la jurisprudencia es ilegal. Por dicha razón, un contrato que impone la discriminación racial (la situación 5) sería ilegal y no se podría hacer cumplir. Los gobiernos no pueden violar los derechos constitucionales de los individuos a disfrutar de una idéntica protección bajo la ley.

## Los contratos orales y los contratos escritos

Los contratos pueden ser orales (de palabra) o por escrito. Sin embargo, los contratos de palabra (*oral contracts* en inglés) son difíciles de ha-

cer cumplir por los tribunales pues son difíciles de probar. Ciertos tipos de contrato *deben* ser por escrito (*written contracts* en inglés) para que surtan los efectos legales. Por ejemplo, la promesa de asumir las deudas de alguien debe hacerse por escrito. Lo mismo se puede decir del contrato para la compraventa de los bienes inmuebles. Cualquier acuerdo que no puede llevarse a cabo en el término de un año por las dos partes también debe ir por escrito.

Los tribunales supondrán que cada participante en un contrato ha leído el contrato y que lo ha entendido. Es difícil convencer a un tribunal que una persona no comprendió los términos del contrato. Para los tribunales, la firma de un contrato significa que ha habido un acuerdo de las voluntades. Por lo tanto, es muy importante entender los términos de un contrato antes de firmarlo. Sin embargo, algunas veces las leyes estatales y federales protegerán a un comprador aunque haya firmado un contrato. (Véase "la anulación de un contrato por fraude", p. 48.)

Por desgracia, la gente a menudo firma los contratos sin leerlos, por diversas razones. Una razón—y un problema en sí—es que la terminología de los contratos puede ser difícil de entender. (Véase la ilustración 4-1.) En la actualidad se hacen mayores esfuerzos para redactar los contratos en el lenguaje común (es decir, en el inglés estadounidense del ciudadano promedio).

Si no entiendes un contrato, llévatelo a casa. Pide a alguien en quien tengas confianza que te lo explique y te traduzca las frases más claves o difíciles de entender. La situación 4-2 ofrece otras directrices que se pueden seguir cuando se entra en un contrato.

## El cumplimiento de los contratos

Para que un contrato se pueda hacer cumplir, debe tener los cuatro componentes esenciales. Además, el tribunal debe hallar que no existía justificación legal para que una de las partes no cumpliese con la obligación contraída. Si los cuatro componentes existen *y* si no hay justificación legal para no cumplir con el contrato, un pleito contra la parte que rompe el contrato puede producir los resultados apetecidos.

Si la parte que intenta probar que el contrato existe resulta convincente, el tribunal tomará una decisión (fallo o sentencia) a favor de esa parte. Esta decisión estipulará que la otra parte debe pagar una cierta cantidad de dinero por faltar a (romper con) los términos del contrato. La parte que ha ganado tiene entonces el derecho a cobrar el dinero de la parte a la que ha demandado.

¿Y si esa parte no quiere cumplir con la orden de pagar? Entonces un oficial de la corte (por ejemplo, el alguacil—*sheriff* en inglés) puede recibir la orden de incautarse de los fondos de la parte que ha faltado al contrato para entregárselos a la otra parte. El oficial también tiene el poder, en la mayor parte de los casos, de incautarse de la propiedad del que ha roto el contrato. El oficial puede venderla, si es necesario, para sacar el dinero con que pagar la sentencia civil.

Sin embargo, a veces la sentencia viene en la forma de una orden de "ejecución del contrato según sus términos". La ejecución especificada se ordena cuando la obligación de una parte bajo un contrato consiste en hacer algo que no sea un pago en moneda. Entonces, el tribunal puede mandar a la persona que cumpla con lo que debe hacer. Por ejemplo, si celebras un contrato para comprar como coleccionista una tarjeta de béisbol de un jugador famoso pero el vendedor quiere cambiarse de opinión, puede que tú logras que se declare la ejecución del contrato según sus términos. Si se niega a hacerlo, se le puede encarcelar por desacato al tribunal. (Sin embargo, esto no ocurre con frecuencia. Y en este país no se puede encarcelar a la gente que no puede pagar sus deudas.)

Mucha gente cree que los consumidores tienen el derecho a cancelar la mayor parte de los contratos dentro de los tres días de su fecha. Generalmente, esto no es verdad. La ley solo requiere que ciertas clases de contratos tengan un período de cancelación. Algunos ejemplos son las ventas de puerta en puerta, las ventas de los servicios, y otros como los balnearios (que se pueden cancelar dentro de siete días).

## La anulación de un contrato por fraude

Cuando una persona trata de engañar a otra, las dos partes no esperan lo mismo de un contrato. Los intentos de engañar se consideran algunas veces como un *fraude*.

El fraude (*fraud* en inglés) puede anular el acuerdo de las voluntades. Por lo tanto, un contrato puede ser a menudo legalmente inválido a causa del fraude. Para anular un contrato por razones de fraude, se debe probar que la parte que intenta establecer la existencia del fraude confió en las promesas fraudulentas de la otra parte. Se debe probar también que esas declaraciones fueron de vital importancia para el acuerdo. En otras palabras, el acuerdo jamás se habría celebrado si las declaraciones fraudulentas no se hubieran hecho. Por ejemplo, si una persona que vende un automóvil asegura que tenía 100,000 millas, cuando en realidad llevaba ya unas 200,000, eso sería un fraude. ¿Las siguientes situaciones serían ejemplos de fraude?

**SITUACIÓN 6.** La señora Caridad Ajena compra un automóvil de segunda mano. El vendedor le dice que el único propietario del vehículo ha sido una "ancianita". Caridad se entera después que el propietario y conductor del automóvil era un hombre de negocios maduro.

**SITUACIÓN 7.** Robusto Ciervo, representante de una marca de automóviles, anuncia que los automóviles nuevos son "supercorceles". Además, los anuncios que ha puesto por toda la ciudad dicen que arrancan como "caballos que se lanzan violentamente a la carrera". Gil Abel compra uno de esos automóviles y se enfada cuando le parece que el automóvil no funciona de esa manera.

**SITUACIÓN 8.** Otro representante de la misma marca de automóviles, Bárbara Mentirosa, anuncia que tienen un motor de 350 caballos. Manolo Manejo le compra un auto a Bárbara. Luego sospecha que el anuncio es falso y descubre que el motor del vehículo solo tiene 250 caballos de fuerza.

Las situaciones 6 y 7 no serían consideradas como fraudulentas. En la situación 6, la identidad del dueño anterior no se consideraría probablemente como fundamental a efectos del trato. Bien mirado, ¿qué es realmente importante—la persona que tuvo el automóvil o la cantidad de kilómetros (o millas) que ha rodado? La señora Caridad debiera haber preguntado cuántos kilómetros de rodaje tenía el vehículo.

Los tribunales no consideran que las opiniones son hechos. ¿Cuál es la velocidad de un "supercorcel" en relación con un automóvil (en la situación 7)? Sería ciertamente un asunto de opinión en el que no se daría un acuerdo de voluntades. Semejantes anuncios son harto frecuentes en la publicidad comercial, y se conocen con el nombre de "bombo" (o exageración), lo cual no es ilegal. Se supone que el consumidor es lo suficientemente cauteloso para que tales exageraciones no le engañen.

Los tribunales consideran también que la valoración es también un asunto de opinión. Supongamos que compras una guitarra por $100. Más adelante, te dicen que solo vale $50. No podrías poner un pleito al vendedor basándote en que te había defraudado.

Por otro lado, el anuncio en la situación 8 tiene que ver con una información básica para el trato. No es una cuestión de opinión. El motor tiene 350 caballos de fuerza o no los tiene. Éste es un hecho que se consideraría básico para la

---

**ILUSTRACIÓN 4-2**
**Cuando entras en un contrato por escrito**

- Lee y entiende cabalmente el contrato antes de firmarlo.
- No firmes ningún contrato que tenga espacios en blanco (sin llenar).
- No firmes ningún contrato si el sitio de la firma está en una hoja separada.
- Asegúrate de que lo que compras o lo que se te ha prometido está claramente especificado. El contrato deberá incluir información sobre la calidad de la mercancía, los términos del servicio, las reparaciones o las garantías de substitución, todos los cargos, etc.
- Comprueba cuáles son las estipulaciones en caso de que se cancele el contrato.
- Asegúrate de que cualquier modificación en el contrato lleva tus iniciales y las de la otra parte, así como la fecha respectiva.
- Comprueba que tu copia del contrato es idéntica a la copia de la otra parte.
- Guarda el contrato en un sitio seguro.

adquisición de un automóvil. La declaración del representante en la situación 8 constituiría el fraude o faltaría a alguna otra ley estatal.

---

### Solo los hechos

1. ¿Cuáles son los cuatro componentes de un contrato?
2. ¿Qué se entiende por un "acuerdo de las voluntades"?
3. ¿Qué tipo de contratos se deben hacer por escrito?
4. ¿Cómo se hace cumplir la administración estatal los contratos?
5. Da un ejemplo de un fraude.

---

### Piensa

1. ¿A qué edad te parece que la gente podría suscribir contratos? Defiende la respuesta.
2. A menos que se pueda probar que no hubo un acuerdo de las voluntades entre las partes, un contrato puede hacerse cumplir legalmente aunque una de las partes no lo entendiese antes de firmarlo. ¿Qué reformas pudieras recomendar para proteger a los firmantes de un contrato?

## RESUMEN DE LOS CONTRATOS

Al llegar a este punto ya puedes explicar fácilmente por qué la situación 1 en la p. 44 no es un contrato que se puede hacer cumplir. Las partes son menores de edad, una parte estaba coaccionado, las obligaciones son vagas o imprecisas y los propósitos resultan ilegales. Darle una paliza a alguien es un delito que lleva el nombre de la agresión simple.

En este capítulo y en los siguientes te enterarás de las diferentes clases de contratos. Te encontrarás con contratos que son fundamentales en la ley de consumidores y descubrirás que pedir un préstamo supone usualmente la existencia de un contrato entre el prestamista y el prestatario. El alquiler de una casa supone la existencia de un contrato entre el casero y el inquilino. Los trabajos son generalmente arreglos contractuales. La propiedad de un automóvil puede suponer un contrato entre el comprador y el vendedor. Supone también un contrato entre la compañía de seguros y el asegurado. Ya ves lo importante que es poseer algunos fundamentos para entender los contratos.

## LAS LEYES PARA LA PROTECCIÓN DEL CONSUMIDOR

Mucho antes de que existiera una ley para proteger a los consumidores, prevaleció la ley de "a riesgo del comprador" (*caveat emptor*). La expresión procede del idioma latín y quiere decir (o a lo mejor advertir) que "el comprador tenga precaución". En otras palabras, la mejor protección que el consumidor o la consumidora posee es tener mucho cuidado.

- Ten cuidado con la persona o la empresa que vende productos o servicios.
- Ten cuidado con la calidad de los productos o los servicios.
- Ten cuidado con el precio y las condiciones de pago.

En el siglo XX, la primera ley importante que protege a los consumidores fue el Acta de la Pureza de los Alimentos y de las Drogas (*Pure Food and Drug Act*). El Congreso la aprobó en el año 1906. Prohibía la identificación falsa en las etiquetas de los envases alimenticios, medicinales o de las bebidas alcohólicas. En esa época, muchos estados como Georgia también aprobaron ciertas leyes para proteger al público contra los alimentos malsanos o contra ingredientes perniciosos en las medicinas. Desde aquel entonces, se han aprobado numerosas leyes para la protección del consumidor.

¿Por qué ha tenido lugar ese incremento de las leyes que protegen al consumidor? Una de las razones es que vivimos en una época de la producción o fabricación masiva. El resultado es que el comprador y el productor de mercancías generalmente no se conocen. Antaño, cuando la gente compraba zapatos al zapatero del pueblo, podían ir y quejarse si los zapatos tenían defectos. Ahora, la gente compra zapatos que han sido manufacturados en otros estados o inclusive en otros países. Es casi imposible presentar una reclamación por los zapatos mal hechos o por cualquier otro producto.

La distancia entre compradores y productores quiere decir que una creciente cantidad de mercancías se mueve mediante el comercio interestatal. La regulación del comercio interestatal es uno de los poderes que la Constitución ha investido en el Congreso. Este poder autoriza al Congreso para aprobar leyes que protejan al consumidor.

En una economía abierta como la nuestra, la mayor parte de los acuerdos entre los consumidores y los vendedores o los prestamistas se encuentra relativamente libre del control gubernamental. En general, las leyes que regulan a los vendedores o prestamistas se ponen en efecto solo cuando la práctica de los vendedores parece ser ilusoria, severa, inequitativa o engañosa. Algunas áreas de la ley del consumidor han requerido más regulación que otras. De ellas se tratan en este capítulo y en el capítulo 5.

## La regulación de la calidad de los productos (Garantías)

Cuando compras algo en un almacén—sea una casete estereofónica o una raqueta de tenis—esperas que funcione. También esperas que dure por cierto tiempo. ¿Y si no es así? ¿Qué derechos tienes como comprador?

Las garantías (*warranties* en inglés) son una de las mayores protecciones que el consumidor tiene por lo que a la calidad del producto se refiere. Una garantía es la promesa legal o la garantía del vendedor en cuanto a la calidad de la mercancía.

Hay dos clases de garantías: implícitas (o reglamentarias) y explícitas (o contractuales).

### Las garantías implícitas (reglamentarias)

Una garantía implícita (o reglamentaria) es la que la ley impone en la transacción. Casi todos los estados que forman los Estados Unidos han adoptado un conjunto de leyes llamadas *Código Comercial Uniforme* (UCC por sus siglas en inglés, o sea *Uniform Comercial Code*). Entre estas leyes se encuentra una que establece que si compras algo de un comerciante, puedes suponer que tiene ciertas garantías. El comerciante es una persona que negocia en ciertos tipos de mercancías. Un almacén grande como Wal-Mart representa un comerciante que vende muchos tipos de mercancías. Se dice que estas garantías son implícitas porque el comerciante no tiene que declararlas formalmente. Sin embargo, como verás,

el consumidor puede renunciar a las garantías implícitas.

Las garantías implícitas o reglamentarias son tres: (1) la garantía de comercialidad, (2) la garantía de aplicación y (3) la garantía de propiedad.

### La garantía de comercialidad.

Las mercancías comerciales son aquéllas que son apropiadas para la venta. La garantía de comercialidad (*warranty of merchantability*) quiere decir que las mercancías son apropiadas para el fin común y corriente a que se destinan. También puede significar que las mercancías son como se describen en el envase o en la etiqueta. Puede querer decir que las mercancías son de buena calidad o de calidad media, pero no garantiza que las mercancías sean de calidades superiores o extraordinarias. ¿Existe esta garantía en la situación 9 que sigue?

**SITUACIÓN 9.** Martica compra un ventilador eléctrico. Lo lleva a casa y no funciona. Los empleados de la cadena La Gran Ganga se niegan a aceptar la devolución o a cambiarlo por otro. Dicen que nunca han garantizado que el ventilador fuera a funcionar. ¿Tiene la tienda alguna responsabilidad?

La garantía de comercialidad existe tanto si el vendedor la expresa en palabras como si no dice nada. En la situación 9 no hay ningún indicio de que Martica haya renunciado a la garantía. Por lo tanto, el almacén La Gran Ganga tiene la obligación legal de vender un ventilador que funcione. El resultado podrá ser distinto si Martica encontró que el ventilador no funcionaba de la manera silenciosa que ella quisiera. En este caso, la garantía puede que no tenga vigencia.

### La garantía de aplicación.

**SITUACIÓN 10.** El señor del Pozo necesita un producto para exterminar una maleza que está por invadir su cultivo de frijoles. Le pregunta al dueño de la tienda donde venden los productos agrícolas qué le recomendaría. El dueño le dice que tiene exactamente lo que necesita. El señor del Pozo compra una buena cantidad del producto químico que le ha recomendado. Pero no produce efecto alguno. ¿Se ha faltado a alguna garantía?

Si el vendedor sabe que la mercancía se vende para un uso particular, existe una garantía implícita de que la mercancía tiene aplicación para dicho propósito (*warranty of fitness*). Esto es especialmente cierto si el comprador sigue la recomendación del vendedor cuando selecciona la mercancía. Esta garantía sería aplicable a la situación 10.

### *La garantía de propiedad.*

**SITUACIÓN 11.** Nimia compra un bonito aparato de televisión en la venta de artículos de segunda mano que Will Ling tiene en su garage. Cuando lleva el aparato a casa, Ann Noh, la prima de Will, llama a la puerta. La señora Noh dice que el aparato de televisión es suyo y que Will no tiene el derecho de venderlo. Y le enseña la factura a Nimia. Nimia llama a Will. Éste admite que el aparato no es suyo, pero se niega a devolverle el dinero a Nimia. ¿Qué derechos legales tiene ella?

La garantía implícita de propiedad (*warranty of title*) significa que un comprador tiene el derecho de asumir, a menos que se le indique lo contrario, que el vendedor es el dueño de la propiedad que vende. En otras palabras, el vendedor tiene el derecho a venderla. Los compradores también pueden asumir que ellos serán los únicos propietarios de lo que compran, a menos que se indique lo contrario. En la situación 11, Nimia tendría el derecho legal a que le devuelva su dinero.

### *La renuncia a las garantías implícitas.*

**SITUACIÓN 12.** Angela decide comprar un automóvil de segunda mano a Tomás Nomás. Lo mira cuidadosamente y lo prueba. El automóvil le parece bien. Cuando le entrega el cheque por el importe a Tomás Nomás, Tomás le presenta un contrato de venta. Dice que el automóvil se vende en "la condición en que se encuentra". Angela lo firma. Unos días después, la transmisión deja de funcionar. ¿Puede Angela conseguir que Tomás le devuelva parte del dinero?

Un comprador puede renunciar a las garantías implícitas de comercialidad y de aplicación para un particular propósito. Esto ocurre por lo general cuando se aceptan las mercancías "como se encuentra" o "en su presente condición", o en frases a ese efecto (en inglés se dice *as is*). Para ser efectivas, estas clases de frases se deben presentar de manera destacada y llamativa.

Los automóviles de segunda mano se venden a menudo "como se encuentran". O sea que el vendedor no garantiza su condición. Si el automóvil no funciona como debiera, la pérdida corre de cuenta del comprador. Angela (en la situación 12) renunció a las garantías implícitas de comercialidad y de aplicación cuando firmó el contrato de venta donde se especificaba que el automóvil se vendía en la condición en que estaba. Por lo tanto, probablemente no puede recuperar el dinero que le entregó a Tomás Nomás.

**SITUACIÓN 13.** Wanda compra un vestido en la tienda de ropa para señoras Superdoña. Un anuncio que hay sobre la caja registradora dice "No se aceptan ni las devoluciones ni los cambios". Cuando llega a casa, descubre que tiene una mancha bastante resistente en la falda. No la había visto cuando se probó con mucha prisa el vestido. ¿Puede recibir la devolución del importe?

Un comercio que no acepta devoluciones ni cambios en efecto vende los artículos "como se encuentran", lo que obliga a los clientes a renunciar a las garantías implícitas de comercialidad y de aplicación. Sin embargo, los clientes deben conocer dicha regla. Para que sea válida, la regla debe estar por escrito, colocada en un lugar que resulte visible para el comprador.

En la situación 13, la regla de la empresa estaba claramente anunciada. Wanda probablemente no podría recibir una devolución.

### Las garantías explícitas (contractuales)

Las garantías explícitas o contractuales se crean por ciertas acciones del vendedor o del fabricante. Probablemente estás familiarizado con esas garantías escritas que acompañan a las mercancías. Dichas garantías usualmente garantizan el material, la calidad del artículo, o su funcionamiento. Generalmente indican lo que el fabricante o el vendedor harán si el producto no funciona adecuadamente (*express contractual warranties*).

El vendedor también puede estipular las garantías explícitas de las siguientes formas:

1. Mediante una promesa específica o mediante la afirmación de un hecho. Supongamos que la empleada de un comercio dice que el comercio hará gratis por un año las reparaciones que sean necesarias en la computadora. De esta manera se crea una garantía explícita.

2. Mediante una descripción por escrito de la mercancía. Si en un catálogo de venta por correo se declara que una tienda de campaña es impermeable, se ha creado una garantía explícita.

3. Mediante la presentación de un modelo o una muestra. Cuando el vendedor hace eso, el vendedor se promete que el artículo que ha vendido al comprador es como el modelo que le ha mostrado antes de la compra. Supongamos que el dueño de un comercio demuestra cómo funciona un aparato de televisión en color, y compras un modelo idéntico. Debes esperar que el aparato funcione de la misma forma. El dueño ha creado una garantía explícita.

Una garantía explícita puede tomar también la forma de una factura o de un contrato de venta que el comprador debe firmar. Sin embargo, el contrato de venta puede limitar o negar la responsabilidad del vendedor por lo que se refiere a los defectos del producto. Puede requerir del comprador que renuncie a las garantías implícitas y hasta a las explícitas. No te olvides de leer los documentos que debes firmar a la hora de la compra.

Las garantías pueden ser totales o parciales.

La garantía total (*full warranty*) asegura al comprador que la mercancía está totalmente libre de defectos a la hora de la venta. Puede incluir la obligación de que el vendedor repare el artículo—dentro de cierto límite temporal—si no funciona apropiadamente.

**SITUACIÓN 14.** Selina Costurera compra una máquina de coser. Viene con una declaración por escrito donde se dice que la máquina está completamente garantizada. A la siguiente semana, el motor deja de funcionar. Selina lleva la máquina al comercio. El encargado le informa que la garantía total se refiere solo a la pintura del mueble. Le dice que la garantía que cubre las partes mecánicas se limita al trabajo de la reparación. Tendrá que pagar $250 por un motor nuevo, pero el trabajo de la reparación es gratis. ¿Puede ponerle un pleito al comercio? ¿A base de qué?

En un producto que tiene más de una parte o pieza, algunas partes están totalmente garantizadas. Otras partes solo tienen una garantía limitada (*limited warranty*). Una garantía parcial o limitada es, como su nombre indica, algo menos que una garantía total. Si Selina puede poner un pleito al comercio o no, depende de lo que diga la garantía por escrito. Como otros contratos, las garantías deben leerse con cuidado. Como habrás notado, las garantías "totales" son la excepción en vez de la regla.

### Si la garantía no se cumple

¿Qué puedes hacer si el vendedor no cumple con la garantía? La ilustración 4-3 te proporciona una guía a seguir en el caso de tengas quejas sobre las garantías y de otros problemas que afectan al consumidor. Sin embargo, una importante ley aprobada en 1975, el Acta Magnuson-Moss de las Garantías provee una protección adicional. El acta y las regulaciones aprobadas bajo dicho título requieren que las garantías por escrito se expresen claramente de modo que los consumidores sepan lo que compran. Cubre los diferentes aspectos de las garantías como los materiales, la calidad del artículo, el funcionamiento y las acciones a seguir si el producto no funciona bien. Dice que si un vendedor ofrece una garantía explícita, el consumidor no puede perder ninguna de las garantías implícitas.

Bajo el Acta Magnuson-Moss de las Garantías, el comprador de un artículo que ascienda a $25 o más puede poner un pleito al vendedor que viole los términos de la garantía o del contrato de servicio.

## Las regulaciones de la seguridad de los productos

La regulación de la seguridad de los productos es similar a la de la calidad de los productos. Sin embargo, la protección del consumidor de los productos peligrosos es más amplia y no se puede invalidar tan fácilmente en este caso. El área de las leyes estatales referentes a la seguridad de los productos se conoce como la ley de la responsibilidad legal por un producto (*Products Liability Law* en inglés). La responsabilidad legal por un producto forma parte de un ramo legal más gran-

de que se llama los daños y perjuicios (*torts*) que se relaciona con los derechos de los individuos de hacer reclamos por los daños a las personas.

Bajo las leyes de Georgia, los fabricantes de los productos tiene la responsabilidad "estricta" de responder por los daños causados por los productos defectuosos que fabrican. Los productos defectuosos son aquellos que no son seguros para el uso normal (corriente), porque existe problema en el diseño o por algún defecto surgido en el proceso de la fabricación. La responsabilidad estricta quiere decir que no hay necesidad de demostrar que el fabricante estuviera negligente o despreocupado por su falta de descubrir el defecto en su producto. La idea en que se basa la responsabilidad estricta es que los fabricantes que venden sus productos en el mercado gozan de mejor posición económica que los consumidores para pagar los costos de los daños ocasionados por sus productos. Además, la responsabilidad estricta da mayor impulso a los fabricantes para fabricar productos seguros. Cualquier persona dañada por el uso de un producto defectuoso puede poner un pleito al fabricante bajo la ley de la responsabilidad estricta, aun si dicha persona no fuera el comprador original del producto. El principio de la responsabilidad estricta difiere de la protección que otorgan las garantías que en general solamente protegen el comprador original de la mercancía. La ley de Georgia también exige que los fabricantes y los vendedores de mercancías a los consumidores suministren las advertencias adecuadas sobre los peligros relacionados con sus productos. A los fabricantes y vendedores se pueden encontrar de ser responsables si faltan las advertencias.

Además, y a causa de la seguridad, existe cierta cantidad de leyes federales que establecen los estándares de seguridad de los productos. (Véase la ilustración 4-4.) Existen también numerosas agencias que se ocupan de la seguridad del consumidor. La más antigua es la Administración de la Alimentación y de las Drogas (FDA por sus siglas en inglés) federal, que revisa la seguridad de todas las drogas, su efectividad y la etiquetación correcta. Si un alimento declara un valor nutritivo, el envase debe llevar una etiqueta. Debe declarar el nombre del producto, el del fabricante, el peso y los ingredientes. La FDA es también responsable por los cosméticos. No analiza previamente los cosméticos, pero investiga las quejas de los consumidores.

La Comisión de la Seguridad de los Productos para el Consumidor (*Consumer Product Safety Commission*) puede publicar avisos sobre los productos que presenten riesgos. También puede prohibir la venta de los que sean peligrosos.

La Administración de la Seguridad de Circulación por las Carreteras Nacionales (NHTSA por sus siglas en inglés) puede establecer y hacer cumplir los estándares de seguridad en los automóviles, camiones, autobuses, bicicletas y motocicletas. La NHTSA también investiga las quejas sobre la seguridad de los vehículos motorizados. Puede requerir que un fabricante advierta a los dueños de todos los vehículos que tienen defectos peligrosos y que los repare gratis.

En el año de 1990, Georgia publicó una ley de automóviles defectuosos. Esta ley dice que si el concesionario ha tratado un número determinado de veces de reparar sin éxito un problema en un vehículo nuevo, y a pesar de todo el automóvil no funciona apropiadamente (o sea que es defectuoso), el dueño tiene derecho a una devolución o a una substitución.

¿Qué otro papel juega el estado en la regulación de la seguridad de los productos?

El Departamento de Agricultura de Georgia tiene la responsabilidad de asegurar la calidad y la seguridad de los productos agrícolas que se compran y se venden en el estado. Administra la inspección cárnica, avícola y láctea.

---

**ILUSTRACIÓN 4-4**

## Ejemplos de las leyes federales que se relacionan con la seguridad de los productos para el consumidor

| 1906 | Acta de la Pureza Alimenticia y de las Drogas | Prohíbe la etiquetación errónea de los envases de alimentos, de bebidas alcohólicas y de medicinas. |
| 1907 | Acta de la Inspección de la Carne Agrícola | Requiere la regulación e inspección de fábricas empaquetadoras de carne que operan en el ámbito del comercio interestatal. En el año 1967 se extendió a las fábricas empaquetadoras que operan dentro del mismo estado. |
| 1938 | Acta de Alimentos, Drogas y Cosméticos | Refuerza el acta de 1906 y añade requisitos para la publicidad y etiquetación de los cosméticos. |
| 1953 | Acta de los Materiales Inflamables y enmiendas posteriores | Permite la prohibición de vender ropas y mobiliario casero que sea propenso a inflamarse. |
| 1960 | Acta de Etiquetación de las Substancias Peligrosas y enmiendas posteriores | Establece las reglas de la etiquetación de productos peligrosos (tóxicos, corrosivos e inflamables). |
| 1966 | Acta de la Seguridad de los Vehículos Motorizados y de la Circulación Nacional | Establece los estándares de seguridad en el diseño de vehículos motorizados, y requiere el empleo de ciertos equipos de seguridad en los vehículos motorizados. |
| 1966 1970 | Acta de la Protección Infantil y Acta de la Seguridad del Juguete | Permite la prohibición de productos peligrosos para la salud o la seguridad de los niños. |
| 1968 | Acta del Control de la Radioactividad para la Salud y la Seguridad | Establece los estándares de ciertos productos electrónicos y limita la emisión radioactiva de productos como los aparatos de televisión de color y los hornos microondas. |

También se ocupa del empaquetamiento y etiquetamiento adecuados, y de la exactitud de las balanzas comerciales.

## Solo los hechos

1. Define lo siguiente:
   garantía total
   garantía limitada
   garantía explícita
   garantía implícita
2. Haz una lista de las tres garantías implícitas y defínelas.
3. Si compras algo que en la etiqueta dice "como se encuentra", ¿a qué renuncias?
4. Da dos ejemplos de cómo un vendedor puede crear una garantía explícita
5. Explica el término "la responsabilidad estricta".
6. Identifica una agencia federal y otra estatal que se ocupen de la seguridad de los productos para el consumidor.

## Piensa

1. Explica por qué la distancia entre el fabricante y el comprador ha aumentado la necesidad de leyes para la protección del consumidor. Identifica y discute otras razones que expliquen el aumento en la cantidad de estas leyes.
2. Los gobiernos se han preocupado por la estandarización de pesos y medidas desde épocas remotas. Explica por qué esto es de tanta importancia para los consumidores.
3. ¿Debiera permitirse legalmente que un menor de 18 años "renuncie" a las garantías? Explica la respuesta.

## LA REGULACIÓN DE LAS PRÁCTICAS ENGAÑOSAS DE LAS VENTAS

### Las afirmaciones y los anuncios

**SITUACIÓN 15.** Un anuncio en el periódico reza:

> Ocasión (Ganga, Barata). Aparato para el propio ejercicio del atleta. Buena calidad. Desarrolla la fuerza muscular de los esquiadores, ciclistas, futbolistas y levantadores de pesas. $75.

Federico de la Gordura llega al almacén 10 minutos después de la hora de apertura y descubre que ya han vendido todos los aparatos que anuncian. Sin embargo, el dependiente se afana por mostrarle otros modelos. Dice que son mucho mejores, pero el precio es tres veces más elevado.

**SITUACIÓN 16.** Mientras baja por la calle, Joana ve un gran anuncio en la vitrina de una mueblería que dice:

### LIQUIDACIÓN POR CIERRE
Compre hoy. Rebaja del 50%

En la tienda encuentra un salacomedor que es su sueño. Aprovechándose de esta gran oportunidad, compra el salacomedor. Pero antes de que hayan pasado tres meses, ve en unos almacenes el mismo comedor más barato. Además, la mueblería continúa aparentemente abierta.

Los ejemplos dados arriba muestran dos prácticas de las ventas que son ilegítimas y engañosas.

Las prácticas de venta engañosas han existido desde que la gente se ha dedicado a comprar y vender las mercancías. La mejor protección para no caer en la trampa de tales prácticas es ser prudente en las compras. Hoy, como siempre, un consumidor prudente debiera seguir la antigua regla de que el comprador debe tener cuidado ("caveat emptor") con lo que compra.

Los consumidores como los que figuran en las situaciones 15 y 16 ¿tienen algún recurso legal? En el siglo XX la legislación ha hecho que estas prácticas sean ilegales y nada éticas. En el año de 1914, el Congreso estableció la Comisión Federal de Comercio (FTC por sus siglas en inglés o sea *Federal Trade Commission*) y prohibió las prácticas de venta que son ilegítimas y engañosas. Otorgó a la FTC el poder de establecer las reglas y regulaciones para gobernar ciertas transacciones. La Comisión puede encausar a las compañías, pero los consumidores no pueden emplear sus regulaciones como base para entablar un pleito. Por lo tanto, la mayor parte de las acciones legales contra las prácticas ilegítimas y engañosas depende de las leyes estatales y se deben presentarse ante los tribunales estatales.

La mayor parte de los estados han aprobado leyes de este tipo, que reciben el apodo de "pequeños actas de la FTC". En Georgia, dicho Acta se aprobó en el año 1975. Se llama el Acta de Prácticas Comerciales Legítimas de Georgia (*Georgia Fair Business Practice Act*). El acta estableció la Oficina del Gobernador para los Asuntos Relacionados con el Consumidor. Los empleados de la oficina son responsables de hacer cumplir el Acta de Prácticas Comerciales Legítimas y se especializan en ayudar a los consumidores para que resuelvan sus conflictos con los vendedores.

El acta define ciertas prácticas como ilegítimas y engañosas. Le otorga al administrador de la oficina del Gobernador para los Asuntos Relacionados con el Consumidor el poder de definir qué otras prácticas son injustas.

Las siguientes prácticas se consideran como "ilegítimas" y "engañosas" en Georgia:

1. Pretender que las mercancías han sido manufacturadas (o que los servicios han sido prestados) por alguien que no es el verdadero fabricante (o el verdadero ejecutor de los servicios). Un ejemplo de este caso sería poner la etiqueta de una marca selecta en la ropa que no lo es de esa calidad.

2. Mentir a los compradores por lo que se refiere al origen geográfico de la mercancía o del servicio. Buen ejemplo sería poner una etiqueta escrita en francés en una botella de vino de origen norteamericano, con el propósito de engañar al consumidor sobre su procedencia.

3. Pretender que una persona o un grupo patrocine o apruebe ciertas mercancías o ciertos servicios, cuando en realidad no lo ha hecho así. Un ejemplo en este caso sería afirmar que una raqueta fue usada por una estrella del tenis, cuando no ha sido así.

4. Pretender que una persona tiene credenciales que en realidad no posee. Una violación de este tipo sería la declaración de que las reparaciones de los automóviles las han hecho mecánicos con licencia, cuando no tienen certificado alguno.

5. Pretender que la mercancía es nueva cuando, en realidad, es de segunda mano.

6. Anunciar mercancías o servicios con el propósito de no venderlas como se han anunciado. Probablemente, esa fue la intención en la situación 15. El propietario del comercio no quería vender el aparato para hacer ejercicio que se anunciaba. En su lugar, empleó el anuncio para atraer a los compradores, y luego venderles algo más caro. Esta práctica ilegal se llama "dar gato por liebre" (*bait and switch*).

7. Anunciar mercancías o servicios con la intención de no tener a mano la cantidad suficiente para cumplir con una demanda razonable de público (a menos que el anuncio declare que existe una cantidad limitada). Ésta es otra práctica engañosa que se empleó en la situación 15.

8. Mentir al declarar la razón por la que se reducen los precios (la situación 16).

9. Anunciar que los productos o los servicios tienen aplicaciones, efectos o cualidades que no poseen.

10. Falsificar la oferta de las garantías. Por ejemplo, se afirma que un producto lleva una garantía de tres años cuando una parte esencial del producto, digamos el motor del automóvil, no lleva dicha garantía.

La Oficina del Gobernador para los Asuntos Relacionados con el Consumidor (*Governor's Office of Consumer Affairs*) es la dependencia oficial responsable de hacer cumplir otros estatutos relacionados con la protección al consumidor. Por ejemplo, la Oficina se hace cargo de hacer cumplir la ley de automóviles defectuosos (la llamada *Lemon Law*) que se presentó anteriormente en este mismo capítulo. Además a la Oficina se le encarga de hacer cumplir la Ley No Llame de Georgia que entró en vigencia en enero del 1999. La Ley No Llame fue creado para ayudar a la gente evitar las llamadas indeseadas de los vendedores de telemercadeo. Con algunas excepciones menores, la ley previene a los vendedores por teléfono de vender mercancías, productos o servicios a los consumidores a través de las llamadas a los números de teléfono residenciales de los individuos que se han inscrito al Registro Estatal de No Llame. Los consumidores deben pagar una pequeña cuota de $5 dólares para inscribirse. Mientras que la Oficina del Gobernador para los Asuntos Relacionados con el Consumidor hace cumplir la Ley No Llame, hay otra dependencia, la Comisión de Servicios Públicos (*Public Service Commission*) que mantiene la lista de los inscritos. Las otras tareas de la Comisión de Servicios Públicos se exponen en las secciones anteriores de este capítulo.

Supongamos que caes en la trampa de una de las prácticas ilegítimas. ¿Qué puedes hacer?

Puedes ponerte en contacto con la Oficina del Gobernador para los Asuntos Relacionados con el Consumidor. El número de teléfono es 1-800-869-1123. La llamada es gratuita. Tal vez la respuesta sea más rápida si mandas a esa oficina una carta explicando el problema, incluyendo copias de todos los documentos significativos, como los anuncios o avisos, cheques pagados y contratos. La dirección es: Governor´s Office of Consumer Affairs, 2 Martin Luther King Drive, Suite 356, Atlanta, Georgia 30334-4600. El estado puede investigar y, si resulta apropiado, puede actuar para que cese la violación. O puedes poner un pleito al comercio. Antes de iniciar un pleito, debes notificárselo al vendedor con 30 días de antelación. Si el vendedor enmienda el problema dentro de ese plazo, se considera que el problema se ha resuelto.

### Cuando no se compra en un almacén

**SITUACIÓN 17.** Un vendedor que va de puerta en puerta convence a a los García para que compren una enciclopedia que cuesta $500. Los García firman un contrato. Después caen en la cuenta que no pueden pagar los libros. Como han firmado el contrato, ¿qué pueden hacer?

La falta a las garantías y los anuncios falsos no son las únicas prácticas de venta que dañan al consumidor. A veces, se pone presión sobre la gente para que compre mercancías o servicios que no necesita o que no puede pagar. Ésta es una queja frecuente en el caso de los vendedores que van de puerta en puerta.

Por lo tanto, en el año 1974, la Comisión Federal de Comercio estableció un reglamento para el comercio de puerta en puerta para proteger a los consumidores. En el estado de Georgia, la Oficina del Gobernador para Asuntos Relacionados con el Consumidor ha adoptado dicha regla.

Esta regla otorga al comprador el derecho a cancelar el contrato dentro de los tres días de la firma, y requiere tres obligaciones por parte del vendedor:

- El vendedor debe entregar al comprador una copia del contrato o un recibo de la venta donde debe figurar el nombre y dirección del vendedor.

- El contrato debe informar al comprador del derecho a cancelar el contrato y de cómo se debe hacer dicha cancelación.

- El vendedor debe entregar al comprador dos formularios de cancelación. Si el vendedor no lo hace así, el comprador puede enviar en su lugar una carta de cancelación.

La regla tiene aplicación para la mayor parte de las ventas que no se hacen en el domicilio comercial del vendedor. Sin embargo, no tiene aplicación en el caso de ventas que se hacen completamente por teléfono o por correo, o en el caso que la venta sea inferior a $25. Tampoco tiene aplicación en la compraventa de la propiedad inmueble, de seguros, de valores bursátiles o de reparaciones caseras en una emergencia. No obstante, debería proteger a la familia García en la situación 17.

El conocimiento de la dirección comercial del vendedor también puede proporcionar cierta protección al comprador. En vista de esto, Georgia aprobó una ley en el 1980 para controlar a los "vendedores ambulantes" (*Transient Merchants law*). La ley requiere que un vendedor sin una dirección comercial permanente debe tener el permiso o la licencia de cualquier condado donde pretenda vender.

Las reglas de la Comisión Federal de Comercio (FTC) y del Servicio de Correos de los EE.UU. protege a los consumidores cuando las mercancías o los servicios se compran o se reciben por correo. Por ejemplo, si recibes mercancías que no has encargado por correo, no tienes que pagarlas.

## Solo los hechos

1. Completa las siguientes frases: La Oficina del Gobernador para los Asuntos Relacionados con el Consumidor es una dependencia estatal cuyos empleados ayudan _____ _____.

   La Comisión Federal de Comercio establece las reglas que gobiernan _____ _____.

2. Describe tres prácticas ilegales de venta.

3. ¿Cuáles son las desventajas de hacer compras en otro lugar que no sea un almacén?

## Piensa

1. ¿Son tres días un período de tiempo suficiente para cancelar un contrato? Considéralo desde el punto de vista del comprador así como del vendedor.

2. ¿Qué otras prácticas de venta engañosas crees que debieran de ser ilegales?

## La regulación de los servicios especiales

Los consumidores compramos mercancías así como servicios. Algunas veces, como en los restaurantes, compramos los dos al mismo tiempo.

Las leyes también regulan la venta de servicios. En realidad, algunos tipos de servicios requieren la regulación de agencias gubernamentales especiales. Éstas incluyen las empresas de servicio público (las que proporcionan la electricidad, el gas y las comunicaciones telefónicas). Las leyes estatales y/o las comisiones de reglamento para el público también regulan varios servicios personales, como los de la construcción, los médicos, o los cosméticos.

¿Por qué es necesario regular estos servicios? Mientras vas leyendo la siguiente sección, busca las razones.

### Las empresas de servicio público

Es posible que hasta la fecha no hayas tenido que pagar el servicio de la electricidad, el gas o los teléfonos. Tal vez hayas oído a tus amigos o parientes que se quejan de cuánto cuestan. Puede ser que te hayan pedido que apagues las luces o que bajes la temperatura del termostato de la calefacción para ahorrar dinero.

Por lo general, en este país, esos servicios los proveen empresas de iniciativa privada que son controladas por el gobierno. Dichas empresas se encuentran entre las pocas compañías privadas que el gobierno regula para controlar el costo en beneficio de los consumidores.

En Georgia, la Comisión de Servicios Públicos (PSC por sus siglas en inglés que quiere decir *Public Service Commission*) regula las empresas de servicio público que venden la electricidad, el gas o los servicios telefónicos y que sean del sector privado. Antes, la PSC regulaba también las condiciones del servicio así como el precio. También determinaba la zona geográfica donde cada compañía podía servir.

¿Por qué era esta regulación necesaria?

A las empresas de servicio público se les permitía esencialmente que mantuviesen un monopolio dentro de su área de servicio, lo que significa que los consumidores no podían escoger. No podían elegir la mejor oferta en el precio de la electricidad como pudieran hacerlo en el caso de otro artículo, como un automóvil. Los gobiernos regulaban los precios porque no existía competición en el mercado que mantuviera los precios bajos. (Sin embargo, la Constitución de Georgia garantiza a las empresas de servicio público la oportunidad de obtener una ganancia o un beneficio.)

En los años 1997 y 1998, el Estado de Georgia aprobó ciertas leyes para desregularizar (privatizar) la venta de gas natural y del servicio local telefónico. Aunque la regulación de estos servicios tenía el propósito de prevenir abusos en las tarifas por las compañías que monopolizaban estas industrias, los precios de las tarifas permanecían altos a pesar de estar regulados. El propósito de la desregulación fue el de favorecer la competición para que bajasen los precios y subiese la calidad del servicio. Aunque el servicio eléctrico no se ha desregularizado, algunos estados están considerando la desregularización de la electricidad en el futuro.

Aunque la Comisión de Servicios Públicos de Georgia (la PSC) ya no controla las tarifas de estas industrias, todavía supervisa la distribución del teléfono, de la electricidad y del gas en el estado. Estos servicios son todavía de vital importancia y la PSC tiene la responsabilidad de prevenir la pérdida de los servicios y los abusos por parte de las compañías que proveen los servicios.

Las compañías del sector privado no son siempre las empresas que ofrecen servicios públicos. En otros países, las empresas de servicio público—que incluyen algunos servicios de transporte—son la propiedad del gobierno (o sea que el Estado es el propietario). Hoy las empresas de propiedad municipal o de propiedad cooperativista (o sea formada por un grupo de consumidores) sirven aproximadamente el 70% del territorio de Georgia. Sin embargo, las empresas de iniciativa privada proveen de electricidad a la mayor parte de la población, pues sirven a todas las ciudades principales.

Las regulaciones federales y las estatales afectan a las empresas de servicio publico. Por ejemplo, las regulaciones federales controlan los precios que un sistema eléctrico cobra a otro por la electricidad que le vende.

El gobierno federal también regula los servicios de telecomunicaciones, que incluyen los servicios del cable y de las llamadas a larga distancia. En 1996, el gobierno federal desreguló las tarifas de las llamadas telefónicas a larga distancia y las del servicio por cable, por las mismas razones que tuvo Georgia—para favorecer la competición y dar como resultado, que los precios bajaran. Aunque los precios ya no se controlan, la Comisión Federal de Comunicaciones (FCC por sus siglas en inglés o sea *Federal Communications Commission*) todavía regula las operaciones de las compañías telecomunicativas para evitar los abusos. Por ejemplo, al principio de la desregulación de las llamadas a larga distancia, algunas empresas nuevas pusieron en práctica lo que se llama "el portazo" (*slamming*); es decir que cambiaban clientes de otra compañía a la suya y les cobraban los gastos del cambio sin el consentimiento del consumidor. La Comisión Federal de Comunicaciones ya impone fuertes multas a las compañías que hacen eso.

## Los servicios de los seguros

Supongamos que ves un anuncio en una revista en que se ofrece los seguros automovilísticos para jóvenes a bajo precio. ¿Cómo puedes saber si se trata de una compañía responsable? Una forma de saberlo sería averiguar si la compañía tiene licencia para operar en el estado de Georgia.

El Comisionario de Seguros (*Insurance Commissioner*) expide las licencias de las compañías de seguros, que también regula. El público votante elige un comisionario cada cuatro años.

Uno de los propósitos de la regulación de los seguros es para cerciorarse que las primas (pagos) y las provisiones de las pólizas son justas. El comisionario puede regular las primas que cobran al público. El comisionario también puede promulgar reglas y regulaciones para prohibir las prácticas ilegítimas o engañosas.

¿Qué pasa si las indemnizaciones no se pagan prontamente? La ley de Georgia permite que se impongan multas a la compañía. Si las regulaciones no se observan, el comisionario puede cancelarla los permisos para vender seguros en el estado.

## Los servicios personales

El consumidor compra servicios personales así como productos. Tienes que pagar a alguien para que te examine la dentadura. Puede ser que tengas que pagar a alguien para que te arregle la bicicleta, para que te corte el pelo o para que te enseñe a nadar.

Algunos de los servicios que compras se desempeñan por profesionales. El término "profesional" es difícil de definir. Usualmente se entiende que quienes desempeñan el servicio han recibido un entrenamiento especial. Algunos, cuando piensan en profesionales, tienen en mente más bien los abogados o los médicos. Sin embargo, muchas otras ocupaciones relacionadas con los servicios personales requieren de habilidades y entrenamientos especializados.

La destreza con que una persona pueda desempeñar el servicio es de importancia para ti. Si contratas a alguien para que te componga un brazo roto o para que te corte el pelo, querrás estar seguro de que esa persona sabe lo que hace. ¿Cómo puedes estar seguro?

En el caso de algunos servicios, el gobierno estatal de Georgia ofrece alguna protección. Cuando el servicio requiere un entrenamiento especial, puede ser que el gobierno estatal cree una junta para establecer los estándares y las calificaciones. Esa junta expide generalmente licencias o certificados a los que desempeñan el servicio. Las juntas pueden anular las licencias si no se observan los estándares. También puede encausar a cualquiera que practique una profesión certificada en el estado sin la licencia debida.

Como los ciudadanos ponen tanta confianza en los profesionales con licencia, una junta también puede suspender y hasta revocar la licencia de un individuo que ha sido declarado culpable de una ofensa relacionada con las drogas ilícitas.

En la ilustración 4-5 se da una lista de algunas de las presentes juntas estatales que examinan y expiden las licencias profesionales. Esta lista no incluye todas las organizaciones que regulan a los proveedores de servicios en Georgia. Por ejemplo, los abogados deben de ser admitidos en el Colegio Estatal de Abogados para que puedan ejercer. Los maestros deben estar en posesión de un certificado para poder dar clases en las escuelas públicas.

Los gobiernos municipales y de los condados también regulan ciertas ocupaciones. Entre éstas figuran los plomeros, los electricistas y los taxistas.

Es importante tomar en cuenta lo que significa una licencia o una certificación profesional. Indica que la persona cuenta con ciertas calificaciones de preparación y experiencia. Significa que la persona está a la altura de los estándares profesionales. Pero no es garantía del resultado del trabajo. Para ilustrarlo, considera si las juntas de Georgia que extienden licencias a los peluqueros ò barberos y cosmetólogos pudieran hacer algo en cualquiera de las siguientes quejas.

## SITUACIÓN 18

a. Tomás se queja diciendo que el barbero era incompetente. Asegura que le cortó el pelo de una forma terrible. El barbero no tiene licencia.

b. Susana se queja diciendo que la peluquera le estropeó el pelo puesto que le dejó puesto el tinte demasiado tiempo.

c. Teresa se queja diciendo que el salón de belleza estaba hecho una pocilga. Alega que los rulos estaban mugrientos, los peines sucios y el suelo sin barrer.

d. Homero se queja con afirmar que los precios del barbero son atroces.

---

### ILUSTRACIÓN 4-5
### Algunas juntas de licencia y examen

- Junta Estatal de Contabilidad
- Junta de Entrenadores del Deporte de Georgia
- Comisión de Subastadores de Georgia
- Junta Estatal de Barberos (Peluqueros)
- Junta de Examinadores Quiroprácticos de Georgia
- Junta Estatal de Licencia de la Industria de la Construcción
- Junta Estatal de Cosmetología
- Junta de Odontología de Georgia
- Junta Estatal del Servicio Funerario
- Junta Estatal de Registro para los Geólogos Profesionales
- Junta de Arquitectos del Paisaje de Georgia
- Junta Estatal para la Certificación de Bibliotecarios
- Junta de Examinadores de Enfermeras Auxiliares de Georgia
- Junta Estatal Mixta de Examinadores Médicos
- Junta Estatal de Administradores de Hogares para Ancianos
- Junta Estatal de Ópticos Expendedores
- Junta Estatal de Farmacia
- Junta Estatal de Fisioterapia
- Junta de las Agencias de Detectives Privados y de Seguridad de Georgia
- Junta Estatal de Examinadores de Psicólogos
- Comisión de la Propiedad Inmobiliaria de Georgia
- Comisión Estatal de Exterminadores Estructurales
- Junta Estatal de Registro para los Compravendedores de Vehículos Motorizados de Segunda Mano y para los Compravendedores de Repuestos Motorizados de Segunda Mano
- Junta Estatal de Medicina Veterinaria
- Asesoría Estatal de Estándares para Pozos de Agua

Las juntas de barberos y cosmetólogos de Georgia se ocuparán de las quejas contra una persona que practica la profesión sin una licencia (caso a). Se ocupará también de las quejas debidas a las condiciones antihigiénicas de un salón (caso c). Pero no actuará en los casos de precios o de daños ocasionados al pelo (casos d y b).

### Las escuelas de formación vocacional privadas

Algunos tipos de servicios profesionales resultan en más quejas por parte de los consumidores que en otros casos. Un servicio que merece la pena discutir es el de las escuelas de formación profesional vocacional privadas. Muchas de tales escuelas son excelentes. Otras, por desgracia, no están a la altura de las circunstancias.

**SITUACIÓN 19.** Sara Escolar ve un anuncio en la prensa que se refiere a una escuela de formación vocacional, donde ofrecen un curso de seis semanas para ser modelo. Garantiza el trabajo a las estudiantes que completen el curso. Sara paga $1,200 por el curso. Después de terminar, le dan una lista de posibles colocaciones con las empresas de modelaje. Ésa es la única ayuda que recibe en la búsqueda de trabajo.

**SITUACIÓN 20.** A Gregorio Graduado le han convencido para que firme un contrato para asistir a una escuela donde entrenan a los programadores de computadoras. Antes de que el curso empiece, consigue empleo con una compañía que proveerá gratis el mismo entrenamiento. ¿Tiene derecho a que le devuelvan el importe de la matrícula?

En Georgia, las escuelas de formación profesional vocacional se llaman academias (*propietary schools*). La Junta de Educación Pública de Georgia establece las directrices y los estándares para estas escuelas. Para que su funcionamiento sea aprobado, una academia debe ajustarse a los requisitos mínimos establecidos bajo el Acta (del año 1990) de Instituciones Educativas Postsecundarias Privadas. La aprobación, sin embargo, no indica la calidad de la enseñanza que se ofrece en ellas.

Las directrices de Georgia requieren que las academias ofrezcan los servicios de colocación con los empleadores posibles para los estudiantes. Sin embargo, las diferencias en las aptitudes de los estudiantes hace imposible que se ofrezcan garantías de un puesto. Como víctima de una publicidad falsa, Sara (de la situación 19) podría consultar con un abogado para ver si conviene iniciar un pleito. Pero lo mejor hubiera sido investigar la situación antes de haberse matriculado. En la ilustración 4-6 se dan algunas preguntas que deberías hacer antes de firmar un contrato con una escuela de formación profesional.

¿Y qué pasa si quieres anular un contrato con una academia? Las directrices estatales para estas escuelas dicen que puedes cancelar el contrato y recibir la devolución de parte o de toda la matrícula. La cantidad a devolver varía de acuerdo con la fecha de la cancelación. En la situación 20, Gregorio debería recibir la devolución de cierta cantidad de la matrícula.

### Las reparaciones y los gravámenes

Los servicios de reparación—de automóviles o de casas—son con frecuencia el blanco de las quejas de los consumidores. La ley no regula adecuadamente los servicios de reparación. La ley asume que los servicios se mantendrán a la altura de los estándares profesionales, a menos que el contrato especifique concretamente de qué estándares se trata.

El mayor seguro que los consumidores tienen es conocer a la persona o empresa que hace las reparaciones. Averigua qué reputación comercial tienen. Asegúrate que tienen un local permanente. En ese caso, puedes presentarte allí si algo funciona mal.

**SITUACIÓN 21.** Eric lleva su automóvil al taller de Guillermo Listo para que se lo repare. Cuando vuelve a recogerlo, ve en la cuenta que Guillermo Listo le cobra por el cambio del carburador. Cuando mira debajo del capó, el carburador parece ser el mismo de siempre. Guillermo no puede mostrarle el carburador viejo. Eric dice que no pagará la cuenta. Guillermo Listo responde que se queda con el automóvil hasta que la pague. Asegura que tiene el derecho legal de hacerlo así. ¿Qué puede hacer Eric?

Georgia tiene una ley de gravamen para los mecánicos. Un *gravamen* (en inglés *lien*) es una carga sobre la propiedad por razones de alguna deuda u obligación. Se puede ejecutar por medio del juzgado cuando una persona presenta la autorización de otra (el deudor) para hacer un trabajo. De acuerdo con esta ley, el taller de reparaciones de Guillermo Listo podía quedarse con el coche de Eric hasta que pague la cuenta. O el taller de reparaciones de Guillermo podía dejar que Eric se llevara el automóvil e instituir un gravamen en el juzgado a cargo del vehículo. Esto quiere decir que Eric no tendrá un tí-tulo sano del automóvil y que encontrará dificultades a la hora de venderlo.

En tal situación, Eric puede presentar una demanda por escrito para que el mecánico le entregue el vehículo. El mecánico debe hacerlo dentro de 10 días. Si éste ha instituido un gravamen, debe de iniciar una acción legal dentro de 30 días. Entonces, el tribunal conducirá una audiencia, y Eric puede presentar su lado del caso. El juez decidirá si Eric debe pagar la cuenta.

### Solo los hechos

1. Haz una lista con tres ejemplos de los servicios especializados.

2. ¿Qué función cumple una junta de licencia y examen?

3. ¿Qué es un gravamen de mecánico?

### Piensa

1. Para proteger a los consumidores, ¿qué regulaciones pudieras establecer para las reparaciones de automóviles o de casas?

2. La regulación de los servicios personales es más una función del gobierno estatal que del federal. ¿Por qué crees que es así?

## EN RESUMEN

La ley del consumidor es un asunto muy amplio. Cubre toda clase de mercancías y de servicios para el uso personal, familiar o de la casa. Como te has enterado, tanto las leyes estatales así como las federales entran en juego. El gobierno federal y el estatal han establecido agencias reguladoras que protegen los intereses del comprador.

Este capítulo ha explicado algunos derechos y obligaciones legales que tienes como comprador y como vendedor. Pero la ley prohíbe solo los peores abusos. En la facultad de derecho, los futuros abogados aprenden que si Fulano de Tal promete pagar $25 por una manzana, ha comprado una manzana de $25. Lo cual es la verdad, aunque la fruta no valga sino 25 centavos.

Tú, como el (la) consumidor(a), eres el mejor guardián de tu cartera. La carga de la prueba de cuidar de tu propio interés es siempre tuya. ❑

# 5 Los préstamos

¿Qué pueden hacer estas personas?

— La factura del odontólogo ascenderá a más de $1,000—una cantidad superior a lo que Luis Miguel tiene ahorrado.

— Verónica quiere ir por avión a Los Ángeles para asistir a la boda de su hermana, pero no tiene suficiente dinero para el boleto.

— Socorro necesita un automóvil para ir al lugar de su nuevo empleo—pero no puede ahorrar nada hasta que empiece a trabajar.

A menudo, la gente no dispone de los suficientes fondos para pagar algo que necesita o quiere. Entonces, ¿qué hacen? Tienen que pasarse sin lo que sea. O pueden pedir un préstamo para comprarlo. En otras palabras, pueden obtener alguna forma de crédito.

¿Qué se entiende por el *crédito*? Una transacción a crédito ocurre cuando una parte provee de servicios, mercancías o dinero a otra parte, basándose en la promesa de la segunda persona de pagarlo más adelante. La persona que ha extendido el crédito es el *acreedor* (en inglés *creditor*). La segunda persona, la que tiene la obligación de devolver la deuda, es el *deudor* (en inglés *debtor*). El padre de Juan le presta $10 a Juan bajo la promesa de que se lo devuelva en una semana. En esta situación, el padre es el acreedor y Juan es el deudor.

El crédito juega un papel muy importante en la economía de hoy en día. Las grandes empresas, como los fabricantes de automóviles, pueden tomar prestados millones de dólares cada día. Los gobiernos toman prestado dinero. Los individuos se sirven del crédito cuando piden préstamos a los bancos, usan las tarjetas de crédito o cuando reciben un préstamo de los amigos. Y al parecer, la costumbre de recurrir al crédito crece cada año. De acuerdo con un artículo que salió en la revista *U.S. News and World Report* (19 marzo 2001), en el año 1980, solo unos 56% de los adultos estadounidenses portaba una (o más) tarjeta de crédito. Ya para el año 2000, la cifra había llegado a 76%.

Este capítulo trata solo de las leyes que se relacionan con el crédito para los consumidores. El crédito para los consumidores (*consumer*

---

Habla Legal

el pago globo • la quiebra • la garantía • el crédito • el acreedor • el deudor • el incumplimiento de los pagos • los gastos del préstamo • el préstamo • la transacción • las leyes de la usura *credit*) es el que se obtiene primordialmente a efectos familiares, personales o de la casa. Hasta ahora, tus principales fuentes de crédito tal vez hayan sido tus padres, tus hermanos y hermanas o tus amigos. Pero a partir de cierto momento, necesitarás saber cómo hacer uso de los bancos, de las tarjetas de crédito y de otros recursos.

## LOS PRINCIPIOS BÁSICOS DEL CRÉDITO

Es importante comprender que el crédito no es gratis. Una de las razones es que cuando un acreedor extiende crédito a un deudor, se priva del uso del dinero por un período de tiempo. El acreedor, por lo tanto, no dispone de esa cantidad para gastarla o invertirla. Por ejemplo, supongamos que prestas $100 a un amigo por tres meses. Entonces, puede ser que no tengas esa cantidad a tu disposición para comprar la bicicleta que quieres cuando la rebajen de precio. Tampoco podrás invertir ese dinero en las tarjetas de béisbol de colección que podrían valer mucho más después.

La segunda razón por la que el crédito no es gratis, es por el riego que el acreedor corre. ¿Qué pasa si el deudor no paga la deuda? Generalmente, los acreedores quieren una cierta compensación por el riesgo que corren.

Por las dos razones mencionadas, los acreedores requieren que los deudores les den cierta compensación. Usualmente, pero no siempre, esa compensación toma la forma del *interés*. El interés es generalmente un porcentaje de la cantidad adeudada. (Véase la ilustración 5-1.) Se dice *interest* en inglés para comunicar las dos cosas, el interés y los intereses.

Los arreglos que se refieren al crédito a menudo se llaman las transacciones crediticias. Esto quiere decir que el acuerdo tiene que ver con el crédito. No te olvides que las transacciones crediticias son contratos. Las leyes generales que tienen que ver con los contratos (pp. 44–45) también afectan a las transacciones crediticias.

### Los préstamos y las ventas a crédito

Los préstamos y las ventas a crédito son dos tipos de crédito. Un *préstamo* (en inglés *loan*) es cuando un banco, una compañía o una persona

**ILUSTRACIÓN 5-1**
**El costo del crédito**

Celia Compradora compra un aparato estereofónico el primero de enero, por $1,000                    $1,000

El interés es al 18% anual                    x .18

Celia tendría que pagar $180 este año solo en concepto de interés (si es que no pagó nada del precio original).                    $180

te presta dinero, con la esperanza de que lo devolverás dentro de un período de tiempo. Una *venta a crédito* (o sea *credit sale* en inglés) se refiere a la compra de mercancías o de servicios. En ese caso, se espera que pagues a plazos el precio de la compra, más el interés, durante un período de tiempo. La siguiente situación te ayudará a entender estos dos tipos de crédito.

**SITUACIÓN 1.** Micaela Manejo encuentra un automóvil que quiere comprar entre los que tiene el representante de automóviles Alberto Amable. Puede entregarle $1,000. Por desgracia, le faltan $500 para completar el precio de la compra. Alberto dice: "No te preocupes. La Compañía Financiera de Alberto Amable te prestará los $500. No tienes que entregar ahora la totalidad del precio". ¿Se trata de un préstamo o de una venta a crédito?

Esto sería un préstamo. La compañía de financiación del representante (parecida a un banco) va a prestar el dinero. En este caso, le pagaría inmediatamente al representante el precio total de la venta. Micaela, como deudora, debería el precio a un acreedor (en este caso la compañía de financiación). Ella pagaría a la compañía los $1,000 que tenía. Por lo tanto, su deuda sería por la cantidad prestada ($500) para pagar el automóvil más los intereses que la compañía financiera cobrará.

Por otro lado, Alberto Amable tal vez le pudiera haber dicho a Micaela que le permitiría pagar "a plazos" (*on time*) la cantidad que debía por el automóvil. En ese caso, Micaela pudiera haber pagado seis plazos de $100 cada uno a lo largo de un año. ¿Por qué le pagaría $100 más? Esa cantidad sería para compensarle por la dilación en el pago. Esta transacción sería una *venta a crédito*.

La distinción entre el préstamo y la venta a crédito es importante porque en la mayor parte de los estados, incluyendo Georgia, las leyes que gobiernan el crédito para el consumidor varían y dependen de que la transacción sea una venta a crédito o un préstamo.

## El crédito con garantía y sin garantía

Existe otra forma de clasificar el crédito. Puede ser con garantía o sin garantía. Esta distinción depende de las acciones que el acreedor sigue si el deudor no devuelve la deuda.

*El crédito sin garantía* significa que el acreedor depende solamente de la promesa que el deudor hace para devolver la deuda (en inglés *unsecured credit*). Si el deudor no cumple esta promesa, el acreedor puede recurrir a los tribunales. Ella o él le puede poner un pleito al deudor para recobrar el dinero. Pero poner un pleito a un deudor que no tiene el dinero para devolver una deuda no es un recurso muy efectivo. (Pero véase el aparte "Cómo los acreedores pueden recaudar las deudas" en este capítulo.)

Un préstamo sin garantía, por lo tanto, se hace solamente cuando no hay duda que el deudor puede devolverlo. Por ejemplo, una gran empresa pudiera tomar prestadas de un banco cantidades de dinero relativamente pequeñas sin garantías.

Por otro lado, ¿qué pasa si el acreedor cree que existe el riesgo de que no se le devuelva el dinero? Él o ella puede pedir al deudor que firme un contrato. En dicho contrato se especificará que el acreedor puede quedarse con uno o más artículos que sean propiedad del deudor, si el deudor no satisface la deuda. Esta propiedad se llama la *garantía* (en inglés *collateral*). En dicho caso, se dice que el crédito está garantizado. Y el acreedor adquiere una *participación interesada* en la garantía. Se dice *security interest* en inglés.

Un ejemplo puede hacerlo más fácil de entender. Supongamos que necesitas un préstamo para comprar un automóvil de segunda mano. Eres un estudiante y solo tienes un trabajo de jornada parcial. Por lo tanto, el concesionario tendría dudas por lo que se refiere a tu habilidad para pagar.

En este caso, el representante de automóviles puede exigir que le des una *participación interesada* en el vehículo. Dicha participación le da el derecho a recuperar (recobrar) el automóvil si no pagas la deuda. Entonces, el representante podría revender el vehículo y recobrar el dinero que le debes. De esta forma, el automóvil se convierte en la garantía de la deuda. Puedes usar el vehículo, pero el acreedor tiene el derecho a recuperarlo si no pagas lo que debes.

Con los préstamos para comprar un automóvil, la garantía es normalmente el vehículo en sí. En los préstamos bancarios, la garantía pudiera ser la cuenta de ahorros que tienes en el banco.

Un buen ejemplo del crédito con garantía es cuando se empeña algo. Una persona lleva la prenda u objeto de valor (un anillo, un aparato de radio, etc.) al prestamista. Él o ella toma una cantidad prestada con la garantía del valor del objeto. El prestamista se queda con la propiedad hasta que la deuda se satisface. Si el dinero no se devuelve, el prestamista vende el objeto para recobrarlo. En este país se hace ese negocio en las casas de empeño llamadas *pawnshops*.

Otra forma de conseguir crédito con garantía es gracias a una tercera persona. Ésta promete satisfacer la deuda si el deudor no lo hace. La promesa que hace la tercera persona de satisfacer la deuda es una garantía (*guaranty* en inglés). Y la tercera persona se convierte en el *fiador* (en este caso, será el *guarantor* en inglés).

En el ejemplo anterior, el representante de automóviles que duda de tu habilidad para pagar el precio del automóvil, puede exigir que pongas un fiador, que podría ser tu primo que tiene un trabajo fijo. Él se compromete a pagar la deuda si tú no lo haces. Tu primo firmaría una garantía de pago. Por lo tanto, se convertiría en fiador como tercera parte.

El acreedor hasta pudiera exigirte que el crédito se asegure de las dos formas. Él o ella pudiera pedir una garantía de tu primo y una participación interesada en el automóvil. Un acreedor puede pedir también una participación interesada en la propiedad perteneciente a la tercera parte que sale fiadora.

## El crédito abierto y las tarjetas de crédito

Un deudor pudiera entrar solo en una transacción crediticia con un acreedor. Sea un préstamo o una venta a crédito, se llama una transacción crediticia. Los créditos para comprar automóviles que se han presentado arriba eran transacciones crediticias con un límite fijo.

Como contraste, un deudor puede entrar en una serie de transacciones crediticias con el mismo acreedor a lo largo de cierto tiempo. Esto se llama el crédito abierto (*open-end credit*). Por ejemplo, Diana del Hogar quiere amueblar toda su casa con muebles nuevos, pero no puede comprarlos todos a la vez. Compra un sofá a crédito en el almacén la Mueblería Fácil. Antes de que haya pagado el sofá, compra una cama a crédito en la Mueblería Fácil. Poco después compra un tocador, también a crédito. Lo que está haciendo la Mueblería Fácil es extender crédito adicional a Diana para la adquisición de un número de muebles. Por lo tanto, los dos han entrado en una relación de crédito abierto. Este tipo de crédito también se llama crédito rotativo (*revolving credit*).

Debes tener mucho cuidado con las relaciones de crédito abierto o de crédito rotativo. El acreedor en esta clase de relación puede pedir que el deudor le dé una participación interesada en todos los artículos que el deudor compra durante dicha relación. ¿Qué pasa si el deudor no cumple con los pagos de cualquiera de los artículos que se han incluido en dicho arreglo de crédito abierto? El acreedor puede ser que tenga el derecho de recuperar todos los artículos. Esto incluye los artículos cuyo importe de compra se pagó ya completamente. Los tribunales se muestran muy escépticos con este tipo de acuerdos. Pueden incluso invalidar el contrato si el acreedor se ha aprovechado indebidamente del deudor. (Véase la situación 7, p. 74.)

Las tarjetas de crédito (*credit cards* en inglés) son otro ejemplo de crédito abierto. Las mercancías se pueden comprar diariamente o en cualquier momento con la tarjeta. Sin embargo, el poseedor de la tarjeta recibe solo un estado mensual de la cuenta con las compras de cada mes.

¿Si una tarjeta de crédito provee un crédito abierto, quiere decir que puedes gastar todo lo que quieras? No. Los expedidores de las tarjetas de crédito asignan un límite a cada tarjeta de crédito que el poseedor obtiene. Una vez que se ha llegado al límite, el expedidor se negará a aprobar más compras o más adelantos en efectivo.

¿Son gratis las tarjetas de crédito? No. Los expedidores pueden imponer diferentes tipos de cargos. Estos cargos pueden incluir

— cuota anual de la tarjeta. Algunos bancos cargan una cuota anual por las tarjetas. Las grandes tiendas y las compañías gasolineras generalmente no lo hacen así.

— cargos mensuales por intereses. Generalmente es un porcentaje basado en la cantidad adeudada. Algunos expedidores eximen al consumidor del pago de intereses si la cantidad adeudada se satisface dentro de un número específico de días a partir de la fecha del estado mensual de la cuenta. Usualmente este período de espera es de unos 30 días. Otros expedidores hacen el cargo de intereses a partir del día de la compra.

— cargo por adelantos en efectivo. Éste es un cargo por la obtención de efectivo en las máquinas del banco. Esto se hace utilizando la tarjeta o por medio de cheques de adelanto que algunos bancos ofrecen a los consumidores de sus tarjetas de crédito.

— cargo en concepto de pago retrasado.

— cargo por pasarse del límite de crédito.

Las leyes estatales regulan las tasas y la cantidad de los cargos que se pueden cobrar de las tarjetas de crédito. En Georgia, esta ley se llama el Acta de la Tarjeta de Crédito y de los Bancos Expendedores de Crédito. Se ocupa de organizar los bancos que emiten las tarjetas de crédito. También autoriza a los prestamistas a que impongan varios cargos y cuotas en las cuentas de las tarjetas de crédito.

El estado mensual de la cuenta muestra dichos cargos. También da una lista de todas las transacciones que el poseedor de la tarjeta ha hecho durante el mes. Estos estados de la cuenta deberían leerse con cuidado cuando lleguen.

Supongamos que al leer el estado mensual de la cuenta encuentras un cargo que no autorizaste o algún otro error. ¿Qué deberías hacer?

Es importante que se lo notifiques prontamente al expedidor de la tarjeta. El Acta de las Cuentas del Crédito Equitativo (*Fair Credit Billing Act*) requiere que el poseedor de la tarjeta se lo notifique al expedidor de la tarjeta por escrito. Esto se debe hacer dentro de los 60 días después que el expedidor envía el primer estado mensual de la cuenta donde aparece el error. Si lo haces así, no será necesario pagar la cantidad cuestionada mientras se investiga. Sin embargo, tienes que pagar todavía todas las cantidades del estado mensual que no están en duda.

---

### Solo los hechos

1. Explica la diferencia entre un préstamo y una venta a crédito, entre el crédito abierto y el crédito fijo, entre el crédito con garantía y el crédito sin garantía.

2. En el ejemplo siguiente identifica el acreedor, el deudor, la deuda, el fiador y la garantía:

   Bárbara, una estudiante que se encuentra en su último año escolar, quiere comprar un automóvil usado que vende Eduardo de la Suerte por $2,000. Bárbara quiere pagar $100 a cuenta, y luego pagar $100 mensuales en 20 plazos. Eduardo estará de acuerdo si el tío Enrique promete pagar a Eduardo en el caso que Bárbara no pueda hacerlo. Bárbara debe prometer también que devolverá el automóvil a Eduardo, si ni ella ni el tío Enrique puede pagar los plazos.

3. Entre los siguientes cargos, ¿cuáles encontrarás posiblemente en el estado mensual de una tarjeta de crédito? (a) cargo por pago retrasado, (b) cuota anual, (c) cargo por la garantía, (d) cargo por pasarse del límite de la tarjeta y (e) cargo por crédito abierto.

---

### Piensa

1. Se ha promulgado una cantidad considerable de legislación sobre el crédito para consumidores en los últimos 10 ó 20 años. ¿Por qué crees que ha ocurrido eso?

## LA OBTENCIÓN DEL CRÉDITO

Supongamos que has acabado tus estudios, tienes un nuevo trabajo y una vivienda que es tuya. Es estupendo ser independiente. Pero necesitas muchas cosas: los muebles, un automóvil mejor, los aparatos electrodomésticos. Piensas en comprar a plazos—mediante el crédito. Pero nunca has intentado comprar a crédito antes. Te gustaría que te contestaran unas pocas preguntas:

1. ¿Dónde deberías solicitar el crédito?
2. ¿Qué posibilidades tienes de que te concedan el crédito?
3. ¿Cuánto cuesta el crédito?
4. ¿En qué deberías fijarte en el contrato?
5. ¿Qué pasará si no puedes pagar los plazos del crédito?

Por lo que se refiere a la primera pregunta, existe cierto número de posibilidades. Se deben considerar muchos factores: ¿Cuánto dinero quieres? ¿Para qué es? ¿Hasta qué punto eres o no eres un riesgo en términos crediticios? La ilustración 5-2 ofrece alguna información sobre los sitios donde pueden extenderte crédito.

Las siguientes secciones de este capítulo ofrecerán algunas contestaciones e instrucciones para las otras preguntas. Te presentarán también las leyes que afectan a estas preguntas. Estas leyes establecen los derechos que protegen a los deudores y a los acreedores.

### La investigación de los solicitantes de crédito

Como prestatario puedes solicitar un crédito donde te parezca mejor. Sin embargo, es el acreedor el que decide si te lo va a conceder o no.

Antes de decidirse, el acreedor quiere saber hasta qué punto un prestatario devolverá el dinero. Para decidirlo, el acreedor necesitará cierta información.

Cuando solicitas un crédito, normalmente te pedirán que rellenes una solicitud. En esta solicitud encontrarás preguntas personales y sobre tu empleo. Puede ser que te pregunten si tienes otras fuentes de ingreso. Puede ser que te pregun-

## ILUSTRACIÓN 5-2
## La procedencia del crédito para el consumidor

| Procedencia | Formas de crédito | Costo típico del crédito | A quién conceden préstamos | Notas |
|---|---|---|---|---|
| Bancos | Préstamos | Relativamente bajo | Personas sin riesgos crediticios | A menudo tienen un límite mínimo, por ejemplo, préstamos por $500 |
| | Hipotecas | Varía | | |
| | Tarjetas de crédito | Moderado, regulado por la ley | | |
| Asociaciones de ahorros y préstamos | Préstamos | Relativamente bajo | Personas sin riesgos crediticios | Proveen servicios parecidos a los que ofrecen los bancos |
| | Hipotecas | Varía | | |
| | Tarjetas de crédito | Moderado, regulado por la ley | | |
| Cooperativas de crédito (credit unions) | Préstamos | Bajo | Miembros—pero el riesgo es un factor tomado en cuenta | A menudo tienen un límite máximo |
| Compañías financieras / Compañías de préstamos pequeños o menores | Préstamos | Varía, entre moderado y elevado | Correrán con mayores riesgos crediticios | Usualmente tienen un límite máximo, por ejemplo, $3,000 |
| Comerciantes | Ventas a crédito | Moderado | Varía—correrán con mayores riesgos que los bancos | Solo es para comprar mercancías |
| | Tarjetas de crédito | Moderado, regulado por la ley | Personas sin mayores riesgos crediticios | |
| Casas de empeño | Pequeños préstamos | Alto, varía | Solo prestan dinero con garantía de objetos | |

ten si tienes otras deudas. (Véase un ejemplo de solicitud en la ilustración 5-6, p. 75.)

Al hacer estas preguntas, el acreedor trata de estimar qué clase de riesgo representas. El acreedor sabe que una persona con un empleo fijo y con antecedentes de haber pagado deudas previas, supone un riesgo mínimo. Si éste es tu caso, te será fácil recibir el crédito, y además el crédito te costará menos. ¿Cómo puede ser que sepan que no representas un riesgo cuando es la primera vez? La ilustración 5-3 te ofrece algunas sugerencias.

Además, muchos acreedores contratan a una agencia de informes comerciales (*credit bureaus* en inglés) para que investigue a los solicitantes. Existen miles de estas agencias de informes por todo el país. La información financiera y personal de los consumidores se guarda en las computadoras de la agencia. La información está a disposición de otras agencias, de acreedores y a menudo de empleadores y de compañías de seguros.

Si aparece algo indeseable en el informe de la agencia, el acreedor puede decidir que no va a ofrecer crédito al consumidor. Claramente, un informe desfavorable puede dañar la reputación crediticia de una persona. ¿Qué pasa si el informe es engañoso, inexacto o está pasado de época?

En el año 1970, el Congreso aprobó una ley para proteger a los que buscan crédito. Esta ley fue el Acta de la Información del Crédito Equitativo (*Fair Credit Reporting Act*). Bajo este acta de ley, si te niegan un crédito, un seguro, o un empleo, a causa de un informe de crédito, tienes el derecho a

— saber el nombre y la dirección de la agencia que proporciona el informe.

— saber qué contiene el informe, aunque no puedes verlo o tenerlo en las manos.

— saber el origen de los datos contenidos en el informe.

— solicitar una nueva investigación y una corrección si la información es inexacta o si está incompleta.

— insertar en la información tu objeción a la información que crees equivocada.

— solicitar que las correcciones se remitan a las empresas que han recibido previamente la información incorrecta.

La información sobre tu expediente es gratis si la solicitas dentro de los 60 días desde la fecha en que se te negó el crédito.

Es importante conocer estos derechos. La ley otorga a la Comisión Federal de Comercio (FTC por sus siglas en inglés o sea *Federal Trade Commission*) el poder de actuar contra las agencias de informes comerciales que faltan a sus reglas. La persona puede poner también un pleito para reclamar daños.

## La protección contra la discriminación

Existen otras leyes que protegen también a la gente que busca crédito. En el año 1974, el Congreso aprobó el Acta de Oportunidad Equitativa al Crédito. Esta ley prohíbe que los acreedores discriminen contra los solicitantes de crédito por razones de género, estatus matrimonial, edad, raza, color, religión, origen nacional, o recibo de fondos de la asistencia pública. Esta ley prohíbe que los acreedores hagan preguntas relacionadas con dichas situaciones, a menos que se relacionen directamente con los ingresos. Bajo esta ley, los acreedores deben explicar a los solicitantes las razones por las que se les ha negado el crédito. Una ley de Georgia de 1975 permite que una persona inicie una acción legal para pedir daños si se ha discriminado contra ella.

Ten en cuenta que estas leyes federales y estatales no garantizan a nadie el crédito. Ni prohíben a los acreedores que se sirvan de los ingresos, gastos, deudas y fiabilidad para determinar si deben conceder crédito a alguien.

Sin embargo, establecen que la discriminación basada en ciertas razones es ilegal. ¿Crees que las siguientes negativas de crédito serían legales?

**SITUACIÓN 2.** Diana solicita un préstamo. La mayor parte de sus ingresos precede de la pensión de divorcio (*alimony*) que recibe de su primer matrimonio. El banco se entera que su ex-marido ha perdido el empleo hace varias semanas. Le niegan el préstamo.

**SITUACIÓN 3.** Edgardo solicita un préstamo para comprar una motocicleta. Tiene 16 años de edad, pero tiene un buen trabajo después de las horas escolares. Le niegan el préstamo.

**SITUACIÓN 4.** La mayor parte de los ingresos que tiene Carola proceden de la asistencia (ayuda) pública. Necesita un pequeño préstamo por unos pocos meses para pagar la cuenta del odontólogo. La compañía de crédito le niega el préstamo.

Un crédito no se le puede negar a una persona por razones de su estatus marital. Sin embargo ¿qué pasa si la persona depende de los ingresos que recibe de un(a) cónyuge o ex-cónyuge? En ese caso, la situación económica del cónyuge puede afectar la habilidad de devolver el préstamo. En la situación 2, la negativa de conceder el préstamo a Diana no parece ser discriminatoria. Parece ser que se debe al límite de sus ingresos y a su habilidad para efectuar los pagos de reembolso del préstamo.

Las leyes federales prohíben la discriminación en transacciones crediticias por razones de edad. Sin embargo, los menores de edad no pueden entrar en contratos efectivos. Por lo tanto, en la situación 3, el rechazo de la solicitud de Edgardo sería legal.

En la situación 4, es posible que hayan discriminado contra Carola porque sus ingresos proceden de la asistencia pública. Si la compañía de financiación le niega el préstamo basándose solamente en eso, sería ilegal.

## ¿Cuánto cuesta el crédito?

### La información sobre los costos

Antes de firmar un contrato, debieras saber cuánto te va a costar el crédito.

El costo del crédito, como recordarás, se llama generalmente el interés. Hoy día, las tasas de interés (*interest rates* en inglés) pueden variar considerablemente dependiendo de dónde procede el crédito. Esto se debe a que la economía nacional y la local afectan al interés. El interés depende de la cantidad de riesgo que representa el deudor. También depende del propósito que tiene el préstamo. Por ejemplo, desde hace muchos años, los estudiantes han podido recibir prés-

tamos con la garantía del gobierno, para pagar sus estudios universitarios. Estos préstamos llevan una tasa de interés que es inferior al de los préstamos que tienen otros fines.

Compara las tasas de interés. Entérate qué prestamista te va a cobrar menos. La ilustración 5-4 muestra la cuenta que trae comparar los precios para adquirir un artículo específico.

Fíjate que un deudor puede tener que pagar otros cargos además del interés. Puede haber

— un cargo si el pago de un plazo se hace después de la fecha en que se debe hacer (*late charge* o cargos morosos)

— un cargo para cubrir los gastos en que incurre el acreedor para enviar las cuentas, llevar la contabilidad, etc. (*service charge*)

— un cargo para asegurar el objeto comprado contra el robo o los daños y para garantizar el pago si el comprador fallece durante el período del contrato.

Considerados conjuntamente, todos estos tipos de cargos se llaman, por lo general, *gastos de financiación* (en inglés se dice *finance charges*).

### Las leyes de divulgación de los términos de un préstamo

En la actualidad, el Acta de Divulgación de los Términos de un Préstamo (TILA por sus siglas en inglés) les ha ayudado a los consumidores a calcular los costos del crédito. El Acta de Divulgación de los Términos de un Préstamo (*Truth in Lending Act*) impone ciertas obligaciones legales a los acreedores. Cuando hacen una transacción crediticia, deben mostrar

— los gastos de financiación (*finance charges*).

— la tarifa (tasa) de interés (*interest rate*). (Esto se debe expresar siempre de la misma forma—indicando la tarifa del porcentaje anual—para que los clientes puedan compararla con las de otros prestamistas.)

El acreedor debe declarar también al consumidor las reglas y los cargos en concepto de pagos retrasados. Como verás más adelante, también se requiere que ciertos términos del con-

## ILUSTRACIÓN 5-4
### ¿Qué aparato de televisión debiera comprar Gregorio Graduado?

Un anuncio en el escaparate de la cadena de tiendas **Almacenes Super Oferta** ofrece un precio con **una entrega a cuenta de $125 más 20 plazos mensuales de $25.**

En la tienda de Almacenes Super Oferta, el total del costo que debe pagar Gregorio asciende a $625 [$125 más $25 x 20].

En el **almacén Ahorra Más** el mismo modelo de televisor se vende por $500. Gregorio tiene una cuenta de crédito en este comercio. Piensa emplear su cuenta para comprar el aparato con pagar **$25 por mes más el 1.5% sobre el saldo pendiente.**

En el almacén Ahorra Más, si Gregorio paga $25 mensuales más el interés, el total ascendería a unos $571.30. El interés se calcula mensualmente multiplicando 0.015 por el saldo impagado de los $500. Las mensualidades que pagaría Gregorio empezarían siendo $32.13 y se reducirían hasta los $25.

En la tienda **Ahorros Familiares**, el aparato también cuesta $500. Con la garantía de su automóvil, Greg podría sacar un préstamo para comprar el aparato de televisión. El departamento de crédito sugiere que saque el préstamo por **20 meses. El interés sería del 1.5% sobre el saldo impagado más un cargo de $1.43 mensual por gastos de financiación.**

Los pagos para comprar el aparato de televisión en la tienda Ahorros Familiares serían de $30 mensuales. Esta cantidad incluye la devolución de la cantidad principal [$25 por mes], el interés prorrateado a lo largo de 20 meses [$3.57 por mes] y el cargo por gasto de financiación [$1.43 por mes]. El total a pagar ascendería a $600.

---

trato estén claramente visibles. Se puede poner un pleito a los acreedores que no cumplan con estos requisitos.

En 1988, el Congreso enmendó el Acta de los Términos de un Préstamo, mediante el Acta de la Declaración del Crédito Equitativo y de las Tarjetas de Crédito (FCCDA por sus siglas en inglés). Este acta impone la necesidad de hacer las declaraciones del crédito en forma más estricta en los anuncios o en las solicitudes de crédito abierto y de tarjetas de crédito. El propósito del acta es ayudar a los deudores para que puedan comparar con mayor facilidad los costos de crédito y para que puedan llegar a una decisión acertada antes de entrar en un arreglo crediticio. La mayor parte de la información requerida debe figurar en el formulario que se muestra en la ilustración 5-5.

### La regulación de los costos del crédito

Las leyes estatales controlan en gran parte las tarifas de interés. Sin embargo, las leyes federales tienen prioridad sobre las estatales en algunos casos, como en el de los préstamos para las casas.

Georgia y la mayor parte de los estados limitan la cantidad máxima que se puede cargar en concepto de interés o por otros gastos de financiación. Estas leyes se conocen con el nombre de *usura*.

Las leyes para controlar la usura (*usury laws*) proceden de los antiguos tabúes sobre la recaudación de los intereses. De hecho, los antiguos cristianos creían que la imposición de intereses era pecaminosa. Hoy día, el gobierno impone el límite del interés que se puede cobrar a los consumidores. En Georgia, cobrar más del 5 por ciento mensual de interés en un préstamo al consumidor constituye un delito menor (*misdemeanor crime*). No existen usualmente límites legales para la tarifa de interés que se puede cobrar a las empresas comerciales.

El acreedor cuyos cargos exceden esos límites es culpable de hacer el préstamo con "usura". Se le puede poner un pleito al acreedor ante un tribunal civil. En Georgia, si el deudor gana el pleito, puede recobrar *todo los intereses* que él o ella haya pagado.

| ILUSTRACIÓN 5-5 Lo que la solicitud para tu tarjeta de crédito debe declarar | |
|---|---|
| Tarifa del porcentaje anual para las compras | _____ % (tarifa fija), o |
| Información sobre la tarifa variable | El porcentaje anual puede variar. La tarifa se determina por (*explicación sigue*). |
| Período de espera para el pago del balance de las compras | Se conceden [período de tiempo, generalmente indicado en el número de días] para pagar el balance [de las compras] antes de que se imponga un cargo por el crédito de las compras. o [No se concede un período de tiempo durante el que se pague el balance de las compras sin incurrir en cargos por el crédito.] |
| Método para computar el balance de las compras | Término medio del balance diario [incluye nuevas compras] o Término medio del balance diario [excluye nuevas compras] o Otro método (*explicación sigue*) |
| Cuota anual de socio | [Cuota (anual) de (socio): $_____ por año] [(*tipo de la cuota*)       : $_____ por año] |
| Cargo mínimo en concepto de interés | $_____ |
| Cargo por transacciones de compras | [$_____] [_____% del monto de las compras] |
| Cargo por adelantos en efectivo, y cargos por pagos retrasados o por pasarse del límite crediticio | Cargo por adelanto en efectivo: [$_____] o [_____% de la cantidad adelantada] Cargo por pago retrasado: [$_____] o [_____% de la cantidad adelantada] Cargo por pasarse del límite crediticio: $_____ |

### Solo los hechos

1. ¿Qué propósito tiene el Acta de la Información del Crédito Equitativo?

2. ¿En cuáles de las siguientes situaciones se le puede negar crédito a los acreedores? (a) ingresos, (b) religión, (c) recibo de la asistencia pública, (d) género, (e) fiabilidad.

3. La empresa de pequeños préstamos ABC cobra a Fulanito de Tal $250 por un préstamo de $500 por seis meses. No le dicen a Fulanito a cuanto asciende "la tarifa del porcentaje anual" que va a pagar por este préstamo. ¿A qué ley se ha faltado? ¿Qué propósito tiene la ley?

4. La empresa ABC le carga a un consumidor el 72% de interés anual por un préstamo. La ley estatal declara que no se puede cobrar más del 60% por año. ¿Qué tipo de ley ha violado la ABC?

## LA RECOLECCIÓN DE LAS DEUDAS

### Entiende tu contrato

Cuando los deudores no hacen o no pueden hacer un pago de un préstamo, se considera que son *morosos* (en inglés se dice *in default*). Algunas veces, parece que la situación en que se encuentran no es justa. Considera las siguientes situaciones. ¿Son justas? ¿Son legales?

**SITUACIÓN 5.** Baldemero Sinsuerte compra un auto usado por $1,000. Tiene que entregar $200 a cuenta y pagar cuatro plazos anuales de $200 más los intereses. El primer año, paga $200 más los intereses. Durante el segundo año, queda cesante. Sin trabajo no puede pagar el siguiente plazo. El representante de automóviles demanda que pague inmediatamente los $600 más los intereses. ¿Es legal?

En la mayor parte de los arreglos crediticios, cuando no se paga un plazo, todos los demás pagos se *aceleran*. Esto quiere decir que el resto de la deuda se debe pagar inmediatamente. Por lo tanto, el representante tiene el derecho legal de exigir que Baldemero Sinsuerte pague inmediatamente lo que debe en la situación 5. Baldemero aceptó esta condición especificada en el contrato de crédito.

**SITUACIÓN 6.** Sara Pérez está pagando un préstamo que sacó para comprar un aparato de televisión, a razón de $25 por mes. Cuando va a pagar el último plazo, descubre que el contrato dice que debe abonar $200 en vez de $25. Si no hace el pago del último plazo, la compañía recuperará el aparato de televisión. ¿Es esto legal?

Una de las prácticas que ha causado mayores problemas a los deudores es el último pago, llamado el *pago globo* (en inglés *balloon payment*). En este arreglo crediticio, el último plazo es mucho mayor que los otros. El incremento súbito del plazo es la razón por la que se emplea el término "globo". Algunas veces, esa cantidad es tan grande que el deudor desprevenido no puede pagarla. Por lo tanto, no puede cumplir con el préstamo por falta de pago. Esto es lo que pudiera pasarle a Sara en la situación 6. Los pagos globos son ilegales en algunos estados. Sin embargo, son legales en Georgia.

**SITUACIÓN 7.** La familia Torrealta compraron a plazos muebles para la sala. Más adelante, compraron un juego de comedor al mismo comerciante bajo un plan de plazos adicionales. Después que han liquidado la deuda total de los muebles de la sala, se saltan el pago de un plazo. El acreedor viene y recupera el comedor, y además los muebles de la sala. ¿Es esto legal?

Los planes de plazos adicionales (la situación 7) también son legales. Los dos juegos de muebles pueden ser recuperados. Pero lo son solamente si (1) los Torrealta aceptaron el plan cuando firmaron el contrato, y (2) si el acreedor obtuvo una participación interesada en cada juego de muebles. Los deudores deberían saber a qué se comprometen en un contrato.

Todas estas situaciones indican la importancia de leer y comprender un contrato de crédito antes de firmarlo.

### Cómo los acreedores pueden recaudar las deudas

Cuando se toma el dinero a préstamo, existe la responsabilidad moral y legal de devolverlo. La mayor parte de la gente tiene cuidado con el pago de sus deudas. Consideran que es cumplir con su deber. Saben también que pueden nece-

## ILUSTRACIÓN 5-6
### Ejemplo de una solicitud para una tarjeta de crédito

| SOLICITANTE |
| --- |

APELLIDO          NOMBRE PROPIO          INICIAL MEDIA          APELLIDO MATERNO (por razones de seguridad)

DIRECCIÓN. CALLE          CIUDAD          ESTADO          CÓDIGO POSTAL          NÚMERO DE AÑOS EN ESTE DOMICILIO

NOMBRE DEL PROPIETARIO O DE LA COMPAÑÍA HIPOTECARIA          CANTIDAD DEL PAGO MENSUAL (renta o hipoteca)

❏ PROPIETARIO
❏ INQUILINO

FECHA DE NACIMIENTO          NÚMERO DE LA SEGURIDAD SOCIAL          TELÉFONO CASA
    /    /                              -        -                              (    )

DIRECCIÓN ANTERIOR. CALLE          CIUDAD          ESTADO          CÓDIGO POSTAL          NÚMERO DE AÑOS EN ESA DIRECCIÓN

EMPRESA DE TRABAJO O FUENTE DE INGRESOS          TELÉFONO EMPRESA          NÚMERO DE AÑOS EN ESA EMPRESA
                                                    (    )

INGRESOS BRUTOS POR MES          OTROS INGRESOS (Fuente de los ingresos)
$                                 $

PARIENTE MAS CERCANO          TELÉFONO CASA          DIRECCIÓN DEL PARIENTE QUE NO VIVE CON EL SOLICITANTE
                              (    )

| FIRMA |
| --- |

Todo lo declarado en esta solicitud es cierto a mi entender. Autorizo a que comprueben mis antecedentes de crédito y de empleo. Entiendo que los pagos de la cuenta se deben hacer al recibir el estado mensual. Cualquier pago retrasado quedará sujeto a un cargo en concepto de retraso, computado de acuerdo con la tarifa del porcentaje anual que aparece en las cuentas mensuales. La aceptación y el uso de la(s) tarjeta (s) expedida(s) indica que estoy de acuerdo con los términos y condiciones que acompañan a la(s) tarjeta(s).

FECHA_____ He leído los términos especificados al dorso. FIRMA DEL SOLICITANTE_____

---

sitar un préstamo de nuevo. Quieren poder sacarlo al costo más bajo que sea posible.

También quieren evitar lo que les puede pasar a los que no pagan sus deudas. ¿Qué es lo que pueden hacer los acreedores?

Cuando el deudor no cumple por faltar un pago, el acreedor puede hacer legalmente varias cosas para recuperar el dinero que se le debe. Bien visto, en un contrato crediticio, el deudor ha contraído el deber legal de devolver el préstamo. Los tribunales pueden hacer cumplir las obligaciones legales.

**SITUACIÓN 8.** Verónica Castro debe dinero del aparato de televisión. Cuando falta al pago de un plazo, empieza a recibir llamadas de teléfono para recordarle el pago. La primera llamada es cortés en el tono, pero las demás son un abuso. ¿Es esto legal?

El acreedor—o una agencia dedicada a recolectar deudas—puede intentar persuadirle al deudor para que pague. Esto es legal a menos que se convierta en un acoso. El Acta de las Prácticas Legítimas para la Recolección de Deudas federal (*Fair Debt Collection Practices Act*) protege a los consumidores contra las prácticas de recolección de deudas poco escrupulosas. Por ejemplo, limita el número de veces y por qué razones el acreedor puede llamar al deudor. Pone límites a las llamadas que otras personas hagan al deudor. También pone límites a lo que el acreedor puede hacer si el deudor dice que no va a devolver el préstamo.

Bajo este acta, los recaudadores no pueden intimidar a las personas mediante las amenazas de violencia o de acciones ilegales. Por ejemplo, no pueden decir a la persona que la meterán en la cárcel si no paga las deudas. También es ilegal tergiversar los hechos. Un recaudador no puede insinuar que él o ella representa al gobierno federal o estatal.

Este acta protegería a Verónica (la situación 8) contra el acoso que se ha descrito. ¿Qué puede hacer ella? Puede llamar a una agencia local de consumidores y denunciar el acoso del acreedor. O se puede llamar a la empresa telefónica.

**SITUACIÓN 9.** En la situación 5, Baldemero Sinsuerte no pudo pagar los $600 dólares restantes que debía por su automóvil usado. El automóvil era la garantía del préstamo. El representante vio el automóvil estacionado en el centro y se lo llevó. ¿Es esto legal?

Un acreedor puede recuperar la garantía, venderla y usar el dinero de la venta para pagar la deuda que se le debe. Normalmente, él mismo lleva a cabo la recuperación sin recurrir a los tribunales o a las autoridades estatales. Esto se llama recuperación "auto ayuda" (es decir, por sí mismo; se dice *self-help repossession* en inglés) y es legal en la mayor parte de los estados.

Sin embargo, el acreedor debe estar seguro que no falta a la ley. Un acreedor no puede romper la puerta de un garaje para recuperar un automóvil que era la garantía de un préstamo. Pero un acreedor puede recuperar el automóvil del deudor si el deudor deja el vehículo estacionado en una calle pública. La ley no considera esta acción como un robo si el deudor ha recibido el derecho a recuperar el automóvil. Por lo tanto, el representante de automóviles actúa dentro de la ley cuando se lleva el automóvil de Baldemero. Pero Baldemero debió estar de acuerdo en el contrato con la recuperación del vehículo si no podía pagar la deuda.

**SITUACIÓN 10.** Supongamos que el automóvil recuperado de Baldemero no vale tanto como valió el año anterior. Cuando el representante de automóviles lo vende, solo puede sacar $400. El representante pone un pleito para cobrar el resto del dinero. El tribunal está de acuerdo con la reclamación. Por lo tanto, el representante hace arreglos para que retengan parte del salario semanal de Baldemero hasta que satisfaga la deuda. ¿Es esto legal?

Mucha gente cree erróneamente que si un automóvil se compra a crédito y si la deuda no se paga, lo peor que puede pasar es que recuperen el automóvil. Pero la ley permite a los acreedores recobrar la deuda de diversas formas. Sin embargo, el acreedor solo puede recaudar legalmente la cantidad debida más los gastos del crédito.

¿De qué otras formas pueden los acreedores recaudar las deudas? Supongamos que el acreedor es un banco de Georgia. Un deudor no cumple con los pagos de un préstamo bancario. Pero el deudor tiene dinero depositado en el banco. La ley permite que el banco disponga de esos fondos para satisfacer la cantidad que se le debe. Esta acción se llama "deducción" (*setoff*).

Un acreedor puede poner un pleito al deudor por incumplimiento. Como en cualquier procedimiento judicial, el acusado (el deudor) debe ser notificado por adelantado. El acusado puede presentar su caso en la audiencia.

Una vez que el tribunal decide que el deudor debe pagar al acreedor, es posible seguir diversas formas de satisfacer la deuda. El acreedor puede embargar el sueldo del deudor. Esto quiere decir que el acreedor puede exigir que la empresa donde trabaja el acreedor le pague una parte del sueldo del deudor (se dice *garnishing* en inglés). Esto continuaría hasta que la deuda quede satisfecha por completo. La acción contra Baldemero Sinsuerte (la situación 10) sería legal en Georgia.

Existe otra acción que se puede seguir:

**SITUACIÓN 11.** Julio Capillas tiene una racha de mala suerte. Después de sacar un préstamo de $3,000 para cubrir una serie de deudas, pierde el empleo. El acreedor obtiene una sentencia del tribunal donde se declara que Julio debe pagar. ¿Se puede vender la casa de Julio para satisfacer la deuda?

La casa de Julio se puede vender, pero solo bajo ciertas circunstancias. Después de que la corte decide a favor del acreedor, el acreedor puede pedir que se ordene una "incautación" (*attachment*). La propiedad personal o inmobiliaria entonces se lleva (o se "incauta") para vender. Los ingresos de la venta se emplean para satisfacer la deuda del duedor, quien es Julio.

Sin embargo, la incautación se puede llevar a cabo para satisfacer una deuda únicamente si el deudor reside—o está en el proceso de trasladar su propiedad—fuera del estado donde se ha ordenado la incautación. O la incautación se puede llevar a cabo si después de las requeridas notificaciones oficiales no se puede encontrar al deudor. Recuérdese que los deudores pueden hacer una recuperación por sí mismos. Sin embargo, un tribunal es el único que puede llevar a cabo una incautación.

## La protección de los consumidores

Una de las mayores preocupaciones de los legisladores federales o de Georgia en los últimos 25 años ha sido de proteger a los consumidores en las transacciones crediticias. De hecho, el crédito para los consumidores es una de las áreas más altamente reguladas. Ya se han mencionado algunos de los actas promulgados por el Congreso.

Al nivel estatal, el Código Comercial Uniforme (UCC por sus siglas en inglés)—adoptado por la mayor parte de los estados—es un intento de proteger al deudor de ciertos actos y prácticas de los acreedores.

Por ejemplo, supongamos que han recuperado tu automóvil y que se va a subastar para satisfacer la deuda tuya. Quisieras con ansiedad que se vendiese por la mayor cantidad posible para que la deuda se liquide completamente. El Código Comercial Uniforme de Georgia normalmente requiere que el acreedor notifique al deudor de la hora y lugar de la venta. Este aviso te da la oportunidad de acudir a la venta. Tal vez para entonces, tengas el dinero para pujar en la subasta del vehículo. O puedes animar a que otros pujen de modo que el precio de la venta cubra la deuda.

En años recientes, la legislatura de Georgia aprobó el Acta Otorgar Préstamos Equitativos (*Georgia Fairlending Act*). Entre otras cosas, el acta prohíbe las prácticas abusivas de préstamos para adquirir casa propia. Algunas de las formas legislativas más viejas que protegen el crédito son las leyes federales sobre la quiebra. Estas leyes permiten que los deudores que no pueden pagar sus deudas en la fecha indicada puedan resistir a los acreedores. Los deudores pueden cancelarlas como pérdida total, o pueden reembolsarlas. Esto se hace bajo la supervisión de un tribunal.

Existen dos tipos de peticiones de quiebra (*bankruptcy*) para los individuos y las familias, conocidos como el del Capítulo 7 y el del Capítulo 13. El Capítulo 7 se conoce con el nombre de "quiebra total" o bancarrota. Bajo el Capítulo 7, el deudor o la deudora declara que no puede pagar sus deudas en las fechas debidas (se le llama *straight bankruptcy*). Si el tribunal lo acepta, la mayor parte de las deudas sin garantía, como las tarjetas de crédito, se cancelan. También, los deudores deben entregar generalmente algunos bienes sin garantía al tribunal. Éstos se venden y la cantidad recibida se distribuye entre los acreedores. Por otro lado, ciertas deudas, como los impuestos o los préstamos a estudiantes, no se pueden cancelar. Es difícil que un deudor pueda obtener crédito después de una quiebra bajo el Capítulo 7. La quiebra permanecerá en sus antecedentes de crédito por 10 años.

Una quiebra del Capítulo 13 permite que el deudor o la deudora arregle el reembolso de tanto como sea posible de la deuda. Esto también se hace bajo la supervisión de un tribunal. Una quiebra del Capítulo 13 hace más fácil reestablecer el crédito. Permite también que el deudor cancele ciertas deudas pendientes que no se pueden cancelar bajo el Capítulo 7.

En el año 1994, se hicieron varios cambios en las leyes federales de la quiebra. Dichos cambios ampliaron aún más las diferencias entre las peticiones de quiebra bajo el Capítulo 7 y las del Capítulo 13. La petición bajo el capítulo 13 se hizo más atractiva. De acuerdo con dichos cambios, es más fácil que el deudor pueda quedarse con la casa y con ciertos bienes.

La quiebra bajo el Capítulo 7, sin embargo, se convirtió en algo menos atractivo. Ahora es más difícil que un deudor que solicita la quiebra del Capítulo 7 pueda evitar ciertos pagos. Éstos incluyen la pensión alimenticia de divorcio (o separación), la pensión para el sustento de los hijos (*child support*) y las cuentas de los objetos de lujo que compró antes de presentar la petición de quiebra.

La petición de quiebra es una solución extrema. A las personas que se han declarado en quiebra se las puede negar legalmente el crédito. Por ésta y otras razones, se deben considerar antes otras soluciones para el exceso de endeudamiento.

Existen servicios públicos de asesoramiento sobre el crédito en tu comunidad, como el Asesoramiento para el Crédito del Consumidor (*Consumer Credit Counseling*). Estos servicios pueden aconsejarte cómo administrar tus deudas. Sin embargo, ten cuidado con los prestamistas que se denominan a sí mismos asesores de crédito. Generalmente, aconsejan que se reemplacen varios préstamos pequeños con un préstamo grande, lo cual puede ser deseable. Pero si el préstamo grande tiene una tarifa superior de interés, dicha solución no le ayudará al deudor.

---

### Solo los hechos

1. ¿Qué es una cláusula de aceleración? ¿una cláusula de pago globo? ¿una cláusula del plan de plazos adicionales?

2. ¿Cómo se diferencia la recuperación de la incautación?

3. ¿Qué propósito tiene el Acta de las Prácticas Legítimas para la Recuperación de las Deudas?

4. Imagínate que eres un acreedor y que uno de tus deudores ha faltado al pago de un plazo. El préstamo era para un automóvil, y el automóvil es la garantía. Prepara una lista de los pasos que darías para intentar el cobro de la deuda.

5. ¿Cómo una quiebra protege al deudor?

## EN RESUMEN

En este capítulo se han presentado algunos puntos básicos de cómo funciona el crédito en Georgia y en los Estados Unidos. Está enfocado sobre los derechos legales que tienen los acreedores y los deudores.

Por lo que se refiere a los préstamos, es importante recordar que un arreglo crediticio es un contrato. Por lo tanto, cuando pides prestado dinero, tienes la obligación legal de devolverlo. Si no lo devuelves, el acreedor quede servirse del "poder del estado" para hacer que se cumpla el contrato.

La mejor protección contra los problemas de las deudas es ser inteligente con el crédito. No pidas prestado demasiado. Compara precios. Conoce tus derechos legales. Y, una vez que has pedido prestado, ten en cuenta que tienes la obligación legal de hacer los pagos con puntualidad. ☐

# 6 La vivienda

Tarde o temprano tendrás que escoger un sitio donde residir. Primero, puede ser que decidas rentar una habitación o un apartamento. Más adelante, puede ser que pienses en comprar un terreno, un condominio o una casa. Tanto si compras como si rentas un sitio, tienes que actuar de acuerdo con las leyes federales, estatales y municipales que gobiernan los bienes inmuebles. Debes saber todo lo que sea posible sobre estas leyes para tu propia protección.

## ¿QUÉ SON LOS BIENES INMUEBLES?

Por lo general, las leyes de este país dividen la "propiedad" (o sea los bienes) en dos amplias categorías: (1) la *propiedad personal* y (2) la *propiedad inmobiliaria*.

La propiedad inmobiliaria (o los bienes inmuebles) consiste en los terrenos y las propiedades—las casas, establos, o cosechas—que están unidas al suelo. Existen diversos intereses relacionados con la posesión de los bienes inmuebles. El interés pudiera ser los derechos a los minerales que hay debajo de la superficie terrestre.

O pudiera ser el derecho a usar una casa, aunque sin ser el dueño de ella. O pudiera ser la posesión absoluta del terreno. La propiedad de los bienes inmuebles se llama a menudo la "propiedad inmobiliaria" (*real property* en inglés).

La propiedad personal (*personal property*) consiste en todas las demás cosas, tangibles o intangibles. Algo que es tangible se reconoce sobre todo mediante el tacto. Por lo tanto, la propiedad tangible se puede tocar. Tu automóvil, tu reloj, tu ropa y hasta tu perro son ejemplos de la propiedad personal *tangible*.

La propiedad *intangible* (que no es tangible) es más difícil de distinguir. Puede tratarse de acciones en una compañía. Puede ser la buena voluntad que una persona ha desarrollado en un negocio. Pueden ser los derechos de autor, o un derecho especificado en un contrato. Puede ser tu habilidad para prestar un servicio.

En relación con la diferencia que existe entre la propiedad inmobiliaria y la propiedad personal, se debe hacer una aclaración. Cuando un objeto de la propiedad personal se une al suelo de forma que se considera permanente, se

---

**Habla Legal**

la escritura • la regulación del medio ambiente • la instalación • el contrato de arrendamiento • la hipoteca • la propiedad personal • los bienes inmuebles • el inquilino • el título • la planificación urbana convierte en la propiedad inmobiliaria. Este tipo de propiedad se llama comúnmente una *instalación*. (En inglés se dice *fixture*.) Por otro lado, si un objeto se separa del suelo, pasa a ser propiedad personal (véase la ilustración 6-1). Una casa móvil sirve para mostrar la diferencia. La casa móvil sería generalmente de propiedad personal mientras está en la parcela de la agencia de ventas. Sin embargo, una vez que se le ubica en el terreno y se conecta a los servicios públicos, se convierte en propiedad inmobiliaria.

La distinción entre la propiedad inmobiliaria y la propiedad personal es importante, porque hay diferentes leyes que se aplican a los diferentes tipos de propiedad.

En el capítulo sobre la ley de consumidores, has leído sobre algunas de las leyes que gobiernan la compra y venta de la propiedad personal. Este capítulo se ocupará de las leyes que gobiernan los bienes inmuebles—de su renta (alquiler), venta y uso.

### Solo los hechos

1. Da un ejemplo de la propiedad inmobiliaria, de la propiedad personal y de la propiedad intangible.
2. ¿Cuál de los siguientes ejemplos sería una instalación? Un tractor, una laguna, una zanahoria, un ventilador. Explica las respuestas.

ILUSTRACIÓN 6-1
**Cómo la propiedad puede cambiar de ser inmobiliaria a ser personal**

Una manzana que está en un árbol es parte de la propiedad inmobiliaria.

Una manzana que está en la mano es de propiedad personal.

## LA RENTA (ALQUILER) DE LA PROPIEDAD INMOBILIARIA

Probablemente rentarás (o arrendarás) un apartamento o una casa antes de que consideres la compra de uno. En esta sección te dará la oportunidad de descubrir algunas cosas que debes saber, por lo que se refiere a tus derechos y responsabilidades.

Cuando empieces a buscar un sitio donde vivir, tendrás ya alguna idea pensada. Considerarás el lugar apropiado. ¿A qué distancia está del trabajo o de la escuela, de las tiendas o de los parques? ¿Es un barrio (o una vecindad) tranquilo? Considerarás también si el espacio y las instalaciones son lo que necesitas. Si tienes un automóvil, querrás saber qué estacionamiento hay. Querrás un sitio en buenas condiciones y que esté a tu alcance económico.

Cuando encuentres un sitio para rentar (arrendar), entrarás en un acuerdo con el propietario de la propiedad y firmarás un contrato. Este contrato se llama *contrato de arrendamiento*, y establece la relación entre el arrendatario (casero; dueño de la propiedad) y la persona que renta el sitio. El *arrendador* (casero) es la persona que arrienda la propiedad al arrendatario (*landlord* o *landlady* en inglés). Generalmente, el casero es el propietario. La parte que alquila la propiedad y se compromete a pagar la renta al casero es el *arrendatario* o el *inquilino*. En el inglés se le llama *tenant*.

Date cuenta que la persona que te enseña el lugar que vas a alquilar puede que no sea el casero. Él o ella puede ser el (la) administrador(a) de la propiedad que se ofrece para rentar. En Georgia, la ley requiere que el inquilino reciba por escrito el nombre y la dirección del casero (o de su agente) y del administrador (*manager*) de la propiedad en renta. Esta ley se aprobó porque a veces, los arrendatarios tenían dificultad en localizar a los caseros o a los administradores cuando se presentaba algún problema relacionado con la vivienda.

### El contrato de arrendamiento

La firma de un contrato de arrendamiento es una buena práctica. El documento en inglés se llama *lease* (sustantivo y verbo ambos). De esta forma, los derechos y obligaciones del arrendatario y del casero están claros en el caso que surja una disputa. Bajo las leyes de gran parte de los estados, los contratos de arrendamiento por un período superior a un año deben hacerse por escrito. Pero no te olvides que un contrato de arrendamiento de palabra por menos de un año también compromete a las dos partes. Asegúrate que entiendes sus términos.

El contrato de arrendamiento declara generalmente cuándo el arrendatario asume la posesión de la vivienda (la propiedad). Puede indicar también por cuánto tiempo durará la posesión del arrendatario. Este período de tiempo se conoce como el *período* de arrendamiento (*term of the lease* en inglés). Los contratos de arrendamiento también especifican la cantidad de la renta (arrendamiento) que el arrendatario debe pagar al casero por el uso de la propiedad. También indican la fecha en que se debe pagar la renta. Algunas veces especifican la cantidad adicional que se debe pagar si la renta no se recibe a tiempo.

¿Qué otras cosas cubre un contrato de arrendamiento? Por lo común, las restricciones de su uso. Puede ser que no se permita la residencia de animales como los mascotas, por ejemplo. También se especifican las responsabilidades relacionadas con el mantenimiento, los daños y las reparaciones de la propiedad.

Lee con mucho cuidado un contrato de arrendamiento antes de firmarlo (mira en la ilustración 6-2 los puntos que se deben comprobar). Puedes pedir al casero que quite, ponga o cambie los términos del contrato. Si encuentras algunos defectos en el sitio que quieres alquilar, no dejes de discutirlo con el casero. Pregunta cómo los va a reparar antes de que firmes el contrato, o antes de entregar el depósito de garantía. ¿Qué pasa si no entiendes las condiciones del contrato? En ese caso pregunta a alguien de tu confianza que te las explique.

La discusión siguiente cubre algunas cosas a las que deberás prestar atención.

## Los tipos de arrendamiento

Todos los contratos de arrendamiento no son iguales. Diferentes tipos de contrato crean di-

---

**ILUSTRACIÓN 6-2**

### Lista de comprobación para los inquilinos

Antes de entrar en un acuerdo entre el inquilino y el casero, es importante enterarse de lo siguiente:

☑ ¿Se requiere un contrato de arrendamiento? En el caso afirmativo, ¿cuáles son las estipulaciones? ¿Qué tipo de inquilinato se va a establecer?

☑ ¿A cuánto asciende la renta? ¿Cuándo (en que día del mes) se debe pagar? ¿Incluye alguno de los servicios públicos?

☑ ¿Algunas de las condiciones estipuladas afectarán el derecho al disfrute de la tranquilidad en la propiedad?

☑ ¿En qué condiciones se encuentra la vivienda?

¿Funciona todo como debiera? Comprueba el estado de las luces, las ventanas, la fontanería (cañería), la instalación de la cocina, las puertas.

¿Está todo en buen estado? ¿Necesita pintarse? ¿Hay señales de goteras o grietas en las los paredes, etc.?

¿Hay buen mantenimiento de la propiedad?

¿Hay seguridad? Fíjate en la iluminación del terreno, en las cerraduras (los candados) y en las ventanas.

¿Hay señales de roedores o de insectos?

☑ Toma nota de los defectos. Algunos caseros tienen listas a propósito para señalarlos.

☑ ¿Qué obligaciones existen para el cuidado de la propiedad? ¿Cuáles son las obligaciones del casero?

☑ ¿Se requiere un depósito de garantía (*security deposit*)?

---

ferentes tipos de arrendamiento. Los arrendamientos se clasifican generalmente por el período del alquiler. Los tipos más comunes de arrendamiento son los por un *período determinado* y los *sin plazo fijo*.

Un arrendamiento por un *período determinado* está definido por el término o período de tiempo. Por lo común, es por un año o más. Este tipo de arrendamiento (*periodic tenancy* en inglés) termina sin ninguna clase de aviso previo (*notice*) en el día en que expira el término especificado en el contrato. Sin embargo, muchos contratos permiten a los inquilinos extender o renovar dichos arrendamientos.

¿Qué pasa si el inquilino quiere mudarse antes de la fecha final del contrato?

**SITUACIÓN 1.** Rolando y Rebeca Errantes rentan un apartamento por un año. Seis meses después, los jefes de Rolando lo transfieren a otra ciudad. ¿Pueden subarrendar el apartamento? (Esto quiere decir: ¿pueden rentárselo a otra persona cualquiera por el resto de la duración del arrendamiento?) Si se mudan ahora, ¿tendrán que pagar la renta a la casera?

Si el acuerdo del contrato de arrendamiento lo permite, los Errantes pueden subarrendar el apartamento. Esto significa que pueden encontrar a alguien que ocupe su apartamento y asuma su contrato. Sin embargo, la pareja Errantes siguen siendo responsables por el pago de la renta. Aunque no se indique que se puede subarrendar el apartamento, la casera puede permitir (pero no es obligado a) que los Errantes abandonen el contrato. Si no lo permite, puede ser que tengan que pagar la renta hasta que el contrato expire o hasta que el apartamento se rente. En Georgia, como en muchos otros estados, a un casero que da en arriendo los bienes inmobiliarios residenciales se le requiere generalmente que trate de alquilar el sitio a otro inquilino (en lo mismo no caben los bienes inmuebles comerciales, sin embargo). Esta acción representa un intento para reducir la pérdida al mínimo. En el caso de los empleados militares de las fuerzas armadas estadounidenses, una ley de Georgia de 1990 limita la responsabilidad de aquéllos si se mudan antes de que expire su contrato de arrendamiento a causa de una orden militar de traslado.

El arrendamiento *sin plazo fijo* es cuando el casero renta su propiedad a un inquilino por un término o período de tiempo indefinido. En semejante contrato, el casero o el inquilino pueden terminar el arrendamiento en cualquier momento con aviso previo.

**SITUACIÓN 2.** Estela Estudiante renta un apartamento por un término indefinido de tiempo.

Un día, la casera le dice que debe dejar el apartamento dentro de tres días. ¿Es legal?

No. Georgia y otros estados requieren que tanto el casero como el inquilino, antes de terminar un arrendamiento sin plazo fijo, se lo notifique al otro por adelantado dentro de un número específico de días. En Georgia, se requiere que el casero dé la noticia (aviso previo) de 60 días y que el inquilino dé la noticia de 30 días.

¿Qué sucede si el inquilino sigue ocupando el sitio después de que el contrato expira? Es lo que se llama el *arrendamiento precario*. El derecho del inquilino a ocupar el sitio en semejante situación depende de la voluntad del casero. El casero tiene varias opciones. Puede iniciar el proceso de desahucio contra el inquilino. Puede estar de acuerdo con otro tipo de arrendamiento bajo los mismos términos y condiciones del contrato que ha expirado. O podría permitir otro arrendamiento bajo otros términos.

## El pago de la renta

El contrato de arrendamiento especifica normalmente el importe de la renta o sea la cantidad pagada en arrendamiento. También indica cuándo se debe pagar, y lo que pudiera ocurrir si no se paga. Una vez que los inquilinos ocupan el sitio rentado, deben pagar la renta al casero de acuerdo con los términos del contrato.

¿Pero qué pasa en la siguiente situación?

**SITUACIÓN 3.** El apartamento que renta Inés Inquilina es destruido por un incendio. A principios del siguiente mes, el casero le notifica que le debe la renta. ¿Tiene que pagarla?

La obligación de pagar la renta en semejante situación terminaría si se especificara así en el contrato de arrendamiento. De lo contrario, no acaba ni aunque el sitio se destruya (en la situación 3). La obligación de pagar la renta en dicha situación concluiría si así se especificara en el contrato. Asegúrate de que existe una cláusula de "escape" en el contrato que firmas. Si el contrato no lleva una cláusula de escape, hay otra forma mediante la que el inquilino puede dejar de pagar la renta y desocupar el sitio. Este proceso se llama "desalojo virtual" (*constructive eviction*). El tema se halla en la página 88.

**SITUACIÓN 4.** Ignacio Inquilino firma un contrato para rentar un apartamento por un año. Se especifica que la renta es de $350 mensuales. Al cabo de tres meses recibe una nota del casero diciendo que le sube la renta a $375. ¿Es legal?

No lo es, a menos que tales aumentos de renta se especifiquen en el contrato. Comprueba si el casero puede subir la renta durante el período del contrato. Los contratos pueden indicarlo así. Puede que se haga así para cubrir el costo de los servicios públicos cuando éstos se incluyen en la renta. Asegúrate también qué servicios públicos cubre la renta—si es que cubra alguno. De lo contrario, podría ser una sorpresa no muy grata tener que pagar la calefacción, el agua o la electricidad, encima de la renta.

**SITUACIÓN 5.** Miguel y Marta Malventurado no pagaron la renta el primero de junio, la fecha estipulada en el contrato. Era la primera vez que se retrasaban. El 3 de junio, la casera les mandó una nota diciéndoles que vacasen el apartamento. La pareja dicen que debieran de tener más tiempo para hacer el pago. ¿Tienen derechos legales algunos?

Algunas veces, el inquilino no paga la renta para la fecha señalada en el contrato. En ese caso, el casero puede ser que tenga el derecho de *desposeer* (desalojar o *desahuciar*; en inglés el verbo es *evict*) al inquilino. Muchos contratos permiten cinco días de prórroga a partir de la fecha en que se debe pagar la renta. Durante ese tiempo, el inquilino puede pagar la renta sin que lo desahucien. ¿Qué ocurre si el contrato de arrendamiento de los Malventurado no contiene esa prórroga? En ese caso tienen hasta el 5 de junio para pagar la renta sin que los desahucien.

Date cuenta que el casero puede desposeer al inquilino la primera vez que no pague a tiempo. Usualmente no pasa así, pues los caseros se avienen a dar dos, y hasta tres oportunidades para pagar. Sin embargo, cuando un casero acepta repetidamente la renta tarde, puede ser que renuncie al derecho de desahuciar a los inquilinos que no pagan la renta con puntualidad, lo cual se debe a que los inquilinos pueden creer que

pagar tarde es aceptable. En efecto, esto altera los términos del contrato.

Es verdad que el casero tiene el derecho de desposeer a cualquiera que no pague la renta. Pero el casero no puede poner a un inquilino en la calle. El casero tampoco puede forzar a los inquilinos a que se vayan, por el procedimiento de quitarles la calefacción en el invierno. Un casero debe seguir el proceso legal.

## El proceso de desahucio

**SITUACIÓN 6.** Samuel y Sarita Cuentotriste no han pagado la renta durante tres meses. Un día, al llegar a casa, descubren que el casero y sus hermanos los han desahuciado. Los muebles, la ropa y todas sus enseres están en la acera. ¿Puede el casero hacer esto legalmente?

La ley controla cuidadosamente el proceso de desahucio (*eviction process*). En Georgia, un casero puede iniciar el proceso en el tribunal de magistrados (el juzgado de instrucción), en el tribunal del estado, o en el juzgado de primera instancia (*Superior Court*). Por lo general, los caseros prefieren los juzgados de instrucción pues los gastos son más bajos y no es necesario la presencia de un abogado.

Después que el casero entrega al tribunal la noticia de desahucio, el tribunal remite una citación judicial. El inquilino debe contestarla dentro de siete días. Si el inquilino no la contesta, el juez normalmente decide el caso a favor del casero. Entonces, el juez extiende una orden que permite al alguacil (*marshal* o *sheriff*) desahuciar al inquilino.

Si el inquilino responde, el tribunal fija la fecha de la audiencia. La audiencia (*hearing*) da la oportunidad al inquilino de presentar argumentos y defensas contra las acusaciones del casero. Supongamos que el inquilino no ha pagado la renta. Primero, el casero debe probar que la renta no se pagó a tiempo. Luego, el inquilino puede elevar las defensas o las afirmaciones. Una buena defensa pudiera ser que el casero no mantiene la propiedad en buenas condiciones (véase la página 86). O pudiera ser que el casero no le ha provisto de calefacción adecuada, de aire acondicionado o de agua. Los inquilinos no necesitan tener presente un abogado en las audiencias de desahucio. Sin embargo, un abogado puede ser muy útil si resulta difícil probar los hechos.

¿Qué ocurre si el juez decide al final de la audiencia que el casero tiene el derecho de desposeer al inquilino? En ese caso, el juez ordenará que el inquilino desaloje el sitio. Pudiera ser que el inquilino tenga que pagar la renta atrasada y los gastos del tribunal. ¿Y si el inquilino se niega a irse del apartamento? El alguacil (*sheriff*) puede físicamente sacar (desposeer) del apartamento tanto al inquilino como a todas sus pertenencias.

Si el juez da la razón al inquilino, éste puede de continuar en el sitio. El casero puede que sea responsable de los daños causados por su conducta indebida.

En la situación 6 no hay evidencia que la casera haya recurrido al tribunal. Por lo tanto, ha infringido el derecho de los Cuentotriste a un proceso legal. Además, el desahucio forzoso lo debe llevar acabo un alguacil o un asistente del alguacil, de acuerdo con la orden judicial. Los caseros no pueden ejecutar tales acciones por sí mismos.

El proceso legal que se requiere para desposeer a los inquilinos se estableció para proteger los derechos de los inquilinos. Esa protección es necesaria a causa de los caseros que tienen prisa para sustituir a los inquilinos que pagan arriendos bajos o que causan problemas.

Bajo la ley de Georgia, los caseros también pueden intentar el cobro de las rentas atrasadas mediante la "orden de venta de bienes secuestrados" (en inglés *distress warrants*). Bajo dicho proceso, si el juez se pronuncia a favor del casero, los bienes materiales del inquilino se pueden vender para cubrir el importe de la renta aun sin pagar.

1. Las siguientes afirmaciones ¿son ciertas o son falsas?
   a. Un inquilino le alquila la propiedad a un casero.
   b. Todos los contratos de arrendamiento deben ir por escrito.
   c. Un arrendamiento sin plazo fijo es cuando el inquilino renta por un período indefinido de tiempo.
   d. La lectura cuidadosa de un contrato de arrendamiento no es importante.
   e. Las audiencias de desahucio se celebran ante un tribunal sucesorio o de testamento.
   f. Los caseros no pueden desposeer ellos mismos a los inquilinos después de la audiencia de desahucio.
2. Describe los pasos que se debe seguir en un proceso de desahucio.

## Piensa

1. Explica cómo un contrato de arrendamiento cumple con todos los requisitos de un contrato.
2. Como inquilino ¿qué tipo de arrendamiento te parecería más ventajoso para ti, y por qué? ¿Cuál te parecería el menos ventajoso para ti?
3. El proceso de desahucio es una forma de resolver legalmente una disputa. ¿Cómo protege al casero? ¿Cómo protege al inquilino? ¿Hay otras formas pacíficas de resolver las disputas entre caseros e inquilinos?

## El derecho al disfrute de la tranquilidad de la propiedad

En la misma medida que el inquilino tiene la obligación de pagar la renta, el casero también tiene obligaciones legales (véase en la ilustración 6-3, la lista de las obligaciones y los derechos de los caseros e inquilinos). Una de las obligaciones del casero es hacer posible que el inquilino disfrute de la tranquilidad (*quiet enjoyment* es el término legal) de su vivienda. ¿Qué significa eso? Los incidentes que ocurren en las siguientes situaciones ¿violan el disfrute de la tranquilidad?

**SITUACIÓN 7.** Unos inquilinos nuevos ocupan el piso que queda encima del apartamento de Tomás y Teresita Inquilino. Ponen al volumen alto el equipo estereofónico hasta la madrugada. Con frecuencia dan fiestas ruidosas. Tomás está rendido. Tiene que levantarse a las 6:00 para ir a trabajar. Tomás y Teresita se quejan a la casera. ¿Qué obligación tiene ella?

**SITUACIÓN 8.** María Inés Arrendadora sirve una comida elegante. El casero entra con el exterminador. Vienen a rociar el apartamento con el insecticida. Los invitados de María Inés están molestos. Ella está muy apenada con los invitados. ¿Tiene derecho el casero a hacerlo?

## ILUSTRACIÓN 6-3
### Los derechos y responsabilidades del arrendamiento

| Los derechos del inquilino | Los derechos del casero |
|---|---|
| El uso, posesión y control de la vivienda. | Que se le pague puntualmente la renta. |
| El disfrute de la tranquilidad de la vivienda. | Que se le devuelva el sitio en buenas condiciones al expirar el contrato. |
| Las reparaciones llevadas a cabo dentro de un plazo razonable. | Custodiar el depósito legal como garantía del pago *(security deposit)* de la renta y de daños a la propiedad. |
| El desahucio únicamente mediante un proceso legal. | Desahuciar legalmente al inquilino que no paga la renta, no respeta los términos del contrato, o no desaloja el sitio cuando el contrato expira. |

| Las responsabilidades del inquilino | Las responsabilidades del casero |
|---|---|
| El pago puntual de la renta. | Mantener la vivienda en buenas condiciones. |
| El cumplimiento con los términos del contrato de arrendamiento. | Cumplir los términos del contrato. |
| El cuidado razonable de la vivienda. | Asegurarse de que el sitio se ajusta al reglamento local de la vivienda. |
| El pago de los daños que van más allá del desgaste natural. | Permitir el disfrute de la tranquilidad. |

Los tribunales han establecido que un inquilino de un edificio de apartamentos no puede hacer imposible el disfrute de la tranquilidad que tiene otro inquilino. En la situación 7, la casera deberá decir a los vecinos que deben dejar a los Inquilino dormir tranquilamente.

Los contratos de arrendamiento con frecuencia estipulan que los caseros tienen el derecho de entrar en el apartamento para llevar a cabo reparaciones, inspecciones y para cobrar la renta.

El derecho a la privacidad, sin embargo, es otro aspecto del disfrute. En general, un casero no puede entrar en el apartamento de un inquilino sin el permiso (situación 8). María Inés tiene el derecho a pedir al casero que vuelva a otra hora para rociar el insecticida. Dado que no era una emergencia, debiera haber pedido permiso previo a María Inés para entrar en el apartamento.

Puede ser que en el contrato se especifiquen las reglas y regulaciones del casero para el uso de la propiedad. Pueden determinar dónde debes guardar la bicicleta, o cuándo puedes usar la lavandería. Pueden determinar si no debes clavar o pegar carteles en las paredes. Pueden prohibir la residencia de animales como mascotas. No te olvides de leer estas reglas antes de firmar el contrato de arrendamiento.

## Las reparaciones y el cuidado de la vivienda

Los caseros tienen la obligación de hacer las reparaciones. Deben mantener el apartamento en condiciones de seguridad. Los inquilinos también tienen la responsabilidad de cuidar la propiedad que rentan.

Algunas veces los contratos por escrito especifican claramente qué clases de reparaciones le corresponden al casero y cuáles le corresponden al inquilino. Otras veces no se dice nada sobre el particular.

Por regla general, el inquilino no tiene que reparar o reemplazar lo que se rompa debido al desgaste normal. Ni el inquilino tiene tampoco la obligación de reparar los daños causados por un incendio u otra catástrofe. Sin embargo, la reparación de daños (que vayan más allá del desgaste y ruptura normal) causados por los inquilinos, sus familias, o sus invitados es la responsabilidad del inquilino.

Puede ser que existan defectos en la vivienda que conoce el casero, pero que el inquilino ignora cuando se hace cargo de la vivienda. En este caso, el casero debe reparar los defectos. Algunas veces, los defectos son obvios a las dos partes cuando firman el contrato. En este caso, el casero tiene la obligación de reparar cualquier condición peligrosa que viole la reglamentación de la vivienda u otra ley cualquiera.

Cuando leas las siguientes situaciones, acuérdate de estas reglas generales. ¿Quién crees que es responsable de la reparación de las viviendas arrendadas?

**SITUACIÓN 9.** Tina de la Renta se está duchando por la mañana. De pronto, la presión del agua desaparece. Descubre un agujero en la cañería que está oxidada, y se lo notifica a Luis, el casero. Luis le dice a Tina que ella misma repare la cañería.

**SITUACIÓN 10.** Durante una fuerte tormenta, la rama de un árbol se cae y rompe la ventana del dormitorio de Anita Bonita. La lluvia daña la mesa que está junto a la ventana.

**SITUACIÓN 11.** Antes de rentar el apartamento a Abel Arrendador, Constanza Casera le enseña un calentador de gas defectuoso que está en el dormitorio. Abel se aviene a rentar el lugar en las condiciones en que se encuentra.

En la situación 9, el casero deberá reparar los daños. Una cañería oxidada se consideraría como desgaste natural. Tina no tendría que hacer la reparación ella misma ni pagarla.

En la situación 10, el casero tendría la obligación de reparar el sitio. Pero Anita tendría que pagar la reparación de la mesa que pertenece a ella.

En la situación 11, Abel estaba al tanto del problema antes de rentar el apartamento. Pero las reglas públicas de Georgia favorecen la seguridad de las viviendas. La casera tendría la obligación de reparar un defecto potencialmente peligroso, como lo es un calentador de gas.

El casero no tiene la obligación de inspeccionar la propiedad arrendada con el propósito de descubrir los defectos que se presenten durante el período de arrendamiento. Durante dicho tiempo, la obligación del casero es reparar tales defectos solo cuando se le notifican.

### ¿Qué puede hacer el inquilino?

¿Qué puede hacer el inquilino si el casero se niega a reparar la vivienda cuando tiene la obligación de hacerlo?

En algunas comunidades hay organizaciones que ayudan a solucionar las disputas entre el inquilino y el casero. Las organizaciones privadas de inquilinos también pueden prestar ayuda. Éstas representan un grupo de muchos apartamentos o casas.

Si estos grupos no existen ¿qué se puede hacer?

**SITUACIÓN 12.** Teodoro Pagarenta ha pedido muchas veces al casero que repare las cañerías. Desde hace tiempo no le llega el agua caliente. También quiere que rellene las grietas que hay en las paredes. El casero no ha hecho nada. Los amigos de Teodoro le aconsejan varias soluciones.

a. Denunciar al casero por violar el reglamento de la vivienda.

b. Hacer él mismo las reparaciones y pedir al casero que le reintegre los gastos.

c. No pagarle la renta hasta que haga las reparaciones.

d. Poner un pleito al casero.

e. Romper el contrato de arrendamiento y mudarse.

¿Qué opción le aconsejarías tú, entre las arriba mencionadas u otra?

Legalmente, Teodoro no goza de todas las opciones dadas aquí. Además debería consultar a un abogado antes de proceder con cualquier acción, excepto la opción "a".

Teodoro tiene pleno derecho a denunciar al casero en la oficina gubernamental que se ocupa de las violaciones del reglamento de la vivienda. Muchos municipios y condados de Georgia han aprobado reglamentos para la vivienda. Éstos regulan la condición de las casas y de los apartamentos después de su construcción. Estos reglamentos velan por la seguridad de las casas y de las vecindades (o barrios) donde reside la gente. En ellos se detallan los requisitos que debe reunir la propiedad que se renta.

La autoridad apropiada puede exigir y obligar al casero a que cumpla con el reglamento de la vivienda. Puede multarle e imponerle otras sanciones (véase la ilustración 6-4). Sin embargo, para que la autoridad de la vivienda pueda corregir el problema, el inquilino debe notificarle primero del problema. A veces, los inquilinos no se atreven hacerlo.

Los caseros pueden ser responsables también de cualquier daño que les ocurra a los inquilinos, si se deben a violaciones del reglamento de la vivienda. Consideremos otra vez el caso de Teodoro. ¿Qué ocurre si el reglamento de la vivienda requiere que el apartamento tenga agua caliente para que sea habitable, y Teodoro contrae una pulmonía por verse obligado a ducharse con agua fría? Teodoro podría poner un pleito al casero por faltar a una obligación creada por el reglamento de la vivienda.

La opción "b" es que Teodoro haga las reparaciones él mismo. Luego puede pedirle al casero que le reembolse los gastos. ¿Y si el casero se niega a reembolsarle los gastos de la reparación? Teodoro puede deducir los gastos razonables de las reparaciones del pago de la renta mensual.

Teodoro puede negarse también a pagar la renta (la opción "c") Puede esperar hasta que el casero le ponga un pleito por el total de la renta sin pagar. ¿Y qué tal si la reclamación por los daños ocasionados por la falta de reparaciones es superior a las reclamaciones del casero a raíz de la renta impagada? Entonces Teodoro puede quedarse en el apartamento y recibir el dinero de la diferencia entre las dos reclamaciones. ¿Y si las reclamaciones del casero debidas a la renta impagada exceden las reclamaciones de Teodoro por los daños? Entonces Teodoro deberá pagar la diferencia. Por otro lado, Teodoro puede seguir pagando la renta y ponerle un pleito al casero por la cuantía de las lesiones causadas por la falta de reparaciones (la opción "d").

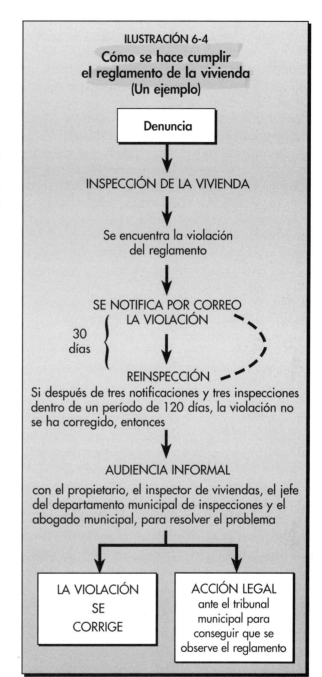

ILUSTRACIÓN 6-4
Cómo se hace cumplir el reglamento de la vivienda (Un ejemplo)

Denuncia

INSPECCIÓN DE LA VIVIENDA

Se encuentra la violación del reglamento

SE NOTIFICA POR CORREO LA VIOLACIÓN

30 días

REINSPECCIÓN

Si después de tres notificaciones y tres inspecciones dentro de un período de 120 días, la violación no se ha corregido, entonces

AUDIENCIA INFORMAL

con el propietario, el inspector de viviendas, el jefe del departamento municipal de inspecciones y el abogado municipal, para resolver el problema

LA VIOLACIÓN SE CORRIGE

ACCIÓN LEGAL ante el tribunal municipal para conseguir que se observe el reglamento

**SITUACIÓN 13.** Nina Inquilina está bañando a su niño en el cuarto de baño de su apartamento. De pronto, el suelo que queda junto a la bañera (tina) se hunde. Nina pone un pleito al casero y al encargado de los apartamentos por las heridas que sufrió en el hundimiento. ¿Qué clase de daños puede recibir Nina?

Nina puede recibir los daños compensatorios. Dichos daños se conceden para "compensar" a la parte lesionada. Se conceden dos formas para pagar a la persona por una pérdida o una lesión. Primero, es un reembolso por los gastos desembolsados, tales como los costos médicos y/o la pérdida de sueldo, así como por el dolor y sufrimiento. Segundo, Nina pudiera recibir también daños punitivos. La intención de los daños punitivos es castigar al acusado y disuadirle en el futuro de actuar similarmente. Pero, solo se otorgan si la conducta del acusado es especialmente mal intencionada. Por ejemplo, Nina pudiera recibir el importe de un daño punitivo, si el casero sabía que el suelo estaba a punto de hundirse y no hizo nada.

Por lo general, el incumplimiento de la obligación de reparar la vivienda no supone el derecho del inquilino a cancelar el contrato de arrendamiento. Pero ¿si el defecto es tan serio y la vivienda está en tan malas condiciones que no se puede vivir en ella sin correr peligro? En ese caso, si la propiedad no se puede restaurar debidamente mediante reparaciones corrientes, el inquilino tal vez pueda cancelar el contrato de arrendamiento (la opción "e"). El proceso se llama el "desalojo virtual" (*constructive eviction*). Para emplearlo, Teodoro deberá declarar que no se puede vivir en el apartamento. Tendrá que presentar evidencia ante el tribunal para probar por qué no es posible. Y si el apartamento es verdaderamente inadecuado, Teodoro debiera desocupar la vivienda. Si continúa con vivir allí, se podría argüir que el apartamento sea adecuado como vivienda humana.

## Los depósitos de seguridad

En Georgia como en otros estados, un casero puede requerir que un inquilino ponga un depósito o garantía de seguridad (*security deposit*). Éste se paga antes de que el inquilino tome posesión de la propiedad arrendada. El depósito se puede aplicar para compensar al casero por los daños causados por los inquilinos o por sus invitados y que van más allá del desgaste natural. El casero también puede quedarse con el depósito si el inquilino no paga la renta o si abandona la vivienda antes que el contrato de arrendamiento expire.

La ley de Georgia aplica provisiones especiales a los caseros que poseen más de 10 viviendas de alquiler o que emplean los servicios de una compañía administrativa. Se deben inspeccionar la propiedad antes y después de que cada inquilino la ocupe. Después de cada inspección, se deben presentar al inquilino la lista de los daños que existen en la vivienda. El inquilino tiene el derecho de inspeccionar la vivienda y estar de acuerdo o desacuerdo con la lista del casero.

Esta ley es muy estricta por lo que se refiere a la retención del depósito de garantía y a otras condiciones. Un casero que no cumpla con estos requisitos puede perder el derecho a custodiar el depósito y/o a ponerle un pleito al inquilino por daños a la propiedad.

Dentro de un mes a partir de la fecha en que el inquilino desocupa la propiedad (o en la fecha cuando expira el contrato de arrendamiento), un casero que guarda un depósito de seguridad debe hacer una de dos cosas. Debe devolver el depósito, o explicar por escrito por qué no lo devuelve. No se puede retener ninguna cantidad para cubrir el desgaste normal. Si alguna parte del depósito de seguridad se retiene impropiamente, el casero puede deber al inquilino la cantidad retenida multiplicada por tres, más los gastos razonables del abogado.

El asunto de lo que constituye el desgaste natural (*normal wear and tear*) no está siempre clara. Para ilustrarlo, fíjate en los daños que se presentan en la situación 14. Considéralos desde el punto de vista del casero y del inquilino. ¿Constituyen el desgaste natural?

## SITUACIÓN 14.

a. Manchas en una alfombra.

b. Las paredes de la sala están pintadas con franjas blancas y rosadas en forma de *zigzag*.

c. Hay agujeros de los clavos que se emplearon para colgar cuadros por toda la casa.

d. Falta un candelabro colgante (araña de luces).

e. El apartamento está asqueroso. Hay comida podrida y basura por todas partes.

Los lugares desgastados del suelo, los agujeros de los clavos con los que se colgaron los cuadros, y las manchas ocasionales probablemente se considerarían como desgaste natural ("a", "c"). Sin embargo, los inquilinos no tienen el derecho a llevarse las instalaciones fijas ("d"). Y los caseros pueden esperar que el sitio se deje relativamente limpio ("e"). Los requisitos especificados en el contrato de arrendamiento señalarían las diferencias a la hora de determinar los daños tales como se ven en "b" y "c". En los contratos se puede prohibir colgar cuadros y redecorar el apartamento. Sin embargo, no existen respuestas fijas para muchas de estas preguntas.

## Las viviendas del sector público

¿Qué sucede si ganas tan poco que no puedes encontrar una vivienda adecuada para arrendar? Los gobiernos han establecido varios programas para asistir a la gente de ingresos bajos, de modo que tengan una vivienda decente. Uno de los principales programas se estableció por ley federal. Este programa emplea los fondos procedentes de los impuestos federales para construir viviendas públicas (o protegidas). Usualmente, las viviendas de este tipo son la propiedad de una autoridad municipal o del condado, que es la entidad encargada de administrarlas.

No todo el mundo podrá disponer de las viviendas públicas. Por lo común, los participantes deben ser familias, ancianos, incapacitados o minusválidos. No pueden percibir más de un ingreso máximo establecido por la ley.

En las viviendas públicas, el gobierno a menudo paga parte o todo el importe de la renta mensual. Típicamente, los inquilinos pagan el 30% de sus ingresos netos en concepto de renta. El gobierno federal paga el resto. Como los ingresos cambian, las autoridades de la vivienda examinan en forma periódica los ingresos de todos los inquilinos y se ajustan la renta cuando los ingresos cambian. También pueden desahuciar a las familias cuyos ingresos han pasado del límite permitido, si es que existe una vivienda comparable en el mercado.

A los inquilinos que son elegibles para este programa, no se les puede desahuciar de las viviendas públicas a menos que exista una "buena razón". La buena razón (*good cause*) incluye la violación grave y de manera repetida del contrato de arrendamiento. Los ejemplos de esas violaciones serían no pagar la renta o consumir las drogas ilegales en las viviendas públicas o en sus alrededores.

---

### Solo los hechos

1. ¿Cuáles son las responsabilidades de un inquilino que renta una propiedad? ¿Cuáles son las responsabilidades del casero?
2. Explica qué clase de daños son la responsabilidad de un inquilino. ¿Qué clase de daños son la responsabilidad del casero?
3. Si el casero no efectúa las reparaciones necesarias, hay tres opciones que tiene un inquilino. ¿Cuáles son?
4. ¿Qué es un depósito de seguridad?

---

### Piensa

1. ¿Por qué es tan importante que un inquilino lea cuidadosamente el contrato de arrendamiento?
2. Se ha dicho que los contratos de arrendamiento se escriben para proteger los intereses del casero. ¿Por qué sería eso verdad? Quién necesita más protección ¿el casero? ¿el inquilino?
3. ¿Debieran los caseros ser responsables de la seguridad de sus inquilinos para evitar delitos? Considera el asunto tanto desde el punto de vista del inquilino como desde el punto de vista del casero. ¿Qué precauciones debieran ser la responsabilidad del casero por lo que se refiere a los prados y espacios verdes? ¿Y a las áreas comunes, como los pasillos? ¿Y a las puertas y cerraduras? ¿Y a la iluminación? ¿Y a las alarmas antirrobo? ¿Y a los vigilantes de seguridad?

## LA COMPRA DE BIENES INMUEBLES

### ¿Qué comprar?

Ciro y Cecilia Compracasa llevan casados unos cinco años. Han rentado varios apartamentos, pero les gustaría tener casa propia.

¿Qué clase de propiedad deberían adquirir? Para los Compracasa, el precio es un gran factor. Han ahorrado $6,500 para entregar un pago a cuenta (cuota inicial; en inglés *down payment*). Saben que los bancos no suelen hacer préstamos por más de dos veces y media o de tres veces el sueldo anual del comprador. Los ingresos combinados de los dos ascienden a los $41,000 anuales.

Los Compracasa han soñado con una casa que tenga un prado alrededor. Pero se preguntan si no les convendría mejor la propiedad de una casa móvil o de un condominio. No están muy enterados de lo que supone la posesión de un condominio.

Un condominio (o "condo" como se dice en inglés) es una vivienda o unidad de propiedad individual dentro de un conjunto de unidades semejantes. Cada propietario es dueño de una parte de la propiedad común del conjunto. La propiedad común puede consistir de una lavandería, una piscina o los espacios de césped. El propietario del condominio paga una cuota mensual por el mantenimiento de la propiedad común.

Legalmente, la propiedad de un condominio es muy diferente de la propiedad de una casa. Es así porque existen relaciones complejas entre los propietarios, y entre los propietarios y la urbanizadora. Por ejemplo, cada propietario del condominio paga una cantidad mensual para el mantenimiento de la propiedad (*monthly maintenance fee*). Al propietario que no paga esa cuota, se le puede poner un pleito aun no estuviera en disputa con la asociación de propietarios. ¿Por qué? Para proteger a todos los propietarios de los condominios. Bajo esta regla, la disputa de un solo propietario con la la asociación no amenazará la provisión de servicios para los demás propietarios.

Una ley de Georgia requiere que se preparen dos documentos para la construcción de cada colonia (urbanización) de condominios. Uno trata de los estatutos de la asociación de los propietarios. El otro es la escritura original de propiedad. Los compradores deberán leer cuidadosamente estos documentos para saber donde se meten. De otro modo, al nuevo propietario le pueden sorprender reglas tales como la prohibición de tener los mascotas o de tocar música fuerte después de las 10:00 de la noche.

Ciro y Cecilia consideran también la posibilidad de comprar una casa móvil. Cuando concluyen sus investigaciones, discuten lo que deben hacer. ¿Debieran comprar ahora vivienda propia o deben continuar con alquilar un apartamento? ¿Cuáles son las ventajas y los inconvenientes de los diferentes tipos de vivienda? Para

apoyar la toma de decisiones, se hace un esquema parecido al de la ilustración 6-5.

Sin embargo, lo que los Compracasa realmente quieren es una casa con un terreno alrededor. A Cecilia le gusta la jardinería y Ciro quisiera mantener un perro como mascota. Deciden buscar una casa que esté al alcance de sus medios económicos.

## En busca de casa propia

Típicamente, la selección de una casa supone los servicios de un corredor o agente de la propiedad inmobiliaria (bienes raíces). El corredor (*real estate agent* o *broker*) actúa como intermedio entre el comprador y el vendedor, y negocia la venta. Por lo general, el vendedor paga al corredor de la propiedad inmobiliaria una "comisión de corretaje". En Georgia, lo corriente es una comisión entre el 6% y el 7% sobre el precio total de la compra de la casa.

Rex Realtor, un corredor de la propiedad inmobiliaria, ayuda a los Compracasa a buscar una casa. Por fin, Ciro y Cecilia encuentran la casa de su agrado por un precio que está al alcance de sus medios. La propietaria es Vera Vendedora. Es una pequeña casa blanca con tres dormitorios y un baño y medio. En el terreno hay algunos robles grandes.

A los Compracasa les gusta la vecindad. Está cerca del trabajo. Todas las casas parecen estar bien cuidadas.

Están entusiasmados. Pero hay varios trámites que deben hacer antes de conseguir la casa. Estos trámites y los pasos que los compradores deben seguir están representados por los epígrafes numerados que encabezan cada una de las secciones a continuación.

## 1. La inspección de la propiedad

De momento, los Compracasa tienen suerte. Su amigo Eduardo Experimentado les aconseja que antes de hacer una oferta por la casa, debieran

— inspeccionarla muy cuidadosamente, por dentro y por fuera.

— buscar indicios de roturas y goteras y de desgaste natural.

— inspeccionarla para ver si hay termites.

## Comprar o no comprar

| Comprar | Costo | El valor de la inversión | El mantenimiento Costo | El mantenimiento Tiempo | El control del uso de la propiedad | La privacidad | La facilidad de mudanza y de venta | Los otros factores |
|---|---|---|---|---|---|---|---|---|
| ¿Una casa? | el más alto | probablemente el más alto | mucho | mucho | el mayor; limitado solo por las regulaciones de la vecindad y del gobierno local | la mayor | pudiera ser difícil | |
| ¿Un condominio? | medio | bueno | alguno; puede aumentar | muy poco | alguno; limitado por las reglas de la asociación de propietarios de los condominios | varía | pudiera ser difícil | puede ser que tenga facilidades de recreo |
| ¿Una casa móvil? | bajo | pobre a causa de la depreciación | alguno | alguno | alguno; limitado por las regulaciones del gobierno local y por las reglas del parque de casas móviles | varía | el sitio deseable puede hacerlo difícil; la reventa varía | vulnerable a los vientos tormentosos |
| ¿Rentar? | entre bajo y medio | ninguno (excepto que como no hay cuota inicial, esa cantidad estará disponible para otra clase de inversión) | muy poco | muy poco | mínimo | varía | mudarse es la más fácil | puede ser que tenga facilidades de recreo |

— preguntar por la edad del tejado y del sistema de calefacción.

— cercionarse de los límites de la propiedad.

— enterarse de las servidumbres y de las reglamentaciones urbanas.

"No olviden tampoco", añadió, "preguntar si los aparatos que no están instalados—como el refrigerador o el columpio de la veranda—se incluyen en el precio de la casa".

Ciro y Cecilia siguen los consejos de Eduardo—en gran parte. Algunas cañerías necesitan de reparación. Vera Vendedora afirma que las reparará. Pero ellos se suponen que las cortinas de la sala son parte de la casa y no dicen nada al respecto.

## 2. La firma del contrato de compra

Ciro y Cecilia hacen una "oferta equitativa" (*fair offer*) por la casa. Vera la acepta. Rex Realtor prepara un contrato para llevar a cabo la transacción.

La ley requiere que la compra de la propiedad inmobiliaria se haga mediante contrato escrito. De este modo, la venta se puede hacer cumplir si surge una disputa legal. El contrato debe incluir todos los términos esenciales de la venta. Los términos o cláusulas corrientes de un contrato incluyen

- la descripción de la propiedad, que incluyen todas las instalaciones que retiene el vendedor.
- la ubicación legal de la propiedad.
- el precio de la compra.
- los gastos de la venta tanto para el comprador como para el vendedor.
- la comisión del corredor de la propiedad inmobiliaria.
- lo que el vendedor debe hacer (por ejemplo, una reparación).
- la cantidad y las condiciones para la entrega del pago de adelanto (*earnest money*).

## 3. El pago de adelanto (caparra)

El adelanto es esencialmente un depósito hecho en buena fe, pagado al vendedor una vez que se haya firmado el contrato. Se llama *earnest money* en inglés. Se resta del precio total de la compra cuando la venta se formaliza. ¿Qué ocurre si la venta en cuestión no se lleva a cabo por razones que no son la culpa ni del comprador ni del vendedor? Entonces, por la regla general el dinero del adelanto se devuelve al comprador. Es importante que haya una cláusula en el contrato donde se especifique que la cantidad de la señal se devuelve. Si el comprador no cumple (rompe) el contrato, por lo general pierde el dinero de la señal. El vendedor se queda con el depósito en pago de los daños causados por el incumplimiento del comprador.

## 4. La financiación

Como la mayor parte de la gente, Ciro y Cecilia no tienen los suficientes fondos para pagar el precio total de una casa. Así que tienen que buscar un préstamo.

Los préstamos para comprar casas se llaman los *préstamos hipotecarios* (o sean las *hipotecas* en el lenguaje informal). Es un tipo de crédito. Los préstamos hipotecarios son préstamos con garantía (véanse las pp. 66-67). La propiedad misma (p.ej., la casa y el terreno sobre el que está construida) se convierte en la garantía necesaria para cubrir el préstamo. En inglés el crédito se llama *mortgage loan* (o a secas *mortgage*.)

Por regla general, un préstamo hipotecario comprende un largo período de tiempo—usualmente de 15 a 30 años. El prestatario-propietario de la casa toma prestada una cantidad específica de dinero por dicho período de tiempo. La cantidad prestada se llama el *capital* (o principal). El período de años que va a durar el préstamo se denomina el *plazo* del préstamo. El capital se devuelve a lo largo del plazo con cierto porcentaje de interés. La extensión del plazo determina la cantidad a que asciende el pago mensual. La familia de los Compracasa saben que estos pagos no debieran exceder el 20 o 25% de sus ingresos.

Durante la mayor parte de los años del préstamo, un porcentaje del pago mensual cubre el interés en vez de aplicarse al capital. Supongamos que los Compracasa sacan un préstamo de $75,000 por 30 años, al 8% como tasa de interés. Del primer pago mensual de $550.32, el interés asciende a $500.00. Las leyes que exigen la divulgación de todos los términos de un préstamo requieren que se informe a los prestatarios de todas estas cantidades antes de que firmen la hipoteca.

En el pasado, la mayor parte de los préstamos hipotecarios se hacían a tipos de interés fijo. Los pagos mensuales eran los mismos durante todo el plazo del préstamo (o sea, pagos fijos). Los años recientes han sido menos estables económicamente. Los prestamistas han visto que este tipo de préstamo hipotecario no es rentable. Y han creado nuevos tipos de hipotecas con intereses que fluctúan y que requieren ajustes, todo lo que complica más la búsqueda de una hipoteca.

¿Dónde irán los Compracasa a pedir un préstamo? La mayor parte de los préstamos para comprar casas proceden de bancos y de cajas de ahorro.

Varios programas de ayuda financiera del gobierno federal ayudan a los compradores a conseguir préstamos. La Administración Federal de la Vivienda (FHA por sus siglas en inglés; *Federal Housing Administration*) y la Administración de Veteranos (VA por sus siglas en inglés; *Veterans Administration*) respaldan los préstamos para comprar casas. Esto anima a los bancos a hacer préstamos a personas que de otro modo no aprobarían. Los préstamos de la FHA y la VA son a intereses más bajos de lo normal. Los préstamos de la VA solo se dedican para los veteranos de las fuerzas armadas estadounidenses.

La Autoridad Financiera de Residencias de Georgia (*Georgia Residential Finance Authority*) ofrece los préstamos hipotecarios a intereses bajos para los prestatarios con ingresos bajos o de ingresos medios. Sin embargo, hay restricciones geográficas así como de ingresos. Además, las personas condenadas por ciertas actividades de drogas ilícitas no son elegibles para participar en el programa.

## 5. La comprobación del título

Además de buscar la financiación, Ciro y Cecilia Compracasa contratan a un abogado para que examine el título de la propiedad que compran. Un *título* es el derecho que uno tiene a poseer una particular propiedad inmobiliaria. El examen del título, o la investigación del catastro, es esencial para el comprador. Es importante saber si el vendedor es el único y auténtico propietario de la propiedad. Es importante estar seguro que no existen problemas relacionados con el título de la propiedad.

La investigación del título supone trazar la cadena de posesión de la propiedad. En Georgia, la investigación cubre 50 años. El abogado busca en el catastro para comprobar que nadie excepto el vendedor tiene una reclamación o derecho a la propiedad.

El abogado también busca los "defectos" que pudiera haber en el título del vendedor. Un defecto en un título pudiera ser los impuestos impagados de la propiedad. Otro defecto pudiera ser el derecho de otra gente a usar parte de la propiedad, como un camino de entrada. En otras palabras, un defecto en el título se refiere a cualquier cosa que pueda interferir con el uso y disfrute de la propiedad por parte del comprador.

## 6. El cierre del trato

El examen del catastro indica que Vera Vendedora tiene un título sano de la propiedad. Los Compracasa han pedido un préstamo al Banco Popular. Ha llegado la hora del cierre del trato o pago de la venta.

La ley federal requiere que a los Compracasa se les notifique de los gastos del cierre, por lo menos con una antelación de 24 horas. Los gastos pueden incluir los derechos de la solicitud, la tasación del valor de la propiedad, la investigación del título, los honorarios de abogado y el seguro del título (el seguro del título protege al comprador contra cualquier reclamación que haya pasado inadvertida durante la investigación). Generalmente, el comprador debe estar preparado para abonar dichos gastos así como para entregar la cuota inicial convenida. El prestamista se hace cargo del resto de los gastos de la casa. El vendedor pagará la comisión del agente de la propiedad inmobiliaria y el importe de la transferencia del título.

Durante el cierre del trato, se firman todos los documentos y se completa la venta.

## 7. El registro de los documentos

El documento que representa el paso de la propiedad del vendedor al comprador es la escritura. La escritura constata que a cambio de cierta suma de dinero, la vendedora (Vera) entrega o "traspasa" a los compradores (Ciro y Cecilia) la propiedad descrita. Una vez que el vendedor firma la escritura y se la entrega al comprador, el comprador pasa a ser el dueño de la propiedad.

Cuando el comprador adquiere la propiedad con hipoteca, hace falta otro documento. En Georgia, este documento se llama la *escritura para garantizar una deuda* (en inglés *deed to secure debt*). Esta escritura establece la propiedad del nuevo propietario como la garantía del préstamo. La escritura para garantizar una deuda la ejecuta (la firma) el comprador y se la entrega al prestamista.

Después que el trato se cierra, los documentos deben registrarse en el juzgado local. Mediante el registro de cada una de las ventas de propiedad inmobiliaria, los documentos se guardan en un lugar seguro y conveniente.

Ahora, por fin, los Compracasa tienen casa propia. Pero no tiene cortinas en la sala porque ellas son de propiedad personal de Vera y no representan instalaciones que pasaran a los Compracasa con el título de propiedad.

## Si no puedes pagar el préstamo

Algunas veces, un préstamo hipotecario no se paga como se había acordado. Entonces, el prestamista puede recuperarse con la propiedad en garantía y venderla para cobrar la deuda. Este proceso se llama la *ejecución hipotecaria*. En inglés se dice *foreclosure*.

Supongamos que el amigo Miguel Deudor compra una casa. Varios años después se queda sin trabajo. El sueldo de su esposa es escaso. Durante varios meses no hacen los pagos de la casa. Poco después, Miguel recibe una carta del banco. En la carta se dice que pondrán un anuncio en el periódico del condado que anunciará que la casa se va a vender en forma de ejecución hipotecaria. La venta tendrá lugar a la entrada del juzgado, en las escaleras, el primer martes del mes entrante.

La notificación es sumamente importante como lo es en otros procesos legales. Le da tiempo a Miguel para intentar encontrar el dinero necesario para pagar los atrasos, o para contentar al banco; le da tiempo para ver si es posible iniciar una acción legal que evite la ejecución hipotecaria.

Por desgracia, Miguel simplemente no puede creer que el banco vaya a venderle la casa. Así que no hace nada. La casa se vende a viva voz (en venta pública). Una inversionista la compra. Paga una cantidad que es igual al capital impagado por Miguel. También paga los intereses debidos, más los gastos para cobrar la deuda. Miguel y su familia han perdido la casa y el dinero que han invertido en ella.

Date cuenta que el gobierno del condado también se puede "incautar" (*seize* en inglés) de la propiedad y venderla en subasta pública para satisfacer los impuestos sobre la propiedad que no se hayan pagado. Los contribuyentes delincuentes también deben ser notificados antes de la venta.

Una vez que decides comprar una casa, es importante estar al tanto de los trámites legales y de las exigencias de dinero que supone la compra. La ignorancia puede dar como resultado pérdidas económicas y otras dificultades.

## Solo los hechos

1. ¿Cuál es la diferencia entre la propiedad de un condominio y la de una casa individual?
2. Haz una lista de los trámites para adquirir una casa.

3. Explica la razón por la que se hace la investigación del título de propiedad.
4. Corrige cualquier error que haya en las siguientes declaraciones:
   a. Al cerrar el trato, se firma el acuerdo de compraventa.
   b. El proceso mediante el que el casero se obtiene la propiedad de un inquilino, y la vende para pagar la deuda, se llama la ejecución hipotecaria.
   c. Una escritura es un documento que representa el paso de la posesión de una propiedad del vendedor al comprador.
   d. La hipoteca no es una forma de crédito.

## Piensa

1. Repasa los requisitos de un contrato. Explica cómo el acuerdo para la compra de una casa coincide con esos requisitos.
2. Explica cómo se protegen los derechos del vendedor, del comprador y del prestamista en la venta de una propiedad inmobiliaria.
3. Mira en el capítulo 4, p. 50. ¿Cómo corresponden los consejos que se dan a los compradores de la propiedad personal también a los compradores de la propiedad inmobiliaria?

## El uso de la propiedad inmobiliaria

Ahora que los Compracasa han comprado su casa, ¿pueden hacer con ella cualquier cosa que les plazca? Supongamos que los Compracasa quieren poner un salón de belleza en la sala de la casa. Supongamos que los Compracasa quieren criar pollos en el prado trasero de la casa, o que quiere construir un invernadero. ¿Pueden hacerlo? Bien mirado, una de las razones por las que se compra una casa es para poder hacer lo que a uno le dé la gana.

A lo largo del tiempo—particularmente con el aumento de la población—la gente se ha dado cuenta que es necesario tener reglamentado el uso de la propiedad inmobiliaria. ¿Cuáles son algunas de las razones? Se pretende asegurar que

— una ruidosa o maloliente fábrica no se va a construir junto a tu casa.
— tienes parques y bosques para divertirte.
— tienes agua potable y aire limpio y sano.
— tu casa no se vaya a derrumbar a causa de una construcción defectuosa.

— puedas vivir donde quieras (y de acuerdo con tus medios económicos), sin que se tome en consideración tu raza o tu origen nacional.

Estas necesidades han dado lugar a varias leyes locales, estatales y federales. Las leyes que regulan o influyen en el uso de la tierra y la propiedad incluyen (1) la planificación urbana, (2) los convenios de urbanizaciones, (3) las servidumbres, que tienen que ver con el uso de la propiedad de una persona por otra persona, (4) la reglamentación de edificios y viviendas, (5) la regulación del medio ambiente y (6) las leyes antidiscriminatorias. Mientras vas leyendo estas leyes, piensa en por qué sean necesarias.

## La planificación urbana

**SITUACIÓN 15.** Valentina Vecina vive cerca de la familia Compracasa. Tiene el plan de convertir su casa en cuatro apartamentos. Los otros vecinos se oponen y piden a los Compracasa que firmen una petición contra la remodelación de la casa. ¿Puede Valentina hacer dicho cambio en contra de los deseos de sus vecinos?

Lo que Valentina puede hacer o no puede hacer depende de las reglas de la planificación urbana local. ¿Qué son tales reglas?

La planificación urbana son leyes municipales y del condado que limitan el tipo de uso que los propietarios pueden hacer de sus terrenos y propiedades. Esas leyes también pueden poner límites a la altura y el tamaño de los edificios que se levanten.

¿Por qué es necesaria la planificación urbana? Imagínate lo que pasaría si cada uno pudiera usar su propiedad para cualquier propósito, sin tomar en cuenta a los demás. Podrías despertarte un día y encontrar tu casa en medio de un vertedor de basuras, o rodeada de fábricas papeleras. Las leyes de planificación urbana evitan eso, pues tienen el propósito de organizar el uso del suelo.

En términos generales, la planificación urbana funciona del siguiente modo: El condado o el municipio hace un plan básico o programación de las zonas. En el caso de una ciudad, el plano básico es en realidad un gran mapa donde la ciudad se ha dividido en áreas. Cada área tiene la designación de una zona particular (véase la ilustración 6-6). Por ejemplo, las afueras de la ciudad pueden ser en gran parte zonas rurales. Se pueden titular "A-1" (zona de pequeñas propiedades agrícolas). El uso de la propiedad se limitaría al de pequeñas explotaciones agrícolas. Las zonas más céntricas de la ciudad se pueden clasificar "R-1" (zona de residencias unifamiliares), o "R-5" (zona de residencias multifamiliares). Las zonas denominadas "C-1" serían para el uso comercial o industrial. Dentro de la descripción de cada zona, habría restricciones en cuanto al tamaño, el altura y la utilización de los diversos edificios.

Los Compracasa viven en un barrio clasificado "R-1". ¿Podría su vecina (en la situación 15) subdividir su casa en apartamentos? Legalmente, no, pues la zona "R-1" es solo para las residencias unifamiliares.

Valentina Vecina podría recurrir a la junta local de planificación para solicitar una *variación* o excepción a la regla. Si le conceden el permiso, la variación (*variance* en inglés) le permitiría a Valentina dividir su casa en apartamentos, a pesar de las restricciones de la zona. Algunas veces, los propietarios de las propiedades tratan de cambiar la zona entera y darle una nueva designación.

Como ocurre en la situación 15, los propietarios a menudo resisten con toda su fuerza las peticiones de desviaciones o de cambios de designación de la zona. Puede ser que no quieran apartamentos en el barrio que está formado actualmente por casas unifamiliares. Pueden oponerse a una tienda que venda las bebidas alcohólicas cerca de una escuela o de una iglesia. Sea lo que fuere, las emociones de las dos partes suelen ser fuertes. Si lees las noticias locales, puede ser que veas noticias donde la gente apoya o protesta las decisiones de cambios a una zona.

## Los convenios de urbanizaciones

**SITUACIÓN 16.** A Ciro Compracasa le gustaría tener de mascota un perro grande. Piensa poner una cerca en la parte delantera y en la trasera de la casa para que el perro pue-

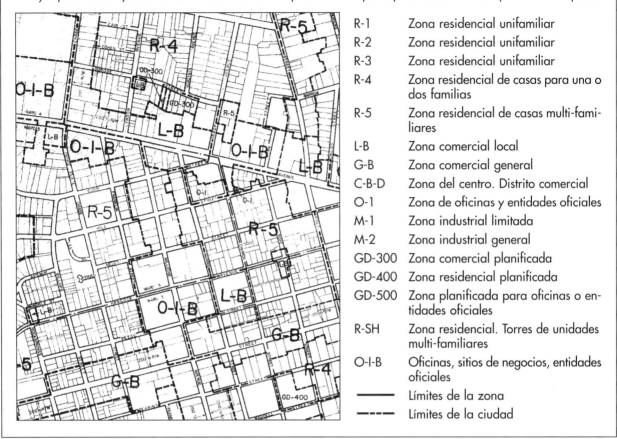

**ILUSTRACIÓN 6-6**

## Parte de un mapa de planificación urbana (zoning map)

*La mayor parte de los tipos de zonas se encuentran en una porción del mapa de planificación urbana que está a la izquierda.*

| | |
|---|---|
| R-1 | Zona residencial unifamiliar |
| R-2 | Zona residencial unifamiliar |
| R-3 | Zona residencial unifamiliar |
| R-4 | Zona residencial de casas para una o dos familias |
| R-5 | Zona residencial de casas multi-familiares |
| L-B | Zona comercial local |
| G-B | Zona comercial general |
| C-B-D | Zona del centro. Distrito comercial |
| O-1 | Zona de oficinas y entidades oficiales |
| M-1 | Zona industrial limitada |
| M-2 | Zona industrial general |
| GD-300 | Zona comercial planificada |
| GD-400 | Zona residencial planificada |
| GD-500 | Zona planificada para oficinas o entidades oficiales |
| R-SH | Zona residencial. Torres de unidades multi-familiares |
| O-I-B | Oficinas, sitios de negocios, entidades oficiales |
| ——— | Límites de la zona |
| - - - - | Límites de la ciudad |

da correr suelto. ¿Hay reglamentos que lo prohíban?

Los *convenios de urbanizaciones* regulan también el uso de la tierra y de la propiedad. Se encuentran a menudo en las subdivisiones residenciales o en los barrios (en inglés *subdivision covenants*). Forman una clase de pacto entre los dueños de las propiedades y algunas veces se acuerdan con los urbanizadores. Aunque son similares a la planificación urbana, representan ciertas restricciones personales (de individuos particulares) para la utilización del suelo. Las leyes gubernamentales no imponen las restricciones, sino que su fuerza legal es similar a la de un contrato.

¿Por qué hacen falta estos convenios? El principal propósito es mantener el aspecto atractivo y agradable de los barrios residenciales. ¿Qué tipo de restricciones se pueden incluir en un convenio? Pueden especificar que todas las residencias tengan un cierto número de metros cuadrados o limitar el empleo de ciertos materiales o colores en los exteriores de los edificios. El convenio del barrio donde vive Ciro le permite poner una cerca alrededor de la parte trasera de la casa, pero lo prohíbe en la parte delantera.

## Las servidumbres

**SITUACIÓN 17.** Paso de la Cruz es el dueño de una parcela de terreno. La parcela está separada de la carretera pública por la propiedad de Carlos Campesino. Esto quiere decir que Paso necesita pasar por la tierra de Carlos para llegar a su terreno. ¿Puede Paso recibir de algún modo legal el permiso de acceso?

Carlos Campesino puede darle permiso a Paso mediante un documento legalmente escrito y registrado en el juzgado, un documento similar a una escritura. El documento y los derechos que concede se llaman la *servidumbre*.

Las servidumbres (en inglés *easements*) se pueden conceder también en situaciones donde los dueños de propiedades adyacentes comparten un camino común. Las empresas de servicios públicos tienen que obtener servidumbres para tender las líneas eléctricas o telefónicas.

## El reglamento de la construcción

A una cuadra de distancia de los Compracasa, los vecinos están en el proceso de añadir varias habitaciones a su casa. El permiso extendido por el departamento de inspección municipal se coloca a la entrada de la construcción. ¿Qué permiso es éste y por qué se necesita?

Los permisos de construcción son necesarios en una comunidad porque los gobiernos locales tienen reglamentos de la construcción y de las viviendas (véase las pp. 86-87). Los reglamentos o códigos de la construcción (*building codes*) son leyes que especifican ciertas normas para construir, alterar y reparar edificios. Su propósito es hacer que los edificios estén construidos sólidamente con materiales apropiados. También tienen el propósito de asegurar que las instalaciones eléctricas, de cañería, de calefacción y de aire acondicionado son las apropiadas y están instaladas adecuadamente.

Antes de comenzar la construcción, los planos se deben presentar en el departamento de inspección municipal o del condado. Allí comprueban los planos para ver si se ajustan a las normas. Si así es, se extiende un permiso. Durante la construcción se hacen inspecciones para estar seguros que el trabajo se ha ejecutado de acuerdo con los planos.

## Las regulaciones del medio ambiente

**SITUACIÓN 18.** A Ciro le gustaría poner un césped nuevo. El vecino le ha dicho que el condado hace cumplir estrictamente la regla de regar la yerba solo dos días por semana entre las 4:00 y las 6:00 de la madrugada. ¿Pueden los gobiernos aprobar leyes que

interfieran con el "disfrute tranquilo" de la propiedad?

La polución ha aumentado. La basura se convierte en problema. Los recursos naturales como el agua son más limitados. Las áreas naturales—los parques, bosques y tierras pantanosas—están amenazadas por las urbanizaciones. No resulta sorprendente que se aprueben leyes para proteger el medio ambiente. Muchas de estas leyes (*environmental regulations* en inglés) afectan a la propiedad inmobiliaria.

Algunas leyes tienen el propósito de mejorar la calidad del aire. Un ejemplo sería la ordenanza local que prohíbe quemar basuras al aire libre. Otras leyes y regulaciones tienen que ver con el agua. Para que el agua sea más pura, una ley de Georgia de 1990 impuso un control más estricto de las estaciones depuradoras de aguas residuales y del vertido de esas aguas. Otras leyes (la situación 18) limitan el uso del agua. Otro ejemplo sería una ley que requiere que los edificios construidos después de 1990 tengan inodoros y duchas que gastan menos agua.

Las agencias gubernamentales regulan la aplicación de productos químicos en la agricultura con el propósito de proteger a las plantas, a los animales y al agua. También controlan los usos de la tierra donde viven animales en peligro de extinción, para que no desaparezcan.

La regulación del medio ambiente beneficia a todo el mundo. Puedes esperar más leyes en esta categoría. Por ejemplo, es muy posible que se aprueben leyes que requieran la separación de la basura para reciclarla. ¿Puedes pensar en otras leyes que posiblemente se aprueben para proteger al medio ambiente?

Fíjate en los casos y las leyes que regulan el uso de la tierra. El problema es generalmente el bienestar público frente al derecho del uso personal de la propiedad. Este asunto ha ganado importancia a medida que crece la población, que aumenta la preocupación con la planificación urbana y las regulaciones del medio ambiente que protegen el suelo, el aire, el agua, etc.

**SITUACIÓN 19.** Felicia Llave quiere demoler su negocio de plomería y construir un edificio más amplio. Los oficiales municipales dicen que puede hacerlo, pero tendrá que ceder el 10% de su terreno para construir una camino para bicicletas y una zona libre junto a un arroyo. El municipio quiere reducir los riesgos de las inundaciones y de la congestión de tránsito (de vehículos), y al mismo tiempo crear espacios verdes para el público. A Felicia le parece que el municipio debe pagarle el terreno que va a emplear para el uso público. ¿Tiene razón?

Posiblemente. La regla general es que la Constitución prohíbe al gobierno la expropiación (que incluyen la regulación) de la tierra sin una compensación justa. Sin embargo, existen algunas excepciones a la regla.

## Las leyes antidiscriminatorias

**SITUACIÓN 20.** Un banco le niega un préstamo a Daniel Doctor, un médico, para comprar una casa en un barrio elegante de una pequeña ciudad. Su historial de crédito es excelente, y fácilmente puede pagar el préstamo. Alguien en el banco le dice que le han negado el crédito porque es afroamericano. La gente que vive en ese barrio (incluye al presidente del banco) quiere que el barrio siga "como es". ¿Qué puede el médico hacer?

**SITUACIÓN 21.** Alicia, que es mexicana, busca un apartamento para su familia. Habla muy poco inglés, pero entiende el anuncio que hay delante de un gran edificio donde se lee "Apartments for Rent" (Se aquila departamentos). Cuando solicita uno, le dicen que no pueden alquilar apartamentos a gente que no hable inglés. ¿Qué puede ella hacer?

El Acta Federal Equitativo de la Vivienda (*Federal Fair Housing Act*) prohíbe la discrimi-

---

ILUSTRACIÓN 6-7
### ¿De qué parte estás?

*¿Los derechos de quién deben prevalecer? ¿Puedes sugerir una regla general para determinar estas disputas? ¿Dónde terminan los derechos de una persona y empiezan los de otra? Considera si estos problemas existirían en una sociedad donde hubiera menos gente y que viviera a más distancia los unos de los otros.*

| Ira Individual dice: | Narcasio Vecino dice: |
|---|---|
| La renta de este apartamento me cuesta dinero. Puedo hacer lo que me dé la gana en él. Necesito lo que gano con el negocio de fabricar y vender los armarios. Algunas veces tengo que trabajar tarde para entregar un pedido. | → Mire. ¡Yo también pago renta! Y no puedo dormir. Ni siquiera puedo pasar una noche tranquila en casa. Ira siempre está dándole al martillo o haciendo ruido con esa sierra eléctrica de cortar madera. Algunas veces, el ruido no cesa hasta la medianoche. |
| Toda mi vida he querido tener una casa con un poco de tierra alrededor. Mi sueño era criar unos pollos y unas cuantas cabras. | → Lo siento, pero las reglas de esta urbanización están claras: nada de pollos, nada de cabras. Además son ruidosos y huelen mal. No quiero vivir junto a un establo. |
| No lo entiendo: ¿Qué tiene de malo tener un negocio en casa? La casa es mía. Y esto no es otra cosa que una heladería. Los jovencitos del barrio tienen un sitio sano a donde ir. | → ¿Qué tiene de malo? Le digo que ésta es un sector de viviendas unifamiliares. Si hubiera querido comprar una casa cerca de un restaurante ruidoso, no viviría aquí. Fíjate en cuántos automóviles están estacionados en tu propiedad. Y mira la basura que los chicos tiran al suelo. |
| ¿Por qué no puedo verter los deshechos de mi fábrica en el río? Yo pago impuestos como todo el mundo. ¿Por qué me obligan a comprar filtros caros? Date cuenta, que hablo de una cantidad minúscula de deshechos. | → Oye, mis hijos nadan en ese río. Quiero que el agua sea sana. Uno de mis compañeros pesca en el río. Y algunas comunidades beben el agua del río. |

---

nación a causa de la raza, color, sexo, origen nacional, incapacidad o estatus familiar (estatus familiar es otra forma de decir "familias con hijos"). Generalmente, el decreto comprende la venta, alquiler o anuncio de edificios. Afecta a los caseros que tengan más de tres apartamentos o que los anuncien.

En 1990, Georgia aprobó una ley equitativa que se parece mucho al Acta Federal Equitativo de la Vivienda. Prohíbe también la discriminación al hacer las valoraciones o los préstamos para la compra, la construcción o la reparación de la propiedad residencial.

Si crees que han discriminado contra ti, ¿qué puedes hacer? Las situaciones 18 y 19 presentan casos ilegales de discriminación. Daniel y Alicia podrían presentar denuncias bajo las leyes equitativas de la vivienda, ya sean estatales o federales. (Las denuncias federales se presentan en una agencia del Departamento de la Vivienda y Desarrollo Urbano de los EE.UU. Una denuncia sobre una violación de la ley estatal se presentaría en la División de la Vivienda Equitativa de la Oficina Estatal de Prácticas Equitativas del Empleo.) O pueden presentarse ante un tribunal.

## Solo los hechos

1. Define los siguientes términos: plan maestro; variación; convenios de urbanizaciones; servidumbre; reglamento (código) de la construcción.
2. ¿Cuál es la diferencia básica entre el reglamento de la vivienda y el reglamento de la construcción?
3. Menciona una ley que ayude a prevenir la discriminación en la vivienda. ¿Qué derechos protege la ley?

## Piensa

1. Muchas regulaciones del medio ambiente afectan al uso de la propiedad. La necesidad de proteger el medio ambiente ¿de qué forma se relaciona con el crecimiento de la población?
2. Las leyes que regulan el uso del suelo ¿de qué manera restringen los derechos de los propietarios? ¿Qué beneficios, si hubiera alguno, sacan los propietarios de dichas leyes?

## EN RESUMEN

Durante tu vida probablemente más de una vez te verás envuelto en el alquiler o la compra de un sitio donde vivir. Como has visto, es importante estar al tanto de los límites de tus ingresos cuando lo hagas. También es importante entender las obligaciones y los derechos legales de los contratos de arrendamiento o de los documentos que firmes.

El disfrute de la propiedad pudiera depender también del conocimiento de tus derechos y obligaciones del uso. Los límites del uso de la propiedad a menudo reflejan la línea divisoria que existe entre los derechos de un individuo y los derechos de los demás. En la ilustración 6-7 de la página 98 puedes ver algunos ejemplos. De hecho, la necesidad de equilibrar los derechos particulares y ajenos se puede ver a todo lo largo del capítulo. Lo habrás notado entre el casero (arrendador) y el inquilino, entre el comprador y el vendedor, así como entre los usuarios de la propiedad.

Cuando la gente vivía alejada entre los campos, los derechos del uso de la propiedad no entraban en tantos conflictos como ocurre hoy día. Muchas de las leyes que gobiernan el uso de la propiedad en la cultura estadounidense reflejan el aumento de la población. Todo parece predecir mayores aumentos de la población al mismo tiempo de las disminuciones en la cantidad de los terrenos disponibles. ¿Cómo crees que tales cambios afectarán las leyes que se ocupan de la ley inmobiliaria? ◻

# 7 El trabajo

Miles de estudiantes de la escuela secundaria buscan trabajo cada primavera al cierre de las clase. Algunos quieren empleo fijo. La mayor parte necesitan un trabajo temporal, para el verano. Tal vez tú seas uno de los que buscan trabajo.

Cuando te entrevistan para un puesto de trabajo, ¿sabes qué preguntas debieras hacer para estar seguro de los derechos y obligaciones que tienes en ese puesto? ¿Sabes qué leyes te afectarán después de que te contraten? Este capítulo te proporcionará esa información.

## LA OBTENCIÓN DE UN EMPLEO

### El empleo como contrato

Para empezar, es importante saber que cuando una persona trabaja para otra, los dos entran en un contrato. Simplemente, una persona promete pagar una cierta cantidad de dinero a cambio de los servicios de la otra persona. La otra persona se compromete a trabajar por la cantidad especificada. Esta relación contractual de trabajo es típicamente una relación entre el empresario (o patrón) y el empleado. La persona que

### El Departamento de Trabajo de Georgia

Este departamento estatal (*Georgia Department of Labor*) tiene a su cargo los programas federales y estatales que se ocupan de las oportunidades de trabajo, de la capacitación laboral del personal y del subsidio de desempleo (*unemployment compensation*). Tiene oficinas en casi todas las ciudades de Georgia. Puedes visitar una de esas oficinas para que te informen de qué empleos existen en la zona donde vives. También puedes enterarte allí de los programas de capacitación laboral como el Cuerpo Laboral (*Job Corps*) que entrena a personas de 16 a 22 años de edad y el programa estatal de Capacitación Laboral Asociada (*Job Training Partnership program*).

El departamento también hace cumplir las leyes estatales que se ocupan de las relaciones entre la dirección de la empresa y los trabajadores, de los sueldos, de los subsidios de empleados que sufren accidentes en el trabajo (*workers compensation*), de la salubridad y seguridad del sitio de trabajo y de las pensiones (jubilaciones).

Habla Legal

la acción afirmativa • el beneficio (prestación) laboral • el igualdad de oportunidad de empleo • el sindicato • la pensión • la Seguridad Social • la categoría de estatus especiales • el subsidio de desempleo • el subsidio de empleados ofrece la oportunidad y el trabajo es el *empresario o empleador*, o el propietario de la empresa o la compañía. En el inglés se llama *the employer*. La persona que trabaja es el *empleado*. En inglés se dice *the employee*.

¿Recuerdas aun los elementos de un contrato? Para que exista un contrato, las dos partes deben entrar en un acuerdo, mediante el cual cada una contrae alguna clase de obligación con la otra. El asunto o fin del acuerdo debe ser legalmente permisible.

Como recordarás, las partes deben tener la capacidad jurídica para entrar en un contrato. En Georgia, las personas menores de 18 años no tienen dicha capacidad. Por lo tanto ¿cómo pueden ser empleadas? He aquí como funciona: pueden obtener empleos, pero no pueden firmar legalmente los contratos de trabajo. Por fortuna, la mayor parte de los empleos—incluyendo los trabajos sindicados—no requiere que se formalicen y firmen contratos.

Aunque la relación laboral es contractual, la mayor parte de las relaciones laborales dependen de la "voluntad" de cada parte. Eso quiere decir que el empleo es por un tiempo indefinido, de modo que el empleado o el empresario (empleador) pueden terminar el empleo en cualquier momento, con aviso previo o sin ello y sin "causa" (razón) alguna para terminarlo.

Recordarás también que, para que exista un contrato, debe haber un acuerdo entre las dos partes. Cada parte debe entender cabalmente cuáles son los términos del contrato.

Por dicha razón, cuando solicitas un empleo debieras enterarte de cuáles son tus obligaciones en ese trabajo. Pregunta cuáles son las horas de trabajo. Fíjate en los requisitos especiales de ropa o de herramientas individuales. También debieras enterarte de cuáles son las obligaciones de la empresa. ¿Qué salario o sueldo vas a ganar? ¿Qué beneficios complementarios (o sea prestaciones laborales) se ofrecen?

Conocer los términos de un contrato laboral es importante para estar satisfecho con tu trabajo y para conservar el empleo. Si la empresa no te da la información, haz tú las preguntas. La ilustración 7-1 te orientará.

---

### ILUSTRACIÓN 7-1
## Lo que debieras saber de un empleo

*Durante la entrevista para un puesto de trabajo, te harán numerosas preguntas personales. También es una buena oportunidad para que hagas tú preguntas sobre el empleo. Antes de aceptar un empleo, asegúrate de que puedes contestar las siguientes preguntas:*

1. ¿Cuáles serán mis responsabilidades?
   Haz todas las preguntas que sean necesarias hasta aclarar en qué consisten. Fíjate que algunos empleos pueden llevar el mismo título, pero las responsabilidades pueden ser diferentes según la empresa (por ejemplo, algunos empleos requieren que una secretaria lleve la contabilidad, mientras que en otros no es así). Pregunta si hay una descripción por escrito del empleo que puedas leer. Algunas de las empresas grandes suelen tenerla.

2. ¿A cuánto asciende el salario o sueldo?

3. ¿Cuáles son las horas de trabajo?
   a. ¿A qué hora empezaré a trabajar y a que hora terminaré? En los empleos de tipo profesional, donde se paga un sueldo mensual, se puede esperar que trabajes todas las horas que sean necesarias hasta completar satisfactoriamente el trabajo.
   b. ¿Trabajaré de lunes a final del viernes, o de acuerdo con otro horario? ¿Variará el horario?
   c. Si el sueldo o pago es por horas, ¿qué norma se sigue con las horas extraordinarias?
   d. Si es un empleo temporal o solo por el verano, ¿en qué fecha comienza y en qué fecha concluye?

4. ¿Qué clase de ropa o qué herramientas se requieren?
   a. ¿Es necesario que emplee mi propio automóvil para hacer las ventas o entregas?
   b. ¿Debo llevar mis propias herramientas? ¿martillos, por ejemplo?
   c. ¿Qué ropa especial (como el uniforme) se requiere? ¿Quién la proporciona?
   d. Si hay que vestir ropa de calle, ¿debe ser elegante o casual?

5. ¿Cuáles son los beneficios o prestaciones adicionales?
   Éstos pueden ser las vacaciones, pensiones (jubilaciones), bajas por enfermedad, descansos, días festivos, seguros, etc. Haz siempre este tipo de preguntas al final de la entrevista. Acuérdate que a un entrevistador no le deja una buena impresión del interesado si la primera pregunta es "¿Cuándo puedo salir de vacaciones?"

6. ¿Qué oportunidades existen de ascenso?
   Esta pregunta es apropiada para empleos permanentes, de jornada completa.

## La selección del empleado

Durante la entrevista, como candidato(a) estás aprendiendo en qué consiste el empleo y esforzándote para poder dejar una buena impresión. Al mismo tiempo, el entrevistador trata de decidir si eres la persona indicada para desempeñar el empleo.

¿Hay leyes que influyan en el desarrollo de la entrevista? ¿Hay leyes que influyan en la decisión de darte o negarte el empleo? Sí, las hay y siguen a continuación.

### Edad. La ley para menores de edad

Si eres menor de edad, tu edad puede influir en la decisión de darte el empleo.

Durante el siglo diecinueve, la gente se preocupó por los abusos laborales de los menores de edad. No hay derecho, decía la gente, que los niños tengan que trabajar bajo condiciones peligrosas. Tampoco había derecho a que trabajaran tantas horas. ¿Cuántas horas trabajaban los niños? Es revelador que las primeras leyes que regularon el trabajo infantil (en el año 1847) limitaran el trabajo a 10 o 11 horas diarias.

Los cambios no ocurrieron con rapidez. Pero menos de medio siglo después, las leyes estatales y federales al fin prohibieron la mayor parte de los trabajos para los niños pequeños y pusieron un límite a los trabajos que podían hacer los menores de edad un tanto mayores.

En Georgia, los menores de edad pueden trabajar de acuerdo con ciertas reglas (véase la ilustración 7-2). Generalmente, se considera que la persona es menor de edad hasta que cumple los 18 años.

### Discriminación.
### La oportunidad equitativa de empleo

**SITUACIÓN 1.** El jefe de personal de una fábrica de la compañía National Motor, Inc. lee los apuntes que ha anotado de los candidatos que han solicitado el puesto de capataz:

*Paul Dworski*—20 años de experiencia, buenas recomendaciones, blanco, edad 45 años, varón.

*Harvey Lincoln*—5 años de experiencia, excelentes recomendaciones, afroamericano, edad 25, varón.

*Joan Finch*—10 años de experiencia, buenas recomendaciones, blanca, edad 32, mujer.

*Ed Winston*—4 años de experiencia, recomendaciones decentes, blanco, edad 25, varón.

El jefe de personal cree que solo uno de los cuatro vale para el puesto. Le parece que el puesto lo debe desempeñar un joven blanco y le ofrece el puesto a Winston. ¿Es equitativo? ¿Es legal?

Antes de la década de los años sesenta, las empresas podían contratar normalmente a quien les pareciera mejor. Bajo la administración del presidente Lyndon B. Johnson se aprobó el Acta de Derechos Civiles (*Civil Rights Act*) de 1964. El Título VII de este legislación prohíbe contratar, ascender, rebajar de categoría o despedir a un individuo por razones de raza, sexo, color, religión u origen nacional. Esta prohibición abarca a toda empresa de la categoría que tenga por lo menos 15 empleados o más dedicados al comercio interestatal.

En 1972, las enmiendas a la ley la extendieron a los empleados federales. También se añadió los poderes para hacer cumplir la ley. El Acta de Derechos Civiles (*Civil Rights Act*) del año de 1991 añadió nuevos remedios a las violaciones del Título VII y permitió los juicios con jurado en los casos de disputa legal.

El Acta de Derechos Civiles también creó la Comisión de Oportunidad Equitativa de Empleo (*Equal Employment Opportunity Comission*) para hacer cumplir el Título VII. Esta comisión puede actuar en el caso de denuncias presentadas por la discriminación a cargo de individuos o grupos de individuos o que se basen en las propias investigaciones de la comisión.

Otras leyes federales siguieron al Acta de Derechos Civiles. El Acta de Discriminación en el Empleo por Razones de Edad (*Age Discrimination Act*) prohíbe que se ponga a los trabajadores mayores (de 40 años para arriba) en una posición de desventaja con respecto a las oportunidades de empleo.

El Acta de Rehabilitación (*Rehabilitation Act*) de 1973 establece que es ilegal que algunas empresas nieguen empleos a las personas (para los que de otro modo están capacitados) a causa de una incapacidad física, mental o emocio-

## Las leyes laborales de Georgia para los menores de edad

| Edad | Trabajo permitido | Horas |
|------|-------------------|-------|
| Menos de 12 años | Únicamente pueden desempeñar los trabajos agrícolas o domésticos, o dentro de los límites legales en el caso de que trabajen para sus padres o guardianes. También pueden actuar en las películas o como modelo fotográfico, si el lugar de trabajo ha sido aprobado por el Secretario de Trabajo estatal. | |
| De 12 a 15 años | Con el permiso de trabajo,* en empleos que no sean peligrosos. | Los días escolares, un máximo de 4 horas diarias; en días que no haya clase, un máximo de 8 horas diarias. El límite es 40 horas por semana, a lo largo de todo el año. Además, solo pueden trabajar entre las 6:00 de la mañana y las 9:00 de la noche, excepto en el reparto de periódicos (deben tener 15 años de edad) en el que pueden empezar a las 5:00 de la madrugada. |
| De 16 a 18 años | Con el permiso de trabajo,* en cualquier trabajo excepto en el de servir las bebidas alcohólicas. | No pueden trabajar durante las horas de clase si es que asisten a la escuela. |

*Las escuelas extienden esta clase de permisos de trabajo.

nal. El acta comprende a las empresas que trabajan para o contratan con el gobierno federal o que reciben de fondos federales. ¿Qué tipos de incapacidad comprende? ¿Se podría incluir en este caso la discapacidad de la situación 2?

**SITUACIÓN 2.** En 1978, Gene Arline, maestra del estado de la Florida, fue despedida porque sufría de tuberculosis, una enfermedad que es contagiosa. Puso un pleito con el reclamo que la despedida violaba el Acta de Rehabilitación. La cuestión era si una enfermedad contagiosa constituía una discapacidad de acuerdo con el acta.

En 1988, el Tribunal Supremo de los EE.UU. dictaminó que no se podía despedir a una persona únicamente porque tenía una enfermedad contagiosa y su empleador temía que pudiera contagiar a otra. En esta decisión se amplió la definición de discapacidad, y se incluyó a las personas que sufrían de las enfermedades contagiosas. ¿Qué pasaría si la señora Arline fuera un riesgo para sus estudiantes? Esa cuestión, de acuerdo con el tribunal, debiera decidirse a nivel local como parte de las calificaciones generales del empleo.

¿Estás de acuerdo con la decisión del tribunal? ¿Y si la enfermedad hubiera sido el SIDA? Desde la fecha de la decisión, los tribunales han ampliado el acta de modo que cubre a las personas con SIDA.

Tras el caso discutido en la situación 2, el Congreso enmendó el Acta de Rehabilitación para aclarar ese punto. Ahora, el individuo con una enfermedad contagiosa que no presenta un problema directo para otros y que puede desempeñar su trabajo, está comprendido en el Acta de Rehabilitación. Un ejemplo de dicha acción es *Doe contra District of Columbia*, 796 F. Supp. 559 (D.D.C. 1992). En este caso, el tribunal ordenó que el solicitante de un puesto de bombero que tenía VIH (virus de la inmunodeficiencia humana) fuera repuesto en su trabajo, que se le abonaran los atrasos del sueldo y que se le pagaran los daños compensatorios, después de que entabló un pleito porque no le dieron el empleo.

La protección de las personas "calificadas" pero discapacitadas, se amplió con el Acta de

Americanos Discapacitados (*ADA*, por sus siglas en inglés; *Americans with Disabilities Act*), de 1990. Esta protección adicional entró en vigor a partir del año 1992. Prohíbe la discriminación contra las personas incapacitadas que pueden desempeñar las funciones esenciales de un empleo, si se le dan las acomodaciones razonables para dicha discapacidad que si son necesarias. A diferencia del Acta de Rehabilitación, no se limita a empleados que están bajo un contrato federal.

El Acta de Americanos Discapacitados también cubre a los individuos cuyo análisis de VIH resulte positivo. Sin embargo, en 1994, un tribunal federal de Philadelphia desestimó las reclamaciones de un cirujano que tenía un análisis positivo de VIH, presentadas bajo el Acta de Americanos Discapacitados (*ADA*) y el Acta de Rehabilitación. El tribunal determinó que el cirujano representaba "un riesgo significativo" y un "peligro directo" para la salud de los pacientes que se sometieran a los procedimientos quirúrgicos. Como resultado, el cirujano no quedaba bajo la protección de dichos actas. El *ADA* también protege a los empleados de la discriminación que se basa en la asociación personal del individuo con una discapacidad. Por ejemplo, se prohíbe al empleador correr a un empleado por que dicho empleado se asocia con otro individuo con la enfermedad de SIDA.

El Acta de Americanos Discapacitados (*ADA*) requiere que las empresas acomoden razonablemente a los solicitantes y empleados con una discapacidad, si la acomodación ayuda al discapacitado a cumplir con *las funciones esenciales* de un puesto dado. No obstante, tales acomodaciones no deben causar a la compañía *dificultades económicas indebidas*. Tampoco pueden crear un peligro directo para la salud y el bienestar de otros empleados o del público. El Acta de Americanos Discapacitados se aplica a todas las compañías, agencias de colocación y sindicatos, si tienen más de 15 empleados.

¿Qué es una acomodación razonable? Pudiera ser convertir las facilidades para que sean accesibles, la adquisición de un equipo especial, la reubicación del empleado, proveer al empleado la licencia temporal o la modificación de las reglas de trabajo. Pudiera consistir en la utilización de lectores o intérpretes calificados. ¿Qué se entiende por la frase "dificultades económicas indebidas" (*undue hardship* en inglés) para la compañía? Los tribunales examinarán el presupuesto de la empresa, el número de empleados y el número y costo de las facilidades necesarias para hacer valer la acomodación. También considerarán la naturaleza y el costo de la acomodación propiamente dicha.

El Acta de Reajuste de los Veteranos de Vietnam del año 1974 prohíbe al gobierno federal, o a las empresas contratadas por el gobierno federal, que excluyan del trabajo a los veteranos de la guerra vietnamita.

Todas las personas que se incluyen en estos actas están en la categoría de estatus especiales. La gente que se encuentra en la llamada categoría de "estatus especiales" es por razones de sucesos que están más allá de su control. La persona no puede dejar de tener más de 40 años de edad. La persona no puede controlar el hecho de ser de origen mexicano. La persona no puede borrar el haber tenido un ataque de corazón en el pasado.

La exclusión que se basa en las categorías de estatus especiales (*status categories*) se llama la discriminación. Es ilegal. Los tribunales examinarán detalladamente las reglas y las prácticas de las compañías acusadas de discriminación. Una cosa que se considerará es cómo estas reglas y prácticas se relacionan con el desempeño del trabajo. Por ejemplo, un empresario pudiera requerir que todos los ingenieros eléctricos tengan un título universitario. Se pudiera pensar que esa regla discrimina contra los afroamericanos, pues hay menos negros con títulos universitarios que blancos. Pero la regla es claramente significativa para el trabajo. Por lo tanto, un tribunal permitiría que la regla permaneciera.

¿Cómo crees que el tribunal se pronunciaría en el caso verdadero que se describe en la situación 3?*

**SITUACIÓN 3.** United Airlines despidió a una auxiliar de cabina, llamada Sprogis, después de que contrajo matrimonio. Ella puso un pleito a la compañía porque los auxiliares de cabina masculinos podían casarse y seguir en

---

* *Sprogis contra United Airlines, Inc.*, 444 F. 2d 1194 (7th Cir. 1971).

sus puestos. United Airlines argumentó que esa regla tenía una base razonable, con afirmar que los esposos de las auxiliares se quejarían a causa del horario de trabajo. La compañía aérea también alegó que los pasajeros masculinos preferían a las auxiliares de cabina solteras.

El tribunal falló a favor de Sprogis. La compañía aérea había establecido claramente una regla que discriminaba en términos del género. El tribunal también declaró que el estatus marital no tenía nada que ver con el empleo. La discriminación a base del estatus marital ha sido declarada ilegal por los tribunales.

### La acción afirmativa

La acción afirmativa es el proceso encaminado a corregir las desigualdades de empleo que típicamente ocurrieron en el pasado. Se ha empleado en gran parte en el caso de empresarios federales y de las empresas que desempeñan los contratos federales. Sin embargo, otros empresarios a menudo tienen programas voluntarios de acción afirmativa. Los tribunales ordenan a veces la acción afirmativa para corregir las discriminaciones habidas en el pasado.

¿Cómo funciona? Supongamos que una empresa grande tiene solo unas pocas empleadas. El tribunal pudiera mandar que la empresa anuncie puestos de trabajo nuevos para que más mujeres puedan competir en la adjudicación de los puestos. O el tribunal pudiera ordenar que la empresa contratara a suficientes mujeres para que el porcentaje de mujeres refleje el de la población en general.

La situación 4, un ejemplo auténtico de la acción afirmativa bajo el Acta de Derechos Civiles, lo ilustra mejor:

**SITUACIÓN 4.** Una compañía de transporte terrestre de Atlanta tenía dos tipos de conductores: uno para la carretera general y otro para las calles de la ciudad propiamente dicha. Los conductores de carretera transportaban las cargas de mercancías entre Atlanta y Houston y viceversa. Los conductores de ciudad hacían las entregas locales. Los conductores de carretera empezaban con un sueldo inferior al de los conductores de ciudad. Después de algunos años de experiencia, los conductores de carretera ganaban más que los otros.

Los hombres contratados para el servicio de carretera eran todos blancos. La mayor parte de los conductores de ciudad eran afroamericanos.

Después de recibir las quejas, la Comisión de Oportunidades Equitativas de Empleo (*Equal Employment Opportunity Commission*) mandó a la compañía que pasara algunos conductores negros al servicio de carretera. La compañía se negó.

Por fin, la Corte Suprema de los EE.UU.* ordenó que la compañía transfiera algunos negros al grupo de carretera. La compañía también tuvo que contratar nuevos conductores para que el porcentaje de blancos y negros fuera el mismo entre los dos grupos de conductores. A algunos conductores negros se les había negado la oportunidad de pasar al grupo de carretera y, por lo tanto, se le ordenó a la compañía que les compensara por el sueldo que de otro modo hubieran recibido. Debido a que el sindicato también era responsable de la situación, éste también tuvo que pagar una parte de la diferencia entre los sueldos. Además, tuvieron que escribir un nuevo contrato entre el sindicato y la empresa para evitar la discriminación en el futuro.

La acción afirmativa fue diseñada para contrarrestar el tratamiento injusto en el trabajo de las mujeres y de los trabajadores procedentes de minorías. Pero ¿qué ocurre con la situación 5?

**SITUACIÓN 5.** Allan Bakke, un estadounidense blanco, solicitó la admisión en un colegio de medicina y no lo aceptaron. El colegio seguía una norma de la acción afirmativa, por la que se reservaba un cierto número de plazas para los solicitantes pertenecientes a los grupos minoritarios. Varios candidatos procedentes de las llamadas minorías fueron admitidos aunque tenían calificaciones inferiores a las del señor Bakke. Éste puso un pleito basándose en lo que se llama la "discriminación inversa".** (*reverse discrimination*)

---

* *Franks contra Bowman Transportation Co.*, 424 U.S. 747 (1976).

** *Univ. of Cal. Regents contra Bakke*, 438 U.S. 265 (1978).

En 1978, el Tribunal Supremo determinó que se habían violado los derechos del señor Bakke a una idéntica protección ante la ley. (El señor Bakke se graduó de la facultad de medicina en 1981.)

Cuando se suspende temporalmente a los trabajadores, el Tribunal Supremo ha protegido en varios casos los derechos de antigüedad de los empleados sobre los que han sido contratados bajo los planes de acción afirmativa. En una decisión de 1988, la mayoría del Tribunal declaró que la supresión o cese de los puestos de trabajo puede alterar seriamente las vidas de los empleados. Tal acción pone "toda la carga para lograr la igualdad racial sobre algunos individuos en particular". El Tribunal opinó que semejante carga era excesiva.

La acción afirmativa ha sido polémica. Los que la favorecen señalan la continua discriminación. Dicen que la ausencia de normas de acción afirmativa conducirá a mantener la discriminación. Otros manifiestan que la discriminación inversa es injusta.

Aunque la Corte sigue sosteniendo los programas de contratación de la acción afirmativa, muchas de las decisiones han debilitado la acción afirmativa. Por ejemplo, la Corte o el Tribunal Supremo ha pedido que se pruebe con más fuerza la discriminación en el empleo de las minorías y las mujeres. En 1989, el Tribunal revocó un plan de acción afirmativa que favorecía a los contratistas minoritarios de Richmond, Virginia. En forma parecida, el Tribunal Supremo de Georgia rechazó poco después una ordenanza de Atlanta que favorecía a los contratistas minoritarios y femeninos.

El aumento de la presión política que quiere limitar o abolir la acción afirmativa se ha convertido en una amenaza. Los políticos reaccionan ante las quejas de quienes sufren la discriminación inversa. El resultado de esta polémica no está claro; pero podemos esperar cambios en el futuro por lo que se refiere a la acción afirmativa, quizás importantes.

## El análisis de las drogas en las personas y la privacidad del individuo

El requisito de pasar un análisis para probar que no existe drogadicción (*drug tests* o *drug testing*) como condición para contratar a una persona o para que continúe en el empleo, también es polémico. Los que se oponen argumentan que el análisis para detectar el uso de drogas, sin que exista sospecha de su uso, viola un importante derecho constitucional. La Cuarta Enmienda de la constitución estadounidense provee la protección contra el registro y la confiscación por parte del Estado sin que exista una sospecha razonable de la culpabilidad. El análisis de drogas representa un registro. ¿Debiera hacerse solo si existe una sospecha razonable de que se haya tomado drogas?

Por lo general, el análisis a cargo de las empleadores particulares es legal, pues la Constitución solo tiene vigencia cuando se refiere a las acciones gubernamentales. Sin embargo, la presencia o ausencia de los mismos análisis forman parte de las negociaciones obligatorias en los contratos sindicales.

Desde el año 1990, el Tribunal Supremo generalmente ha apoyado el análisis para detectar el uso de drogas entre los empleados públicos que ocupan puestos donde existe un interés convincente de la seguridad pública. Por ejemplo, el Tribunal ha mantenido la práctica del análisis de los empleados ferroviarios cuando están involucrados en accidentes que han producido víctimas. También ha mantenido su decisión en los análisis de los empleados del Departamento de Hacienda (*IRS* por sus siglas en inglés) de los EE.UU. que solicitan empleos donde tendrían que llevar armas o actuar en los programas del control de drogas.

Por otro lado, los análisis conducidos en forma ocasional o al azar de los empleados del Departamento de Justicia, de empleados ferroviarios y de conductores de camiones no se ha mantenido desde 1990. Tampoco se ha mantenido el análisis al azar ni el general de todos los estudiantes de un colegio. Sin embargo, los análisis se han permitido en el caso de actividades *voluntarias*, como en el caso de los deportes. Las leyes de Georgia autorizaron en 1990 el análisis de empleados en los puestos de alto rango. Una ley de Georgia de 1995 requiere ahora el análisis de drogas para ciertos empleados estatales. También ordena que los solicitantes de esos puestos se sometan al análisis para la detección de drogas ilegales como condición previa para que sean contratados por el estado.

Ésta es otra área en la que los tribunales deben establecer un balance entre intereses opuestos. ¿Qué es más importante? ¿Preservar un derecho constitucional o los esfuerzos para poner límites al uso de las drogas? ¿Es importante que esos esfuerzos produzcan efecto?

## Solo los hechos

1. ¿A qué se refieren las leyes que regulan el trabajo de menores de edad? ¿a las horas? ¿a los tipos de trabajo? ¿al sueldo? ¿al seguro?
2. Una corporación nacional podría negar un empleo a las siguientes personas *únicamente* porque son (a) ¿metodistas? (b) ¿estadounidenses de origen japonés? (c) ¿abuelos? (d) ¿meseros? o (e) ¿porque tienen un historial de ataques al corazón? Explica las respuestas.
3. ¿Cómo se relaciona la oportunidad equitativa de empleo con los programas de la acción afirmativa?

## Piensa

1. Di lo que te parece la acción afirmativa desde los siguientes puntos de vista: (a) de un empresario al que los tribunales le ordenan que la ponga ya en práctica; (b) de un afroamericano al que en el pasado le han negado empleos a causa de su raza; (c) de una mujer de 45 años de edad que perdió su empleo porque se lo dieron a un hombre con calificaciones inferiores; (d) de un blanco al que le negaron un empleo aunque estaba tan bien calificado como la mujer a la que contrataron.
2. Presenta argumentos a favor o en contra del análisis de drogas al azar de los empleados.

# LOS DERECHOS Y LAS OBLIGACIONES EN EL TRABAJO

## Los derechos contractuales

Los contratos de trabajo son, por lo general, verbales (de palabra hablada). El empresario te dice, "Estás contratado". Tú, como empleado le contestas, "Acepto". Sin embargo, asegúrate que entiendes todos los términos del contrato antes de estar de acuerdo. La ilustración 7-3 te da una idea general de lo que serán las obligaciones básicas bajo contrato. También indica lo que puedes esperar del empresario. Un manual

---

ILUSTRACIÓN 7-3
**Los puntos básicos de un contrato oral de trabajo**

Como empleado, me comprometo a seguir instrucciones, a obedecer las reglas del trabajo y a desempeñar las tareas asignadas. Entiendo que puedo ser despedido si no cumplo con estas promesas.

Firmado: *Loharé Mejor*

Como empresario, daré las instrucciones, estableceré las horas de trabajo y proveeré un sitio seguro para trabajar junto con la mayor parte de las herramientas necesarias. Prometo pagar el salario acordado y proveer los beneficios estipulados. Si lo acordado no se cumple, Ud. tiene el derecho de iniciar una acción legal y/o de dejar el empleo.

Firmado: *Javier Ejecutivo*

---

de las normas de la empresa puede ser que defina los derechos y las obligaciones del empleado cuando no existe un contrato por escrito.

Los contratos por escrito se extienden en dos áreas generales:

1. Primero, si hay un sindicato. Entonces, el sindicato y la compañía extienden un contrato por escrito. Esto se llama un convenio colectivo por escrito, que estipulará los salarios, las horas y las condiciones de empleo. La mayor parte de la información sobre el empleo se incluirá en el convenio.

2. Los contratos por escrito también son comunes en el área de los llamados "servicios personales". Los dependientes de los almacenes, los maestros de escuela, los deportistas profesionales y otros por el estilo, se contratan por escrito. Estos contratos se deben leer cuidadosamente. Si el solicitante no los entiende, debe contratar a un abogado para que le explique lo que se especifica en el contrato.

Los contratos se pueden hacer cumplir ante un tribunal. El empleado o el empresario puede verse involucrado en un juicio legal, si no respetan los derechos, términos y condiciones especificados en el contrato.

Como empleado, tienes los derechos que el empresario te ha otorgado mediante un contrato. No importa si el contrato sea oral o por escrito o fuera individual o negociado por el sindicato. También tienes los derechos que te otorgan las leyes de los EE.UU. y del estado de Georgia.

Si una ley reglamentaria o el mismo contrato especifica cierto derecho, el empleado tiene ese derecho. De lo contrario, el derecho no existe en el estado de Georgia.

**SITUACIÓN 6.** Selena Sincuidado no prestó mucha atención a la descripción de los beneficios laborales cuando Tacañez, Inc. la contrató. Ahora, lleva ya un año en el empleo. Le gustaría tomar unas vacaciones pagadas. El director de la empresa le dice que la empresa no da vacaciones. "Eso no es justo", replica Selena. "Todo el mundo tiene derecho a las vacaciones. Es la ley". ¿Es verdad?

Ni la ley federal ni la de Georgia requieren que las empresas den vacaciones, descansos o pensiones (jubilaciones). Ni los estatutos requieren que provean los seguros médicos ni la licencia por enfermedad con paga. Si tu empresa no tiene normas de vacaciones, no tienes derecho a una vacación. Si el contrato entre empresa y empleado no especifica que se pagan la licencia por enfermedad, no tienes derecho a que te paguen los días en que estés enfermo y no puedes trabajar.

La mayor parte de las empresas dan esos beneficios, por la simple razón que si no lo hicieran así, los empleados se irían a otra empresa. Si la empresa provee dichas prestaciones laborales o beneficios, la ley requiere que los beneficios sean por igual para todos los empleados, sin ninguna clase de discriminación.

## Los derechos reglamentarios

No todos los derechos y beneficios dependen de los contratos. Algunos los otorgan las leyes de Georgia y las del gobierno federal. Ya te has enterado de algunas de esas leyes, como el Acta de Derechos Civiles de 1964. En esta sección se describirán otras.

## Los derechos relacionados con las horas de trabajo y de los salarios

*El salario mínimo por hora.* El Acta de los Estándares de Trabajo Equitativo (*Fair Labor Standards Act*) fue aprobado por el Congreso en el año 1938. Entre otras cosas, se requiere que la mayor parte de los empresarios paguen a los empleados un salario que no sea inferior al salario mínimo establecido. También establece lo que se debe pagar por las horas extraordinarias, y lo que se debe pagar a los estudiantes que trabajan durante el verano. A partir de septiembre de 1997, el salario mínimo establecido fue de $5.15 dólares por hora. Eso quiere decir que la mayor parte de las empresas no pueden pagar menos. Sin embargo, las enmiendas de 1996 al Acta de los Estándares Equitativos de Trabajo permiten que las empresas paguen a una persona menor de 20 años de edad, un "sueldo de oportunidad" que no sea inferior a $4.25 por hora durante los primeros 90 días de empleo de dicha persona.

La ley laboral parece que a menudo responde a los problemas o las necesidades contemporáneos. La ley del salario mínimo se estableció durante la Gran Depresión de la década de los años 1930. En aquel entonces, mucha gente aceptaba cualquier clase de trabajo y algunos empresarios pagaban a los empleados una cantidad excesivamente baja. La ley del salario mínimo se aprobó para estar seguros de que a una persona se le pagaría por lo menos lo suficiente para sobrevivir.

En la actualidad ¿todos los empleados están protegidos por la ley del salario mínimo?

**SITUACIÓN 7.** A Chayo le ofrecen un trabajo de camarera (mesera) que paga $2.13 por hora más lo que gane de las propinas. Está desconcertada. Pensaba que el salario mínimo era más de $4 por hora. ¿Cómo es que le ofrecen menos?

Existen muchas excepciones a la ley del salario mínimo por hora. La gente que recibe propinas en su trabajo, como por ejemplo las camareras (la situación 7), no está protegida de la misma forma que lo están los empleados que trabajan solo a salario fijo. Las empresas con un volumen de ventas o de recibos que tengan un promedio anual inferior a $500,000, están excluidas de las leyes del salario mínimo. Los profesionales—como los médicos, abogados, dentistas y arquitectos—también están exentos de estas leyes.

No todo el mundo está a favor de la ley del salario mínimo. Los que se oponen dicen que reduce el número de empleos. Las empresas simplemente contratan a menos empleados. ¿Qué te parece?

*La semana estándar de trabajo.* El Acta de los Estándares de Trabajo Equitativo establece que la semana estándar de trabajo es de 40 horas. Se requiere que los empresarios paguen las *horas extraordinarias* (a razón de una cantidad superior a la normal) por todas las horas de trabajo que pasen de las 40 horas por semana en el caso de ciertos empleados que cobran por hora. Sin embargo, la mayor parte de los empleados asalariados no recibe una paga por horas extraordinarias. En la situación 8 ¿te parece que a Alfredo y a Juan Carlos les pagan de acuerdo con lo prescrito por el acta?

## SITUACIÓN 8.

a. Juan Carlos trabaja de jornada completa para la Compañía XX, a razón de $6.00 por hora. El jefe le pide que trabaje 8 horas extraordinarias una semana, por el mismo salario por hora.

b. Alfredo trabaja para la misma compañía 20 horas por semana a razón de $5.15 por hora. El jefe le pide que trabaje 30 horas extraordinarias durante las tres semanas siguientes. El jefe no menciona la paga extraordinaria.

En el caso de empleados comprendidos en el Acta de los Estándares de Trabajo Equitativo, la semana estándar de trabajo es de 40 horas. A los que trabajan más de esas horas se les debe pagar horas extraordinarias. El acta excluye a los trabajadores agrícolas.

Los derechos y las obligaciones del empresario y del empleado son generalmente los mismos, tanto si se trata de jornadas completas como de trabajos parciales. El trabajo a base de una jornada parcial es inferior a las 40 horas semanales. Sin embargo, los empleados temporales

(o los que trabajan menos de 20 horas por semana) usualmente no reciben beneficios. Además, los empleados a jornada parcial no reciben una cantidad superior por las horas extraordinarias, a menos que el total exceda las 40 horas por semana.

En la situación 8, tanto Alfredo como Juan Carlos debieran recibir una paga superior por las horas extraordinarias: Juan Carlos por las 8 horas de trabajo y Alfredo por un total de 30 horas. Si la Compañía XX no se la da, deberían ir y hablar con un representante del Departamento de Trabajo federal. El departamento puede ponerle un pleito al empresario en nombre de los trabajadores que no han recibido el salario mínimo por hora, o que no han cobrado el importe de las horas extraordinarias, si es que tiene derecho a recibirlo.

*Igual pago por igual trabajo.* El asunto de igual pago por igual trabajo también está regulado por la ley.

**SITUACIÓN 9.** La biblioteca de una gran ciudad ha contratado como bibliotecarios a Valentina de la O, soltera, y a Soyel Libresco, casado y con un hijo. Los dos tienen la licenciatura en biblioteconomía y los dos desempeñarán exactamente las mismas obligaciones. Tanto el uno como el otro tienen dos años de experiencia. El sueldo de Libresco es de $24,000 al año. El de la bibliotecaria es de $18,000. ¿Es legal?

El Acta de Igual Pago federal (*Equal Pay Act*), de 1973, requiere que los hombres y las mujeres reciban el mismo pago si desempeñan substancialmente el mismo trabajo. El sueldo de Valentina de la O (en la situación 9) parece ser discriminatorio e ilegal. Otras actas federales han extendido el requisito de igual pago a otros grupos contra los que posiblemente se discrimine.

Los tribunales han considerado el asunto del "valor comparable" (*comparable worth* es la expresión en el inglés) de los trabajos. Las mujeres sostienen que los trabajos que tradicionalmente desempeñan—enfermeras, maestras, niñeras, etc.—están peor pagados que los trabajos desempeñados por hombres. Además, aquellos trabajos pueden necesitar más entrenamiento y habilidad. El argumento es como sigue: ¿No es el trabajo de una enfermera tan importante para la sociedad como el de un oficial de correcciones? ¿O el trabajo de una secretaria no es tan importante como el de un carpintero? Por lo tanto, ¿por qué dichos empleos no se deben pagar aproximadamente lo mismo? ¿Qué crees tú?

### Los derechos relacionados con el acoso

¿Qué ocurre si los empleados constantemente ponen en ridículo a un empleado o a una empleada a causa de su religión? Los tribunales han mantenido que bajo el Acta de Derechos Civiles, los empleados tienen el derecho a trabajar en sitios donde otros empleados no les maltraten a causa de su religión, raza, etc. En forma similar, los empleados tienen el derecho a que no se les someta a presiones cuya intención es una actividad sexual que no desean.

El acoso sexual (o sea *sexual harassment*) puede consistir en insinuaciones o en requerimientos indeseados. El Tribunal Supremo ha esclarecido en los tiempos recientes cuáles son los fundamentos para entablar un pleito por razones de acoso. La víctima debe mostrar únicamente que la conducta discriminatoria en el lugar de trabajo crea una atmósfera que es objetivamente hostil y abusiva para una persona razonable (sensata) así como para él (ella) mismo(a). Eso comprende la conducta que distrae a la víctima de su tarea, o que desanima a la víctima a continuar en el empleo o a ascender en su carrera profesional o laboral. Al empleador se le puede poner un pleito.

### El derecho a un ambiente laboral seguro

Como empleado también tienes el derecho a un lugar de trabajo tan seguro como sea posible. El Acta de Seguridad y Salubridad Laboral (*Occupational Safety and Health Act*), de 1970, autoriza al gobierno para que establezca los estándares de salubridad y de seguridad para los empleados cuya empresa participa en el comercio interestatal. Para implementar los estándares, la ley creó la Administración de Seguridad y Salubridad Laboral (*OSHA* por sus siglas en inglés). Si un empleado cree que el lugar de trabajo es peligroso, *OSHA* lo inspeccionará. Si el inspector encuentra que las condiciones de trabajo son peligrosas, se mandará que hagan mejoras.

La Administración *OSHA* ha requerido que se instalen las guardas para las manos y pies, barandillas, mejor iluminación y muchas otros aparatos de seguridad en los sitios de trabajo. *OSHA* también ha requerido que se pongan las etiquetas para identificar muchas substancias peligrosas. Los ejemplos de otras medidas de seguridad se detallan en la ilustración 7-4.

Una ley de Georgia—el "Acta para la Protección del Empleado Público contra la Química Peligrosa y el Derecho a Saberlo" (*Public Employee Hazardous Chemical Protection and Right to Know*)—provee una protección adicional. Se requiere que se les informe a los empleados acerca de los peligros de los productos químicos que manejan o que fabrican en el lugar de trabajo. Los empresarios deben rotular (ponerlos las etiquetas de advertencia en) los productos químicos que son peligrosos así como también deben proveer la información necesaria sobre las medidas de seguridad a seguir por escrito y mediante los programas de entrenamiento. Los empleados también tienen el derecho a informar a los médicos de la familia de los peligros químicos a que están expuestos.

¿Te has preguntado alguna vez lo seguro que son los ascensores? El Departamento de Trabajo de Georgia tiene la responsabilidad de inspeccionar y certificar los ascensores y otros equipos y aparatos que puedan ser potencialmente peligrosos, como por ejemplo, las calderas de vapor y los parques de atracciones infantiles.

### El derecho a sindicarse

*Los sindicatos—comienzos y bases.* Después de empezar a trabajar, irás haciendo amistades en el trabajo. Algunos de tus colegas pueden ser que tengan aspiraciones, sugerencias y quejas relacionadas con el trabajo. Tal vez decidas formar un comité para tratar de estos asuntos con la empresa. Es posible que te parezca que el empresario prestará más atención a 10 ó 20 empleados que a uno solo.

En efecto, así es como se formaron los primeros sindicatos durante el siglo XIX. En aquella

## Los ejemplos de requisitos del Acta de Seguridad y Salubridad Laboral (OSHA)

| Requisitos de la OSHA | Propósito |
|---|---|
| Ventiladores | Para evitar que los trabajadores inhalen vahos o vapores |
| Ropa especial | Para evitar que los trabajadores absorben las materias químicas por la piel |
| Lentes protectores | Para proteger los ojos contra deyecciones o deshechos o contra las substancias cáusticas |
| Señales de alarma | Para notificar a los trabajadores de los escapes de substancias peligrosas |
| Duchas al acabar el trabajo | Para prevenir que los trabajadores lleven adheridas substancias peligrosas al cuerpo |
| Exámenes médicos como las radiografías | Para detectar pronto cualquier problema que requiera un tratamiento efectivo |

*¿Puedes mencionar tres tipos de trabajo donde se puedan hacer valer algunas de las regulaciones de la OSHA como las citadas?*

época, los salarios de los empleados eran a menudo muy bajos. Las horas de trabajo eran muchas, y las condiciones laborales eran terribles.

En la actualidad, existen dos tipos de sindicatos. Primero, hay sindicatos gremialistas cuyos miembros tienen la misma ocupación o profesión. Por ejemplo, un sindicato de músicos o de electricistas. El segundo tipo de sindicato es el que tiene miembros que trabajan en una misma industria. El Sindicato de Empleados de la Industria Automovilística (*United Auto Workers* o *UAW* por sus siglas en inglés) sería un ejemplo.

Los contratos que se establecen entre empresas y empleados se llaman *convenios colectivos*. Estos convenios (*collective bargaining agreements* en inglés) por lo general establecen la escala de sueldos, las horas de trabajo y las condiciones generales de trabajo en el lugar de trabajo. Cuando el sindicato firma un contrato con la empresa, lo hace como representante de todos los empleados que forman el grupo sindical.

En los EE.UU. hay miles de convenios colectivos que gobiernan a millones de trabajadores. La mayor parte de estos contratos son el resultado de las concesiones mutuas entre los sindicatos y las empresas. Por ejemplo, un sindicato puede ser que quiera un aumento de sueldo de $0.75 (centavos del dólar) por hora. El empresario puede querer que algunas personas pasen a trabajar los fines de semana cuando sea necesario. Los jefes del sindicato y los jefes de la compañía hablan de lo que pretenden, e intentan llegar a un acomodo. En este ejemplo, la compañía podría pagar un aumento de $0.65 por hora. El sindicato podría permitir un incremento en el trabajo durante los fines de semana. Cada asunto que surja se soluciona de esta forma.

La mayor parte de los convenios colectivos se negocian y se firman sin pérdida de trabajo alguna. Sin embargo, algunas veces las dos partes no se ponen de acuerdo. Entonces, la compañía y el sindicato pueden aplicar la fuerza económica de una parte contra la otra. La empresa puede imponer un cierre patronal (*lock-out*). Los empleados pueden declararse en huelga (*on strike*).

En un cierre patronal, la empresa cierra la fábrica hasta que la compañía y el sindicato llegan a un acuerdo. En una huelga, el sindicato dice que no trabajarán sin un contrato satisfactorio. Los obreros se niegan a trabajar. Por lo común, forman una línea de piquetes a la entrada de la fábrica para que nadie pase ni que se haga entregas.

Las presiones económicas son las mismas, si se trata de un cierre patronal o de una huelga. La compañía pierde el dinero que podría ganar. Los empleados no reciben el pago. Por lo común, tarde o temprano las cosas se solucionan y se firma un contrato. En la práctica, las huelgas y los cierres patronales son pocos frecuentes. La mayor parte de los acuerdos colectivos se llevan a cabo sin pérdida de trabajo.

*Las leyes que afectan la afiliación al sindicato*

**SITUACIÓN 10.** Hipólito solicita un empleo en una fábrica donde se procesan alimentos. Ha desempeñado trabajos similares y es excelente como obrero. Sin embargo, se sabe que es miembro activo del sindicato y que él ha colaborado en la formación de otros sindicatos. La dirección de la fábrica lo considera como un agitador y se niega a contratarlo. ¿Es eso legal?

El Acta de las Relaciones entre Trabajadores y Dirección de 1947 (conocido bajo la denominación del "Acta Taft-Hartley") establece que un empresario no puede discriminar legalmente contra un empleado que se opone o se declara a favor de un sindicato. Supongamos que a alguien se le despide por dichas razones. La empresa o el sindicato (el que sea responsable) debe pagar el salario que ha perdido el empleado. Es ilegal no contratar a cierta persona porque él o ella es miembro de un sindicato o es un (a) organizador(a) sindical (la situación 10).

El Acta de las Relaciones entre Trabajadores y Dirección gobierna a la empresa privada y a los sindicatos. No regula a los empleados públicos. En Georgia, por ejemplo, la ley prohíbe a los empleados estatales o a los empleados en la docencia que entren en un acuerdo colectivo por medio de un sindicato.

**SITUACIÓN 11.** Rogelio acepta un empleo en una fábrica que tiene un sindicato fuerte. Necesita el trabajo, pero no le gustan los sindicatos y no quiere pagar las cuotas sindicales. ¿Tendrá que ingresar al sindicato y pagar las cuotas?

Depende de donde resida. En la mayor parte de los estados, el sindicato y la compañía pueden suscribir contratos donde se especifica que los empleados tienen que pagar las cuotas sindicales. La idea es que como todos se benefician del sindicato—generalmente gracias al pago mejor—, todos deben contribuir al sostenimiento del sindicato. En una minoría de estados, las leyes prohíben semejantes acuerdos colectivos. Estas leyes se conocen como leyes del *derecho a trabajar*. En dicho caso, la idea es que no se le debe obligar a nadie a ser miembro de una organización o a mantenerla.

Georgia es un estado donde existe el llamado "derecho a trabajar" (*right to work*). Aquí no es legal que una empresa o un sindicato tenga un contrato que exija a todos los empleados que formen parte del sindicato. El contrato tampoco puede exigir que un empleado pague cuotas sindicales. Por otro lado, algunos estados no tienen el tal derecho a trabajar. En dichos estados, existe un contrato colectivo entre la fábrica de Rogelio (en la situación 11) y el sindicato. Lo que quiere decir en este caso particular es que se puede despedir a los empleados que se nieguen a formar parte del sindicato o que no paguen las cuotas sindicales.

### Solo los hechos

1. En un contrato entre el empresario y el empleado, ¿cuáles son las obligaciones básicas del empresario? ¿Cuáles son las obligaciones básicas del empleado?

2. Por lo general ¿cuándo se ejecutan por escrito los contratos de trabajo?

3. Entre los siguientes derechos ¿cuáles son los que la ley reglamentaria requiere de gran parte de los empresarios?: (a) ¿el idéntico pago por idéntico trabajo? (b) ¿los seguros médicos? (c) ¿las pensiones o jubilaciones? (d) ¿las condiciones de seguridad en el trabajo? (e) ¿el salario mínimo?(f) ¿la libertad de acoso sexual? (g) ¿las vacaciones?

4. ¿Qué es un convenio colectivo?

### Piensa

1. En 1990, el Congreso aprobó un "salario mínimo" de aprendizaje para los adolescentes durante los seis

primeros meses de trabajo. Explica por qué estás a favor o en contra de un programa a base de un "salario de aprendizaje".

2. Menciona un argumento a favor o en contra de la ley del derecho a trabajar.

3. ¿Qué temas se refieren a las relaciones entre el empresario y el trabajador y el gobierno en la siguiente declaración?

> "Ésta es mi empresa. Yo seré responsable de la seguridad de mis empleados. Si a alguien no le gustan las condiciones de trabajo, se puede ir a otro sitio. ¿Por qué el gobierno ha de meter las narices en mis asuntos?"

4. ¿Siguen siendo necesarios los sindicatos para asegurar que las condiciones de trabajo sean las adecuadas? Defiende tu respuesta.

## EL FINAL DE UN EMPLEO

### Si te despiden, si quedas cesante, o si te marchas

**SITUACIÓN 12.** Nosé Pudo se pone furiosísimo con el capataz. El hombre está de nuevo molestándole—esta vez porque no ha instalado bien un accesorio. Por fin Nosé grita, "Me largo". Y abandona el trabajo. ¿Puede terminar legalmente un trabajo así?

**SITUACIÓN 13.** Las ventas son tan bajas que la compañía Sobre-el-Precipicio decide despedir a 100 empleados, y despide solamente a los obreros de origen mexicano. ¿Tendrían éstos motivo para poner un pleito a la empresa?

**SITUACIÓN 14.** El director del sistema escolar del condado despide a una maestra muy respetada que enseña el inglés. El director de la escuela donde trabaja la maestra dice que es imposible llevarse bien con ella. ¿Tiene la maestra alguna protección contra este despido?

A menos que se especifique lo contrario en un contrato, o que lo prohíba la ley, cualquiera de las dos partes puede terminar una relación laboral cuando quiera. El empresario tiene la libertad de despedir a un empleado. El empleado tiene la libertad de marcharse. Date cuenta que esto no es lo mismo que el contrato de un préstamo o de una compra.

En la situación 12, Nosé se puede marchar—pero en ese caso pierde el derecho al subsidio de desempleo. También, lo adecuado sería notificar por adelantado al empresario para que pueda contratar a otra persona. Incluso es posible que el contrato lo requiera.

La empresa tiene la libertad de terminar las relaciones laborales en cualquier momento. Sin embargo, los despidos en la situación 13 parece que discriminan en contra de los mexicanos. Desafortunadamente a menos que estos empleados puedan probar que existe discriminación, es posible que no puedan hacer nada.

En algunos empleos, los empleados tienen el derecho a una audiencia si se les despide, rebaja de categoría o si se les castiga. Esto es usual en el caso de los empleados gubernamentales. Por ejemplo, en la situación 14, la maestra puede ser que tenga el derecho a una audiencia para defender su caso con éxito. En el caso de la empresa privada, no existe el derecho automático a una audiencia. Dicho derecho puede ser que lo especifique la compañía o el contrato sindical.

Los empresarios pueden suspender o cesar (*layoff*) a los empleados cuando no hay trabajo suficiente. Generalmente, los ceses son temporales. Las empresas tienen el derecho de suspender a todos los empleados que sea necesario para poder continuar sus operaciones. Sin embargo, una ley de 1988, el Acta de Aviso para Ajuste y Reentrenamiento de los Trabajadores (*Worker Adjustment and Retraining Notification Act*), requiere generalmente que los empresarios den una notificación de 60 días por adelantado en el caso de los ceses y de las cierres de fábrica, cuando afecta a más de 50 trabajadores durante un período de 30 días.

Si a un empleado se le deja cesante—y en la mayor parte de los estados, si se le despide sin buena causa—, un empleado puede solicitar el subsidio de desempleo (o sea *unemployment compensation*). En Georgia, el Departamento de Trabajo estatal administra el programa de compensación. El propósito del programa es ayudar a la persona que ha perdido el salario, mientras busca otro empleo. Sin embargo, el subsidio no es para toda la vida. Por lo corriente, dura solamente entre 6 y 12 meses.

## Si te enfermas o te accidentas

**SITUACIÓN 15.** Quique Zambrano estaba trabajando con un grupo de obreros que instalaba una tubería de alcantarillado. El operador de la grúa calculó mal y la tubería golpeó al señor Zambrano. Quedó malherido. No pudo andar durante muchos años. ¿Qué protección tenía?

**SITUACIÓN 16.** Elena Enfermo trabajó muchos años en una fábrica. Su trabajo consistía en rociar químicamente las piezas de madera que pasaban en una cadena de montaje. Elena se puso enferma, y el médico diagnosticó que tenía cáncer. Se averiguó que los productos químicos con los que trabaja Elena eran cancerígenos. ¿Hay algún remedio legal al que pueda recurrir Elena?

Algunas veces, un empleado se accidenta, enferma o se mata a causa del trabajo. En esos casos, se recurre a los subsidios para lesiones o enfermedades de los empleados. Aunque los gobiernos estatales administran dichos programas, los fondos proceden de las empresas. En Georgia, la Junta Estatal para la Compensación de los Trabajadores (*State Board of Workers' Compensation*) administra la compensación de los empleados.

Un empleado como el señor Zambrano (en la situación 15) debe comprobar ante esa junta que tiene una lesión o una enfermedad relacionada con su trabajo. Si la junta le concede una compensación, el empresario debe pagarla. Generalmente, se trata de una pequeña cantidad que se desembolsa a lo largo de un período de varios años o más. Los empresarios corrientemente llevan un seguro que cubre esos desembolsos.

La cantidad pagada se basa en una tabla de beneficios establecida oficialmente. Por ejemplo, a la pérdida de una mano corresponde una cierta cantidad, a la pérdida de un ojo corresponde otra cantidad. ¿Qué ocurre si el señor Zambrano queda permanentemente incapacitado y no puede volver a trabajar jamás? En ese caso, pudiera jubilarse con una pensión por razones de incapacitación.

La compensación puede que no se conceda si la enfermedad o lesión no figura en la tabla estatal de beneficios. En ese caso, Elena (de la situación 16) puede ser que tenga que probar ante un tribunal que la enfermedad suya esté relacionada con su trabajo. Con el paso del tiempo, más y más empleados sujetos al riesgo de substancias nocivas llevan a sus empresarios a juicio para pedir la compensación por los daños sufridos.

### La licencia por enfermedad

La ley federal no cubre la baja por enfermedad propiamente dicha. Sin embargo, el Acta de Licencia Familiar y Médica (*FMLA* por sus siglas en inglés, *Family and Medical Leave Act*) permite los permisos (o las licencias) de excedencia en cuatro situaciones:

— cuando nace un hijo (tanto en el caso de empleados masculinos como femeninos)
— cuando se adopta a una criatura
— cuando hay que ayudar a un cónyuge, hijos o padres que sufren de enfermedad grave
— cuando el empleado tiene una enfermedad seria que le impide cumplir con su trabajo

El acta *FMLA* requiere que las empresas que cuentan con más de 50 empleados den un permiso o licencia de excedencia de hasta 12 semanas sin pago, durante un período de 12 meses, para aquellos empleados que lo soliciten o que requieran una excedencia debido a una de las situaciones arriba indicadas. Cuando el empleado se reintegra al trabajo, la compañía en la mayor parte de los casos debe darle el mismo puesto que tenía (u otro equivalente) sin reducción de salario o de beneficios. El empresario o el empleado puede sustituir los días acumulados de vacaciones o de ausencia por razones personales, por cualquier porción de las 12 semanas de ausencia que prescribe el acta *FMLA*. En el caso de excedencia por razón de una enfermedad seria, el empleado puede sustituir los días acumulados de baja por enfermedad así como los días que se le deben por vacaciones o de ausencia por razones personales, como parte de la excedencia de 12 semanas.

## Cuando te jubilas

Si no has empezado todavía a trabajar jornadas completas, la jubilación parece algo lejano, lejanísimo. Sin embargo, si has trabajado, puede ser que una parte de tu paga haya ido a parar al programa de la Seguridad Social del gobierno federal. El programa de Seguridad Social (*Social Security*) paga a las personas jubiladas.

Como otras leyes que se relacionan con el trabajo, las que se dedican a ocuparse de los jubilados también reflejan los cambios en la sociedad. En muchos países, incluidos los EE.UU., se ha esperado que los hijos o los parientes se ocupen de los ancianos. Pero las pautas de las relaciones familiares cambian. Hoy día, la mayor parte de los empleados esperan mantenerse gracias a la pensión de su empresa y/o mediante los pagos de la Seguridad Social.

### ¿Qué es una pensión?

Una *pensión* es un plan que se paga a una persona después de su jubilación. La empresa y los empleados pueden ser que los dos partes hayan contribuido a los fondos del plan de pensión. O pudiera ser que los fondos procedan únicamente de la empresa. Sin embargo, las empresas no están obligadas por ley a proveer pensiones.

La cantidad de la pensión se basa generalmente en los ingresos del empleado y en los años de servicio que ha prestado a dicha empresa. Generalmente, el empleado con el salario más alto y con el mayor número de años de servicio cobrará la pensión más alta.

Los problemas creados por los programas de pensiones particulares trajeron el Acta de Seguridad de Ingresos del Empleado Jubilado (*ERISA* por sus siglas en inglés; quiere decir *Employment Retirement Income Security Act*). ¿De qué problemas se trataba?

Uno de dichos problemas era que los empleados tenían que trabajar para la misma compañía, tal vez unos 20 años, antes de que tuvieran derecho de disfrutar de los beneficios de una pensión. No obstante, muchos estadounidenses cambian frecuentemente de empleo. El *ERISA* requiere que el derecho a cobrar una pensión se garantice (se adquiera) después de un periodo más corto, generalmente de cinco años.

Otro problema era que los empresarios despedían a los empleados para no tener que pagarles una pensión. Si un empleado puede probar

que el despido es por esa razón, entonces bajo el *ERISA*, el tribunal puede mandar que la compañía pague. La persona también puede llevar a la compañía a juicio por discriminación debida a la edad.

### La Seguridad Social

En el comprobante del pago, habrás notado una deducción bajo las letras "FICA", que se refiere a la *Seguridad Social*. La Seguridad Social (*Social Security* en inglés) se parece a un plan de pensión. Es aplicable a todas las personas que han contribuido al sistema durante los años de trabajo.

La Seguridad Social no es lo mismo que la ayuda oficial para los pobres (o sea *welfare*). La mayor parte de las personas que cobran la Seguridad Social han contribuido al programa mientras trabajaban. Los que reciben estos beneficios pueden ser ricos o pobres. Por otro lado, para que un ciudadano reciba la ayuda oficial del estado para los pobres debe encontrarse a lo que se define como el "nivel de pobreza" o por debajo de ese nivel.

El Acta de Seguridad Social se aprobó en 1935, durante la presidencia de Franklin D. Roosevelt. Fue durante la Gran Depresión cuando muchos estadounidenses no tenían trabajo. Muchos no tenían pensiones ni ahorros. El propósito de la ley era proveer unos ingresos para todas las personas que se jubilan. Hoy día, en el caso de muchas personas, la Seguridad Social provee la mayor parte de los ingresos después de su jubilación.

Con el paso de los años, el Congreso estadounidense ha ampliado el programa de Seguridad Social. Hoy día, a menudo asiste a viudas y sus hijos, a los trabajadores incapacitados por lesiones, además de otros beneficios.

El programa de la Seguridad Social es polémico. Una razón es su costo. En 1983, el Congreso aprobó leyes para que el programa no se quedara eventualmente sin fondos. Extendió la edad para recibir los beneficios de la jubilación de los 65 a los 67 años de edad. El cambio se entrará en vigor para el año 2027.

Las leyes de 1983, sin embargo, no han resuelto el problema ni la polémica. En la actualidad, algunos trabajadores se preguntan si llegarán a cobrar los beneficios cuando se jubilen. En el futuro oirás más de este tema.

## EN RESUMEN

El acuerdo que concuerdas con tu empleador definirá los derechos y las obligaciones que tendrás en tu empleo. Sin embargo, las leyes estatales y federales han establecido ciertos derechos que tienes.

Al leer estas leyes, probablemente habrás notado ciertas cosas. En primer lugar, estas leyes tienden a proteger los derechos de los empleados, en vez de los derechos empresariales. ¿Puedes pensar por qué lo sea necesario?

En segundo lugar, la mayor parte de estas leyes eran—y siguen—polémicas. Por ejemplo, hay gente que continúa cuestionando la necesidad de un sueldo mínimo y de una semana de trabajo estándar. También hay un desacuerdo considerable por lo que se refiere a la continuación de los esfuerzos para eliminar la discriminación.

Finalmente, ésta es una área en la que es fácil ver que las acciones gubernamentales son el resultado de preocupaciones sociales y de condiciones económicas. Si te sientes inclinado a la predicción del cambio social, fíjate cuidadosamente en las presentes condiciones y en las actitudes sociales. Por ejemplo, si el desempleo es muy elevado, es posible que se tomen acciones gubernamentales para resolver la situación. Y a medida que la cantidad de personas mayores aumenta, se puede esperar que el gobierno preste más atención a las leyes de jubilación y de pensiones. ▪

# 8 El matrimonio

Los dos capítulos que siguen tienen que ver con la ley de la familia. Este capítulo trata de las relaciones legales entre los cónyuges o esposos. Se ocupa del matrimonio y de cómo se disuelven legalmente los matrimonios. En el capítulo 9 se explican los efectos de la ley que se relaciona con los hijos y los padres y las madres.

Como verás, los gobiernos no son imparciales en esta área de la ley. Están a favor del matrimonio y de la familia. Esto no significa que no se hayan promulgado un gran número de leyes para decir a los padres y a las madres y a los hijos lo que deben hacer. Pero los gobiernos han intentado hacer lo contrario. Han opinado que lo mejor que pueden hacer a favor de las familias es meterse en sus asuntos lo menos posible.

Entonces, te preguntarás ¿por qué existen tales leyes? A medida que vayas leyendo los dos capítulos encontrarás por lo menos dos respuestas a dicha pregunta. Primero, verás que se han promulgado muchas leyes para establecer la seguridad y el bienestar de los hijos.

Segundo, encontrarás que muchas leyes que afectan e interfieren en los matrimonios y las familias tienen que ver con los derechos y obligaciones básicos que se expusieron en el primer capítulo. Estos son los derechos y las obligaciones constitucionales que tienen que ver con la propiedad, los contratos y la protección contra los daños. Los gobiernos han tenido que poner en la balanza por un lado, el principio de no interferir en la vida familiar y, de otro, la necesidad de proteger los derechos individuales de cada miembro de la familia.

Algunas de las leyes que afectan al matrimonio y a la ley de la familia son muy antiguas. Otras son nuevas. Como en el caso de otras leyes, reflejan pautas y valores que cambian en nuestra sociedad. Fíjate en este capítulo cómo el papel de la mujer ha cambiado en la sociedad y cómo ese cambio ha afectado a las leyes. Asimismo, fíjate cómo las actitudes hacia el divorcio han cambiado y cómo ese cambio ha afectado a la ley.

## EL CASAMIENTO

Un amigo te dice, "Gene y yo queremos casarnos. ¿Sabes lo que tenemos que hacer? ¿Qué es

**la pensión de divorcio • la anulación • el matrimonio con ceremonia • la manutención de los hijos • la separación de cuerpos**

lo que se requiere en el estado de Georgia?" ¿Sabrías tú cómo contestar?

¿Cuál es la diferencia entre estar casados y de vivir juntos? El matrimonio (*marriage* en inglés) es un contrato legítimo entre un hombre y una mujer que prometen ser esposos. Dos personas que viven juntas pueden ponerse de acuerdo para repartirse los gastos de los alimentos. Hasta pueden adquirir propiedades en forma conjunta o compartida. Sin embargo, en Georgia no tienen ningún derecho legal especial, a menos que estén casados.

En Georgia, para que un matrimonio sea válido, las dos personas deben

— estar legalmente capacitadas para contraer matrimonio.

— dar el consentimiento para ser esposos.

— consumar el matrimonio (de acuerdo con la definición legal).

## Los requisitos matrimoniales

### ¿Quién está legalmente capacitado para contraer matrimonio?

¿Las siguientes personas podrían contraer matrimonio legalmente en Georgia?

a. Tircio (cuyo divorcio no se ha finalizado) con Wendy.

b. Tomás con Judith, su nuera, que es viuda.

c. María con Jordi, su hijastro.

d. Carlos con Susanita, que son primos hermanos.

e. Zelma (que tiene 16 años de edad) con Tico (que tiene diecisiete).

La ley no permite que algunas personas contraigan matrimonio. Por ejemplo, en Georgia, una persona debe ser mentalmente competente para casarse. Esto quiere decir que debe ser capaz de entender la idea de lo que supone un matrimonio. Una persona que ya esté casada legalmente con otra tampoco puede contraer matrimonio. En Georgia y en todos los demás estados, una persona casada que contrae matrimonio de nuevo sin estar divorciada, es culpable de la *bigamia*, lo que es un crimen. Y si la nueva esposa (o esposo) está enterada(o) de la bigamia (*bigamy* en inglés), él o ella es culpable del crimen

de contraer matrimonio con un(a) bígamo(a). Tircio (en el ejemplo "a") no podría contraer matrimonio legalmente con Wendy hasta que su divorcio con la antecesora se finalice.

Dos personas que son parientes cercanos (ya sea consanguínea o matrimonialmente) no pueden contraer matrimonio. Por ejemplo, la ley prohíbe que un hombre se case con su hija, su hijastra, su tía, su sobrina, su madre o su abuela. Existen también otras restricciones con parientes más lejanos. Igualmente, una mujer no puede contraer matrimonio con los correspondientes parientes del sexo opuesto.

Estas relaciones en las que el matrimonio está prohibido se conocen con el nombre de "grados de consanguinidad". Éstos se declaran en el Código Oficial Anotado de Georgia 19-3-3. Nuestras leyes sobre el incesto son el resultado directo de estos grados. Si contraes matrimonio (o tienes relaciones sexuales) con cualquiera que quede dentro de estos grados prohibidos, cometes el crimen del incesto y puedes ser procesado penalmente.

Las parejas de los ejemplos "b" y "c" no podrían contraer matrimonio. La pareja en el ejemplo "d" sí podría casarse. Georgia permite el matrimonio entre primos hermanos (primos carnales). Sin embargo, dicho matrimonio no se permite en la mayoría de los estados.

Los gobiernos también establecen la edad mínima para contraer matrimonio legalmente. Para casarse en Georgia, debes tener por lo menos 16 años de edad. Si tienes menos de 18 años, no puedes sacar una licencia matrimonial sin consentimiento paterno. Zelma y Tico necesitarían el consentimiento paterno (en el ejemplo "e").

Las personas menores de 16 años de edad pueden contraer matrimonio si existe prueba de que la mujer está embarazada, o si los dos son padre y madre de un hijo vivo. Sin embargo, el tribunal de últimas voluntades tiene la obligación de notificar al padre y a la madre de cualquiera que, con menos de 18 años de edad, solicite una licencia (permiso) matrimonial (*marriage license*).

### La habilidad para contraer el matrimonio

El primer requisito para la validez de un matrimonio es la habilidad de las dos partes para suscribir un contrato. Esto se denomina la *capacidad*. Usualmente, el adulto tiene la capacidad de entrar en un contrato. Sin embargo, hay ocasiones cuando el adulto carece de la capacidad necesaria para suscribir un contrato matrimonial. Por ejemplo, si la corte ha declarado que un adulto es incompetente, él o ella carece de la capacidad para entrar en un contrato. La persona casada también carece de la capacidad de suscribir un (segundo) contrato matrimonial.

### El contrato matrimonial

Otro requisito para que un matrimonio sea válido es que las dos personas deben de comprometerse verbalmente a ser esposos en la actualidad. No existe matrimonio legal si las personas se comprometen a contraer matrimonio en el futuro. El acuerdo matrimonial puede ser verbal. ¿Qué pasa con los acuerdos en las situaciones siguientes? ¿Serían válidos los matrimonios?

**SITUACIÓN 1.** Samy emborracha a Remedios de tal modo que ella pasa por la ceremonia de la boda sin enterarse de lo que ocurre.

**SITUACIÓN 2.** Socorro y Libardo deciden casarse como si se tratara de una broma—creen que pueden desentenderse rápidamente del asunto.

La ley de Georgia dice que para crear un contrato matrimonial, el consentimiento de las dos partes debe ser voluntario. Las dos partes deben estar libres de fraude. Un matrimonio en el que una parte ha sido engañada o defraudada por la otra puede ser invalidado (separado) mediante acción judicial. Remedios (en la situación 1) pudiera anular el matrimonio porque Samy "la embaucó" mediante el procedimiento de emborracharla. En forma similar, la *coacción* que impide el consentimiento voluntario (lo que se dice en inglés *duress*) puede permitir que una de las partes (la víctima de la coacción) invalide el matrimonio. La coacción es una amenaza ilegal para obligar a que otra persona haga algo contra su voluntad. La amenaza hecha con pistola en mano es buen ejemplo de la coacción.

Aunque no es así generalmente en el caso de los contratos, un contrato matrimonial se suele considerar válido aunque se haya hecho en broma. ¿Por qué se puede considerar válido? El punto de vista de los tribunales ha sido que no hay forma de comprobar objetivamente que las partes actuaban con el "espíritu de broma o de diversión". ¿Cómo pueden los testigos conocer o declarar cuáles son los verdaderos sentimientos de las dos partes? Por esta razón, Socorro y Libardo en la segunda situación tendrían que divorciarse para terminar el matrimonio.

Nótese que en una ceremonia matrimonial le ley se preocupa por el acuerdo básico de contraer matrimonio. Las promesas—la de amar, honrar y obedecer—son personales en vez de ser promesas legales.

### La consumación del matrimonio

El tercer requisito para que un matrimonio sea válido es la consumación. La definición legal de consumación depende del tipo de casamiento. En un casamiento (o boda) ceremonial, la consumación puede consistir en sacar una licencia para contraer matrimonio y tener una persona autorizada que lleve a cabo una ceremonia. O la consumación puede tener lugar cuando el hombre y la mujer, expresándose en tiempo el presente, están de acuerdo en casarse. Pero en este caso, deben encontrarse en un estado de los EE.UU. donde se reconozca lo que se llama el matrimonio consensual (concubinato). Además, el coito no se requiere para consumar un matrimonio ceremonial válido.

## Las clases del matrimonio

### El matrimonio con ceremonia

Los matrimonios comienzan con una ceremonia formal, llamada la boda. Ésta puede consistir en una ceremonia religiosa, o puede ser una ceremonia civil llevada a cabo por un juez.

Antes de que la boda pueda llevarse a cabo, la pareja debe sacar una licencia matrimonial (*marriage license* en inglés). Ésta se puede obtener en el juzgado del condado donde la boda va a tener lugar, o en cualquier otro condado, con la suposición de que uno de los solicitantes sea residente de este estado. Si la boda va a tener lugar en otro estado que no sea Georgia, se deben seguir los requisitos de ese estado a fin de que el matrimonio sea legal. Las leyes matrimoniales y de las licencias matrimoniales difieren de estado a estado.

En Georgia, los jueces de los tribunales de últimas voluntades expiden las licencias matrimoniales. Antes de recibir la licencia, las parejas deben hacerse un análisis sanguíneo de ciertas enfermedades. Estas enfermedades son la sífilis, la anemia de células falciformes y la rubéola (*German measles*). Los análisis sanguíneos se pueden hacer en la clínica de la junta de salud del condado. Aunque exista una ceremonia formal, una licencia y el análisis sanguíneo, un matrimonio no será válido a menos que se den los tres requisitos esenciales (p. 118-119).

### El matrimonio consensual

Un *matrimonio consensual* o *concubinato* (*common law marriage* en inglés) es un matrimonio establecido sin una ceremonia formal. Aunque en el estado de Georgia se aceptó previamente, la legislatura estatal suprimió esta forma de matrimonio en 1996. Sin embargo, todos los estados, incluyendo Georgia, aceptan un matrimonio de ley común que se haya creado apropiadamente en otro estado donde se permitan tales matrimonios. Y Georgia reconoce la validez de cualquier matrimonio de ley común que fuera válido en Georgia antes de la promulgación de la ley de 1996.

## Juntos en la vida

¿Qué pasa si una pareja se junta para vivir— sin la intención de contraer matrimonio? En otros estados, por ejemplo en California y Nueva York, la gente ha intentado crear una nueva clase de relación legal llamada la cohabitación por contrato (*contract cohabitation*). Este tipo de relación permite a dos personas solteras entrar en un contrato para vivir juntos sin estar casados. Los tribunales de Georgia se han negado a reconocer la validez de dichos contratos. De acuerdo con la ley de Georgia, semejantes contratos son ilegales, porque se trata de las relaciones sexuales entre dos personas que no están casadas.

### Solo los hechos

1. En Georgia ¿cuáles son los tres requisitos para que un matrimonio sea válido?

2. ¿Cómo es distinto el matrimonio consensual del matrimonio con ceremonia? ¿Qué matrimonios consensuales reconoce el estado de Georgia? ¿Por qué la ley de Georgia no concede validez a la cohabitación por contrato?

3. ¿Cuántos años de edad debes tener para contraer el matrimonio en Georgia? ¿Qué edades requieren el consentimiento paterno?

### Piensa

1. El matrimonio se considera como un contrato legal. Compara los requisitos para un matrimonio con los de un contrato. ¿Existe alguna diferencia? ¿o no?

2. ¿Se debería exigir un análisis del SIDA para sacar la licencia matrimonial? Explícalo.

3. ¿Por qué crees que la ley prohíbe que ciertas personas contraigan matrimonio? Considera las prohibiciones relacionadas con la bigamia, las relaciones de parentesco y la edad.

4. Explica por qué el estado prefiere los matrimonios con ceremonia en vez de los matrimonios consensuales.

## EN VÍSPERAS DE LA BODA

### Los acuerdos prenupciales

¿Se puede llegar a un acuerdo sobre cualquier derecho u obligación antes de la boda? Considera la situación 3.

**SITUACIÓN 3.** Damián y Marcia están pensando en casarse. Marcia vive del empleo de dependienta de un almacén. Damián tiene unas propiedades valiosas y espera heredar más. Sabe que los matrimonios no siempre tienen éxito. Quiere que Marcia renuncie al derecho que tiene a recibir una pensión de divorcio o separación (*alimony*) o a cualquier división de la propiedad si se divorcian. Marcia insiste en que le prometa el pago de $50,000 si se divorcian, a cambio de la renuncia a sus derechos. ¿Sería equitativo tal acuerdo? ¿Lo aceptarían los tribunales como válido?

A veces las parejas preparan acuerdos prenupciales como en la situación 3 antes de contraer el matrimonio. Semejantes acuerdos establecen los derechos que cada uno tendrá si se divorcian.

En 1982, el tribunal supremo del estado declaró que los acuerdos prenupciales serían reconocidos en Georgia. El tribunal estableció tres directrices que los jueces deben seguir en la decisión para hacer cumplir un acuerdo prenupcial. Un juez debe considerar las siguientes preguntas: (a) ¿Se estableció el acuerdo bajo fraude, coacción o por error? ¿Se faltaron declarar o se falsearon los hechos importantes que se relacionan con la situación económica de las partes? (b) ¿Es el acuerdo inadmisible? En otras palabras ¿es tan parcial que una parte se quedará con casi todo y la otra prácticamente con nada? (c) ¿Los hechos y las circunstancias han cambiado desde el acuerdo? ¿Sería ahora inequitativo o insensato?

Si la respuesta a cualquiera de estas condiciones es afirmativa, pudiera ser que el acuerdo no se reconociera como válido. Usando estas preguntas como directrices, considera si el acuerdo entre Marcia y Damián sería válido.

## Los deberes y las obligaciones legales

**SITUACIÓN 4.** Un sábado de primavera a las tres de la tarde, Sara Gómez y Marcos Whitson estaban solteros. A las cuatro de la tarde del mismo día, estaban casados. ¿Qué significa el cambio para ellos en término de sus derechos y obligaciones legales?

El matrimonio crea ciertos derechos y obligaciones entre dos personas. Algunos derechos y obligaciones ocurren inmediatamente. Por ejemplo, al contraer matrimonio, cualquiera de los dos, marido o mujer, tiene el derecho en Georgia de abandonar su propio apellido y adoptar el de la otra persona. La persona puede conservar su propio apellido, o una persona puede emplear los dos apellidos separados por un guión. En otras palabras, Sara se podría llamar Sara Gómez, Sara Whitson, Sara Gómez-Whitson, o Sara Whitson-Gómez (o en América Latina, Sara Gómez de Whitson). Sara y Marcos pueden llamarse Sara y Marcos Gómez-Whitson o Sara y Marcos Whitson-Gómez.

Generalmente en Georgia, una vez que una pareja ha contraído matrimonio, el uno no puede poner un pleito al otro. Las excepciones a esta ley cubren situaciones especiales—el divorcio, la pensión para la manutención del hijo, la separación legal y el abuso—. Supongamos que Sara quedó herida en un accidente de automóvil.

En este país, la esposa nueva puede escoger entre varios apellidos.

Aunque Marcos Joe era el conductor y el responsable del accidente, ella no podría ponerle un pleito por daños.

La pareja puede servirse de un nuevo estatus para la declaración de impuestos. Sara y Marcos pueden declarar conjuntamente los impuestos sobre los ingresos a partir del año en que contrajeron matrimonio.

Supongamos que Marcos cometió un delito y Sara lo vio. ¿Se le podría obligar a que Sara testificara contra Marcos? ¿Qué pasaría si Marcos llegó a casa y le dijo a Sara lo que había hecho? ¿Cambiaría eso tu respuesta? ¿Qué pasaría si el delito ocurrió antes de la boda y el juicio tuvo lugar después de la boda? ¿Se le puede obligar a Sara a declarar sobre lo que vio u oyó antes de la boda?

La respuesta es negativa para todas las preguntas precedentes. A los cónyuges no se les puede forzar a que testifiquen el uno contra el otro en un caso delictivo, a menos que el delito (como sería un caso de abuso) fuera contra la otra persona o contra un hijo menor de edad.

En Georgia, el esposo y la esposa tienen el derecho a heredar al otro si uno de los dos fallece *intestado* (es decir, sin haber hecho testamento).

En caso del divorcio, el marido o la mujer pueden tener el derecho a una *pensión de divorcio o de separación* (pagos de sostenimiento o *alimony* en inglés) del uno o del otro. Cada uno también tiene el derecho a la división equitativa de la propiedad o de los bienes que conjuntamente hayan acumulado durante el curso del matrimonio.

## Las responsabilidades individuales

Bajo la ley de Georgia cada cónyuge es un individuo capaz de asumir los derechos y las obligaciones legales. Por lo tanto, cada uno puede entrar en contratos por sí mismo o juntos (individualmente o conjuntamente). Cada uno puede poner un pleito a otros u otros pueden poner un pleito a uno de los dos.

**SITUACIÓN 5.** Rosa compra unos muebles para la sala que la encantan a primera vista. Compra los muebles empleando su nombre de casada, la señora de Larry Jones. Su esposo Larry, sin embargo, insiste que no pueden permitirse semejante gasto. Se niega a pagar el precio. ¿Tiene que pagar?

Antes del 1 de abril de 1979, el esposo era legalmente responsable en Georgia de cualquier deuda o compra que su esposa hiciera para adquirir los artículos llamados en inglés las "necesidades" (o sea los alimentos, ropa, servicios médicos y vivienda). Por ejemplo, si la esposa firmó un contrato para alquilar un apartamento, el marido pudiera ser el responsable del pago del arriendo, aunque él nunca hubiera firmado el contrato.

En 1979, el Tribunal Supremo de los EE.UU. decidió un caso muy importante llamado *Orr contra Orr.** El Tribunal Supremo sostuvo que era anticonstitucional poner la carga del mantenimiento en el hombre cuando se trataba de matrimonios o de divorcios. El tribunal declaró que tales leyes discriminaban en contra de los hombres.

Como resultado, la legislatura de Georgia derogó la ley estatal que convertía automáticamente al esposo en el responsable de las deudas de su esposa.

---

\* 440 U.S. 268 (1979).

Hoy día, ni el esposo ni la esposa son automáticamente responsables de las deudas del otro. En la situación 5, Larry no tendría que pagar la deuda de Rosa a menos que también hubiera firmado el contrato, convirtiéndose así en responsable de la deuda. El pago de los muebles es la obligación de Rosa porque ella los compró.

En la actualidad, los acreedores a menudo se protegen sus intereses en el asunto con pedir que tanto el marido como la mujer firme las solicitudes de tarjetas de crédito o los contratos de arrendamiento. Esto hace que cada uno sea responsable de las compras o de los contratos hechos por cualquiera de los dos.

## El derecho a estar libre de abusos

Este gobierno favorece y alienta la institución del matrimonio. Alienta los matrimonios con interferir en ellos lo menos posible. Ninguna ley especifica la conducta matrimonial apropiada o ideal. Ninguna ley, por ejemplo, establece cómo una pareja debe dividir las tareas caseras. Ninguna ley declara si deben tener hijos, ni cuántos.

Sin embargo, los ciudadanos estadounidenses han forzado recientemente a los gobiernos para que "intervengan" en un aspecto de la vida familiar. Y ése es la violencia hacia, y entre, los miembros de la familia. En la década de los años setenta, surgió por todo el país la preocupación por las crueldades hechas dentro de la casa a los miembros de la familia. La atención se centró en el abuso de los hijos, de los cónyuges y, más recientemente, de los parientes ancianos. Los gobiernos empezaron a estar de acuerdo en que estas víctimas del abuso necesitaban de la protección legal. La necesidad de proteger a la gente del abuso y de la negligencia empezó a pesar más que las normas de no interferencia en la vida familiar.

En en el año de 1981, la legislatura de Georgia estableció el auxilio de los tribunales para la "violencia doméstica". Otorgó a los tribunales superiores la autoridad de intervenir para proteger a las víctimas. El Acta de la Violencia Doméstica es aplicable a los miembros de la familia, a los cónyuges anteriores, a los familias de crianza (*foster families*) y a otras personas que vivan bajo el mismo techo. También protege a las personas que son el padre y la madre de un mismo hijo (sin tomar en cuenta si alguna vez estuvieran casados). Esas personas que vivieron anteriormente bajo el mismo techo también están protegidas. El tribunal puede

- ordenar a una persona que deje de cometer tales actos.
- excluir de la casa a la persona que comete la violencia.
- requerir que la parte abusiva provea otro domicilio para un(a) esposo(a) e hijos.
- separar temporalmente a los hijos menores de la tutela del padre y de la madre.
- otorgar una pensión para la manutención de los hijos y/o de el(la) esposo(a).

Una ofensa recientemente reconocida contra los miembros de la familia es la de la "agresión sexual" (en inglés, *sexual battery*). La ley de 1990 define que esta ofensa es tocar la(s) parte(s) pudenda(s) o íntimas de otra persona sin el consentimiento de esa persona. También prohíbe este acto dentro o fuera de la familia.

### Solo los hechos

1. Da tres ejemplos de los derechos y obligaciones legales creados por el matrimonio.
2. ¿Qué derecho protegió el Tribunal Supremo en *Orr contra Orr*?

### Piensa

1. Considera esta declaración: "La casa de un hombre es su castillo. Lo que hace en su casa es su asunto, hasta si abusa de su esposa. Ella siempre puede abandonarlo; ¿no es así? El gobierno no tiene el derecho a inmiscuirse en estos asuntos". ¿Qué puedes argumentar contra esta declaración?

## EL FIN DE LOS MATRIMONIOS

Algunas veces los matrimonios fracasan. Otros se pueden anular. Una o ambas partes puede ser que ya no quieran vivir juntos. Puede ser que quieran terminar con el matrimonio. Tal vez pienses, "Bien ¿por qué no puede uno de los dos marcharse?". Pero el asunto no es tan sencillo como eso.

Como los matrimonios son contratos legales, la ley requiere que los disuelva un tribunal. La parte que se marcha *abandona* a la otra parte. El abandono puede eliminar la posibilidad de recibir una pensión de divorcio si hay un divorcio. En Georgia, marcharse dejando a los hijos o a una mujer embarazada representa el *abandono* y constituye un delito. Dejar a un(a) esposo(a) y a los hijos no elimina el derecho legal de mantenerlos. Además, ninguno de los dos cónyuges puede contraer matrimonio legalmente hasta que el matrimonio previo se haya disuelto legalmente.

### Las anulaciones

¿Qué pasa si los requisitos para un matrimonio válido no se han cumplido? ¿Qué ocurre si después de estar casados descubres que tu esposa o esposo no es elegible para contraer un matrimonio válido? O ¿qué sucede si tu media naranja te ha embaucado para que contraigas matrimonio?

**SITUACIÓN 6.** Diana se acaba de enterar que su nuevo esposo Felipe nunca se divorció de su primera mujer. ¿Qué puede ella hacer?

Una forma de terminar un matrimonio es anularlo. Cuando una de las partes de un matrimonio es inelegible para entrar en un contrato matrimonial bajo la ley del estado, se puede anular el matrimonio (se dice *annulment* en inglés). Sin embargo, la anulación no se concede si ha nacido un hijo o varios hijos, o que van a nacer como resultado del matrimonio.

La anulación es una declaración por un tribunal que afirma que el matrimonio nunca existió: En primer lugar, nunca fue un matrimonio válido.

En la situación 6, Felipe todavía está casado de primeras nupcias. Por lo tanto su matrimonio con Diana es automáticamente inválido y puede anularse.

**SITUACIÓN 7.** Joana y Gustavo contrajeron matrimonio en una ceremonia religiosa. Se casaron porque Joana le dijo a Gustavo que estaba embarazada. Gustavo sabe ahora que Joana le mintió. Le gustaría romper con ella. ¿Qué puede hacer?

Supongamos que a una persona se le embauca o que se le fuerza a contraer matrimonio. O, supongamos que una de las partes está demente. En estos casos, el matrimonio se puede invalidar, pero no de manera automática. Si no se pide o no se concede una anulación, el matrimonio sigue siendo válido.

La situación 7 es un ejemplo de un matrimonio que se puede invalidar. Gustavo puede recurrir a un tribunal y recibir una anulación porque Joana le mintió. Supongamos, sin embargo, que Joana de verdad esperaba un hijo. Gustavo no podría recibir la anulación. No obstante, lo que podría obtener es el divorcio.

**SITUACIÓN 8.** Gabriel, de 17 años de edad, y Sandra, de 16 años, contraen matrimonio sin el consentimiento paterno. ¿Pueden sus respectivos padres anular el matrimonio?

El matrimonio de las personas menores de 18 años que se ha efectuado sin el consentimiento paterno se puede invalidar si no ha nacido ni va a nacer ningún hijo. Una tercera parte, como un padre o una madre, puede actuar legalmente para invalidar el matrimonio. Sin embargo, supongamos que una o ambas partes eran menores cuando se casaron, pero que han continuado viviendo juntos hasta que los dos han alcanzado la edad de 18 años. En este caso, la ley de Georgia considerará que el matrimonio entre ellos es válido.

### ¿La separación legal o el divorcio?

De acuerdo con la ley de Georgia, los matrimonios se pueden disolver de varias formas. Ya te has enterado bajo qué condiciones los matrimonios se pueden anular. Además, las separaciones legales y los divorcios son válidos aquí y en otros estados.

¿Cuál es la diferencia entre una separación legal y un divorcio?

A diferencia de un divorcio, una *separación legal* no disuelve el matrimonio, sino que provee una forma legal de llegar a un acuerdo por lo que se refiere a algunas de las cuestiones que surgen cuando los esposos deciden separarse. Por ejemplo, cuando las parejas se separan, uno u otro puede ser que necesite ayuda económica. Si hay hijos, se debe decidir la cuestión de la custodia, de las visitas y de la manutención. Un tribunal debe conceder la separación legal (*legal separation*) como debe conceder un divorcio. Cuando el tribunal concede la separación legal, también resuelve o ayuda a resolver las otras cuestiones. Los motivos o razones que se aceptan para conceder una separación son parecidas a las del divorcio (véase la ilustración 8-1).

La separación legal es práctica cuando los esposos quieren separarse pero no desean disolver el matrimonio. Es apropiada cuando las personas no quieren divorciarse por razones religiosas. O se puede utilizar cuando uno de los

---

**ILUSTRACIÓN 8-1**

### Los motivos para pedir un divorcio en Georgia

**Tienen vigencia en el momento del casamiento**

1. Las dos partes tienen parentesco consanguíneo cercano

2. La incapacidad mental

3. La impotencia

4. La fuerza, amenaza, coacción, o fraude para llegar al matrimonio

5. El embarazo de la mujer (por otro hombre) que le era desconocido al esposo

**Tienen vigencia después del casamiento**

6. El adulterio cometido por cualquiera de las dos partes

7. La deserción (abandono) voluntaria y continua por cualquiera de las dos partes durante el período de un año

8. La sentencia de cualquiera de las partes a dos o más años de prisión por un delito de inmoralidad manifiesta (por ejemplo, el asesinato, homicidio sin premeditación, violación, desfalco)

9. La intoxicación habitual; la embriaguez

10. El trato cruel

11. La enfermedad mental incurable

12. La drogadicción habitual

cónyuges no quiere privar al otro al otro de los beneficios de un seguro o de una pensión que el último (la última) pudiera perder en caso de divorcio.

El *divorcio* es una declaración de un tribunal en el sentido de que un contrato matrimonial se ha roto y ha concluido. El divorcio (*divorce* en inglés) se hace efectivo en la fecha en que el juez pronuncia la sentencia de divorcio y se quedara registrado en el juzgado. Después del divorcio, las dos personas son legalmente "solteras". Pueden volver a casarse. Esta nueva situación puede afectar sus vidas de muchas formas.

## El divorcio

### Los motivos para el divorcio

#### EL CASO DE LINDA PARENTI *contra* PEDRO PARENTI

Linda, 45 años de edad, y Pedro, 48 años de edad, llevan 25 años de casados. Tienen tres hijos—Isaura, 14 años; Marcos, 16 años; y Carlos, 18 años. Carlos es un estudiante de primer año en la universidad Georgia Tech.

Linda era maestra antes de que Carlos naciera. Enseñó en una escuela mientras Pedro estudiaba para sacar el título de licenciado. Linda ha sido ama de casa y madre por 18 años.

Pedro era el vicepresidente principal de una compañía local y ganaba $90,000 anuales. Dejó el empleo para establecer su propia compañía, especializada en el asesoramiento sobre cuestiones de computadoras. El primer año espera ganar $50,000.

Pedro se ha mudado a un apartamento. Linda cree que le ha sido infiel, aunque no está segura de poder probarlo.

Linda va a consultar a una abogada, la licenciada Bárbara Caro. La licenciada Caro le explica cuáles son los motivos para obtener un divorcio en Georgia.

Los motivos para obtener un divorcio son las razones que un tribunal aceptará como válidos para disolver un matrimonio. Los motivos han cambiado y continuarán cambiando a tono con los cambios de la sociedad. Por ejemplo, existían doce motivos para obtener un divorcio en Georgia (ilustración 8-1). Todos estos motivos consistían en "faltas" (o bases, *grounds*). Esto significa que, para obtener un divorcio, el marido o la mujer tenía que probar que el otro había cometido una falta que había ocasionado la desintegración del matrimonio.

Sin embargo, a menudo la gente no creía que la "falta" era la causa del divorcio. O aunque existiera esa "falta", no querían hacer tales acusaciones en público.

Por lo tanto, en el año 1973, la legislatura aprobó una ley que establece otro "motivo" para un divorcio que se denomina el "motivo sin falta" (*no fault divorce* se dice en inglés). Este motivo significa que el matrimonio está *irremediablemente roto*.

Se le llama "motivo sin falta" únicamente porque ninguna de las dos partes tiene que *probar* que la otra ha cometido una "falta". Al tribunal solo le interesa saber si el contrato matrimonial está irremediablemente roto y que efectivamente no hay esperanzas de reconciliarse.

Aunque en Georgia no es necesario probar que existe una falta, un cónyuge puede acusar al otro de ser "el malo". Cada parte puede declarar sobre la conducta de la otra parte. La evidencia de haber cometido faltas está relacionado con la pensión de divorcio y con la división de los bienes del matrimonio. Sin embargo, no afecta a la cantidad que se concede en concepto de pensión para la manutención de los hijos (*child support*).

### La petición y la notificación

#### EL CASO DE PARENTI *contra* PARENTI, *continuación*

Después de hablar con la abogada Caro, Linda Parenti presenta una petición de divorcio. Pide un divorcio sin falta. La licenciada Caro le dice que la demanda se entablará ante el Tribunal Superior del condado de Bibb. Ése es el condado donde reside Pedro.

Después que se presenta la petición de divorcio, el tribunal se lo notifica a Pedro. Él contrata a su propio abogado, Justino Jordán. En la mayoría de los casos, es importante que cada parte tenga un abogado diferente. Si un mismo abogado representa a las dos partes, el abogado actúa como un juez en vez de representar a un cliente determinado.

Pedro no impugna el divorcio. Está de acuerdo en que el matrimonio está irremediablemente roto.

El divorcio se debe pedir ante el tribunal apropiado. En Georgia, los tribunales superiores tienen la jurisdicción exclusiva sobre el asunto del proceso del divorcio. (Véase el capítulo 3.)

Los reglamentos que rigen la jurisdicción de los tribunales en cuestión de los divorcios son muy específicas. Por ejemplo, todos los estados requieren de cierto período de permanencia en el lugar antes de permitir que la persona pida el divorcio. La persona debe haber vivido por lo menos seis meses en Georgia antes de presentar una petición de divorcio en el estado. Además, la demanda judicial debe presentarse en el condado donde el acusado, es decir la persona demandada, reside.

En Georgia, no se puede conceder el divorcio hasta que transcurran por lo menos treinta días desde la fecha en que el acusado ha sido legalmente notificado del divorcio. Por eso, la fecha de notificación es muy importante.

El tribunal no concederá en ningún caso el divorcio de forma automática. La persona que presentó la demanda debe pedir que el tribunal pronuncie una sentencia de divorcio después que haya expirado el período de espera.

¿Qué razones crees que puede haber para establecer el período de espera? Se puede considerar como un período de tiempo para calmarse, o como la oportunidad para una posible reconciliación. Es también un período de tiempo para que las dos partes arreglen las cosas a su satisfacción antes que el divorcio tenga lugar. En Georgia, todas las cuestiones de manutención, custodia y reparto de la propiedad deber arreglarse antes que se otorgue el divorcio. Esto se hace mediante un acuerdo entre las partes o mediante un juicio.

## La determinación de los derechos y obligaciones personales

Como verás hay muchas cosas que arreglar en un divorcio.

1. La custodia de los hijos
2. Los derechos de visita
3. El pago de la manutención de los hijos
4. La pensión de divorcio (*alimony*)
5. El reparto de la propiedad (división o separación de los bienes)
6. El reparto de las deudas

En un divorcio, el padre o la madre recibe la custodia física del hijo o los hijos. Esto quiere decir que el (la) hijo(a) o hijos vive(n) con el padre o la madre y visita(n) a la otra parte. Por lo tanto, la otra parte es la que tiene el derecho de visita. Algunas veces, la custodia legal es conjunta, es decir, se divide entre el padre y la madre. Esto significa que el (la) hijo(a) o hijos vive(n) una parte del tiempo con el padre y la otra parte del tiempo con la madre. (La custodia se expone de forma más amplia en el capítulo 9.)

**EL CASO DE PARENTI** contra **PARENTI,** *continuación*

Pedro y Linda están de acuerdo en que Linda debe tener la custodia de los hijos. Pedro quiere verlos con regularidad. Linda está de acuerdo con los derechos de visita que él quiere.

Mientras vas leyendo esta sección piensa cómo podrías aconsejar a Pedro y Linda para que se pongan de acuerdo. Prepárate para hacer por tu parte unas recomendaciones para que resuelvan sus asuntos.

Fíjate que Georgia da el derecho a las parejas que están en trance de divorcio a un juicio ante el jurado. Las dos partes deben renunciar a este derecho para que un juez enjuicie el caso.

### La pensión de divorcio (alimony)

Una cuestión económica de importancia para el (la) cónyuge que depende del otro, es la pensión de divorcio. La pensión de divorcio es el derecho de un(a) cónyuge a recibir la ayuda económica del otro cónyuge, si existe la necesidad de tal ayuda. Sin embargo, no representa un derecho garantizado para ninguna de las dos partes.

En el pasado, la esposa era la parte que recibía la ayuda económica y el esposo era la parte que pagaba. Eso ya no es así. En 1979, en *Orr contra Orr* (véase la p. 122), el Tribunal Supremo de los EE.UU. declaró que esas leyes que daban a la esposa el derecho exclusivo a recibir una pensión de divorcio discriminaban en contra de los hombres. Eran, por lo tanto, anticonstitucionales.

Aun el o la cónyuge que depende económicamente de la otra parte no tiene siempre el derecho a recibir la pensión de divorcio. Por ejemplo, si uno(a) de los cónyuges que comete adulterio o abandona al(a la) otro(a), probablemente no recibiría la pensión.

Una consideración importante a la hora de establecer la pensión de divorcio es la cantidad a pagar. En el año de 1981, la Asamblea General (legislatura) de Georgia estableció nuevos factores para determinar la cantidad de la pensión a pagar al (a la) cónyuge dependiente. Básicamente, la cantidad de la pensión depende de las necesidades de la primera parte y la habilidad de la otra parte para pagarla.

Los bienes y las deudas de Linda y Pedro se detallan en la ilustración 8-3. ¿Debería Linda recibir una pensión de divorcio? ¿Por cuánto?

## La manutención de los hijos (Child Support)

Un segundo asunto de importancia es la manutención de los hijos. En Georgia se paga generalmente hasta que un(a) hijo(a) o se independiza económicamente, o contrae matrimonio o alcanza la edad de 18 años. Sin embargo, la ley de Georgia provee que el padre o la madre deba pagar la manutención del hijo que asiste a una escuela secundaria hasta que alcance la edad de los 20 años. El pago de la manutención es un derecho que les pertenece a los hijos, no al padre o a la madre. Éstos no se pueden poner de acuerdo entre ellos para determinar que lo que se pague.

Generalmente, el padre o la madre que no tiene la custodia paga la manutención de los hijos. El padre o la madre con quién los hijos residen recibe la manutención en la capacidad de administrador(a) de los hijos. Esto significa que el dinero se ha de emplear para el beneficio de los hijos.

No obstante, la cantidad de la manutención depende de las necesidades de los hijos, en particular, y de los ingresos del padre y de la madre. Las "necesidades" usuales de los hijos incluyen la alimentación, el alojamiento, la ropa y el cuidado médico y odontológico, en las proporciones adecuadas. Sin embargo, la manutención puede incluir necesidades fuera de lo habitual, como la enseñanza especializada para las personas descapacitadas, las matrículas de una escuela privada y hasta para la compra de un automóvil.

Georgia tiene ahora directrices para el pago de la manutención de los hijos. Entraron en vigor en el mes de julio de 1989. Estas directrices indican qué porcentaje de los ingresos brutos del responsable se deben dedicar a la manutención de cada hijo. (Véase la ilustración 8-2.) Solo representan una guía y se pueden ajustarse en circunstancias especiales. Sin embargo, cualquier cantidad dedicada a pagar la manutención que sea inferior a lo que establecen las directrices debe ser aprobada por el juez.

## La partición de la propiedad (los bienes)

Otra cuestión importante es la separación o el reparto de los bienes materiales de la pareja.

En diciembre del año 1980, el Tribunal Supremo de Georgia decidió el caso *Stokes contra Stokes.** Se trata de uno de los casos más sobre-

---

* 246 Ga. 765 (1980).

### ILUSTRACIÓN 8-2
### Las directrices para la manutención de los hijos

| Número de hijos | Porcentaje de los ingresos brutos |
|---|---|
| 1 | Entre el 17% y el 23% |
| 2 | Entre el 23% y el 28% |
| 3 | Entre el 25% y el 32% |
| 4 | Entre el 29% y el 35% |
| 5 ó más | Entre el 31% y el 37% |

salientes que recientemente se han decidido en Georgia sobre la ley familiar. Tuvo que ver con los derechos a la propiedad de las partes en un caso de divorcio. La corte decidió que el juez o el jurado deben repartir la propiedad marital de la pareja equitativamente entre marido y mujer. Pero a la vez cada uno puede retener cualquier propiedad que él o ella poseyera antes del matrimonio, no importa bajo qué nombre o nombres estuviera registrados tales bienes.

Nótese que la propiedad marital es cualquier propiedad que la pareja ha adquirido durante su matrimonio. Los tribunales han designado ciertos tipos de propiedad como "extramaritales". Algunos ejemplos del último son cualquier propiedad que una persona poseyera antes del matrimonio o cualquier regalo o herencia que hubiera recibido durante el matrimonio.

Del caso *Stokes* han resultado algunas directrices importantes. Los tribunales de Georgia las siguen generalmente para repartir la propiedad en casos de divorcio o de separación legal. De acuerdo con el fallo, el juez o el jurado tiene que

— asignar la propiedad de cada cónyuge a ese(a) mismo(a) cónyuge. Ésta incluiría la propiedad y el dinero en efectivo que cada uno poseía antes del matrimonio, o la propiedad heredada personalmente o regalada a dicha parte durante el matrimonio.

— repartir equitativamente entre las dos partes la propiedad personal e inmobiliaria y el dinero en efectivo adquirido durante el matrimonio, sin tomar en consideración el nombre bajo cuyo título se hallara.

Para dividir la propiedad marital, el juez o el jurado toma bajo consideración: (a) la duración del matrimonio y de cualquier matrimonio anterior de cada parte; (b) la edad, salud, profesión u oficio, habilidades vocacionales y las posibilidades de empleo de cada parte; (c) el servicio que el esposo y la esposa han contribuido a la unidad familiar; (d) la cantidad y fuentes de ingreso, propiedades, deudas, obligaciones juntos con las necesidades de cada una de las partes; (e) las deudas contra la propiedad; (f) si la división es en substitución de, o en adición a, la pensión de divorcio; (g) la posibilidad del esposo o de la esposa de ganar dinero o de adquirir bienes materiales en el futuro.

### La partición de las deudas

Otra cuestión económica son las deudas que se deben satisfacer. El tribunal puede repartir la responsabilidad para las deudas. O puede ordenar que uno de los cónyuges pague la totalidad de las deudas.

¿Cuáles son las deudas de Pedro y de Linda? ¿Quién debiera ser el responsable de pagarlas? ¿Por qué?

### Otras cuestiones económicas relacionadas

Antes de obtener un divorcio, la pareja deberá hacer un presupuesto mensual que muestre la cantidad que cada uno necesita para vivir. También se deberá hacer una lista de su activo (posesiones, dinero en efectivo, etc.) y de su pasivo (deudas, obligaciones). Los tribunales superiores tienen ciertos formularios de presupuesto que se llaman declaraciones juradas de necesidades económicas (*financial needs affidavits*) donde se debe declarar esta información.

¿Qué pasa si no se puede llegar a un acuerdo en las cuestiones económicas? En ese caso, la pareja necesitará pasar por un juicio con jurado o solo con un juez. En realidad, solo un pequeño porcentaje de los casos de divorcio en Georgia se ventilan mediante el juicio.

### EL CASO DE PARENTI *contra* PARENTI, *continuación*

Los Parenti no pueden ponerse de acuerdo por lo que se refiere a los asuntos económicos. Por lo tanto, vas a tener que ejercer de juez y tomar las decisiones por ellos. Para desempeñar tu papel, tendrás que repasar el caso. Fíjate en el activo y en el pasivo de Linda y de Pedro Parenti (ilustración 8-3). Examina los presupuestos (ilustración 8-4). Date cuenta que los presupuestos suman $3,135. Después de restar los impuestos, los ingresos mensuales de Pedro son de $2,750. Antes de que dejar su empleo anterior, ascendían a $4,950.

Piensa en las recomendaciones iniciales que vas a ofrecer en términos de la pensión de divorcio, de la manutención de los hijos,

## ILUSTRACIÓN 8-3
### Los bienes y las deudas de Linda y Pedro Parenti

| Activo | Pasivo |
|---|---|
| Casa: Valor actual de $150,000. Si la vendieran recibirían unos $81,000 ($150,000 menos la hipoteca y menos $9,000 por la comisión del agente de la propiedad inmobiliaria). | Hipoteca : $60,000. |
| Automóviles: Chevrolet modelo Suburban del año 1992, Ford modelo Escort de 1998 (los títulos de propiedad están a nombre de Pedro); Volkswagen del año 1990 (a nombre de los dos, es el automóvil que emplea Carlos). | Préstamo sobre el Ford Escort a nombre de Pedro: saldo pendiente por $5,000. |
| Muebles, ropas de cama, electrodomésticos y enseres de cocina. | Préstamo para lanzar la empresa de Pedro, a su nombre: $50,000. |
| Lancha de motor: Con un valor actual de $1,000 (el título de propiedad está a nombre de los dos). | |
| Jubilación: Como Pedro dejó de trabajar para la compañía, recibirá una liquidación de $150,000 procedente del plan de pensiones que deberá depositar en una cuenta individual de jubilación (de tipo *IRA*), pues de lo contrario deberá pagar impuestos sobre esa cantidad. | |
| El seguro de vida de Pedro por $100,000, con el valor nominal de $15,000. | Tarjetas de crédito: deuda por $2,000. |
| Cuenta del mercado monetario (*money market account*)—$25,000, a nombre de los dos, pero originalmente fue un regalo que le hicieron sus padres a Linda. | |

del reparto de los bienes y de las deudas. He aquí algunas de las cuestiones sobre las que Linda y Pedro no están de acuerdo:

- Pedro estalla cuando el abogado de Linda le pide $1,000 mensuales de pensión de divorcio y otros $1,000 mensuales de manutención para los hijos. A Pedro le parece que Linda debería ponerse a trabajar.

  Linda responde que le llevará por lo menos dos años para sacar la licenciatura en pedagogía. De otra forma no puede encontrar un trabajo digno. ¿Qué opinas tú?

- Pedro quiere vender la casa de inmediato y dividir el importe de la venta por partes iguales. Linda quiere conservar la casa para vivir allí con los hijos. Ella prefiere venderla cuando Isaura (que tiene ahora 14 años de edad) pase a la universidad. Ella quiere el 75% de lo que realicen cuando la casa se venda. También quiere la mitad de la jubilación de Pedro. Cree que ella necesitará el dinero más que Pedro. ¿Qué te parece?

- A Pedro le parece que Linda debería pagar la mitad del saldo deudor de las tarjetas de crédito. Después de todo, las compras que se cargaron a las tarjetas de crédito fueron para ella y para los hijos. El abogado de Linda dice que las tarjetas de crédito están a nombre de Pedro, por lo tanto él es el responsable. ¿Te parece que es justo?

- Pedro quiere quedarse con la lancha de motor. Linda nunca la utiliza. Ella cree

## Los presupuestos mensuales de los Parenti

**Pedro Parenti**

| | |
|---|---|
| | $150 |
| Alimentación | $375 |
| Renta del apartamento | $100 |
| Gas, electricidad, agua | $75 |
| Ropa | $80 |
| Gasolina y reparaciones al automóvil | $200 |
| Pagos a plazos | $10 |
| Cuentas médicas | $10 |
| Peluquería | $10 |
| Lavandería y limpieza al seco | $100 |
| Recreo | |
| | $1,110 |
| Total | |

**Linda Parenti**

| | |
|---|---|
| Alimentación | |
| Hipoteca | $350 |
| Gas, electricidad, agua | $600 |
| Ropa | $160 |
| Gasolina y reparaciones al automóvil | $100 |
| Plazos del automóvil nuevo, que se propone | $120 |
| Cuentas médicas y odontológicas | $250 |
| Gastos escolares | $20 |
| Mascotas | $5 |
| Peluquería | $10 |
| Recreo | $10 |
| Gastos misceláneos | $100 |
| Gastos universitarios | $100 |
| Total | $200 |
| | $2,025 |

que la lancha debiera venderse para liquidar alguna parte de las deudas. Quiere que Pedro le compre un automóvil nuevo. Pedro replica que emplee el dinero del regalo de sus padres si quiere comprarse un automóvil nuevo. ¿Qué harías tú con la decisión sobre como disponer de la lancha? ¿Debería Linda recibir un automóvil nuevo? ¿Quién lo va a pagar?

Ahora debes determinar cómo hay que repartir los bienes materiales y las deudas de los Parenti. Tienes que recomendar la cantidad de la pensión de divorcio y de la manutención que Pedro deberá pagar. A la luz de estos pagos, tendrías que ajustar los presupuestos mensuales de modo que reflejen el presente sueldo de Pedro. ¿Deberá Pedro pagar el importe de lo que cueste mandar a Carlos y a los otros hijos a la universidad? Si fuera posible, ¿deberá volver a su antiguo trabajo?

## Los arreglos extrajudiciales (Settlements)

En muchos divorcios, las partes solucionan todas las disputas mediante un arreglo por escrito que el tribunal revisa. El tribunal puede cambiar el acuerdo si los arreglos son injustos en el caso de una parte o de los hijos. Usualmente, el tribunal solo modificará un acuerdo si no se toma en consideración el mayor provecho de los hijos. Lo que más les preocupa a los tribunales es el bienestar de los hijos.

### Los cambios a los arreglos

Supongamos que Pedro se comprometió a pagarle $1,000 mensuales a Linda en concepto de manutención de los hijos y de pensión de divorcio. El negocio de Pedro quiebra dos años después. O Linda encuentra un empleo que le paga $1,500 mensuales. O cualquiera de los Parenti vuelve a contraer matrimonio con terceros. ¿Se pueden hacer cambios en los arreglos?

Con mucha frecuencia, las circunstancias económicas del padre, de la madre o de los dos cambian con el paso del tiempo después de que el divorcio se ha finalizado. Los cambios significan que la pensión de divorcio o la manutención de los hijos se debe modificar.

Las provisiones para la manutención de los hijos solo se pueden cambiar cada dos años. Cualquier alteración debe basarse en un cambio substancial en la condición económica de cualquiera de los dos cónyuges, ya sea aumento o disminución. La pensión de divorcio se puede modificar cuando la parte que recibe la pensión vive en obvia y continua relación sexual con otra persona. Esta relación puede ser heterosexual u homosexual.

En el momento del divorcio, las partes podrán ponerse de acuerdo para renunciar al derecho que tienen de cambiar la pensión de divorcio en el futuro. Tal renuncia no es probablemente inteligente. En el futuro pueden ocurrir cambios inesperados. En general, el derecho a recibir una pensión de divorcio cesa cuando la parte que la recibe vuelve a contraer el matrimonio.

Desde el año 1986, el tribunal puede cambiar también la manutención de los hijos cuando hay un cambio en la situación económica del padre o de la madre, o cuando las necesidades del hijo cambian. Ni el padre ni la madre pueden renunciar al derecho de modificar la manutención de los hijos. Esto es así porque tal derecho les pertenece a los hijos.

---

### Solo los hechos

1. ¿En qué situaciones se invalida automáticamente un matrimonio? ¿En qué situación se puede invalidar un matrimonio?
2. ¿Cómo son diferentes la separación legal y el divorcio?
3. Define los siguientes términos: (a) el divorcio sin falta; (b) la pensión de divorcio; (c) la manutención de los hijos; (d) la propiedad marital (los bienes maritales).
4. Identifica algunos de los efectos que ha tenido la decisión del Tribunal Supremo sobre el caso *Orr contra Orr*.

---

### Piensa

1. Si hubieras estado en la legislatura en ese entonces ¿por qué hubieras votado a favor de la ley que estableció el divorcio sin falta?
2. ¿Por qué crees que existe el requisito de un período de espera de seis meses de residencia en el estado de Georgia antes de pedir el divorcio? ¿Por qué no existe el período de residencia para sacar la licencia matrimonial?
3. Los dos, hombres y mujeres ¿debieran tener derecho a la pensión de divorcio? ¿Debiera cualquiera gozar del derecho a recibirla?
4. Ningún padre ni ninguna madre pueden ser forzados a proveer la manutención de un hijo que ha cumplido los 18 años de edad, o los 20 si es que asiste todavía a la escuela secundaria. ¿Es eso justo? ¿Qué pasa si el hijo está incapacitado física o mentalmente?
5. Tu decisión por lo que se refiere a la repartición de la propiedad ¿cambiaría si Pedro se divorciaba de Linda porque ésta le había sido infiel?

## EN RESUMEN

A estas alturas debes estar ya más familiarizado con las leyes matrimoniales y las de divorcio que la mayor parte de la gente que vive en este estado. Deberías ser capaz de darle una respuesta completa a ese amigo que te dice, "Queremos casarnos. ¿Sabes lo que tenemos que hacer?"

Al principio del capítulo, se dijo que la ley está de parte del matrimonio y de la familia. ¿Has encontrado alguna evidencia de dicha parcialidad?

En gran parte, como has visto, el sistema político de este país procura de no legislar los asuntos familiares. Cuando la ley se entromete en la vida familiar, es a menudo para asegurar el cuidado de los hijos. ¿Puedes dar algunos ejemplos relacionados con ese cuidado? O la ley puede que sirva para proteger los derechos básicos de los individuos.

Las recientes leyes sobre la violencia en la familia demuestran cómo los tribunales deben escoger a menudo entre dichos objetivos tan distintos entre si. En estas leyes, la protección del individuo tiene preferencia sobre la ausencia de la intromisión en la vida familiar. ¿Estás de acuerdo con esa preferencia? ■

# Los hijos

¿Has pensado alguna vez cómo las leyes afectan tus relaciones con las otras personas? ¿Con tus amigos, por ejemplo, o con tus padres? En este capítulo se examinan las relaciones entre padres e hijos. ¿Cuáles crees que son tus derechos y obligaciones legales en relación con tus padres? ¿Cuáles son los derechos y obligaciones que tus padres tienen contigo?

Al ir enterándote de esos derechos y obligaciones, recuerda que los gobiernos se preocupan por el cuidado de los niños. ¿Por qué? La razón obvia es que los gobiernos creen que los niños necesitan del apoyo familiar hasta que alcancen cierta edad. Esa edad en Georgia es generalmente los 18 años de edad. Los padres son responsables de sus hijos, a menos que un tribunal o corte les quite el derecho a cuidarlos, bien temporal o permanentemente. En dicho caso, los tribunales deben encontrar a alguien que se ocupe de ellos. (En el inglés se dice *minors* para captar exactamente la expresión *menores de edad*.)

Además, la protección de los menores interesa a las sociedades y a los gobiernos en un sentido amplio. Ninguno de los dos puede sobrevivir a largo plazo si los menores de edad no salen adelante.

## LOS DERECHOS DE LOS HIJOS

Cuando un niño o niña pasa a ser parte de una familia, el esposo y la esposa asumen nuevos derechos y obligaciones legales. Estas obligaciones continúan hasta que

— el niño o niña alcanza la mayoría de edad, o edad de la madurez. Dicha edad es los 18 años en Georgia, o los 20 años, si todavía asiste a la escuela secundaria.

— el hijo o hija contrae matrimonio.

— el hijo o hija se convierte en un *menor emancipado.* Eso quiere decir que el tribunal o corte declara que el hijo o hija puede sobrevivir independientemente sin el apoyo de sus padres. En el inglés, el término legal es *emancipated minor.*

**Nota del traductor:** A efectos de este libro y de aquí en adelante, entendemos los plurales

---

**Habla Legal** la adopción • la mayoría de edad • la manutención del menor de edad • la custodia • el tutor • el hijo ilegítimo • (morirse) intestado • el testamento

"hijos", "niños", "padres", "esposos" en su doble sentido, o sea, tanto masculino como femenino (hijos = hijo, hija, hijos, hijas; niños = niño, niña, niños, niñas; padres = padre, madre; esposos = esposo, esposa), así como el singular "hijo" en el sentido genérico o común (hijo = hijo o hija).

## El derecho a la manutención

El Código de Georgia requiere que cada padre o madre provea la manutención de sus hijos; o sea su mantenimiento, protección y educación hasta que alcancen la mayoría de edad a los 20 años, si es que el hijo está matriculado en la escuela secundaria. Antes del año 1978, únicamente el padre tenía la obligación de mantener a sus hijos. El caso *Orr contra Orr* (p. 122) incluyó a la madre en dicha obligación.

Los padres deben de cubrir las necesidades de sus hijos. Éstas son: la alimentación, la ropa, el albergue y los cuidados médicos. También tienen la obligación de guiar a sus hijos y de ocuparse del cuidado y control necesarios para que se desarrollen física, mental, emocional y moralmente. También tienen la obligación de hacer que los hijos asistan a la escuela, por lo menos hasta que cumplan la edad fijada por la ley. En Georgia se debe asistir hasta los 16 años de edad.

En las siguientes situaciones, los padres alegan que, a causa de las circunstancias, no pueden mantener más a sus hijos. ¿Tienen razón?

**SITUACIÓN 1.** Patricia es una viuda y su trabajo le obliga a viajar constantemente, de modo que su hija Amparo, de siete años de edad, vive con su tía. Nancy, la hermana de Patricia, tiene varios hijos y Amparo es una boca más. Patricia cree que no le debe nada a su hermana a cuenta del mantenimiento de Amparo. Desde su punto de vista, Patricia necesita todo lo que gana para sí misma.

**SITUACIÓN 2.** Luisito, a los cinco años de edad, es un chico con problemas. Además, es hijo ilegítimo. Tanto el padre como la madre tienen otra familia. Él vive con su madre Alicia. Se supone que Paco, el padre, debe pagar su manutención. Casi nunca se cumple. ¿Debiera Paco sentirse obligado a mantener a un hijo ilegítimo? ¿Por qué? ¿Por qué no?

**SITUACIÓN 3.** José está divorciado y vive lejos de su esposa anterior y de sus dos hijos pequeños. Sabe que de alguna forma se las arreglan. Además, quiere volver a casarse y necesita quedarse con todo lo que gana. Por lo tanto, ya no les envía más el pago mensual de la manutención.

Mientras el padre o la madre tengan derechos paternales o maternales de la misma manera tienen la obligación de pagar la manutención de sus hijos.

La obligación de los padres continúa aunque sus hijos no vivan bajo el mismo techo. Si el hijo vive con un pariente, el pariente podría poner un pleito al padre o a la madre para reclamar el importe de la manutención. En la primera situación, Nancy (la hermana de Patricia) podría reclamarle la manutención de la pequeña Amparo.

Por extensión, tanto el padre como la madre tienen la obligación de proveer la manutención de los hijos ilegítimos. En la situación 2, el padre tiene la obligación de pagar la manutención de Luisito.

Un hijo ilegítimo se define como aquél cuyos padres no estaban casados entre sí cuando el hijo nació ni contrajeron el matrimonio después. Los estatutos de Georgia definen ahora que los hijos ilegítimos son los "nacidos fuera del matrimonio" en el caso donde los padres no se casaron. Si los padres se casan se les reconoce como legítimos, si el padre reconoce al hijo o hijos. Nótese que la ley favorece la legitimación de los hijos, pues se supone que es lo que mejor les conviene. Por dicha razón, la ley de Georgia reconoce que los hijos de un matrimonio bígamo sean legítimos. Además, un hijo puede ser legítimo, si el padre reconoce legalmente que es su propio hijo. Puede hacerlo con el acto de contraer el matrimonio con la madre. También puede recibir el permiso del tribunal superior con presentar una petición y recibir la orden de legitimación.

¿Qué pasa en la situación 2, si Paco no reconoce que Luisito sea su hijo? ¿En qué se puede apoyar Alicia?

Cuando no se sabe con certeza quién es el padre de un niño, la madre, el supuesto padre, el hijo o el tutor del niño puede solicitar del tribunal superior que determine la paternidad. En tal caso, el tribunal tal vez requiera que las partes comprometidas se sometan al análisis de la sangre llamado leucocito antígeno humano (*HLA* por sus siglas en inglés). Se considera que dichos análisis son conclusivos como comprobantes de la paternidad. Existen otros análisis adicionales que el tribunal puede mandar con el propósito de establecer la paternidad. Uno de éstos es la comprobación mediante el ácido deoxyribonucleico (ADN o por sus siglas en inglés, *DNA*). Si el análisis ADN establece un 97% o más de probabilidad que el hombre en cuestión sea el padre, se presume que es el padre a menos que éste pueda probar mediante otra evidencia que no lo es. Si se prueba que Paco es el padre de Luisito, el tribunal le exigirá que pague la manutención del pequeño.

En el caso de un divorcio, el acuerdo de la manutención es una orden del tribunal. El tribunal hará cumplir esa orden con severidad. En la situación 3, si José no paga la manutención, se le podría declarar en desacato al tribunal. Se le podría encarcelar por no pagar la manutención. Al padre se le podría acusar también de abandonar al hijo por incumplimiento en el pago de la manutención.

El tribunal puede embargar también el salario o sueldo del padre o de la madre que no haya cumplido con el pago de la manutención. Esto significa que el tribunal puede mandar al empresario del padre o de la madre que se quitara una cierta cantidad del sueldo (llamado *garnishment* en inglés) y se lo remita a la madre, o viceversa. La petición de embargo la inicia normalmente el padre o la madre que se supone ha de recibir el importe de la manutención.

Los tribunales tienen otra forma de hacer cumplir el pago de la manutención: se llama "orden de deducción sobre los ingresos" (en inglés, *Income Deduction Order*). En este caso, el importe de la manutención se retiene automáticamente del sueldo, sea del padre o de la madre. La cantidad se remite directamente al otro.

Algunas veces, el tribunal ordena al padre que pague el importe de la manutención al registro del condado. Luego, el encargado del

---

## EL DEPARTAMENTO DE SERVICIOS FAMILIARES Y DE MENORES (DFCS)

El Departamento de Servicios Familiares y de Menores (*DFCS*, que quiere decir *Department of Family and Children Services*) forma parte del Departamento de Recursos Humanos, de Georgia. Cada condado cuenta con una oficina del *DFCS* y cada oficina provee una serie de servicios sociales. Éstos incluyen los cuidados de crianza (*foster care*) en el caso de los menores que han sufrido abusos o que han sido desatendidos, así como servicios de colocación adoptiva. Los servicios de protección de menores incluyen la investigación de denuncias por abuso de menores. El Departamento de Servicios Familiares y de Menores también ofrece otros servicios, como la ayuda en la administración del hogar, en la planificación familiar y aconseja en las cuestiones de empleo. También administra los programas de bienestar familiar y del asistencia social, como el de cupones de alimentación (*food stamps*) y el programa de Ayuda a Familias con Dependientes Menores de Edad (*AFDC* por sus siglas en inglés).

---

registro paga el importe de la manutención a la madre, menos un pequeño honorario.

En épocas recientes, las leyes estatales y federales han reforzado el cumplimiento de la manutención de los menores. Por ejemplo, las leyes federales ayudan a encontrar a los padres que han abandonado a sus hijos. A los padres se les puede localizar mediante el número de seguridad social, así como por otros medios legales. Hoy en día es más difícil evadirse de la obligación que supone la manutención de un hijo.

¿Qué pasa si un padre o una madre no pueden mantener a sus hijos? Las familias que no pueden mantener a sus hijos menores de 18 años, pueden tener derecho a un socorro, gracias a la Ayuda a Familias con Dependientes Menores de Edad (*AFDC* por sus siglas en inglés). Se trata de un programa federal que se administra en el estado de Georgia a través de las oficinas del Departamento de Servicios Familiares y de Menores (*DFCS* por sus siglas en inglés) del condado. Para ser elegible, se debe reunir al menos uno entre los siguientes requisitos:

- El padre ha abandonado a los hijos o está encarcelado y no remite dinero.
- El padre está en la casa, pero no encuentra trabajo y no recibe el subsidio de desempleo.
- El padre, la madre, o los dos, sufren de impedimentos físicos o mentales que no les permiten mantener a sus hijos.

Puede que haya ayuda gubernamental para las personas que ganan poco. Por ejemplo, pueden recibir asistencia médica (*Medicaid*, el reembolso parcial de los gastos médicos) y los cupones de alimentación (es decir el importe de productos alimenticios).

Sin embargo, la asistencia pública no es un regalo. Considérate la siguiente situación.

**SITUACIÓN 4.** Alberto abandonó a su esposa Karen y a sus tres hijos pequeños. Karen no pudo encontrar un trabajo que pagara lo suficiente para mantenerles a ella y a sus tres hijos, así que consiguió alguna ayuda por medio de la Ayuda a Familias con Dependientes Menores (*AFDC*). A Alberto lo encontraron dos años después en el estado vecino. Tenía un buen trabajo. ¿Debía pagar Alberto la manutención de sus hijos que debía hasta la fecha?

El Acta de Recuperación de la Manutención de Menores de Georgia (1973) especifica que el "pago de la asistencia pública a, o en beneficio de, un menor crea una deuda que... los padres (padre o madre) responsables de la manutención del hijo deben al estado". El acta faculta al Departamento de Servicios Familiares y de Menores (*DFCS*) para que recupere del padre o de la madre lo que se debiera haber pagado en concepto de manutención.

En la situación 4, Alberto sería responsable de los pagos ya hechos por concepto de la manutención. Eso significa que el Departamento de Servicios Familiares y de Menores puede embargar el sueldo de Alberto. A Alberto también se le podría procesar por el delito de abandono de menores.

## El derecho a que no abusen de uno

**SITUACIÓN 5.** Algunas veces, Oliverio, de 12 años de edad, falta a la escuela durante toda la semana. Su amigo Mateo suponía que Oliverio estaba enfermo. Un día, Oliverio le cuenta a Mateo que cuando su madre se enfada con él, le encierra en un armario durante días. Le enseña a Mateo los cardenales que se ha hecho en las manos al golpear la puerta. Mateo sabe que Oliverio siempre dice la verdad. ¿Qué debería hacer Mateo?

**SITUACIÓN 6.** La madre de Paula le amenaza constantemente con echarle encima agua hirviente ni no la obedece. Su madre nunca lo ha hecho, pero Paula vive con el temor de la amenaza. ¿Puede la menor hacer algo para defenderse?

Los hijos tienen el derecho a que no se abuse de ellos. La ley les protege del abuso físico (en la situación 5) y emocional (la situación 6) que los padres u otras personas puedan infligirles. Los padres tienen la obligación de proteger a sus hijos del abuso de otros.

Ya sabes que la ley de Georgia de 1981 dispensa la protección de los tribunales en el caso de la violencia en la familia. Con todo, las víctimas de la violencia en la familia a menudo no se atreven a denunciar los abusos. Los amigos, los vecinos, o los maestros a menudo titubean también a la hora de involucrarse en semejante casos de abuso.

La ley de Georgia requiere de quienes trabajan en ciertas profesiones que denuncien la sospecha de abuso de menores. Dichos profesionales son los médicos y enfermeras; maestros, administradores y consejeros; trabajadores(as) sociales; personal dedicado al cuidado de niños y al consejo en asuntos de menores; y los oficiales de la policía. Tales personas incurren en un delito si a propósito no lo denuncian.

La ley no requiere que otras personas, como los vecinos, denuncien la sospecha de abuso de menores. No obstante, para estimularles a que lo hagan, la ley protege a las personas de buena voluntad que denuncian el abuso de un menor, de modo que no se les puede poner un pleito por la difamación.

Para denunciar el abuso de un menor ¿a quién debieras llamar en tu condado? Debieras ponerte en contacto con el Departamento de Servicios Familiares y de Menores (*DFCS*). Busca en el directorio de teléfonos por la lista de servicios que figuran a nombre del condado donde resides. Los abusos de menores también se pueden denunciar a un empleado del tribunal de menores, a la policía, o al fiscal del condado (que se llama el o la *district attorney*).

Los hijos también tienen el derecho a que sus padres no se desentiendan de ellos. El padre o la madre debe de proveer al hijo con alimentos, ropa y albergue adecuados. Adecuado significa eso, ni más ni menos. No se trata de ropa lujosa, ni de todo lo demás que un niño quisiera. Un tribunal puede declarar que un hijo está desatendido si no recibe la alimentación, la ropa, o el albergue adecuados. Los casos de desatención se pueden comunicar al Departamento de Servicios Familiares y de Menores (*DFCS*), en cuyo caso el departamento pueden ayudar a la familia a obtener la necesaria alimentación, ropa y albergue.

## LOS DERECHOS DE LOS PADRES

Así como los padres tienen obligaciones con sus hijos, los padres también tienen algunos derechos de acuerdo con la ley. Los padres tienen considerable poder sobre las vidas de sus hijos menores de edad. Pueden exigir que los obedezcan. Generalmente, tienen el derecho de representarlos ante los tribunales. Sin embargo, si el padre o la madre tiene un hijo al que se le acusa de un delito, y el padre o la madre es la víctima, los padres no pueden representar a su hijo. En este caso, la corte debe nombrar un abogado que represente el interés del hijo. Los padres también tienen el derecho de controlar la propiedad personal de sus hijos.

**SITUACIÓN 7.** Sandra trabaja todos los días después de salir de la escuela, lavando platos en un restaurante. Su madre insiste en que debe contribuir el 75% de lo que gana para mantener a la familia. ¿Es legal? ¿Es justo?

Legalmente, el padre y la madre tienen el derecho de percibir tanto los servicios como las ganancias de sus hijos. ¿Qué pasa si los padres están divorciados? Entonces, el padre o la madre que tiene la custodia personal tiene el derecho legal a los servicios y ganancias del hijo o la hija. La mayoría de los padres de cultura estadounidense, sin embargo, dejan que sus hijos se queden con lo que ganan.

Los padres tienen el derecho a exigir que sus hijos menores de edad vivan con ellos y a que obedezcan sus mandatos, siempre que éstos sean razonables (sensatos) y legales. De acuerdo con la ley de Georgia, los padres tienen también el derecho de administrar una disciplina razonable. Esta puede ser "en la forma de castigo corporal (físico), de restricción, o de detención".

La palabra clave del párrafo anterior, es *razonable*. ¿Es razonable que un padre o una madre mande a su hijo que (1) arregle su cuarto o (2) que saque la basura? ¿Sería sensato que un padre o una madre mandara a su hijo (3) que asalte un banco, o (4) que permanezca encerrado en un armario durante toda una semana? A menos que un hijo esté físicamente incapacitado, los tribunales con toda probabilidad considerarían que las dos primeras demandas son bastante razonables. La tercera demanda que ordena a un menor de edad hacer algo ilegal, no sería razonable. La cuarta se consideraría como abuso.

**SITUACIÓN 8.** Los padres de Cynthia tienen dificultades con ella. Cynthia, que tiene 14 años de edad, sale de la casa por las noches sin permiso. Algunas veces, no regresa hasta después de la medianoche. Muchos días no asiste a la escuela. El padre y la madre están preocupados y ya no saben qué hacer. ¿Qué opciones tienen? ¿Los tribunales harán que se obedezca a los padres?

Un(a) menor de edad que no obedece, o que no asiste a la escuela, se considera que es indisciplinado(a) (*unruly* es la palabra exacta en el inglés). En la ilustración 9-1 se da una lista de los tipos de conducta que, bajo la ley de Georgia, se consideran como indisciplinados.

Los padres pueden tratar de muchas formas a sus hijos indisciplinados. Para evitar las complicaciones de los tribunales, los padres de Cyn-

---

### ILUSTRACIÓN 9-1
## ¿Qué quiere decir un menor de edad "indisciplinado"?

**"Un chico indisciplinado" es un menor que**

a.  cuando tiene la obligación de asistir a la escuela, habitualmente y sin justificación hace novillos; o

b.  habitualmente desobedece las órdenes sensatas y legales de su padre o madre, tutor, o de cualquier otro guardián a cuyo cargo está y se porta de manera incontrolable; o

c.  ha cometido una ofensa propia de un menor; o

d.  sin justa causa y sin el consentimiento de su madre o madre, o tutor, desaparece de su domicilio; o

e.  holgazanea o vaga por las calles de una ciudad, o por cualquier carretera o por sus cercanías, o por cualquier sitio público, entre las 12 de la noche y las cinco de la madrugada; o

f.  desobedece los términos de la supervisión que son parte de una orden judicial, dirigida a tal menor, que ha sido declarado indisciplinado; o

g.  frecuenta bares donde se dispensan bebidas alcohólicas, sin la compañía de sus padres, tutor o guardián a cuyo cargo está, o tiene en su posesión bebidas alcohólicas; y

h.  en cualquiera de los casos dados arriba necesita de la supervisión, tratamiento o rehabilitación; o

i.  ha cometido un acto delictivo y necesita de la supervisión, pero no del tratamiento o rehabilitación.

Fuente: Adaptado de O.C.G.A. 15-11-2.

---

thia así como la misma Cynthia pueden consultar a un consejero, o participar en alguna forma de terapéutica familiar. Los padres de Cynthia pudieran enviarla también a una escuela que se especialice en menores que tienen dificultades de adaptación social y familiar.

¿Y qué pasa si los problemas continúan? En ese caso, los padres de Cynthia podrían elevar una petición a un tribunal de protección de menores acusando a Cynthia de una conducta incontrolable o indisciplinada.

Si lo aprueba un oficial de admisión, el caso de Cynthia lo revisaría un tribunal. Un juez pudiera optar por una de entre varias alternativas. La juez pudiera mandar que Cynthia y sus padres suscriban un contrato que especifique sus derechos y obligaciones. El contrato describiría cierta conducta a seguir, tanto en el caso de Cynthia como en el de sus padres. Si Cynthia o sus padres faltan a lo estipulado en el contrato, el tribunal les podría declarar en rebeldía (*in contempt of court*).

Otra opción del tribunal pudiera ser poner a Cynthia en libertad condicional (*on probation*,

en inglés). Tendría que cumplir con ciertos requisitos (por ejemplo, asistir todos los días a la escuela y a tomar clases específicas) para evitar futuras sanciones por parte del tribunal.

Si fuera necesario, el tribunal pudiera colocar temporalmente a Cynthia en una residencia colectiva o en cualquier otro tipo de asilo para menores que padecen de problemas similares.

### Solo los hechos

1. ¿Cuándo los hijos se independizan legalmente de sus padres?
2. ¿Cuáles son las obligaciones legales que los padres tienen con los hijos?
3. ¿Qué significa la Ayuda a Familias con Dependientes Menores de Edad (*AFDC*)? ¿Bajo qué condiciones un padre o una madre son elegibles para recibir esta clase de ayuda?
4. ¿Cuáles son las obligaciones que tienen las personas de denunciar el abuso de un menor?
5. Nómbrese por lo menos dos derechos que tienen los padres.
6. Haz una lista de diversos comportamientos de la persona menor de edad que la ley defina como "indisciplinados".

1. ¿Es la responsabilidad del gobierno cuidar a los miembros de esta sociedad (jóvenes o viejos) que no pueden cuidarse por sí mismos, y cuyas familias no pueden o no quieren cuidarlos? Da las razones a favor o en contra.
2. En la República Popular de la China, la ley requiere que las personas cuiden a sus padres ancianos, si el cuidado sea necesario. Discute si tal ley se debiera instituir en este país.
3. Da las razones por las que los padres tienen derecho a percibir las ganancias de sus hijos. ¿Puedes argumentar contra ese derecho en base en tu formación cultural?

## ¿QUIÉN CUIDARÁ DE LOS HIJOS?

Normalmente, se espera que los padres cuiden de sus hijos. Pero ¿qué pasa cuando un matrimonio se separa y los padres—o el tribunal—debe decidir quién se queda con los hijos?

Tradicionalmente, se le concede la custodia física de los hijos al padre o a la madre (históricamente, es a la madre). El hijo, por lo tanto, vive con uno de los dos. Éste hace lo mejor que puede con los asuntos cotidianos que afectan la vida del hijo. El otro (es decir, el padre o la madre que no tiene la custodia) habitualmente tiene el derecho de visitar al hijo. La visita puede tener lugar en la casa separada de él o de ella. Éste o ésta corrientemente está obligado(a) a pagar la manutención del hijo.

Un concepto que se está haciendo conocido en Georgia es la *custodia conjunta* (o compartida; en inglés se dice *joint custody*). Quiere decir que los padres comparten la custodia de sus hijos. En la práctica, los hijos suelen quedarse con la madre los días laborales de la semana, y con el padre los fines de semana y los días festivos. En algunos casos, los hijos pueden vivir alternativamente, una semana con el padre y otra semana con la madre. Algunas de las parejas divorciadas que son capaces de cooperar entre sí, han elegido este tipo de custodia para sus hijos.

Los mismos padres pueden llegar a un acuerdo por lo que se refiere a la custodia. Se pondrá en efecto a menos que la juez decida otra cosa.

Si el padre y la madre no pueden ponerse de acuerdo, el juez hace la decisión. Ésta es una elección muy difícil. A veces, el esposo y la esposa son buenos padres. Cualquiera de los dos puede proveer un ambiente saludable para el hijo. El juez debe decidir entonces cual hogar de los dos sería el mejor para el hijo.

Se elija el tipo de custodia que se elija, la decisión tal vez no sea permanente. En Georgia, el padre o la madre pueden elevar una petición para cambiar la custodia, cuando uno de los dos cree que se debe hacer el cambio. Para que el tribunal apruebe la petición, el padre o la madre debe mostrar que exista algún cambio substancial en las circunstancias que afectan el bienestar y lo que le conviene más al hijo.

Si tú fueras un(a) juez, ¿creerías que las siguientes situaciones justificarían un cambio de custodia?

**SITUACIÓN 9.** Marta Susana vuelve a casarse. Pide al tribunal que le adjudique la custodia de sus dos hijos que tenía su marido. Dice que ahora podrá estar en casa con ellos. Afirma que ella puede cuidarlos mejor.

**SITUACIÓN 10.** Los menores Ricardo y Chayo han crecido siendo metodistas, la religión de su madre. Cuando la custodia se le otorga al padre, empieza a llevarlos a la sinagoga donde él va. Como el padre les expone a una fe diferente, la madre cree que se le debe retirar la custodia.

En general, deben existir motivos muy substanciales para cambiar la custodia. Los tribunales no consideran que un nuevo matrimonio es razón suficiente para cambiar de custodia. Puede ser que un tribunal no crea que el cambio en la situación 9 es una razón lo suficientemente poderosa como para sacar a los hijos de un ambiente estable. En la situación 10, también es dudoso que se le otorgue la custodia a la madre. Los tribunales de Georgia han sostenido generalmente que el padre o la madre que tiene la custodia tiene derecho a que sus hijos profesen la religión que él o ella profesa. Lo que parece convenir más a los hijos parece ser la principal guía que sigue el juez.

### ¿Qué me pasará a mí?

Los hijos de los padres que están en trámite de divorcio probablemente se preguntarán:

*¿Tengo voz en la decisión de quién va a ocuparse de la custodia mía?* Antes de la edad de 14 años, se puede consultar a los hijos para saber sus deseos. De los 14 años de edad en adelante, un hijo tiene el derecho legal de escoger si el padre o la madre ha de recibir la custodia. El tribunal está obligado a aceptar la decisión del hijo, a menos que el padre o la madre haya probado que el otro está incapacitado.

En algunas disputas en asuntos de custodia, el tribunal nombrará un abogado que represente a los hijos. Nombrado solo a efectos de la acción legal, este abogado se llama (en el idioma latín) *guardian ad litem*. Dicho abogado habla a los hijos y a otras personas relacionadas con sus vidas. Dichas personas pueden ser los padres, los maestros o los consejeros. El abogado presenta ante el tribunal la evidencia de lo que les conviene más a los hijos, y recomendará quién debe recibir la custodia.

*¿Cuándo puedo ver a mi padre o a mi madre?* La ley de Georgia especifica que el padre o la madre que no tiene custodia, tiene el "derecho natural de acceso" al hijo. Este derecho se llama el *derecho de visita*. Dicho derecho (*visitation rights* en inglés) se negará solo bajo circunstancias excepcionales.

Un acuerdo sobre los derechos de visita debe tener lugar a la vez que se resuelve el divorcio. Si los padre no se ponen de acuerdo, el tribunal lo decide por ellos. El acuerdo se puede modificar más adelante. El guardian ad litem también puede presentar al tribunal una recomendación sobre las visitas.

**SITUACIÓN 11.** La madre y el padrastro de Miguelito están en trámite de divorcio. Su madre recibirá la custodia de Miguelito. A Miguelito le gusta pasear con su padrastro. Al padrastro de Miguelito le gustaría visitar a Miguelito después del divorcio. ¿Se le permitirá hacerlo?

La decisión de si Miguelito y su padrastro podrán seguir con los paseos juntos es de la madre de Miguelito. Bajo la ley de Georgia, los padrastros, los abuelos y los padres de crianza (*foster parents* en inglés) no tiene los derechos de visita. ¿Crees que debieran tenerlos?

*¿Podré seguir con las lecciones de música? ¿Puedo seguir jugando en la Pequeña Liga de béisbol?* Los padres tendrán que tomar muchas decisiones. Las lecciones de música pueden costar mucho pero resultar valiosas. Si así es, los padres tendrán que considerar el costo cuando lleguen a un acuerdo en cuanto a la manutención del hijo.

*Si mi madre (o mi papá) se vuelve a casar, ¿seré yo un hijastro?* Un hijo, cuyo padre o madre vuelve a casarse, es el hijastro del nuevo esposo o de la nueva esposa. El nuevo esposo o esposa es el padrastro o la madrastra del hijo. En algunos casos, el nuevo esposo o esposa puede decidir que quiere adoptar al hijastro. En la mayor parte de los casos, los padres naturales deben de otorgar el consentimiento para la adopción.

### Acta Jurisdicional para la Custodia Uniforme de los Hijos

Algunas veces, las decisiones de la custodia producen bastantes rencores. Algunos padres llegan a secuestrar a sus propios hijos, quitándoselos a su previo esposo o esposa. Georgia y otros estados han aprobado un acta jurisdiccional para la custodia uniforme de los hijos (*Uniform Child Custody Jurisdiction Act*). Sirve para que los tribunales de distintos estados cooperen en el cumplimiento de las órdenes de custodia. Otro tipo de problema que esta ley resuelve se demuestra en la situación 12.

**SITUACIÓN 12.** Los padres de Sharon están separados por más de un año, aunque nunca han pedido un divorcio. Sharon y su madre han vivido siempre en Georgia. El padre de Sharon se mudó hace poco a Kentucky. Sharon visita a su padre en Kentucky. Mientras está allí, su padre pide el divorcio en Kentucky. Solicita que el tribunal le conceda la custodia de su hija. Cuando la madre de Sharon se entera, inmediatamente pide el divorcio en Georgia. También pide que el tribunal de Georgia le otorgue la custodia de Sharon a ella. ¿Qué pasa si los tribunales le dan la custodia de Sharon, uno al padre, y otro a la madre?

El Acta Jurisdiccional para la Custodia Uniforme de los Hijos intenta resolver tales situaciones, así como prevenir la posibilidad de las órdenes contradictorias de custodia. Bajo este acta, el tribunal del estado donde Sharon ha vivido por lo menos seis meses, por lo general tendría la jurisdicción para determinar la custodia.

El padre o la madre que entabla una acción para obtener la custodia de un hijo debe informar al tribunal dónde el hijo ha residido durante los últimos cinco años. El padre o la madre también debe decir al tribunal si existen otras acciones legales relacionadas con la custodia del hijo. Cuando hay más de un caso pendiente al mismo tiempo en diferentes estados, los jueces deben ponerse en comunicación para resolver cualquier disputa.

En esta situación, el padre de Sharon tendría que informar al tribunal de Kentucky que Sharon vivía en Georgia. La madre de Sharon tendría que informar al tribunal de Georgia que había un caso pendiente en Kentucky. Los jueces de los dos estados se pondrían en comunicación. Probablemente, decidirían que el tribunal de Georgia debe determinar quién ha de recibir la custodia de Sharon.

## Cuando los padres son irresponsables (o no pueden hacerse cargo)

¿Qué sucede cuando los padres no pueden o no quieren cuidar a sus hijos? Como ya sabes, existe la ayuda económica para los padres que no pueden costear el mantenimiento de sus hijos. Pero ¿qué ocurre si los padres están demasiado enfermos para cuidar a un hijo? ¿O si se niegan a proveer el apropiado cuidado de un hijo? ¿O si son incapaces de dejar de abusar sistemáticamente al hijo?

El hijo que está desatendido, o del que se maltrate, de acuerdo con la ley es un *menor desprovisto* (*deprived child* en inglés). Si un tribunal de protección de menores determina que un hijo está desprovisto, se le puede apartar temporal o permanentemente del hogar de sus padres.

El tribunal de protección de menores pudiera poner al menor en la custodia legal y temporal del Departamento de Servicios Familiares y de Menores (*DFCS*). Dicho departamento puede colocar a los menores desprovistos en los lugares o sitios de los cuidados de emergencia donde los cuidan, en las residencias colectivas o con algunos parientes. Algunas veces, el Departamento de Servicios Familiares y de Menores (*DFCS*) pone a los menores bajo el cuidado de padres de crianza (*foster parents*).

Los padres de crianza (o padres putativos) son padres temporales que tienen un permiso o una licencia del estado, o han sido nombrados por el tribunal para cuidar a los menores de edad. Pueden ser los parientes del menor. Pero a menudo, los padres de crianza son simplemente una pareja que desea ocuparse de tales menores.

Si es necesario, el tribunal de protección de menores puede anular (o terminar) todos los derechos de los padres relacionados con un hijo. Puede hacerlo si el padre o la madre ha abandonado, o seriamente desatendido, o maltratado al hijo. Si el padre o la madre no ha pagado la manutención o no se ha comunicado con el hijo por más de un año, se considera que lo haya abandonado.

La anulación de los derechos de un padre o una madre significa mucho más que privarles de la custodia del hijo. Tras la anulación, el padre o la madre no tendrá más derecho a ver a su hijo ni a heredarle. El hijo tampoco tendrá el derecho de heredar al padre o a la madre. El hijo podrá ser adoptado sin el conocimiento ni consentimiento de los padres biológicos.

Por supuesto, los tribunales son extraordinariamente reacios a tomar dichas medidas. La ley refiere que los padres cuiden a sus propios hijos. La anulación no se ejecutará sin una investigación completa y la audiencia del tribunal. El hijo debe de estar representado por un abogado durante la audiencia. Si el padre o la madre así lo desean, pueden estar representados durante la audiencia.

¿Cuándo crees que un tribunal de protección de menores debe terminar completamente los derechos que un padre o una madre tiene sobre su hijo? ¿Pudiera ser porque el padre o la madre están mentalmente enfermos? ¿porque son muy pobres y carecen de estudios? ¿porque no tienen una vivienda? ¿Cuál debiera ser la regla general?

El Tribunal Supremo o Corte Suprema de Georgia ha determinado que los derechos de los padres solo se pueden anular bajo ciertas circunstancias:

- Por la inhabilidad actual (no en el pasado) del padre o de la madre de cuidar al hijo.
- Las carencias en el cuidado del menor (la desprovisión) con seguridad han de continuar.
- Las carencias continuas con seguridad han de causar graves daños físicos, mentales, emocionales y de tipo moral al hijo.

El tribunal debe determinar también que la anulación de los derechos de los padres le conviene al hijo.

Cuando se anulan los derechos de los padres, el tribunal debe nombrar un *tutor* que se ocupe de los hijos (en inglés se dice *guardian* o *legal guardian*). Bajo la ley de Georgia, los tutores son personas que se hacen responsables de los menores, o de otras personas que no pueden cuidarse de sí mismas. (Los padres naturales se llaman tutores naturales.) Por lo común, se nombra primero un tutor temporal. Tan pronto como sea posible, se encontrará un tutor y un hogar permanente. El hogar permanente puede ser el de un pariente o el de los padres putativos o de crianza. Si se le adopta al niño, los padres adoptivos se convierten en los tutores.

## Cuando se adopta a los niños

Algunas veces, los padres renuncian voluntariamente a los derechos que tienen sobre sus hijos. Esto ocurre cuando a una mujer le nace un niño y no quiere quedarse con él. Entonces decide darlo para que lo adopten.

### El proceso de la adopción

Una adopción es un proceso legal: mediante el proceso, uno o ambos padres, el padre o la madre (los padres adoptivos) substituyen legalmente a los padres naturales (o padres biológicos como a veces se les llaman). Cuando un niño es adoptado, los derechos y obligaciones de los padres naturales cesan. Los padres naturales no tienen ya derecho a visitar al niño, a menos que los padres adoptivos permitan que los padres naturales lo visiten. Esto es lo que se llama adopción abierta. Un hijo adoptado no heredará a su ma-

dre o a su padre natural, a menos que se le nombre en el testamento.

### EL CASO DEL HIJO DESEADO/INDESEADO

Lisa va a tener un hijo. Asiste todavía a la escuela y no tiene dinero. No está casada y sabe que no puede mantener al niño.

Gonzalo es el padre. Tiene siete años más que Lisa. Gonzalo toca la batería en una banda de música tejana que no goza de mucho éxito. La mayor parte del tiempo no tiene un centavo. Le parece que Lisa debiera de abortar.

Pero Lisa decide dar a luz. Después de que la criatura nace, decide ponerla en adopción.

A Lisa le aconsejan que notifique al Departamento de Recursos Humanos del estado, o a una agencia que tenga la licencia o el permiso formal para tramitar las adopciones. Le dicen que tanto la madre como el padre de la criatura—los padres naturales—deben dar el consentimiento de adopción. Así es, a menos que no se pueda localizar a uno de ellos. Para principiar el proceso de adopción, ella y el padre del niño deben firmar un formulario. Se titula "Renuncia a los derechos paternales y maternales: Renuncia final para la adopción".

Después que estos formularios de renuncia se han firmado, los padres tienen 10 días para rescindir la renuncia de sus derechos. Es un período de reconsideración. Georgia lo permite por si los padres cambian de idea. Después de ese período es muy difícil rescindir la renuncia.

Si los padres abandonan a sus hijos, también renuncian a sus derechos paternales y maternales. El abandono supone el desamparo del niño—separándose físicamente del hijo—con la intención de terminar la relación filial. En el proceso de adopción, a menudo no es posible localizar al padre. Semejante "abandono" pudiera terminar sus derechos paternales. Recuérdese que el abandono legal tiene lugar cuando el padre o la madre no paga la manutención del hijo, no sostiene comunicación con el hijo o no visita al hijo durante un período de más de un año.

Después que la petición de adopción se recibe, el Departamento de Recursos Humanos hace una investigación. La intención es verificar la información de la petición. El proceso legal para la adopción lleva por lo menos tres meses.

## Los derechos de los padres naturales

### EL CASO DEL HIJO DESEADO/INDESEADO, *conclusión*

Andrés y Gretchen adoptan al niño de Lisa. Andrés es el encargado de un supermercado. Gretchen es maestra de niños en un programa de prekinder. No han podido tener hijos. Se adoptan al niño mediante los debidos procedimientos establecidos por el tribunal.

Pero Lisa mintió cuando llenó los formularios de renuncia para la adopción. Ella dijo que ignoraba dónde se podía notificar al padre. Dijo que ni siquiera estaba segura de cómo se llamaba. Como él quería que Lisa abortara, ella pensó que a Gonzalo le tenía sin cuidado la adopción. A Gonzalo nunca se le informó del proceso de adopción. Después de todo, Lisa era la única persona que sabía que él era el padre de la criatura.

Seis meses después del nacimiento del niño, Gonzalo se entera. También se entera del proceso de adopción.

La banda de música donde toca Gonzalo está triunfando. El músico tiene otra amiga. Llevan planes de contraer matrimonio pronto. A él le gustaría tener a su hijo. Interpone un recurso legal para que la adopción quede sin efecto.

Alega que es el padre natural de la criatura, y que no se le ha dado la necesaria notificación legal para la adopción. Tampoco ha otorgado su consentimiento por escrito. Quiere la custodia de su hijo.

En general, los tribunales favorecen a los padres naturales a la hora de decidir casos relacionados con las leyes de adopción. En 1978, un estatuto de Georgia concedió mucha más importancia a los derechos de los padres naturales de un hijo al que se le va a adoptar.

Un padre tiene derechos paternales, esté o no esté casado con la madre. A un padre natural se le debe dar la oportunidad de conocer y cuidar a su hijo. El Acta de Adopción del año de 1990 especifica cómo el padre de un hijo nacido fuera del matrimonio conserva el derecho a oponerse a la adopción del niño y a pedir la custodia. Si, como en el caso de Lisa, la madre sabe quién es el padre, tiene que revelar su identidad y la dirección de su domicilio de acuerdo con la ley. Si es posible, al padre se le debe notificar personalmente por escrito del proceso de adopción. De lo contrario, se debe intentar la notificación mediante un anuncio en la prensa. El padre natural tiene el derecho de pedir al tribunal la custodia del hijo, si en el pasado se ha esforzado por mantener al hijo o por mantener una relación familiar con él. Recientemente, el Tribunal Supremo de Georgia ha decretado que al padre se le debe dar la oportunidad de explicar las razones por las que no ha hecho ninguno de los esfuerzos citados, antes de que se permita la adopción si él se opone.

Si fueras el juez o la juez en este caso, ¿qué harías? ¿Cuáles son los derechos paternales de Gonzalo? Como padres adoptivos Andrés y Gretchen ¿debieran tener algunos derechos? ¿Qué le convendría más al niño?

## ¿Quién puede adoptar?

Supongamos que una persona soltera quiere adoptar a un niño. ¿Puede hacerlo él o ella?

Cualquier persona adulta puede solicitar de un tribunal la adopción de un niño, si él o ella

— tiene por lo menos 25 años de edad o está casado y vive con su cónyuge;

— tiene más de 10 años de edad que el niño;

— ha residido en Georgia durante los seis meses que preceden al entablamiento de la petición; y

— tiene la habilidad física y mental y los medios económicos para mantener la custodia permanente del niño.

Si la persona está casada, los dos esposos deben presentar la petición, a menos que el padrastro o la madrastra solicite la adopción. No es necesario que el padre o la madre natural la presente también.

Las personas que deseen adoptar a un niño pueden solicitarlo al Departamento de Recursos Humanos o a una agencia con la licencia (permiso oficial) para colocar menores. Las agencias pueden tener sus propias reglas en cuanto a qué clase de padres pueden adoptar a un niño particular. Es posible que quieran que los padres adoptivos tengan antecedentes tan parecidos como sea posible a los de los padres naturales del niño. Sin embargo, Georgia no tiene leyes sobre el emparejamiento entre niños y padres adoptivos. Por ejemplo, las adopciones birraciales (entre las razas o étnias) son legales en Georgia.

### ¿Quién puede ser adoptado?

Considérese la siguiente situación:

**SITUACIÓN 13.** Los padres de Tomás se divorciaron cuando tenía 10 años de edad. Quedó bajo la custodia de su madre. Su madre se volvió a casar cuando Tomás tenía 13 años. A los 17 años, el padrastro quisiera adoptarlo legalmente. ¿Quién debe otorgar el consentimiento para la adopción?

Muchos padrastros adoptan a sus hijastros. El padrastro de Tomás puede solicitarlo del tribunal. Si los padres naturales viven y no han abandonado al hijo, se debe obtener su permiso. ¿Qué pasa si el muchacho tiene más de 14 años, como es el caso de Tomás? Entonces, él debe otorgar su consentimiento también. A una persona se la puede adoptar a cualquier edad. Cuando la persona tiene 21 años, se la puede adoptar únicamente con el consentimiento propio de la persona.

Si el tribunal ha anulado los derechos paternales y maternales de los padres o si han muerto, sus hijos pueden ser adoptados también. En este caso, el que tenga la custodia del hijo tendría que dar su consentimiento.

### Los expedientes de adopción

De acuerdo con la ley, el expediente de adopción debe sellarse o cerrarse. Algunos hijos adoptivos quieren examinar esos expedientes para saber quiénes son sus padres naturales. Algunas veces, los padres naturales se preguntan por el paradero de sus hijos. Los tribunales solo con gran resistencia han permitido examinar esos expedientes. La ley de Georgia ha establecido el procedimiento para obtener dichos expedientes. Un padre, una madre o un hijo puede inscribir su nombre en el registro del estado. Esto facilita que cualquiera de las partes pueda localizar a las otras, si así lo desea. Pero se trata de un asunto problemático. ¿Cómo se puede compaginar el interés del hijo con el comprensible deseo de los padres naturales que quieren mantener la confidencialidad?

Recientemente han sido "abiertas" un mayor número de las adopciones. Eso significa que los padres naturales y los padres adoptivos saben recíprocamente quiénes son. Dependiendo del grado de apertura de la adopción, los padres naturales se pueden comunicar con el hijo y hasta visitarlo. O los padres adoptivos pueden enviar fotografías a los padres naturales. Pero aunque la adopción quede abierta, los padres naturales no tienen derecho a visitar al hijo. Tampoco pueden pedir al tribunal que imponga las visitas.

---

### Solo los hechos

1. En Georgia, en un caso de divorcio ¿quién decide la persona que tendrá la custodia del hijo? ¿Cuál es la principal guía al tomar la decisión?

2. Emparéjense los números con las correspondientes letras:

   1. tutor
   2. padre o madre adoptivos
   3. padre o madre de crianza (putativos)
   4. padre o madre naturales

   a. persona que tiene licencia del estado o que el tribunal ha nombrado para cuidar temporalmente a menores
   b. padre o madre naturales
   c. padre o madre que legalmente sustituyen a los padres naturales
   d. persona que el tribunal ha nombrado para que sea responsable de unos menores de edad

3. Descríbase a alguien que, de acuerdo con la ley, sería un niño desprovisto.

4. ¿Qué requisito debe reunir una persona que quiere adoptar a un niño en Georgia?

1. Después de un divorcio, ¿a qué edad crees que un menor de edad pudiera escoger al padre o a la madre que va a tener su custodia?

2. Después del divorcio, ¿quiénes debieran tener derecho a visitar a los hijos? Toma en consideración a las tías y tíos, a los padres de crianza y a los padrastros.

3. Raquel, que ahora tiene 22 años, es hija adoptada. Quiere saber de quiénes procede, así como los nombres de sus padres naturales. ¿Debiera abrirse el expediente de adopción para darle la información? ¿Por qué sí? ¿Por qué no?

4. Juan ha presentado un petición solicitando la custodia de su hijo Pablito que tiene seis años. Desde los tres meses de edad Pablito ha estado con su familia adoptiva. Los padres que le han adoptado son los únicos padres que el muchacho conoce. Juan argumenta que no se le dijo la verdad, y que hasta el año pasado ni siquiera sabía que tuviera un hijo. Argumenta que Pablito es su hijo y que tiene el derecho a criarlo. Los padres adoptivos de Pablito están muy disgustados. Quieren a Pablito y se oponen a que vaya a vivir con un hombre que le es totalmente desconocido. ¿Qué crees que le convendría más a Pablito?

## LA MUERTE EN LA FAMILIA

### El cuidado de los hijos

¿Quién crees que debe cuidar a los hijos si el padre y la madre fallecen? Eso depende de si los padres han dejado el testamento o no. El *testamento* es un documento escrito ante los testigos (se usa el sustantivo *will* en inglés). Declara cómo se ha de dividir la propiedad o los bienes de la persona después de que fallezca. El que lo redacta puede especificar también quién deberá ocuparse de sus hijos.

¿Por qué hacer el testamento? Sin un testamento, los tribunales y las leyes del estado deciden quién recibe tus bienes y quién cuida a tus hijos. Con el testamento, la decisión es tuya.

Los padres pueden nombrar a una persona en su testamento que se ocupe de los hijos menores de edad. Esta persona se llama el *tutor testamentario*. Este tutor "se ocupará de la persona física del niño". Es una forma de custodia del niño. Si la persona nombrada en el testamento no quiere hacerlo, o si no se la encuentra, el tribunal puede nombrar a cualquier otra persona.

El tribunal puede nombrar también a un tutor de la propiedad del niño. Un *tutor de la propiedad* tiene la obligación de usar los bienes o la propiedad del niño solamente en beneficio del niño. Además, el tutor debe informar sobre la administración de la propiedad al tribunal de últimas voluntades (*county probate court*).

En Georgia, tanto el tribunal de últimas voluntades (o tribunal testamentario) como el tribunal de protección de menores tienen autoridad para nombrar los tutores cuando el hijo se queda huérfano de madre y padre.

### La herencia de la propiedad familiar (los bienes de familia)

*Sin el testamento*

Si la gente pudiera ver lo que pasa cuando alguien se muere sin testamento alguno, no dejarían sus asuntos tan desarreglados. Considera las siguientes situaciones:

**SITUACIÓN 14.** Jorge quería que su esposa (del segundo matrimonio) heredara la casa. A menudo dijo que quería que sus dos hijos (del primer matrimonio) heredaran el negocio de la familia. No hizo testamento. ¿Deben respetarse los deseos de don Jorge?

**SITUACIÓN 15.** Carolina era hija ilegítima. Casi toda su vida vivió con su tía. De mayor, ganó una cantidad considerable de dinero en la compraventa de inmuebles. Nunca se casó. Carolina murió en un accidente. Nunca hizo testamento. Pero le dijo a su abogado que cuando muriera, quería que la mayor parte de su herencia pasara a su tía. Sin embargo, su madre reclama la totalidad. ¿Se lo dará el tribunal a la madre de Carolina?

Si la persona fallece sin haber testado (hecho un testamento escrito), se dice que ha muerto *intestada*. Ciertas leyes hereditarias que se llaman de intestado (*intestate* en inglés) son vigentes en este caso. De hecho, de cierta forma inesperada la legislatura redacta el testamento de dicha persona, pues la propiedad de la persona se distribuirá de acuerdo con las leyes de intestado a ser que no existe testamento.

He aquí algunas reglas hereditarias que, en el estado de Georgia, rigen cuando la persona fallece sin haber testado:

- Si la persona no tiene hijos, el cónyuge sobreviviente recibirá toda la herencia.
- Si hay dos hijos o menos, el otro cónyuge y los hijos se repartirán la herencia por partes iguales. Si hay más de dos hijos, el otro cónyuge recibe una tercera parte de la herencia, y los hijos se reparten los dos terceros restantes.
- Si una persona soltera y sin hijos fallece sin haber testado, el padre y la madre de dicha persona heredan a partes iguales.
- Si no hay madre ni padre, el orden de herencia son los hermanos y hermanas o sus descendientes. Si no hay hermanos o hermanas ni descendientes de éstos, los abuelos del fallecido, los tíos y las tías, y los primos y las primas heredan en ese orden. Si no hay parientes, entonces toda la herencia pasa a ser la propiedad del estado.

En Georgia, a los hijos ilegítimos se les ha concedido el mismo derecho a heredar de las madres que tienen los hijos legítimos. También, las madres pueden heredar ahora a sus hijos ilegítimos, lo mismo que a sus hijos legítimos. Sin embargo, el padre de un hijo ilegítimo no puede heredar al hijo, a menos que se haya establecido que es su padre mediante uno de los varios procedimientos que establece la ley de Georgia. De la misma forma, el hijo nacido fuera del matrimonio no puede heredar a su padre, excepto bajo ciertas circunstancias. La herencia se permite si hay una fuerte evidencia de la paternidad, y si el padre ha tratado al hijo como si fuera el suyo propio. El hijo puede también heredar si un análisis genético indica que la paternidad tiene un 97 por ciento de probabilidad, y si la paternidad no se ha impugnado con éxito mediante otra evidencia.

¿Qué pasará con las situaciones 14 y 15? En la situación 14, toda la propiedad se dividirá a partes iguales entre la esposa y los dos hijos. Todo—la casa y el negocio—puede que sea vendido para poder dividirlo. En la situación 15, la madre de Carolina recibirá toda la herencia de Carolina.

## Sobre los testamentos

*Cómo se hace un testamento.* Lo mejor es que un abogado prepare el testamento.

En Georgia, un testamento no tendrá fuerza, a menos que se haga apropiadamente. Para que sean válidos, todos los testamentos deben ir fechados. Deben firmarse por lo menos en presencia de dos testigos (en algunos estados son tres) que no hereden en dicho testamento. Hay otros requisitos que se deben observar también.

Si la persona que tiene un testamento contrae matrimonio o tiene un hijo, el testamento queda anulado, excepto en un solo caso. Seguirá siendo válido si el testamento contiene un párrafo indicando que el testamento se hizo en anticipación del cambio esperado. De otro modo, será necesario hacer otro testamento después del cambio. Si la persona que tiene el testamento se divorcia, el testamento sigue siendo válido. No obstante, el testamento se tratará como si el ex-esposo o ex-esposa hubiera fallecido con antelación a la persona que hizo el testamento.

Es deseable revisar periódicamente el testamento para estar seguro que esté al día. Las leyes estatales pueden cambiar. Tanto el número de personas en la familia como la cantidad de las propiedades pueden cambiar.

### Las condiciones de los testamentos

**SITUACIÓN 16.** En su testamento, Arturo deja todo su dinero y propiedades a la iglesia. No deja nada a su esposa ni a sus hijos. ¿Es eso legal?

En Georgia, no tienes la obligación de heredar nada a tu esposo o esposa ni a tus hijos. En algunos estados, el esposo o la esposa o los hijos tienen automáticamente el derecho a una cantidad determinada. Sin embargo, en Georgia una persona puede desheredar a toda su familia mediante un testamento que sea válido. Esto es lo que hizo Arturo. Todos sus bienes pasaron a la iglesia. Aunque se hace raras veces, ese proceder es legal.

Aunque la persona puede desheredar a su familia, ni él ni ella pueden despojarlos completamente. En Georgia, cuando un padre o una madre, un esposo o una esposa fallece, el otro cónyuge y los hijos tienen el derecho a recibir una forma de manutención que se llama "manutención anual" (*year's support*), lo que es una modesta manutención.

## EN RESUMEN

En este capítulo así como en el precedente, has aprendido cómo las leyes afectan las relaciones entre cónyuges, y entre hijos y padres. ¿Es correcto afirmar que la mayor parte de estas leyes y acciones gubernamentales tienen el propósito de proteger a los menores de la familia y la crianza de la familia?

El apoyo oficial a las unidades familiares es probablemente tan antiguo como las leyes en sí. Sin embargo, las familias han cambiado con el tiempo. Esos cambios reflejan los cambios de la sociedad. ¿Qué harías si tuvieras que dibujar una familia cuando la sociedad estadounidense era en gran parte rural? Habrías incluido a abuelos, tíos, tías y primos, porque todos estaban firmemente vinculados. Esta familia "extensa" tenía fuertes vínculos emocionales y económicos entre los socios. Ahora, la sociedad es más que todo urbana. El trabajo y las distancias han separado a esa familia extendida. Tu dibujo sería probablemente el de la "familia nuclear". Puede que eso signifique que se compondría de tus padres (o padre o madre), de tus hermanos y hermanas y de ti (o de tu cónyuge e hijos).

La división de la familia contemporánea va en aumento, a causa del abandono, del divorcio y de los que vuelvan a casarse. ¿Sobrevivirá la familia como unidad? La mayoría de la gente cree que sí. ¿Cambiará? Las tendencias—tales como el incremento del número de las esposas y madres que trabajan—están cambiando los papeles dentro de la familia. ¿Tales cambios se traducirán en nuevas leyes? ¿Se han traducido ya? ◼

# 10 | Los daños y perjuicios

## LOS DAÑOS Y PERJUICIOS Y LOS DELITOS

La protección de los ciudadanos para que no sufran daños es esencial en una sociedad donde reina el orden. Con dicho fin, los gobiernos promulgan leyes para declarar qué actos ilícitos son delitos. Un delito (se dice *crime* en inglés) se puede definir como un acto ilícito que daña a, o interfiere con, los intereses de toda la gente que vive en el estado. (En las pp. 242-246 se da una lista de los actos que se clasifican como delitos en Georgia.)

Sin embargo, muchos actos que resultan ser nocivos no son actos delictivos. Chocar accidentalmente con otro automóvil no es un delito, aunque pudiera causar daños. Eso es buen ejemplo de la categoría de los daños y perjuicios (*torts* en inglés). En términos generales, los daños y perjuicios son un acto ilícito que lesiona a una persona o interfiere con la persona de un individuo o con su propiedad. El acto puede ser intencionado. O puede ser sin intención alguna, como resultado de la negligencia.

Considera estos tres sucesos:

a. María vende heroína a Javier.
b. Esteban, sin fijarse a dónde va, atropella a la señora Francis.
c. Durante una riña, Linda abofetea a Lizbet.

¿Cuál te parece que sería el delito? ¿Cuál serían los daños y perjuicios? Es importante entender la diferencia entre los delitos y los daños y perjuicios. Como verás, la ley los trata de forma distinta (véase la ilustración 10-1).

El estado ha establecido que la venta de heroína es un delito (el suceso "a"). El fiscal que representa a la ciudadanía del estado podría procesar a María por ese delito. Si se determina que es culpable, a María se le podría multar y condenar a prisión. La víctima de un delito no es parte interesada en la acción legal. Javier no le pondría un pleito a María. En vez de eso, sería un testigo de cargo, entre otros, en el juicio contra ella.

Los casos de daños y perjuicios se oyen en los procesos civiles. El proceso legal es muy

el incumplimiento de una obligación • la negligencia comparada • los daños • la inmunidad • el requerimiento • los daños y perjuicios intencionados • la responsabilidad • la negligencia • las molestias • la causa presunta • la causa propiciatoria • el nivel de cuidado • la responsabilidad estricta • los daños y perjuicios

## La diferencia entre el delito y los daños y perjuicios

|  | Definición | Proced-imiento judicial | El inculpado | La víctima | Acusaciones presentadas por | Si el inculpado pierde |
|---|---|---|---|---|---|---|
| **Daños y perjuicios** | Es un daño ilícito que lesiona a, o que interfiere con, la persona de otro o con su propiedad (bienes) | Civil | El deman-dado | El deman-dante | El deman-dante | El demandado paga los daños y perjuicios al demandante. |
| **Delito** | Es un daño ilícito que el gobierno federal o el estatal ha identificado como delito | Penal | El acusado | La persona dañada; el estado de Georgia o cualquier otra entidad gubernamental | El gobierno | El acusado debe cumplir la sentencia. La multa se paga al gobierno; si la restitución es posible se paga a la víctima. |

diferente del penal. El suceso "b" trata de los daños y perjuicios. El acto de Esteban ha dañado a la señora Francis. Pero el estado no ha convertido los actos como el de Esteban en delitos. Por lo tanto, la señora Francis debe iniciar la demanda legal. En otras palabras, debe ella misma ponerle un pleito a Esteban. También debe hacerse cargo de los gastos del pleito que incluyen el tiempo, los esfuerzos y a veces el dinero.

¿Por qué pondría la señora Francis un pleito a Esteban? Para intentar recobrar una cantidad de dinero por las lesiones y daños que le ha causado la caída. La ley de los daños y perjuicios provee los medios legales para que las víctimas de los actos nocivos sean compensadas por las lesiones que han sufrido.

En semejante acción legal, la víctima de los daños y perjuicios se llama usualmente el *demandante*. El demandante (en inglés, *plaintiff*) inicia la acción ante un tribunal contra el alegado o "supuesto" autor de un daño, corrientemente denominado el *demandado* o el *ejecutor de un acto ilícito civil* (*tort-feasor* es otra expresión menos común). En el inglés se dice *defendant*

para significar "demandado". En el suceso "b", la señora Francis sería la demandante. Esteban sería el demandado.

Para ganar un pleito por daños y perjuicios, el demandante debe probar dos cosas: (1) que el demandado cometió los daños y perjuicios; (2) que como resultado de los daños y perjuicios, el demandante o sus bienes (propiedad) han sufrido desperfectos. Si el demandante (como la señora Francis) puede probar las dos cosas, tiene el derecho a recobrar los *daños en efectivo* (en inglés, *money damages*) del demandado que le compensaran por las lesiones. El demandado (Esteban) es el *responsable*. (Se dice *liable* en inglés.) Esto significa que debe pagar por los daños.

El mismo acto puede ser delito y, a la vez, puede ser también daños y perjuicios. El ejemplo "c" se refiere a un acto que es un delito así como los daños y perjuicios. Linda puede verse envuelta en una acusación delictiva a cargo del estado, y en una acusación civil a cargo de Lizbet, la persona que ha sido dañada. No importa qué acción de las dos se inicie primero. Generalmente, la acción delictiva precede a la acción civil.

¿Por qué son posibles dos acciones contra un mismo acto ilícito? De hecho, la ley penal provee una forma de castigo para la gente que ha cometido un delito. Su propósito es proteger a todos los ciudadanos de tales actos ilícitos. Usualmente, no tiene que ver con la víctima propiamente dicha. La ley de daños y perjuicios por otro lado proporciona una manera de compensar a las víctimas de los actos ilícitos.

En realidad, las víctimas de crímenes como el robo con allanamiento de morada, la violación y el atraco a mano armada raramente ponen un pleito a los autores del daño. ¿Por qué no se sirven de su derecho legal? Usualmente por razones prácticas. Por ejemplo, un pleito no serviría para nada si el autor del daño no tiene dinero o propiedad para pagar.

### Solo los hechos

1. ¿Qué son los daños y perjuicios? ¿Cómo se diferencia del delito?

### Piensa

1. ¿Qué ventajas tiene una víctima de un acto que sea delito y a la vez son daños y perjuicios, cuando se procesa como un delito? ¿para iniciar un pleito?

## LOS DAÑOS Y PERJUICIOS INTENCIONADOS

La ley de daños y perjuicios se divide en dos categorías principales: los intencionados y los accidentales (o negligentes). Los daños de responsabilidad estricta son una tercera categoría. Los *daños y perjuicios intencionados* (en inglés *intentional torts*) ocurren cuando una persona comete un acto a propósito que lesiona a otra persona o daña su propiedad. Es el tipo de conducta que puede resultar en daños y perjuicios *y*, a la vez, en el delito.

Mientras vas leyendo, considera qué derechos y obligaciones legales se definen por medio de estos daños y perjuicios intencionados. Por ejemplo, en el primer caso de daños y perjuicios que se ha discutido, tienes la obligación legal de no lesionar a otro mediante un asalto. En forma similar, tienes el derecho legal a la protección contra un asalto. También tienes el

derecho legal a que la persona agresora te compense por los daños.

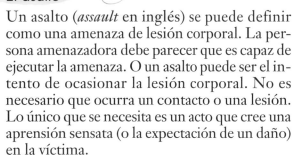

### Los daños y perjuicios intencionados: La persona

Existen siete daños y perjuicios intencionados que se relacionan con la lesión de la persona: el asalto, agresión simple, muerte ilícita, detención ilegal, difamación, denuncia falsa y causa intencionada de la angustia emocional.

### El asalto

Un asalto (*assault* en inglés) se puede definir como una amenaza de lesión corporal. La persona amenazadora debe parecer que es capaz de ejecutar la amenaza. O un asalto puede ser el intento de ocasionar la lesión corporal. No es necesario que ocurra un contacto o una lesión. Lo único que se necesita es un acto que cree una aprensión sensata (o la expectativa de un daño) en la víctima.

Por lo tanto, ¿cuál sería un asalto en las siguientes situaciones?

**SITUACIÓN 1.** Mientras esperan el autobús escolar, Calixto le dice a Pablo, "Ahora mismo te voy a pegar un tiro". Pablo no ve ninguna arma.

**SITUACIÓN 2.** Héctor saca una navaja del bolsillo y le dice a Juan Francisco, "Te voy a rajar".

En la situación 1 no ha ocurrido ningún asalto, aunque existiera la amenaza de causar una lesión corporal. Esto es porque no había ningún indicio de que Calixto tuviera la habilidad de ejecutar la amenaza. Sin embargo, el asalto sí ha ocurrido en la situación 2. Ahí están presentes las dos cosas, la amenaza de lesionar y la habilidad aparente de ejecutar la amenaza.

### La agresión simple

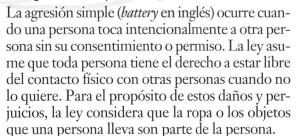

La agresión simple (*battery* en inglés) ocurre cuando una persona toca intencionalmente a otra persona sin su consentimiento o permiso. La ley asume que toda persona tiene el derecho a estar libre del contacto físico con otras personas cuando no lo quiere. Para el propósito de estos daños y perjuicios, la ley considera que la ropa o los objetos que una persona lleva son parte de la persona.

Sin embargo, no todo contacto con una persona representa la agresión simple. En nuestro mundo a veces lleno de gente, cierto grado de contacto físico entre la gente es inevitable. En muchas ocasiones se presume que existe el consentimiento.

¿Cuál de las siguientes situaciones sería una agresión simple?

**SITUACIÓN 3.** Susanita agarra el lápiz que Rosendo tiene en la mano y se lo quita sin tocarle a Rosendo.

**SITUACIÓN 4.** Rosendo se enfada. Le tira un libro grande a Susanita y le da en el brazo.

**SITUACIÓN 5.** Nicolás está delante de Alicia en el ascensor cuando el ascensor para en el piso de Alicia y al salir del ascensor, le empuja ligeramente a Nicolás.

En la situación 3, Susanita ha cometido una agresión simple, porque el lápiz se considera como parte de la persona de Rosendo. En la situación 4, Rosendo ha cometido una agresión simple. Él ha "tocado" la persona de Susanita con el libro sin tener su consentimiento. Sin embargo, no hay agresión simple en la situación 5. Se supone que Nicolás ha consentido hasta cierto punto en el contacto físico, por encontrarse en un ascensor. Se presume que tal consentimiento existe en la mayor parte de los lugares donde el contacto físico es inevitable. Ejemplos de este tipo serían los estadios de fútbol, los autobuses públicos y las salas de cine.

### La muerte ilícita ③

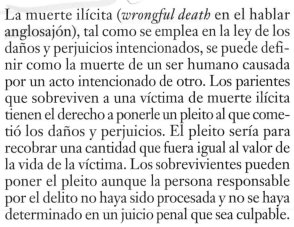

La muerte ilícita (*wrongful death* en el hablar anglosajón), tal como se emplea en la ley de los daños y perjuicios intencionados, se puede definir como la muerte de un ser humano causada por un acto intencionado de otro. Los parientes que sobreviven a una víctima de muerte ilícita tienen el derecho a ponerle un pleito al que cometió los daños y perjuicios. El pleito sería para recobrar una cantidad que fuera igual al valor de la vida de la víctima. Los sobrevivientes pueden poner el pleito aunque la persona responsable por el delito no haya sido procesada y no se haya determinado en un juicio penal que sea culpable.

**SITUACIÓN 6.** Hilda trabaja en un hospital. Don Máximo, que está en las últimas y que le mantienen vivo con la ayuda de un respirador, le da lástima. Desenchufa a propósito el sistema respiratorio que mantiene la vida de Máximo, consciente de que su acción le causará la muerte. ¿Serían los daños y perjuicios intencionados de homicidio?

Sí, y también es un delito. La viuda de don Máximo podría poner un pleito a Hilda para recobrar el valor de la vida del difunto esposo. A Hilda además se la podría juzgar en un proceso penal.

¿Qué pasa si el señor Máximo le pidió a Hilda que le "desenchufara" porque no quería pasar el resto de sus días en un respirador? El Tribunal Supremo de Georgia ha mantenido que una persona que sea competente y racional para tomar la decisión puede elegir el fin de su vida.* En dicho caso, Hilda no sería responsable ante la familia por haber desconectado el enchufe. Pero debe hacerlo bajo la autoridad del médico principal que dirige el cuidado de don Máximo.**

¿Cómo se puede calcular el valor de una vida a efectos de un pleito? Para eso se emplea una escala especial que se llama la tabla actuarial. Esta tabla predice cuántos años vivirá normalmente una persona de la misma edad. Para predecir cuánto dinero la persona habría ganado se emplea otra escala.

Los pleitos que se basan en los daños y perjuicios intencionados por la muerte ilícita son raros. Los remedios se buscan usualmente por medio del sistema de la justicia penal. Los pleitos que se basan en "la muerte ilícita por negligencia" por las acciones no intencionales son los más comunes. Un ejemplo podría ser el pleito basado en una muerte que es el resultado de

---

* *State contra McAfee*, 259 Ga. 579, 385 S.E. 2d 657 (1989).

** Esto sería apropiado bajo O.C.G.A. §§ 31-32-1 hasta 31-32-12 inclusive. Aquí un adulto puede dar una orden por escrito llamada "testamento vital". En éste (*living will* en inglés) se instruye al médico para que retire los procesos para mantener la vida en el caso de una condición terminal, un coma o un estado vegetativo persistente.

un accidente de automóvil. Otro ejemplo sería el pleito por negligencia en el que se dice que el médico ha causado la muerte de uno de los pacientes por descuido.

## La detención ilegal

La detención ilegal (*false imprisonment*) ocurre cuando una persona confina ilegalmente a otra en un área cerrada por cualquier período de tiempo, privándole por lo tanto de su libertad. No es necesario que la persona esté físicamente confinada para que los daños ocurran. Si la persona cree razonablemente que no tiene la libertad de irse, entonces la detención ilegal se lleva a cabo.

Generalmente, el perjuicio que resulta de la detención ilegal es emocional (humillación, temor, vergüenza). Sin embargo, las lesiones físicas pueden ocurrir como resultado del encierro o cuando la persona trata de escapar. En cualquier caso, el malhechor sería responsable por todas las lesiones.

¿Puedes decir cuáles de los siguientes casos representan la detención ilegal?

**SITUACIÓN 7.** Lalo y Rafael deciden divertirse a costa de Francisco, pretendiendo encerrarlo en una habitación para asustarlo. Mandan a Francisco al cuarto para que traiga un balón. Cuando entra en el cuarto cierran de golpe la puerta. Le dicen que la puerta está cerrada con llave, pero no lo está. Una hora después lo sacan del encierro.

**SITUACIÓN 8.** Diego encierra a Frida en un cuarto del piso bajo. En la habitación hay una ventana grande. Frida abre la ventana y escapa sin daño alguno.

**SITUACIÓN 9.** El agente Jones, de la policía municipal, detiene a María por un delito bajo una orden judicial de detención. A María la absuelven del delito.

En la situación 7, Lalo y Rafael han cometido los daños y perjuicios de una detención ilegal. Francisco no sabía que podía salir del encierro. No importa si la puerta estaba cerrada con llave o no. En la situación 8, el hecho de que Frida pudiera escapar de una manera fácil y sin

peligro, no le quita a Diego la responsabilidad de encerrarla. Diego sería responsable de las lesiones físicas si ella se hubiera herido al escapar.

En la situación 9 no existe la detención ilegal. La detención fue legal. ¿Qué pasaría si la detención hubiera sido ilegal—debido, por ejemplo, a una orden de detención inválida? El agente no sería responsable de los daños y perjuicios por la detención ilegal. A menos que sus acciones sean ilegales a propósito, los agentes de policía tienen inmunidad generalmente a efectos de un pleito cuando actúan en capacidad oficial.

## La difamación

La difamación se puede definir como una declaración falsa que una persona hace a otra sobre una tercera, que daña la reputación o la buena fama de la tercera persona. La difamación (*defamation* en el inglés) puede ser por escrito o de palabra. La difamación ocurriría si Carola le dijera a la maestra de escuela que Lorenzito había copiado las respuestas de sus exámenes, cuando en realidad él no lo había hecho. Ocurriría si un periodista informara a sus lectores que un actor estaba usualmente borracho cuando aparecía en público, cuando los del periódico sabía que era mentira.

*La difamación verbal* (en inglés, *slander*) es una difamación oral. *La difamación escrita* (*libel*, se dice en inglés) es una difamación impresa. En el caso de la difamación verbal, la víctima debe probar que sí hubo daños causados como el resultado de la declaración falsa. Hay ciertas situaciones, sin embargo, donde se presume que la difamación ha causado daños. Considera, por ejemplo, cuando se declara que cierta persona es deshonesta en su profesión o que otra persona tiene una enfermedad que la gente teme. Esas declaraciones crean la presunción de los daños emocionales, o los de daños a la reputación o buena fama de la persona.

En el caso de difamación escrita, el daño se presume simplemente a partir de la publicación de la declaración falsa. Esta distinción se basa en la teoría de que la palabra escrita es más perjudicial que la palabra hablada. Las personas prominentes tienen menos protección contra la difamación que las personas corrientes.

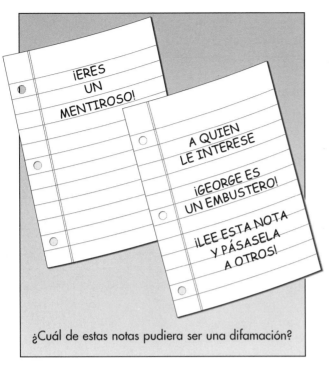

¿Cuál de estas notas pudiera ser una difamación?

**SITUACIÓN 10.** Zeferino le manda una nota a Graciela en la que dice: "Has copiado las respuestas del examen". Zeferino sabe que lo que ha dicho no es verdad.

**SITUACIÓN 11.** Tony le dice a Cora: "Eric es un cleptómano". Tony cree que lo que dijo es verdad, pero no lo es.

**SITUACIÓN 12.** Cora redacta la sección de noticias en el periódico de la escuela. Pone lo que Tony dijo de Eric en el siguiente número del periódico.

**SITUACIÓN 13.** Linda ve que Janeth sustrae el cuaderno de apuntes de Gloria. Linda le dice a Gloria delante de toda la clase: "Janeth es una ladrona; es la que te robó el cuaderno de apuntes". Chiva, el "as" de los periodistas de la escuela, publica la cita.

En la situación 10 no hay difamación escrita. La declaración es falsa y dañaría la reputación de Graciela. Pero no se ha publicado ni se ha comunicado a otras personas.

En la situación 11, Tony ha calumniado verbalmente a Eric. Éste puede recobrar daños si puede demostrar que le ha causado algún perjuicio, como sería la exclusión de la membresía en la fraternidad en la universidad. La ausencia de malicia o mala intención por parte de Tony puede reducir el importe de los daños que Eric recobraría. Sin embargo, no excusa el daño que le ha causado a Eric.

En la situación 12, Eric ha sufrido una difamación escrita. No tendría que probar que existe un daño como tuvo que hacerlo en la situación 11. La ley presume que el daño existe.

En la situación 13, Janeth no ha sido difamada ni oralmente ni por escrito. Es la verdad, aunque su reputación y buena fama hayan sido perjudicadas. Ciertamente la declaración se comunicó oralmente y por escrito a una gran cantidad de personas. Sin embargo, la declaración era la verdad. La verdad es la defensa absoluta.

Mientras lees lo que es la difamación, tal vez te preguntes qué pasa con la Primera Enmienda y el derecho a la libertad de palabra. ¿No está este derecho en conflicto con el principio de los daños y perjuicios por difamación? Y si así es,

La verdad es la defensa absoluta en los casos que se relacionan con los daños y perjuicios por la difamación verbal o la difamación escrita. En otras palabras, si lo que se dice es verdad, entonces la persona que reclama porque se ha cometido una difamación verbal o una difamación escrita no prevalecerá.

A continuación se dan varios tipos de declaraciones difamatorias. Éstas pueden declarar

— que otra persona ha cometido un delito. ("Lucia me robó el dinero del almuerzo").

— que otra persona ha cometido un acto que le convierte en un paria. ("Todo lo que diga Enrique es siempre mentira".)

— lo que pondría públicamente en ridículo al negocio o a la profesión (oficio) de otra persona. ("El doctor Guevara es un charlatán".)

— lo que haría que una persona sufra públicamente el ridículo o el desprecio ("Sofia tiene una enfermedad venérea".)

Basándote en lo que has leído, ¿cuáles de las siguientes situaciones constituirían una difamación?

¿cómo se puede resolver dicho conflicto? Los expertos en derecho han debatido estas preguntas durante muchos años y continúan haciéndolo hasta la fecha de hoy.

En la actualidad se cree que los dos principios no se contradicen. Para comprenderlo, considera las razones de los dos principios. De un lado, la libertad de palabra es absolutamente esencial para mantener un pueblo libre y fuerte. Sin la libertad de palabra, el término "libertad" suena a hueco. Por otro lado, uno de los bienes más valiosos que la persona posee es su buen nombre y reputación. Estos dos principios compiten, no por el predominio (uno a costa del otro) sino simplemente para coexistir. Lo que ocurre en la práctica es un delicado balance entre los dos: la libertad de una persona acaba donde la libertad de la siguiente persona comienza. Para expresarlo de otro modo, puedes decir o escribir lo que quieras sobre otra persona, excepto si es falso y/o le perjudica.

## La denuncia falsa ⑥

La denuncia falsa (*malicious persecution* en inglés) son los daños y perjuicios que resultan cuando una persona intenta utilizar un fiscal con un propósito falso. Para que ocurran los daños y perjuicios por la denuncia falsa, varios elementos deben de estar presentes. Primero, alguien tiene que haber sido acusado y procesado por un delito. El procesamiento debe haberse iniciado maliciosamente, con el intento de causar un daño. No debe haber ninguna causa probable para la acusación. (La causa probable se define como la suficiente evidencia para que una persona razonable o sensata crea que el acusado probablemente cometió el acto de que se le acusa.) El acusado debe haber sufrido daños. Él o ella debe también debe haber sido declarado libre de culpa (*not guilty* en inglés).

## La causa (o el causante) de la angustia emocional ⑦

Estos daños y perjuicios se pueden definir como la angustia emocional que una persona inflige intencionalmente a otra (se dice *inflicting emotional distress* en inglés). Los actos cometidos por el demandado deben de ser extremos y ultrajantes.

Deben tener la intención de causar la angustia emocional y el demandante debe sufrir efectivamente una angustia emocional severa. Sin embargo, los tribunales y los jurados no han visto con simpatía a los demandados que intentan recobrar los daños y perjuicios ocasionados por estos daños, lo que se debe al hecho de que es difícil probar el perjuicio o daño que se reclama. ¿Crees que tales daños se podrían probar en casos como los siguientes?

**SITUACIÓN 14.** Marilú está a punto de dar luz a un niño y llama a una ambulancia para que la lleve al hospital donde va a nacer el niño. La ambulancia tarda una hora en llegar. Los asistentes de la ambulancia se niegan a llevarla al hospital donde su médico la espera. En su lugar, la llevan a un hospital próximo que opera el condado, ignorando sus protestas y diciéndole que se calle. Marilú está tan agitada que el alumbramiento del niño es muy difícil.

**SITUACIÓN 15.** A Lino y Bobbi se les ocurre que sería muy divertido asustar a la señora Rodríguez, una anciana que es su vecina. Mientras ella duerme en el dormitorio, se acercan a hurtadillas a la puerta trasera y sacuden la perilla. Golpean las contraventanas y crean un escándalo general junto a la casa. La señora Rodríguez se despierta y tiene muchísimo miedo. Cuando se levanta para ver la causa de los ruidos, está temblando de tal forma que tropieza y se cae por las escaleras.

Las dos situaciones son ejemplos de reclamaciones por este tipo de daños y perjuicios que han tenido éxito ante los tribunales de Georgia. Los asistentes de la ambulancia son responsables por los daños económicos que le han infligido a Marilú. Lino y Bobbi son responsables por las lesiones y la angustia de la señora.

---

### Solo los hechos

1. Identifica y define los daños y perjuicios intencionados en los siguientes ejemplos:
   a. Ken, el guapetón de la escuela, dice que le va a dar una paliza a Mauricio si éste no le entrega su almuerzo.

b. Al salir de un concierto de *rock,* Tico empuja a Carola y casi se cae al suelo.

c. Andrés acusa iracundo a Oscar de que le ha robado su jaqueta.

d. El periódico de la escuela secundaria informa que el director de la escuela ha aceptado sobornos. Resulta que es falso.

e. Se descubre que Laura ha enviado amenazas anónimas a Joana. Joana ha estado muy perturbada con los anónimos.

2. ¿Cuál es la diferencia entre el asalto y la agresión simple?

3. Explica las diferencias entre la difamación verbal y la difamación escrita. ¿En cuál de las dos se debe probar que existen daños efectivos?

---

### Piensa

1. ¿Por qué en los daños y perjuicios por detención ilegal no importa si en realidad la persona haya estado encerrada de verdad?

2. Explica el conflicto entre los principios de difamación y el derecho a la libertad de palabra.

3. ¿Por qué en los remedios de la difamación se recurre al derecho civil en vez de al derecho penal?

4. ¿Has sido alguna vez la víctima de los daños y perjuicios? ¿Has sido el ejecutor de un acto civil ilícito? Cuando ocurrió, ¿sabías que ese acto intentaba contra la ley?

## Los daños y perjuicios intencionados: La propiedad (los bienes)

Existen cuatro clases básicas de daños y perjuicios intencionados que se relacionan con los daños a la propiedad. Son la entrada ilícita en la propiedad inmueble, la usurpación de bienes personales, la apropiación ilícita de bienes personales y las molestias. (Véase en la p. 79 las definiciones de propiedad inmueble y de bienes personales.)

### La entrada ilícita en la propiedad inmueble

Estos daños y perjuicios se pueden definir como la entrada sin autorización en la propiedad inmueble de otra persona. Un ejemplo sería si a propósito pasaras con la motocicleta por encima de los arriates de flores del señor Treviño y dañaras algunos rosales de valor. Eso sería la *entrada ilícita en la propiedad inmueble.* (En inglés se expresa como *trespass to real property.*) Serías responsable de los desperfectos. Y como una

entrada ilícita es también un delito, podrías verte envuelto en un proceso penal.

Date cuenta que en todos los casos de entrada ilícita civil, se presume que la entrada ilícita ha causado daños. En otras palabras, el propietario de la propiedad inmueble no necesita probar que hubo daños verdaderos para ganar un pleito contra el intruso. En el ejemplo dado, el señor Treviño no tendría que probar daño alguno. Simplemente tendría que probar que entraste sin el permiso.

Date cuenta también que una persona puede ser responsable por entrar ilegalmente en la propiedad inmueble de otra persona sin necesidad de poner los pies en ella. He aquí un ejemplo: Un hombre construye una presa en su propiedad, lo que hace que el agua inunde la propiedad del vecino. En esta situación, el hombre que construyó la presa puede ser responsable de los daños que haya sufrido el vecino.

Sin embargo, en esta área de daños y perjuicios, el pago de los daños no es a veces el propósito fundamental del pleito. La cuestión a menudo tiene que ver con quién sea el propietario del terreno. Considera la situación 16:

**SITUACIÓN 16.** Abelardo y Eugenio son propietarios y vecinos. Abelardo pone una valla donde cree que está la línea divisoria de la propiedad. Pero coloca la valla un metro más allá, dentro de la propiedad inmueble de Eugenio. ¿Representa esto una entrada ilícita en la propiedad inmueble? Cuál es la cuestión: ¿la propiedad o los daños?

En este tipo de disputa, los dos, el intruso (el demandado, Abelardo) y el demandante (su vecino Eugenio) afirman que son los propietarios de la misma porción del terreno. Para resolver el caso, el tribunal debe determinar primero quién sea el dueño del terreno disputado. Luego, tiene que determinar si ha habido una entrada ilícita. Si se determina que Eugenio es el dueño del terreno, ha tenido lugar una entrada ilícita. Eugenio pudiera recobrar el importe de la pérdida que le ha causado la entrada ilícita. Pero el objetivo real pudiera ser el asegurarse de la verdadera línea divisoria para preservar su propiedad.

En dichos casos, la ley provee una forma pacífica para arreglar las disputas. Sin tales procedimientos, la gente pudiera intentar la resolución violenta de los problemas. Supongamos que Eugenio quema la valla en la situación 16, en vez de iniciar un pleito. ¿Qué pudiera haber ocurrido?

## La usurpación de los bienes personales

La *usurpación de los bienes personales* ocurre cuando se da una interferencia temporal con la custodia o la posesión de la propiedad personal de otro (en inglés, *trespass to personal property*). Por ejemplo, supongamos que el vecino de Federico se lleva "prestado" el automóvil de Federico sin que lo sepa. Eso sería básicamente la usurpación de bienes personales, aunque Federico no supiera que se habían llevado el automóvil hasta que se lo devolvieran. Si el automóvil hubiera sufrido algún desperfecto, el vecino sería el responsable de los daños como autor del acto ilícito. La cantidad de los daños solicitados incluiría los inconvenientes, la pérdida de uso y la pérdida de Federico de sus ingresos.

Cuando la interferencia en la custodia o posesión es de una naturaleza permanente, entonces ocurre la apropiación ilícita de la propiedad. Estos daños y perjuicios, que en el inglés se dice *conversion of personal property*, dependen en gran parte de la intención que tuvo el demandado. ¿Tenía el demandado la intención de devolver la propiedad? También depende de la habilidad del demandante para recobrar la propiedad y, a menudo, del largo de tiempo que el demandado haya retenido los bienes. Estos daños y perjuicios son similares al delito de hurto por llevarse algo.

¿Cuál de las siguientes situaciones crees que sea la usurpación de los bienes personales? ¿Cuál crees que sea la apropiación indebida de la propiedad?

**SITUACIÓN 17.** Cristina se lleva la bicicleta de Lisa sin que ésta lo sepa. La usa durante varias horas. Entonces la ve Lisa y le quita la bicicleta. Tiene estropeada una de las ruedas.

**SITUACIÓN 18.** Ernesto se lleva "prestado" el automóvil de Francisco sin permiso mientras que Francisco está de viaje. Ernesto rueda con el automóvil 2,000 millas antes de devolverlo.

En la situación 17, ha ocurrido la usurpación de los bienes personales. Cristina es responsable por los desperfectos. Si no hubiera ninguno, sería responsable por el uso y desgaste de la bicicleta.

En la situación 18, la interferencia de Ernesto con la propiedad (los bienes) de Francisco puede haber sido de tal magnitud que sería una apropiación ilícita de la propiedad personal. La responsabilidad de Ernesto por la que tendría que compensar a Francisco pudiera llegar a la totalidad del valor del vehículo.

## Las molestias

**SITUACIÓN 19.** La corporación LMN vierte sus deshechos químicos en el Río Azul. Los deshechos no son nocivos pero despiden un mal olor. El olor molesta particularmente a los residentes de la colonia (barrio residencial) de Buenavista. Con frecuencia, el olor hace desagradable la estancia en los patios y el disfrute de la propiedad.

**SITUACIÓN 20.** Silvio y Rubén son vecinos. Silvio trabaja durante del día. Rubén trabaja desde las cuatro de la tarde hasta la medianoche. Cuando Rubén llega a casa, le gusta trabajar en su taller donde diseña y fabrica los muebles para vender. El ruido de la sierra y del martillo de Rubén hace que Silvio no pueda dormir, noche tras noche.

¿Hay remedios legales para estos problemas? Estas situaciones quedan bajo los daños y perjuicios por las *molestias*. La molestia se puede definir como algo que causa un daño o una inconveniencia a otro (en inglés, *nuisance*). Interfiere usualmente con el uso o disfrute de la propiedad de otros. Las molestias con frecuencia tienen que ver con ruidos, olores o luces.

Existen dos tipos de molestias: públicas y privadas. Una molestia pública causa inconveniencias o daños al público en general. La situación 19 es una molestia pública. ¿Qué recursos tienen los ciudadanos que están preocupados en la colonia de Buenavista?

Cuando existe una molestia pública, los ciudadanos pueden pedir al fiscal del condado que eleve una petición al tribunal superior del condado para que se cesara. El tribunal puede extender un *requerimiento* (*injunction* en inglés) o sea una orden para que cese la actividad. Si pudiera ocurrir mucho más daño mientras un pleito por molestias está pendiente, el tribunal puede expedir una orden temporal de amparo. Esa orden requiere que el defendido cese inmediatamente en la actividad.

¿Qué pasa si han sufrido daños debido a la molestia pública (como en el caso de los vecinos de Buenavista)? En ese caso podrían iniciar un pleito para recobrar el valor de los daños así como para que cese la molestia. En vez de que una persona sola corra con el costo del pleito, los residentes de Buenavista que han sido afectados por la molestia pudieran unirse en un "pleito colectivo" contra la empresa. Las agencias oficiales, como la Agencia para la Protección del Medio Ambiente (*EPA* por sus siglas en inglés), también pueden poner pleitos contra las molestias públicas que perjudican al medio ambiente.

Por otro lado, una molestia privada usualmente perjudica o causa inconvenientes a un número limitado de individuos. La situación 20 muestran ejemplos de molestias privadas. Otro ejemplo sería un reflector montado en la casa de tu vecino que ilumina tu dormitorio (recámara, alcoba) todas las noches.

Una o todas las personas que han sido afectadas por una molestia privada pueden entablar una petición para que cese. También pueden iniciar un pleito para recuperar los daños que han sufrido. Además, la mayor parte de las ciudades tienen ordenanzas bajo las que los residentes pueden pedir a las autoridades que cesen las molestias. De hecho, la ley de Georgia requiere que se haga eso antes de iniciar un pleito.

La determinación de lo que es o no es una molestia privada no es siempre fácil. Eso se debe a que cada uno tiene diferentes gustos y diferentes niveles de tolerancia para las inconveniencias. Por ejemplo, algunas personas pueden considerar que los ensayos nocturnos de la banda de música *rock* del vecino son una molestia, mientras que a otros les puede agradar.

Para decidir si un acto es una molestia, un tribunal sigue esta regla: ¿causaría semejante acto una molestia, ofensa o daño a una persona sensata? Considera la situación 21.

**SITUACIÓN 21.** Diana, que es muy nerviosa, vive en una calle tranquila. El propietario del terreno adyacente decide construir una casa. El ruido de la construcción la descontrola tanto a Diana que tiene que ingresar en el hospital. ¿Sería el ruido una molestia privada?

Probablemente que no. Porque el ruido no molestaría a una persona mediana y sensata.

### Solo los hechos

1. Juan plantó un seto que cubre más de medio metro del terreno del vecino. El vecino le pone un pleito. ¿De qué tratan los daños y perjuicios? ¿Cuál puede ser la razón por la que el vecino ha iniciado el pleito?
2. Explica por qué los siguientes ejemplos serían una molestia pública o una molestia privada: (a) la trayectoria de vuelo del aeropuerto de una gran ciudad tiene muchos aviones que meten bastante ruido y que vuelan bajo directamente sobre una pequeña ciudad que está cerca; (b) un perro que ladra constantemente.

### Piensa

1. ¿Por qué el tiempo que ha transcurrido es la consideración principal para determinar la diferencia entre la usurpación de los bienes personales y la apropiación ilícita de la propiedad personal? Indica qué cantidad de tiempo establecerías como necesario para un automóvil, para una canoa y para una sierra de cadena.
2. ¿Por qué la persona privada no puede solicitar individualmente que cese una molestia pública?
3. ¿Qué daños y perjuicios intencionales a la persona o a la propiedad crees que son delitos? ¿Por qué?

## LA NEGLIGENCIA

¿Qué pasa si la persona o la propiedad de alguien resulta dañada a causa de algo que tú hiciste o no hiciste sin intención? Este tipo de situación se llama la *negligencia*. La negligencia (en inglés, *negligence*) es quizás la forma más frecuente de los daños y perjuicios. Es la clase de daños que tiene más probabilidades de acabar en un pleito. Hoy día, los actos más comunes de la negligencia ocurren mientras se opera un automóvil.

Para probar la negligencia, en el sentido legal, se deben reunir cuatro circunstancias. El demandante debe probar que el demandado

- tenía una obligación legal con el demandante, y
- no cumplió con el desempeño de esa obligación (incumplimiento), y que
- el fallo en el desempeño fue la causa propiciatoria
- de la actual lesión y de los daños sufridos por el demandante.

¿Qué significan estas frases claves? ¿Cómo rigen en las situaciones?

## La obligación legal y su falta de cumplimiento

¿Cuál es la obligación legal (*legal duty*) que una persona puede tener con otra? Una obligación legal es simplemente el nivel de cuidado que la sociedad espera que toda persona ejerza para la seguridad y conveniencia de otros. La ley y los estatutos imponen algunas veces obligaciones.

¿Qué se entiende por ese nivel de cuidado? El nivel de cuidado se mide por la conducta de "una persona sensata y prudente" que es imaginaria. El *incumplimiento de la obligación* (en inglés, *breach of duty*) ocurre cuando no se ejerce dicho nivel de cuidado. Para ilustrarlo, fíjate en las dos situaciones siguientes. ¿La falta en el desempeño de las obligaciones legales fue el resultado de la negligencia?

**SITUACIÓN 22.** Gilma acaba de encerar el suelo de la cocina. Está muy resbaladizo cuando llega Ingrid que viene a visitarla. Sin darse cuenta, Ingrid entra en la cocina. Resbala y se cae. ¿Es Gilma negligente?

**SITUACIÓN 23.** Diego tiene un montón de hojarasca y ramas de árbol que quiere quemar. Diego prende fuego al montón aunque el viento sopla constantemente. Cerca del montón hay una caseta para guardar herramientas que es propiedad del vecino de Diego. Las chispas que el viento se lleva prenden fuego a la caseta y la destruye. ¿Fue Diego negligente?

Ni Gilma ni Diego ejercieron el cuidado normal de seguridad que la ley espera de una persona sensata y prudente. Gilma debiera haber advertido a Ingrid que el suelo estaba resbaladizo. Diego no debiera haber quemado la hojarasca en un día de mucho viento. Los dos serían responsables de los daños que causaron por su negligencia.

Se debe entender que la prueba de la negligencia no tiene nada que ver con lo que el demandado cree que es una conducta sensata. Es si la "persona sensata y prudente" cree que es sensata, ¿cómo se puede saber lo que una persona imaginaria supone qué es un nivel de cuidado? ¿O lo que sea el incumplimiento de llevarla a cabo? En un caso legal, el jurado usualmente decide esas cuestiones. Los miembros del jurado se basan en sus propias experiencias para determinar lo que una persona sensata haría bajo las circunstancias del caso.

El nivel de cuidado que se requiere de un demandado puede ser alterado por quién es el demandado. Por ejemplo, a un cirujano que hace una operación no se le juzga por el nivel de una "persona sensata y prudente". La "persona sensata y prudente" no tiene en general los conocimientos para operarle a otra. En su lugar, el cirujano debe ser juzgado por el nivel de un "cirujano sensato y prudente".

El nivel de cuidado que se le requiere a un demandado también se puede alterar por quién es el demandante. Esto es aun más cierto con el cuidado que el dueño de la propiedad les debe a las personas que vienen a la propiedad. El cuidado dependerá de si la persona es un intruso, una persona autorizada o un invitado (véase la ilustración 10-2).

## La causa propiciatoria y el daño efectivo

El incumplimiento de la obligación (o la falta en el cumplimiento de una responsabilidad legal) debe ser la causa propiciatoria (*proximate cause* en inglés) del daño a otro para que haya negligencia. En otras palabras, debe existir una asociación directa entre el acto y la supuesta lesión que se supone ha sido causada por el acto. La pregunta que se debe hacer es la siguiente: Sin el acto del demandado, ¿hubiera la persona sufrido la lesión? Considera la siguiente situación:

## Las obligaciones de un propietario

| Persona que entra en la propiedad | Relación con el propietario | Obligación que el propietario tiene con la persona |
|---|---|---|
| Intruso | Entra sin el permiso del propietario. | No crear intencionalmente un peligro. Colocar una trampa explosiva para los intrusos sería ilegal. |
| Invitado | Entra con el permiso para el beneficio del propietario, por ejemplo, un cliente en un almacén. | Anunciar tanto los peligros ocultos como los obvios. |
| Persona autorizada | Entra con el permiso del propietario, por ejemplo, un invitado. | Anunciar los peligros o repararlos. Sin embargo, el propietario no es responsable de los defectos ocultos o desconocidos como un techo impropiamente instalado. |

**SITUACIÓN 24.** Una anciana va al hospital con dolor de estómago. Una enfermera le toma la temperatura y los signos vitales. De pronto, la mujer se desmaya. Una hora después ha fallecido de un ataque al corazón (infarto). ¿Se le puede poner un pleito al hospital por negligencia médica debido a que el ataque de corazón tuvo lugar mientras estaba bajo su cuidado?

La respuesta es probablemente que no. Debe existir alguna relación entre el cuidado o la falta de cuidado y la lesión final—en este caso el fallecimiento. Sería difícil probar que las acciones de la enfermera fueron la causa del ataque de corazón. En otras palabras, la causa propiciatoria *no* fue el cuidado de la enfermera ni del hospital. Por lo tanto no habría lugar a la indemnización.

El daño o la lesión también debe ser previsible para que un pleito tenga éxito. De nuevo se debe hacer una pregunta: ¿podría la persona prever que el suceso A podría resultar en el suceso B? La ley hace solo responsable al ejecutor de un acto si la lesión fue la consecuencia previsible del acto. En otras palabras, el demandado no sería responsable del acto negligente aunque resultara en lesiones, si una persona sensata no hubiera podido prever tales consecuencias. Considera la situación siguiente:

**SITUACIÓN 25.** Guillermo conduce imprudentemente a toda velocidad por una calle con mucho tránsito. Su automóvil choca con una camioneta que está estacionada en la cuneta de la calle. La camioneta está cargada con dinamita para una demolición. Explota. María Luisa, que iba por la acera de enfrente, queda herida seriamente. Un trozo de cristal le hiere a Judith, que estaba sentada detrás de una ventana a una cuadra de distancia. Alicia, que estaba a varias cuadras de distancia y tenía al bebé en brazos, se asusta con la explosión y deja caer al niño.

El acto imprudente de Guillermo fue obviamente la causa de todas las lesiones. ¿Sería responsable de las heridas de María Luisa? ¿de Judith? ¿del bebé de Alicia?

Guillermo sería responsable de las heridas de María. Es previsible que un peatón que está cerca puede resultar herido en una colisión automovilística. Puede ser que Guillermo no sea responsable por las de Judith o por las del bebé de Alicia. Las lesiones de las personas que se encontraban lejos de la escena del accidente no serían previsibles como la consecuencia natural y probable de la imprudencia. Pero eso sería una cuestión que el jurado tendría que decidir.*

El elemento final que se requiere para completar los daños y perjuicios cometidos por la negligencia es fijar los daños efectivos. No importa lo descuidada que sea una persona, si no hay un daño o una lesión como el resultado de ese descuido, pues no se ha incurrido en los daños y perjuicios.

## LA RESPONSABILIDAD ESTRICTA

**SITUACIÓN 26.** La compañía Sin Nombre manufactura un producto para limpiar bañeras. Todo el mundo compra el producto. Por desgracia, el limpiador Sin Nombre deja una película invisible, resbaladiza, en la superficie de la bañera. Mucha gente resbala y se cae. Se han iniciado más de 200,000 pleitos. La compañía tuvo cuidado al fabricar el producto. ¿Es responsable?

**SITUACIÓN 27.** Ronaldo compra una botella de refresco (gaseosa). Explota antes de que la pueda abrir. Las chapas de estas botellas son defectuosas. La chapa salta y le pega en un ojo. Tiene el ojo morado durante varias semanas. ¿Puede recobrar la compensación por los daños?

Muchas veces la gente se lesiona aunque no sea por la acción directa de otro. Un producto que tiene un defecto en su diseño o manufactura les ha producido una lesión. Una acción legal iniciada para recobrar daños por semejante lesión se llama pleito por la responsabilidad legal de un producto.

En Georgia, la persona que ha resultado herida puede poner un pleito al fabricante bajo la doctrina de la *responsabilidad estricta*. Bajo esta doctrina, llamada *strict liability* en inglés, el demandado no tiene que ser negligente. En otras palabras, el demandante no necesita probar que el fabricante falló en el desempeño de una obligación legal ni que no empleó un nivel razonable de cuidado. El demandante solo necesita probar que el fabricante puso en el mercado un

producto que causa lesiones. Por lo tanto, en la situación 26, el cuidado de la compañía en la manufactura y la ausencia de intención de producir daños no disculpa a la compañía de su responsabilidad. Los lesionados podrían poner un pleito cada uno por su parte o unirse en un pleito de la acción colectiva. (Ese tipo de pleito colectivo se llama *class action suit*.) Deberán ser capaces de recobrar los daños.

El principio de la responsabilidad estricta reconoce el derecho del consumidor a estar libre de los daños ocasionados por un producto que se ha empleado en la forma prescrita. Una vez que se demuestra que un producto es defectuoso, se espera que los fabricantes den aviso del defecto y retiren el producto del mercado. Una persona que desdeña el aviso puede ser que no tenga derecho a una reclamación por la responsabilidad estricta.

En algunos estados, se puede poner un pleito al vendedor bajo la responsabilidad estricta, pero tal no es el caso en Georgia. ¿Por qué se le protege al vendedor? Una razón es que puede ser difícil ver un defecto en un producto solo por el hecho de mirarlo. Sin embargo, un vendedor puede ser responsable de la negligencia si no detecta el defecto o si no da aviso de un peligro conocido.

En la situación 27, Ronaldo podría poner sin lugar a duda un pleito al fabricante de la chapa bajo la responsabilidad estricta. ¿Y el dueño de la tienda de alimentos sería responsable? ¿Fue negligente? ¿Qué pasa si fue la primera vez que hizo un pedido de esta gaseosa? ¿Sería diferente si hubiera visto anteriormente que las botellas con estas chapas explotaban?

La doctrina de la responsabilidad estricta beneficia a los consumidores por el procedimiento de obligar a los fabricantes a hacer más investigaciones sobre sus productos y a establecer niveles superiores de seguridad. El costo de hacerlo—y el de los pleitos—se traduce, por supuesto, en que los precios sean más altos.

---

*Adoptado de la opinión inconforme del juez Andrews en *Palsgraf contra Long Island R.R. Co.*, 248 N.Y. 339 (1928).

---

### Solo los hechos

1. ¿Qué obligación legal tiene la gente entre sí?
2. Haz una lista con los cuatro criterios que se siguen en los daños y perjuicios por negligencia. Luego lee el siguiente caso. ¿Se han seguido dichos criterios?

Se sabe que el perro de Juanito, que anda por el terreno vallado de la casa, muerde. Juanito no le avisa al hombre que viene a plantar unos árboles en el terreno. Cuando el hombre entra en el terreno, el perro lo muerde. Cuando trata de escapar saltando por encima de la valla, se cae y se rompe un brazo. El hombre pone un pleito a Juanito.

3. ¿Qué es lo que el demandante debe demostrar en el caso de los daños y perjuicios de la *responsabilidad estricta*?

### Piensa

1. En algunos daños y perjuicios intencionados, se presume un daño. No hace falta probarlo. En los daños y perjuicios por negligencia, el daño se debe probar. ¿Por qué crees que la ley hace esta distinción?
2. La responsabilidad estricta ¿cómo puede afectar la forma en que un fabricante diseña o manufactura un producto?

## EL ENTABLAMIENTO DE UN PLEITO

### ¿Quién puede ser responsable?

Generalmente, un niño con menos de cierta edad no es legalmente responsable por las acciones que causen daños. Sin embargo, la ley de Georgia declara que los padres de un niño pueden ser responsables por los actos de un niño que a propósito hayan dañado a una persona o a sus bienes. Esta ley tiene el propósito de disuadir a los niños de hacer "bromas pesadas" que pueden causar los daños.

En Georgia, los niños pequeños también son incapaces de la negligencia (de ejecutar los actos ilícitos sin intención). La excepción es cuando un niño comete un acto ilícito usando objetos propios de un adulto. Los automóviles, tractores, sierras de cadena y lanchas de motor son ejemplos de dichos objetos. Si un niño lesiona a alguien mientras lleva la lancha de motor de la familia, el niño ha cometido daños y perjuicios. Los padres son los responsables del daño.

Las corporaciones y los gobiernos, lo mismo que las personas, pueden ser responsables de daños y perjuicios. La ley ha creado las corporaciones. Éstas pueden poner pleitos y a éstas se les puede poner pleitos. Obviamente, las corporaciones solo pueden actuar por medio de sus empleados. Por lo tanto, si el daño es el resultado del acto de un empleado que está trabajando, la corporación puede ser responsable.

La ley ha creado también a los gobiernos. Las acciones de los oficiales y empleados del gobierno también puede resultar en daños. Sin embargo, por lo que se refiere a los daños y perjuicios, los gobiernos tienen ciertas *inmunidades* (en inglés, *immunities*). Esto quiere decir que no se les puede declarar responsables por ciertas acciones. Fíjate en la inmunidad del agente de policía en la situación 9.

Las leyes de Georgia que se promulgaron en 1987 proveen la inmunidad civil a los miembros, directores, síndicos y oficiales sin paga de entidades sin afán de lucro o gubernamentales, si actúan de buena fe o dentro del área de sus deberes. La inmunidad no se otorga si la conducta es malintencionada. En casos caritativos, los que dispensan cuidados médicos también tienen inmunidad.

### ¿Cuánto se reclama?

Una de las preguntas en un pleito es lo que el demandante pedirá por los daños. La ley identifica varias clases de daños que incluyen los siguientes:

- Los daños efectivos—cubren la lesión o el daño sufrido. Incluirán una indemnización especial por los daños y otra indemnización general por el dolor y sufrimiento.
  a. *Los especiales o compensatorios*—éstos reembolsan a la parte lesionada por la pérdida económica. Incluirían el reembolso por el salario perdido y por las gastos médicos. Estos daños se deben probar a la hora del juicio con la evidencia de ciertos factores. Algunos de dichos factores son los días que se han perdido de trabajo, la cantidad que se gana por día, el total de las cuentas médicas en que se ha incurrido, el costo de los medicamentos y la cantidad del daño a la propiedad.
  b. *Los daños generales*—éstos son daños que se supone han ocurrido en un accidente. Por ejemplo, si te has visto envuelto en un accidente grave de automóvil,

la ley presume que te ha causado dolor y sufrimiento. A diferencia de los daños especiales (*v. gr.*, pérdidas de sueldo, cuentas médicas, etc.) no existe un límite preciso para la cantidad que el jurado puede otorgar.

- Los daños punitivos—son para castigar al demandado y para disuadir a otros de que causen daños en formas similares. Éstos se otorgan cuando el acto ilícito se agrava mediante la violencia, la opresión, la malicia, el fraude o cuando se deben a la conducta desenfrenada o malvada del demandado.

En la década de los años ochenta, hubo alguna reacción ante las grandes cantidades por daños que los jurados otorgaban a los demandantes—particularmente en casos de la negligencia médica. Como resultado, las cuotas de los seguros médicos subieron y hubo protestas organizadas por las compañías de seguros y por los que pagaban las cuotas. Esto, a su vez, produjo legislación por todo el país. En Georgia resultó en el Acta de Reforma de los Daños y Perjuicios de 1987 (*Tort Reform Act of 1987*).

¿Cuáles son algunas de las reformas que se hicieron en 1987 para reducir las cantidades de los daños? Varias se pueden ilustrar mediante situaciones que se han presentado previamente en este capítulo.

**SITUACIÓN 14**, *continuación*. María pone un pleito a los asistentes de la ambulancia por causarle intencionalmente una aflicción emocional. En el juicio declaran que ellos creían verdaderamente que María estaba registrada para alumbrar en el hospital local. Pensaron que estaba equivocada porque el niño ya estaba naciendo. Pero María les gusta a los miembros del jurado por la apariencia tan simpática que presenta. Los asistentes de la ambulancia que se presentan sin afeitar y con unas ropas descuidadas, no les agradan. El jurado le concede a María $1,000 en daños y perjuicios efectivos, y un millón de dólares en los daños punitivos. El seguro del servicio de la ambulancia no cubre los daños punitivos.

Antes de la ley de 1987, María pudiera haber recibido el millón de dólares. La ley, sin embargo, pone ahora límites a los daños punitivos. Además, ha establecido un nivel superior para probar la negligencia. María ha tenido que presentar evidencia clara y convincente de que los asistentes de la ambulancia demostraron malicia, conducta malintencionada o la ausencia total de cuidado.

**SITUACIÓN 27**, *continuación*. Supongamos que otros se han unido al pleito de Ronaldo, y que el jurado les ha otorgado $200,000 de los daños punitivos.

Bajo la ley de Georgia de 1987, el 75% de los daños concedidos pasarán al estado y no a los demandantes. Pero esto es únicamente en el caso de pleitos por la responsabilidad de un producto.

Estas reformas han sufrido algunas recusaciones legales. En 1991, el Tribunal Supremo de Georgia eliminó una disposición que permitía a los demandados introducir evidencia de otra compensación por lesiones (como el pago del seguro, por ejemplo), excepto en los casos de muerte. El tribunal estableció que ni la riqueza del demandante ni la del demandado podían cuestionarse.

La reforma de las leyes de los daños y perjuicios sigue siendo el enfoque de muchos debates en el estado de Georgia y en otras partes. El debate vuelve especialmente contencioso en el ramo de la negligencia médica. Hasta ahora no hay límites en las cantidades de los daños punitivos que se pueden otorgar a las reclamaciones por negligencia médica. En algunos casos, el hecho de que no existen límites ha dado una situación en que los costos de los seguros médicos para asegurar la negligencia médica han subido hasta el punto de clausurar algunos hospitales y algunos médicos decidieron salirse para practicar su profesión fuera de Georgia.

## Las defensas contra los daños y perjuicios intencionados

Hasta aquí hemos discutido las clases de daños y perjuicios por las que uno pudiera poner un pleito. Quizás hayas pensado cómo estos daños y perjuicios proveen remedios que pudieras emplear algún día. ¿Pero qué pasa si te encontraras del otro lado? ¿Qué ocurriría si te pusieran un pleito por haber ocasionado los daños y perjuicios intencionados?

Existen tres tipos generales de defensa contra estos daños y perjuicios: la negación general, la justificación y la mitigación (mitigar significa hacer que algo sea menos grave).

El tipo de defensa basado en la *negación* simplemente consiste en que el demandado diga: "No, no hice lo que el demandante afirma que he hecho". Cuando se emplea este tipo de defensa (conocido en inglés como *denial type of defense*), el jurado debe determinar si cree al demandante o al demandado. Entonces concede o niega los daños de acuerdo con el veredicto.

Para emplear la defensa de la *justificación*, el demandado admite haber hecho los actos alegados por el demandante, pero niega que los actos fueran censurables.

Por ejemplo, supongamos que te hayan puesto un pleito por asalto simple (*battery*). Pudieras admitir que arrojaste al demandante al suelo. Pero niegas que fuera un acto censurable pues actuabas en tu propia defensa. Si le jurado está de acuerdo con tu defensa, entonces el demandante pierde el juicio.

El tercer tipo de defensa es la *mitigación*. Los demandados que emplean esta defensa admiten la conducta de que son acusados. Admiten que su conducta era censurable. Sin embargo intentan reducir la cantidad de los daños que se reclaman, mediante la prueba de que no hubo malicia, mala fe o intención de causar un daño.

Supongamos que tus vecinos te pusieron un pleito por tocar el estéreo a todo volumen por la noche. Podrías afirmar que habrías bajado el volumen si hubieras sabido que les molestaba. En otras palabras, afirmarías que el daño no era intencionado. El éxito de tu defensa depende de si el jurado esté de acuerdo.

## La defensa contra la negligencia y la responsabilidad estricta

Si alguna vez te ponen un pleito por los daños económicos asociados con la negligencia existen dos defensas principales que podrías emplear. Éstas pueden evitar que el demandante recobre

daños monetarios. O pueden reducir la cantidad concedida por daños. Estas defensas son (a) la asunción del riesgo, y (b) la negligencia comparada (o concurrente).

*La asunción del riesgo.* ¿Qué pasa si el demandado puede probar que el demandante conocía el peligro y sin embargo actuó a pesar de todo? En ese caso, el demandante no podrá recobrar el importe de los daños que ha sufrido.

Esta defensa se llama la asunción del riesgo. (En inglés, se dice *assumption of the risk*.) Para emplearla, el riesgo debe ser previsible. Supongamos que Adalberto va a un partido de béisbol y que una pelota desviada le golpea. La posibilidad de que ocurriera es previsible. Él ha asumido el riesgo. Sin embargo, ¿qué pasa si el bateador tira el palo en la dirección de las gradas después de batear y le da a Adalberto? Ese riesgo pudiera no ser previsible. El bateador puede ser responsable.

*La negligencia comparada.* Algunas veces la lesión se causa por la negligencia de las dos partes. En la ilustración 10-3 se ilustra este tipo de situación. Bajo la regla de la negligencia comparada (*comparative risk* en inglés) se le asigna a cada parte un porcentaje de la negligencia total (100%). El demandante solo puede recuperar los daños monetarios si su porcentaje de la negligencia sea inferior al 50%.

Para determinar la cantidad concedida en el juicio, el jurado determinaría primero cuánto darle al demandante por su lesión. Entonces, la cantidad se reduciría descontando el porcentaje que el demandante tiene en la falta. Digamos que en la ilustración 10-3 el jurado concedió a Walter $5,000 por sus lesiones, pero determinó que un 20% de la negligencia se debía a él. La cantidad total concedida sería $4,000 (o sea $5,000 menos el 20%).

En Georgia, la regla de la culpa comparada ha reemplazado a la regla más severa de la *culpa concurrente*. Sin embargo, la culpa concurrente (o sea, *contributory negligence* en inglés) se emplea todavía en algunos otros estados. Bajo esta ley más severa, el demandante no podría recobrar ningún daño si ha sido negligente en lo más mínimo.

En el caso de la responsabilidad estricta, el demandado intentaría mostrar que el producto no

## ILUSTRACIÓN 10-3
### La negligencia comparada: Tú eres el jurado

**La situación:**

Frank fue negligente cuando dejó un objeto en la carretera. Se podía ver solo a la luz del día.

Después del anochecer, Walter bajaba por la carretera en bicicleta. No tenía luces e iba corriendo a toda velocidad. Chocó con el objeto y se produjo lesiones. ¿Puede Walter reclamar cierta cantidad por sus heridas?

**La ley:**

Tanto Frank como Walter son negligentes. La ley de la negligencia comparada es aplicable. Para decidir la cantidad (si hay alguna) que Walter podría recobrar, *asigna un porcentaje a cada uno de acuerdo con la cantidad de la falta. Asegúrate que el porcentaje suma 100.*

Porcentaje de la negligencia

Frank _____% + Walter _____% = 100%

*Los gastos médicos de Walter se elevan a $10,000. Emplea tus porcentajes para determinar cuánto (si es que es algo) recobraría Walter.*

---

fue la causa de los daños o que no hubo semejantes daños. También se podría afirmar que el producto se empleó mal, aunque los tribunales han establecido que cierto uso indebido es de esperar.

### Los pleitos abusivos (abusive lawsuits)

La legislatura de Georgia creó hace poco otra clase de daños y perjuicios que los demandantes o los demandados pueden emplear como defensa. Son los daños y perjuicios por abuso del proceso judicial. Tienen lugar cuando una parte inicia una reclamación o declara una defensa con malicia y sin una base legal o efectiva.

**SITUACIÓN 28.** Benjamín va en automóvil por la carretera sin prestar atención. Y choca con el parachoques trasero del vehículo de Reina. Ella le pone un pleito por daños. Ben-

jamín afirma que él no fue negligente y que el accidente fue la culpa de Reina, aunque sabe que eso no es la verdad.

Benjamín puede ser culpable bajo este principio legal. La defensa que declaró no tiene ninguna base efectiva. ¿Qué pasa si su defensa fue que Reina tenía la obligación legal de mirar en el espejo retrovisor cada unos pocos segundos para evitar la posibilidad de que Benjamín cometiera una negligencia? Esa defensa no tendría una base legal. No existe semejante obligación legal.

## LA PROTECCIÓN CONTRA LOS PLEITOS

¿Cómo te puedes proteger contra un pleito por daños y perjuicios? La cantidad que pueden pedir es devastadora—por miles de dólares. Tu mayor protección es tener cuidado en tus actividades cotidianas. La ley no es difícil de seguir. Requiere simplemente que una persona se porte de modo que no ocasione los daños a la persona o a la propiedad (bienes) de otro.

Sin embargo, te puedes proteger mejor de las consecuencias de un acto de negligencia con una póliza de seguros. Los dos tipos de seguros más corrientes son los que cubren al propietario y al automovilista. El seguro provee una cantidad que se puede desembolsar si la persona asegurada comete una negligencia que causa los daños. Fíjate que las pólizas de seguros no cubren los daños y perjuicios intencionados que resultan en los daños a la persona o a la propiedad.

### Solo los hechos

1. ¿Qué quiere decir si al demandante se le conceden daños "efectivos"?
2. Describe una defensa para unos daños y perjuicios intencionados y para unos sin intención. ¿Qué defensa pudiera emplear Juanito? ("Solo los hechos", pregunta 2, p. 159.)
3. ¿Cómo podría Benjamín (la situación 28) protegerse de un pleito?

### Piensa

1. Explica por qué las corporaciones y los gobiernos deben ser capaces de poner pleitos y de que se los pongan.

2. "No se debiera otorgar ningún daño punitivo". ¿Por qué estás de acuerdo o en desacuerdo con esa idea?
3. Da ya explica dos razones por las cuales se debe haber reforma de las leyes de los daños y perjuicios en el ramo de la negligencia médica.

## EN RESUMEN

La ley de los daños y perjuicios provee una forma de compensar a la gente que ha sido lesionada—o cuya propiedad ha sido dañada—por otros. Esta ley procede de la ley común, de los estatutos y de las decisiones de los tribunales. Aunque este capítulo se basa en la ley de los daños y perjuicios de Georgia, los principios generales que se han expuesto servirían para otros estados.

El principio básico de la ley de los daños y perjuicios es uno de las bases morales de muchas sociedades: Trata a otros como quisieras que te trataran a ti. He aquí un ejemplo de este principio: Las cuerdas del columpio que se encuentra en el porche (la veranda a la entrada de la casa) están peligrosamente desgastadas. Le adviertes a Cristina que no se siente en el columpio, porque no quieres que se haga daño si las cuerdas se rompen. Y tú esperarías que Cristina te hiciera una advertencia similar.

Las reglas de la ley de los daños y perjuicios son, en realidad, las reglas del sentido común cotidiano. Al seguirlas, protegemos nuestros propios derechos y los de otros. ❑

# 11 Los automovilistas

## EL CASO DE LA NUEVA AUTOMOVILISTA

Tina y su hermano mayor, Walter, hacen cola en la oficina de la Patrulla del Estado de Georgia. Recientemente se han trasladado de Nueva York a Georgia con sus padres. Tina, que acaba de cumplir los 17 años de edad, ha descubierto que también en Georgia debe tener 18 años antes de recibir la licencia (permiso) completa de conducir o manejar. Mientras tanto, solicita una licencia provisional de la categoría D. Está muy impaciente pues quiere tener la licencia para conducir o manejar en Georgia. La cola anda despacio. Le hace un gesto a Walter. Él la trajo aquí, pero a la vuelta, ella va a guiar el automóvil.

Antes de que puedas operar legalmente un vehículo de motor en las carreteras públicas de este estado, debes tener una licencia (o permiso) válida de conducir o manejar *(driver's license)*. Esa pequeña tarjeta de plástico representa para el poseedor un nuevo mundo de independencia. Supone también una enorme responsabilidad.

¿Cuán grande es esa responsabilidad? Más estadounidenses mueren como el resultado de los accidentes de carretera que de ninguna otra causa. Otros miles más quedan permanentemente inválidos. El automóvil (u otro vehículo de conducción particular como los camionetas, etc.) es un modo de transporte. Puede ser un placer—como Tina espera. Pero también puede ser arma mortal. Por dicha causa, hay muchas reglas y regulaciones que gobiernan el uso de los vehículos motorizados. En este capítulo se considerarán algunas. También se expondrá sobre el seguro del automóvil, lo que pasa cuando ocurre un accidente y el tribunal de circulación o tránsito.

## LAS LEYES DE SEGURIDAD DE LA CIRCULACIÓN

### La obtención de la licencia

Para que Tina sea elegible para recibir una licencia de conducir (o manejar), debe haber cumplido con ciertos requisitos. Cada estado establece sus propios requisitos, aunque son más o menos similares. Fíjate que se debe llevar siempre la licencia cuando se opera un vehículo. Si no se tiene consigo una licencia válida y vigente, el resultado puede ser una multa. La opera-

---

la licencia de conducir (o manejar) • manejar o conducir bajo la influencia [de bebidas alcohólicas o de las drogas ilegales] • el seguro de responsabilidad • el seguro contra motoristas insuficientemente asegurados

ción de un vehículo es un privilegio, no es un derecho. Por lo tanto, el gobierno tiene el derecho de rescindir ese privilegio si desobedeces las leyes.

En Georgia, las licencias se clasifican por el tipo de vehículo que se va a operar. El permiso de automovilista de la clase C (y el nuevo de la clase D) es el que la mayor parte de la gente tiene. Autoriza a las personas a operar un auto o una camioneta. El o la solicitante debe tener 18 años como mínimo para obtener una licencia de la clase C. Otros permisos permiten manejar o conducir las motocicletas, los autobuses o los camiones grandes (comerciales).

Cualquier residente de Georgia con la edad mínima de 15 años puede solicitar un permiso de instrucción o aprendizaje para conducir un vehículo de la clase C (es decir, un automóvil o camonieta estilo "pick-up"). El o la solicitante del permiso de aprendizaje debe probar los mismos exámenes que los solicitantes de las otras clases de licencias de conducir deben comprobar. El permiso de aprendizaje es válido por dos años y permite que la persona que lo lleva conducir un vehículo siempre y cuando está acompañada por otra persona que tenga al menos 21 años y que lleva una licencia válida de la clase C.

El estado de Georgia ha cambiado recientemente algunos de los requisitos para suministrar licencias a los adolescentes. El Acta de la Responsabilidad del Automovilista Adolescente y Adulto, promulgado en 1999 y enmendado en 2001, creó una licencia intermedia de la clase D para los automovilistas que tienen 16 años de edad como mínimo. Si el adolescente no puede presentar una licencia válida de otro estado cuando llega a hacerse residente de Georgia, deberá completar los exámenes informativos sobre las drogas ilegales y el alcohol. Todos los solicitantes de la licencia de conducir, inclusive los adolescentes que solicitan la licencia de la clase D, deben presentar (y pasar) los exámenes del conocimiento de los aparatos de control del tránsito (*traffic-control devices*), las reglas de la carretera y el manejo seguro del vehículo además del examen de guiar en la carretera.

Para poder solicitar una licencia de la clase D, el solicitante debe tener al menos la edad de 16 años, tener por lo menos doce meses un permiso válido de aprendizaje y no haber sido culpable de ciertas violaciones de tránsito en los últimos doce meses que anteceden a la solicitud. Algunas de estas ofensas son conducir en estado de embriaguez o drogado (*DUI, driving under the influence*, un término general que quiere decir "manejo bajo la influencia"), darse a la fuga tras un atropello, las carreras de aceleración (*drag racing*), eludir a un agente de policía y conducir con imprudencia. Un(a) adolescente en Georgia con una licencia válida de la clase D puede solicitar la licencia de la clase C a los 18 años si él o ella no ha sido culpable de las violaciones de tránsito ya citadas en los últimos doce meses que anteceden a la solicitud. Los solicitantes de la licencia de la clase C que ya llevan la licencia de la clase D no tienen que presentar el examen de guiar en la carretera.

La licencia intermedia de la clase D impone ciertas restricciones a los automovilistas. Entre la medianoche (12:00 a.m.) y las seis de la madrugada, los automovilistas que tienen el permiso de la clase D no pueden operar un vehículo. No pueden conducir si llevan en el automóvil más de tres personas que tengan menos de 21 años de edad y que no sean parte de su familia cercana. Además, durante el período de prueba de seis meses que sigue la expedición de una licencia de la clase D, el portador no puede conducir un automóvil o camioneta cuando el pasajero (o los pasajeros) no sean de su familia cercana. Los automovilistas de la clase D están sujetos a cargos por violación de estas normas además de cualquier otra ofensa de tránsito.

Para que una persona que no cumpla los 18 años pueda solicitar una licencia de conducir, él o ella debe asistir a la escuela y satisfacer ciertas normas de asistencia o estar ingresado en un programa de enseñanza en casa (*home schooling*) debidamente aprobado por el estado. En otros casos, se debe probar que el solicitante ya recibió su diploma de graduación de la escuela secundaria, un diploma de equivalencia de los estudios secundarios (un diploma de *GED*), un diploma especial o un certificado de terminar los estudios secundarios o que hay el permiso de los padres de salir de la secundaria o que el solicitante haya salido de la escuela secundaria para ingresar en la universidad. Los solicitantes que asistan a la escuela secundaria no pueden obtener una licencia de conducir si están suspendidos (o expulsados) por amenazar a un profesor u otro oficial escolar o por la posesión de las drogas ilegales o el alcohol en los terrenos o edificios escolares o la posesión o uso de un arma en las mismas áreas.

Los automovilistas que tienen menos de 18 años de edad y que poseen una licencia de otro estado deben cumplir también con dichas restricciones cuando se circulan por el estado de Georgia. Una segunda parte de esta ley entró en vigor el 1 de enero de 1998. A partir de esa fecha, las licencias de las personas menores de 18 años serán suspendidas por diversos problemas escolares de asistencia.

El solicitante de una licencia de la clase D debe completar también un curso aprobado de capacitación para los conductores (*driver education course* en inglés). Debe tener un mínimo de 20 horas de experiencia en la conducción de un vehículo supervisada por una persona que tenga al menos 21 años de edad y que incluyera un mínimo de seis horas de conducción en las horas nocturnas. Los solicitantes que no completan un curso de capacitación para los conductores deben tener al menos 40 horas de experiencia supervisada en la conducción de un vehículo.

Las licencias para operar (conducir) los vehículos motorizados se requieren en todos los estados y en la mayor parte de los países extranjeros. Los requisitos varían. Por ejemplo, algunos estados requieren que el examen de guiar se haga con el tránsito de la carretera. En Georgia, si se requiere un examen de guiar, se puede hacer en un lugar apropiado a ese efecto. La edad mínima también varía. En Georgia, la edad mínima para recibir una licencia de aprendizaje son los 15 años; para recibir una licencia intermedia, son los 16 años; y para sacar una licencia sin restricciones son los 18 años.

Aunque los requisitos pueden variar de estado a estado, una licencia de Georgia es válida en todos los demás estados. Una licencia de aprendizaje puede que no lo sea. Una licencia del estado de Georgia es válida en algunos países extranjeros, pero no lo es en todos.

Algún día, puede ser que te traslades de Georgia a otro estado o país para vivir allí. Entonces necesitarás obtener una licencia de conducir de esa jurisdicción. En forma similar, si alguien se traslada de otro país o estado a Georgia, debe sacar una licencia en Georgia. La licencia se debe obtener dentro de los 30 días a partir de la fecha de llegada a Georgia, o inmediatamente si se tiene un empleo. Sin embargo, un estudiante que proceda de otro estado (o sea, el que no paga matrículas de residente) no tiene que sacar una licencia de Georgia. Ese estudiante puede circular en Georgia con una licencia válida del estado donde reside.

## LAS REGULACIONES DE VEHÍCULOS Y DE TRÁNSITO

### EL CASO DE LA NUEVA AUTOMOVILISTA, *CONTINUACIÓN*

Con su licencia intermedia de conducir en la cartera, Tina arrancó el automóvil de la familia, un modelo del año 1992. Su hermano mayor, Walter, se sentó junto a ella. Estaba encantada.

A mitad del camino de vuelta a casa, pararon ante una luz roja. Después de unos segundos, Walter dijo con impaciencia: "Puedes doblar la esquina. Conoces las reglas, niña tonta. ¿No sabes que puedes doblar a la derecha si la luz está en rojo y si no viene nadie?"

"Hay demasiadas reglas y regulaciones que recordar", contestó Tina desconcertada.

Una vez que tienes la licencia, puedes conducir los vehículos de motor por las carreteras públicas. Sin embargo, se requiere más que sentarse en el automóvil y arrancarlo. Todo operador debe obedecer las reglas y regulaciones que gobiernan la operación de los vehículos motorizados.

¿Por qué tenemos estas leyes de tránsito? El propósito es proveer de las medidas de seguridad necesarias que permitan la operación de vehículos motorizados en las calles y las carreteras. El propósito principal es evitar que más de un vehículo ocupe el mismo espacio al mismo tiempo.

Varios tipos de leyes tienen que ver con la operación de los vehículos motorizados. Primero, como ya lo hemos discutido, hay las reglas y regulaciones que rigen las licencias de los conductores de los vehículos.

En segundo lugar, hay las reglas y regulaciones que requieren el registro y la matrícula de los vehículos en cuestión. Algunos estados tienen leyes que exigen que un mecánico calificado inspeccione el vehículo todos los años.

En Georgia y en los condados con una población superior a los 200,000 habitantes, se requiere la inspección anual de las emisiones de los automóviles y los camiones ligeras. Este requisito es parte de un programa federal encaminado a reducir la contaminación del aire. La inspección anual obligatoria incluye las bombas de aire, los filtros, los convertidores catalíticos y el nivel de las emisiones del escape.

Por lo que se refiere a los vehículos, hay varias clases de leyes. Por ejemplo, un proyecto de ley de 1991 hizo que tocar el estéreo del coche tan alto que se oiga a treinta y tres metros de distancia sea una infracción. Algunos se oponen a esta ley. Dicen que limita la libertad de la expresión. Además, otra ley de Georgia limita el tinte de las ventanillas del vehículo. La ley se aprobó para que los agentes de policía pudieran ver más fácilmente el interior de los automóviles. Esta ley también tuvo oposición. A los propietarios de los vehículos que tuvieron que reemplazar de su propio bolsillo las ventanillas teñidas, les parecía injusto. ¿Qué te parece?

Tercero, existen ciertas leyes que regulan el modo actual de operar los vehículos motorizados. En este estado, esas leyes se conocen colectivamente con el nombre de "Reglas Uniformes de la Carretera". Se encuentran bajo el título 40 del Código de Georgia.

Entre esas leyes las hay que se aprobaron para aumentar la seguridad de los operadores y de los pasajeros. En el año 1988, Georgia publicó una ley que requiere que cada ocupante de los asientos delanteros del automóvil se ponga un cinturón de seguridad. Al motorista que no lleve puesto el cinturón de seguridad se le puede imponer una multa. Georgia también tiene como ley que los niños menores de cuatro años, cuando viajan en un vehículo de motor, vayan sujetos en un asiento automovilístico debidamente aprobado.

También se aplican regulaciones especiales de seguridad en el caso de las motocicletas. La ley de Georgia requiere que todo motociclista, así como el pasajero, lleven puestos algún tipo de calzado. También se debe de llevar puesto el casco de seguridad con visor que proteja los ojos.

Aunque por lo general, se han aceptado los beneficios de la seguridad que suponen estos requisitos, dichas leyes también han dado lugar a polémicas. La cuestión es la siguiente: La decisión de ponerse un casco o un cinturón de seguridad ¿debe ser una decisión individual? O ¿la cuestión de la seguridad individual es de suficiente interés público como para que el gobierno requiera estas precauciones de seguridad? ¿Qué opinas?

## ¿Quién aprueba las leyes de tránsito?

La legislatura del estado promulga las leyes básicas de licencias, matrículas, inspección y operación de los vehículos motorizados. Estas reglas las hacen cumplir los gobiernos municipales y de los condados, además del gobierno estatal. De esta forma, cualquier agente de policía puede hacer cumplir una ley estatal de tránsito. (Véase la ilustración 11-1.)

Sin embargo, los gobiernos locales pueden regular los límites de velocidad en las carreteras que quedan dentro de sus confines—excepto en las carreteras interestatales. Esto explica por qué una ciudad puede poner un límite de 30 millas por hora (mph) en sus calles, y otra ciudad puede ser que tenga un límite de 35 millas por hora (mph). Los gobiernos locales también deciden donde se colocan los dispositivos que regulan el tránsito, como las luces (los semáforos) y los avisos.

El gobierno federal ejerce algunos controles. Generalmente, se han impuesto como los requisitos para la concesión de fondos. Por ejemplo, para reducir el consumo de gasolina, después de la escasez del petróleo durante los primeros años de la década de 1970, se impuso a los estados la alternativa de que la velocidad máxima de circulación fuera de 55 millas por hora, o de perder los fondos relacionados con las carreteras

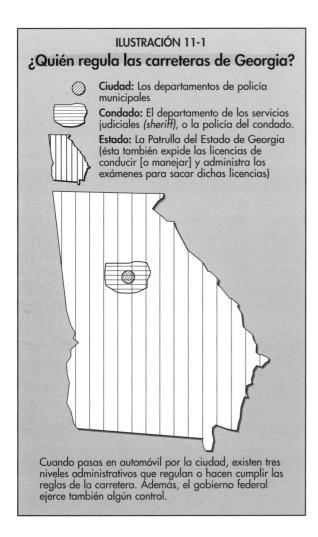

**ILUSTRACIÓN 11-1**
## ¿Quién regula las carreteras de Georgia?

**Ciudad:** Los departamentos de policía municipales

**Condado:** El departamento de los servicios judiciales *(sheriff)*, o la policía del condado.

**Estado:** La Patrulla del Estado de Georgia (ésta también expide las licencias de conducir [o manejar] y administra los exámenes para sacar dichas licencias)

Cuando pasas en automóvil por la ciudad, existen tres niveles administrativos que regulan o hacen cumplir las reglas de la carretera. Además, el gobierno federal ejerce también algún control.

laciones de tránsito. Por ejemplo, en Inglaterra y en el Japón se circula el vehículo por el lado izquierdo de la carretera.

Las sanciones por las violaciones de tránsito son también distintos en otros países. En muchos países, las sanciones por conducir o manejar embriagado son más severas que en los EE.UU. En algunos países, pueden incautarte el automóvil si cometes una violación de tránsito.

### Solo los hechos

1. Entre los siguientes requisitos de los todos los solicitantes para sacar una licencia de la clase C o de la clase D, ¿cuáles son obligatorios en Georgia? a) tener 18 años de edad; b) aprobar un examen del conocimiento de los aparatos oficiales de control del tránsito (*traffic-control devices*); c) pasar un examen sobre el mantenimiento básico de un vehículo; d) pasar un examen del conocimiento de las prácticas seguras de la conducción y de las leyes de tránsito del estado de Georgia; e) presentar un curso de capacitación para los conductores y tener al menos 20 horas de conducción supervisada o un total de 40 horas de conducción supervisada; f) aprobar un examen de guiar (conducir) en la carretera; g) tener ya un diploma de graduación de la escuela secundaria o su equivalencia; h) haber recibido la licencia para operar un motocicleta; i) completar los exámenes informativos sobre las drogas ilegales y el alcohol.

2. ¿Quién recibe una licencia de la clase D? ¿Qué restricciones impone esta licencia intermedia a los adolescentes?

3. ¿Qué tres tipos de leyes se aplican a la operación de los vehículos motorizados?

4. Describe en forma breve el papel que cada nivel gubernamental juega en la promulgación (creación) de estas leyes.

### Piensa

1. Los permisos se tienen que renovar periódicamente. ¿Debiera existir un permiso de chofer (operador) para toda la vida? ¿Debiera fijarse una edad máxima así como una edad mínima?

2. "Creo que la ley debiera (o no debiera) exigir que los motociclistas lleven los cascos puestos al manejar". Prepara una lista a favor de cada argumento.

3. ¿Debieran ser mayores las sanciones por violar de ley de los cinturones de seguridad? ¿Cómo debieran ser?

4. "Las reglas y regulaciones para operar vehículos motorizados debieran ser las mismas en todos los estados y países". Explica por qué estás de acuerdo o en desacuerdo.

federales. Un tipo de presión similar se impuso a los estados, a fin de que elevaran la edad mínima para la consumición de bebidas alcohólicas a 21 años de edad.

Con fecha 1 de julio de 1996, los límites de velocidad se elevaron a 65 y a 75 millas por hora en ciertas carreteras. La velocidad permitida dependía de la densidad de la población en un área dada. Por eso, hay ahora diferentes límites de velocidad en las carreteras, así que debes prestar atención a los avisos.

Las leyes de los estados no son uniformes. Pero los estados han procurado de que los avisos y las reglas de la carretera sean uniformes. De este modo, resulta más fácil y más seguro el viaje de un estado a otro. Entre los países extranjeros, existen muchas diferencias entre las regu-

# CUANDO OCURRE UN ACCIDENTE

### EL CASO DE LA NUEVA AUTOMOVILISTA, *CONTINUACIÓN*

Tina y Walter iban por una carretera de dos carriles cerca de su casa. De pronto, un automóvil que iba delante de ellos, casi paró al ir a doblar a la derecha sin dar ninguna clase de aviso o señal ni luz de alto. El auto de Tina lo seguía demasiado cerca. No pudo frenar a tiempo.

No fue una colisión desastrosa. Nadie resultó herido.

"Walter, ¿qué van a decir mi papá y mi mamá? Se van a enfurecer". Tina estaba a punto de llorar.

"Se alegrarán de que no estemos heridos. Vamos a bajarnos para ver qué le ha pasado al automóvil".

Tina y Walter salieron del automóvil y examinaron los daños. El otro automovilista era el señor Ancianito. Tenía la edad de su padre. Examinaba su vehículo. El parachoques (o guardafango) estaba torcido, una de las luces traseras estaba rota y el baúl (maletera) parecía como si se hubiera descerrajado. En el automóvil de Tina, el faro derecho estaba roto y el parachoques estaba abollado por el lado derecho.

Walter dijo, "Iré a una de esas casas por acá para llamar a la policía. Espera aquí, Tina, y no toques nada".

Cuando tu automóvil choca con otro, debes parar en el lugar del accidente (excepto en el caso que no haya lesiones ni daños a la propiedad). Darse a la fuga tras un accidente es un delito grave en todos los estados. En Georgia se lo castiga con una multa o con el encarcelamiento—aunque tú no hayas sido el causante del accidente. Si te asustas y huyes, vuelve al lugar del accidente o preséntate en la comisaría de policía. Eso puede mitigar la sanción.

En Georgia, la ley requiere que el automovilista que sufre una colisión en una calle de dos carriles, pare su automóvil inmediatamente. El motorista debe crear la menor obstrucción posible.

En las autopistas o en las carreteras de múltiples carriles, la misma regla corresponde si alguna persona resulta herido, muerto o si se producen daños extensos a la propiedad personal (o los bienes). Si ese no es el caso, el automovilista debe mover el vehículo al acera o a un carril de seguridad. Sin embargo, eso no se debe hacer si resulta en más daños al automóvil o si crea riesgos de seguridad.

En cualquier accidente, notifícaselo inmediatamente a la policía o al departamento del *sheriff* (el alguacil responsable de hacer cumplir las órdenes judiciales). Diles si se necesita de una ambulancia. Si te encuentras en un accidente donde el culpable es el otro automovilista, éste puede sugerirte que no es necesario llamar a la policía. Él o ella puede ofrecerse a pagar los daños y tal vez te sugiera que la situación se puede resolver más adelante entre los dos. Eso no es inteligente. La otra persona puede cambiar de idea, o puede darte informes falsos. Llama a la policía y pide que te extienda un informe policial.

Si chocas con un automóvil sin ocupantes, intenta encontrar al propietario. Si eso no es posible, deja una nota con tu nombre y con el número de tu teléfono.

### EL CASO DE LA NUEVA AUTOMOVILISTA, *CONTINUACIÓN*

Mientras esperaban, Tina y el señor Ancianito intercambiaron nombres, direcciones, los números de los permisos o licencias de conducir y los números de las matrículas o placas de los automóviles. También intercambiaron los nombres y direcciones de las respectivas compañías de seguros.

El agente de policía, Patricio Rizo, llegó al poco tiempo. Inmediatamente preguntó si alguien estaba lesionado. Después de comprobar que todos estaban ilesos, el agente le pidió a Tina y al señor Ancianito las licencias de conducir. También les pidió la prueba escrita (o impresa) de que tenían el seguro de accidentes. Mientras recogía la información, observaba atentamente a los dos. Trataba de ver si había algún indicio que indicara que uno u otro estaban bajo la influencia de bebidas alcohólicas o de drogas ilegales.

En la década de 1980, aumentó la preocupación pública con los accidentes y las muertes causadas por la operación de vehículos en esta-

# EL CONTRATO PARA TODA LA VIDA

### Un contrato para toda la vida entre un padre o una madre y un adolescente

El contrato del automovilista bebedor
(SADD o sea, *Students Against Drunk Driving,*
los Estudiantes en contra de la conductores borrachos)

**Adolescente**

Me comprometo a llamarte para pedir tu consejo y/o el transporte a cualquier hora, desde cualquier sitio, si me encuentro alguna vez en una situación donde he bebido demasiado, o donde un amigo o amiga u otra persona con la que he tenido un compromiso social me lleva en el automóvil y ha bebido demasiado.

Firma_____

**Padre o madre**

Me comprometo a ir por ti a cualquier hora, en cualquier sitio, sin entrar en preguntas ni en discusiones de momento o a pagar el importe de un taxi para traerte a casa sin correr riesgos. Espero que discutamos el asunto más adelante, en otra ocasión.

Si alguna vez me encuentro en una situación en la que he bebido demasiado, o en la que un amigo o una amiga que me lleva en su automóvil ha bebido demasiado, me comprometo a encontrar transporte seguro.

Distribuido por SADD (Estudiantes contra la operación de un automóvil en estado de embriaguez).

Firma_____

Fecha _____

Este "Contrato para toda la vida" sugiere una forma de reducir los accidentes y las muertes ocasionadas por la embriaguez (DUI). Es parte del gran esfuerzo que han hecho los grupos de ciudadanos—en este caso los estudiantes—para solucionar este problema.

El "Contrato para toda la vida" anima a la gente a tomar personalmente la responsabilidad de reducir la operación de un vehículo en estado de embriaguez. Es un ejemplo de la clase de deberes sociales que las familias o los clubes crean para gobernarse. Aunque el consumo alcohólico por parte de los adolescentes es ahora ilegal en Georgia, este contrato reconoce que a veces los adolescentes beben a pesar de dicha ley. Pero no es necesario que los adolescentes—o los demás—mueran porque han consumido las bebidas alcohólicas.

Este "Contrato para toda la vida" está redactado como un contrato. Pero ¿cumple en realidad con los requisitos de un contrato legal? (Véase las pp. 44-45). ¿Crees que pudiera (o debiera) hacerse cumplir por el sector público?

do de embriaguez. Como resultado, Georgia, así como otros estados, reforzó las leyes contra la operación de vehículos en estado de embriaguez (DUI por sus siglas en inglés). La edad legal para consumir las bebidas alcohólicas de forma legal se elevó desde los 18 años hasta los 21 años de edad. A nivel local, se aprobaron las leyes que prohíben las llamadas *happy hours*, o sea las horas en que se sirven dos bebidas por el precio de una y se prohibió llevar las botellas de bebidas alcohólicas destapadas por la calle. Las decisiones en cuestión de pleitos, hicieron responsables a los anfitriones de las fiestas particulares caseras que sirven bebidas y a los empleados de los bares que tiene ese mismo oficio (los cantineros), por los accidentes causados por personas incapacitadas para operar un vehículo tras salir de la casa del anfitrión o del bar.

Cualquier persona que tenga menos de 21 años que ha sido culpable del cargo de la posesión de las bebidas alcohólicas por un menor de edad mientras se conduce un vehículo puede sufrir la suspensión de la licencia de conducir por un período de hasta 120 días. Para rehabilitar el permiso de conducir, la persona debe presentar un curso (programa) informativo sobre el uso del alcohol y las drogas ilegales y el manejo bajo la influencia (DUI). Además cualquier persona que no tenga los 21 años de edad que ha sido culpable de tratar de comprar o adquirir las bebidas alcohólicas sufrirá la suspensión de su licencia por seis meses en el caso de la primera ofensa y por un año por las siguientes ofensas.

A los operadores sospechosos de estar bajo la influencia de bebidas alcohólicas o de drogas,

### ILUSTRACIÓN 11-2
## Si te detiene un agente de la policía

- Cuando un agente te hace señales para que te apartes de la carretera, baja la velocidad. A la primera oportunidad que tengas de hacerlo sin peligro, apártate al lado derecho de la carretera.
- Quédate dentro del automóvil y baja el cristal de la ventanilla.
- Sal del automóvil si el agente te lo pide. Esto puede ser para comprobar si estás bajo la influencia alcohólica o de drogas ilegales.
- Si el agente cree que estás embriagado, él o ella puede exigir que salgas del vehículo. Entonces puede pedirte que hagas una prueba de sobriedad. Éstas pueden incluir el andar en línea recta, tocarte la nariz o recitar al alfabeto. Dichas pruebas son cien por ciento voluntarias. Puedes negarte a ejecutarlas.
- Cuando el agente te lo pida, entrégale la licencia así como el comprobante del seguro de accidentes.
- Después de que te explique por qué te ha pedido que te apartes de la carretera, dile las razones por las que has violado el código de circulación.
- Sé cortés. A los agentes se les permite cierta flexibilidad a la hora de escribir la citación.
- El agente puede quedarse con tu permiso y darte un permiso temporal para garantizar que te presentarás ante el tribunal. La citación debe indicar cuándo y dónde debes presentarte.
- Nunca trates de huir cuando un agente te indique que debes apartarte de la carretera. Eso aumentaría las sanciones contra ti e incluyen la posibilidad de que te suspendan (quitan) la licencia (permiso) para operar un vehículo. Tambien puede dar como resultado que te acusen del delito de huir de un oficial de la policía.

se les detendrá. Se les pedirá que se sometan a un análisis del aliento o a una prueba sanguínea para determinar el contenido alcohólico en el cuerpo. La persona se puede negar la colabora-

ción. Sin embargo, la negación acarrea la suspensión automática de la licencia. Por otro lado, las pruebas de sobriedad que figuran en la ilustración 11-2 son voluntarias. Si la persona se niega a hacerlas no hay consecuencias adversas, pero esa negación se puede utilizar en contra de la persona a la hora del juicio para los cargos de DUI.

De acuerdo con las leyes de Georgia, una persona con el nivel sanguíneo de alcohol de 0.08% se considera como ofensor por DUI sin ninguna otra evidencia. Un nivel sanguíneo aun más bajo de 0.02% se establece por las personas menores de 21 años de edad. Si una persona ha sido culpable de DUI, se le puede suspender el permiso para hasta un año en el caso de la primera ofensa, en el caso de la segunda ofensa, puede ser por hasta tres años; si se trata de la tercera vez, se le puede anular el permiso. Para que se le rehabilite el permiso, el operador deberá completar un curso aprobado sobre el consumo alcohólico y de drogas ilegales y tendrá que pagar una recompensa (multa). Las personas culpables de DUI probablemente pasarán a la carcel además. En el caso de la primera ofensa, puede resultar en el encarcelamiento de 10 días a 12 meses; en el caso de la segunda ofensa, puede tratarse del encarcelamiento de 90 días a 12 meses; y en el caso de una tercera ofensa, la pena puede ser de 120 días a 12 meses. Además, hay que cumplir servicios comunitarios: en la primera ofensa, 40 horas de servicio; en la segunda, 80 horas; y 20 días en el caso de una ofensa subsecuente. Las multas son como sigue: de $300 a $1,000 por la primera ofensa, de $600 a $1,000 por una segunda ofensa y de $1,000 a $5,000 por la siguiente ofensa.

Ser culpable de operar un vehículo bajo la influencia alcohólica puede afectarte también de otras formas: subirá el costo del seguro de accidentes. También puede resultar difícil encontrar el seguro (porque a las empresas de seguros no les parecen buena idea ofrecértelo).

¿Qué otros costos puedes esperar? Entre otros: un recargo en la multa, el costo del curso sobre el abuso del alcohol que tendrás que tomar, el pago de la rehabilitación del permiso, la cuota a pagar por la fianza para ponerte en libertad después de la detención, el costo de la grúa para que remolque el automóvil hasta tu casa y lo que tengas que pagar de transporte mientras tu permiso esté suspendido. Puedes imaginar aun otros gastos relacionados.

### EL CASO DE LA NUEVA AUTOMOVILISTA, *CONTINUACIÓN*

El agente Patricio Rizo pidió por separado a cada operador que explicase cómo ocurrió la colisión. También entrevistó a Walter (como lo hubiera hecho con cualquier otro testigo del accidente). Luego, el agente Rizo estudió la posición de los vehículos. Dibujó un diagrama del accidente que incluyó la longitud y dirección de las huellas de goma que las llantas de cada vehículo habían dejado en el pavimento. También examinó los daños que presentaba cada vehículo.

Después de hacer la investigación, tuvo que decidir si iba a acusar a uno o a los dos operadores de haber faltado al código de circulación. Las huellas de las llantas indicaban que Tina probablemente iba algo demasiado rápido para las condiciones de la carretera. Le acusó de operar su vehículo demasiado rápidamente para las condiciones de la carretera. El agente Rizo acusó al señor Ancianito de doblar impropiamente la esquina y de mantener las luces de alto en estado defectuoso.

El agente Rizo les extendió citaciones a Tina y al señor Ancianito. Las citaciones les ordenaban que comparecieran ante el tribunal de tránsito al día y hora determinados.

Después de cualquier colisión automovilística, cada operador debe informar del accidente a su compañía de seguros tan pronto como sea posible.

Si el accidente no lo ha investigado un agente y resulta en lesiones, muerte o daños a la propiedad en exceso de $500, el operador o conductor debe presentar un informe del accidente. Éste se remite al Comisionario de la Seguridad Pública de Georgia (*Commissioner of Public Safety of Georgia*).

---

### Solo los hechos

1. Escribe una lista de las cosas que el operador del vehículo debe hacer después de un accidente.
2. ¿Qué observaciones hace el agente de policía en la escena del accidente?

---

### Piensa

1. ¿Por qué darse a la fuga tras el accidente es una ofensa seria?
2. ¿Qué sanciones crees que se deben imponer a alguien que por primera vez opera embriagado un vehículo (DUI), sin que resulten lesiones o daños serios? ¿Y si por primera vez opera embriagado un vehículo (DUI) y mata a varias personas? Explica las razones en que se basan tus respuestas.

---

## EL SEGURO AUTOMOVILÍSTICO

### EL CASO DE LA NUEVA AUTOMOVILISTA, *CONTINUACIÓN*

El padre y la madre de Tina se alegraron de que nadie estuviera lesionado. Pero no estaban exactamente contentos con el accidente. Le dijeron a Tina que llamara inmediatamente a la compañía aseguradora. Le dijeron que la compañía de seguros necesitaría saber toda la información que pudiera proporcionarles, empezando con el número de la póliza de seguros.

A toda persona que opere un vehículo en el estado de Georgia se le requiere que tenga ese vehículo asegurado. El propósito es proteger a todos los ciudadanos que viajan por las carreteras públicas. De esa forma, si sufren un accidente, se les puede compensar por las pérdidas que sufran. La compensación incluye los daños generales y los especiales. Los daños especiales se refieren a los pagos de las cuentas médicas y a las pérdidas de salario, así como a la reparación del vehículo. Los daños generales incluyen la compensación por el dolor y el sufrimiento.

La ley requiere que cada persona lleve consigo el comprobante del seguro y que tal comprobante se muestre a petición. El comprobante consiste en una tarjeta del seguro donde se especifica el nombre y la dirección de la compañía, el número de la póliza y el nombre del asegurado. ¿Qué quiere decir "el asegurado nombrado" (*named insured*)?

En el caso de Tina y Walter, Tina guiaba el automóvil de sus padres. El nombre del asegurado probablemente sería el de sus padres y no necesariamente el de Tina. Entonces ¿cómo es que la póliza a nombre de sus padres le cubre a ella? La mayor parte de las pólizas no solo cubren al principal dueño/operador del vehículo, sino que también incluye a otras "personas aseguradas". Estas personas son los parientes que residen en la misma casa, y los que han recibido permiso para operar el automóvil. Por ejemplo, si la madre de Tina fuera la dueña del automóvil y su hermana viniera de visita y operara el vehículo, a la hermana se la consideraría como operadora con permiso. Por lo tanto, también estaría asegurada, de forma que si condujera el automóvil descuidadamente y causara un accidente, la compañía aseguradora de la madre de Tina cubriría las acciones negligentes de ella. Y pagaría también cualquier reclamación presentada contra ella.

¿Y qué pasa con Tina? Bueno, Tina ciertamente es un pariente que reside en la casa pues vive con sus padres. Por lo tanto, está asegurada bajo esa póliza. No tiene por qué sacar una póliza bajo su propio nombre. Sin embargo, la mayor parte de las compañías aseguradoras quieren saber los nombres de todas las personas que pueden operar el automóvil. Es muy posible que el nombre de Tina figure en la póliza de sus padres. En algunos casos, la compañía aseguradora tratará de excluir a una persona en particular, por ejemplo a un adolescente. Por lo tanto, es muy importante leer la póliza para comprobar que no hayan excluido a nadie ni nada de los riesgos que cubre la póliza.

La persona que adquiera un seguro de riesgos puede escoger, hasta cierto punto, el tipo de riesgo y la cantidad por la que asegura dicho riesgo. Los tipos de riesgos incluyen el seguro de responsabilidad, el seguro a todo riesgo, el seguro de colisión, el seguro médico y el seguro contra los motoristas insuficientemente asegurados *(uninsured motorist coverage)*. (Véase la ilustración 11-3.) ¿Qué significa cada uno de dichos seguros? Te enterarás en las discusiones siguientes.

Mucha gente que compra un seguro no presta la atención suficiente al tipo de seguro que tienen. No hacen suficientes preguntas sobre el seguro hasta que lo necesitan. Y eso es generalmente cuando se encuentran en un accidente. En ese momento, puede ser que descubran que no tienen el seguro suficiente. Ése suele ser el caso con el riesgo de los motoristas insuficientemente asegurados, que se explicará más adelante en esta sección.

Cada persona que compra un seguro recibe lo que se llama la "página de declaración" *(declaration page)*. En ésta se especifica el tipo de seguro y la cantidad de seguro que la persona ha adquirido. La ilustración 11-4 es un ejemplo de una página de declaración.

El *seguro de responsabilidad* automovilística y el seguro contra los *motoristas insuficientemente asegurados* son obligatorios de acuerdo con la ley, con las indemnizaciones mínimas de $25,000. Naturalmente, puedes suscribir toda la indemnización que gustes o que quieras pagar. El seguro de colisión es voluntario y algunas veces,

---

**ILUSTRACIÓN 11-3**
### El seguro automovilístico

| Tipo de seguro automovilístico | ¿Lo requiere la ley de Georgia? | ¿Qué protege? | ¿A quiénes ofrece compensación? | ¿Se basa en quién tiene la culpa? |
|---|---|---|---|---|
| Responsabilidad | sí | la persona y la propiedad | a otros | sí |
| Colisión | no | la propiedad | a uno mismo | no |
| A todo riesgo | no | la propiedad | a uno mismo | no |
| Motoristas insuficientemente asegurados | sí | la persona y la propiedad | a uno mismo y a los ocupantes del vehículo | sí |

*Nota:* La ley de Georgia requiere que los motociclistas tengan el seguro de responsabilidad. Los otros tipos de seguro son voluntarios.

## LA DECLARACIÓN AUTOMOVILÍSTICA

### LA INFORMACIÓN DE LOS VEHÍCULOS ASEGURADOS

| UNIDADES | ESTADO | TERRITORIO | AÑO | DESCRIPCIÓN DEL VEHÍCULO | IDENTIFICACIÓN DEL VEHÍCULO | SÍMBOLO | CLASE | IDENT. MOTORISTA |
|---|---|---|---|---|---|---|---|---|
| 0001 | GA | 001 | 86 | HONDA ACCORD | IHGBA5325GA142365 | 8 | 886110 | 0001 |

**LA INDEMNIZACIÓN SE PROVEE SOLO CUANDO SE INDICA UN LÍMITE DE RESPONSABILIDAD O UNA PRIMA**

| EL TIPO DE SEGURO | LÍMITES DE RESPONSABILIDAD (En dólares) POR PERSONA / POR ACCIDENTE | | PRIMAS / DEDUCIBLES (en dólares) UNIDAD 00001 | |
|---|---|---|---|---|
| LESIONES | 100,000 | 300,000 | 153 | |
| DAÑOS A LA PROPIEDAD | 50,000 | | 156 | |
| GASTOS MÉDICOS | 5,000 | | 42 | |
| MOTORISTAS INSUFICIENTEMENTE ASEGURADOS -- BI | 100,000 | 300,000 | 98 | |
| MOTORISTAS INSUFICIENTEMENTE ASEGURADOS -- PD | 50,000 | | 6 | |
| A TODO RIESGO | (ilimitado) | | 40 | 100 |
| GRÚA Y ASISTENCIA | 25 | 4 | | |
| TRANSPORTE ADICIONAL | 15 | 450 | | |
| TOTAL UNIDADES DE PRIMAS: (por un período de seis meses) | | | 499 | |

(*Nota:* Todas las cantidades se dan en dólares [$])

la gente que tiene automóviles viejos y no lo compra (nota que se excluye en la ilustración 11-4). Otro tipo de seguro son los pagos médicos, que también es optativo.

## El seguro de responsabilidad
*(liability coverage)*

El seguro de responsabilidad incluye tanto los daños a la propiedad (vehículo y otra propiedad cualquiera) así como las lesiones personales.

### Las lesiones

La porción del seguro de responsabilidad que se refiere a las lesiones, provee la indemnización cuando la persona asegurada (generalmente el operador), a causa de su negligencia, causa un accidente en el que otra parte sufre lesiones graves. El seguro de la parte que es responsable (la parte que ha cometido la negligencia) queda a disposición de la víctima del accidente. La persona cuyo seguro se muestra en la ilustración 11-4 está cubierta por un seguro de responsabilidad de $100,000 por cada persona y de $300,000 por cada accidente.

Supongamos que la póliza de los padres de Tina les cubre por las mismas cantidades de seguro que se indican en la ilustración 11-4. Digamos que Tina ha causado un accidente y que las dos personas que iban en el automóvil contra el que chocó, han resultado seriamente lesionadas. Cada una de las víctimas puede presentar una reclamación por $100,000, si sus lesiones son muy graves. Estas reclamaciones se hacen a cargo de Tina y de su compañía aseguradora. Esto no significa que una persona que ha resultado lesionada tenga que limitarse a reclamar la cantidad estipulada en la póliza de seguros. También puede poner un pleito a la parte culpable para recuperar el importe de los daños que sobrepasen el límite estipulado en la póliza de seguros.

## Los daños a la propiedad

Los daños a la propiedad de otra persona están cubiertos por el seguro de responsabilidad de la póliza. Nótese que la póliza cubre daños a la propiedad por $50,000. En la colisión, Tina también ha dañado seriamente al otro automóvil. El operador del otro automóvil puede presentar una reclamación a cargo de Tina—solo por el automóvil—de hasta $50,000. Como la mayor parte de los automóviles poseen un valor muy inferior a los $50,000, esta cantidad representa un seguro elevado. Veamos ahora otro ejemplo. Digamos que Tina opera descuidadamente el automóvil, que pierde el control del vehículo y que se estrella contra la casa de alguien. La reclamación del propietario de la casa contra Tina se cubriría bajo esa porción (los daños a la propiedad) de la póliza de seguros de Tina.

## El seguro de colisión (choque)

Si tienes el seguro de colisión, y muchas personas no lo tienen, la compañía aseguradora te reembolsará el importe de los daños causados a tu automóvil como resultado de la colisión, aunque la culpa sea tuya. En otras palabras, el seguro de responsabilidad cubre los daños que has causado (si la culpa es tuya) a la propiedad de alguien. El seguro de colisión paga también por los daños que se hayan causado a tus propios bienes (no importa quién sea el responsable).

Veamos cómo funciona esto. Si sufres algún accidente y la culpa es de otra persona, tienes dos opciones. Puedes hacer que tu compañía aseguradora te pague de acuerdo con el seguro de colisión de tu póliza. O puedes intentar que la parte culpable pague. Sería más rápido que tu compañía aseguradora te pagara. Sin embargo, si decides hacerlo así, la cantidad a deducir que elegiste a la hora de suscribir la póliza (general-mente $100, $250 o $500) corre por tu cuenta. Y pasado algún tiempo, la parte culpable te reembolsará la cantidad deducida.

## A todo riesgo (comprehensive coverage)

Otro tipo de seguro de protección contra los daños a la propiedad (los bienes) es el que se llama "a todo riesgo". La compañía aseguradora lo ofrece para proteger tu propio vehículo. Cubre daños ocasionados por cualquier razón que *no sea* una colisión. Este seguro incluiría los daños causados a tu automóvil a causa de incendio, viento, agua u otras causas naturales. Protegería también el valor de tu vehículo en el caso de robo. O si en la carretera una piedra sale despedida del pavimento y te rompe el parabrisas. El seguro a todo riesgo no es obligatorio bajo la ley de Georgia. Nótese que en la ilustración 11-4, la póliza incluye un seguro a todo riesgo. La persona está cubierta sin límite alguno, paga una prima de $40 cada seis meses y lleva una cantidad deducible (descontada) de $100.

## El seguro contra los motoristas insuficientemente asegurados (Seguro "UM" o sea "uninsured motorist")

¿Qué es un seguro contra motoristas insuficientemente asegurados? Es quizá uno de los seguros más necesarios. Siguiendo de nuevo el ejemplo de Tina, supongamos que va por la carretera cuando de pronto alguien choca con su automóvil. El impacto hace que el auto de Tina dé dos vueltas de campana en la dirección del tránsito opuesto. A Tina la llevan rápidamente al hospital con una pierna y un brazo rotos que requieren de la intervención quirúrgica. Tiene que llevar un vendaje enyesado durante tres meses y pasar por seis meses de la rehabilitación física. El total de las cuentas médicas asciende a $60,000.

Tina no tiene seguro médico, pero la cubre la póliza del automóvil de su madre. Sin embargo, el seguro automovilístico (el mismo que figura en la ilustración 11-4), solo cubre $5,000 de los gastos médicos.

¿Quién pagará las cuentas médicas de Tina? Tal vez te parezca que la respuesta es obvia: naturalmente, la persona que chocó contra ella. ¿Y qué pasa si la persona en cuestión solo tiene el límite mínimo de responsabilidad que requiere la ley de Georgia, es decir $25,000? Supongamos que ésa es la situación aquí. Esa cantidad ciertamente no es suficiente para pagar las cuentas médicas. En esta situación, es cuando entra en vigor el seguro contra los motoristas insuficientemente asegurados, que existe en la póliza de Tina.

Bajo esta porción de la póliza de Tina, su propia compañía aseguradora se hace cargo de la responsabilidad de la persona que negligentemente chocó con ella. Tina podrá presentar una reclamación contra su propia compañía aseguradora, si la persona que chocó con ella no tiene seguro alguno o si no tiene una cantidad suficiente de seguro. Es este caso, la persona está insuficientemente asegurada.

¿Qué cantidad de dinero puede recibir Tina bajo la porción de seguro "UM" de su póliza? Recibirá la diferencia que haya entre la cantidad de su seguro contra motoristas insuficientemente asegurados (UM) y la cantidad de la responsabilidad suscrita por la persona culpable. Como puedes ver, el seguro contra los motoristas insuficientemente asegurados (UM) de la póliza de Tina, es por $100,000/$300,000. Esto significa $100,000 por persona y $300,000 por accidente. La diferencia entre $100,000 y $25,000 (la cantidad asegurada por la póliza de la otra persona) es $75,000. Por lo tanto, Tina puede recibir hasta $75,000 bajo el seguro de UM. Esto es más de lo necesario para cubrir todas las cuentas médicas.

En Georgia, la mayor parte de la gente lleva un seguro de UM muy bajo. Pide que tus amigos te dejen ver su póliza de seguros y la página de la declaración. Es muy posible que el seguro de "UM" sea por $25,000, pues es lo que se requiere en Georgia.

Si Tina hubiera tenido únicamente un seguro contra motoristas insuficientemente asegurados (UM) por $25,000 ¿qué le hubiera pasado? Vamos a ver. Tiene $60,000 de cuentas médicas y la persona que chocó con ella puede pagar $25,000 de acuerdo con su seguro de responsabilidad. El balance a pagar es de $35,000. Los beneficios médicos de la póliza de Tina pagarán otros $5,000. Ahora debe $30,000. ¿Cuánto puede recuperar de su propia compañía aseguradora bajo el seguro contra motoristas insuficientemente asegurados (UM)? Nada. ¿Por qué?

Recuerda, solo se puede recuperar la diferencia entre la cantidad de su propio seguro de UM y la cantidad suscrita por la parte culpable. El seguro UM de ella cubre los $25,000; el seguro de responsabilidad de la otra parte es por $25,000. La diferencia entre las dos cantidades es igual a cero. Por lo tanto, el balance de las cuentas médicas de Tina supone una deuda de $30,000, que tendrá que calcular cómo la va a pagar. Naturalmente, podría ponerle un pleito a la persona que chocó con ella. Pero si la persona en cuestión solo tiene $25,000 de seguro y si no tiene un buen empleo, una casa y otras propiedades, es probable que Tina nunca recobre más de los $25,000 de la póliza.

## La compra del seguro automovilístico

Si eres el propietario o el operador de un vehículo, debes comprar un seguro automovilístico. Hay muchas compañías de seguros que venden pólizas en este estado. Las primas varían. Las primas a pagar dependen de factores como la edad del solicitante, el sexo, el estado civil (casado, soltero, etc.) y la historia automovilística del operador. Varían también con el tipo de vehículo que se va a asegurar.

Las primas para los jóvenes, sobre todo para los menores de menos de los 21 años de edad, son más altas que para el resto de la población en general. Son más altas para los jóvenes que para las jóvenes. Esto es porque los estudios han demostrado que los hombres de esa edad causan más accidentes que las mujeres. Pero ¿qué pasa con los jóvenes que manejan o conducen con cuidado? Existe la evidencia de que algunos jóvenes operan un vehículo con mayor precaución que otras personas. Por lo tanto, algunas compañías aseguradoras reducen las primas de los conductores jóvenes que, por ejemplo, han seguido cursos para aprender a operar un vehículo, o que tienen buenas notas en la escuela. Pero, mientras las estadísticas demuestren que los conductores jóvenes causan un porcentaje mayor de accidentes, es casi seguro que las primas seguirán altas.

La cantidad asegurada también afectará la cuantía de la prima. Como se ha mencionado antes, la persona puede elegir una indemnización más alta. El tipo de seguro también afecta el costo. Por ejemplo, la persona puede escoger un "seguro completo". Eso incluiría los seguros de responsabilidad, colisión, todo riesgo y contra los motoristas insuficientemente asegurados. Semejante póliza costaría más que la que se limitara al seguro de responsabilidad obligatorio.

## Solo los hechos

1. ¿Qué tipos de seguro automovilístico son obligatorios en Georgia?
2. ¿Qué tipos de seguro automovilístico te protegen contra los costosos resultados de tu propia negligencia?
3. ¿Que tipos de seguro automovilístico cubren los daños a la propiedad?
4. ¿Por qué es tan importante tener un seguro que cubra adecuadamente el riesgo contra los motoristas insuficientemente asegurados?

## Piensa

1. ¿Por qué crees que el estado requiere que la gente tenga el seguro de responsabilidad, pero no requiere que tenga el seguro de colisión?
2. ¿Por qué un conductor debe pagar por el riesgo contra los motoristas insuficientemente asegurados, debido a que otros conductores no estén lo suficientemente asegurados? ¿Te parece justo?

## EN EL TRIBUNAL O LA CORTE DEL TRÁNSITO

La mayor parte de las violaciones del tránsito son las infracciones. Es lo que son las violaciones cometidas por Tina y el señor Ancianito. Se considera que las infracciones (*misdemeanors*) sean delitos o crímenes más leves que los delitos serios (*felonies*). En Georgia, las infracciones de tránsito las puede oír un tribunal de últimas voluntades del condado, un tribunal del estado, un tribunal de magistrados, un tribunal de menores o un tribunal municipal.

Si Tina hubiera tenido 16 años de edad o menos, su caso lo hubiera oído un tribunal de menores. Sus padres y/o cualquier testigo que ella hubiera querido llamar podrían estar presentes. En un tribunal para adultos, el agente de policía presentaría la evidencia. Tina (o su abogado) podría interrogar a estos testigos. Las sanciones por un delito de infracción de tránsito para una persona menor de edad podría ser una reprimenda, la suspensión de la licencia de conducir, la obligación de asistir a cursos para aprender a operar un vehículo y/o una multa. Las ofensas de tránsito más serias se tratan como los casos de delincuencia juvenil.

### EL CASO DE LA NUEVA AUTOMOVILISTA, *CONTINUACIÓN*

Tina se presentó ante el tribunal de tránsito a la hora indicada en la citación judicial. Vio que el señor Ancianito estaba allí. La sala estaba llena de gente acusada de violaciones de tránsito. El juez Robles se sentó al frente de la sala. No había jurado.

Los casos fueron llamados por turno. Primero, el juez llamaba el nombre de la persona acusada de la violación. Luego le entregaba el cargo o cargos contra él o ella. Después le preguntaba a la persona si entendía los cargos.

Cuando la llamaron, Tina se declaró inocente de ir demasiado rápido para las condiciones de la carretera. Le dijo al juez que el límite de la velocidad era de 40 millas por hora en la carretera donde ocurrió el accidente. Dijo que ella solo iba a 35 millas por hora.

Ella llamó a Walter de testigo. Walter dijo que él se fijaba en la velocidad porque Tina acababa de recibir la licencia de conducir. Confirmó que iba a 35 millas por hora.

El juez preguntó a Tina qué tiempo hacía y si había congestión de tránsito cuando el accidente ocurrió.

El juez Robles también llamó al agente investigador. El agente Rizo dijo que las señales que las ruedas habían dejado en el lugar del accidente, indicaban que Tina iba demasiado de prisa para evitar la colisión.

Mucha gente se declara culpable de las violaciones de tránsito, aunque creen que son inocentes. Eso se debe a que los tribunales aceptan "a menudo" el testimonio del agente que hace la detención si no hay prueba de lo contrario. Sin testigos, tal prueba puede ser imposible de demostrar. Sin embargo, el problema es que la admisión de culpabilidad se inscribe en tu récord de automovilista.

Si la persona se declara culpable o se comprueba que lo es, la sanción depende de la violación. También depende de si la persona tiene ya antecedentes penales o un historial de violaciones de tránsito. El juez puede imponerle una multa o encarcelarla. Además, de acuerdo con la violación, el Departamento de Seguridad Pública (que regula las licencias) puede suspender o anular la licencia de la persona. Algunos jueces del tribunal del tránsito requieren que el conductor que sea culpable asista a clases para aprender a conducir un vehículo. O pueden requerir que la persona asista a las clases sobre el abuso de las drogas ilegales o de las bebidas alcohólicas. Si uno se declara culpable, en algunos estados no hay que presentarse ante el tribunal. Simplemente se puede remitir por correo la multa impuesta por la violación.

Cada vez que un motorista es culpable de violar las leyes de tránsito, a él o ella se le asignan los llamados "puntos" (*points*). Éstos se anotan en su récord (véase la ilustración 11-5). Si la persona acumula un total de 15 o más puntos durante un período de 24 meses, su permiso se suspenderá o se anulará. La legislación de Georgia del año 1997 sobre la responsabilidad del motorista estableció sanciones más fuertes en el caso de los motoristas jóvenes. Los conductores de menos de 21 años pierden su licencia por cualquiera de las ofensas que aparecen en la ilustración 11-5 que se penalizan con cuatro o más puntos y los conductores bajo la edad de 18 años sufren la pérdida de sus licencias cuando acumulan cuatro o más puntos durante cualquier período de doce meses.

Una licencia se suspenderá cuando el motorista

- es declarado culpable de un homicidio durante la operación de un vehículo.
- solicita o emplea fraudulentamente una licencia de conducir.

---

### ILUSTRACIÓN 11-5
## Las violaciones de tránsito y el sistema de los puntos en Georgia

- operación con imprudencia—4 puntos
- pase ilegal de un autobús escolar—6 puntos
- pase incorrecto en una cuesta o una curva—4 puntos
- exceso de velocidad entre más de 14 y menos de 19 millas por hora sobre el límite máximo de velocidad indicado—2 puntos
- exceso de velocidad entre 19 y menos de 24 millas por hora sobre el límite máximo de velocidad indicado—3 puntos
- exceso de velocidad entre 24 y menos de 34 millas por hora sobre el límite máximo de velocidad indicado—4 puntos
- exceso de velocidad de 34 o más millas por hora sobre el límite máximo de velocidad indicado—6 puntos
- desobediencia al aviso (dispositivo) de control de tránsito o a un agente de tránsito—3 puntos
- cualquier otra violación de tránsito—3 puntos
- posesión del envase destapado que contiene bebidas alcohólicas mientras se opera un vehículo—2 puntos

*Nota:* Una vez cada cinco años, a un motorista se le pueden reducir 7 puntos del total acumulado, si completa un curso para automovilistas.

---

- compite en una carrera por las carreteras.
- intenta escapar de la policía en un vehículo.
- se da a la fuga tras un accidente o abandona el lugar del accidente.
- no paga el importe de la gasolina en dos o más ocasiones.
- no comparece ante el tribunal de tránsito en el día y hora fijados en el caso de cualquier ofensa que no sea una violación de estacionamiento.
- se niega a someterse al análisis de sangre, de aliento o químico, para determinar si opera el vehículo bajo la influencia alcohólica. (En

este caso, se suspenderá automáticamente la licencia, pero se reinstaurará si se determina que el conductor es inocente de los cargos.)

- acumula 15 o más puntos (véase la ilustración 11-5) en 24 meses, a menos que los puntos se reduzcan mediante la asistencia a un curso para aprender a operar un vehículo.

- opera un vehículo motorizado bajo la influencia de bebidas alcohólicas o de drogas ilegales.

- se le ha declarado culpable de ciertas ofensas contra el uso de drogas, aunque no tengan nada que ver con el uso de un vehículo.

- no cumple con una orden judicial que manda que él o ella pague la manutención de un hijo menor.

- se le ha declarado culpable de operar un vehículo sin los seguros.

- tiene menos de 21 años y se le ha declarado culpable de operar un vehículo imprudentemente (el resultado es la anulación de la licencia de conducir).

Las decisiones de los tribunales del tránsito se pueden apelar a los tribunales superiores. Sin embargo, los costos de la apelación cancelan normalmente las posibles ventajas que se podrían obtener. Eso es particularmente cierto cuando las ofensas son infracciones.

### EL CASO DE LA NUEVA AUTOMOVILISTA, *CONTINUACIÓN*

El juez Robles le dijo a Tina que aunque fuera a una velocidad dentro de la indicada, se requería que ajustara la velocidad de acuerdo con las condiciones de la carretera. Decidió que era culpable y le impuso una multa de $20. El señor Ancianito se declaró culpable de doblar la esquina impropiamente y de circular sin luces de frenos. Se le impuso una multa de $15 y se añadieron tres puntos a su récord de automovilista.

### Los delitos graves del tránsito

Las tres violaciones del tránsito más comunes y corrientes que pueden resultar en la acusación del delito grave *(felony charges)* son el homicidio mediante vehículo, la lesión grave mediante vehículo y la delincuencia habitual (o la infracción habitual). Como son delitos graves en Georgia se oyen ante un tribunal superior.

El *homicidio mediante vehículo* se refiere a una situación en la cual un vehículo mata a una persona. La frase en inglés para tal situación es *vehicular homicide*. El motorista culpable puede ser que esté embriagado o drogado (DUI), que opere el vehículo imprudentemente o que huye de los agentes de policía. La ofensa es normalmente un delito grave que conlleva una sanción en la mayoría de los casos de 2 a 10 años de prisión.

La *lesión grave mediante vehículo* ( o en inglés *serious injury by vehicle*) se refiere también a un motorista que causa lesiones a otra persona cuando está embriagado o drogado (DUI), o cuando opera imprudentemente un vehículo. Un ejemplo de la lesión grave sería la pérdida del uso de cualquier miembro del cuerpo e incluye los daños al cerebro. Esta violación de la ley se considera como un delito grave y conlleva una sanción de 1 a 5 años de prisión.

La acumulación de incidentes puede contribuir a que el Departamento de Seguridad Pública declare que un automovilista es un *infractor habitual*. Se declarará que una persona es un infractor habitual *(habitual violator)* si comete tres violaciones durante el período de cinco años, consistentes en una combinación de ciertas ofensas serias u otras tantas mientras se esté en estado embriagado o drogado. A un infractor habitual se le puede anular el permiso de operador por cinco años. También se le puede encarcelar entre 1 y 5 años y/o una multa de al menos $1,000.

Después de que ha sido acusado de una violación de tránsito, el automovilista debe decidir si necesita un abogado que le ayude en la defensa de los cargos. Muchas personas, cuando se trata de las infracciones del tránsito, acuden al tribunal sin abogado. Sin embargo, en el caso de delitos graves, muy pocas personas se presentan ante un tribunal sin la representación de un abogado.

## EN RESUMEN

Desde hace cien años, no había automóviles en Georgia. Tampoco existían los sistemas gubernamentales, estatales o locales para el control del tránsito o de la circulación de los automóviles. No había patrulleros del estado para comprobar las licencias de los automovilistas, ni vigilar los automóviles que no sobrepasaran los límites máximos de la velocidad. No se habían inventado cosas como la detección por rádar ni los antidetectores. No existían folletos para explicar los reglamentos de la carretera para entregárselos a los nuevos automovilistas. No había semáforos ni tampoco avisos o letreros para señalar los límites de la velocidad. Y los tribunales inferiores no estaban inundados con las violaciones de tránsito.

Todos los desarrollos anteriores ilustran los efectos que el cambio tecnológico ha tenido en las leyes, tribunales, gobierno y vidas de este estado. El automóvil ha traído más cambios que la mayor parte de los inventos. Pero tal vez puedas pensar en otros muchos desarrollos tecnológicos que han resultado en toda una red de leyes.

La promulgación de estas leyes reflejan cuestiones legales básicas y gubernamentales. ¿Son las leyes actuales adecuadas? Y si lo son, ¿por qué tanta gente muere en los accidentes automovilísticos? ¿Se debieran cambiar las leyes? ¿Cuáles?

En este capítulo, te habrás dado cuenta que los gobiernos de diferentes países y estados contestan de maneras muy distintas a estas cuestiones. Además, las respuestas legales cambian con el paso del tiempo. Cambian al mismo tiempo que las situaciones y las actitudes de la sociedad cambian. A estas inquietudes existen ni respuestas únicas ni sencillas. ◻

# 12 | Los pleitos

Probablemente tienes alguna idea de lo que pasa en el proceso de la justicia penal, aunque solo sea por lo que hayas visto en los programas de la televisión. Pero tal vez sepas menos del proceso de la justicia civil aunque en la vida cotidiana hay más casos civiles que penales.

Como recordarás, una de las principales funciones de los tribunales de este país es la de resolver o solucionar las disputas. El proceso de solucionar una disputa por medio de la acción ante un tribunal se llama el *litigio* o el *pleito*. (En el inglés se expresa con la palabra general *litigation*.)

Este capítulo es un "estudio de caso" basado en los procedimientos de la ley civil. Los personajes son imaginarios, pero la situación se basa en lo que pudiera ocurrir en un caso real. El personaje principal en el caso quedará lesionado. Entonces se intentará recibir una recompensa de la parte (o sea la persona o personas) que cree que sea legalmente responsable.

Fíjate en lo que los abogados hacen en este capítulo para preparar el caso. A medida que el caso se aproxima al día del juicio, date cuenta cómo la situación se convierte en una especie de combate verbal. En otras palabras, así es el sistema entre adversarios, uno de las características sobresalientes del sistema legal estadounidense.

Nota también las reglas que definen o limitan esta tendencia hacia la lucha entre los adversarios. Tienen el propósito de asegurar que cada parte tendrá una audiencia equitativa. ¿La tienen?

Al leer este capítulo, considera también cómo el proceso de la justicia civil se podría simplificar. ¿Pero querríamos cambiar cualquiera de los derechos legales que existen por ganar una mayor eficiencia?

## LOS PRINCIPIOS DEL CASO

### El accidente

María del Tránsito Dolores es una estudiante de 18 años que está en el último año de la escuela secundaria de Druid Valley, en el condado de DeKalb, Georgia. María del Tránsito es una alumna excelente. También trabaja algunas horas por

**la contestación • el arbitraje • la reclamación • el incumplimiento • el descubrimiento • la evidencia (prueba) • la litigación • la mediación • la negociación • el arreglo extrajudicial • el veredicto**

día en un restaurante de comidas rápidas que se llama McDougal's y está a unas cuantas cuadras de distancia de su casa. La noche del 7 de mayo, María del Tránsito sale de trabajar a las 11 de la noche y decide ir a pie hasta su casa. Por el camino empieza a preocuparse por un examen muy importante que tiene el próximo día. María del Tránsito se detiene en el semáforo de Druid Avenue. Tan pronto como la luz cambia al verde, María del Tránsito empieza a cruzar la calle. Un automóvil con las luces apagadas se aproxima velozmente por la izquierda de María del Tránsito. Cuando el automovilista ve a María del Tránsito, frena. El automóvil derrapa y atropella a María. El parachoques (guardafango) delantero la golpea a la altura de la rodilla y ella cae al suelo. El automóvil sigue derrapando hasta que se para. El automovilista se apea para ver cómo está María del Tránsito.

El automovilista tiene 23 años y se llama Juan Veloz. Ha pasado por una tarde muy pesada. Ha estado preocupado por su empleo. Acaba de reñir con la novia. Y ahora —¡esto!

Hay un testigo del accidente. En el momento de la colisión, el señor Ojo Puesto da una vuelta con su perro. Está en la acera, enfrente de donde María del Tránsito fue atropellada. Inmediatamente localiza un teléfono y llama a la policía. A los cinco minutos llegan con un vehículo de asistencia médica. A María del Tránsito la llevan a un hospital de la localidad.

Mientras tanto, la policía cuestiona a Juan Veloz. Después de la investigación le hacen los cargos: la velocidad excesiva, la operación nocturna del vehículo sin luces y la falta de atención a una señal de tránsito.

En el hospital descubren que María del Tránsito tiene una de sus piernas partida además de otras heridas y contusiones. A causa de las lesiones de la pierna tiene que pasar cuatro semanas en el hospital. La estancia en el hospital y los cuidados médicos ascienden a más de $20,000.

Poco después del accidente, Juan Veloz comparece ante el tribunal municipal de tránsito. Juan se declara culpable de los cargos. El juez le impone una multa y le suspende el permiso de motorista.

## La reclamación

Joe Franco se pone en contacto con María del Tránsito mientras está en el hospital. Joe es el perito de daños de la compañía aseguradora, que se llama *Peach State*, que tiene Juan. Como peatón que ha sido herido, María del Tránsito tiene derecho a recibir un pago de la compañía de seguros de Juan por ciertas "pérdidas económicas". La compañía paga a los médicos de María del Tránsito y la cuenta del hospital.

Después de unos meses, María del Tránsito vuelve a sus estudios. Pero sigue con mucho dolor en la pierna izquierda, sobre todo en la rodilla. Se le hace imposible volver al trabajo. Empieza a preocuparse por si podrá continuar con sus estudios y por su futuro. Empieza a perder peso y se pone extremadamente nerviosa.

María del Tránsito se pone en contacto con Joe Franco, el perito de daños de Peach State. Le cuenta sus continuos problemas. Le pregunta si tiene derecho a otros beneficios adicionales bajo la póliza de seguros de Juan Veloz.

Joe le contesta que la empresa aseguradora Peach State ha pagado los beneficios a su favor bajo la cobertura de los pagos médicos. Lo que ahora pide ella, le dice, son los daños generales por el "dolor y (los) sufrimiento(s)". Le dice que la compañía no le pagará tales daños a menos que tengan que hacerlo como el resultado de un pleito.

## La contratación de un abogado

María del Tránsito habla sobre su caso con un abogado, Federico Barrientos. El licenciado Barrientos le dice a María del Tránsito que tiene el derecho a reclamar los daños generales y especiales de la persona que es culpable de sus lesiones (Juan Veloz). Si es necesario se puede iniciar un pleito. Barrientos le explica que los daños generales en un pleito por daños personales pueden ser el dolor físico y mental y la imposibilidad de trabajar. Los daños especiales son los que se pueden calcular como resultado de una pérdida. Por ejemplo, el salario que María del Tránsito perdió mientras estaba en el hospital se pudiera añadir y otorgar como los daños especiales.

Después de haber sido contratado por María del Tránsito, Federico Barrientos principia a investigar el caso y las circunstancias en que ocurrió. Toma apuntes de las declaraciones de los agentes policiales que investigaron el caso y del único testigo (el señor Ojo Puesto). Obtiene una copia del atestado (informe del accidente) policial presentado por los agentes que investigaron el caso. También saca copias del historial del hospital, de las cuentas médicas y de los recibos de los medicamentos. Le pide al empleador de María del Tránsito una declaración de las pérdidas de ingresos que ha tenido durante su hospitalización y recuperación.

### El intento de llegar a un acuerdo extrajudicial

Federico Barrientos se pone en contacto con Joe Franco, el perito de daños del seguro. Barrientos quiere llegar a un arreglo extrajudicial, si es posible. Franco consiente en reunirse con Barrientos.

Después de discutir los hechos del caso, tiene lugar el siguiente intercambio:

El señor Barrientos: Mi cliente aceptaría $75,000 para cerrar el caso.

El señor Franco: Basándonos en la evaluación que mi compañía ha hecho del caso, ofreceremos $40,000. Ésta es, debo añadir, nuestra máxima oferta.

El señor Barrientos: Lo siento, pero no puedo recomendar a mi cliente que acepte $40,000. Aunque naturalmente le presentaré su oferta. Creo que un jurado llegaría a un veredicto por más de $75,000.

Desafortunadamente, Federico Barrientos y Joe Franco no pueden llegar a un acuerdo en el caso de María del Tránsito (ninguna de las dos partes puede presentar ninguna prueba de estas negociaciones durante el juicio). Federico Barrientos aconseja a María del Tránsito que le ponga a Juan Veloz un pleito civil por los daños sufridos. Es este caso, María del Tránsito será la demandante y Juan Veloz el demandado.

### La determinación de la jurisdicción del tribunal

Antes de entablar (presentar) el pleito, el abogado debe determinar qué tribunal tiene la jurisdicción sobre el caso. Recordarás que la ju-

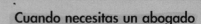

### Cuando necesitas un abogado

A lo largo de este libro hay situaciones donde se muestra cuándo un abogado puede ser útil. Esta lista ofrece unas directrices.

**En los casos civiles—**

- Cuando te ponen un pleito.
- Cuando quieres poner un pleito a otra persona.
- Cuando tienes algún derecho específico a una propiedad (bienes) de cierto valor, como cuando compras o vendes propiedad inmobiliaria.
- Cuando quieres transferir tu propiedad o tus bienes a otros.
- Cuando quieres establecer un negocio.
- Cuando quieres terminar un matrimonio.
- Cuando quieres proteger o hacer cumplir lo que considerarías el derecho legal tuyo.

**En los casos penales—**

- Cuando te acusan de un delito, especialmente si puedes ser encarcelado. En estos casos tienes el derecho constitucional a tener un abogado (si no puedes pagar uno, el estado debe proporcionártelo).
- Cuando puede ser que te enfrentes con serias consecuencias, como una gran multa o la pérdida de la licencia de motorista.

risdicción tiene dos aspectos principales—el de la persona y el de la materia (ver las pp. 27-28).

Bajo la ley de Georgia, un pleito civil por los daños debe juzgarse ante el tribunal que tenga autoridad sobre este tipo de casos, lo que sería ante un tribunal superior, o quizá ante un tribunal del estado. Además, la ley de Georgia ordena que la *jurisdicción* apropiada (el lugar del juicio) en un caso como el de María del Tránsito sea el condado donde el demandado reside en el momento en que se presenta el pleito. La jurisdicción del pleito está relacionada estrechamente con la jurisdicción de la persona.

El señor Barrientos se entera que Juan Veloz reside en el Condado de DeKalb, Georgia. Por lo tanto entabla el caso ante el Tribunal Superior del Condado de DeKalb.

1. ¿Qué ventajas tiene para cada parte si llegan a un arreglo extrajudicial?
2. ¿Por qué crees que las negociaciones para llegar a un pacto no son admisibles en el juicio?
3. ¿Por qué crees que la jurisdicción apropiada debe ser donde el demandado reside, en vez de donde el demandante vive?

## LAS ALEGACIONES (PLEADINGS)

### La demanda

Para iniciar una acción civil, el abogado del demandante debe informar al tribunal de las reclamaciones del demandante. Esto se hace *entablando* la demanda ante el tribunal apropiado. Entablar quiere decir entregar la demanda al se-

cretario judicial (*court clerk*). La *demanda* es un documento legal preparado por el demandado o su abogado. Ello especifica, en forma de párrafos numerados, la versión de los hechos por parte del demandado que apoya la demanda contra el demandado. Indica qué tribunal tiene jurisdicción. Si es apropiado, nombra la cantidad que el demandante pide que pague el demandado.

La demanda de María del Tránsito contra Juan Veloz se presenta en la ilustración 12-1. Dice que las lesiones y los daños de María del Tránsito fueron causados por la negligencia de Juan Veloz.

Para entablar la demanda de María del Tránsito, el licenciado Federico Barrientos se la entrega al secretario judicial del Tribunal Superior del Condado de DeKalb. El secretario le asigna un número al caso. Este caso llevará el número 81999.

---

**ILUSTRACIÓN 12-1**
**ANTE EL TRIBUNAL SUPERIOR DEL CONDADO DE DEKALB**
**ESTADO DE GEORGIA**

MARÍA DEL TRÁNSITO DOLORES,
Demandante,                    contra                    JUAN VELOZ,
                                                         Demandado.

**DEMANDA**

AHORA viene MARÍA DEL TRÁNSITO DOLORES con su demanda y con las causas que se siguen y muestra al tribunal lo siguiente:

1.

El Demandado, JUAN VELOZ, es residente del Condado de Dekalb, Georgia, con domicilio en 909 Hasty Street, Condado de DeKalb, Georgia. Dicho demandado está sujeto a la jurisdicción de este tribunal.

2.

Más o menos el 7 de mayo de 1997, en Decatur Road, en el Condado de DeKalb, Georgia, el Demandado condujo negligentemente su automóvil, atropellando a la Demandante, que era un peatón.

3.

Como resultado directo e inmediato de la negligencia del Demandado, la Demandante fue derribada al suelo con una pierna rota. La Demandante sufrió gran dolor físico y mental, así como la pérdida de ingresos.

Y POR LO TANTO, la Demandante suplica:

(a) Que de acuerdo con lo provisto por la ley, como proceso y reclamación;

(b) Se sentencie al demandado a pagarle la suma de ciento veinticinco mil dólares ($125,000), o cualquier otra cantidad que el jurado juzgue apropiada al caso, más todos los costos del juicio y;

(c) Que se le otorgue a la Demandante cualquier otra compensación adicional que sea justa y apropiada.

Federico Barrientos
Abogado por la Demandante

1000 Kindler Building
Decatur, Georgia 30030
(404) 555-7500

---

## La citación

En un caso civil, también se debe informar al demandado que se ha presentado una reclamación contra él o ella. Esta notificación es muy importante.

Al defendido se le notifica usualmente mediante la entrega de una copia de la demanda y un papel que se llama una *citación (summons* en inglés*)*. La citación informa al demandado que tiene treinta días a partir de la entrega de la citación para responder a las reclamaciones que el demandante hace en la demanda.

En Georgia, una citación se entrega corrientemente en mano al defendido, en su domicilio. El que entrega los papeles es generalmente el alguacil del condado u otro oficial del juzgado.

La entrega no es siempre fácil. En el caso de María del Tránsito, cuando el alguacil fue por primera vez a casa de Juan, no lo encontró. El alguacil volvió varios días más tarde, después de las horas de trabajo. Juan se escabulló por la puerta de atrás. Juan no quería verse envuelto en un pleito. Pero al próximo día, el alguacil llegó cuando Juan salía para el trabajo y le entregó

### Los secretarios judiciales

Los secretarios judiciales (*clerks of court*) y sus empleados entablan los documentos legales, mantienen los archivos de los casos judiciales y se ocupan de otros asuntos del tribunal. En Georgia, sin embargo, el secretario judicial del tribunal superior de cada condado es elegido por los residentes del condado. Este secretario judicial también custodia los documentos de propiedad inmobiliaria, las listas de votantes y de otros asuntos.

Los secretarios judiciales son diferentes de los escribanos. Los escribanos asisten al juez (o a un abogado) mediante la investigación de cuestiones legales o la redacción de decisiones judiciales. Los escribanos pueden ser estudiantes de derecho o licenciados recientes de las facultades de derecho.

la citación. Juan no debe evitar intencionalmente la debida entrega de la citación. No es legal actuar de esta manera, y podrá llevar consigo consecuencias legales graves.

## La réplica

Después de recibir la citación, el demandado debe responder a la reclamación del demandante. La respuesta se llama la *réplica*. La réplica (*answer* en inglés) es un documento legal que se presenta al secretario judicial del tribunal. En la réplica, el demandado admite o refuta los alegatos que el demandante hizo en la demanda. La réplica puede declarar también las defensas legales del demandado contra la demanda.

La réplica del demandado debe establecer también cualquier reclamación que el demandado pudiera tener contra el demandante a causa del suceso que resultó en la acción del demandante. Una reclamación del demandado contra el demandante se llama la *contrarreclamación*, o que en el inglés se dice *counterclaim*.

La demanda del demandante y la réplica del demandado son las *alegaciones* básicas en cualquier caso civil. Las alegaciones (*pleadings*) establecen cuáles cuestiones de hecho y de derecho se disputan y cuáles se deben resolver mediante el juicio.

La ausencia de una respuesta por parte del demandado a las reclamaciones del demandante, consistente en no presentar una réplica, se llama (o en inglés *default*) el *incumplimiento*. ¿Qué pasa si el demandado no contesta? El demandado pierde el caso. Por lo tanto, es muy importante que respondas cuando recibas una reclamación contra ti. El demandante puede prevalecer si no hay respuesta del demandado.

Tan pronto como Juan recibe la citación, se pone en contacto con Joe Franco, el perito de la compañía de seguros. Además del seguro médico, Juan tiene el seguro de responsabilidad civil y el seguro de colisión con la compañía de seguros automovilísticos Peach State.

Joe Franco remite el caso de Juan a una abogada con el nombre de Selma Esclarecida. Ésta le defenderá en el juicio.

Selma Esclarecida prepara la réplica a la demanda de la demandante. La réplica reconoce que el tribunal tiene jurisdicción sobre el caso. Niega que Juan Veloz fuera negligente. También niega que las lesiones de la demandante fueron causadas directamente por un acto, o por la falta de un acto, por parte del demandado. No se presenta ninguna contrarreclamación.

Al negar que el demandado fue negligente, la demandante debe probar que la negligencia existe. La demandante tendrá que probar también que sus lesiones fueron causadas por la negligencia de Juan Veloz.

Algunas veces, el juez o la juez de un caso civil puede decidir las cuestiones de hecho y de ley basándose solo en las alegaciones que se han presentado al tribunal. Esto es, lo que se llama la *sentencia sobre las alegaciones* (lo que se dice en inglés *judgment on the pleadings)* se hace cuando no hay un desacuerdo verdadero. Supongamos que en su réplica, Juan Veloz admite que cometió una negligencia y que dicha negligencia fue la causa de las lesiones de María del Tránsito. Supongamos que está de acuerdo con el importe de los daños que se piden. Entonces, no habría desacuerdo verdadero.

### Los alguaciles *(sheriffs)* del condado y los de la justicia federal

Los tribunales necesitan personas que hagan cumplir sus decisiones y órdenes. En los condados de Georgia, esto es la responsabilidad del alguacil del condado. Los alguaciles del condado son elegidos por los residentes del distrito. En los tribunales federales, esa es la responsabilidad de los alguaciles de la justicia federal (los llamados *marshals)*. Los alguaciles federales son nombrados. Tanto los unos como los otros—o sus delegados *(deputies)*—entregan los documentos del tribunal, como por ejemplo las citaciones. También llevan a las personas ante el tribunal y ayudan a mantener el orden.

Sin embargo, en el caso de *Dolores contra Veloz* el desacuerdo es claro. El caso se oirá ante el tribunal.

## LA PREPARACIÓN DEL JUICIO – EL DESCUBRIMIENTO

Una vez que se ha entablado el juicio civil, pasan varios meses (a veces más de un año) antes del juicio. Esto es ciertamente el caso en los condados que cuentan con mayor población en Georgia. El viejo dicho de que "las ruedas de la justicia se mueven lentamente" es una gran verdad en el caso de la ley civil.

Los abogados tienen que hacer una gran cantidad de trabajo antes del juicio. La presentación de la demanda o de la réplica es solo el principio del proceso. Federico Barrientos sabe que tendrá que presentar la evidencia o las pruebas para sostener las reclamaciones de su cliente. Selma Esclarecida sabe que tendrá que desacreditar dicha evidencia.

En la mayor parte de los casos civiles, los abogados de las dos partes llevan a cabo un cierto grado de descubrimiento antes del juicio. El *descubrimiento* se refiere a una variedad de técnicas y procedimientos que la ley de Georgia permite usar a las dos partes de un pleito para enterarse del caso de la otra parte. El descubrimiento (*discovery* en inglés) se emplea para reunir los datos necesarios. Puede ser importante también para definir los puntos verdaderos de un desacuerdo en un caso dado.

Hoy día, se permiten generalmente los descubrimientos amplios y de largo alcance. El abogado de cada parte puede enterarse de muchísima información sobre el caso de la otra parte. Una de las principales ventajas de este procedimiento es que ninguno de los dos abogados sería sorprendido en el juicio por el otro. La desventaja del descubrimiento extenso es que lleva mucho tiempo y cuesta mucho.

### Los interrogatorios

Los interrogatorios (o en inglés, *the interrogatories*) son una de las técnicas del descubrimiento. Éstos son preguntas por escrito que el abogado de una parte manda al abogado de la otra parte. Deben ser contestadas por escrito y bajo el conjuramiento por la parte a quien se dirigen. Estas respuestas deben ser presentadas al secretario del tribunal y entregadas al abogado de la otra parte dentro de 30 días a partir de la fecha en que se enviaron por correo. Excepto en los casos muy complejos, la ley de Georgia limita el número de interrogatorios a cincuenta. La falta de respuesta puede resultar en sanciones y penalizaciones impuestas por el tribunal.

En el caso de *Dolores contra Veloz* Selma Esclarecida, la abogada del demandado, principia el

### Los abogados

Un abogado(a) o licenciado(a) en derecho (leyes) es una persona que se ha preparado en el derecho. En el sistema estadounidense de justicia entre los adversarios en pugna, los abogados son contratados por las partes para que las representen en las disputas legales. En su actuación como representante, el abogado aboga o "lucha" por los intereses de su cliente.

Los abogados también se contratan para que aconsejen en los asuntos legales. De hecho, los abogados se llaman también "consejeros". Los abogados conocen los procedimientos que se siguen para hacer cumplir las leyes. Ellos saben cuáles son los derechos y obligaciones legales de las partes en las situaciones específicas.

¿Cómo es que la persona se convierte en abogado o abogada? Los abogados son graduados de las escuelas o facultades de derecho. Los programas de derecho consisten en tres años de estudios después de haber sacado el título universitario. Para practicar la abogacía, los estudiantes de derecho deben de aprobar el examen de ingreso (*bar exam*) en el colegio de los abogados. En Georgia, el Colegio de Abogados del Estado de Georgia (*State Bar*), la asociación de abogados de Georgia, administra el examen.

proceso de descubrimiento. Manda los interrogatorios por correo a Federico Barrientos, el abogado de María del Tránsito. En un caso como éste, las preguntas tienen que ver usualmente con la historia médica de la persona, con los accidentes y hospitalizaciones previos, con las circunstancias del accidente, con la identidad de los testigos, con los gastos médicos y con la pérdida de los salarios. Uno de los interrogatorios que la abogada Esclarecida manda al licenciado Barrientos es el siguiente:

¿Cuáles son los nombres y direcciones de todos los profesionales en medicina (médicos, quiroprácticos, osteópatas, etc.) que han examinado y prestado tratamiento a la demandante, desde la fecha del incidente hasta el día presente incluido? Sírvase dar en su respuesta, las fechas de las consultas, la razón de la consulta y los correspondientes costos.

Cualquier de las dos partes no tiene el derecho absoluto a descubrir todos y cada uno de los detalles. Por ejemplo, supongamos que un abogado pregunta: "Indique si fumó marihuana el 3 de abril antes de operar su automóvil". Esta pregunta podría ser rechazada porque la Constitución nos protege contra la incriminación propia. O supongamos que la pregunta fue: "Indique por favor el contenido de la conversación que ha tenido con su abogado en relación con este caso". Este interrogatorio trata de invadir otra área protegida por la ley, o sea la relación confidencial entre el cliente y su abogado. También puede ser rechazada.

## La solicitud para que se entreguen documentos

En este documento legal, el abogado pide a su contraparte, el abogado opuesto, que le proporcione ciertos documentos para que los examine y copie. Este procedimiento se sigue con frecuencia para "descubrir" las cuentas médicas, fotografías de las escenas del accidente, cuentas de reparaciones, presupuestos, etc. Como en el caso de los interrogatorios, una "solicitud para que se entreguen documentos" (en inglés *request for production of documents*) se debe responder dentro de los 30 días. De nuevo, la falta de respuesta puede resultar en sanciones y penalizaciones impuestas por el tribunal.

Los dos abogados se sirven de este procedimiento. Selma Esclarecida solicita las copias de las cuentas médicas. Federico Barrientos solicita una copia de la póliza de seguros de Juan Barrientos.

## La declaración jurada

Otra forma de descubrimiento muy empleada es la *declaración jurada*. La declaración jurada (*deposition* en inglés) es el testimonio oral bajo conjuramento tomada a un testigo (o a un demandado o demandante). La persona que la transcribe (el relator o en inglés, *the court reporter*)

en forma impresa o mecanografiada produce un documento que llega a ser la declaración jurada propiamente dicha. Como modo de adquirir la información necesaria, son más efectivos que los interrogatorios, en parte porque las respuestas a los interrogatorios son a menudo muy breves y descubren muy poca información. Por otro lado, las declaraciones juradas permiten el examen del testigo en persona (o en vivo), con preguntas complementarias para sacar datos adicionales.

En las declaraciones juradas, el abogado opuesto tiene el derecho a estar presente para proteger los intereses de su cliente. El o ella puede examinar a un testigo cuya declaración la toma el otro abogado. Este interrogatorio se llama *repreguntación*, conocido en el inglés como *cross-examination*.

Las declaraciones juradas se emplean a menudo en los juicios para destituir o desacreditar el testimonio de un testigo en particular. La declaración jurada transcribe y preserva el testimonio de un testigo. Por lo tanto, puede verificar que el testigo ha ya cambiado o haya olvidado su testimonio previo. El uso de una declaración jurada con este fin durante el juicio se llama destitución del testigo (*impeaching a witness*).

La ley reconoce que es costoso, inconveniente y a veces imposible que algunos testigos aparezcan durante el juicio de un caso. A menudo, los tribunales permiten que las declaraciones juradas de un testigo se lean al jurado durante el juicio. De esta forma, el testigo no necesita presentarse ante el tribunal para testificar. Con frecuencia, las declaraciones juradas de un médico se leen en vez de forzar al médico a que aparezca en persona. Una declaración jurada se puede leer también si el testigo ha fallecido o se ha mudado a otro lugar donde el tribunal no tiene la jurisdicción.

En un caso de lesiones personales como el de *Dolores contra Veloz*, el abogado de María del Tránsito toma las declaraciones juradas a todos los médicos que la trataron. Esto puede ser costoso. El precio de $300 por sesión es corriente en el caso de médicos que hacen declaraciones juradas. Además, cada parte paga por un copia de la declaración. Esto también eleva el costo.

El señor Barrientos pregunta a los médicos por su diagnosis y los tratamientos. A continuación damos un trozo de la declaración jurada del doctor Enríquez, uno de los médicos.

El señor Barrientos: Dr. Enríquez ¿estuvo usted a cargo del caso de la señorita Dolores mientras se encontraba hospitalizada?

El doctor Enríquez: Sí, fue mi paciente.

El señor Barrientos: ¿Sabe la fecha en que se le dio de alta en el hospital?

Después que el doctor Enríquez da la fecha, la abogada Esclarecida hace el interrogatorio de tipo repregunta:

La licenciada Esclarecida: Doctor, antes de que la demandante fuera dada de alta en el hospital ¿le recomendó que siguiera el tratamiento en su clínica?

El doctor Enríquez: Sí, así fue. Continué tratando a la señorita Dolores, la "demandante" como le llama, como una paciente en mi clínica después de que se le dio de alta en el hospital.

La abogada Esclarecida: Y no ha tenido ocasión de verla o de tratarla como paciente, desde hace varios meses. ¿No es así?

El doctor Enríquez: No sé lo que quiere decir en "varios meses". La vi hará cuatro meses. Le dije que pidiera llamar para fijar una cita médica si seguía con más problemas.

---

### Solo los hechos

1. Define las tres técnicas comunes del descubrimiento.

---

### Piensa

1. "A los testigos no se les debe pagar por el tiempo que gastan en hacer las declaraciones juradas o dar el testimonio". Presenta argumentos a favor o en contra de esa opinión.

2. ¿Por qué el juez normalmente no permitiría que se leyeran las declaraciones juradas en el juicio?

## EL JUICIO

Ahora llegamos al juicio propiamente dicho del Caso no. 81999, *María del Tránsito Dolores contra Juan Veloz* ante el Tribunal Superior del Condado de DeKalb, Georgia.

El juez que preside el juicio es Tomás Justo. El papel que juega el juez y su autoridad son de máxima importancia en el juicio. ¿Cuáles son algunas de sus responsabilidades? El (o la) juez

— insiste en que se mantenga el orden en la sala del juzgado y que el proceso se juzgue imparcialmente.

— controla el desarrollo del juicio, con declarar los descansos y las continuaciones (aplazamientos) cuando sean necesarios.

— controla la introducción de la evidencia (las pruebas), con hacer la determinación si será admisible para la consideración del jurado.

— decide las peticiones que hacen los abogados (una *petición*, o *motion* en inglés, que es la solicitud que se hace al juez para que cierta acción se siga en el proceso).

### Las cuestiones de derecho y de hecho

En cada disputa legal, el tribunal debe resolver las cuestiones de derecho y de hecho. Las cuestiones de derecho solo el juez las puede decidir. Las cuestiones de hecho las decide el juez si no hay jurado. De otro modo, el jurado las decide. ¿Qué tipos de cuestiones son éstas y cómo son diferentes?

Las cuestiones de derecho tratan de los principios legales que correspondan al proceso. En el caso de *Dolores contra Veloz*, el juez Justo debe resolver las cuestiones de derecho. Por ejemplo, con el conocimiento de lo que la ley dice que es necesario para que un acto se considere como la negligencia, el juez debe decidir si las alegaciones en el caso apoyan una reclamación de negligencia. Si no es así, él puede declarar sin lugar (*dismiss*) el caso.

Las cuestiones de hecho se relacionan con los hechos del caso. En el caso de *Dolores contra Veloz*, un jurado decidirá las cuestiones de hecho. Una de las cuestiones será si Juan Veloz cometió verdaderamente los actos alegados por María del Tránsito. Otra será si las lesiones de María del Tránsito fueron el resultado de las acciones de aquél.

## El jurado

La Constitución de Georgia garantiza el derecho a un juicio ante jurado en los casos civiles como éste. Después que el caso pasa a ser juzgado, la primera etapa es la selección del jurado. En casos civiles que se oyen en los tribunales al nivel estatal, el jurado puede tener solo seis miembros. Sin embargo, si la cantidad disputada sobrepasa los $10,000, una u otra de las partes pueden solicitar los 12 jurados (miembros del jurado o *jurors* en inglés). El jurado de un tribunal superior como en el caso de *Dolores contra Veloz*, tendrá 12 miembros.

Los jurados se componen de adultos (la gente con 18 años de edad o más) procedentes de toda la comunidad. No se puede excluir injustamente a nadie del servicio de jurado por razones de raza o sexo. Sin embargo, las personas que son mayores de 70 años de edad pueden pedir que su nombre se retire de la lista.

La junta de comisionados del jurado del condado recopila la lista de miembros potenciales del jurado. La junta se compone de seis miembros nombrados por el o la juez del tribunal superior y que sirven durante seis años.

Basado en la lista, se llama a un grupo de ciudadanos para que sirvan en el jurado durante una semana. Forman lo que se llama paneles de jurados (*jury panels*). De cada panel se seleccionan los jurados para que juzgan los casos individuales.

En el panel de *Dolores contra Veloz* hay 36 jurados posibles. Antes de seleccionar los 12 para formar el jurado, los abogados les harán preguntas. Este examen es lo que se llama *interrogatorio preliminar de un jurado* (*voir dire*, una frase francesa que se ha incorporado al lenguaje legal estadounidense). El propósito de este interrogatorio preliminar es seleccionar un jurado imparcial y justo. Los abogados, naturalmente, intentan seleccionar también miembros del jurado que puedan tener simpatía por el lado que representan.

En efecto, los miembros del jurado se seleccionan mediante el proceso de eliminación. A medida que vayas leyendo, verás que hay dos formas mediante las que el abogado puede eliminar a un miembro del jurado.

### Los agentes judiciales y los relatores

Los agentes judiciales (*bailiffs*, otra forma de alguaciles) ayudan a los jueces a mantener el orden en la sala del juzgado. Escoltan a los miembros del jurado para que entren o salgan de la tribuna del jurado. Escoltan a los testigos hasta el estrado de los testigos. También desarrollan otras obligaciones.

Los relatores (*court reporters*) transcriben los autos del juicio. Usualmente, se transcriben con una máquina estenográfica o mediante una cinta magnetofónica. El relator o la relatora prepara después una transcripción por escrito de los autos del juicio.

El interrogatorio empieza cuando el juez Justo hace algunas preguntas calificadoras de tipo general a todos los posibles miembros del jurado: ¿Alguno de Uds. es pariente de María del Tránsito Dolores o de Juan Veloz? ¿Alguno de Uds. emplea a María del Tránsito Dolores o a Juan Veloz? ¿Alguno de Uds. es accionista, empleado, oficial o director de la compañía de seguros automovilísticos Peach State (la compañía aseguradora de Juan)? Todos los jurados responden negativamente a las preguntas del juez.

Si un miembro del jurado hubiera contestado afirmativamente, él o ella pudiera haber sido rechazado "por causa". Esta es una forma mediante la que un miembro puede ser descartado. El rechazo por causa quiere decir que existe alguna razón lógica por la que ese miembro del jurado no debe ser seleccionado. Las preguntas pueden revelar que el miembro del jurado es pariente de alguien relacionado con el caso. O puede revelar que el miembro del jurado ya ha formado una opinión o un concepto sobre el caso.

En el interrogatorio preliminar del jurado, los abogados interrogan uno a uno a los miembros del jurado. El secretario judicial llama el nombre de la primera persona que pudiera ser miembro del jurado—Pedro Persona. Se levanta.

El licencidado Federico Barrientos empieza el interrogatorio.

El señor Barrientos: Señor Persona. ¿Tiene empleo en la actualidad?

El señor Persona: Sí, señor. Soy plomero. Trabajo para la compañía Watt Pipes Plumbing.

El señor Barrientos: Señor Persona. ¿Está casado?

El señor Persona: Sí, señor.

El señor Barrientos: ¿Su esposa trabaja fuera de la casa?

El señor Persona: Sí, señor. Trabaja a jornada parcial. Es contable.

Federico Barrientos le pregunta entonces si el señor Persona tiene hijos. El señor Persona indica que tiene un hijo de 13 años y una hija de 9 años. El señor Barrientos también le pregunta si ha servido antes en un jurado. Se entera que el Señor Persona sirvió en el caso penal de un robo.

Selma Esclarecida interroga entonces al señor Persona. Determina primero si ha sido parte de un caso civil. Entonces le pregunta lo siguiente:

La abogada Esclarecida: Señor Persona ¿me conoce personalmente o al abogado de la demandante?

El señor Persona: No, abogada.

La licenciada Esclarecida: Señor Persona ¿conoce personalmente a la demandante, la señorita Dolores, o a mi cliente, el señor Veloz?

El señor Persona: No.

Los abogados también pueden hacer preguntas a todo el panel de jurados. La licenciada Esclarecida les pregunta a todos si ellos, o algún miembro de sus familias, han sufrido lesiones alguna vez en un accidente de automóvil. A los que dijeron que sí, les preguntó si las lesiones fueron serias. Pedro Persona indica que su esposa tuvo una vez un accidente donde resultó levemente herida.

Los abogados esperan que sus preguntas descubran cualquier parcialidad, prejuicio o noción preconcebida sobre el caso.

Después que se ha completado el interrogatorio preliminar del jurado (voir dire), los abo-

---

### El proceso del juicio en los casos civiles (y los penales)

1. La selección del jurado—le interrogatorio preliminar (voir dire)
2. Las declaraciones iniciales
   Demandante (Fiscal)
   Demandado (Defensa)
3. La presentación del caso
   Demandante (Fiscal)—directo, repreguntación, re-directo
   Demandado (Acusado)—directo, repreguntación, re-directo
4. Las conclusiones finales
   Demandante (Fiscal)
   Demandado (Acusado)
   Demandante (a menos que el demandado o acusado no presente las pruebas o los testigos que no sea el demandado o acusado. En ese caso, el demandado o acusado tiene la opción de presentar al primero y al último del proceso.)
5. La deliberación del jurado
   El juez instruye al jurado
   El jurado elige al presidente del jurado
   El jurado delibera
   El jurado anuncia su decisión
6. El veredicto (seguido por la sentencia)

---

gados procederán a seleccionar un jurado con 12 miembros. Lo harán con *recusar* a los miembros del jurado. Usualmente, a cada lado se le permite un número limitado de estas recusaciones. En nuestro caso, cada abogado puede recusar 6 nombres del panel de 36 posibles jurados. Las primeras doce personas que no han sido recusados de la lista de miembros potenciales del jurado formarán el jurado del juicio. El abogado de la demandante hace las primeras recusaciones.

En una recusación, no se tiene que dar la razón por la que se recusa. Los posibles miembros del jurado corrientemente no saben por qué se les recusa. Usualmente, un abogado recusa a un miembro del jurado porque cree de alguna forma que el posible miembro del jurado no va a favorecer el caso de su cliente. Muchos abogados con experiencia a menudo no pueden dar una explicación mejor que la intuición para la recusación de un miembro del jurado. No hace falta decir que requiere muchísima práctica y una apreciación de la naturaleza humana para llevar a cabo un interrogatorio preliminar del jurado que sea efectivo.

Los abogados no pueden sistemáticamente eliminar a miembros del jurado a causa de su raza o sexo. El Tribunal Supremo de los EE.UU. ha determinado que se presume que no es equitativa la eliminación sistemática de los miembros del jurado porque son de cierto tipo racial o de género. El abogado contrario en tal caso puede presentar una petición al juez acusando al otro abogado de emplear la recusación con propósitos discriminatorios. El otro lado debe dar las razones que sean neutrales en los términos raciales o de género por las que ha eliminado a cada miembro del jurado. Cualquiera de los lados litigantes puede hacer esta petición. Se puede hacer aunque el cliente sea o no sea de la raza o el género que sistemáticamente se elimina.

Finalmente, se seleccionan los doce miembros del jurado (más un miembro suplente), e incluye a Pedro Persona. El juez les indica que pueden sentarse en la tribuna del jurado. A los miembros del jurado que no han sido aceptados se les despide. Cuando el jurado está en su sitio, el juez Justo pide las declaraciones iniciales en el juicio de *Dolores contra Veloz*.

## Las declaraciones iniciales

En un proceso civil, el abogado del demandante tiene el derecho de hacer la primera declaración inicial al jurado. La declaración inicial no presenta las pruebas (o la evidencia), pero los abogados usualmente le dicen al jurado lo que esperan que la evidencia muestre. Un juicio es un procedimiento de adversarios, así que los abogados tratan de que la declaración inicial sea lo más favorable posible para su lado del caso.

El abogado de María del Tránsito, Federico Barrientos, en su declaración inicial para el jurado hace un resumen de la naturaleza del caso.

El señor Barrientos también presenta a las partes del caso. Quiere que los miembros del jurado se familiaricen con el "reparto del elenco" en el juicio. Empieza de esta forma:

Señoras y señores del jurado. Me llamo Federico Barrientos. Represento a la demandante en este proceso (señala con un gesto), la señorita María del Tránsito Dolores. Ella ha iniciado este caso contra el señor Juan Veloz. Mi cliente se presenta ante este tribunal para que se le otorgue cierta cantidad de dinero por los daños debidos a las lesiones que sufrió cuando iba andando como peatón. Juan Veloz, el demandado en este proceso, la atropelló y la derribó con su automóvil.

Barrientos sigue contándole al jurado algunos de los detalles del atropello. Luego les informa de la recuperación de María del Tránsito después del accidente. Hace un resumen de la evidencia o las pruebas que espera presentar. Le pide al jurado que se mantenga libre de prejuicios. También pide al jurado que base su veredicto solamente en la evidencia presentada y en las instrucciones del juez.

Entonces, Selma Esclarecida, la abogada de Juan Veloz, sigue con su declaración inicial. Ella comienza con decir, "Me llamo Selma Esclarecida y represento a Juan Veloz. Ustedes tienen dos puntos básicos para decidir: ¿qué pasó el 7 de mayo? y ¿quién es el responsable por las lesiones reclamados por María del Transito Dolores? ¿Cuándo se sepa todos los hechos, ustedes ya comprenderán porqué la señorita Dolores no tiene derecho a ninguna compensación del señor Veloz". Continúa su discurso con decir al jurado que cree que la evidencia demostrará que el vehículo del demandado no excedió en la velocidad y que el demandado no fue negligente. Por lo tanto, su cliente no es responsable por ninguna clase de pago por los daños de la demandante.

## La presentación de la evidencia

Después de las declaraciones iniciales, el juez Justo llama al abogado de la demandante para que presente su evidencia (*evidence* en inglés o sea las pruebas).

Federico Barrientos sabe que la carga de la prueba es suya y de su cliente. Es decir, que debe presentar al jurado la evidencia que pruebe de manera satisfactoria que los hechos del caso apoyan los cargos contra el demandado. Barrientos debe mostrar que su cliente fue de verdad lesionada y también debe mostrar que esas lesiones fueron el resultado de la negligencia de Juan Veloz.

La *evidencia* es un término de derecho que significa una cuestión de los hechos tiende a probar, o a refutar, otra cuestión de los hechos relevantes al caso. Las dos clases principales de evidencia son la real y la testimonial. La *evidencia real* se refiere a las cosas físicas o tangibles (las que se pueden tocar) o a los documentos. Las fotografías del accidente serían ejemplo de la evidencia real. La *evidencia testimonial* se refiere a las declaraciones de los testigos (los testimonios). Usualmente en un proceso se emplean las dos clases de evidencias, la real y la testimonial.

Durante un juicio, el abogado puede protestar por alguna evidencia que el abogado opuesto quiere presentar. El juez determina si la evidencia será admisible. En otras palabras, el juez decide si permitirá que el jurado oiga o considere la evidencia. Algunas veces el juez se niega a aceptar la evidencia que claramente es inadmisible, aun en el caso que el otro abogado no proteste.

Las reglas de la evidencia se han desarrollado a lo largo de muchos años. El concepto que subraya dichas reglas es éste: La evidencia que tiende a ayudar a un miembro del jurado a llegar a la verdad debe ser admisible. Los asuntos que no le ayudan al jurado a aclarar la verdad se deben rechazar. La evidencia que ayuda al jurado en dicho propósito se llama la prueba pertinente (*relevant evidence*). La evidencia que no le ayudará al jurado se conoce como la prueba impertinente (*irrelevant evidence*).

En el caso de María del Tránsito, un ejemplo de la prueba pertinente sería el testimonio del señor Ojo Puesto sobre lo que vio en la colisión. El testimonio de alguien sobre lo que el señor Ojo Puesto dijo del accidente no sería admisible. Tal testimonio sería la llamada *prueba de oídas* (en inglés, *hearsay evidence)*. La prueba de oídas se considera que no es de fiar. General-

mente no es admisible. Sin embargo, hay algunas excepciones muy importantes a la regla de la prueba de oídas. Un ejemplo de esas excepciones sería la declaración del víctima moribundo que identifica al asesino.

Para ayudar al jurado, el abogado Barrientos prepara un gran diagrama de la escena del accidente (véase la ilustración 12-2). Semejante diagrama no constituye en sí una prueba (o sea una evidencia). Su función es ayudar al jurado a comprender la situación física de la colisión. Si el juez lo permite, dichas representaciones gráficas se emplean a menudo en el juicio de casos relacionados con los accidentes.

El primer testigo que llama Federico Barrientos al estrado de los testigos para ser examinado directamente es María del Tránsito Dolores. El señor Barrientos juramenta a María del Tránsito con el siguiente conjuramento: "¿Jura (o afirma) solemnemente que el testimonio que va a dar en el caso aquí pendiente ante este tribunal será la verdad, toda la verdad y nada más que la verdad, con la ayuda de Dios?" María del Tránsito contesta: "Sí". El licenciado Barrientos interroga a María del Tránsito.

El señor Barrientos: Diga su nombre completo al tribunal y al jurado.

La señora Dolores: María del Tránsito Dolores.

El señor Barrientos: ¿Es usted la demandante en este caso?

La señora Dolores: Sí, la soy.

El señor Barrientos: ¿Con esta acción intenta recobrar el importe de los daños causados por el señor Veloz?

La señora Dolores: Sí.

Entonces, el abogado Barrientos le interroga acerca del accidente. Le pide que describa "en sus propias palabras" lo que pasó. Le pregunta lo que recuerda de cómo el demandado guiaba su automóvil. María del Tránsito Dolores testifica sobre los daños corporales que sufrió y su tratamiento médico. Describe su dolor, su malestar, su nerviosismo y la pérdida de sueño. Federico Barrientos le pide entonces a María del Tránsito que autentifique las cuentas médicas y de los medicamentos. Autentificar (*authenticate*) significa aquí que identifique los documentos. Entonces testifica que estas cuentas representan gastos verdaderos. El señor Barrientos solicita que estos documentos se reciban y se registren como las evidencias que apoyan la reclamación por daños de María del Tránsito Dolores.

Ahora la abogada del demandado tiene el derecho a la repreguntación sobre el testimonio que la testigo acaba de dar. Uno de los propósitos de la repreguntación es reducir el impacto del interrogatorio directo. O se puede emplear para plantear dudas sobre la veracidad del testigo.

En la repreguntación, el abogado puede hacer las llamadas *preguntas sugerentes* (en inglés se dice *leading questions*). Éstas son preguntas hechas de tal manera que sugieren la respuesta que el interrogador desea, si bien no se pueden emplear en el interrogatorio directo.

La abogada Esclarecida: Era una noche oscura, ¿no?
La señorita Dolores: Sí, pero no tan oscura que no pudiera ver.
La licenciada Esclarecida: Pero no miró a un lado y al otro de la calle por si venía algún vehículo antes de cruzar la calle, ¿no?
La señorita Dolores: No.

La abogada sugiere a María del Tránsito y ella lo admite, que en realidad no vio a Juan Veloz ni a su automóvil antes del impacto. María del Tránsito admite también que empezó a cruzar la calle tan pronto como el semáforo cambió al verde. No miró antes para ver si venía algún vehículo.

Tan pronto como la abogada del defendido concluye, el señor Barrientos puede hacer preguntas adicionales al testigo. El procedimiento se llama la re-dirección (segundo interrogatorio directo o *re-direct* en inglés). Lo pueden emplear los dos abogados. Los dos abogados también pueden volver a llamar al estrado a cualquier testigo durante su presentación de la evidencia.

Cuando continúa su presentación de la evidencia, Federico Barrientos lee al jurado una parte de las declaraciones juradas extrajudiciales de los médicos (que él tomo previamente). Selma Esclarecida lee al jurado su repregunta de los

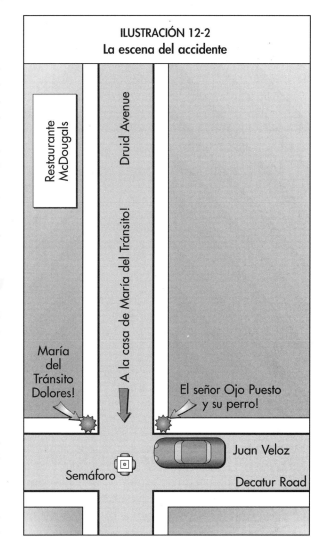

**ILUSTRACIÓN 12-2**
**La escena del accidente**

Restaurante McDougals

Druid Avenue

A la casa de María del Tránsito!

María del Tránsito Dolores!

El señor Ojo Puesto y su perro!

Juan Veloz

Semáforo

Decatur Road

médicos. El juez Justo indica al jurado que las lecturas de las declaraciones juradas de los médicos se deben tratar como la evidencia tal y como si los médicos hubieran dado sus testimonios ante el tribunal.

Date cuenta que los médicos representan una clase de *testigos expertos*. Los testigos expertos, debido a sus conocimientos o experiencia especializada, pueden sacar ciertas inferencias o conclusiones de los hechos de un caso. Por ejemplo, un médico puede dar una opinión sobre si una colisión pudiera causar las lesiones que se han declarado. La opinión sobre la misma cuestión cuando la hace un testigo no considerado como experto, sin embargo, no sería permitida.

Federico Barrientos llama entonces a Guillermo Ojo Puesto, el testigo del accidente. Al testigo se le toma el juramento. El señor Barrientos empieza el examen directo del testigo, y el señor Ojo Puesto revela que en la noche del accidente, estaba cerca de la intersección de la Avenida Druid y la carretera de Decatur, en el condado de DeKalb.

El señor Barrientos: ¿A que hora aproximada estaba allí?

El señor Ojo Puesto: A eso de las 11 de la noche. Saqué a pasear al perro.

El señor Barrientos: ¿Observó una colisión entre un automóvil y un peatón?

El señor Ojo Puesto: Sí.

El señor Barrientos: ¿No observó que el automóvil iba a unos 80 kilómetros por hora (50 millas por hora)?

La señora Esclarecida: Su señoría, protesto por la pregunta, basándome en que el señor Barrientos le hace a su testigo una pregunta sugerente. En realidad, le está sugiriendo la respuesta que busca.

El juez Justo: Ha lugar a la protesta.

El señor Barrientos: Retiraré la pregunta.

Federico Barrientos pasa a preguntarle a Guillermo Ojo Puesto sobre lo que en realidad observó del accidente. Le pregunta lo que recuerda en cuanto a la forma en que Juan Veloz operaba el automóvil.

La señora Esclarecida comienza la repregunta de la siguiente forma:

La señora Esclarecida: ¿A qué distancia estaba de la colisión que dijo haber observado?

El señor Ojo Puesto: A unos 10 ó 12 metros (30 a 40 pies).

La señora Esclarecida: No tiene forma de saber la verdadera velocidad a la que iba el señor Veloz antes de la colisión. ¿No es así?

El señor Ojo Puesto: Así es.

La señora Esclarecida continúa repreguntando, pero no logra desacreditar el testimonio de Guillermo Ojo Puesto. Ni logra inducirle a que se contradiga en nada.

Cuando concluye el testimonio del señor Ojo Puesto, el caso de la demandante está completo. El señor Barrientos dice: "Su señoría, la demandante ha terminado ya".

## La petición de veredicto por instrucción judicial

Después que el caso de la demandante ha concluido, la licenciada Esclarecida dice:

Su señoría, pido un veredicto por instrucción judicial (*directed verdict*) a favor del demandado, en base de que la demandante no ha logrado probar cada parte del caso, y un jurado de personas razonables no podría diferir en su veredicto a favor del demandado. (En otras palabras, el jurado debe absolver al demandado basándose en la evidencia de la demandante).

Lo que en efecto dice la señora Esclarecida es que la demandante no ha probado su caso. En este punto pide al juez que descarte el caso. Si el juez otorga la petición, entonces el veredicto (la decisión o el fallo) se "dirige" a favor del demandado. El caso no pasaría al jurado. Sin embargo, el juez Justo dice:

No estoy de acuerdo con la petición. La demandante ha presentado un caso de negligencia hasta este punto como una cuestión de hecho para el jurado. Por lo tanto, no ha lugar y deniego la petición por ahora. Puede seguir con su lado del caso.

En forma similar, el abogado de la demandante puede pedir un "veredicto por instrucción judicial" a favor de la demandante cuando concluya la presentación de toda la evidencia. Esto se haría si pareciera que los miembros razonables del jurado estarían de acuerdo en que la demandante había probado claramente su caso. Pero el asunto de los daños monetarios quedaría para que el jurado lo decidiera.

## La defensa

La señora Esclarecida, la abogada del demandado, debe desacreditar la evidencia que la demandante ha presentado. La señora Esclarecida tiene que tomar una decisión táctica difícil. Puede llamar a los testigos como parte del caso del demandado. O puede optar por no presentar más evidencia ante el jurado. Un abogado puede decidirse a seguir el segundo curso de acción, en especial si la nueva evidencia va a ser simplemente una recombinación de la evidencia de la demandante. Recuerda que la abogada del demandado ha tenido la oportunidad de repreguntar a todos los testigos de la demandante. La debilidad en el caso de la demandante se puede demostrar de esa forma.

La señora Esclarecida decide no presentar evidencia alguna. De ese modo se le permitirá que haga las primeras conclusiones y las finales ante el jurado. Generalmente el abogado del demandante tiene el derecho tanto a ser el primero como a ser el último con la presentación de las conclusiones finales.

## Las conclusiones finales

Después que la evidencia ha sido presentada por los dos lados, el juez pide las conclusiones finales. En ese momento, cada abogado puede argüir su propio caso ante el jurado.

Las conclusiones finales son completamente diferentes de la declaración inicial. En la declaración inicial, el abogado por lo general resume el caso entero como una cuestión de hecho. En las conclusiones finales, los abogados hacen comentarios directos sobre la evidencia y los testigos. Arguyen los hechos que creen que la evidencia ha probado. Sin embargo, no pueden mencionar nada que no se haya presentado como evidencia o pruebas durante el juicio.

Selma Esclarecida ha decidido "renunciar" a sus primeras declaraciones. Espera impresionar al jurado con su conclusión final. Sabe que será la última argumentación que el jurado oirá.

Federico Barrientos, en su conclusión final, pone el énfasis en los tres elementos esenciales que la demandante ha probado: (1) la negligencia por parte del demandado, que fue (2) la causa aproximada de (3) los daños, por los que la demandante debiera ser compensada. Le dice al jurado que no se pueden rectificar los daños que le han causado a su cliente, la demandante. Pero dice que el jurado puede hacer en favor de la demandante lo que la ley permite. Es decir que se puede otorgarle una compensación económica por las lesiones de la demandante.

En su argumento final, la señora Esclarecida dice que la evidencia muestra claramente que la demandante se ha recuperado bien de cualquier lesión que pudiera haber sufrido en el accidente. Aun en el caso que el jurado determine que el demandado sea culpable de la negligencia, la abogada sostiene, se debiera otorgar solo una cantidad mínima por los daños generales de la demandante.

## La instrucción del jurado

Después de la conclusión final de la señora Esclarecida, el juez Justo instruye al jurado. Esto quiere decir que el juez instruye al jurado sobre la ley que sea pertinente a los hechos del caso. En el caso de las lesiones personales, las instrucciones del juez son usualmente largas. El juez explica la ley por lo que se refiere a asuntos tales como quién tiene la carga de la prueba. El juez Justo también instruye al jurado sobre la ley de la negligencia, los elementos de una acción negligente, incluyendo la causa aproximada y la ley que se relaciona con los daños.

El juez explica que es necesario que haya un veredicto unánime. "Veredicto", le dice al jurado, "significa simplemente 'la verdad'. Y eso es lo que deben de buscar en sus deliberaciones totalmente privadas".

## Las deliberaciones del jurado y el veredicto

Tan pronto como los miembros del jurado se retiran al cuarto del jurado, eligen un presidente. Eligen a Pedro Persona. Entonces, los miembros del jurado consideran las cuestiones que tienen ante ellos.

En el caso *Dolores contra Veloz*, el jurado debe decidir dos cuestiones: ¿Las lesiones de la demandante fueron el resultado de la negligencia de Juan Veloz? Si es así, ¿qué cantidad en concepto de los daños debería recibir la demandante? En Georgia, la medida apropiada de los daños generales que se refieren al dolor y sufrimiento mentales se determina por la "conciencia iluminada de los miembros justos e imparciales del jurado".

Durante la deliberación, los miembros del jurado discuten la evidencia presentada. Consideran los puntos que han expuesto los abogados. Si tienen una pregunta sobre la ley o sobre cómo se debe aplicar al caso, se lo notifican al agente judicial. El agente judicial (*bailiff*) informa al juez. Entonces, el jurado regresa a la sala del juzgado para recibir más instrucciones del juez si al juez le parecen necesarias.

Los miembros del jurado tienen la evidencia documentaria introducida durante el juicio y la examinan para que les ayude en sus deliberaciones. En este caso, se incluyen las cuentas médicas y de los medicamentos que el licenciado Barrientos hizo que María del Tránsito autentificara cuando estaba en el estrado de los testigos. Este jurado puede ser que tenga copias de las alegaciones (la demanda y la réplica) para repasarlas. El juez decide si debe entregarle las alegaciones al jurado.

En este caso los miembros del jurado experimentan algunas dificultades en llegar a un veredicto unánime en las dos cuestiones. Como el veredicto del jurado debe ser unánime, los miembros del jurado de los dos lados tratan de persuadir a los otros para que se unan a su punto de vista. En algunas situaciones, los miembros de jurado jamás se ponen de acuerdo. Si es imposible llegar a un veredicto unánime, el juez declara que el juicio es nulo (*a mistrial is declared*, se dirá en el inglés). Entonces, el caso deberá ser juzgado de nuevo ante otro jurado.

En el caso *Dolores contra Veloz*, el jurado llega finalmente a una decisión unánime. El presidente del jurado, el Señor Persona, llama al agente judicial. El agente judicial le dice al juez que el jurado está listo para volver a la sala del juzgado. Después de que las dos partes (la demandante y el demandado juntos con sus representantes legales) están presentes, se le llama al jurado.

Cuando el jurado está de nuevo instalado en la tribuna, el juez Justo pregunta: "¿Han llegado a un veredicto?". El presidente del jurado responde: "Su señoría, hemos llegado a un veredicto". El presidente entrega al juez un veredicto escrito, firmado por todos los miembros del jurado.

El juez le pide al abogado de la demandante que publique el veredicto de los daños. Esto quiere decir que va a leer en voz alta el veredicto ante el público. El veredicto dice: "Nosotros, los miembros del jurado, adjudicamos a favor de la demandante la cantidad de $75,000, con fecha 3 de julio de 1997. Firmado, Pedro Persona, presidente".

## El resultado del caso

Por consiguiente, María del Tránsito Dolores ha ganado el veredicto por los daños. Cuando el demandante prevalece (gana), el tribunal ordenará la acción que sea necesaria para hacer cumplir las obligaciones que el demandado tiene con el demandante. En el caso de *Dolores contra Veloz*, esto significa a menudo que al demandado se le ordenará que pague al demandante la cantidad de dinero que el tribunal ha declarado que se le debe. ¿Qué pasa si el demandado no paga? Entonces la demandante puede actuar legalmente contra cualquier propiedad o bienes que posea el demandado.

En este caso, la sentencia la pagará la compañía de seguros de Juan. Pagará hasta la cantidad total de su seguro de responsabilidad. Sin embargo, la sentencia no se pagará inmediatamente si Juan Veloz y su abogado apelan el caso.

Aunque el jurado le otorgó $75,000 María del Tránsito no recibirá todo ese dinero. Los honorarios del abogado, que serán entre el 25 y el 40 por ciento de la cantidad otorgada, se deducirá del total. Otros gastos legales, como el costo de las declaraciones juradas extrajudiciales de los testigos, también reducirán la cantidad que recibe María del Tránsito.

En otros casos, el tribunal puede requerir que el defendido realice una tarea legal especial. Por ejemplo, se puede pedir que el demandado entregue los materiales que han sido contratados. Si el demandado no obedece semejante orden, se le puede declarar *en rebeldía* (en inglés se expresa como *in contempt of court*). Esto quiere decir que se le castigará con una multa o se le encarcelará hasta que obedezca la orden.

Algunas veces, el tribunal declarará simplemente los derechos y obligaciones de las partes. Esto pasaría en el caso de un divorcio, donde el juez manda que el matrimonio se disuelva.

1. ¿Qué es el interrogatorio preliminar de un jurado (*voir dire*)?

2. ¿Cómo son diferentes las declaraciones iniciales y las conclusiones finales?

3. Pon la palabra que falta. (a) Un documento es evidencia _____. (b) La declaración de un testigo es evidencia _____.

4. ¿Qué es la instrucción del juez al jurado?

5. Pon la palabra que falta.

    a. A los posibles miembros del jurado no se les dice usualmente la razón de la re_____.

    b. A los miembros del jurado no se les puede eliminar sistemáticamente por razones de _____ o de _____.

    c. Los jurados deciden las cuestiones de _____, no deciden cuestiones de derecho.

    d. La prueba de _____ no es usualmente admisible.

    e. Para llegar a un veredicto, el voto del jurado debe ser _____.

1. Recientemente, en unos cuantos casos, los abogados por la defensa han empleado los exámenes psicológicos para evaluar a los posibles miembros del jurado. Ello cuesta mucho. ¿Es justo?

2. ¿Debe el jurado llegar siempre a un veredicto unánime?

3. Si fueras el o la abogado(a) en este caso, ¿qué calidades específicas buscarías en los miembros del jurado? ¿Aceptarías a Pedro Persona? ¿Por qué sí o por qué no?

4. ¿Crees que la licenciada Esclarecida debiera haber presentado una defensa? ¿Qué evidencia podría haber presentado?

5. ¿Estás de acuerdo con el veredicto? ¿Por qué?

## EL RECURSO DE LA APELACIÓN

Juan Veloz y su abogada no estaban muy contentos, naturalmente, con el resultado del caso. ¿Hay algo que podrían hacer?

Si no están satisfechos con la decisión, cualquier parte en un caso civil, o el acusado en un caso penal, puede interponer el recurso de la apelación (*appeal* en inglés). Entonces, el tribunal más elevado o el tribunal de apelación revisará la decisión del tribunal que ha juzgado el caso. El tribunal superior puede concurrir con la decisión del tribunal que ha juzgado el caso, o puede anularla. Sin embargo, el recurso de la apelación se debe entablar dentro de un cierto período de tiempo después que la decisión del tribunal inferior se finaliza.

Generalmente, las partes que apelan deben declarar por qué creen que algo estaba mal en la decisión del tribunal que juzgó el caso. Estas razones se llaman las *bases de la apelación* (en el inglés se dice *grounds for appeal*) y deben referirse a las cuestiones de derecho. La parte que apela no puede argüir que el tribunal que juzgó el caso se equivocó en los hechos.

Éste es un elemento básico de del sistema legal de este país. La decisión del que juzga el hecho o los hechos es final. Se considera que el juez o el jurado han estado en la mejor posición para evaluar la evidencia, como por ejemplo el testimonio de un testigo y su verosimilitud. Solo en las circunstancias más extraordinarias se podrá revisar los hechos del caso.

Existen, sin embargo, cierto número de bases para apelar un caso. La parte que ha perdido pudiera

— poner objeciones a la manera en que se condujo el juicio.

— argüir que el juez permitió la presentación de evidencia ajena o impertinente.

— argüir que el tribunal se equivocó en la regla de derecho que aplicó a la declaración de los derechos y obligaciones de las partes.

— argüir que no se presentó ninguna evidencia que coincidiese con las conclusiones del jurado.

— mostrar que se ha descubierto alguna evidencia adicional o pruebas nuevas después del juicio lo que justificaría la reconsideración del caso a nivel del juicio. Esto no suele ocurrir con frecuencia. La evidencia nueva debe afectar claramente el resultado del juicio. Además, tiene que ser algo que no se pudo haber descubierto antes del juicio.

Supongamos que uno de los siguientes sucesos hubiera ocurrido en relación con el juicio de *María del Tránsito Dolores contra Juan Veloz*. ¿Hubiera contribuido la base para la apelación?

a. Durante el juicio, el único testigo que presenta María del Tránsito es una mujer. Testifica que su primo vio el accidente y que la culpa era claramente de Juan Veloz.

b. Travis Eller vuelve de hacer un viaje alrededor del mundo. No estaba enterado del juicio. Dice que vio el accidente. Dice que Juan llevaba el automóvil con mucho cuidado y que María del Tránsito se puso delante del vehículo sin mirar por todos su alrededor.

c. La señora Esclarecida sabía que el señor Ojo Puesto guardaba rencor a Juan. Era por algo que Juan le hizo al sobrino del señor Ojo Puesto. Sin embargo, no sacó a relucir esta información durante el juicio. Sabía que podía desacreditar el testimonio del señor Ojo Puesto, pero temía que pudiera causar mala impresión en cuanto al carácter de Juan. Considera emplearlo en la apelación del caso.

d. En el juicio, María del Tránsito y Juan dieron sus versiones de lo que pasó. Eso fue la única evidencia presentada en el juicio. El jurado creyó a María del Tránsito y falló a su favor.

Los sucesos "a" y "b" pudieran resultar en la revisión por el tribunal de apelación. La evidencia en el suceso "a" es una prueba de oídas. Sería una cuestión de derecho por lo que refiere a sí dicha evidencia se debiera haber permitido. En el suceso "b", la señora Esclarecida no parece que pudiera haber tenido conocimiento del testigo hasta después del juicio.

Sin embargo, la señora Esclarecida tenía disponible la evidencia en el caso "c" en el momento del juicio. Conocía la parcialidad del testigo, pero decidió no presentarla. No sería una base válida para la apelación. El suceso "d" tampoco constituye una base válida para la apelación. La decisión del jurado se basó en hechos—no en el derecho. Un tribunal de apelación no lo considerará—no se puede.

Si el tribunal de apelación rechaza la solicitud de apelación, la decisión del tribunal de primera instancia (el que condujo el juicio) permanece.

Si el tribunal de apelaciones oye la apelación, puede (1) ratificar la decisión del tribunal de primera instancia, (2) revocar la decisión del tribunal de primera instancia, o (3) en un caso civil, mandar al tribunal que condujo el juicio que revise una sola parte o todo el juicio. Si el caso se devuelve al tribunal de primera instancia, las partes pueden ponerse de acuerdo para llegar a una decisión extrajudicial (en inglés se dice *settle out of court*).

Algunas veces, la decisión de un tribunal de apelación se puede apelar a otro tribunal de apelaciones. Consulta la información sobre los sistemas de tribunales federales y de Georgia para ver cuando se puede hacer eso (véase el capítulo 3, pp. 31-32).

---

### Solo los hechos

1. ¿Las bases para una apelación son cuestiones de hecho o de derecho?

2. ¿Cuáles de los siguientes ejemplos tendrán las bases para la apelación?

   a. evidencia impertinente que se ha presentado

   b. el jurado parecía aburrido

   c. se aplicó una regla de derecho equivocada

   d. la evidencia no coincidía con las conclusiones del jurado

   e. las conclusiones del jurado no eran lo que se esperaba

3. ¿Qué pasa si un tribunal de apelaciones revoca la decisión del tribunal de primera instancia?

## OTRAS FORMAS DE HACER JUSTICIA

¿Es un juicio como el del caso de María del Tránsito Dolores y Juan Veloz la mejor forma de alcanzar la justicia? ¿Es la única forma de resolver disputas?

En la práctica, en la mayor parte de los casos civiles se llega al arreglo extrajudicial antes de que pasen a juicio. Frecuentemente, las partes negocian la solución a su disputa. La negociación es un proceso de regateo mediante el que las dos partes tratan de llegar a una solución que sea mutuamente satisfactoria. Tal vez recuerdes que Federico Barrientos y el perito de daños de la compañía aseguradora trataron de negociar una solución en este caso.

En Georgia y en todos los Estados Unidos, los tribunales y los individuos se inclinan con mayor frecuencia a ponerse de acuerdo en el caso de disputa mediante algunas alternativas que no son propiamente del proceso legal. Generalmente, estos nuevos procesos se conocen con el nombre de los *procedimientos extrajudiciales para la resolución de disputas* (ADR). (Nota: los ADR o sea *alternative dispute resolution* se discutió extensamente en el capítulo 3. Véase las pp. 39-40). De hecho, algunos tribunales mandan a las partes de una disputa para que intenten resolver su disputa sirviéndose de los procedimientos extrajudiciales, antes de que puedan presentar su caso para ser juzgado ante el tribunal. La mayor parte de estos procedimientos alternativos están ganando en popularidad en este país por varias razones. Son alternativas muchas veces menos caras (costosas) que la litigación y, generalmente, son más rápidas. Y a menudo producen resultados más justos y equitativos que la litigación. Las dos formas más comunes de procedimientos extrajudiciales para la resolución de disputas son la *arbitración* y la *mediación*.

En la arbitración, los dos lados que no están de acuerdo se ponen de acuerdo para que una tercera parte neutral—llamada el árbitro—oiga sus argumentos y resuelva la disputa. Las partes prometen por adelantado que aceptarán como decisiva la decisión del árbitro.

Como recordarás, en la mediación, las partes también piden a alguien que solucione la disputa. Sin embargo, el mediador no hace la decisión sino que guía a las dos partes para que lleguen a su propia decisión.

## EN RESUMEN

En cierta forma has presenciado el caso de *María del Tránsito Dolores contra Juan Veloz*. Has visto las alegaciones y has aprendido cómo se llevan a cabo las preparaciones de un juicio. Has observado el juicio y has oído el veredicto.

Ahora, volvamos a cada uno de dichos pasos. Piensa en la secuencia de cada procedimiento.

Piénsalo en términos de las siguientes inquietudes:

1. *¿Es todo el proceso demasiado lento y engorroso (pesado)?* ¿Se podrían eliminar o simplificar algunos procedimientos para acelerar el paso de los casos ante los tribunales? ¿Qué se podría hacer con el descubrimiento que precede al juicio? ¿Y qué pasa con el interrogatorio del jurado? ¿Ahorraría dinero el tribunal si se permitiera que el demandante notificara al demandado? ¿Hasta qué punto es importante la notificación del demandado?

2. *¿Cómo estos procedimientos mantienen el derecho al juicio justo que garantiza la Constitución estadounidense?* ¿Cómo cada uno de dichos procedimientos garantiza un juicio justo? Por ejemplo ¿crees que es necesario tener un juicio ante el jurado? (¿No podría el juez haber decidido el caso de María del Tránsito con la misma facilidad?) ¿Se debe requerir que la decisión del jurado sea siempre unánime?

3. *¿Es el sistema de adversarios fundamental para lograr la justicia?* ¿Qué tipo de solución pudieran haber negociado el licenciado Barrientos y el perito de daños de la compañía aseguradora? ¿Cuál pudiera haber sido el resultado si el caso se hubiera sometido a la mediación o al arbitraje? ¿Pudiera haber sido más justo?

Como las inquietudes presentadas arriba sugieren, la litigación provee un buen sistema para asegurar la justicia aunque ella no sea perfecta. El sistema de proveer la justicia en este país tiene aspectos fuertes así como débiles. Es importante reconocerlos. Se pueden hacer ajustes, y a veces así lo hacen. Como ciudadano que puedes ser algún día, puede que votes para cambiar las enmiendas en la constitución estatal que afecten el proceso judicial. Si entiendes cómo el proceso funciona, te servirá para que votes más cabalmente. ◻

# Parte 3

# LAS PROTECCIONES CONSTITUCIONALES

13. Los derechos y las responsabilidades constitucionales

14. Las garantías constitucionales del tratamiento justo

# 13 Los derechos y las responsabilidades constitucionales

¿Qué pasa si alguien te pide que hagas una lista de tus posesiones más valiosas? ¿Qué incluirías? Tal vez un instrumento musical muy apreciado, un animal doméstico, un vestuario elegante, un vehículo. Quizás incluirías en la lista la buena salud o los habilidades que tengas, la familia o los amigos. ¿Recordarías poner en la lista tus derechos legales?

Los derechos legales más importantes que tenemos son los constitucionales. Probablemente puedes nombrar algunos de dichos derechos y las libertades que protegen. Uno que se menciona con frecuencia es la libertad de la expresión. Otro es la libertad de religión.

Estos derechos pueden parecerte tan básicos que los puedes dar por sentado. Pero son de gran valor. Poca gente en la historia del mundo los ha tenido todos. Estos derechos son los que mantienen la libertad en la sociedad estadounidense. Para los ciudadanos, son la mejor defensa contra el gran poder del gobierno. Se los confiamos a los tribunales—en cuanto interpretan estos derechos y los ponen en equilibrio—para que protejan estos derechos.

## ¿QUÉ SON LOS DERECHOS CONSTITUCIONALES?

Decimos que un derecho es "constitucional" porque está escrito en una constitución. Existe la Constitución de los Estados Unidos, y además cada estado tiene constitución propia.

La Constitución de los EE.UU. establece los derechos básicos que todos los ciudadanos de los Estados Unidos pueden ejercer. Cada estado tiene su propia constitución que también establece los derechos de los ciudadanos. Si un derecho constitucional de los EE.UU. está en conflicto con un derecho constitucional de un estado, el derecho de los EE.UU. triunfa. Esto quiere decir que las constituciones estatales pueden añadir derechos a los de los EE.UU., pero no pueden

el peligro claro y presente • los derechos constitucionales • los derechos de la Primera Enmienda • la separación de la iglesia y el estado suprimir ninguno. Por ejemplo, las constituciones de algunos estados declaran que tienes el derecho a recibir una educación. No obstante, la constitución federal no especifica ese derecho constitucional.

¿Cómo son diferentes los derechos constitucionales de otros derechos legales? A diferencia de otros derechos legales, los derechos constitucionales no pueden ser modificados por un estatuto. Solo se pueden alterar si la constitución se enmienda. Eso les otorga más permanencia.

Los derechos constitucionales te protegen. Pero ¿de quién? ¿A las acciones de quién se ponen límites? Considera los sucesos de la primera situación:

**SITUACIÓN 1.** Escribes una carta que propone un año escolar más corto. Tres cosas pasan:

a. El periódico local se niega a publicarla.
b. El alcalde prohíbe al periódico que publique tu carta. Amenaza con detener al editor si la carta aparece en el periódico.
c. Tu padre dice que te calles. Ya conoce demasiado bien tus ideas sobre el año escolar más corto.

Tu derecho constitucional a la libertad de expresión ¿ha sido violado por el periódico? ¿por el alcalde? ¿por tu padre?

Los derechos constitucionales limitan los poderes del gobierno (o el "estado" en su significación más amplia)—sea local, estatal o federal—que te afectan de una forma u otra. También limitan el poder de los individuos que actúan en nombre de cualquier gobierno. Pero los derechos constitucionales no tienen aplicación a las acciones de una persona particular (privada, en el sentido legal) en contra tuya. Ni tienen aplicación a tus acciones como una persona particular (privada) en contra de otros.

En la situación 1, el periódico local puede negarse a publicar tu carta. El periódico es un negocio particular. Su negativa no viola tus derechos constitucionales. Ni la orden de tu padre viola tu derecho a la libertad de expresión.

Pero ¿qué pasa con el alcalde cuando se niega a permitir que el periódico publique tu car-

ta? Eso sería anticonstitucional. La acción del *gobierno* (o sea la acción oficial del ayuntamiento o de la alcaldía) violaría el derecho a la libertad de prensa.

Hasta aquí hemos hablado de los derechos constitucionales. Sin embargo, recuerda que el gobierno (el Estado) también puede promulgar las leyes. Las leyes pueden poner restricciones al comercio, proteger al público, o ampliar los derechos que tienes.

Las leyes se redactan por muchas razones diferentes. Algunas leyes nos protegen contra los delitos. Hay leyes para proteger el medio ambiente. Algunas leyes afectan al empleo en las empresas tanta privadas como públicas. Por ejemplo, los gobiernos estatales y federales han promulgado leyes que extienden los derechos constitucionales contra la discriminación e incluyen a las compañías particulares. Los empresarios no pueden discriminar a base de la raza, sexo, origen nacional o las creencias religiosas de los empleados o dependientes. Las empresas particulares, como los restaurantes, no pueden negarse a servir a las personas debido a su raza.

El gobierno (o agencia oficial) debe permanecer siempre dentro de los límites de los derechos constitucionales. Esto es así aun cuando aprueben leyes para ampliar los derechos. Por lo tanto, un gobierno no podría aprobar una ley donde se prohíba a la gente que diga las palabras discriminatorias. Semejante ley limitaría el derecho constitucional a la libertad de la expresión.

---

### Solo los hechos

1. ¿Cuál es la diferencia entre un derecho constitucional y otros derechos legales?
2. ¿Protege la Constitución a los ciudadanos contra las acciones de los individuos o contra las del gobierno?
3. ¿Cómo se pueden ampliar los derechos constitucionales para limitar las actividades privadas?

### Piensa

1. ¿Qué pasaría si un derecho como la libertad de la expresión fuera ley reglamentaria en vez de serla constitucional? ¿Cuánta protección tendríamos contra el poder del gobierno (poder oficial)?

## LA LIBERTAD DE LA EXPRESIÓN

Trata de imaginarte la vida en una sociedad sin libertad de la expresión o de la prensa. A un locutor de televisión no le permitirían que hablara de los ejemplos de corrupción que ha descubierto en las agencias federales. Un conferenciante que habla después de un almuerzo no podría arriesgarse a afirmar: "El comentario del gobernador fue una equivocación peligrosa". Ni podrías arriesgarte a escribir un informe para la clase que critique al cuerpo de bomberos del condado donde resides. Sin la libertad de la expresión, las críticas de los altos mandos del gobierno podrían resultar en el encarcelamiento o en algo peor.

En la sociedad estadounidense, podemos discutir libremente los asuntos de la vida pública y a quienes nos gobiernan. Podemos expresar las ideas polémicas y hasta las ideas que no son bien recibidas. Podemos considerar todos los puntos de vista antes de votar a favor de los cambios políticos. Esta libertad de la expresión evita que el gobierno controle nuestros pensamientos y nuestra mente. La libertad de la expresión es la base de la democracia.

Nuestro derecho a la libertad de expresión y de prensa se especifica en la Primera Enmienda a la Constitución de los EE.UU. (véase la ilustración 13-1). La Constitución de Georgia lo garantiza también en el artículo 1, sección 1, párrafo 5 como sigue:

No se aprobará ninguna ley para restringir o controlar la libertad de la expresión o de la prensa. Toda persona puede hablar, escribir y publicar sus sentimientos sobre todas las materias, pero será responsable por el abuso de dicha libertad.

### ¿Qué quiere decir la expresión?

**SITUACIÓN 2.** Un artista pinta una representación de la bandera nacional que indigna a muchos, para expresar su enojo contra el gobierno que es incapaz de ayudar a la gente sin techo.

**SITUACIÓN 3.** Un colaborador de la campaña electoral distribuye los folletos en la esquina de un calle.

---

**ILUSTRACIÓN 13-1**
**La Declaración de los Derechos y Garantías. La Primera Enmienda**

El Congreso no aprobará ley alguna relacionada con el establecimiento religioso, ni prohibirá el libre ejercicio de la religión, ni coartará la libertad de expresión o de prensa; ni el derecho de la gente a congregarse pacíficamente, ni la solicitud dirigida al Gobierno para la rectificación de las quejas.

---

**SITUACIÓN 4.** Un día, un grupo de estudiantes va a la escuela con los brazaletes blancos. Los brazaletes son en memoria de los graduados de la escuela que murieron en las guerras recientes.

De todas las formas ¿qué es la expresión? ¿Las actividades en estas situaciones son expresiones? ¿Quedan bajo la protección del derecho a la libertad de expresión?

Obviamente, hablar es expresarse. Escribir lo es también. La pintura (en la situación 2) y otras formas de expresión artística lo son también. Distribuir la expresión, ya sea lo que aparece en la televisión o que se distribuye en forma de folletos alusivos a una campaña electoral (en la situación 3), lo es también. El derecho a leer y escuchar dicha expresión lo es también.

Algunas veces, las acciones hablan más elocuentemente que las palabras. Las acciones que empleamos para poner un punto en claro y que dependen de los símbolos se llaman la *expresión simbólica*.

La expresión simbólica está protegida. Las dos situaciones, la 2 y la 4, son ejemplos de esta forma protegida de expresión libre. Quemar la efigie de una figura pública sería una expresión protegida. El Tribunal Supremo de los EE.UU. ha dicho que quemar la bandera nacional representa la expresión simbólica y por lo tanto está protegida. Esta opinión se mantendrá como la verdadera, hasta que se enmiende la Constitución o que el Tribunal cambie de opinión.

¿Podemos hacer lo que nos dé la gana en nombre de la expresión simbólica? Considera la situación 5.

**SITUACIÓN 5.** Sebastián va descalzo a la escuela para simbolizar su lucha personal en contra de la pobreza. Nadie se entera del mensaje hasta que lo explica. Pero al director de la escuela no le causa buena impresión. Las regulaciones escolares de la indumentaria requieren que todos los alumnos lleven puestos los zapatos.

Si los brazaletes son la expresión simbólica ¿no la sería también ir descalzo? Probablemente no, si es que nadie entiende lo que simboliza la acción. ¿Son constitucionales las regulaciones escolares sobre la indumentaria y del pelo? ¿No violan los derechos del individuo bajo la Primera Enmienda?

En general, los tribunales han dicho que no. Han permitido que las escuelas tengan regulaciones sensatas para la indumentaria. Después de leer las siguientes secciones, podrás explicar por qué se han permitido estas regulaciones.

### Los límites de la libertad de la expresión

¿Puedes decir lo que se te antoje cuando te dé la gana? ¿Existen límites algunos? En los capítulos anteriores del libro has encontrado varios límites a la libertad de expresión. ¿Recuerdas cuáles son?

Como en toda libertad, la libertad de la expresión conlleva la correspondiente obligación. Debes usar responsablemente dicha libertad. Alguna parte de la responsabilidad te toca a ti mismo(a). Lo haces por ti mismo sin que la ley lo requiera. Piensa en las veces que te has callado para protegerte o para proteger a otros.

Los tribunales están de acuerdo en dos principios que justifican los límites de la libertad de expresión y de prensa. Son (1) cuando la expresión crearía un "peligro claro y presente", y (2) cuando ella interferiría con la actividad del gobierno.

### "El peligro claro y presente"

El Tribunal Supremo ha mantenido que el gobierno puede actuar para restringir la expresión que representa "un peligro claro y presente". Un ejemplo clásico es que no puedes gritar "¡fuego!" en una sala de cine llena de gente si no hay fuego. Si lo gritaras causaría un pánico innecesario. Pudiera haber heridos. La necesidad de la seguridad pública tiene peso sobre el derecho a la libertad de la expresión individual.

¿Son las situaciones 6 y 7 ejemplos de los peligros "claros y presentes"? ¿Debiera limitarse la libertad de expresión en dichos casos?

**SITUACIÓN 6.** Un miembro del partido comunista está de pie silenciosamente en los escalones del capitolio del estado de Georgia en Atlanta. Ella entrega los folletos a los visitantes. Los panfletos no sugieren que el sistema de gobierno actual debe ser derrocado por la fuerza. En vez de eso, pide con urgencia la revisión de la Constitución de Georgia para crear un gobierno estatal comunista.

**SITUACIÓN 7.** En una manifestación de protesta junto al ayuntamiento (alcaldía), la oradora le dice a la muchedumbre que destruya el edificio. Entre los presentes, muchos llevan ladrillos, y algunos hasta tienen armas de fuego.

La miembro del partido comunista que está en los escalones del capitolio en la situación 6 no presenta ningún peligro "claro y presente". El gobierno no tiene el derecho de interferir en su actividad. ¿Sería diferente si apremiara a la gente para que derrocara al gobierno mediante los procedimientos violentos? Se podría prohibir su expresión, solo si pidiera que tal violencia la llevara a cabo una gente capaz de hacerlo en el futuro inmediato. En la situación 7, la oradora pide urgentemente la violencia a una gente que sí la puede llevar a cabo. Sus palabras representan de verdad el "peligro claro y presente". El derecho de otros a estar libres del mal pesa más que el derecho a la libertad de la expresión.

### La disrupción de la acción gubernamental (u oficial)

Los tribunales también permiten las restricciones a la expresión que interfiera con las actividades importantes del gobierno. En las situaciones siguientes ¿amenaza la libertad de expresión el funcionamiento de una actividad oficial? ¿Justifican dichas acciones que el gobierno restrinja la libertad de expresión?

**SITUACIÓN 8.** Durante el juicio penal, un espectador habla en voz alta a su acompañante. El juez amonesta a todos los espectadores que están en la sala del tribunal para que permanezcan en silencio. El visitante continúa hablando en voz alta. Por fin, el juez le impone una multa de $25 por interrumpir el juicio y ordena que le desalojen de la sala del tribunal.

**SITUACIÓN 9.** Un grupo de estudiantes lleva a la escuela grandes pancartas que han hecho en casa. En las pancartas se protesta contra la crueldad con los animales. Otro grupo de estudiantes se mofa de los que protestan. Se arma una pelea. La escuela prohíbe el uso de todas las pancartas dentro del edificio.

Algunas actividades gubernamentales requieren más orden que otras. Las actividades en la sala de un tribunal, por ejemplo, requieren más orden que las actividades en un parque. Por lo tanto, los tribunales han permitido a los gobiernos que restrinjan la libertad de expresión más en algunas situaciones que en otras.

La situación 8 es un buen ejemplo de cómo la libertad de expresión puede interrumpir una actividad oficial. En esta situación el ruido habría distraído al juez y al jurado. El derecho del acusado a un juicio justo tiene preferencia sobre el derecho del visitante a la libertad de expresión.

En la situación 9, la pelea interrumpió claramente el proceso educativo. Sin embargo, reducir un derecho constitucional para prevenir la interrupción de una actividad gubernamental u oficial como es proveer la educación pública, es una decisión seria. La prohibición de todas las pancartas puede resultar excesiva. Surgen ciertas cuestiones. ¿Fueron las pancartas la causa de la pelea? ¿La prohibición de las pancartas prevendrá más disrupciones?

Como ves, los límites del derecho a la libertad de expresión suponen un balance. Los derechos del individuo tienen que equipararse a los derechos de otros individuos o de la sociedad. Aunque hay solo dos límites principales a la libertad de expresión, el gobierno aun puede regular (restringir) la expresión de acuerdo con ciertas reglas.

### Las restricciones neutrales del contenido vérsus las restricciones basadas del punto de vista

El gobierno puede regular la libertad de expresión mientras que dicha regulación sea neutral en términos del contenido (del discurso o de la expresión). Al gobierno no se le permite regular (restringir) la expresión de una persona basada solo en el punto de vista expresado en dicha expresión o actividad expresiva. Por ejemplo, si la administración del municipio permite que las organizaciones estudiantiles lleven a cabo sus reuniones en un parque público local, entonces el municipio no puede prohibir cierta organización estudiantil de tener su reunión en el parque solamente por el hecho de que a los de la administración municipal no les gustan el punto de vista o las ideas de ese grupo estudiantil en especial. Por el otro lado, si la administración del municipio prohíbe la misma reunión porque el número de asistentes serán demasiados para caber en el parque, entonces la prohibición se considera como "neutral del contenido" porque no guarda relación alguna al punto de vista u opiniones de la organización estudiantil. Entonces la prohibición es aceptable.

### Las restricciones de hora, sitio y manera

Otra forma que el gobierno puede restringir la libertad de expresión de una persona sin violar ningún derecho constitucional de la persona es por medio de las restricciones de hora, sitio o manera. Un ejemplo de esta clase de restricciones será una ley que proclama de que después de las once de la noche ninguna música se puede tocar fuertemente en un lugar público. Una administración local o estatal puede justificar las restricciones a la libertad de expresión para proteger a los residentes, para reducir la criminalidad o para resguardar el goce sensato (*reasonable enjoyment*) de los sitios públicos.

### ¿Todas las clases de la expresión tienen la misma protección?

La Primera Enmienda se redactó principalmente para asegurar el libre intercambio de ideas en esta sociedad. Pero la expresión tiene muchos propósitos.

### La expresión comercial

La expresión que tiene la intención exclusiva de ganar dinero se llama la expresión comercial. La expresión comercial recibe menos protección que otras formas de expresión. Por ejemplo, el gobierno puede requerir que los anuncios sean veraces. Has encontrado ejemplos de esta clase en los capítulos dedicados a la ley para los consumidores y para los reglamentos sobre el crédito.

El gobierno puede prohibir los anuncios comerciales relacionados con las actividades ilegales. Los traficantes de drogas, por ejemplo, no pueden poner anuncios sobre el producto (la cocaína) en el periódico.

Además de las restricciones dadas arriba, el gobierno puede regular la expresión comercial si dicha regulación adelanta un interés substancial y no se hace más amplia que lo estrictamente necesaria. Por ejemplo, la Corte Suprema dictó que una ley estatal que requiera que las tiendas ubicadas cerca de las escuelas guarden todos los productos de tabaco detrás del mostrador adelanta (o fomenta) el interés de dicha administración estatal en no propagar los productos de tabaco a la gente joven.*

### La difamación oral y la difamación escrita

Como aprendiste en el capítulo 10 (titulado "Los daños y perjuicios"), la difamación oral y la difamación escrita son formas de la expresión que no es la verdad y que puede dañar a otros. Usualmente, lo que dañan es la reputación. La Primera Enmienda te permite decir cualquier cosa que quieras. Pero no te protege contra la responsabilidad por los daños que causes con la difamación oral o con la difamación escrita. Esto es así, porque no te da el derecho a dañar a otra persona.

### Las palabras beligerantes

Las "palabras beligerantes" son las expresiones que pudieran causar una "inminente perturba-

---

* *Lorillard Tobacco Co. v. Reilly*, 533 U.S. 525, 569-70, 121S.Ct. 2404, 2429-30 (2001).

ción del orden público". Es decir que incitan a otros a la violencia contra ti o contra otros. Al igual que la difamación oral, las palabras beligerantes no están protegidas por la Primera Enmienda. Sin embargo, los tribunales han interpretado las palabras beligerantes de una forma muy estrecha. No está muy claro lo que constituyeran las palabras beligerantes.

**SITUACIÓN 10.** Eres un jugador de baloncesto y tu equipo está bajo una gran presión para que gane este sexto partido de la temporada. Cerca del final de la primera parte, un jugador del equipo contrario te da un codazo en el estómago. Te doblas de dolor y le gritas "¡Te voy a partir la mandíbula!".

En esta situación, estás incitando a la violencia contra una persona. También tienes la habilidad de cumplir la acción. Pero considera otro ejemplo: Después del partido te enteras que el equipo de los Corredores—un equipo que generalmente derrota al tuyo en los partidos finales del estado—están ganando el partido en North City, a más de 200 millas de distancia. Con toda probabilidad, sería diferente si hubieras dicho que ibas a romperle la mandíbula al técnico (entrenador) de los Corredores. No tienes la habilidad actual (presente) o inmediata de llevar a cabo dicha amenaza. Esta situación hace que estas palabras resulten menos incitadoras, o menos capaces de perturbar el orden público.

### La seguridad en las prisiones, en las escuelas y en las bases militares

Los tribunales se han manifestado repetidamente a favor de los derechos de la libertad de expresión en las situaciones relacionadas con los estudiantes, los prisioneros y el personal militar. Sin embargo, a causa de la necesaria seguridad, sus derechos a veces son limitados. Considera la siguiente situación:

**SITUACIÓN 11.** Algunos estudiantes llevan en la escuela camisetas con la bandera de los confederados (vienen del lado pro-esclavista de la guerra civil estadounidense en la época de los 1860). Otros llevan camisetas con las palabras "Malcom X" (activista negro asesinado en el año 1965) impresas. El director de la escuela prohíbe todas las camisetas que lleven mensajes impresos.

Los tribunales han establecido que los estudiantes tienen generalmente el derecho a la libertad de la expresión en la escuela, a menos que lo que digan cree la "razonable posibilidad de disrupción material y substancial". ¿Qué pasa si los estudiantes se pelean a causa de las camisetas? ¿Nos ayudaría eso a decidir si hay una razonable (sensata) posibilidad de que ocurra una disrupción material? La prohibición de *todas* las camisetas impresas con los mensajes o propagandas puede que sea demasiado amplia. ¿Qué regla sería mejor para la reglamentación de la indumentaria?

## Las obscenidades

?Deben las autoridades permitir la libertad de expresión en el caso de que las palabras ofendan profundamente a alguna gente? ?Los programas de televisión valorados de X debieran poderlos ver los niños sin ninguna intervención oficial? ¿Y qué tal con la música cuya letra lleva las obscenidades? ¿O los sitios de Internet en que hay discurso ofensivo? La mayor parte de la gente, sobre todo los padres de familia, tienen opiniones bastante marcadas sobre el tema.

El Tribunal Supremo de los EE.UU. ha sostenido en opiniones mayoritarias que el material "obsceno" no está protegido por la Primera Enmienda. Lo que el Tribunal Supremo no ha hecho, sin embargo, es definir claramente lo sea el material de tipo obsceno.

El Tribunal ha dicho que el material solo puede llamarse obsceno si comprende tres factores.

1. Apela al interés "lascivo" (lo lascivo se refiere al interés obsesivo en los asuntos sexuales).
2. Representa o describe la conducta sexual de una manera obviamente ofensiva.
3. La obra considerada en su totalidad carece del "auténtico valor literario, artístico, político o científico".

Existen muchos problemas con esta regla. Uno es el siguiente: La gente no está de acuer-

do entre sí en qué obras tuvieran valor en la literatura o en el arte. El Tribunal Supremo ha mantenido que "los estándares de la comunidad contemporánea" se deben emplear para decidir lo que es obsceno.

¿Es útil esta regla? Piensa cómo la aplicarías en Georgia. ¿Se deberían emplear los estándares de todo el estado? ¿Debería cada comunidad local establecer sus propios estándares? ¿Quién establecería los estándares en la comunidad?

### Solo los hechos

1. ¿Qué actividades se consideran la expresión a partir de la interpretación de la Primera Enmienda?
2. Da un ejemplo de la expresión simbólica.
3. Nombra los dos principios que se pueden emplear para justificar los límites de la libertad de expresión.
4. ¿Qué es la expresión comercial?
5. De los siguientes términos, ¿cuáles no estarían protegidos por la Primera Enmienda? (a) la obscenidad, (b) la difamación verbal, (c) el lenguaje ofensivo, (d) las palabras beligerantes, (e) la expresión comercial.
6. ¿Qué clase de problemática sobre la libertad de la expresión puede surgir en el internet? ¿Se pueden emplear las palabras beligerantes en el internet? ¿Qué tal con la obscenidad?

### Piensa

1. Haz una lista de las responsabilidades que tienes cuando ejerces tu libertad de expresión. Explica cómo puedes dañar los derechos de otros si no actúas responsablemente.
2. ¿En qué agencias gubernamentales se deberían permitir regulaciones de indumentaria? (a) las cárceles (prisiones), (b) las dependencias militares, (c) las bibliotecas, (d) los parques, (e) las escuelas, (f) las salas de los tribunales. Explica tus razones. ¿Qué reglas pondrías en la sala del tribunal para la regulación de la indumentaria de los asistentes? ¿y para el público en un parque? ¿Por qué?
3. Se ha propuesto una ley para hacer que las compañías de discos los "clasifiquen" como se clasifican las películas, y por lo tanto indica si la letra de las canciones es violenta o sexualmente explícita. Da un argumento a favor y otro en contra de esta ley.
4. Te piden en tu condado que formes un comité de 15 personas para determinar los estándares de la obscenidad. ¿A qué clase de gente les pedirías que sirvieran como los representantes de los estándares comunitarios? ¿Cuál sería tu definición de la obscenidad?

*210 LAS PROTECCIONES CONSTITUCIONALES*

## LA LIBERTAD DE LA PRENSA

Los autores de la Constitución estadounidense querían una prensa libre y fuerte para asegurarse que el público estaría siempre bien informado de lo que pasa en las esferas oficiales y en esta sociedad. La prensa libre nos permite tomar las decisiones con buenos conocimientos básicos en cuanto a la vida pública y a los candidatos para los puestos políticos.

No todo los países garantizan el derecho de la libertad de prensa. En muchos países los periódicos, la radio y la televisión son de propiedad del gobierno que además que los gestionan en su función diaria. ¿Qué problemas, sí los hay, pueden surgir de esa situación? ¿Qué clase de beneficios, sí los hay, existen en tal sistema?

En este país, cualquiera que tenga los medios y las ganas puede publicar una revista o boletín de noticias. Sin embargo, debido a que el número de bandas de frecuencia es limitado, las estaciones de radio y de la televisión pueden estar reguladas. Este control, sin embargo, *no se* puede emplear para suprimir la información.

Para gozar de la libertad, la prensa debe tener acceso a la información y debe poder presentar la información que obtiene. Como verás, algunas veces estos derechos están en conflicto con otros.

### El derecho al acceso

La prensa cree que tiene el derecho a conocer las actividades del gobierno y de las dependencias oficiales. Puede ser que los varios sistemas gubernamentales quieran negar a la prensa el acceso a cierta información.

Cuando surge este tipo de conflicto, los tribunales han tenido que decidir entre el derecho del público a saber y la razón que el gobierno tenga para no revelar la información. Considera las siguientes situaciones.

**SITUACIÓN 12.** La comisión de planeación urbana del Valle de Sombras, Georgia, quiere prohibir que la prensa asista a su reunión mensual. Esperan votar sobre la ubicación del nuevo aeropuerto. En la ciudad, los ánimos están al rojo vivo por lo que se refiere al sitio. Los comisionarios quieren quitar importancia al conflicto.

**SITUACIÓN 13.** El concejo municipal del Valle de Sombras quisiera examinar el expediente de empleo del jefe de policía, para emprender posiblemente una acción disciplinaria contra él. Niegan a la prensa el acceso a la reunión.

**SITUACIÓN 14.** El gobierno nacional prohíbe que los periodistas observen las maniobras militares en la región del sur del Pacífico.

Las leyes de Georgia (y de otros estados) requieren que las dependencias gubernamentales tengan las reuniones abiertas al público cuando se toman las decisiones oficiales (las llamadas leyes tipo "rayos del sol", *sunshine laws*). Por dicha razón, no se le podría negar a la prensa el acceso en la situación 12. Existen excepciones. Una es cuando se trata de una acción disciplinaria contra un empleado público (en la situación 13). En ese caso, el derecho del individuo a la privacidad se considera como más importante que el derecho del publico a estar informado.

A veces, el gobierno federal ha negado a la prensa el acceso a la información en nombre de la seguridad nacional (en la situación 14). Algunas veces, existe la cuestión de si de verdad tiene algo que ver con la seguridad nacional o no. Obviamente para preservar la democracia, es importante protegerse contra los gobiernos que ocultan muchas acciones bajo el manto secreto de la seguridad nacional. Generalmente—pero no siempre—los tribunales han apoyado la posición del gobierno.

### La divulgación de las fuentes de información

Otro conflicto ocurre cuando el gobierno pide a los periodistas que revelen sus fuentes de información. Algunas veces, los periodistas reciben información importante de gente que quiere permanecer en el anonimato. Esta gente pudiera no proveer más información si su nombre se da a conocer públicamente.

Este conflicto ocurre usualmente en relación con los juicios penales. La Sexta Enmienda a la Constitución de los EE.UU. garantiza a un acusado el derecho a enfrentarse con los testigos que presentan evidencia contra él o ella. Por lo tanto, los abogados por la defensa pueden insistir en saber los nombres de las fuentes de información. O los fiscales pueden querer conocer los nombres de las fuentes de información para montar un caso más sólido.

¿Tienen los periodistas que divulgar las fuentes de información que consultaron? Tradicionalmente, los tribunales han mantenido en esta situación que un juicio justo es más importante que el derecho a la libertad de prensa. Sin embargo, los tribunales solo han insistido en saber los nombres de las fuentes de información que son esenciales para un caso. Georgia, como la mayor parte de los estados, tiene la "ley de amparo" (*shield law* en inglés). Estas leyes permiten que los periodistas protejan sus fuentes de información en algunas situaciones.

Aunque exista la ley de amparo, los tribunales pueden requerir que se revela la fuente de información si es esencial para el caso y si no se puede descubrirla de otro modo. A menudo, cuando un tribunal insiste en la divulgación de la fuente de información del periodista, el nombre se descubrirá en privado en el despacho del juez. De esta forma, se da toda la privacidad posible a la fuente de información.

## La restricción previa a la libertad de la prensa

**SITUACIÓN 15.** A Sonia le acusan de asesinar a sus sobrinos. Los dos cadáveres se despacharon de una forma bastante horrible. Día tras día, la prensa informa sobre las investigaciones policiales. Se publican los detalles de los asuntos personales de Sonia. La policía está convencida que Sonia sea culpable. ¿Los reportajes de la prensa impedirán que reciba un juicio imparcial?

La situación no es ni rara ni única. Los abogados por la defensa preguntan a menudo si el juicio puede ser imparcial cuando recibe mucha publicidad. ¿Una gran cantidad de publicidad puede ser la causa de que los posibles candidatos de los jurados formen una opinión sobre la culpabilidad o inocencia del acusado antes del juicio? Por dicha causa ¿es posible un juicio imparcial?

En la creencia de que es imposible, los tribunales han impuesto las llamadas "órdenes de silencio". Estas órdenes (se denominan *gag orders* en el inglés) prohíben los reportajes de la prensa antes y durante el juicio. El problema es que tales órdenes de silencio equivalen a la restricción previa de la prensa. Esto está prohibido por la Constitución por ser la censura previa a la publicación.

Como consecuencia, las órdenes de silencio solo se pueden emplear bajo ciertas circunstancias. El Tribunal Supremo cree que los tribunales tienen otras alternativas. Por ejemplo, el juicio se puede trasladar a otra región. Pueden retrasar los juicios. Se puede resolver la situación a veces con las instrucciones al jurado. Se puede preguntar a los jurados lo que han visto sobre el caso en los periódicos o en la televisión. Además, pueden preguntar si lo que saben afectará el punto de vista de los jurados.

## La restricción previa y los periódicos escolares

**SITUACIÓN 16.** En una clase de periodismo en la escuela secundaria de Hazelwood East, en St. Louis, produjeron un periódico. En parte, se pagó con el producto de las ventas del mismo periódico y en parte se pagó con fondos de la Junta de Enseñanza. Como era de costumbre, el profesor de periodismo remitió un ejemplar para que el director de la escuela lo revisara. El director se opuso a dos de los artículos. Uno estaba relacionado con tres estudiantes no identificadas que se encontraban en estado de embarazo. El otro tenía que ver con el impacto del divorcio de sus padres en un estudiante anónimo. El director suprimió los artículos.

Los tres estudiantes del grupo editorial pusieron un pleito en base de la censura o la restricción previa. Hasta el periódico tenía una regla aprobada por la escuela en la que se subscribía a los derechos de la Primera Enmienda. Este caso fue al Tribunal Supremo de los Estados Unidos. ¿Cuál crees que debiera haber sido la decisión del Tribunal?

La escuela había argumentado que la publicación de los artículos implicaría el aprobación de la escuela. Como el periódico se redactó en clase y, en gran parte, se pagó con los fondos del sistema escolar, la mayoría del Tribunal estuvo de acuerdo con la escuela en este punto. Además, opinó que las escuelas tienen el derecho a ajustar de manera sensata las actividades escolares. En efecto, el Tribunal concedió a las escuelas el derecho a ejercer un control editorial sobre las publicaciones estudiantiles en tales situaciones. Sin embargo, el Tribunal declaró que cualquier censura debe tener un propósito educativo que sea válido, y que no debe ir dirigido a silenciar el punto de vista particular.*

### Solo los hechos

1. ¿Por qué la prensa libre y fuerte es importante para la democracia?
2. Define la "orden de silencio" y las leyes de tipo "rayos del sol".

### Piensa

1. ¿En cuál de los ejemplos siguientes pondrías otro derecho o interés por encima de la libertad de prensa?
   a. pruebas de un cohete militar nuevo, caro y polémico
   b. los gastos de la Agencia Central de Inteligencia (CIA)
   c. las audiencia de un joven de 14 años de edad acusado de una serie de robos con allanamiento de morada en una comunidad pequeña
   d. el dolor de unos padres por el hijo que acaban de matar
2. En base de lo que has leído en esta sección, haz una lista con las reglas que un periódico escolar debe seguir. ¿Hay asuntos que el periódico no debe tocar?
3. ¿Por qué hay gente que se ha enfrentado con la cárcel, la tortura y la muerte para asegurar la libertad de la expresión y de la prensa?

## LAS LIBERTADES DE LA REUNIÓN, LA ASOCIACIÓN Y LA PETICIÓN

### La libertad de la reunión

**SITUACIÓN 17.** Un grupo de padres está descontento con una decisión del ayuntamiento (alcaldía, consejo municipal). Debido a la carencia de fondos suficientes, han cancelado el programa veraniego de recreo. Los padres deciden protestar mediante una demostración cerca del ayuntamiento. Se dirigen a la parte principal del edificio. Allí se quedan en el silencio durante una hora, con sus pancartas en la mano y repartiendo los folletos.

¿Crees que se debiera permitir a los padres que hagan una demostración en frente del edificio municipal? ¿Interfieren sus actividades con las actividades del gobierno?

Otro derecho que se les ha dado a los estadounidenses es el derecho a la reunión. Sin embargo, los tribunales han dicho generalmente que los gobiernos pueden establecer restricciones sensatas por lo que se refiere a la hora, sitio y manera en la que la gente se reúne. (Véase el último párrafo al fin de la sección "La disrupción de la acción gubernamental (u oficial)" en este mismo capítulo.) Esto lo pueden hacer para evitar un peligro o la disrupción de las actividades públicas u oficiales.

Cualquier ley o leyes que limitara(n) el derecho de un grupo u organización de reunirse o congregarse debe ser muy claro (específico) y llevar directrices muy transparentes para la dirección de cualquier agencia estatal o policial o de cualquier agencia oficial que se encarga con hacer cumplir la ley. Los gobiernos pueden requerir permisos para las actividades como la de la situación 17. Sin embargo, los procedimientos para conseguir un permiso deber ser claros y administrarse de forma equitativa. El permiso no se puede negar porque al grupo o a sus actividades se tenga aversión.

Además, tales restricciones deben ser sensatas. El gobierno pudiera prohibir las demostraciones en frente de la entrada de un edificio durante las horas de trabajo. Pero permitir las manifestaciones solo entre las 2:00 y las 3:00 de la madrugada no sería sensata.

Supón que los padres de la situación 17 deciden de repartir sus panfletos por el vecindario, de puerta en puerta. ¿Qué pasa si quisieran ir en un vehículo con altavoz por el centro de la ciudad?

En estos casos, el derecho a la libertad de expresión pudiera estar en conflicto con el derecho de otra gente a gozar de la paz y del orden. Los tribunales, por ejemplo, pueden pro-

---

* *Hazelwood School Dist. contra Kuhlmeier,* 108 S. Ct. 562 (1988).

hibir a los grupos que interrumpan el tránsito (circulación) de los vehículos en la carretera o que cubran un parque con la basura. Los oficiales municipales pueden requerir de permisos para los solicitantes que quieran ir de puerta en puerta, para proteger la privacidad de la gente. Sin embargo, esos mismos requisitos para sacar permisos no pueden violar el derecho de las personas a la libertad de religión o de expresar el discurso político de forma anónima. Los permisos también limitan la posibilidad de que los delincuentes se sirvan de esta actividad como una estratagema para explorar un área. A causa de la molestia del ruido, el empleo de altavoces se puede limitar o prohibir.

## La libertad de la asociación

La libertad de la asociación está estrechamente relacionada con la libertad de la expresión. Aquélla constituye el derecho de los individuos a asociarse con otros por razones políticas, sociales o económicas.

Piensa en todas las diferentes clases de asociaciones que florecen ahora en los Estados Unidos. Hay grupos profesionales como las asociaciones de maestros o de músicos. Hay sindicatos. Hay organizaciones empresariales como las cámaras de comercio. Hay asociaciones de vecinos. Existen organizaciones para la protección del medio ambiente. Hay grupos de vecinos y padres de familia que patrocinan las actividades en las escuelas secundarias. Sin duda puedes pensar en muchos otros más.

¿Qué pasaría si el gobierno pudiera prohibir cualquier asociación que no le gustara? ¿Qué pasaría si se pudiera prohibir las asociaciones de los afroamericanos o de los latinos (hispanos)? ¿Qué pasaría si el presidente de los Estados Unidos decidiera prohibir todos los partidos políticos excepto el suyo? ¿Sería posible seguir con la democracia a pesar de todo eso?

Si consideras estas preguntas, te harán entender con más nitidez algunas de las razones a favor de las libertades de la asociación y la reunión. Estas libertades permiten las oportunidades para intercambiar y desarrollar ideas. Permiten foros donde la gente puede discutir los problemas en común y cómo tratarlos.

Además de proteger tu derecho a asociarte con quien quieras, la Primera Enmienda también protege el derecho de los individuos particulares (privados) de *no* asociarse con otras personas. Por ejemplo, los clubes u organizaciones privados pueden excluir ciertos individuos de la membresía. El gobierno, sin embargo, no tiene el derecho de excluir a ninguna persona de la participación en las actividades del gobierno o del empleo oficial por razón alguna. Por ejemplo, una escuela no puede aceptar estudiantes basado solamente en su raza u origen nacional, excepto en los casos muy especiales.

¿Hay límites a los derechos de la asociación de los individuos? Considera los siguientes ejemplos.

**SITUACIÓN 18.** "El padrino" Eugenio, Esteban el Esquivo y Boom-Boom Miller han formado un grupo para mejorar el cultivo y distribución de la "hierba" en la región del sureste.

**SITUACIÓN 19.** Un grupo se reúne en la casa de Isaura la Pasionaria. Los miembros del grupo creen que el gobierno federal no debería prestar la ayuda militar a ningún país extranjero. Tiene el plan de animar a los ciudadanos para que se nieguen a pagar los impuestos.

El derecho a asociarse no se extiende a las reuniones con propósitos ilegales o criminales. La ley federal contra el crimen organizado hace que semejantes asociaciones sean ilegales. En la situación 18, los tres hombres estarían protegidos por el derecho a la asociación si la "hierba" fuera del tipo que se corta con la máquina cortaprados. Pero si la hierba fuera de la clase que alguna gente fuma para intoxicarse, su asociación no estaría protegida.

Algunas veces, la gente forma las asociaciones para protestar contra las leyes o la política del gobierno (en la situación 19). En ese caso, el derecho de asociación es de suma importancia.

De hecho, los redactores de la Constitución estadounidense tuvieron dos propósitos en mente cuando escribieron ese documento; no sólo (1) establecer un gobierno sino que también (2) proteger a la gente de la opresión de ese gobierno. Las libertades de la Declaración de los Derechos y Garantías permiten que la gente actúe para cambiar la sociedad sin la necesidad recurrir a la violencia. Sin estas libertades, el movimiento de los derechos civiles de la década de los 1960, por ejemplo, nunca pudiera haber llevado a cabo.

Durante el movimiento de los derechos civiles, la gente protestó contra las leyes existentes con desobedecerlas. Esto se llama la *desobediencia civil* (en inglés, *civil disobedience*). La persona no tiene el derecho a librarse del castigo que conlleva la desobediencia civil. Los miembros del grupo de Isaura la Pasionaria (en la situación 19) no podrían evitar las penas si no pagaran los impuestos. Sin embargo, el gobierno de este país no puede evitar que un grupo de personas se asocie para protestar por una ley civil dada.

**SITUACIÓN 20.** Alex Agitador solicita un empleo. En la solicitud se pregunta si es un miembro del Ku Klux Klan o del partido comunista. Es miembro de uno—pero no lo quiere contestar. ¿Tales preguntas limitan la libertad de la asociación?

Ésta es una temática sensible. Muchos temen que les molestarían si se les identificara como los miembros de cierto grupo. Sin embargo, los tribunales han mantenido esa clase de declaración, si el gobierno puede demostrar que existe un interés apremiante en identificar a los miembros del grupo. El interés pudiera ser, por ejemplo, el de evitar la actividad ilegal.

¿Qué pasa si Alex hubiera solicitado un empleo en el Departamento de Defensa en la situación 20? ¿Sería distinta?

### El derecho a la petición

El derecho a la petición ante el gobierno se menciona expresamente en la Primera Enmienda. Este derecho garantiza que los individuos pueden tener acceso a todas las agencias oficiales—no solo a los representantes que han elegido. Esto significa que puedes llamar al alcalde para quejarte por la mala o ninguna recolección de las basuras. Quiere decir que los estudiantes pueden firmar una carta que pide al director de la escuela que haya varias reuniones de apoyo para el equipo de baloncesto. Quiere decir que pueden, con otros, pedir al tribunal que cese la contaminación de un río.

La Constitución de Georgia también garantiza el derecho a la reunión y a la petición:

La gente tiene el derecho a reunirse pacíficamente para su bienestar común y a solicitar mediante la petición o la querella a esos que están revestidos con los poderes oficiales (del gobierno), a fin de que el gobierno remedie sus agravios [Art. 1, sec. 1, para. 9]

---

**Solo los hechos**

1. Explica la importancia de la libertad de la reunión y de la asociación.
2. Da dos reglas que el gobierno debe seguir si requiere el permiso para una manifestación.
3. ¿Cuándo no se está protegido el derecho de la asociación?
4. ¿Qué es el derecho a la petición? Da un ejemplo de cuando se puede emplear.

---

**Piensa**

1. "El gobierno podrá exigir el conocimiento de los nombres de los miembros de un grupo que se opone al pago de los impuestos". Da razones a favor o en contra de la antedicha declaración.

---

## LA LIBERTAD DE LA RELIGIÓN

Otra libertad de la Primera Enmienda de la que probablemente habrás oído hablar es la libertad de la religión. Requiere que el gobierno federal sea absolutamente neutral en los asuntos de la religión. Primero, ninguna ley puede tender a limitar cualquier derecho que el individuo tenga a practicar su creencia religiosa. Segundo, ninguna ley puede tender a establecer o fomentar religión alguna.

En la Constitución de Georgia, hay varios párrafos donde se establece la libertad de religión:

*La libertad de la conciencia.* Cada persona tiene el derecho natural e inalienable a rendir culto a Dios, cada uno de acuerdo con los dictados de la propia conciencia de esa persona; y ninguna autoridad humana, en ningún caso, controlará o interferirá con dicho

La exposición oficial de una escena navideña tal como la que se muestra aquí ¿sería constitucional? ¿Violaría los estándares de separación entre la iglesia y el estado? El Tribunal Supremo de los EE.UU. ha encontrado que es casi imposible ponerse de acuerdo en esta cuestión. Hubo muchos disidentes en dos casos de 1989. En éstos, el Tribunal "aprobó" la exposición de un árbol de la navidad, de una menora (candelabro) judía y de un símbolo de la libertad, pero rechazó la exhibición de la sola pesebre navideña.

Un número de temas les preocupó a los jueces: ¿Deberá la ubicación hacer alguna diferencia? ¿Tiene el árbol de navidad el mismo significado religioso que la menora judía? ¿Se deben exhibir los símbolos religiosos en la propiedad pública? ¿Una exhibición de este tipo sí fomenta la religión? ¿Qué opinas tú al respecto?

derecho de conciencia (*freedom of conscience* en el inglés) [Art. 1, sec. 1, para. 3].

*Las opiniones religiosas; la libertad de la religión.* A ningún habitante de este estado se le molestará en su persona o propiedad o se le prohibirá ejercer un cargo público o de fideicomiso, por razón de sus opiniones religiosas; pero el derecho a la libertad de religión no se interpretará como disculpa para practicar los actos licenciosos o para justificar las prácticas inconsistentes con la paz y la seguridad del estado [Art.1, sec. 1, para. 4].

*Separación de la iglesia y el estado.* Ningún fondo del tesoro público se tomará nunca, directa o indirectamente para ayudar a cualquier iglesia, secta, culto o denominación religiosa de una institución sectaria (se dice en inglés *separation of church and state*) [Art. 1. sec. 2, para. 7].

## El libre ejercicio de las creencias religiosas

Existen dos elementos en el libre ejercicio de la religión. Uno es la libertad de la creencia personal. El otro es la libertad para actuar de acuerdo con las creencias religiosas de uno.

La libertad de la creencia es absoluta. Esto significa que el gobierno no puede tomar acción alguna para forzar a un individuo a creer o no creer en un principio religión dado.

Como contraste, la libertad para actuar de acuerdo con las creencias religiosas de la persona no es absoluta. Puede ser regulada hasta cierto punto por el gobierno. Sin embargo, el gobierno no puede hacer efectivo una ley que discrimine contra cierta religión en particular.

**SITUACIÓN 21.** Una comisión especial en Massachusetts tiene que aprobar todo programa docente de las escuelas privadas en el estado. De otro modo, una escuela puede que no cumpliera con las leyes de asistencia escolar que son obligatorias en el estado. Los miembros de la iglesia Nueva Vida Bautista (*New Baptist Life*) creen que es un pecado someter su programa docente a la aprobación de un organismo laico. ¿La ley de Massachusetts discrimina en particular contra esta religión?

El Tribunal de Apelaciones estatal consideró los derechos de los padres y de los estudiantes de expresar sus creencias religiosas. Los comparó con el interés del estado en que los estudiantes reciban una enseñanza adecuada. El tribunal declaró que el interés del estado era más importante.

Los gobiernos no pueden hacer que los individuos actúen contra sus creencias religiosas. Pero en la siguiente situación de verdad, ¿qué pasa?

**SITUACIÓN 22.** Durante la época de la Segunda Guerra Mundial, algunos jóvenes y padres de West Virginia se negaron a obedecer una ley que requería que saludaran a la bandera nacional en las escuelas. Dijeron que la acción iba contra su religión. Sus creencias les prohíbía que se inclinaran ante los "ídolos" o que los sirvieran de alguna manera.

En una decisión sobresaliente en términos de la libertad de la expresión, el Tribunal Supremo de los EE.UU. sostuvo los derechos de los padres y de los jóvenes a ejercer sus creencias religiosas.* En las decisiones subsecuentes el Tribunal ha mantenido que el gobierno no puede requerir que un empleado público jure que cree en Dios. Ni el gobierno puede negar el subsidio de desempleo a un hombre al que han despedido por negarse a trabajar los domingos en base de sus creencias religiosas.

Considera los sucesos de la situación 23. ¿Es justificable la limitación de los derechos de Vilma?

**SITUACIÓN 23.** A Vilma la detienen por operar un vehículo en estado de embriaguez. Los oficiales quiere hacerle la prueba sanguínea. Se niega. Dice que sus creencias religiosas prohíben cualquier intrusión en el cuerpo. El gobierno le retira el permiso (licencia) de motorista.

Un tribunal restauraría probablemente el permiso de Vilma. La acción oficial podría justificarse solo si le hubieran ofrecido un método alternativo para obtener la evidencia y ella lo hubiera rechazado. Por ejemplo, le podrían haber permitido que respirara en un toxicómetro (*intoximeter*).

Los casos más difíciles surgen cuando el individuo rechaza el tratamiento médico a causa de su creencia religiosa. Generalmente, cuando la situación es grave, los tribunales se han pronunciado a favor del bienestar de los niños, en vez de a favor de las creencias religiosas de los padres.

El ejemplo clásico de la actividad religiosa prohibida por el gobierno es la poligamia. La poligamia consiste en que un hombre tiene más de una cónyuge al mismo tiempo. La iglesia mormona sostuvo en una época ya pasada la creencia que los hombres debieran tener varias esposas. Sin embargo, la poligamia era entonces, y sigue hoy, un delito en todos los estados. El Tribunal Supremo de los EE.UU. declaró que el estado podía penalizar la poligamia. (A partir de entonces, la iglesia mormona prohibió la poligamia.)

## No se puede establecer una religión oficial

El otro aspecto de la libertad de religión es que el estado no puede tomar ninguna acción encaminada a establecer o fomentar ninguna religión o iglesia en especial. Esta "cláusula del establecimiento" es el principio fundamental de la separación de la iglesia y el estado. (Nota de la editora: Se entiende que por "iglesia" se quiere decir la suma de todas las religiones organizadas sean católica, protestante, islámica o judía además de varias otras religiones o sectas menores.)

Muchos de los colonizadores de este país tenían opiniones muy fuertes sobre este principio. Venían de países donde había una religión oficial. Muchos habían sido perseguidos en sus países de origen por practicar otras religiones que no fueran la oficial.

Pero este asunto no quedó enterrado en el pasado. Se siguen poniendo objeciones a las acciones del gobierno, en base de que violan dicha separación (véase la ilustración 13-2). Por tal razonamiento, se han puesto objeciones a la ayuda económica que el gobierno presta a las escuelas religiosas—en forma de fondos para proveer el servicio de autobuses o de crédito por las matrículas (los llamados *vouchers*)—. Y lo mismo por los rezos (invocaciones religiosas) en las escuelas o en otros sitios públicos.

Naturalmente, alguna interacción debe existir entre el estado y la iglesia. Las iglesias necesitan de los servicios gubernamentales como el

---

* *West Virginia contra Barnette*, 63 S. Ct. 1178 (1943).

servicio de bomberos y de policía. Sin embargo, a tono con el principio de separación de la iglesia y el estado, los tribunales han establecido que cualquier ley o actividad gubernamental deben reunir tres requisitos:

1. Debe tener un propósito laico.
2. El principal efecto no debe reprimir ni fomentar el desarrollo de la religión.
3. No debe resultar en demasiada entremezcla del sector público (gobierno) y de la religión.

La ilustración 13-2 muestra cómo este criterio se aplica a una actividad. ¿Cómo aplicarías esta prueba en la siguiente situación?

**SITUACIÓN 24.** Un estado quería establecer un distrito escolar para servir a los estudiantes minusválidos de una secta religiosa dada. Años antes, el estado había provisto los servicios especiales para los estudiantes minusválidos en sus propias escuelas religiosas, con la separación de los sexos. Luego, en 1985, el Tribunal Supremo decidió que estos servicios no eran constitucionales.

El Tribunal Supremo, en su decisión de 1994, se pronunció contra el establecimiento de un distrito escolar separado para servir a los estudiantes minusválidos de una secta religiosa en particular.* El Tribunal sostuvo que esto constituye un establecimiento anticonstitucional de la religión. Daría tratamiento especial a los hijos de una secta religiosa debido a su religión. Sin embargo, el establecimiento de tales distritos escolares para todos los estudiantes—sin tomar en consideración su religión—se hubiera podido declarar como constitucional.

**SITUACIÓN 25.** Varios estudiantes de la escuela superior de Westside, en Connecticut, decidieron formar un grupo para discutir la Biblia. Querían reunirse después de las horas de clase en la escuela. Pero el director se negó a autorizarlo. Dijo que violaba la cláusula del establecimiento. Los estudiantes

---

* *Board of Education contra Grumet*, 114 S. Ct. 2481 (1994).

**ILUSTRACIÓN 13-2**
## La franquicia tributaria de las iglesias

Casi todos los 50 estados en los EE.UU. eximen de pagar impuestos sobre la propiedad a las iglesias. Esta franquicia tributaria ¿viola la separación de la iglesia y el estado? Aplica los tres requisitos para decidirlo.

*1. ¿Tiene esto un propósito que no sea religioso?*

Sí. La franquicia se concede también a otras organizaciones sin fines de lucro, como son las escuelas y los hospitales.

*2. ¿Es su principal efecto fomentar o reprimir la religión?*

Por supuesto, la franquicia de impuestos sobre la propiedad ayuda económicamente a las iglesias. Pero esto no es su principal propósito (véase la pregunta 3).

Como la franquicia se da a todas las iglesias no fomenta ningún credo en especial.

*3. ¿Resulta en demasiada entremezcla del gobierno y de la religión?*

A causa de esta franquicia, el gobierno no puede emplear su poder de cobrar impuestos para regular las actividades de las iglesias. Por lo tanto y en la práctica, la franquicia distancia aún más a la iglesia del estado. De hecho, éste es su principal efecto.

---

protestaron, indicando que los equipos de la escafandra autónoma y del ajedrez se reunían después de las clases en los edificios de la escuela.

¿Qué decisión habrías tomado en el caso de esta situación de la vida real? ¿Debería el director haber permitido al grupo de estudio de la Biblia que se reuniera después de las horas de clase? El Tribunal así lo pensó. Dijo que una cosa es forzar a los estudiantes para que participen en una actividad religiosa: eso sería fomentar el establecimiento de la religión. Pero permitirlo quitándole la base discriminatoria no lo es.*

**SITUACIÓN 26.** Durante muchos años, se habían rezado las invocaciones (a Dios) antes de comenzar los partidos de fútbol en la escuela superior del Condado de Douglas. En 1985, un estudiante puso objeciones a estas invocaciones. Creía que iban contra sus creencias religiosas como indígena estadounidense (*Native American*). La escuela estableció un plan para que los clubes escolares seleccionaran a los oradores que iban a hacer las invocaciones. Pero el estudiante quería que todos los discursos antes de que empezaran los partidos fueran laicos.

¿Las invocaciones que preceden a los comienzos de los eventos deportivos reúnen los tres requisitos? El Tribunal de Apelaciones del 11° Circuito determinó que las invocaciones tenían un propósito religioso.** En una comunidad de mayoría protestante, el tribunal dijo que el principal efecto sería fomentar públicamente el cristianismo protestante. El tribunal declaró que las invocaciones violaban la cláusula del establecimiento.

Una decisión del Tribunal Supremo de 2000 sostuvo la decisión del Tribunal del 11° Distrito. Determinó que las invocaciones antes de los partidos de fútbol escolares, aun si se hubieran iniciado y guiado por los mismos estudiantes, violan las cláusulas del establecimiento.‡

1. Nombra los dos aspectos del derecho a la libertad de religión de la Primera Enmienda.
2. ¿Qué clases de preguntas hacen los tribunales sobre toda actividad gubernamental (u oficial) para ver si mantiene la separación de la iglesia y del estado?

---

\* *Board of Education of Westside Com. Sch. contra Mergens*, 110 S. Ct. 2356 (1990).

\*\* *Jager contra Douglas County School District*, 862 F.2d. 824 (11th Cir. 1989).

‡ *Sante Fe Independent School District contra Doe*, 530 U.S. 290, 309, 120 S. Ct. 2266, 2279 (2000).

### Piensa

1. ¿Es posible que un tribunal encuentre que los siguientes actos son constitucionales? ¿Por qué sí o por qué no?
   a. una ley prohíbe la enseñanza de la evolución en las escuelas públicas a menos que la "ciencia de la creación" se enseñe también.
   b. una persona ciega que usa fondos del estado para asistir a una universidad cristiana con el propósito de llegar a ser un ministro protestante (el estado provee los fondos para la enseñanza de los ciegos).
   c. la construcción de una carretera para la explotación forestal en una zona que es sagrada para los indígenas norteamericanos.
   d. las reuniones de los grupos juveniles cristianos en una escuela pública después de las horas escolares.
2. ¿Es la separación de la iglesia y del estado absoluta en este país? Da algunas pruebas para sostener tu posición. ¿Por qué crees que es así?
3. "Bajo ninguna circunstancia se permitirá que el gobierno prohíba las prácticas religiosas de un individuo". ¿Estás de acuerdo o en desacuerdo? Explica tus razones.
4. ¿Crees que rezar en la escuela sea buena idea? En caso afirmativo ¿las oraciones que emplearemos de cuál iglesia serán? ¿Qué pasa con un momento de silencio?

## OTRAS GARANTÍAS CONSTITUCIONALES

Además de los derechos constitucionales de la Primera Enmienda, existen otros derechos constitucionales (véase la ilustración 13-3). Algunos son específicos, como los de la Segunda Enmienda (que se expondrán a continuación). Muchos tienen que ver con los procesos judiciales. Éstos se presentan en otros capítulos de este libro.

Algunos derechos no son específicos, sino que se dejan en manos de la gente (la Novena Enmienda) o de los estados (la Décima Enmienda). Algunos han sido reconocidos mediante las interpretaciones judiciales a lo largo de los últimos siglos. Ya hemos estudiado algo sobre la libertad de la asociación. Los derechos a viajar, a suscribir contratos y a buscar el empleo también se han mencionado ya. Otros dos—los derechos a la privacidad y al voto—se conocerán en esta sección.

## ¿Existe el derecho a llevar armas?

La reciente polémica sobre las leyes que controlan la propiedad de los armas de fuego de mano ha enfocado el interés en la Segunda Enmienda. Esta enmienda garantiza a los ciudadanos el derecho a llevar armas.

Históricamente, este derecho tenía el propósito de asegurarse que cada estado pudiera mantener lista una "milicia" de los ciudadanos. Por lo tanto, los tribunales han dicho que esta protección se relaciona específicamente con el establecimiento de una milicia estatal. La enmienda no prohíbe las leyes que limitan el derecho de la gente a tener armas de fuego y otras clases de armas.

En la Constitución de Georgia hay una medida similar. Autoriza expresamente a la Asamblea General a "ordenar la manera en que se pueden tener los armas" (Art. 1, sec. 1, para. 8).

## ¿Existe el derecho a la privacidad?

No encontrarás en la Constitución una referencia específica al derecho a la privacidad. Este derecho se ha derivado, por cierto, de un número de garantías constitucionales a la privacidad contra la intrusión oficial y que incluye la Tercera y la Cuarta Enmienda. Como estado, Georgia fue el primero en el país que reconoció el derecho a la privacidad, cuya legislación data de 1904.

El derecho a la privacidad afecta nuestras vidas en muchos asuntos que van más allá de los registros, la protección de documentos y los análisis de drogas (en el capítulo 7). Afecta nuestro derecho a morir de manera digna en vez de vivir en un coma. La protección de los derechos reproductivos y de la familia es básica. Los tribunales han manifestado que, sin una razón válida, el gobierno no puede entremeterse en asuntos asociados con las relaciones familiares. Por ejemplo, cualquier requisito que un gobierno (o el estado) establezca para contraer el matrimonio debe ser sensato. ¿Serían constitucionales leyes como las siguientes?

**SITUACIÓN 27.** Una ley estatal requiere que una menor de edad, soltera, dependiente de sus padres, notifique a uno de los dos que va a

**ILUSTRACIÓN 13-3**

**Algunos fragmentos de la Declaración de Derechos y Garantías** (Bill of Rights)

### La Segunda Enmienda

No se infringirá el derecho de la gente a tener y portar los armas, pues una Milicia bien regulada es necesaria para la seguridad de un Estado libre.

### La Tercera Enmienda

Ningún soldado en tiempo de paz ni en tiempo de guerra se alojará en casa alguna sin el consentimiento del propietario (o dueño), excepto en la manera prescrita por la ley.

### La Cuarta Enmienda

No se violará el derecho de la gente a estar segura de sus personas, casas, documentos y efectos personales, contra cualquier registro y confiscación sin razón, y no se extenderá orden alguna de detención, excepto en el caso de la causa probable, sostenida mediante el juramento o la afirmación que específicamente describa el lugar a registrar, y la persona o cosas que se deban secuestrar.

### La Novena Enmienda

La enumeración en la Constitución de ciertos derechos no se interpretará como la negación o el menosprecio de otros retenidos por la gente.

### La Décima Enmienda

Los poderes que la Constitución no ha delegado en los Estados Unidos, ni prohibido a los Estados, se reservan a los respectivos estados o a la ciudadanía (gente, pueblo).

abortar. El tribunal de menores puede renunciar al requisito si es en "el mejor interés de la menor".

**SITUACIÓN 28.** Para controlar el crecimiento de la población, el estado penaliza el tener más de dos hijos.

Para proteger el derecho de los individuos a elegir las alternativas de su familia, los tribunales han reconocido el derecho de una persona a tener acceso a los métodos anticonceptivos. Han prohibido las leyes que requieren la esterilización de algunas personas que reciben fondos públicos de apoyo social (*welfare*). En una decisión polémica de 1973, *Roe contra Wade*, el Tribunal Supremo reconoció el derecho de las mujeres a buscar acceso al aborto*.

Desde entonces, los que se oponen al aborto se han esforzado para revocar esa decisión. Aunque se limita los derechos de las menores de edad, las decisiones de 1990 del Tribunal Supremo de los EE.UU. parece ser que han convertido en constitucional una ley de Georgia que es similar a la presentada en la situación 27.**

¿Tienen las parejas el derecho a decidir el tamaño de sus familias? Sí. La ley en la situación 28 sería anticonstitucional. Pero no todos los países permiten que sus ciudadanos tengan semejantes libertades. El gobierno chino ha intentado establecer que las parejas solo tengan un hijo. El el pasado, el gobierno rumano utilizó su poder para forzar a los ciudadanos a tener tantos hijos como fuera posible.

## ¿Existe el derecho a votar?

La Constitución de los EE.UU. apenas menciona el derecho de los ciudadanos a votar. Ciertamente, durante gran parte de la historia de este país, muchas personas no tuvieron ese derecho. Durante más de 130 años, el voto estaba limitado en gran parte a varones blancos mayores de los 21 años de edad. A veces, hasta su derecho a votar estaba restringido. Algunas veces tenían que pagar un impuesto especial, llamado "impuesto de comicio" (*poll tax* en el inglés), o tenían que probar un examen informal de lectura y escritura.

La tabla siguiente indica cómo las varias enmiendas han extendido el alcance del voto.

---

* 410 U.S. 113 (1973).

** *Hodgson contra Minnesota*, 110 S. Ct. 2926 (1990); *Ohio contra Akron Center for Reproductive Health*, 110 S. Ct. 2972 (1990).

En 1943, Georgia fue el primer estado en rebajar la edad para votar de 21 a 18 años de edad. Los oficiales del estado opinaban que quienes eran lo suficientemente mayores para combatir en la Segunda Guerra Mundial, lo eran también para votar.

Por desgracia, no todos se aprovechan de este derecho. Esto es particularmente cierto en el caso de los votantes más jóvenes. ¿Qué crees que se debería hacer para animar a más gente para que vote?

| Los derechos al voto se extienden a | Mediante la Enmienda | En el año |
|---|---|---|
| Los varones de todas las razas | 15 | 1870 |
| Las mujeres | 19 | 1920 |
| Residentes del distrito especial de Washington D.C. | 20 | 1961 |
| Jóvenes de 18 hasta 20 años de edad | 26 | 1971 |

### Solo los hechos

1. ¿Son las siguientes declaraciones correctas o incorrectas?
   a. La Constitución le otorga a cada uno el derecho a tener un arma de mano de fuego.
   b. La Cuarta Enmienda dice específicamente que la gente tiene el "derecho a la privacidad".
   c. La gente tiene el derecho a tener acceso a medidas contraceptivas.
   d. Las mujeres han podido votar desde la Guerra Civil (1860 – 1865).
   e. Georgia fue el primer estado que rebajó la edad para votar de los 21 a los 18 años de edad.

Si estas declaraciones son incorrectas, explica en qué reside el error.

### Piensa

1. No todo el mundo está de acuerdo con la interpretación que el Tribunal Supremo hace de la Segunda Enmienda. Da una razón por la que estás en desacuerdo y otra por la que está de acuerdo.

2. ¿Deberían las menores de edad tener que notificar a uno de sus padres antes de abortar? Da un argumento a favor y otro en contra.

3. ¿Deberían los familiares de un paciente en el estado de coma irreversible poder permitir la retirada de los procedimientos médicos del soporte vital? Una decisión del Tribunal de 1990 parece permitir que los estados determinen lo que la ley sobre este asunto será. ¿Qué opinas en cuanto a lo que la ley debiera ser?

4. ¿Cómo definirías el "derecho a la privacidad"? ¿Qué crees que debiera proteger?

## EN RESUMEN

Antes de que leyeras este capítulo, ¿qué significaban para ti las libertades constitucionales? ¿Habías pensado en el significado de la libertad de la expresión? ¿de la libre asociación? ¿Habías caído en la cuenta que tu derecho a la libertad de la expresión era limitado en algunas circunstancias? ¿que tu derecho a asociarte no incluía las asociaciones delictivas? ¿que se podía restringir tu derecho a rendir culto?

Como todas las libertades, estos derechos constitucionales implican ciertas responsabilidades. Existe siempre la necesidad de crear un balance—para prevenir que las acciones libres de la persona priven a otra de un derecho básico. En el siguiente capítulo, te enterarás de cómo el gobierno debe mantener un balance entre los derechos individuales y su obligación de mantener el orden y la justicia.  ◻

# 14 Las garantías constitucionales del tratamiento justo

¿Has dicho alguna vez que "eso no es justo"? Cuando eras más joven, puedes haberlo dicho porque a tu hermano le dieron un trozo de pastel más grande que a ti. O porque tus padres no te permitieran estar en la calle hasta la hora que están tus amigos. O puedes haberlo dicho por otras muchas razones.

Lo justo es importante para ti—y para todos nosotros. Pero ¿de dónde viene esa idea del tratamiento justo? El mundo natural no exhibe tal justicia. Algunos animales son más fuertes que otros. Los fenómenos naturales como los tornados y las inundaciones destruyen plantas y animales. Un lobo que mata o un tornado que destruye no se puede relacionar con el concepto de lo justo.

El tratamiento justo es una noción humana. Fue una preocupación de los fundadores de este país. Los redactores de la Declaración de Independencia expresaron su preocupación cuando escribieron:

Mantenemos que estas verdades son evidentes por sí mismas, que todos los hombres han sido creados iguales y que su Creador los ha concedido ciertos derechos inalienables, que entre éstos son la Vida, la Libertad y la búsqueda de la Felicidad...

[En una redacción previa se decía "propiedad" en vez de "felicidad".]

Tanto la Constitución de los EE.UU. como la de Georgia ponen límites al sistema de gobierno en el esfuerzo para asegurarnos que cada uno será tratado justamente bajo las leyes.

- Se dispone que el gobierno—o cualquiera que use los poderes del gobierno—no puede quitar "la vida, la libertad, o la propiedad" sin el "debido proceso legal".

- Se dispone que a todos debe dárseles una idéntica protección ante las leyes.

Lo que estas medidas (cláusulas) significan se explicará más adelante en este capítulo. No se te olvide que estas disposiciones son como las

**Habla Legal**

la razón arbitraria • el debido proceso legal • el dominio eminente • la idéntica protección ante la ley • la manera justa • el derecho fundamental • la base racional • el escrutinio estricto descritas en el capítulo 13. Son pertinentes solamente a los que emplean los poderes del gobierno. Dichas disposiciones, sin embargo, pueden extenderse a la actividad privada mediante la aprobación de otras leyes.

## EL DEBIDO PROCESO LEGAL

### ¿Qué es el debido proceso legal?

La cláusula del debido proceso legal (en la ilustración 14-1) requiere que el gobierno actúe justamente de dos maneras:

1. El gobierno no puede quitar la vida, la libertad o la propiedad por razones que sean arbitrarias (ilógicas, inconsistentes, injustas o impulsivas).

2. Aunque haya una razón apropiada, el gobierno puede quitar aquéllas solamente de manera justa (es decir, después de proveer el proceso que es "debido").

En esta parte del capítulo, veremos de cerca estos términos claves—la "vida, libertad o propiedad", las "razones arbitrarias" y la "manera justa".

¿A quién protege el debido proceso legal? Básicamente, todos los que están sujetos a las leyes de este país están protegidos. La protección se extiende no solo a los ciudadanos de los EE.UU. sino también a los siguientes:

- Las personas de otros estados y de los países extranjeros, pero solo bajo ciertas circunstancias
- Las personas "artificiales" como por ejemplo las corporaciones
- Los municipios y los condados bajo ciertas circunstancias

### La protección de "la vida, la libertad y la propiedad"

El gobierno—o cualquiera que emplee los poderes del gobierno—no puede quitar "la vida, la libertad o la propiedad" sin "el debido proceso legal". La declaración parece sencilla. Pero no lo es.

¿Qué es el debido proceso legal? Eso depende de lo que las leyes y los tribunales digan que sea, y eso varía con la situación.

**ILUSTRACIÓN 14-1**

## La cláusula del debido proceso legal
## La Quinta Enmienda

Ninguna persona será tenida para responder por una capital, ni por el crimen de otro modo de mala fama, a m_____tación ni la acusación d_____ en caso de que q_____s, ni en la mil_____n el tiempo ____ la propiedad, sin el debido____ irá cualquie_____nsa para ser_____o el _____minal _____vado de _____ la libertad o_____el debido pro____ legal; ni irá la propiedad privada sea tomada para el uso público, sin apenas compensación.

*Ni de ser privado de la vida, la libertad o la propiedad, sin el debido proceso legal.*

### La vida

Quitarte la vida es la acción más seria que se puede ejecutar contra ti. Por lo tanto, el sistema de gobierno tiene la mayor restricción en esta acción. Es crítico que el gobierno actúe por razones apropiadas y de modo justo.

Obviamente, la persona a quien se le pudiera condenar a muerte por haber cometido un asesinato tiene el derecho a la protección del debido proceso legal. Pero ¿qué pasa con la persona en la siguiente situación?

**SITUACIÓN 1.** El ejército reclutó a Travis. Esto ocurrió durante el conflicto de Vietnam. No quería ir. Después del entrenamiento, lo mandaron a una zona del combate intenso. Murió. ¿"No le quitó el gobierno la vida" contra su voluntad? ¿Tiene aplicación el debido proceso legal?

La posibilidad de que el enemigo pueda matar a un militar queda fuera del alcance de la cláusula del debido proceso legal. No fue el gobierno (estado) él que le quitó la vida. Más bien, fue el enemigo contra el que combatía el que se la quitó. Se encontraba en las condiciones de combate porque tenía la obligación impuesta por el debido proceso legal, la de defender a su país.

Sin embargo, hay varias veces durante el contacto de la persona con los militares cuando tendría vigencia el debido proceso legal (y la idéntica protección ante la ley). El estado debe de seleccionar a quienes va a movilizar de manera justa (esto quiere decir bajo los criterios legales que no discriminen injustamente). Si a la persona se le acusa de cometer un delito mientras está en el ejército, se le debe juzgar justamente. Sin embargo, debido a la naturaleza única del servicio militar, muchos de los derechos constitucionales que disfrutan las personas están severamente restringidos. Algunos ejemplos son la libertad de la expresión y de la reunión.

## La libertad

Un gobierno debe observar también los requisitos del debido proceso legal cuando le quita a la persona sus libertades.

*El confinamiento.* La reclusión física es claramente una pérdida substancial de la libertad. Por dicha razón, hay muchas restricciones en el proceso de la justicia penal. Éstas se amplian en la parte 4 de este libro.

Sin embargo, el confinamiento de la persona puede tener lugar fuera del sistema de la justicia penal. ¿El debido proceso legal tiene aplicación en la situación 2?

SITUACIÓN 2. Todo el mundo conoce a Heriberto. Cuando no hace los trabajos diversos, está sentado en el parque, dando palomitas de maíz a los pájaros. Todo el mundo sabe que "no anda bien de la cabeza". Pero no ha dañado nunca a nadie ni a nada.

A algunas personas les molesta que los mire fijamente cuando andan por el parque. Quieren que le quiten de en medio. Presentan una petición al tribunal para que lo encierren en un manicomio. ¿Está protegido Heriberto por la cláusula del debido proceso legal?

Sí, lo está. El encierro en una institución contra tu voluntad, sea prisión o manicomio, tiene que ver con la pérdida de la libertad. El gobierno debe dar alguna justificación por la qué te quita la libertad.

Los individuos que están recluidos en un manicomio podrán presentar un peligro para sí mismos o para la sociedad. O pueden necesitar un tratamiento que solo pueden dispensar en el manicomio. En todo caso, sin embargo, al individuo no se le puede privar de la libertad sin el debido proceso legal. Para que a Heriberto lo puedan recluir en un manicomio, debe tener lugar una audiencia. Se le debe notificar de ello y se le debe dar la oportunidad de decir por qué no debe ser recluido. Entonces, el juez tomará una decisión, por la que debe o no debe ser recluido.

*Los derechos individuales.* Los derechos constitucionales como la libertad de la expresión están protegidos también por la cláusula del debido proceso legal. Son elementos que se considera que forman parte de la "libertad". Esto significa que no se pueden limitar por ningunas "razones arbitrarias". No obstante, el gobierno (estado) puede regular "la hora, manera y sitio" para el ejercicio de estos derechos. (La restricción debe ser necesaria y no ser excesivamente restrictiva.)

La cláusula del debido proceso legal también protege los derechos individuales que no están especificados en la Constitución que incluyen el derecho a suscribir contratos, a la privacidad, a viajar por los EE.UU. y a andar por los sitios públicos (véase el capítulo 13).

## La propiedad

La última cosa que está protegida por la cláusula del debido proceso legal es la "propiedad". Como la libertad de suscribir contratos, el derecho a tener propiedad (o bienes propios) es básico en este sistema legal.

Lo que constituye la propiedad puede ser que no esté siempre obvio. ¿Crees que las siguientes situaciones muestran intereses en la propiedad que debieran ser protegidos por el debido proceso legal?

SITUACIÓN 3. A Nora le han suspendido los pagos del apoyo social (*welfare*) durante varios meses. Creyeron por equivocación que ella ya tenía un nuevo empleo.

SITUACIÓN 4. Benjamín y Betty se mudan a una nueva casa que recientemente ha dejado una persona que no había pagado la cuenta del agua al municipio. Tienen agua durante unas pocas semanas. De pronto, un viernes por la tarde a última hora, el ayuntamiento les corta el servicio. Ben y Betty se quedan sin agua todo el fin de semana.

**SITUACIÓN 5.** A la Junta de Enseñanza le comunican que un guardián de seguridad ha sido declarado culpable de un delito grave. No lo había anotado en la solicitud para el empleo. Por lo tanto, lo despiden sin darle la oportunidad de explicar su lado de la historia.

**SITUACIÓN 6.** Alberto no está sacando buenas notas en el colegio de medicina de la universidad estatal. Su expediente académico es excelente, pero sus consultas con los pacientes faltan mucho. En su año final, Alberto apela la decisión de no concederle el título. Un grupo de médicos locales evalúa sus consultas. A causa de una decisión igualmente dividida, recomiendan que no le den el título. Como resultado, le suspenden en el colegio de medicina.

Resulta ser una cuestión legal para determinar si tienes o no el derecho al interés en una propiedad en especial. Si crees que te han privado de ese interés injustamente, necesitas conocer la ley que concierne a ese interés en la propiedad. Normalmente, necesitarías consultar con un abogado.

Una vez que la gente recibe los beneficios o servicios del estado, la ley dice que tiene un interés en su propiedad. Los permisos de automovilistas o los pagos del apoyo social (*welfare*) (en la situación 3) son buenos ejemplos de dichos beneficios. La Constitución no requiere que el gobierno haga pagos del apoyo social. Sin embargo, si los provee, debe hacerlos de una manera justa.

El agua (en la situación 4) constituye un servicio del sector oficial o público. Estos beneficios y servicios no se pueden suprimir sin el debido proceso legal.

Muchos empleados públicos (en la situación 5) sí tienen un interés en la propiedad de su trabajo. El guardián de seguridad puede tener derecho a una audiencia antes de ser despedido.

¿Tiene Alberto (en la situación 6) el derecho legal a recibir el título del colegio de me-

dicina de la universidad estatal? No. Alberto tiene el derecho a asistir al colegio si reúne las calificaciones y si hay sitio para admitirlo. Pero no existe la garantía de que la sola asistencia a los cursos resulte en el título de grado.

La Quinta Enmienda restringe el derecho de los gobiernos a quitarles la propiedad a los individuos particulares para el uso público, como para construir un edificio o una carretera. Este derecho del gobierno se llama el poder del *dominio eminente* (en inglés se dice *eminent domain*). Pero la enmienda dice que el gobierno no puede quitarle a alguien la propiedad sin una "compensación justa". Protege al individuo al requerir que el gobierno actúe con justicia al privarle de su propiedad.

¿Qué pasa si la acción del gobierno reduce el valor de la propiedad? Eso es lo que ha sucedido en el dibujo anterior. El nuevo aeropuerto ha hecho que el uso de la propiedad de la familia sea casi imposible. La ley dice que esto puede ser una forma de "quitar" (el término en inglés será *taking*). La familia, en esta situación, podrá tener el derecho a una recompensa por parte del gobierno. Además, tendría derecho a recibir la notificación previa de "lo que se les quita" y a la oportunidad de ser escuchada en el asunto del valor de lo que se les quita.

---

### Solo los hechos

1. ¿Qué protege la cláusula del debido proceso legal?
2. Entre los siguientes casos ¿a quiénes protegería la cláusula del debido proceso legal del estado de Georgia? (a) a un visitante que viene de Tailandia a Georgia, (b) a una corporación de Savannah, (c) al municipio de Valdosta.
3. ¿Qué aspectos de la "libertad" protege la cláusula del debido proceso legal?
4. Da ejemplos de tres clases de la "propiedad" que estén protegidas por el debido proceso legal.
5. ¿Cómo están protegidos los ciudadanos contra el derecho del gobierno al dominio eminente?

---

### Piensa

1. ¿Por qué crees que el debido proceso legal se extiende a los que no son ciudadanos? ¿Todos los derechos constitucionales se extienden a los que no son ciudadanos? ¿Debiera importar si el extranjero está legal o ilegalmente en los Estados Unidos?

## ¿Qué son las decisiones arbitrarias?

**SITUACIÓN 7.** El director de la escuela secundaria de Buena Vista decidió una mañana que todo estudiante cuyo nombre empezara con vocal debía andar como un pato por los pasillos de la escuela. Y, al mismo tiempo, se debía ir diciendo "cuá-cuá". Cualquier estudiante que no lo hiciera así debería pagar una "multa" de $10 destinada a crear un fondo para el club de botánica. ¿Fue ésa una decisión arbitraria?

Naturalmente lo fue—por al menos tres razones. Primero, se impuso arbitrariamente. No existía ninguna razón lógica o sensible para que el director decidiera rebajar a *ningún* estudiante haciéndole que actuara como si fuera un pato. Segundo, a los que les tocó hacerlo, fueron arbitrariamente seleccionados. El director no tenía ninguna razón para elegir a los estudiantes cuyos nombres empezaban en vocal. No había ninguna indicación que esos estudiantes constituían un grupo que fuera diferente de los demás estudiantes. Finalmente, la imposición de la multa (o sea, "quitarle" la propiedad al estudiante) para crear un fondo para el club de botánica también fue arbitrario. Puso inadecuadamente la carga en los estudiantes seleccionados para crear un fondo para cierta actividad. Los fondos del club de botánica debieran establecerse apropiadamente por todos los estudiantes o por los miembros del mismo club.

Por el contrario, el estado sí tiene una base racional para las leyes que requieren que los niños o jóvenes asistan a la escuela. El interés del estado es asegurarse que los menores de edad reciban una educación, de modo que lleguen a ser ciudadanos productivos. Si tienes esa edad, el estado puede requerir que asistas a la escuela, aunque eso te prive de la libertad durante el día escolar. El requisito se relaciona lógicamente ("racionalmente", para decirlo así) con el apropiado interés del gobierno.

En efecto, la cláusula del debido proceso legal dice que si el gobierno decide aprobar leyes que ponga a la gente en ciertas categorías (o que la clasifique), debe tener una base racional para hacerlo. Las razones no pueden ser arbitrarias, caprichosas o irracionales.

## ¿Qué es la (o una) manera justa?

El gobierno puede actuar para quitar la vida, la libertad o la propiedad de la persona o personas por una razón adecuada. Pero aún así debe hacerlo de una manera justa—no arbitraria. (Y si le quita la propiedad a la persona para el uso público, debe compensar al propietario por el valor de lo que le ha quitado.) Generalmente, esto quiere decir que la persona afectada debe, por lo menos, ser notificada de antemano de la acción propuesta y tener una audiencia.

Este requisito cubre la manera en que los juicios se llevan a cabo. Pero muchas agencias gubernamentales, inclusive las escuelas, pueden aprobar reglas que limitan la libertad de la persona o sus derechos de la propiedad. Esto resulta en una cuestión básica. ¿Debería celebrarse un juicio completo ante un tribunal cada vez que un gobierno actúa y quita la libertad o la propiedad a una persona? ¿Debería requerirse esto, no importa la cantidad que se quita, sea muchísima o poquísima?

Los tribunales han determinado que no sea razonable celebrar un juicio por cada incidente. Para decidir cuando sea necesario el juicio completo se han desarrollado una serie de interrogativas. Las respuestas a estas preguntas sirven como regla para tomar la decisión.

Las dos situaciones siguientes ilustran el empleo de estas reglas.

**SITUACIÓN 8.** A William le notifican que tiene que pagar $24 a la biblioteca pública por el préstamo de ocho libros que han vencido el plazo de la devolución. Él dice que la multa debería ser de $18. Afirma que ha devuelto dos libros a su debido tiempo. La ley de Georgia no requiere una audiencia.

**SITUACIÓN 9.** Debido a los serios y continuos problemas mentales de Karina, su esposo solicita del tribunal que la confinen en una institución. Aunque no se requeriría un juicio completo, debe hacerse una investigación total y celebrarse una audiencia antes de pueda ocurrir eso.

Por lo tanto, el debido proceso se debe seguir aunque no tenga lugar un juicio. Usualmente, eso requiere que la parte afectada reciba la notificación adecuada. Puede ser que suponga también algún tipo de audiencia.

Éstas son las preguntas que el tribunal pudiera hacer para considerar si es necesario el juicio completo o una audiencia menos formal. O si ninguno de los dos fuera necesario.

1. *¿Qué es lo que pierde el individuo? ¿Es la pérdida irreparable?*

Entre mayor sea la pérdida, los procedimientos deben proveer una mayor protección. La pérdida de William (en la situación 8) es muy pequeña. Además, si se comete un error en la multa de William, la biblioteca puede devolverle el dinero. Por otro lado, la vida o un período de libertad perdida no se puede reemplazar nunca. Si Karina (de la situación 9) es internada en una institución mental, nunca puede recuperar ese tiempo.

2. *¿Qué posibilidad existe que la libertad o el interés en la propiedad se quiten por error?*

La situación de Karina (en la situación 9) supone una cuestión de los hechos que resulta difícil de contestar: ¿Es Karina mentalmente incompetente o peligrosa? Esto no es siempre fácil de determinar. Puede haber un conflicto entre los testimonios de varios expertos.

Por otro lado, sería fácil determinar cuántos libros sacó William y si alguno fue devuelto a tiempo.

3. *¿Reducirían el riesgo de cometer un error el empleo de otros elementos o procedimientos? Por ejemplo ¿la representación de un abogado haría mucha diferencia?*

En el caso de Karina podría ser que sí, y ella tiene derecho a un abogado.

4. *¿Existen otros factores que pueden afectar los procedimientos?*

Una preocupación aquí sería el costo. ¿Serían demasiado costosos los procedimientos adicionales? Por ejemplo, ¿podría una biblioteca pagar el gasto de tener una audiencia por cada multa que se imponga por libros vencidos? Un requerimiento tan costoso podría impedir a la biblioteca que prestara servicios al público. En el caso

de William, el costo de un abogado sería ciertamente superior al importe de la multa.

Pero ¿qué pasa con la situación de Karina? Para decidirlo, los costos deben ser tomados en cuenta, tanto por el tiempo como por la cantidad de dinero. ¿Cuánto costarían los procedimientos adicionales? ¿Valen la pena los gastos adicionales, en consideración de la posible pérdida de su libertad?

## La notificación

Un elemento básico del debido proceso legal es la notificación. La notificación requiere que se le notifique a la persona de una acción gubernamental que le pueda afectar. La persona debe saber que el gobierno puede tomar una acción (o en algunos casos la puede haber tomado ya) para privarle de la vida, la libertad o la propiedad.

Varios factores determinan si la notificación cumple con el debido proceso legal: ¿Ha llegado en el tiempo oportuno? ¿Es suficiente? ¿Se puede servir después que la acción haya tenido efecto?

Tomando en consideración estos elementos, considera si se ha dado la notificación justa en el caso ficticio que aparece a continuación:

### EL CASO DE LA HUELGA ESTUDIANTIL

Eduardo, Ernestico y Sharon creen que es ilegal e inmoral el mandato oficial de requerir la inscripción obligatoria en lo que se llama el servicio selectivo militar (reclutamiento al servicio militar). Deciden protestar con sentarse pacíficamente en la oficina del director de la escuela a la hora del almuerzo. El segundo día de la sentada, el subdirector les dice que desalojen el sitio. Se niegan. Llama a la policía. La policía viene y se los lleva.

Una multitud se reúne mientras la policía saca a los manifestantes. Cirio, que está entre la multitud, abuchea a los policías. Cirio empuja a Laurita que está delante de él. Laurita se cae delante de un policía que tropieza con ella y se cae. Eduardo y Ernestico se escapan. No está claro si al escapar golpearon a algún guardia. Se arma un pequeño disturbio.

A todos los estudiantes que tomaron parte en el jaleo los mandan inmediatamente a casa. Les dicen que los oficiales escolares se reunirán para decidir su castigo. No se les dice ni donde ni cuando. A eso de las dos y media de la tarde, el director llama a cada uno en su casa. Les dice: "Nosotros, los oficiales escolares, nos reuniremos a las cuatro de la tarde para decidir lo que se va a hacer". No les dice qué cargos hay contra ellos. No les dice qué acción van a tomar. Dice que les llamará esa noche para hacerles saber el castigo.

A los estudiantes—Eduardo, Ernestico, Sharon, Cirio y Laurita ¿se les ha dado la notificación adecuada?

Al considerar si se les ha dado la notificación adecuada, los tribunales considerarán qué efectos permanentes tendrán los castigos. A Eduardo y a Ernestico se les expulsó de la escuela en el *caso de la huelga estudiantil.* A Sharon y a Cirio les suspendieron por ocho días. Se puso una carta de reprimenda en el expediente escolar de Laurita.

Ahora, examinemos los elementos de la notificación adecuada.

*La puntualidad.* En el caso de Laurita, se podría considerar que fue lo suficientemente a tiempo. Aunque se hubiera determinado después que la reprimenda era inadecuada, la carta se podría quitar de su expediente sin que causara un mal indebido. Por lo que se refiere a los otros estudiantes, la notificación no habría sido adecuada. No habrían tenido tiempo para preparar la defensa y sufrirían un daño irreversible.

*La competencia.* La idea de la competencia es si existe la razón suficiente (*sufficiency* en el inglés). Las leyes de Georgia y las decisiones del Tribunal Supremo de los EE.UU. disponen que los estudiantes gozan de ciertos derechos.

Para el caso de una suspensión por un período de tiempo breve (menos de 10 días), los oficiales escolares deben decir a los estudiantes por qué se les suspende. En otras palabras, se les debe decir a los estudiantes cuales son los cargos. Si los estudiantes responden que son inocentes, los oficiales deben decirles en qué consiste la evidencia en contra de ellos.

Para efectuar la expulsión, o para una suspensión por un período de tiempo largo, los oficiales escolares deben notificar por escrito a los estudiantes y a sus padres de los cargos y los posibles castigos. Los oficiales deben proporcionarles también la lista de las personas que piden que se suspenda a los estudiantes. A los estudiantes se les debe informar asimismo, por escrito o en persona, de lo que esos testigos han dicho.

*Después de que se ha llevado a cabo una acción.* La notificación después que se ha llevado a cabo una acción, es solamente adecuada si el gobierno pudiera todavía corregir cualquier error. En el caso de Laurita, la carta de reprimenda se podría eliminar. Pero sería demasiado tarde para notificárselo a Eduardo y a Ernestico, después de que hayan perdido el año escolar. O después de que las suspensiones de Cirio y Sharon hubiesen concluido.

¿Pueden los individuos renunciar a su derecho a ser notificados? Si los estudiantes han aceptado la notificación del director por teléfono, pudieran haber renunciado a su derecho a recibir la notificación adecuada. ¿Sería eso justo? Pudiera ser que no conocieran sus derechos. Sería solamente justo si las reglas de los procedimientos disciplinarios se hubieran entregado previamente a las familias de cada estudiante. A propósito, esto es requisito de la ley en Georgia.

## La audiencia

El otro elemento básico del debido proceso legal es la audiencia. La audiencia le da al individuo la oportunidad de contar su lado de los hechos ocurridos. Los tribunales han requerido que se consideren varias cuestiones importantes. Éstas se refieren a si la audiencia sea necesaria y a cómo se la deberá conducir.

*La necesidad de la audiencia.* Existen dos razones por las que el individuo deberá recibir una audiencia. La primera es para determinar los hechos que forman la base para la acción del gobierno. En nuestro caso la cuestión sería: ¿Qué hizo Laurita para causar el disturbio?

Una segunda razón es para determinar hasta qué punto el gobierno actuará sobre la base de los hechos. ¿Cuáles serán los castigos? ¿Cuál será la pérdida de la vida, la libertad o la propiedad?

*La imparcialidad.* Ésta es una cuestión clave. ¿Hay alguna razón por la que no pueden actuar imparcialmente los que conducen la audiencia?

Esta pregunta se hace a menudo en el caso de las audiencias conducidas por los miembros de una agencia oficial (o gubernamental). Por ejemplo, ¿puede ser imparcial una agencia que ha despedido a alguien cuando revisa las quejas en torno a la despedida?

*La gestión de la audiencia.* Los afectados por la acción del gobierno ¿deberían poder presentar su lado de la historia? ¿Podrían llamar a los testigos? ¿Podrían repreguntar a los testigos del gobierno?

*La evidencia.* ¿Cuánta evidencia sería necesaria para probar la culpabilidad de la(s) persona(s)? ¿La cantidad suficiente para estar seguros que no exista la duda razonable? ¿O sería suficiente un nivel de pruebas más bajo?

A la hora de aquilatar estas cuestiones, el juez deberá considerar el grado de privación que pudiera resultar. Contra más privación exista, más necesario es intensificar las reglas de evidencia.

*La representación legal.* Tener los servicios profesionales de un abogado es un derecho fundamental en la mayor parte de los casos penales. La cuestión aquí es esta: ¿Debería ser lo mismo en casos que, sin ser penales, podrían resultar en que el gobierno le privara a uno substancialmente de la libertad o de los intereses en la propiedad?

*La presentación de las conclusiones.* La entidad oficial que conduce la audiencia ¿debería redactar el acta de la evidencia presentada? ¿Se le debería requerir la redacción de la opinión con explicaciones sobre la acción que ha establecido?

*La apelación.* ¿Qué pasa si la persona está inconforme con el resultado de la audiencia? ¿Debería tener el derecho a la apelación? En caso afirmativo ¿se debería hacer la apelación a otra entidad para que la oiga, o al tribunal?

### EL CASO DE LA HUELGA ESTUDIANTIL, *conclusión*

La ilustración 14-2 muestra algunas de las leyes que tienen vigencia en Georgia en los casos de las suspensiones y las expulsiones escolares. Como ya has hallado, el director y el subdirector estaban notablemente mal enterados sobre las leyes pertinentes al caso. Por fortuna, ése no es usual en las situaciones de la vida cotidiana. Lee la ilustración y las informaciones sobre cómo se gestiona todo el proceso de la audiencia. ¿Crees que se han violado los derechos al debido proceso legal de los estudiantes que participaron en la sentada?

Pudieras considerar si te parece que la ley garantiza el debido proceso legal a estos estudiantes. Por ejemplo ¿se debería requerir una audiencia más formal para las suspensiones por un período de tiempo breve? ¿La audiencia para una expulsión debería tener lugar ante el tribunal en vez de ante los oficiales escolares?

Algunas de las reglas relacionadas con las suspensiones por un período de tiempo breve fueron establecidas en una decisión del Tribunal Supremo de los EE.UU.* El Tribunal opinó que el daño a la oportunidad educativa y a la reputación (o la fama) personal justificaba los requisitos de la notificación y de una audiencia informal. Al Tribunal le pareció que el requisito de la audiencia informal serviría para reducir el riesgo del error. El Tribunal también consideró lo que le costaría a la escuela. Opinó que el requisito de la audiencia informal no sería demasiado costoso.

No existe apenas duda, que el debido proceso legal es una de las protecciones más importantes de este país. Volverás a ver cómo funciona en la sección que trata sobre el proceso de la justicia penal. Ahí, los individuos corren el riesgo de perder cantidades mucho mayores de libertad, de propiedad y aún de la vida.

---

| **Solo los hechos** |
| --- |

1. ¿Cuáles de las siguientes alternativas están equivocadas? Una razón es arbitraria porque (a) es ilógica, (b) se basa en informes que no son ciertos, (c) no es bien recibido por el público en general, (d) no es sensato.
2. Nombra los dos elementos básicos del debido proceso legal.
3. Para aquilatar si los procedimientos del debido proceso legal son lo suficientemente completos en un caso dado, ¿qué preguntas se deben de hacer?

---

\* *Goss contra López*, 419 U.S. 565 (1975).

## Los derechos del acusado en las acciones disciplinarias escolares

| Acción posible | La entidad que conduce la audiencia | Testifica a su propio favor | Llama y repregunta a testigos | Representación por un abogado | Documentación de las conclusiones de la audiencia | La apelación |
|---|---|---|---|---|---|---|
| Carta de queja en el expediente | Oficiales escolares | Sí | No | No | No | Sí, en todos los casos; por medio de los niveles administrativos y de los tribunales. |
| Suspensión por un período de tiempo breve | Oficiales escolares | Sí | No | No | No | |
| Suspensión por un período de tiempo largo /expulsión | Oficiales escolares o Junta de Enseñanza | Sí | Sí | Sí | Sí. La junta de enseñanza local debe informar a la junta estatal y a la persona afectada. | |

Nota: El estudiante puede ser expulsado sin una audiencia, si los oficiales escolares creen que él o ella constituye un peligro inmediato. Sin embargo, la audiencia debe tener lugar tan pronto como sea posible. En ningún caso hay derecho a una audiencia inicial ante el tribunal.

4. En los siguientes casos, ¿cuáles son siempre indispensables en el debido proceso legal?
   a. la puntualidad
   b. el jurado con doce personas
   c. las reglas estrictas de la evidencia (o pruebas)
   d. la notificación suficiente
   e. un abogado para cada de las dos partes
   f. una audiencia justa
   g. la revisión automática por parte del Tribunal Supremo de los EE.UU.

### Piensa

1. ¿Puede el debido proceso legal garantizar los resultados justos? Explica tu respuesta.
2. ¿Por qué el debido proceso legal es una de las protecciones más poderosas contra el poder del sistema de gobierno de este país? Considera lo que podría pasar sin la protección del debido proceso legal.
3. ¿Por qué crees que los requisitos de la notificación previa y de la audiencia deben existir para un empleado del gobierno al que posiblemente vayan a suspender sin el sueldo por dos semanas?

## LA IDÉNTICA PROTECCIÓN ANTE LA LEY

El debido proceso legal se relaciona con el concepto básico del tratamiento justo. El derecho constitucional al debido proceso legal requiere que el sistema de gobierno actúe justamente cuando le priva a una persona de la vida, de la libertad o de la propiedad. El requisito de la idéntica protección se corresponde mayormente a las acciones gubernamentales u oficiales. Es el requisito que la gente asocia generalmente con la discriminación. Se relaciona también con otro concepto fundamental—la igualdad.

Sabes que la gente no es igual en todos los aspectos. La intención básica de la medida de la idéntica protección es asegurarse que a la gente se la trate bajo el sistema legal de este país en forma tan equitativa como sea posible. Por ejemplo, tiene que ver con que toda persona a la que se imponga multa por el exceso de la velocidad en la carretera se enfrente con los mismos procedimientos legales. Otro intento adicional es el de asegurarse de que todos los estadounidenses reciban las mismas oportunidades para la educación, el empleo y en otras áreas.

El caso de *Brown contra Topeka Board of Education* (p. 38), del año de 1954, fue un paso señalado en los esfuerzos para eliminar la discriminación racial, por lo que se refiere a la oportunidad educativa. Recordarás además que en el capítulo 7, encontraste una exposición sobre la "idéntica protección" en el lugar de trabajo.

Este requisito de la idéntica protección se encuentra tanto en la constitución federal como en la estatal. La Constitución de Georgia declara:

> La protección de la persona y de la propiedad es la obligación suma del gobierno y será imparcial y completa. A ninguna persona se le negará una idéntica protección de las leyes [Art. 1, sec. 1, par. 2].

La Constitución de los EE.UU. lo estipula de forma similar en la Decimocuarta Enmienda. Dice que ningún estado proclamará o hará cumplir ninguna ley que

> niegue a persona alguna dentro de su jurisdicción la idéntica protección de la ley.

Estas medidas requieren que el gobierno trate a las personas igual e imparcialmente. Pero ¿es esto realmente posible? ¿Se puede garantizar a todo el mundo la idéntica protección de la ley en todas las acciones oficiales? ¿Es posible que las leyes no discriminen contra alguna persona o grupo en alguna ocasión?

Por ejemplo, se aprueba cierta ley que concede ciertos beneficios a los agricultores. Por lo tanto, esta ley clasifica a la gente como los que son agricultores y como los que no son agricultores. Como los agricultores reciben los beneficios y los que no lo son no los reciben ¿no discrimina esta ley? Naturalmente que sí.

De hecho, las clasificaciones se emplean en casi todos los actos legislativos. La "discriminación" en este contexto significa simplemente que a un grupo se le trata de forma distinta de como se trata a otro grupo. Por lo tanto, es casi imposible que *no* ocurra la discriminación. Obviamente, muchas leyes económicas y sociales afectan a diferentes grupos de gente de distintas maneras. Así pues, las garantías constitucionales de la idéntica protección no prohíben todo tipo de discriminación. Mejor dicho, lo prohíben en las clasificaciones que

- no tienen base racional
- o impropiamente clasifican a la gente sobre una base que los tribunales consideran sospechosa (como la racial)
- o niegan los derechos fundamentales sin existirse una razón poderosa.

Semejantes clasificaciones violan las cláusulas de la idéntica protección en las constituciones de Georgia y de los EE.UU.

## La prueba de la base racional

La mayor parte de las clasificaciones impuestas por el sistema de gobierno se mantienen porque no niegan la idéntica protección de las leyes a las personas. Generalmente, la legislatura puede hacer distinciones entre las gentes por cualquier propósito adecuado, siempre y cuando la distinción sea racional. Debe haber una relación lógica entre el propósito de la ley y cualquier clasificación que haga de la gente. Sin esa "base racional", una ley quedaría anulada cuando se recusara (pusiera reparos) ante el tribunal.

Considera, por ejemplo, la siguiente ley:

> En Georgia, los niños deben tener por lo menos seis años de edad, efectivos a primer día de septiembre, antes de que puedan asistir al primer grado de las escuelas públicas.

Se podría argüir que esta ley discrimina injustamente contra los niños que tienen menos de seis años de edad. Para decidir si viola la cláusula de la idéntica protección, el tribunal consideraría su propósito. Entonces decidiría si hay una relación razonable entre el propósito y su clasificación.

Para salir adelante en la escuela, los chicos deben tener la suficiente madurez para permanecer en la clase durante todo el día. Deben estar listos para empezar el proceso de aprendizaje. La Asamblea General determinó que la mayoría de los niños podían hacer esas cosas a los seis años de edad. Muchos otros estados y naciones también han seleccionado esa edad. Esto quiere decir que la selección fue sensata. Se podría esperar que los tribunales encontraran la base racional para dicha clasificación. Un análisis similar se ha seguido para mantener en vigencia otras leyes que tratan a los menores de edad—y aún a ciertos miembros del grupo de los menores de edad—en forma distinta de las otras personas en general, *v. gr.*, las leyes que tratan de la obtención de un permiso para operar un vehículo, para adquirir las bebidas alcohólicas o los cigarrillos (cigarros) y para el tener derecho a ser juzgado ante los tribunales de menores.

## La prueba del escrutinio estricto

Si una acción gubernamental afecta a los "derechos fundamentales" de ciertas personas o las clasifica de una manera "sospechosa" (y por lo tanto levanta sospechas de por qué el gobierno toma dicha acción), la acción debe pasar por la "prueba del escrutinio estricto". Dicha prueba provee un estandár más alto que la prueba de la base racional. Si la acción no gana la prueba del escrutinio, se la considera anticonstitucional. Para ganar (o aprobar) el escrutinio, semejante acción debe (a) adelantar el interés apremiante (o necesario) del gobierno, y (b) estar redactada de modo que afecte al grupo más pequeño de gente que sea posible.

Por lo tanto, para perdurar (en el sentido legal) la prueba del escrutinio estricto, una ley será cuestionada usando los dos elementos mencionados:

*El interés apremiante*: ¿Es la ley necesaria para adelantar el interés del gobierno?

*Estrechamente ajustada*: ¿No es más amplia de lo estrictamente necesario para adelantar el interés del gobierno?

Es muy difícil elaborar una ley que sobrepasara semejante escrutinio estricto.

## Los derechos fundamentales

Algunos derechos son tan fundamentales que el gobierno debe tener una razón extraordinariamente poderosa para ponerles cualquier límite. Éstos incluyen los derechos discutidos en el capítulo 13. Los tribunales se fijan con detalle en las leyes que afectan a estos derechos. ¿Afectan a los derechos fundamentales en las dos situaciones siguientes?

**SITUACIÓN 10.** Varios estudiantes de la escuela secundaria de Gente de Bien han atacado y robado a otros estudiantes este año. Los atacantes les robaron las cadenas de oro que llevaban. La directora ha puesto en efecto una regla que prohíbe llevar cadenas de oro. Elena cree que esto discrimina contra ella y contra otras a quienes les gusta llevar puestos las joyas caras.

**SITUACIÓN 11.** Roberto se mudó de Nueva York a Savannah dos semanas antes de las elecciones de agosto. Intenta inscribirse para votar en esa elección. Le dicen que no puede hacerlo. La ley de Georgia requiere que para votar tiene que inscribirse debidamente por lo menos 30 días antes de la fecha de la elección.

La directora tiene interés en proteger a los estudiantes de su escuela (en la situación 10). Y Elena probablemente no tiene un derecho fundamental a llevar una cadena de oro.

Sin embargo, en la situación 11, la ley estatal parece que restringe dos derechos fundamentales de Roberto—el derecho a votar y el derecho a viajar de un estado a otro. No obstante, los tribunales han manifestado que el interés del estado por mantener un padrón exacto de los votantes es más importante. Les ha parecido que ésta es una razón que justifica temporalmente la discriminación. En el asunto de las elecciones, el Tribunal Supremo de los EE.UU. mantuvo que la orden del Tribunal Supremo de Florida que mandaba volver a contar los votos de la elección presidencial del año 2000 estaba en violación de la idéntica protección por tratar impropiamente a algunos votantes y candidatos en forma diferente entre los condados.

## Las clasificaciones sospechosas

El Tribunal Supremo ha declarado que ciertas clasificaciones que se suele hacer (o que se solía de hacer) de la gente son "sospechosas". Por lo tanto, los tribunales requieren una mayor justificación antes de que tales clasificaciones se aprueben como parte de la acción gubernamental.

*La raza.* El ejemplo más claro de clasificación sospechosa es la racial. Este ejemplo procede de la Decimocuarta Enmienda. Uno de los principales propósitos de dicha enmienda fue asegurar que los esclavos recién emancipados después de la guerra civil entre el Norte y el Sur de los EE.UU. recibieran el pleno beneficio de la libertad.

Tal vez creas que sería fácil reconocer las leyes que clasifican sobre las bases raciales. Pero considera las siguientes situaciones que describen leyes y casos actuales. ¿Violaron la cláusula de la idéntica protección al causar la discriminación racial?

**SITUACIÓN 12.** En la ciudad A, tanto los blancos con los chinos operan las lavanderías. El municipio aprobó una ordenanza que prohíba la construcción de lavanderías hechas de madera sin los debidos permisos.

**SITUACIÓN 13.** La ciudad B aprobó un proyecto de planificación urbana que limite la construcción por todo el municipio de las casas unifamiliares sobre las parcelas o los terrenos (lotes) con un tamaño inferior a un quinto de hectárea. El propósito era evitar la construcción de las casas por parte de las personas de ingresos medianos o bajos.

Algunas veces las leyes pueden violar la cláusula de la idéntica protección aunque su clasificación parezca ser neutral. Esto puede ser el resultado de los efectos de la ley. O puede ser el resultado de cómo se hace efectiva dicha ley.

La situación 12 es el resumen de un caso ya muy de antaño, que revisó el Tribunal Supremo de los EE.UU en el año 1886.* El Tribunal mantuvo que la ordenanza a propósito (de fin determinada) discriminaba en contra de cierto grupo. Esto ocurría en la aplicación de la ordenanza, pues de los 80 solicitantes de no eran chinos, 79 habían recibido el permiso (o licencia) de la ciudad A. Pero a los 200 chinos que lo solicitaron, se les negó a todos el permiso.

El efecto del requisito de la planificación urbana en la situación 13 también fue el de crear la discriminación racial. En la ciudad B, menos afroamericanos podían tener casas de alto precio

que los blancos. Sin embargo, el Tribunal de Apelaciones de los EE.UU. declaró que el requisito no violaba la cláusula de la idéntica protección.** La razón es que no existía prueba alguna de que la *intención* de dicha petición fuera discriminatoria.

*La religión.* Los tribunales han tratado con gran recelo (reserva) cualquier ley que clasifique a la gente basándose en su religión. Ese punto de vista se basa tanto en la cláusula de la idéntica protección, como en el de la prohibición de la Primera Enmienda contra el establecimiento de la religión.

*El origen nacional.* Otra clasificación sospechosa es la del origen nacional. La ilustración 14-3 describe una acción contra un grupo nacional.

*Los extranjeros.* Los tribunales también han tratado cualquier diferenciación que se hace de los extranjeros legales (es decir, los con los documentos migratorios al día) como una clasificación sospechosa. Un extranjero es una persona que no es ciudadano de los Estados Unidos. Los Tribunales han anulado leyes que pusieron límites al empleo de extranjeros "documentados" o que les negaron los beneficios provenientes de los programas del apoyo social (*welfare*).

## La prueba del escrutinio intermedio

Como la ley evoluciona de forma constante, hay ciertas clasificaciones que todavía no se han declarados "sospechosas". (Es decir, no se haya sido sujeto todavía al examen del "escrutinio estricto".) Aunque a estas clasificaciones se le ha dado un estatus de "cuasi-sospecha". Esto pone el nivel de escrutinio a medio camino entre el riguroso escrutinio "estricto" y la prueba más suave (indulgente) de lo que sea la "relación racional".

Para que las recusaciones judiciales sobrepasen a este "nivel intermedio de escrutinio", deben existir dos factores. La clasificación debe servir un interés "importante" del gobierno y debe estar "substancialmente relacionada" con el servicio de ese interés.

---

* *Yick Wo contra Hopkins*, 118 U.S. 356 (1886).

** *Ybarra contra Town of Los Altos Hills*, 503 F.2d 250 (9th Cir., 1974).

### ¿Una violación de la idéntica protección ante la ley?

Durante la Segunda Guerra Mundial, 120,000 estadounidenses de ascendencia japonesa fueron internados en este país. Fueron forzados a abandonar sus propiedades y sus empleos y fincas. Algunos pasaron hasta tres años en los campos de detención alejados de los grandes centros urbanos.

Los japoneses-americanos fueron internados en estos campos porque se suponía que tales personas simpatizaban con el Japón—el enemigo de los EE.UU. en esa guerra. Los oficiales pensaron que actuarían como espías o que tratarían de sabotear el esfuerzo de guerra estadounidense. En el caso de 1944, *Korematsu contra United States* (323 U.S. 214), el Tribunal Supremo concurrió con la práctica del internamiento. La decisión otorgó "gran deferencia" a los poderes de guerra combinados del presidente y del Congreso.

Treinta años después, un comité del congreso no pudo encontrar ni un solo caso de actividad subversiva ejecutada por los japoneses-americanos.

Al aprobar el Acta de las Libertades Civiles de 1988, el gobierno (federal) de los Estados Unidos (1) reconoció la injusticia fundamental del confinamiento; (2) pidió perdón por la injusticia; (3) estableció un fondo educativo público para asegurar que semejante injusticia no ocurriría otra vez; y (4) pagó una restitución de $20,000 a cada persona japonés-americana que había sido confinado (o, si la persona había fallecido, al cónyuge de esa persona, a sus hijos o a sus padres).

*El género.* Las clasificaciones basadas en el género han reflejado la visión tradicional de la mujer en la sociedad. Sin embargo, mucha de esta legislación basada en el género ha sido considerada recientemente como inconsistente con el papel moderno de la mujer. El escrutinio "intermedio" de las clasificaciones basadas en el género ha llegado a ser común.

Considera las siguientes situaciones. Decide si las clasificaciones que describen violan la cláusula de la idéntica protección.

**SITUACIÓN 14.** Cuando la persona fallece sin haber dejado el testamento, los tribunales deben nombrar a alguien para que administre la herencia de esa persona. Este administrador se ocupa de mantener y dividir la propiedad. Una ley de Idaho requiere que los tribunales den preferencia de nombrar como administradores a los hombres a costa de las mujeres.

**SITUACIÓN 15.** Tanto los hombres como las mujeres deben pagar una cantidad idéntica del impuesto de la seguridad social basado en sus ingresos. Sin embargo, en una ocasión, el Acta de la Seguridad Social estableció que los beneficios se pagarían a las viudas con menores a su cargo, pero no a los viudos en iguales situaciones con respecto al cuidado de los menores.

Las dos situaciones tienen que ver con las clasificaciones basadas en el género que violan la cláusula de la idéntica protección ante la ley. En la situación 14, el Tribunal Supremo* nacional mantuvo que a los hombres siempre se les prefería como administradores de todas las herencias, a causa de un punto de vista anticuado de la mujer. En el caso de los beneficios de la Seguridad Social (en la situación 15), los tribunales** declararon que la ley era inaceptable. Se requería que los dos géneros pagaran los mismos impuestos. Pero excluía a un género de los beneficios. ¿Por qué te parece que el tribunal rechazó el argumento de que los viudos probablemente necesitaran menos los beneficios del programa de la Seguridad Social?

### La idéntica protección estatutaria

El Congreso y varias legislaturas estatales han promulgado numerosas leyes durante las últimas décadas para proteger los derechos de la gente contra la discriminación. Éstas se basan no solamente en las clasificaciones "sospechosas", sino en otras clasificaciones que todavía no han recibido una protección adecuada por parte de los tribunales

---

\* *Reed contra Reed*, 404 U.S. 71 (1971).

\*\* *Califano contra Goldfarb*, 430 U.S. 199 (1976).

*La edad.* Los tribunales han determinado, bajo diversas promulgaciones legislativas, que existe la discriminación cuando a la gente que tiene más de 40 años de edad se les ha negado empleos por su edad.

No obstante, los tribunales han vacilado generalmente al determinar que las clasificaciones basadas en la juventud violan la cláusula de la idéntica protección ante la ley. Los tribunales han aceptado los límites basados en la edad para operar un vehículo, contraer el matrimonio y firmar los contratos. En forma similar, los niveles inferiores de la intoxicación entre los conductores menores de edad y el enjuiciamiento de los menores bajo las mismas leyes que los adultos, han perdurado recientemente en Georgia los reparos legales en lo que respeta la idéntica protección.

La edad, sin embargo, no priva a los jóvenes de las protecciones de los derechos constitucionales. Uno incluye el derecho al debido proceso legal en los procesos disciplinarios de la escuela. También se consideran en muchas circunstancias las libertades y protecciones otorgadas por la Declaración de Derechos y Garantías (*Bill of Rights*).

*La pobreza.* Los tribunales no han indicado nunca que la pobreza propiamente dicha sea una clasificación sospechosa. No obstante, han examinado cuidadosamente las clasificaciones relacionadas con los pobres, particularmente en relación con los derechos del debido proceso legal. Surge una pregunta básica: ¿Se les niega a los pobres la idéntica protección ante la ley porque no pueden pagar los costos de los abogados y de otros gastos relacionados con llevar los casos a los tribunales?

Todo el mundo tiene el derecho a ser representado por un abogado en la mayor parte de los casos penales. Debido a que los pobres generalmente no pueden pagar a un abogado, la Constitución requiere que el gobierno provea uno gratis. Sin embargo, el Tribunal Supremo de los EE.UU. ha mantenido recientemente que los abogados nombrados por los tribunales, aunque generalmente tienen la obligación de representar a los pobres hasta en el caso de la apelación, pueden retirarse del caso si se prueba que la apelación es frívola. Y el Congreso ha recortado severamente los fondos para los servicios legales gratuitos de los pobres.

En los casos civiles en Georgia, así como en los tribunales federales, los pobres pueden solicitar el proceso *in forma pauperis*. Esta expresión en el idioma latín significa que no tendrán que abonar los derechos de solicitud o de otras costos del tribunal. Además, pueden seguir también *pro se*, lo que significa que pueden representarse a sí mismos. Los pobres también son elegibles para recibir los servicios de las organizaciones de la ayuda legal (*legal aid*) que provee los servicios legales gratuitos a los pobres. No obstante, la amplitud de tales servicios está limitada por los fondos que el gobierno provee. Y el acceso a dichos servicios no está garantizado constitucionalmente.

*La discapacitación.* Varias leyes federales han extendido las oportunidades de la idéntica protección a las personas con discapacidades. El Acta de los Americanos Discapacitados de 1990 (véase la pp. 103-104) protege en ciertas áreas a las personas discapacitadas. Éstas incluyen el trabajo, los lugares de acceso público (como lo son los restaurantes, teatros, etc.) y el transporte. El Acta de Educación para todos los Menores Discapacitados de 1975 requiere que los estados provean una educación gratis y apropiada para los menores con limitaciones.

Algunos estados prohíben la discriminación basada en la discapacitación. El estado de Massachusetts es uno de ellos. ¿Hasta dónde alcanza esa protección?

**SITUACIÓN 16.** Los presos discapacitados en una prisión de Massachusetts pusieron un pleito porque no podían servirse de las escaleras para llegar a la biblioteca que estaba en el sótano de la prisión. Sin embargo, se les proveía de formas alternas para tener acceso a los materiales de la biblioteca. ¿Esta situación les negaba la idéntica protección?

El tribunal supremo del estado dijo que no. El tratamiento distinto en sí no viola la estipulación constitucional. De hecho, el tribunal dijo que el tratamiento diferente puede ser apropiado donde la carga para eliminar la diferencia sea excesiva, o cuando el interés predominante del estado justifica tal discriminación.

## Cuando la idéntica protección se deniega

¿Qué pasa cuando se determina que una ley o una actividad gubernamental viola la cláusula de la idéntica protección ante la ley? Considera estas situaciones:

**SITUACIÓN 17.** La estipulación del Acta de la Seguridad Social (en la situación 15) que negaba los beneficios a los viudos que tenían menores a su cargo fue declarada anticonstitucional. ¿Cómo se corrigió esa violación de los derechos?

**SITUACIÓN 18.** El tribunal federal dijo a la Junta de Enseñanza de la villa del Pueblo Recalcitrante que tenía que abolir la segregación racial en las escuelas. Cada escuela debía reflejar la composición racial de la ciudad. Pero la junta de enseñanza no estaba a favor de la integración racial. Retrasó durante muchos años la preparación de un plan.

Una ley que viola la idéntica protección es anticonstitucional y es inválida. Por lo tanto, no se puede hacer cumplir. Algunas veces, es necesaria una ley nueva. Este fue el caso de la situación 17. El Congreso tuvo que enmendar el Acta de la Seguridad Social, de modo que tanto los viudos como las viudas recibirían los beneficios.

Un problema más difícil de solucionar se presenta cuando una ley se hace efectivo de forma discriminatoria. Algunas veces, los administradores de la ley han tratado de pasar por alto la decisión del tribunal, como en la decisión 18. En estas situaciones, el tribunal debe servirse de sus poderes para hacer cumplir la ley. En la situación 18, el tribunal pudiera hacer uso de sus propias órdenes para establecer qué estudiantes asistirán a qué escuelas.

Una cuestión final es hasta qué extremos deberán llegar los tribunales o el gobierno. ¿Deberán parar una vez que hayan eliminado las prácticas discriminatorias del pasado? ¿Deberá el gobierno intentar el remedio de las pasadas injusticias con favorecer al grupo en cuestión? Las acciones afirmativas que tratan de corregir las injusticias del pasado contra un grupo, a menudo, al menos temporalmente, discriminan contra otros. En otras palabras una preferencia que se otorga a una persona puede significar que una oportunidad se le niega a otra persona. Éste es el asunto más difícil que se les presenta hoy a los tribunales en el área de la idéntica protección (Para la exposición adicional, véase el capítulo 7, pp. 105-106).

---

### Solo los hechos

1. ¿Qué tipo de clasificación hecho por las leyes violaría la cláusula de la idéntica protección?
2. Nombra una clasificación sospechosa. ¿Por qué se considera que ciertas clasificaciones sean sospechosas?
3. Explica el papel que desempeña cada rama del gobierno en la corrección de las violaciones de la idéntica protección?
4. La suma de $20,000 pagada a cada persona japonés-americana que fue internado en un campo de detención, tal como se describe en la ilustración 14-3, ¿representa una restitución adecuada por parte del gobierno? ¿Por qué sí? ¿Por qué no?
5. En la situación 16, ¿que tendría que hacer la administración carcelaria para proveer los presos discapacitados con el acceso en condiciones iguales a la biblioteca? ¿Qué opinas de la decisión de la corte de que un tratamiento distinto (sin ser idéntico) era suficiente en este caso?

---

### Piensa

1. En Georgia, una persona debe haber cumplido 18 años de edad, por lo menos, para tener un permiso de automovilista sin restricciones. ¿Viola esta discriminación la cláusula de la idéntica protección? Explica tu contestación.
2. En varios estados se ha desarrollado una gran polémica en torno al empleo de los fondos estatales para educar a los hijos de los extranjeros indocumentados (los que se llaman "ilegales"). ¿Rechazar la educación de dicho grupo constituiría la violación de la idéntica protección? Explica tu respuesta.

## EN RESUMEN

Ya sabes más sobre el debido proceso legal y de la idéntica protección que la mayoría de los estadounidenses. Eso puede parecer raro si se considera lo importante que son estos límites de los poderes gubernamentales. Bien visto, la idéntica protección garantiza que se protegerán tus derechos, exactamente igual que garantiza los derechos de todos los que viven en los Estados Unidos. El debido proceso ayuda a asegurarse que serás tratado con justicia si tienes dificultades en la escuela, si te ponen una multa por una infracción de tránsito o si tienes una disputa con otra persona o con el gobierno.

Como verás en la 4ª parte de este libro, el debido proceso y la idéntica protección aseguran el tratamiento justo si alguna vez te quedes acusado de un delito. Entonces, estas secciones son especialmente importantes. ◻

# Parte 4

# LA LEY PENAL

# 15 | Los delitos y el sistema legal

## ¿QUÉ ES UN DELITO?

Todos los días se lee en los periódicos que se ha cometido otro crimen. Ponemos el aparato de televisión y vemos cómo esposan a un sospechoso. Existe sinnúmero de programas de televisión que nos traen el mundo de la delincuencia y de los delincuentes a la sala de estar. Algunos de esos programas muestran a gente que comete crímenes y a detectives que los resuelven, mientras otros programas se ocupan de la prosecución de los criminales. Toda esta exposición a diario nos hace creer que entendemos lo que sea el delito. Pero, ¿qué es realmente? ¿Qué es en verdad un delito?

### Es un delito

Algunas acciones son definitivamente delitos. Por ejemplo, el robo con allanamiento de morada, el atraco, el asesinato, la violación y el robo de un automóvil, son todos crímenes, es decir son delitos. Pero, ¿sabías que cuando una persona guía un automóvil a una velocidad excesiva, él o ella está incurriendo en el delito? O que cuan-

do se le dice a alguien que no vuelva a entrar en un almacén en particular y no obstante lo hace, ¿él o ella comete el delito de la entrada ilegal en la propiedad ajena? Mentir a un agente de la policía, con darle un nombre falso o una fecha de nacimiento falsa, es también delito. Darle una bofetada a otro estudiante puede ser un delito que se llama "simple agresión" (*assault* se dice en inglés). Todas estas acciones de repente no parecen ser delitos, pues no son los crímenes que leemos en los periódicos o que vemos en la televisión. Sin embargo, son delitos de acuerdo con la ley de Georgia. La gente que comete esas acciones puede ser detenida e incluso se le puede declarar culpable. Se les puede imponer una multa, obligar a que desempeñen algún servicio comunitario o se les puede condenar a la reclusión en la cárcel.

Como todos los otros estados de este país, Georgia define y describe toda acción que pueda constituir un delito. Estas definiciones son abarcadas en el Código Oficial Anotado de Georgia (O.C.G.A. por sus siglas en inglés que quiere decir *Official Code of Georgia Annotated*). El

el delito capital • el delito • el proceso de la justicia penal • el delito grave
• la infracción (o el delito menor)

Código es una serie de libros divididos en varios títulos de acuerdo con la materia tratada. Los delitos se definen en el título 16. La mayor parte de las acciones que son delitos en Georgia, lo son también en los otros estados (*v. gr.*, el asesinato, la violación y el atraco). No obstante, algunas acciones pueden que no sean delitos en otros estados. De todos los modos, cualquier persona que se encuentre en Georgia debe obedecer las leyes de Georgia. No es disculpa decir "pero no sabía que esto fuera un delito en Georgia". Cualquiera puede enterarse de las leyes de Georgia con irse a la biblioteca pública o a una biblioteca de derecho y mirar bajo el título 16 del Código de Georgia. El Código de Georgia también se puede consultar vía la computadora en el internet por la dirección *www.ganet.org*

## La definición legal del delito

La legislatura de Georgia ha definido que el crimen o el delito es "una violación de la ley reglamentaria de este estado en la cual se da la operación conjunta de una acción, o la omisión de una acción y la intención o la negligencia criminal". Examinaremos cada parte de esta definición:

1. una acción o la omisión de una acción
2. la intención o la negligencia criminal

Supongamos que Javier tira una pelota de béisbol contra la casa del vecino para comprobar con cuánta fuerza la puede lanzar. Pero, a la decimoquinta vez, rompe el vidrio de la ventana del vecino. ¿Ha cometido Javier un delito?

La acción del caso precedente es tirar la pelota. ¿Pero qué intención tenía Javier? No era la de romper el vidrio; era para ver con cuánta fuerza podía lanzar la pelota. Si la ley considerara únicamente la intención en sí, este ejemplo no reuniría los dos elementos de la definición de un delito.

Sin embargo, la ley considera también la negligencia criminal. La negligencia criminal ocurre cuando se ejecuta acciones sin considerar las consecuencias. El (o la) juez podría decidir que cuando Javier lanzó la pelota contra la casa del vecino, lo hizo sin considerar la posi-

bilidad de que podía romper el vidrio de la ventana, cuando se le debiera haber pensado. Por lo tanto, a Javier se le podría declarar culpable de haber cometido un delito (el daño criminal a la propiedad o la entrada ilegal en la propiedad) a causa de la negligencia criminal.

Veamos un ejemplo más serio. Enrique regresa a casa en su automóvil después de una reunión donde ha bebido una cantidad excesiva de cerveza. Como está embriagado, se mete equivocadamente en el carril opuesto y choca con un automóvil que viene en la dirección contraria. El otro automovilista muere. ¿Cuál fue la acción? La operación de un vehículo bajo la influencia alcohólica. ¿Cuál fue la intención? La intención sin duda no era la de matar al otro automovilista. Por lo tanto, ¿ha cometido Enrique un delito? Sí. Aunque Enrique no tenía la intención de cometer las acciones con tales consecuencias, la ley dirá que era criminalmente negligente pues operaba un vehículo en el estado de embriaguez. Enrique no tomó en consideración la seguridad de los otros que circulaban por la carretera. Por lo tanto, es culpable de un delito muy serio (el homicidio cometido con un vehículo, lo que se dirá el *vehicular homicide* en inglés).

## Los delitos graves y las infracciones

Los delitos se clasifican entre dos categorías: los delitos graves y las infracciones. Un *delito grave* se considera generalmente que es la clase del crimen más seria (*felony* en inglés). Los delitos graves comprenden, pero no se limitan, a los siguientes casos: la posesión de la cocaína, la heroína, el LSD y las otras drogas, que incluye la posesión de 28 gramos o más de marihuana; el robo; el atraco a mano armada; el asalto con circunstancias agravantes; el robo con allanamiento de morada; el hurto por llevarse algo; el hurto por recibo de propiedad robada; el asesinato; la violación; el abuso sexual de menores y el rapto.

La ilustración 15-1 detalla muchos delitos junto con sus definiciones y la extensión de las penas que conllevan. Generalmente, la pena por el delito grave es un año como el mínimo y por hasta los 20 años como el máximo. Sin embargo, la extensión de la pena por una ofensa

## ILUSTRACIÓN 15-1: LOS DELITOS EN GEORGIA (lista incompleta)

| Delito | Pena | Delito | Pena |
|--------|------|--------|------|
| **LOS DELITOS CONTRA LAS PERSONAS** | | *El asalto simple* | |
| *El homicidio* | | Es el intento de lesionar violentamente a otro, o la acción que atemoriza a otro y le hace temer inmediatamente una lesión violenta. | Como si fuera una infracción* |
| Es la muerte ilegal o la muerte de un ser humano causada por otro ser humano. | | | |
| *El asesinato* | Muerte o reclusión perpetua | *El asalto con circunstancias agravantes* | |
| Es el homicidio cometido con la premeditación maliciosa (*vr. gr.,* el asesino planeó o tuvo la intención de matar a la víctima). | | Es un asalto con un arma mortífera, con la intención de matar, violar o robar. | De 1 a 20 años |
| | | Si la víctima tiene 65 años de edad o más. | De 3 a 20 años |
| | | Si la víctima es agente de policía. | De 5 a 20 años |
| *El asesinato en circunstancias agravantes* | Muerte o reclusión perpetua | *La simple agresión* | |
| Es el homicidio cometido en el curso de cometer un delito grave (*vr. gr.,* el asalto a mano armada o la violación). | | Es la acción intencionada con el propósito de dañar físicamente a otro, o "mediante el contacto físico de naturaleza insultante o provocadora con otro". | Como si fuera una infracción* |
| *El homicidio sin la premeditación* | De 1 a 20 años | | |
| Es el homicidio cometido cuando la persona actúa como resultado de una "súbita, violenta e irresistible pasión", como resultado de una provocación suficiente para causarlo (*vr. g.,* un homicidio que es el resultado de una riña doméstica). | | *La agresión con circunstancias agravantes* | |
| | | Es una acción maliciosa encaminada a dañar a otro, mediante el desmembramiento de una parte del cuerpo mediante la inutilización de una parte del cuerpo, o mediante la seria desfiguración del cuerpo o de una parte del cuerpo. | De 1 a 20 años |
| *El homicidio involuntario* | De 1 a 10 años | | |
| Es el homicidio cometido involuntariamente en el curso de ejecutar una acción ilegal que no sea un delito grave (*v. gr.,* un homicidio accidental como resultado del disparo de un arma de fuego dentro de los límites de un municipio, o sea una infracción). | | Si la víctima tiene 65 años de edad o más. | De 5 a 20 años |
| | | Si la víctima es agente del orden público. | De 10 a 20 años |
| O un homicidio cometido sin intención mientras se cometía una acción legal en cualquier forma ilegal, de modo que causan la muerte o serias lesiones. | Como si fuera una infracción* | **LOS DELITOS CONTRA EL ESTADO** | |
| | | *La traición* | |
| *El homicidio cometido con un vehículo* | | Es un quebrantamiento de la fidelidad debida al estado o a la nación de uno. La insurrección contra el estado o la nación, o la ayuda o socorro prestado a los enemigos del estado o de la nación. | De 15 años hasta la reclusión perpetua |
| (Véase "Delitos relacionados con los vehículos") | | | |
| *El rapto* | De 10 a 20 años | **LOS DELITOS CONTRA LA PROPIEDAD O LOS RELACIONADOS CON LA PROPIEDAD** | |
| Es un secuestro o desplazamiento por la fuerza de la persona, sin ninguna autoridad legal y la retención de esa persona contra su voluntad. | | *El incendio intencionado* | |
| El secuestro de la persona a cambio de un rescate, o el lesionamiento de la persona secuestrada. | Reclusión perpetua | Es cuando a sabiendas se daña o se hace que otro dañe ciertas estructuras por medio del fuego o de los explosivos. | |

\* Todas las infracciones pueden penalizarse mediante la reclusión en un centro correccional hasta por 12 meses y/o mediante una multa de hasta $1,000.

Nota: Esta ilustración es una lista de las penas generales que se aplican en Georgia. No se indican todas las multas y las confiscaciones posibles.

# LOS DELITOS EN GEORGIA, *continuación*

| Delito | Pena | Delito | Pena |
|---|---|---|---|
| Existen tres grados del incendio intencionado. Los dos primeros se relacionan con el incendio que cause daños a la propiedad inmobiliaria. | | *La prostitución* La oferta, ejecución o consentimiento para copular a cambio de dinero. | Como si fuera una infracción* |
| *Primer grado* Daño a un inmueble donde reside(n) persona(s), o los daños a un inmueble que sea una garantía o que esté asegurado. | De 1 a 20 años, o la multa hasta $50,000 o ambos | **LOS DELITOS RELACIONADOS CON EL ROBO** | |
| | | *El atraco a mano armada* Es cuando se lleva la propiedad ajena y el ofensor emplea un arma. | De 10 a 20 años o reclusión perpetua |
| *Segundo grado* Daños a otros tipos de propiedad (v. gr., otros edificios, vehículos, barcos, aviones, etc.) | De 1 a 10 años, o una multa hasta $25,000 o ambos | *El robo con allanamiento de morada* Es la entrada en un edificio ajeno sin consentimiento del dueño y con la intención de cometer dentro un delito grave o el robo. | |
| *Tercer grado* Daño a la propiedad personal cuyo valor es de $25 o más, mediante el fuego o la explosión. | De 1 a 5 años, o una multa hasta $10,000 o ambos | *Primera ofensa* | De 1 a 20 años |
| | | *Segunda ofensa* | De 2 a 20 años |
| | | *Tercera ofensa* | De 5 a 20 años |
| *La entrada ilícita* Esencialmente es la entrada de otro, a sabiendas y sin autorización, en un edificio, establecimiento, terreno o vehículo aéreo o marítimo, con un propósito ilícito o después de que se le haya prohibido hacerlo. Negarse a abandonar la propiedad ajena después de que se le ha notificado que se debe ir, constituye también una entrada ilícita en la propiedad de otro. | Como si fuera una infracción* | *El robo* Es cuando alguien se lleva la propiedad ajena a la fuerza, mediante la intimidación o arrebatándosela de un tirón. | De 1 a 20 años |
| | | Si la víctima tiene 65 años de edad o más. | De 5 a 20 años |
| El daño intencionado a la propiedad ajena (daños por $500 o menos) o la ingerencia con los bienes de otro o con el uso de la propiedad. | Como si fuera una infracción* | *El hurto por la conversión* Ocurre cuando alguien recibe legalmente dinero o la propiedad de otro, bajo el acuerdo de hacer algo específico con lo recibido, y esa persona a sabiendas lo convierte para su propio uso, o se queda con ello. | Como si fuera una infracción* |
| | | Si el valor de la propiedad excede los $500. | De 1 a 10 años |
| **LOS DELITOS RELACIONADOS CON OFENSAS SEXUALES** | | *El hurto de propiedad perdida o extraviada* Ocurre cuando la persona se encuentra en control de propiedad que él o ella sabe, o descubre, que se ha perdido o que está extraviada, y se queda con ella y se la apropia, sin tomar las medidas necesarias para devolver la propiedad a su dueño. | Como si fuera una infracción* |
| *La violación forzada* Ocurre cuando una persona tiene trato carnal (cópula) por la fuerza, contra la voluntad de la víctima. | De 10 a 20 años o reclusión perpetua o muerte | | |
| *El estupro (statutory rape en inglés)* Ocurre cuando una persona copula con otra que tiene menos de 16 años de edad, que no sea su esposa o esposo, aunque haya dado su consentimiento. | De 1 a 20 años | Si el valor de la propiedad excede los $500. | De 1 a 10 años |
| Ocurre cuando la víctima tiene 14 ó 15 años y el (la) ofensor(a) no tiene más de 3 años que la víctima. | Como si fuera una infracción* | *El hurto por llevarse algo* Ocurre cuando una persona se lleva ilícitamente algo, o cuando después de poseerlo lícitamente, se apropia (se que- | Como si fuera una infracción* |

* Todas las infracciones pueden penalizarse mediante la reclusión en un centro correccional hasta por 12 meses y/o mediante una multa de hasta $1,000.

| Delito | Pena | Delito | Pena |
|---|---|---|---|
| da con ello) ilícitamente de la propiedad ajena con la intención de privar al dueño de la propiedad. | | como las pinturas, se pueden falsificar así como los cheques, las escrituras de la propiedad, etc. | |
| Si el valor de la propiedad excede los $500 o es un arma de fuego. | De 1 a 10 años | *En primer grado* — La entrega o la realización de una falsificación (*v. gr.*, la presentación al pago de un cheque falso). | De 1 a 10 años |

### El hurto por recibo de propiedad robada

Ocurre cuando alguien recibe, dispone o retiene la propiedad robada, que él o ella sabe, o debiera saber, que ha sido robada, a menos que sea con la intención de devolvérsela a su dueño. — **Como si fuera una infracción***

*En segundo grado* — La realización o posesión de un documento falsificado pero sin la entrega del documento falsificado. — **De 1 a 5 años**

Si el valor de la propiedad excede los $500. — **De 1 a 10 años**

### Las negociaciones financieras (Fraude con tarjeta de crédito)

Ocurre cuando la persona con la intención de defraudar, posee, se apropia o emplea ilícitamente la tarjeta de crédito de otra persona. — **De 1 a 2 años, o una multa de $100 o ambos**

### El hurto de los almacenes o las tiendas

Ocurre cuando la persona sola o en compañía de otra, y con la intención de llevarse los géneros para su uso propio sin pagar su importe y:

— esconde o se apropia géneros de cualquier almacén o tienda.

— altera el precio de cualquier género en un almacén o tienda.

— transfiere el género de una tienda de un envase a otro.

— intercambia una etiqueta o el precio de un género por el de otro.

— injustamente hace que la cantidad pagada por un género sea inferior al precio anunciado por el comerciante.

### Los cheques sin fondos

Ocurre cuando una persona extiende un cheque a sabiendas que no tiene suficientes fondos en la cuenta corriente.

Si no excede los $500. — **Como si fuera una infracción***

Si la cantidad sobrepasa los $500. — **De 1 a 3 años y/o una multa o ambos**

Ocurre cuando la mercancía hurtada tiene un valor inferior a $300. — **Como si fuera una infracción***

— Cuarta condena. — **De 1 a 10 años**

Ocurre cuando la mercancía hurtada tiene un valor superior a $300. — **De 1 a 10 años**

*El juez puede tratar cualquier delito de hurto como si fuera una infracción.*

## LOS DELITOS RELACIONADOS CON LOS VEHÍCULOS

### El homicidio cometido con un vehículo

*Primer grado.* — Ocurre cuando la persona sin premeditación maliciosa causa la muerte debida a ciertas ofensas de tránsito, que incluyen el darse a la fuga tras del accidente, la operación de un vehículo en el estado de embriaguez, la operación del vehíc- ulo con imprudencia, o mientras se escapa de un agente de la policía. — **De 3 a 15 años**

## LOS DELITOS RELACIONADOS CON FALSIFICACIONES Y OTROS DELITOS SIMILARES

### La falsificación

Ocurre cuando para estafar o engañar, se hace, altera o posee a sabiendas, cualquier escrito que emplea un nombre ficticio, de modo que parezca que fue escrito por otro. *Nota:* Las obras de arte

*Segundo grado.* — Es una muerte involuntaria como resultado de una ofensa de tráfico que no sea una de las descritas entre las ofensas de primer grado. — **Como si fuera una infracción***

---

* Todas las infracciones pueden penalizarse mediante la reclusión en un centro correccional hasta por 12 meses y/o mediante una multa de hasta $1,000.

| Delito | Pena | Delito | Pena |
|---|---|---|---|

*La operación de un vehículo en estado de intoxicación*

Es cuando se opera un vehículo bajo los efectos de drogas, del alcohol, o de ciertos inhalantes, o la combinación de dos o más de estas substancias.

*Primera o segunda ofensa* — Como si fuera una infracción*

*Tercera y siguientes ofensas* — Alta infracción y con agravante

*La operación de un vehículo con imprudencia*

Es cuando se opera un vehículo sin preocuparse por la seguridad de las personas o de la propiedad. — Como si fuera una infracción*

## LOS DELITOS CONTRA LA ADMINISTRACIÓN PÚBLICA

*El perjurio*

Es cuando a sabiendas se hace una declaración falsa, relacionada con el asunto en cuestión y bajo juramento. — Un multa inferior a $1,000 y/o reclusión de 1 a 10 años

*El juramento en falso*

Es cuando se hace una declaración falsa bajo juramento que se incluye en un documento (por ejemplo, una declaración falsa hecha después de haber sido jurado por un notario público). — Una multa inferior a $1,000 y/o reclusión de 1 a 5 años

*El soborno*

Es cuando alguien ofrece algo de valor a un agente oficial con la intención de predisponerle a su favor o para influenciar las funciones de su posición. — Una multa por menos de $5,000 y/o, reclusión de 1 a 20 años

*La falsa alarma*

Es cuando una alarma de incendio se activa falsamente. — Como si fuera una infracción*

Si se trata de una alarma pública falsa (como en el caso de una bomba). — De 1 a cinco años

## LOS DELITOS CONTRA EL ORDEN Y LA SEGURIDAD

*La posesión de un arma oculta*

Ocurre cuando se lleva un arma de fuego (de mano) encima, oculta, sin un permiso, excepto en la casa de uno, en el negocio, o en la guantera o consola de un automóvil; o cuando se lleva un arma de mano, con un permiso, en ciertos lugares públicos. (Esta ley no se refiere a la policía.) Aunque se tenga un permiso, solo se puede ocultar un arma de ciertas formas.

*Primera ofensa* — Como si fuera una infracción*

*Segunda ofensa* — De 2 a 5 años

*El motín*

Es cuando dos o más personas cometen un acto ilícito de violencia. — Como si fuera una infracción*

*La reyerta*

Es cuando dos o más personas que se encuentran en un lugar público se pelean y perturban la tranquilidad pública. — Como si fuera una infracción*

*La amenaza terrorista*

Es la amenaza de cometer un crimen violento o de incendiar o dañar una propiedad con la intención de aterrorizar a otro, o de causar la evacuación de un edificio. — Multa inferior a $1,000 y/o de 1 a 5 años de reclusión

## LA DESCARGA DE ARMAS DE FUEGO

Se refiere al disparo de un arma de fuego en una carretera pública o en una calle, o en sus cercanías hasta los 50 metros de distancia, o en la propiedad de otra persona, sin su permiso ni justificación legal. — Como si fuera una infracción*

## LOS DELITOS RELACIONADOS CON LAS DROGAS

La ley de Georgia clasifica las drogas ilegales en cinco categorías, con la excepción de la marihuana en bruto.

*Las drogas de la categoría I y II*

Incluye las drogas más peligrosas, como la metadona, LSD, opio, heroína, cocaína, anfetaminas, quaaludes, THC y PCP (polvo de ángel).

Posesión.

*Primera ofensa* — De 2 a 15 años

*Segunda ofensa* — De 5 a 30 años

Posesión con la intención de vender o en el acto de la venta.

*Primera ofensa* — De 5 a 30 años

---

* Todas las infracciones pueden penalizarse mediante la reclusión en un centro correccional hasta por 12 meses y/o mediante una multa de hasta $1,000.

| LOS DELITOS EN GEORGIA, *continuación* | | | |
|---|---|---|---|
| **Delito** | **Pena** | **Delito** | **Pena** |
| *Segunda ofensa* | De 10 a 40 años, o reclusión perpetua | Posesión con intención de vender o en el acto de la venta. | |
| | | *Primera ofensa* | De 1 a 5 años |
| *La cocaína* | | *Segunda ofensa* | De 1 a 10 años |
| Tráfico (es decir, la venta, manufactura, entrega o posesión) de 28 gramos o más de cocaína, con una pureza de al menos 10 por ciento. | Mínima obligatoria: de 10 a 30 años; y multa obligatoria entre $200,000 y un millón de dólares | *La marihuana* | |
| | | Posesión de una onza (28.35 gramos) o menos. | Como si fuera una infracción* |
| | | Posesión en exceso de 1 onza hasta 50 libras (27 kilos y pico). | De 1 a 10 años |
| *Las drogas de la categoría III, IV y V* | | Posesión o venta en exceso de 50 libras (27 kilos y pico). | Mínima obligatoria: De 5 a 15 años; y multa obligatoria entre $100,000 y un millón de dólares |
| Se incluyen drogas como valium, anfetaminas y barbitúricos, fenobarbital, etc. | | | |
| Posesión. | De 1 a 5 años | | |

* Todas las infracciones pueden penalizarse mediante la reclusión en un centro correccional hasta por 12 meses y/o mediante una multa de hasta $1,000.

dada puede variar muchísimo. Por ejemplo, la posesión de la cocaína con la intención de distribuirla lleva la pena de 5 a 30 años. Sin embargo, como se puede comprobar en la ilustración 15-1, una segunda condena debida a dicha ofensa pudiera ser de la reclusión perpetua. Algunos delitos graves, como la falsificación, llevan la pena máxima de 10 años; el hurto consistente en llevarse la propiedad ajena, que no sea un automóvil, lleva una pena de 10 años; y forzar la entrada en un automóvil acarrea 5 años.

Los delitos más graves—como el asesinato, la violación, el secuestro y el atraco a mano armada—se llaman delitos capitales. Pueden resultar en una pena de muchos años de prisión o de reclusión perpetua, o en el caso de un asesinato, la condena puede ser la pena de muerte. Aún en el caso de penas mínimas, la condena puede resultar en un considerable período de encarcelamiento. Bajo reglas recientes, la condena mínima por delitos serios, incluyendo los que se acaban de mencionar, es de 10 años sin posibilidad de libertad condicional (La condena mínima por asesinato es la reclusión perpetua).

Una persona culpable de atraco a mano armada, de abuso sexual de un menor de edad con agravante, de rapto o de violación, servirá ahora una condena mínima entera, de 10 años, en prisión. También de acuerdo con la ley de Georgia, si la sentencia es superior a la sentencia mínima, se debe servir hasta el último día de la sentencia impuesta. Esto quiere decir que un acusado que sea sentenciado a servir 20 años por uno de dichos cargos, solo se le pondrá en libertad hasta que haya servido la totalidad de la condena.

*Las infracciones* son, por lo general, delitos menos serios que los delitos graves. La mayor parte de las infracciones resultan en una condena de 1 a 12 meses (la condena por una infracción se da siempre en meses, mientras que la condena por delitos graves se expresa siempre en años). Por ejemplo, si alguien comete el delito de poseer marihuana y se le sentencia a dos años, inmediatamente reconocerás que se trata de un delito grave. Si el delito hubiera sido una infracción, la sentencia se habría dado en meses.

Aunque la mayor parte de las infracciones llevan una condena de 1 a 12 meses, hay excepciones. Por ejemplo, el hurto de un almacén es una infracción si el valor de todos los géneros sustraídos es inferior a $300. Sin embargo, si alguien ha sido culpable tres veces de hurto de un almacén, la cuarta ofensa se puede considerar como un delito grave, aunque el valor del género sea únicamente de $5. Por lo tanto la pena puede sobrepasar los 12 meses. De hecho, hay gente sirviendo condenas de hasta 10 años por hurtar en una tienda un bocadillo, pilas o fijador para el pelo. Ésta es la forma en que el estado castiga a los que cometen el mismo delito una y otra vez.

En el caso de algunos delitos, la cantidad de dinero o de drogas involucrados en el caso, puede ser el factor que determina si un delito es serio o si es una infracción. Por ejemplo, la posesión de marihuana es una infracción si la cantidad es inferior a una onza (28.35 gramos). Pero es un delito serio si la posesión sobrepasa dicha cantidad. Como acabas de leer, el hurto de un comercio puede convertirse en un delito grave, si el valor de lo hurtado excede los $300.

La pena por dañar intencionalmente la propiedad ajena sin el consentimiento de su dueño, funciona en forma similar. Si el valor del daño es inferior a $500, se considera que el delito es una infracción de entrada ilegal. Esto conlleva una sentencia de 1 a 12 meses. Cuando el daño causado es superior a $500, el cargo contra el acusado es el delito grave de daño criminal a la propiedad en segundo grado. La pena es el confinamiento de 1 a 5 años.

La amplitud de las sentencias arriba indicadas, tanto en los casos de delitos graves como en el de infracciones, no representan penas obligatorias de reclusión en todos los casos. El juez puede condenar al defendido a libertad condicional, en vez de a reclusión. Si el juez se decide por la libertad condicional en lugar del encarcelamiento, él o ella exigirá corrientemente ciertas condiciones por lo que a la libertad condicional se refiere. Se pudiera tratar de prestar servicios comunitarios o de pagar multas. Los programas de libertad condicional se tratarán detalladamente en el capítulo 19.

## Solo los hechos

1. ¿Qué es una infracción? ¿Qué pena conlleva generalmente?
2. ¿Cuál es la diferencia entre un delito grave y una infracción? Nombra cinco delitos graves.

3. ¿Cuál es la sentencia máxima para las infracciones? ¿Puede una infracción convertirse en un delito grave? Si así es, da un ejemplo.
4. ¿Cómo se diferencian los delitos capitales de los demás?

## Piensa

1. A Julio le cogieron hurtando géneros de un comercio—por cuarta vez. Los cargos por la primera ofensa se referían al hurto de un cartón de cigarrillos; la segunda vez se trataba de una pequeña radio de transistores; la tercera vez consistía en dos discos compactos; y la última vez, se debía a una cajetilla de cigarrillos y a tres dulces. El valor total de los cuatro hurtos no llegaba a los $100. Y, sin embargo, el cargo fue por un delito grave y la condena fue por dos años en prisión. ¿Crees que la ley ha sido demasiado dura con Julio? Explica la respuesta.

Te has enterado de las dos partes de un delito: la acción y la intención criminal. También sabes ahora la diferencia entre un delito serio y una infracción. De acuerdo con la información y las definiciones de los delitos que se dan en la ilustración 15-1, considera las siguientes situaciones. Determina si se ha cometido un delito. Y si es así ¿cuál es el delito?

**SITUACIÓN 1.** María Fuerte y su amiga Bárbara Necia riñen. Bárbara le dice a María que no quiere volver a verla. Al día siguiente, María decide ir a casa de Bárbara. Cuando está allí, Bárbara repite: "Te dije que no te quería volver a ver jamás". Sin embargo, no le dice a María que se marche. En su lugar, Bárbara Necia llama a la policía. Afirma que María está en su propiedad sin su permiso. ¿Cometió María el delito de entrar ilícitamente en la propiedad ajena?

**SITUACIÓN 2.** Bob Bacano le pide a Miguelito Sin Idea que le guarde algo de la marihuana. Vendrá a recogerla más tarde. Miguelito nunca ha fumado la marihuana, y solo sabe que es la marihuana porque Bob Bacano se lo ha dicho. Miguelito guarda la marihuana en la bolsa donde lleva el almuerzo. Ahora está muy preocupado por un examen de las matemáticas. Se olvida de la marihuana. A la hora del almuerzo, en la cafetería, Miguelito saca el almuerzo de la bolsa y la marihuana se derrama por la mesa. Esto sucede en el momento en que el director pasa cerca. Lo ve y llama a la policía. A Miguelito Sin Idea lo detienen por la posesión de la marihuana. ¿Cometió Miguelito un crimen aunque la marihuana no sea suya?

**SITUACIÓN 3.** Carlos Listo ofrece venderle a Tomás del Trato un aparato de televisión nuevo de 31 pulgadas, marca Mitsubishi, por $50. Tomás ha querido comprar un aparato de televisión desde hace mucho tiempo, pero no tiene los $700 que vale el aparato. Tomás paga los $50 y se abstiene de hacer pregunta alguna. Cuando Carlos Listo sugiere que sea discreto y que no diga nada de la venta, rápidamente se muestra de acuerdo. Es una oportunidad demasiado buena como para decir que no. Dos semanas después, un vecino de Tomás ve su aparato nuevo de televisión. Inmediatamente llama a la policía. El vecino afirma que el gran aparato de televisión es el que sustrajeron de su apartamento hace varias semanas. ¿Ha cometido Tomás del Trato un crimen? Bien mirado, pagó por el aparato de televisión.

En la situación 1, Bárbara Necia llamó a la policía porque María Fuerte vino a su casa después de que Bárbara le dijo que no la quería volver a ver jamás. A primera vista, puede parecer que se trata de un caso de la entrada ilícita. Pero la entrada, para que sea ilícita, requiere la notificación de que la entrada en la propiedad está prohibida. En esta situación, Bárbara no le dio a María la notificación adecuada. Decirle a alguien que uno no quiere volver a verla de nuevo, no es lo mismo que decir "no vuelvas a poner los pies en mi propiedad". Por lo tanto, María no cometió ningún delito.

Consideremos la situación 1 desde otro punto—con el cambio de solo uno de los hechos. Originalmente, Bárbara no le había dicho a María que saliera de su casa cuando llamó a la policía. Pero ¿qué hubiera pasado si se lo hubiera dicho? En ese caso, el cargo contra María hubiera sido la infracción de la entrada ilícita. Una persona a la que se le dice que abandone un lugar y no lo hace, es culpable de la entrada ilícita.

Algunas veces hacemos favores a los amigos sin pensar en las consecuencias. Miguelito Sin Idea prometió guardar por un rato la marihuana de Bob Bacano (en la situación 2). ¿Es eso un delito? La ley prohíbe la posesión personal de la marihuana. La sección del Código que define este delito no dice que el poseer marihuana sea un crimen a menos que se lo guardes a alguien, en vez de ser la tuya. Por lo tanto, a Miguelito se le podría condenar por la infracción de la posesión (si era menos de una onza, o sea de 28.35 gramos). La posesión es la posesión.

En la situación 3, Tomás del Trato se enteró que el aparato de televisión que había comprado a Carlos Listo se lo había robado a un vecino hacía dos semanas. Claro es que Tomás no lo robó. Él no sabía si de verdad el aparato era el robado. Todo lo que él sabía es que había pagado $50—y ¡qué negocio jugoso había hecho! ¿Se le puede acusar a Tomás del hurto por recibir la propiedad robada?

La legislatura de Georgia ha definido el hurto por recibir la propiedad robada así:

> La persona comete el hurto por recibir propiedad robada cuando recibe, dispone o retiene la propiedad robada que él sabe, o debiera saber, que ha sido robada, a menos que la reciba, disponga o retenga con la intención de devolvérsela a su dueño.

La clave del caso presente es si el Estado podrá probar que Tomás del Trato sabía, o debiera saber, que el aparato de televisión era el robado. ¿Qué opinas? ¿Lo sabía? ¿Debiera de saberlo? El hecho de que pagó menos del 10% de su valor hará difícil la defensa. Probablemente, será suficiente para demostrar que él debiera saber que el aparato de televisión era el robado. De lo contrario. ¿por qué alguien iba a vender un aparato nuevo tan barato?

Además, el hecho de que Carlos le dijo a Tomás del Trato que fuera discreto con la compra es una evidencia sólida que se puede emplear en contra de Tomás. Indica que Tomás sabía, o debiera saber, que había gato encerrado. El abogado defensor de Tomás tendrá que esforzarse en este caso. A causa del valor verdadero del aparato de televisión (más de $500), el cargo contra Tomás puede ser el del delito grave.

## Los participantes en el crimen

**SITUACIÓN 4.** Manuel Menso tiene el plan de robar a sus vecinos, la familia Bodega. Sabe que salen todos los sábados por la noche y que la casa se queda sola. También sabe que no hay alarma. Además Salvador Seguidor, su amigo, tiene la llave de la casa porque ocasionalmente hace trabajos para la familia Bodega. Manuel le convence que le entregue la llave a cambio de una parte del dinero que obtendrá por la venta de los objetos que va a robar. Ese sábado, mientras los Bodega están ausentes, Manuel entra en la casa. Lo detienen mientras se llevaba un aparato de vídeo (VCR).

¿Qué delito ha cometido Manuel Menso? ¿Qué delito ha cometido Salvador Seguidor? Después de todo, Salvador no entró en la casa ni se llevó nada. Todo lo que hizo fue entregar la llave a Manuel Menso (véase la ilustración 15-2).

Si nos basamos en la ley que aparece en la ilustración 15-2, Salvador Seguidor se encuentra en apuros. Al darle la llave a Manuel Menso a sabiendas de que Manuel iba a emplear la llave para entrar en la casa y robar cosas, ciertamente ha ayudado a cometer un delito. No importa que Manuel pudiera haber entrado en la casa de alguna otra forma (quizás con romper la ventana). El hecho es que Salvador le dio una llave a Manuel que empleó para entrar en la casa con el propósito de cometer el delito.

¿Qué acción delictiva cometió Manuel Menso? Si examinas la ilustración 15-1, encontrarás la definición del delito grave del robo con allanamiento de morada. A menudo, la gente cree que el robo con allanamiento de morada supone la prueba de que el sospechoso forzó la entrada. De hecho no es así. La persona comete el robo con allanamiento cuando entra en una casa (o en un edificio, un vehículo, etc.) sin ninguna autoridad y con la intención de cometer un delito grave. En nuestro ejemplo, Manuel Menso entró en la casa de la familia Bodega con la intención de llevarse sus pertenencias. *Tenía la intención* de cometer el delito grave del hurto

---

> **ILUSTRACIÓN 15-2**
> ## O.C.G.A. 16-2-20
>
> El Código Oficial de Georgia, 16-2-20, declara cuándo la persona participa en un delito:
>
> (a) Que cada persona que se interesa en la comisión de una acción delictiva sea participante en ella, y se le puede acusar y condenar por la participación en el delito.
>
> (b) Que la persona "se interesa" en la comisión de un delito, solo si
>
> (1) comete directamente la acción delictiva;
>
> (2) intencionalmente hace que otra persona cometa la acción delictiva bajo tales circunstancias que la otra persona no resulta ser culpable de delito alguno, bien de hecho o bien por ser legalmente incapaz;
>
> (3) intencionalmente auxilia e instiga la ejecución del delito; o
>
> (4) intencionalmente aconseja, incita, paga, asesora o procure que otro cometa el delito.

---

consistente en llevarse la propiedad. Por lo tanto ha cometido la ofensa del robo con allanamiento de la morada.

Si Manuel hubiera entrado en la casa con la intención de cometer el robo y hubiera cambiado de idea, marchándose sin llevarse nada, también habría cometido el delito del robo con allanamiento. El robo con allanamiento de morada no requiere que la acción delictiva se completara (en este caso el robo). Todo lo que es necesario es que la persona entrara en el lugar sin permiso, con la intención de cometer el robo. La acción de robar con allanamiento se ejecutó tan pronto como Manuel Menso entró en la casa de los Bodega con la intención de llevarse sus pertenencias.

Manuel podrá cumplir la condena en la prisión. El robo con allanamiento lleva la pena de 1 hasta 20 años. Sin embargo, pudiera cumplir la condena en libertad condicional. En este caso, Manuel cumplirá su condena fuera de la cárcel pero bajo la libertad condicional. ¿Y qué pasa con Salvador Seguidor? ¿Podría recibir la misma condena aunque haya desempeñado un papel insignificante? Pues sí. Un colaborador en el delito no recibe consideración alguna por parte de la Corte basada en el papel que él o ella haya desempeñado. El juez puede tomar en consideración la amplitud de la colaboración a la hora de dictar la sentencia, pero no tiene la obligación de hacerlo. Por lo tanto, a Salvador se le podría condenar de 1 hasta 20 años, exactamente como a Manuel Menso.

## Los componentes del delito

Ya se expusieron antes sobre los dos elementos de la acción delictiva—la acción y la intención criminal—. Además de esos dos ingredientes indispensables, cada "acción" tiene componentes específicos que el Estado debe probar más allá de la duda razonable. (De la duda razonable se hablará más adelante, en el capítulo 17.)

Para entender esos componentes, fíjate en la definición del rapto (secuestro) en la ilustración 15-1. Verás que la ley dice: "Es un secuestro o desplazamiento forzado de una persona, sin ninguna autoridad legal y la retención de esa misma persona contra su voluntad". En este delito hay tres componentes:

1. el secuestro (desplazamiento forzado)
2. la falta de la autoridad legal
3. la retención de esa persona contra su voluntad

Cada uno de estos componentes se debe probar para que resulten en la condena por el delito de rapto. Si, por ejemplo, el acusado del crimen tuviera la autoridad legal para llevarse a "la víctima", entonces no habría rapto. Uno de los tres componentes es inexistente. Dos en lugar de tres jamás es suficiente. A menudo es la forma en que los juicios se ganan: con demostrar que uno de los componentes necesarios no se ha probado.

### Solo los hechos

1. ¿Cuál es la diferencia entre el delito grave y la infracción?
2. ¿Qué significa ser un participante en un delito?
3. Escoge seis delitos de la ilustración 15-1. Haz una lista con las indicaciones de todos los componentes que tienen cada uno.

4. Escoge dos de esos delitos y explica cómo se puede probar cada uno.

### Piensa

1. Considera los siguientes escenarios. Los dos son versiones ligeramente alteradas de la situación 5:
   a. Qué hubiera ocurrido si Manuel Menso le hubiera dicho a Salvador Seguidor, "Ven conmigo. Necesito ir a la casa de la familia Bodega". Salvador le acompaña a Manuel, y éste le dice que espere fuera de la casa. Manuel va a la parte trasera de la casa, rompe un vidrio de la ventana y entra. De pronto, los de la familia Bodega vuelven inesperadamente, sorprenden a Manuel dentro de la casa y llaman a la policía. Detienen a los dos. ¿Ha cometido Salvador un delito? ¿Se le puede acusar de participar en una acción delictiva?
   b. Manuel Menso se jacta del robo que quiere cometer. Incluso le pide a Salvador que le haga alguna sugerencia. Salvador no le dice nada. Salvador se entera también de cuando va a cometer el robo, pero no llama a la policía para evitarlo. Manuel comete el robo y después le enseña a Salvador las cosas que ha robado. A pesar de todo, Salvador no llama a la policía. ¿Ha incurrido Salvador en un delito?
2. La persona que juega un papel mínimo, tal como esperar en el automóvil en que escapa el atracador de un banco ¿debe recibir la misma condena que el principal acusado? ¿Por qué? ¿Por qué no?
3. ¿Crees que la persona debe de ser declarada inocente de una acción delictiva, solamente porque uno de los necesarios componentes no se puede probar más allá de la duda razonable? Explícate.

## EL PROCESO DE LA JUSTICIA PENAL: LOS DERECHOS QUE TIENES

A cualquier persona que se le detiene por un delito, está sujeta al proceso de la justicia penal. Los siguientes capítulos tratan de un caso relacionado con adultos y menores de edad que pasan por el proceso de la justicia penal.

Generalmente, el término *proceso de la justicia penal* se refiere a todo el procedimiento legal y virtualmente a todo lo que ocurre desde el momento en que se sospecha que una persona ha cometido un crimen e incluye su pasar por todos los procedamientos, hasta que el caso se resuelve. Incluye la detención (o el arresto) formal, la audiencia preliminar, los cargos del jurado de acusación, la lectura de los cargos y el juicio.

## Las enmiendas constitucionales relacionadas con el proceso de la justicia penal

| LAS ENMIENDAS | EXPLICACIÓN |
|---|---|
| ### La Cuarta Enmienda (1791)<br><br>No se violará el derecho de la gente a estar segura de sus personas, casas, documentos y efectos, de cualquier registro y confiscación sin razón y no se extenderá orden alguna de detención, excepto en el caso de causa probable, sostenida mediante el juramento o la afirmación que particularmente describa el lugar a registrar, y la persona o cosas que se deban secuestrar. | *La Cuarta Enmienda*<br><br>• protege a la gente contra los registros y las confiscaciones arbitrarias de la policía.<br><br>• establece los requisitos para las órdenes de registro. |
| ### La Quinta Enmienda (1791)<br><br>No se detendrá a ninguna persona para que responda por un delito capital, o infame, a menos que se haga bajo la presentación o acusación de un jurado de acusación, excepto en casos relacionados con las fuerzas armadas, o la milicia, durante el servicio efectivo en tipo de guerra o de peligro público; ni persona alguna quedará sujeta, por la misma ofensa, dos veces al riesgo de perder la vida o un miembro; ni se le forzará en cualquier proceso criminal a declarar contra sí mismo, ni se le privará de la vida, libertad o propiedad sin el debido proceso legal; ni se le quitará la propiedad privada a efectos de uso público sin una compensación justa. | *La Quinta Enmienda*<br><br>• requiere una audiencia preliminar del jurado de acusación en los casos de delito grave.<br><br>• prohíbe juzgar a la persona dos veces por el mismo delito.<br><br>• protege a los sospechosos de tener que contestar preguntas que se podrían emplear contra ellos.<br><br>• garantiza los procedimientos justos cuando el gobierno amenaza a la gente con la pérdida de la vida, de la libertad o de la propiedad.<br><br>• asegura que la gente sea compensada cuando el gobierno les priva de su propiedad. |
| ### La Sexta Enmienda (1791)<br><br>En todos los procesamientos penales, el acusado disfrutará del derecho a un juicio público y sin demora, ante un jurado imparcial del Estado y del distrito judicial donde se haya cometido el delito, cuyo distrito deberá determinarse previamente de acuerdo con la ley, y [al acusado] se le deberá informar de la naturaleza y causa de la acusación; a enfrentarse con los testigos contra él; al proceso obligatorio de proveer testigos a su favor y a tener el apoyo (ayuda) de un abogado en su defensa. | *La Sexta Enmienda* garantiza que la persona acusada tiene el derecho a<br><br>• un juicio público sin demora, ante un jurado imparcial.<br><br>• estar informado de los cargos y de la evidencia.<br><br>• estar presente cuando los testigos testifiquen contra él o ella.<br><br>• tener un abogado y a llamar testigos en su defensa. |
| ### La Octava Enmienda (1791)<br><br>No se requerirá una fianza excesiva, ni se impondrán las multas excesivas, ni se infligirán los castigos crueles o fuera de lo común. | *La Octava Enmienda* requiere que los jueces<br>• establezcan una fianza razonable y consistente.<br>• dicten la sentencia adecuada al delito. |
| ### La Decimocuarta Enmienda (1868), *fragmento*<br><br>...ningún Estado privará a persona alguna de la vida, la libertad o la propiedad sin el debido proceso legal, ni se le negará a persona alguna, dentro de su jurisdicción, la idéntica protección ante la ley. | *La Decimocuarta Enmienda* requiere que los estados<br>• sigan el debido proceso legal en todas las acciones, incluyendo las leyes penales.<br>• dispensen a todos los ciudadanos la idéntica protección ante la ley. |

Si en el juicio se determina que la persona es culpable, el proceso penal puede continuar a lo largo de todo el proceso de la apelación. Dichos aspectos generales de los casos legales se enfocan en el capítulo 17. De momento, veremos algunas de las cosas que necesitas saber por lo que se refiere a tus derechos durante el proceso.

Como ciudadano o residente legal de los EE.UU., gozas de las protecciones constitucionales que son muy importantes por lo que se refiere a la forma en que vives. (Los derechos de los inmigrantes se tocan más al fondo en el capítulo 20.) El gobierno no puede violar tus derechos constitucionales. Como residentes de Georgia, contamos con las protecciones de la Constitución de los EE.UU. y también tenemos las protecciones de la Constitución de Georgia. Las dos coinciden en muchos aspectos. Sin embargo, es corriente encontrar mayores protecciones, al menos en algunos aspectos, bajo la Constitución de Georgia que bajo su equivalente federal.

Las 10 primeras enmiendas a la Constitución de los EE.UU. se llaman La Declaración de Derechos y Garantías (en inglés, *Bill of Rights*) que también se conocen como las "libertades fundamentales". La Decimocuarta Enmienda a la Constitución requiere que los estados observen esos derechos a la hora del procesamiento de un sospechoso, además de los derechos garantizados por la constitución estatal (véase la ilustración 15-3). Esta enmienda también garantiza a todos los ciudadanos la idéntica protección bajo la ley.

La idéntica protección ante la ley (*equal protection* en inglés) se debe otorgar a toda clase de gente. Por ejemplo, a dos personas se les acusa del mismo delito: el empleado número uno trabaja en el sector público; el empleado número dos, en el sector privado. La Decimocuarta Enmienda garantiza que no se le puede dar tratamiento especial al empleado número uno porque trabaja como empleado público. Igualmente, el tratamiento de las personas y las sentencias que reciban no pueden ser distintos en base de su raza o su edad.

Por lo que al proceso de la justicia penal se refiere, el derecho constitucional más importante tal vez sea el derecho al debido proceso legal (*due process* en inglés). La Quinta Enmienda a la Constitución de los EE.UU., así como el artículo 1, sección 1, párrafo 1, de la Constitución de Georgia, lo garantizan. Con frecuencia oirás decir que los abogados criminalistas (penalistas) protestan ante la corte porque se ignora o se ha violado el debido proceso legal de sus clientes. Frecuentemente, las personas acusadas de delitos quedan libres por las violaciones de sus derechos constitucionales—en muchos casos a causa de la violación de su derecho al debido proceso legal.

A nivel más elemental, el debido proceso legal incluye el derecho de estar escuchado por el sistema legal. En otras palabras, el acusado tiene el derecho a un juicio y el derecho a presentar la evidencia, el derecho a interrogar a los testigos que declaran contra él o ella, el derecho a testificar si quiere hacerlo, el derecho a hacer servir las citaciones para hacer que ciertas personas comparezcan ante el tribunal, etc. Estos son derechos muy importantes que generalmente quedan bajo el renglón del debido proceso legal.

La Quinta Enmienda es sumamente importante. No solo garantiza el debido proceso legal a todas las personas, asimismo garantiza que ninguna persona pueda ser juzgada dos veces por el mismo delito: "ni persona alguna quedará sujeta por la misma ofensa dos veces al riesgo de perder la vida o la salud". Esto quiere decir que si una persona a la que se acusa de un delito y se declara "inocente", pasa por un juicio y se le absuelve del delito, no se le puede procesar una segunda vez. En inglés se llama esta protección *double jeopardy*.

Más aún, la Quinta Enmienda protege a la persona de que se le obligue a dar testimonio contra sí misma: "ni se le forzará en cualquier proceso criminal a declarar contra sí mismo". Esto es lo que se quiere decir cuando un sospechoso "invoca la quinta". Un sospechoso nunca tiene que hablar de un delito si ese testimonio, declaración o confesión, expone al sospechoso al procesamiento penal. En inglés, la expresión cotidiana es *"taking the Fifth"*.

Además de dichas enmiendas, existen otras que son importantes en el contexto de la justicia penal. La Cuarta Enmienda trata de la detención, registro y secuestro (o de la autoridad de la policía para parar a alguien que sea sospechoso de un delito, y registrar su persona o su automóvil; en inglés *search and seizure*). La Sexta Enmienda incluye el derecho al juicio público y sin demora, al juicio ante un jurado y a la ayuda efectiva (asesoría profesional) de un abogado.

La Octava Enmienda se ocupa de la fianza excesiva (*excessive bail*). ¿Sería una fianza de $100,000 excesiva en el caso de una infracción por la posesión de la marihuana? Claro que sí. Pero ¿lo sería en el caso del asesinato? La Octava Enmienda también prohíbe la aplicación del castigo cruel o fuera de lo común (*cruel and unusual punishment* en inglés). Como resultado de estas protecciones, la persona no puede recibir una sentencia demasiado excesiva. Una vez que ha sido encarcelado, no se le pueden dar palizas ni negarle la ayuda médica.

### Solo los hechos

1. ¿Qué contiene la Declaración de Derechos y Garantías (*Bill of Rights*)?
2. Nombra tres de las protecciones constitucionales que se exponen en la Declaración de Derechos y Garantías.
3. ¿Qué quiere decir con el término "debido proceso legal"?

### Piensa

1. ¿Por qué crees que la constitución de Georgia puede ofrecer más protección que la Constitución de los EE.UU.?
2. ¿Crees que la protección por la cual ninguna persona puede ser juzgada dos veces por el mismo delito sea importante? ¿Por qué? ¿Por qué no?
3. ¿Qué cantidad crees que sería apropiada como la fianza en el caso de una infracción por la posesión de la marihuana?

## EL CASO

En los próximos capítulos, examinaremos más detalladamente el proceso de la justicia penal. Para hacerlo, seguiremos un caso que se presenta ahora, relacionado con dos adultos y un menor de edad. Podrás apreciar lo que sucede en cada etapa del proceso. Verás cómo se aplican los derechos constitucionales que se acaban de presentar en este capítulo. Verás también cómo el proceso es diferente en el caso de los adultos que en el caso de los menores de edad. Finalmente, tendrás la oportunidad de determinar la resolución de un caso.

Tres estudiantes del segundo año de la escuela secundaria de la Ciudad Central fueron una tarde al hipermercado. Una mujer de 22 años abordó a los tres amigos—Sandra, Adán y Diego—, y ofreció venderles la "hierba" (la marihuana) y la cocaína. Diego hizo una compra.

Después de decir a sus amigos que se reuniría con ellos más tarde, Diego habló con Daisy, la vendedora. Le preguntó si él podría vender la droga en la escuela secundaria. Diego quería ganar dinero a todo trance. Se necesitaba reparar su bicicleta y además le gustaría comprarse un equipo estereofónico.

Daisy Traficante le indicó que fueran al "almacén de las drogas". Allí podrían discutir la posibilidad con el abastecedor, Haroldo al Mayor. Fueron en automóvil a un garaje viejo, remodelado. Lo que no sabían era que la policía vigilaba el garaje y que preparaba una redada esa misma tarde.

¿Qué les ocurrió a Diego y a Daisy, la vendedora de drogas? ¿Y qué le pasó a Haroldo al Mayor? En los capítulos siguientes, les acompañarás a lo largo del proceso de la justicia penal.

## EN RESUMEN

Con el paso de los años, los gobiernos han declarado que muchas acciones son delictivas. Algunas acciones—como el asesinato—resultan obviamente criminales. Otras, como abofetear a alguien, pueden no parecer delictivas, pero se consideran delictivas en este estado (Georgia). Algunas acciones se convierten en los delitos aunque el culpable no tenga la intención de que sus acciones tengan semejantes consecuencias. También, la acción que sea un delito en un estado, puede no serlo en el estado vecino. El estado de Georgia enumera y define los delitos en el Código Oficial Anotado de Georgia, exactamente lo mismo que otros estados hacen para definir los delitos en sus propios códigos estatales.

Los redactores de la constitución nacional de este país estaban muy preocupados por los derechos individuales. La Declaración de Derechos y Garantías contiene varias enmiendas que se ocupan específicamente del tratamiento de las personas acusadas de los delitos. Como verás en los siguientes capítulos, estos derechos parecen estar, a veces, en conflicto con el oficio de hacer cumplir las leyes. Pero esos derechos no se deben tomar a la ligera. Para apreciar los derechos que nos garantiza la Constitución, imagínate que fueras acusado de un delito que no hubieras cometido. ◻

# 16 La detención, el registro y la confiscación

Al final del capítulo precedente, Diego y Daisy se encontraban en el almacén de drogas. Hablaban con Haroldo al Mayor. La policía entró en el almacén antes de que pasase la hora. Detuvieron a Diego, a Daisy y a Haroldo.*

Tal vez estés enterado de que existen muchas leyes que regulan las detenciones (los arrestos). Del mismo modo, muchas leyes regulan los registros y las confiscaciones. Estas leyes existen para asegurar que cada persona será tratada en forma adecuada. En este capítulo, descubrirás de lo que tratan algunas de dichas leyes. Verás cómo esas leyes protegen tus derechos. Verás también la importancia de que las detenciones y los registros se ajusten a las leyes.

## LA DETENCIÓN

Las detenciones las hace normalmente una persona autorizada, como el agente de policía (*police officer* en inglés) o el alguacil (en inglés, *sheriff*). Estos agentes pueden hacer una detención de acuerdo con la orden judicial de detención o, en ciertas circunstancias, sin ninguna. La *orden ju-*

*dicial de detención* es un documento por el que se da la autoridad para hacer algo—en este caso una detención.* En inglés se llama el documento un *warrant*.

### La detención con orden judicial

¿Cómo obtiene la policía una orden de detención? Primero, el agente de policía o un ciudadano cualquiera hace una declaración jurada ante el juez (véase la ilustración 16-1). La ley de Georgia requiere que la declaración jurada identifique

- la persona que va a ser detenida,
- la ofensa que dice haberse cometido,
- la fecha y hora en que se cometió,
- la persona contra la que se ha cometido la ofensa, y
- el lugar de la ofensa.

---

* De acuerdo con la terminología formal, a Diego, como es menor de edad, en vez de ser detenido (véase el capítulo 18), "se le pone bajo custodia".

---

Habla Legal

la detención • la regla de exclusión • la advertencia Miranda • el registro
• la confiscación • la orden judicial de detención

Estos requisitos sirven para que las autoridades puedan informar al acusado de los cargos específicos que hay contra él o ella. Como recordarás, la notificación es uno de los aspectos del debido proceso legal. Las personas que posiblemente sufran la pérdida de la vida, de la libertad o de la propiedad, deben ser notificadas de los cargos que existen contra ellas.

Fíjate que como persona particular, no debes de iniciar una acción penal contra alguien sin tener razones poderosas para ello. De lo contrario, podrías ser responsable de los daños por la prosecución maliciosa (*malicious persecution*). Éste es un pleito civil presentado por la persona acusada injustamente de haber cometido un delito.

La evidencia (las pruebas) presentada en la declaración jurada debe ser convincente(s). El juez que extiende la orden de detención debe hallar la causa probable para creer que el acusado ha cometido la ofensa. La *causa probable* (en inglés, *probable cause*) quiere decir que existe más que una simple sospecha. Debe haber una base razonable para creer que la persona cometió el delito.

¿Qué constituye una base sólida? Para ilustrarlo, considera la situación 1:

**SITUACIÓN 1.** Son casi las diez de la noche. En el apartamento contiguo al de la señora Gómez, se está efectuando el robo con allanamiento de morada. La señora Gómez mira por la ventana. Durante una hora, ve los siguientes sucesos iluminados por una farola:

a. La señora Rodríguez, la vecina que vive arriba, mete varias cajas grandes en su automóvil. Parece nerviosa, casi atemorizada. Finalmente, la señora Rodríguez sube al automóvil y parte a toda velocidad.

b. Nicolás el Nervioso empieza a pasear de un lado para otro, delante de la casa de apartamentos. De vez en cuando, hecha un vistazo al reloj. A Nicolás le detuvieron una vez por mirón.

c. El sobrino de un amigo de la señora Gómez se descuelga de la ventana del apar-

---

**ILUSTRACIÓN 16-1**
**La declaración jurada para obtener una orden de detención**

Georgia, Condado de _____

_____

compareció personalmente, y bajo el juramento dice que de acuerdo con su conocimiento y creencia _____ cometió la ofensa de _____, en el día _____, mes de _____, en el año_____, en el condado arriba citado. El lugar donde ocurrió dicha ofensa es _____, contra _____. Dicha ofensa, descrita como _____ _____, y este deponente hace esta declaración jurada para que se extienda una orden judicial de detención de dicha persona._____

(firma).

Jurado y subscrito ante mí, el día _____, de _____, de 20____.

_____, juez del Condado de _____.

Tribunal de Magistrados.

---

tamento que ha sido allanado. Lleva un pequeño aparato de televisión.

¿Crees que el juez encontraría la causa probable para expedir una orden de detención contra la señora Rodríguez, Nicolás el Nervioso o el sobrino del amigo?

Con toda probabilidad, el juez no emitiría una orden de detención por el allanamiento de morada contra la señora Rodríguez o contra Nicolás el Nervioso. El hecho de que Nicolás el Nervioso haya sido detenido antes no guarda relación alguna con la presente situación. Se le detuvo por un delito diferente.

La señora Rodríguez tiene el derecho legal de meter cajas en su automóvil, si es que son suyas. El juez no ha recibido la información suficiente como para indicar que las cajas proceden del robo del vecino. Por lo tanto, el juez no encontrará la causa probable para expedir la orden de detención en contra de la señora Rodríguez. Sin embargo, el juez probablemente encontraría la causa probable en el caso del sobrino.

## La detención sin una orden judicial

¿Se puede efectuar la detención en Georgia sin una orden judicial?

La ley autoriza al agente de policía a detener a alguien sin una orden judicial, únicamente en cuatro casos, a saber:

1. Cuando la ofensa se comete en presencia del agente o con su conocimiento inmediato.
2. Cuando el ofensor intenta escapar.
3. Cuando existe la causa probable para creer que haya ocurrido un acto de violencia familiar (la violencia doméstica).
4. Por cualquier otra causa, si existe la posibilidad de que la justicia no se cumpla debido a la falta de un juez que pueda extender una orden de detención.

Las razones son obvias en las excepciones uno, dos y tres. En ninguna de dichas situaciones habría el tiempo suficiente para pedir la orden judicial. Por ejemplo, supongamos que un agente de policía ve a Dedos Rápidos llevarse un bolso (cartera) de un tirón. Por supuesto, el tal Dedos no va a esperar mientras el agente va a buscar una orden de detención. La cuarta excepción no está muy clara. Pero otorga a los agentes y al Estado (es decir, al fiscal) una excepción general, mediante la que pueden argüir que la detención fue válida sin la orden judicial.

A menos que la detención se ajuste a una de las cuatro excepciones, un agente de policía puede efectuar la detención solo bajo una orden judicial. De lo contrario, la detención será ilegal.

## Las detenciones hechas por la ciudadanía

Como persona particular (sea ciudadano o residente legal), no tienes ninguna autoridad para detener a alguien con una orden judicial (*warrant*). Sin embargo, aun sin la orden judicial, puedes detener a cualquiera que cometa una infracción o un delito grave "en tu presencia" o "con tu conocimiento inmediato". La detención hecha por la persona particular se lleva a cabo cuando el (o la) particular retiene a un sospechoso para que no escape. Esto sucede con mucha frecuencia en el caso del hurto de tiendas, donde el encargado de la empresa (el o la gerente) detiene al sospechoso. Sin embargo, como el siguiente caso demuestra, el gerente o un empleado no puede efectuar siempre semejante detención.

Veamos el caso *Winn Dixie Stores, Inc. contra Nichols.** Una cliente del supermercado Winn Dixie se quejó a la gerencia con decir que otro cliente le había robado la cartera. El tribunal afirmó que el derecho limitado de los comerciantes a detener a alguien razonablemente sospechoso de haber hurtado mercancías, no autorizaba al comerciante a detener a individuos acusados por un cliente de haber cometido un delito contra otros clientes. Para efectuar la detención, el empleado tendría que haber visto en realidad cómo se cometió el robo. Por lo tanto, en el juicio *Winn Dixie Stores, Inc. contra Nichols* se juzgó que la gerencia no tenía la autoridad para detener al supuesto criminal. El tribunal sugirió que la única persona que hubiera podido efectuar la detención como persona particular, era la propia cliente a la que habían robado.

Cuando el ciudadano (particular) efectúa una detención, la persona no puede emplear más fuerza de la que sería razonable para llevar a cabo la detención. La fuerza mortal se limita a la autodefensa, o a casos donde la fuerza sea necesaria para prevenir ciertos delitos graves. Ten cuidado — como ciudadano o persona particular puedes tener la autoridad legal de detener a otra persona. Pero cuidado con decirle a un ladrón que te apunta con un arma que lo detienes; no es de todo aconsejable.

Se debe recalcar que el derecho de los ciudadanos a efectuar una detención civil, es limitado. No pueden detener a la gente que falte a las ordenanzas municipales o a las regulaciones, porque técnicamente no son "delitos" tal y como

---

* 205 Ga. App. 308, 422 S.E. 2nd 209 (1992).

lo define la ley estatal (véase el capítulo 15). Por lo tanto, como ciudadano o persona particular no tendrías la autoridad para detener a la persona que crea un disturbio cuando hace demasiado ruido. Además, cuando la persona particular hace una "detención civil", solo lo puede hacer con el propósito de llevar al sospechoso ante un oficial judicial.

## EL CASO DE LA REDADA DE DROGAS EN LA CIUDAD CENTRAL, *continuación*

Antes de la redada que efectuaron en el almacén de drogas, la policía había investigado este caso durante algunos meses. Durante este tiempo, varios agentes secretos de narcóticos (a menudo llamados "*narcs*", o policía de narcotráfico) habían "comprado" drogas a Daisy Traficante y a su jefe, Haroldo al Mayor. El detective Pinedo, con rango de sargento, había presenciado también cómo habían efectuado dos ventas a otras personas.

La policía había presentado esta información al juez Soilo Severo, del tribunal de magistrados, condado de Río Arriba. La información había convencido al juez que probablemente había suficiente causa para creer que Daisy y Haroldo habían cometido un delito. Por lo tanto, extendió una orden de detención y de registro contra Daisy Traficante, Haroldo al Mayor y el mismo almacén.

Los agentes que efectuaron la detención acusaron a Daisy y a Haroldo de varios delitos (todos esos delitos no se identificaron en la orden de detención). Los cargos que se les hizo se dan a continuación:

- la posesión de una droga de la categoría II (la cocaína) con la intención de venderla (la posesión de 28.35 gramos o más de cocaína se entiende que indica la intención de venderla).
- la venta de la droga de la categoría II.
- el tráfico de la marihuana (la posesión de más de 25 kilos de la misma).
- la contribución a la delincuencia de una persona menor de edad.

Haroldo y Daisy estaban, por así decirlo, metidos en una situación bastante seria. Fíjate en la p. 245 la alta penalización que conlleva la venta de la droga de la categoría I o II.

A Diego se le puso bajo custodia sin una orden judicial. ¿Sabes cuál de las cuatro excepciones se le aplicó? ¿Habría alguna diferencia si supieras que durante la redada un agente le vio tratando de deshacerse de bolsas con más de 50 gramos de cocaína? Haroldo se las había dado para que las vendiera en la escuela. Además, cuando cachearon a Diego, encontraron que llevaba encima menos de una onza de marihuana.

Como Diego tiene menos de 17 años, se le acusó de un "acto delictivo" (en inglés, *delinquent act*; la palabra *delinquency* en sí muchas veces refiere a tales actos realizados por los menores de edad) por ser menor de edad y poseer menos de una onza (28.35 gramos) de marihuana. Si el acusado hubiera tenido más de 17 años de edad, sería una infracción (*misdemeanor*).

La policía también le acusó de poseer cocaína con la intención de distribuirla (venderla). El cargo de vender una droga que figura en las categorías indicadas, es más serio que la simple posesión (una *droga clasificada* se considera peligrosa. Es ilegal poseerla sin la receta del médico). ¿Cómo podía la policía acusarle a Diego de la intención de distribuir la cocaína? Bien mirado, no podía adivinarle el pensamiento.

Los tribunales han establecido que la posesión de una mayor cantidad de la droga de la que uno puede razonablemente consumir, indica que la persona intenta vender esa droga.

Los tribunales también toman en consideración otros factores. Uno de ellos es si el acusado lleva encima gran cantidad de dinero. Otro es si las drogas están en paquetes individuales en el momento de la detención. Por ejemplo, 10 dosis de la cocaína tipo "*crack*" pueden estar empaquetadas en 10 frasquitos, cada uno con una dosis.

En el caso de *La redada de drogas en la Ciudad Central*, Diego llevaba en su persona bolsas que contenían una cantidad superior a los 50 gramos de cocaína. La cantidad de la cocaína y la forma en que estaba empaquetada indicaba que la iba a vender. Por lo tanto, la policía le acusó de poseer la droga con la intención de venderla.

La policía cacheó a Haroldo, a Daisy y a Diego. Rápidamente maniataron a los tres. La policía les "leyó sus derechos". ¿Qué significa eso?

## La advertencia Miranda

El debido proceso legal requiere, antes de que a la persona detenida y acusada de un delito se le pueda interrogar, que el agente encargado de la detención debe hacerle a esa persona la advertencia Miranda (en inglés, se dice *Miranda warning*). La advertencia Miranda (en la ilustración 16-2) se compone de un número de derechos derivados de las Enmiendas Quinta, Sexta y Decimocuarta a la Constitución de los Estados Unidos de América. El Tribunal Supremo de los EE.UU. declaró en 1966 que la narración (exposición) en voz alta de estos derechos es una parte fundamental del debido proceso legal. Esto fue parte de la señalada decisión del Tribunal Supremo en el caso *Miranda contra Arizona*.*

La advertencia Miranda hay que hacerla una vez que el sospechoso ha sido detenido. Esto quiere decir que se debe hacer cuando el detenido ya no tiene la libertad de marcharse, aunque no se haya formalizado la detención. Y más importante aun, estos derechos se le deben leer y el acusado debe entenderlos, antes que él o ella pueda ser interrogados.

En la práctica, los agentes no siempre leen estos derechos a todos los sospechosos. Si no han avisado al sospechoso(a) de los derechos del caso *Miranda*, y el sospechoso(a) hace una declaración mientras está detenido(a), la situación se puede excluir del juicio. La declaración se puede excluir también del juicio si se determina que el sospechoso(a) no entendió los derechos que tiene bajo el caso *Miranda*, o si el sospechoso(a) no hizo la declaración voluntariamente.

_____

* 384 U.S. 346 (1966).

---

**ILUSTRACIÓN 16-2**

**De acuerdo con la advertencia Miranda, se le reza a la persona detenida**

1. Usted tiene el derecho a guardar silencio.

2. Cualquier cosa que Ud. diga puede emplearse, y se empleará, contra Ud. ante un tribunal de justicia.

3. Ud. tiene el derecho a consultar a un abogado y a que esté presente mientras se le interroga.

4. Si Ud. no puede pagar a un abogado, antes del interrogatorio se nombrará a uno que lo represente si así lo desea.

5. En cualquier momento, Ud. puede ejercitar estos derechos, y no contestar a ninguna pregunta ni hacer declaración alguna.

---

El no haber recibido la advertencia Miranda no constituirá una defensa por haber perpetrado el delito. Sin embargo, durante el juicio, el acusado ciertamente argüirá que las declaraciones y confesiones deben ser excluidas de la evidencia presentada en el caso.

Si el acusado no ha hecho una declaración o una confesión, entonces no hay nada que excluir. Por lo tanto, no hay problema alguno aunque los derechos del caso *Miranda* no se le hayan leído cuando el acusado fue detenido.

¿Qué ocurrió en este famoso caso conocido por todo el mundo como el caso *Miranda*? En el caso *Miranda*, un hombre llamado Ernesto Miranda fue detenido y acusado del secuestro y la violación. Miranda era pobre, no tenía estudios y estaba algo perturbado mentalmente. Se le llevó a la comisaría donde la víctima le identificó. Entonces se le encerró en un "cuarto de interrogación" con varios policías. Se le interrogó intensamente durante varias horas. Ninguno de los agentes le dijo nunca que tenía el derecho de guardar el silencio y de no decir algo que pudiera servir para establecer su culpabilidad (en otras palabras, que tenía el derecho a no incriminarse a sí mismo de acuerdo con la Quinta Enmienda). Tampoco le comunicaron que tenía el derecho de contratar a un abogado (este derecho lo garantiza la Sexta Enmienda). Finalmente, después de dos o tres horas, los agentes salieron del cuarto de interrogación con una confesión por escrito, firmada por el tal señor Miranda.

En el caso *Miranda*, la Corte Suprema aplicó la *regla de exclusión*. La regla de exclusión (*exclusionary rule* en inglés) dice que la evidencia obtenida de manera ilegal no se puede emplear para condenar a la persona por un delito. El Tribunal Supremo aplicó tal regla de exclusión a las confesiones y declaraciones efectuadas por los detenidos. Al hacerlo así, quería asegurar que en el futuro los agentes de la policía seguirían los principios establecidos en la decisión. Asimismo, querían asegurarse que las personas acusadas de un delito serían notificadas de sus derechos básicos. En el pasado, los agentes de policía a menudo interrogaban a los sospechosos por muchas horas, y hasta por varios días, hasta que confesaran (o en escasas ocasiones, los agentes llegaban a usar la tortura hasta que el acusado se confesara).

Con la decisión en el caso *Miranda*, los jueces quisieron evitar esa conducta policial. Los jueces también ampliaron los derechos de los acusados para protegerlos de declaraciones involuntarias, por ignorar que podían guardar el silencio. A los jueces no les parecía que la persona debiera ser condenada por un delito basado en una confesión extraída ilegalmente o coaccionada por ignorancia, o mediante el abuso físico.

Los tribunales continúan con la interpretación de la decisión Miranda a través de los años.

Han ampliado o restringido la decisión en ciertos casos. Esto pasó en 1980, en el caso *Rhode Island contra Innis*. * En este caso, el Tribunal Supremo declaró que el término "interrogación", como se había empleado en el caso *Miranda*, no se limitaba al interrogatorio de la policía propiamente dicho. El tribunal afirmó que la interrogación también incluía cualquier palabra o acción por parte de la policía (fuera de las que normalmente forman parte de la detención), que la policía deban saber que posiblemente produciría una respuesta incriminatoria del sospechoso.

El retenido puede renunciar a los derechos especificados en la advertencia Miranda. Sin embargo, la renuncia debe expresarse de forma voluntaria. El prisionero debe entender su acción. No debe existir ni la trampa, ni la promesa de indulgencia o amenaza alguna por parte de los agentes de la policía. La ilustración 16-3 muestra cómo los agentes pueden presentar la renuncia (lo que se llama en inglés el *Miranda warning waiver*).

¿Cómo se puede aplicar la decisión del caso *Miranda* en nuestro caso imaginario? ¿Qué hubiera ocurrido si los sucesos hubieran pasado de la siguiente forma?

**SITUACIÓN 2.** La policía le dice a Diego que si confiesa que vende la cocaína en la escuela secundaria, conseguirán que la pena sea leve.

**SITUACIÓN 3.** Haroldo al Mayor le ha confiado a un amigo todo lo que pasa en su almacén de drogas. El amigo lo declara ante el tribunal.

**SITUACIÓN 4.** Un número de personas se encontraba en el almacén cuando la policía llegó. Tan pronto como la policía entró, Daisy Traficante gritó "Vaya. Ahora sí que me han sorprendido con las manos en la masa".

La decisión Miranda tendría vigencia en la situación 2. Cualquier confesión obtenida así no sería admisible. Nótese que la decisión Miranda tiene aplicación únicamente en el caso de la

---

* 446 U.S. 297 (1980).

persona detenida que es sometida al interrogatorio y confiesa ante las autoridades debidas. La confesión de Haroldo en la situación 3 no se hizo mientras estaba detenido. Se puede presentar al tribunal. La admisión de Daisy Traficante en la situación 4, también se podría admitir como evidencia. No se la había detenido todavía. Tampoco se le estaba interrogando sobre el papel que jugaba en el delito.

---

### Solo los hechos

1. A la hora de expedir una orden de detención (*arrest warrant*), el juez debe estar seguro de que (a) ¿existe una declaración jurada (*affidavit*)? (b) ¿hay suficiente causa? (c) ¿existe prueba de que el acusado cometió el delito?
2. Identifica por lo menos dos situaciones en las que una detención sería legal sin la orden judicial.
3. ¿Puede cualquier persona particular, además de los agentes de la policía, detener a la gente en Georgia? Explícalo.
4. ¿Qué requisitos tiene la decisión Miranda?

---

### Piensa

1. ¿Crees que los ciudadanos (particulares) deben tener el derecho de hacer detenciones? ¿Por qué?
2. ¿Permitirías más excepciones a los requisitos para expedir una orden de detención? Explícate.
3. La decisión Miranda ha resultado en muchas polémicas. Argumenta tú a favor o en contra de la decisión.
4. ¿Cómo se debe comportar la persona si se le detiene?

## EL REGISTRO Y LA CONFISCACIÓN

La Cuarta Enmienda a la Constitución de los EE.UU. protege a la gente de los registros y las confiscaciones arbitrarios (véase la p. 251). Generalmente, eso quiere decir que la policía debe lograr que un juez expida primero la orden de registro. Algunos registros son legales sin una orden judicial. Pero lo que constituye el registro ilegal puede ser harto confuso y complicado. Solo un abogado con bastante trayectoria profesional puede explicar con precisión cuándo un registro en especial sea legal.

El método para obtener una orden de registro (*search warrant*) es muy similar al que se sigue para recibir la orden de detención. Para expedir una orden de registro, el juez debe recibir los hechos bajo juramento. Estos hechos deben mostrar la causa probable (o suficiente) para creer que ciertos artículos ilegales se encuentran en el lugar que va a ser registrado. Los artículos y el lugar a registrar deben describirse específicamente. En la ilustración 16-4 se muestra una declaración jurada para que se extienda la orden de registro. En la ilustración 16-5 se incluye la orden de registro.

Durante la ejecución de la orden de registro, el agente que la lleva a cabo puede detener razonablemente y cachear a cualquier persona (generalmente es un cacheo de la ropa exterior de la persona para descubrir una posible arma u otro objeto con el que pudiera causar un daño; en el inglés se dice *pat-down*) que se encuentre en ese momento en el lugar del registro, para

1. protegerse de un ataque, o
2. evitar la desaparición u ocultación de instrumentos, artículos o cosas descritas en la orden de registro.

### Las excepciones a la orden de registro

Aunque la Cuarta Enmienda declara que se necesita una orden de registro, el requisito cuenta con un número de excepciones generales. Estas excepciones tienen que ver con los registros y confiscaciones que ocurren

1. incidental a (o relacionados con) una detención legal.
2. cuando el agente ve "a simple vista" la propiedad que se informa que haya sido robada, o que es contrabando, o que es de cualquier otra forma ilegal. (La persona particular no puede poseer legalmente el contrabando.)
3. cuando el agente tiene que actuar de forma inmediata (es lo que se denomina las "circunstancias apremiantes" o *exigent circumstances* en inglés).
4. cuando el individuo cede su consentimiento para que se pueda efectuar el registro.

*La excepción 1.* Bajo esta excepción, el registro debe ocurrir a la par con la detención legal.

## ILUSTRACIÓN 16-4
## La declaración jurada y denuncia para una orden de registro
### (Affidavit and Complaint for Search Warrant)

Georgia, Condado de _____

MUNICIPIO (CIUDAD) DE _____, GEORGIA

Ante_____ (nombre y título de la persona ante la que se hace la declaración jurada)

    El que subscribe, habiendo sido debidamente juramentado, depone bajo juramento y declara que tiene causa probable y razonable para creer que ciertos artículos, concretamente _____

_____

se ocultan ilegalmente en la propiedad conocida como _____

_____

localizada en el municipio (ciudad) de _____, Condado de _____,
Georgia, bajo custodia o control de _____, y que este deponente verdaderamente cree que existe la causa probable para creer, a partir de los hechos que conoce como aquí se establece, que los artículos aquí descritos se guardan y se ocultan en dicha propiedad en violación de las leyes del Estado de Georgia, con el propósito de violarlas. Los hechos que tienden a establecer la razón del deponente para creer, y la causa probable para creer son como sigue:

_____

_____

Esta denuncia y declaración jurada se hacen con el propósito de autorizar la expedición de una orden de registro de la persona o el local arriba descritos.

Jurado y firmado ante mí, en mi presencia este día_____, de _____, de 20___.

                 Firma del deponente _____

Firma y título del oficial ante el lo cual que se hace esta declaración jurada _____

El agente que efectúa la detención puede registrar a la persona y el área inmediata que le rodea. La razón de la excepción es obvia. El agente de policía necesita saber que la persona no lleva ningún arma. Además, es importante la confiscación de la evidencia que esa persona lleve oculta. Esto es para evitar su destrucción. Sin embargo, si la detención resulta ser ilegal, el registro bajo esta excepción será también ilegal.

*La excepción 2.* Esta excepción se da cuando el agente de la policía se da cuenta de una o varias cosas que son ilegales y que están "a la vista (plena)" (en inglés se dice *in plain view*). Esta excepción se basa en la noción de que no existe la intención del registro, si el agente accidentalmente descubre el artículo ilegal entre otros objetos visibles. El agente debe tener también el derecho legal a estar en ese sitio. Los artículos deben ser obviamente ilegales.

Teniendo en cuenta los criterios mencionados arriba, ¿crees que los siguientes ejemplos constituirían excepciones al requisito de una orden de registro?

**SITUACIÓN 5.** Un agente de policía da el alto a un automóvil por una violación de tránsito. El automovilista tiene 16 años de edad. El agente ve que hay latas destapadas de cerveza en el suelo del automóvil.

**SITUACIÓN 6.** A una persona se la para por exceso de velocidad. La agente pide al automovilista la matriculación del vehículo y la prueba

## ILUSTRACIÓN 16-5
### La orden de registro

GEORGIA, CONDADO DE _____

A_____

(nombre del agente que presenta la denuncia)

y a todos y en particular a los agentes del orden público del Estado de Georgia, "SALUDOS":

La declaración jurada y denuncia adjuntas, habiéndose presentado apropiadamente ante mí, y lo mismo los hechos declarados bajo juramento que ahí se contienen, me convencen de que existe causa probable (suficiente, *probable cause* en inglés) para creer que los artículos ahí descritos se ocultan ilegalmente en el local descrito de _____

_____

SE LE ORDENA que entre y registre dicha propiedad aquí descrita, presentar esta orden de registro, y si los artículos descritos o parte de ellos se encontraran allí, que los confisque, dejar una copia de esta orden de registro y un recibo de los artículos confiscados y que devuelva esta orden de registro y los artículos ante mí en el plazo de 10 días, o que lo ejecute cualquier otro agente judicial, tal y como lo requiere la ley.

Firmado de mi mano y sello, este día _____ de _____, 20__

A las _____ horas.

_____

Firma y título del oficial que expide la orden de registro

del seguro. Éste abre la guantera para coger los papeles. La agente ve varios anillos y pulseras poco corrientes. Los reconoce pues son las joyas que han robado a una celebridad local.

**SITUACIÓN 7.** Un agente de policía para a un automovilista que se ha saltado un semáforo en rojo. El agente se da cuenta que el automóvil tiene olor a la marihuana. Registra el vehículo y encuentra marihuana en el baúl (maletero).

Si la policía para un vehículo por una razón válida, lo que el agente vea mientras desarrolla su asunto oficial puede ser confiscado. Esto forma parte de la doctrina de "a la vista plena". En la situación 5, el agente podría confiscar la cerveza y además detener al automovilista menor de edad por tenerla en su posesión.

En la situación 6, la agente de tránsito tenía el derecho de parar el vehículo y pedir que le enseñaran los documentos de la matriculación y del seguro. Las joyas no estaban a la plena vista. Solo quedaron visibles cuando el automovilista abrió la guantera. Sin embargo, los tribunales han aprobado también este tipo de confiscación. El motivo para parar el automóvil en cuestión era legal. Además, no fue la agente la que abrió la guantera sino el automovilista. Y lo hizo de su propia voluntad, sin que se lo pidiera la agente.

La situación 7 pone la "excepción del automóvil" a la par del requisito general para sacar la orden judicial de registro de la propiedad privada de cualquier clase. A diferencia de una casa, un vehículo puede quedar muy fácilmente fuera del alcance de la ley. Los tribunales han declarado desde hace ya mucho tiempo de que cuando se para a un vehículo por un motivo legal, la policía puede registrar el área que queda al alcance inmediato (*arm's length*, o por el largo del brazo) del automovilista sin una orden de registro, con suponer de que haya causa probable y que no se deba a la corazonada (intuición) de que otro delito más se haya cometido (*v. gr.*, la posesión de las drogas ilegales), o si el automovilista es detenido de modo que el registro es incidental a (coincide con) la detención legal. En la situación 7, el baúl no se puede registrar bajo las circunstancias dadas, a menos que se otorgara el permiso explícito. Sin embargo, cabe una advertencia. Si el automóvil hubiera sido incautado, se podría registrar el baúl (maletero) con el propósito de hacer un "inventario" del contenido del automóvil.

Sin embargo, esta "excepción" (*automobile exception* en inglés) se ha ampliado a lo largo de los años. Por ejemplo, cuando la policía para un vehículo por una razón válida (*v. gr.*, una ofensa de tránsito), puede registrar el automóvil entero, si tienen una causa probable para sospechar otra maldad. Una razón sería la vislumbre del contrabando. En 1990, un fallo del Tribunal Supremo de los EE.UU. dio validez a los puestos de controles de la sobriedad en las carreteras (*sobriety checkpoints* los llaman en inglés). (¿Qué son esos puestos de controles? Véase "Sospechas individuales", p.266).

Se pueden registrar hasta los envases tapados que se encuentren dentro de un automóvil. No obstante, existe la regla general que se aplica a todos los registros, sean cuales fueran las circunstancias. La regla es esencialmente que la policía no puede registrar una caja de cerillas cuando se busca un elefante. En otras palabras, si la policía busca a los inmigrantes indocumentados en el interior de un vehículo, no puede confiscar una cartera de mano (portafolio) y registrarla.

*La excepción 3.*

**SITUACIÓN 8.** Un agente ve a un ladrón armado que atraca una farmacia, llevándose el dinero y los farmacéuticos. El atracador escapa a pie. El agente inicia la persecución. Al dar la vuelta a una esquina, el ladrón desaparece en el interior de una casa vieja. ¿Necesitará el policía obtener una orden de registro? Si así fuera, ¿no tendría el ladrón suficiente tiempo para destruir u ocultar la evidencia?

La tercera excepción para llevar a cabo el registro y la confiscación sin una orden judicial se refiere a las "circunstancias apremiantes" (*exigent circumstances* en inglés). Esta excepción permite el registro y la confiscación sin orden judicial en las situaciones apremiantes. Éstas ocurren cuando el agente no tiene tiempo para sacar la orden, como en el caso de la amenaza de una bomba. O puede ocurrir como en el situación 8, cuando la policía persigue a alguien que acaba de cometer un delito. Es lo que a menudo se llama la "persecución encarnizada" (en inglés, *hot pursuit*).

*La excepción 4.* Esta excepción tiene lugar cuando el individuo da su consentimiento al registro e incautación sin ninguna orden judicial. Los registros bajo el consentimiento sí son válidos. Pero el Estado debe probar que el consentimiento se otorgó libre y voluntariamente. Para determinar si ha sido así, la corte examinará todas las circunstancias que han entrado en el consentimiento. Éstas incluyen la edad, los años de escolaridad, el grado de inteligencia y el tiempo que el acusado ha estado detenido. También incluye si el acusado ha sido informado de sus derechos constitucionales, cuanto tiempo se prolongaba el interrogatorio y el empleo de los castigos físicos. También se examinan los efectos psicológicos que estos factores hayan tenido.

Veamos algunos ejemplos para comprender esta cuarta excepción. En el caso de *El Estado contra Westmoreland*,[*] el acusado había dado su consentimiento al registro. Lo había hecho después de preguntar al agente si tenía una orden de registro, a lo que le contestó que no era necesaria. El tribunal decidió que esto no constituía el consentimiento voluntario.

En otro caso, Springsteen contra el Estado,[**] el tribunal mantuvo que el consentimiento se puede limitar a lo que desee la parte consentidora. El registro no puede exceder los limites razonables de lo entendido. Además, el sospechoso que consiente no tiene por qué decir "basta", si el registro va más allá de los límites impuestos. El Estado debe probar que el agente no se sobrepasó del permiso que había recibido. Sin embargo, en el caso *McNeil contra State*,[†] la corte determinó que el consentimiento del demandado para que los oficiales de la policía pudieran registrar su persona en búsqueda de las armas y las jeringas (para la droga) así permitieron que los oficiales volvieron al revés los bolsillos de sus pantalones. Se concluyó la corte que ésto no excedió el permiso de registro proporcionado por el demandado.

En el caso *El Estado contra Corley*,[††] se trataba de un agente de policía que registró un camión. El agente había recibido el consentimiento del propietario para hacer el registro. En el curso del registro, el agente abrió un saco de ojales cerrados con cinta que estaba en el asiento delantero. El tribunal estimó que esta acción excedía los límites del consentimiento.

---

[*] 204 Ga. App. 312, 418 S.E. 2d 822 (1992).

[**] 206 Ga. App. 150, 424 S.E. 2d 832 (1992).

[†] 248 Ga. App. 70 (2001)248 Ga. App. 70 (2001).

[††] 201 Ga. App. 320, 411 S.E. 2d 324 (1991).

El consentimiento de los menores de edad ha resultado problemático en algunos de los casos. Los tribunales han establecido que el consentimiento de un menor no es automáticamente inválido. La validez se debe determinar por cada una de las situaciones individuales. El tribunal debe considerar si el (o la) menor tiene la suficiente edad para emplear una mínima discreción. Además ¿la policía actuó razonablemente al decidir que el menor tenía el suficiente control sobre la situación para otorgar el consentimiento?

En *Davis contra el Estado*,* un niño de 10 años dio permiso a la policía para que registrara el dormitorio (recámara, alcoba) de sus padres. El jovencito estaba normalmente solo en casa después de volver de la escuela, con la instrucción de que no invitara a los amigos durante esas horas. El tribunal examinó su nivel de madurez y el entendimiento de las consecuencias, y determinó que su acceso cotidiano a la casa no le daba al niño la suficiente autoridad para otorgar el consentimiento. El tribunal mantuvo que los niños pequeños no son capaces de entender y renunciar a sus propios derechos. Por lo tanto ¿cómo pueden entender y renunciar a los derechos de sus padres? El niño obviamente no sabía las consecuencias de sus acciones al permitir el registro del dormitorio sin la orden de registro. En el caso *Rainwater contra State***, sin embargo, la corte determinó que una joven de 15 años sí podía consentir al registro. En este caso, la joven llamó a la policía y les dijo que su hermano y sus padres usaron y vendieron las drogas narcóticas en su domicilio. La joven dio permiso al agente de policía para registrar el prado (patio, terreno de la casa), donde encontraron un bolso de marihuana. En apoyar el registro, la corte determinó que la edad de la joven, que casi cumplía los 16 años, junto con el hecho que había llamado a la policía y que residía en el domicilio, le permitió proporcionar un consentimiento válido para el registro del patio.

En las siguientes situaciones, ¿considerarías que se ha proporcionado el consentimiento válido?

**SITUACIÓN 9.** Un policía preguntó a una sospechosa si podía registrar el maletero del automóvil. La sospechosa no respondió verbalmente, pero le pasó la llave al agente.

**SITUACIÓN 10.** Un agente de policía detuvo a un sospechoso a la salida de un bar. El agente le preguntó si la policía podía registrar su apartamento. El sospechoso, con la idea que debía obedecer una orden, dijo que "sí".

**SITUACIÓN 11.** Jairo tiene 16 años. La policía le preguntó al padre de Jairo si podían registrar el automóvil de Jairo . Estaba estacionado a la entrada de la casa del padre. Éste dice que "sí".

**SITUACIÓN 12.** El director de la escuela tiene razones para sospechar que Diana esconde algún contrabando en su ropero. Aquél registra el ropero de la joven.

Por lo que se refiere a la situación 9, los tribunales de Georgia han juzgado que la persona no necesita otorgar oralmente el permiso para el registro. El permiso se puede conceder mediante acciones solamente.

La policía no tiene que informar a los individuos que se pueden negar al registro bajo la Cuarta Enmienda. No es lo mismo que se requiere bajo la decisión Miranda. El registro de la situación 10 sería válido.

¿Puede el padre de Jairo (en la situación 11) dar permiso para que registren el automóvil de Jairo? De acuerdo con los tribunales de Georgia, sí. Si el automóvil de Jairo está estacionado en la entrada de la casa de su padre, éste puede autorizar el registro.

¿Qué hubiera pasado si la policía hubiera creído que el autorizante era el padre de Jairo y luego resultó que no le era? Una decisión del Tribunal Supremo de 1990 sugiere que el registro sería válido a pesar de la equivocación. Las

---

* 262 Ga. 578, 422 S.E. 2d 546 (1992).

** 240 Ga. App. 370 (2000)

---

* *New Jersey, Petitioner contra T.L.O.*, 105 S. Ct. 733 (1985).

recientes decisiones de los tribunales han tendido a conceder a la policía una mayor amplitud en las decisiones de registros.

La situación 12 da lugar a una pregunta difícil de contestar. Un número de tribunales han decretado que si el funcionario de la escuela llama a la policía, se deben seguir los requisitos del debido proceso legal (*due process*). ¿Qué pasa si los funcionarios escolares efectúan el registro? El tribunal supremo de los EE.UU. mantuvo en 1985,* que los funcionarios de una escuela pueden conducir registros sin una orden judicial, pero solo si tienen los "motivos razonables para creer que el estudiante posee evidencia de una actividad ilegal o de una actividad que interferiría con la disciplina y el orden de la escuela".

## La sospecha individual

En las situaciones dadas arribas, los agentes han tenido sospechas de que una persona (o personas) en especial(es) estaba(n) involucrada en alguna actividad ilegal. Pero ¿qué se puede decir de las situaciones que siguen? ¿Son estos registros legales?

**SITUACIÓN 13.** Artemisa va por avión a California. Antes de llegar a la puerta de acceso, ella, su cartera y su equipaje de mano deben ser inspeccionados por un detector de metales.

**SITUACIÓN 14.** William vuelve de Panamá a los EE.UU. Cuando llega, registran su equipaje en el aeropuerto. Sin que lo sepa, lo inspecciona también Rex, un pastor alemán entrenado para localizar drogas.

**SITUACIÓN 15.** Yolanda va en automóvil a una fiesta. A la ida, la paran en un control de policía puesto en la carretera para retener a los automovilistas embriagados. Yolanda no ha consumido ni alcohol ni ha tomado nada de las drogas. Pero en el asiento junto a ella hay una caja de fuegos artificiales, lo cual es ilegal.

La protección contra los registros sin la "sospecha individual" (*individualized suspicion*) se considera como la piedra angular de la Cuarta Enmienda. Y en estos registros, que lo que sepamos, no existe la evidencia para sospechar de Artemisa, de William o de Yolanda.

La situación 13 ilustra el cumplimiento de las leyes que permiten los registros en los aeropuertos para detectar la posibilidad de que las personas o el equipaje lleven las armas de fuego. El público ha aceptado generalmente la intrusión en su derecho a la intimidad, a cambio de su seguridad. Entonces este registro sería legal.

El derecho de los agentes aduaneros a inspeccionar a las personas y el equipaje que entra en este país para encontrar el contrabando es una práctica que lleva muchos años establecida (la situación 14). Los tribunales han mantenido también que son legales los registros "sin orden judicial" del equipaje en los aeropuertos, mediante el empleo de los perros amaestrados por el olfato que detectan el olor de las drogas.

El registro en la situación 15 sería también legal. En 1990, el Tribunal Supremo de los EE.UU. amplió la latitud de los registros sin que exista la sospecha, al aprobar el empleo que la policía hace de los "controles de sobriedad".* Éstos son las paradas del tránsito que la policía emplea para ver qué automovilistas están embriagados o drogados. En tales paradas, la policía puede registrar legalmente el área inmediata que controla el automovilista.

Mucha gente se opone a los "registros sin sospecha", tales como los puestos de controles de sobriedad en las carreteras y las pruebas de drogas que se exigen en el lugar de trabajo (en el capítulo 7). Argumentan que se retienen a poca gente y que se violan sus derechos bajo la Cuarta Enmienda. Los que están a favor de los controles y las pruebas dicen que disuaden a la gente del abuso del alcohol y de las drogas. ¿Qué te parece?

## Las escuchas telefónicas (La vigilancia electrónica)

La cuestión básica que aquí se plantea es si se debe requerir la orden de registro para escuchar una conversación entre terceros. Piénsalo. ¿Es una conversación lo mismo que una droga ilegal, un arma o un documento? Estas tres cosas se pueden confiscar físicamente. En otras pala-

---

* *Michigan contra Rich Sitz*, 110 S. Ct. 2481 (1990).

¿Tu derecho a la intimidad y protección contra los registros sin una orden judicial debiera incluir el de tu basura? En una decisión polémica de 1988, el Tribunal Supremo de los EE.UU. (*California contra Greenwood*, 108 S. Ct. 1625) determinó que no existía tal derecho de la intimidad cuando se trataba de la basura depositada en la cuneta de la calle. Los jueces que se mostraron en desacuerdo argumentaron que la intimidad era de esperar, basándose en que la lata de la basura estaba cerrada y que no era de esperar el examen del contenido. ¿Qué crees?

bras, son objetos tangibles. Una conversación se convierte en algo tangible únicamente con grabarla.

Plantéate la cuestión de otra forma. ¿Cómo te sentirías si los agentes del gobierno, sin tu consentimiento y sin una orden de registro, escucharan y grabaran una conversación tuya, privada? ¿Sería eso una intromisión en tu casa? ¿Debiera la Cuarta Enmienda protegerte de semejante actividad?

El Tribunal Supremo de los EE.UU. fue durante muchos años de la opinión que la orden judicial no era necesaria si no existía una intrusión física. Por ejemplo, no sería necesario la orden de registro para instalar un micrófono por la parte exterior de una cabina telefónica pública. La orden no sería necesaria porque no existía intrusión en el interior de la cabina. Una señalada decisión fue la de *Katz contra los EE.UU.*,* en 1967, donde el Tribunal Supremo de los EE.UU.

---
* 389 U.S. 347 (1967).

declaró que la Cuarta Enmienda protegía a la gente (y sus conversaciones) y no los sitios.

Esto quiere decir que la Cuarta Enmienda nos protege generalmente de la interceptación y grabación de cualquier declaración oral que hagamos. La excepción sería si uno de los participantes en la conversación da su consentimiento a la interceptación. Otra excepción sería si la conversación tuviera lugar donde razonablemente la intimidad no sería de esperar.

**SITUACIÓN 16.** La policía necesitaba más evidencia (pruebas) contra Haroldo al Mayor y Daisy Traficante. Sin pedir una orden de registro, pusieron un micrófono oculto en los teléfonos de los dos. ¿Las conversaciones entre ellos constituirían evidencia legal?

**SITUACIÓN 17.** Una agente de narcóticos oye la conversación entre Haroldo al Mayor y Daisy Traficante, en un autobús lleno de gente. Haroldo le dijo a Daisy que, "Diego de verdad debiera trabajar con los chicos de la escuela secundaria, porque las ventas están disminuyendo". La agente llevaba consigo una pequeña grabadora. Logró grabar parte de la conversación. La agente, naturalmente, no tenía orden de registro. En el juicio ¿se podría emplear como evidencia lo que recordara de la conversación? ¿Se podría emplear la cinta grabada?

**SITUACIÓN 18.** Haroldo y Daisy están conversando en el almacén, en voz baja. No saben que un sargento de la policía está escuchando al otro lado de la ventana. ¿La conversación que ha oído sería admisible como evidencia en un juicio?

Bajo el precedente establecido en la decisión Katz, se habría declarado que la evidencia obtenida en las situaciones 16 y 18 era ilegal. Solo hubiera sido legal si la policía tuviera las debidas órdenes legales. Sin embargo, en la situación 17, la conversación entre Daisy Traficante y Haroldo al Mayor posiblemente sería admisible ante el tribunal. No se podría esperar razonablemente ningún grado de la intimidad en un autobús lleno de gente. Por lo tanto, no sería necesario sacar un permiso de registro para "incautarse" de esta conversación.

Generalmente, cuando la policía quiere servirse de una escucha telefónica (la vigilancia electrónica) debe obtener una orden judicial. En Georgia, las órdenes de vigilancia electrónica se llaman frecuentemente las "órdenes de investigación" (*investigative warrants*). Los requisitos para obtener estas órdenes se encuentran en la ilustración 16-6.

### EL CASO DE LA REDADA DE DROGAS EN LA CIUDAD CENTRAL, *continuación*

La policía sacó la orden de registro, lo que les permitiría registrar el almacén y las personas de Haroldo al Mayor y Daisy Traficante. Se basaba en la declaración jurada del detective Pinedo, sargento de la policía, que había imitado a (hizo el papel de) un comprador de las drogas estupefacientes. Las visitas que el sargento Pinedo hizo al almacén le proporcionaron el conocimiento de qué tipo de drogas había allí. El juez Severo recibió esta información en la declaración jurada.

Los agentes que efectuaron la detención ¿tenían la autoridad legal para registrar a Diego? La respuesta a esta pregunta no es fácil y, a menudo, deviene en los pleitos ante los tribunales de apelación. Generalmente no se puede registrar a la persona que esté de visita simplemente en el local, el cual por casualidad es el objeto de una orden de registro, a menos que el agente que lleva a cabo el registro crea que dicha persona va armada y es peligrosa. Además, las pertenencias personales del visitante (*v. gr.*, un bolso o una mochila) no se pueden registrar si se muestra que los artículos le pertenecen al visitante, y que de hecho, la persona es visitante de verdad, en vez de ser participante en el delito. Sin embargo, en este caso, si las drogas estuvieran a la vista y en la proximidad de donde el visitante (Diego) se encuentra, los agentes, después de ejecutar la orden judicial, pudieran determinar que Diego es más que un visitante y, de hecho, fue participante en el delito. Si se le detiene como participante en dicho delito, ciertamente puede ser registrado.

La policía había trabajado mucho para desbaratar esta operación ilegal de venta de drogas.

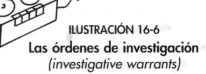

**ILUSTRACIÓN 16-6**
**Las órdenes de investigación**
*(investigative warrants)*

**Los requisitos:**

- Debe ser extendida por el juez de un tribunal superior.
- El fiscal del condado debe solicitarla por escrito.
- El juez debe encontrar causa probable (suficiente) de que se ha cometido un delito, o que está en el proceso de cometerse.
- El juez debe determinar que se han empleado ya todos los medios menos intrusos.

**Las descripciones de la orden de investigación deben contener:**

- Dónde se va a establecer la escucha.
- La clase de aparato que se va a emplear.
- Qué tipos de conversación se van a grabar.
- A quién se le va a interceptar la comunicación.

**La duración de la orden judicial: 20 días**

- Después de que se ha obtenido la información, la policía debe comunicarle al juez los resultados de la escucha.
- El fiscal del condado puede solicitar una extensión de 20 días, si existe la causa probable.

Los agentes estaban particularmente preocupados, porque las drogas se pasaban a los estudiantes de la escuela media y de la secundaria. La policía quería estar segura de que las detenciones y los registros se iban a hacer en la debida forma legal. No querían que estos delincuentes quedaran en la libertad después del juicio, gracias a alguna "maniobra legal" (se dice *legal technicality* en inglés). Pero recuerda que lo que algunos consideran como maniobra o punto o detalle técnico de la ley, otros lo ven como protección constitucional importante.

## Solo los hechos

1. ¿Son legales los siguientes registros sin una orden judicial? Explica bajo que circunstancias son legales.
   a. Un agente de policía registra los armarios cerrados de alguien.
   b. Un agente de policía registra el asiento trasero de un automóvil parado por los oficiales.
   c. Un agente de policía registra las posesiones de Karina, después que su madre se lo ha autorizado.
   d. Un agente de policía ha ocultado un micrófono en tu teléfono para grabar tus conversaciones.
2. Define los siguientes términos: (a) la causa probable, (b) las circunstancias apremiantes, (c) la persecución pisándole los talones, (d) la orden de investigación.

## Piensa

1. Escribe las definiciones exactas de los siguientes términos que proceden de las leyes de registro e incautación: (a) el área inmediata, (b) a la vista plena, (c) las circunstancias apremiantes. ¿Las definiciones te resultan difíciles? Si así es, ¿por qué?
2. Haz una lista de los argumentos a favor y en contra de los registros generales de las taquillas (roperos) de las escuelas, empleando los perros que olfatean las drogas.
3. ¿Por qué los requisitos para establecer la vigilancia electrónica deben ser más estrictos que para otros registros? ¿Crees que ya son lo suficientemente estrictos? Explícate.

## LOS RESULTADOS DE LAS DETENCIONES, REGISTROS Y CONFISCACIONES ILEGALES

La regla de exclusión de las pruebas obtenidas ilegalmente la definió el Tribunal Supremo de los EE.UU. en el caso *Mapp contra Ohio*,*Ya has visto cómo la regla se aplica en los casos de las confesiones obtenidas ilegalmente. Es vigente con idéntica fuerza en el caso de las personas detenidas ilegalmente y de cualquier evidencia descubierta incidentalmente en el curso de una detención ilegal. En breve, se aplica a cualquier evidencia confiscada de manera ilegal.

¿Qué pasa cuando se aplica la ley de exclusión? Un buen ejemplo sería el caso que el Tribunal de Apelaciones de Georgia decidió en 1975.**

---

\* 367 U.S. 643 (1961).

\*\* *Peoples v. State*, 216 S.E. 2d 604 (1975).

## EL CASO DEL BEODO DORMIDO

Un hombre perdió el conocimiento en un restaurante que estaba abierto toda la noche. Estaba sentado en una banqueta, totalmente dormido. Tenía la cara entre los brazos cruzados que descansaban sobre el mostrador. A los pies había una botella vacía de ron. Se olía fuertemente al alcohol.

La policía entró en el restaurante. Al ver al hombre, decidieron inmediatamente que estaba borracho y lo detuvieron. Le acusaron del cargo de la "embriaguez pública". En este estado, se trata de un delito menor (*misdemeanor*). Durante un rápido registro después de la detención, la policía descubrió dos pequeñas bolsas de plástico que contenía la cocaína en un bolsillo del pantalón, una droga de la categoría legal número II.

El hombre no resistió la detención. Cooperó en todo. Sin embargo, insistió que la cocaína no era suya y que no sabía por qué estaba en su bolsillo. No obstante, la policía le acusó de poseer una droga de la categoría II.

Durante el juicio, el abogado del hombre elevó un "recurso para desechar" (*motion to repress*) la evidencia de las bolsas de cocaína. El abogado creía que la policía había obtenido la cocaína ilegalmente. El abogado también quería que se declarara sin lugar (sobreseyera) la acusación de la embriaguez pública.

El abogado argumentó ante el tribunal que la policía había detenido ilegalmente a su cliente. La razón por la que su cliente no había cometido el delito de embriaguez pública era que no lo había hecho en la presencia del público. La ley de Georgia declara que la persona acusada del delito de la embriaguez pública, debe de hablar a voces, blasfemar y alborotar a la gente. El hombre no dio señal alguna de estos elementos esenciales del delito. Por lo tanto, su abogado sostuvo que lo habían detenido ilegalmente.

Naturalmente, si el cargo hubiera sido desechado (sobreseído), los cargos más serios de la posesión de drogas también hubieran tenido que desestimarse. Esto se debe a que las drogas se habían descubierto durante un registro incidental a una detención ilegal. De dicho modo, las drogas estupefacientes se convierten en los "frutos" de una detención ilegal. Si se declarara que la detención fuera ilegal, el registro también sería ilegal. Bajo la regla de exclusión, si el registro era ilegal, no se podía admitir la evidencia de las drogas. El juez que presidió el juicio denegó el recurso para sobreseer (desechar) la evidencia. Al hombre se le declaró culpable de los dos cargos.

En el recurso de la apelación, el Tribunal de Apelaciones de Georgia concurrió con el abogado del acusado. Revocó la denegación del recurso para sobreseer la evidencia, y concurrió con la defensa, en el sentido de que la detención de una persona bajo dichas circunstancias era ilegal. Tanto el cargo de embriaguez pública como el de las drogas, fueron sobreseídos (declarados sin lugar). Gracias a la regla de exclusión, el hombre se libró de la seria prosecución por un delito grave.

¿Crees que la regla de exclusión es necesaria? O por lo contrario, ¿estás de acuerdo con los que dicen que la regla hace difícil obtener condenas? ¿Crees que es demasiado difícil seguir la ley al pie de la letra como requiere la regla de exclusión?

Basándote en lo que has aprendido, ¿se debiera suprimir la evidencia bajo la ley de exclusión en las siguientes situaciones?

**SITUACIÓN 19.** Una orden de registro autoriza el registro de un establo con el propósito de encontrar un automóvil robado. Mientras el agente husmea por acá y por allá, abre el cajón de un baúl antiguo. Dentro encuentra unas planchas para imprimir los billetes falsos.

**SITUACIÓN 20.** La policía investiga un asesinato. Entrevistan a Laura en su casa. Parece estar nerviosa, y el agente tiene una corazonada. Aunque no tiene orden de registro, ni autorización, abre un cajón de la mesa. Encuentra varios frasquitos de la cocaína tipo *crack*, que secuestra.

**SITUACIÓN 21.** Es la misma situación que el número 20, excepto que el cajón ya está abierto y las drogas están a la vista plena.

La evidencia de falsificación hallada en la situación 19 se ha obtenido ilegalmente. El propósito de la orden de registro era encontrar un automóvil. Un automóvil no se puede encontrar dentro de un baúl. El agente no tenía ningún derecho a abrir el baúl.

Toda evidencia obtenida en un registro sin orden judicial, que no cuadre con una de las excepciones conocidas, será excluida del juicio. Se consideraría como la confiscación ilegal. La evidencia de la situación 20 tendría que ser excluida. Los agentes no tenían orden de registro. La situación 21 es diferente. Laura los dio permiso para entrar, y las drogas estaban a la vista; por lo tanto, las drogas se descubrieron debidamente y se confiscaron. Fueron admitidas en el juicio.

Cuando una detención o un registro ilegal es la causa de que el caso quede sobreseído, los agentes de policía pueden ser que sufran algo más que estar apenados. La persona que ha sido víctima de la acción ilegal les puede poner un pleito a ellos.

Los pleitos de este tipo pueden ser los casos por los daños y perjuicios. O pueden ser casos de reclamar los derechos civiles violados por los oficiales. Éstos se basarían en un estatuto federal aprobado para proteger a la gente de las acciones gubernamentales que son irrazonables. Se llaman "pleitos 1983", porque esta ley se encuentra en la sección 1983, bajo el Título 42 del Código de los Estados Unidos (42 USCA 1983). Como puedes ver, los agentes de policía tienen que estar muy al tanto de la ley antes seguir con las detenciones, los registros y las confiscaciones.

---

### Solo los hechos

1. ¿Qué quiere decir la regla de exclusión (*exclusionary rule*)?

2. ¿Por qué es importante que los agentes de policía no cometan errores técnicos en el caso de una detención o de un registro?

1. Explica la relación que existe entre la regla de exclusión y la advertencia Miranda.

2. ¿Cómo las leyes y reglas que regulan la detención, el registro y la confiscación protegen tus derechos? Por ejemplo, ¿cómo los requisitos de los diferentes tipos de órdenes judiciales te protegen? ¿Cómo te protege la advertencia Miranda?

3. Una decisión del Tribunal Supremo de 1984 admitió la introducción de la evidencia obtenida como resultado de una orden ilegal de registro, debido a una orden defectuosa. La lógica fue que los agentes habían actuado "de buena fe". ¿Puedes pensar en argumentos que vayan en contra o a favor de dicha decisión?

## EN RESUMEN

El conflicto entre la necesidad de hacer cumplir las leyes penales y la protección de los derechos individuales es obvio en las áreas de la detención, el registro y la confiscación, como se ha demostrado en este capítulo.

En este país, el Tribunal Supremo de los EE.UU. parece que a veces favorece un lado y a veces el otro. En la década de 1960, el Tribunal estaba muy preocupado por los derechos individuales. Luego, en la década de 1970, el incremento de los porcentajes de criminalidad le llevó a preocuparse más por la mejora en el cumplimiento de la policía. Las decisiones tomadas en la década de 1980 parecen reflejar esa preocupación también.

Cómo armonizar la necesidad de proteger a la sociedad y los derechos individuales es una inquietud permanente que tal vez nunca se pueda resolver a la perfección. Lo más importante tal vez sea mantener un balance. ¿Qué opinas tú del asunto? ☐

# 17 El juicio

El fundamento del proceso de la justicia penal es el juicio (en inglés se dice *the trial*). Las constituciones de los EE.UU. y de los estados controlan los procedimientos de los juicios, del mismo modo que controlan las detenciones y los registros. Dentro de estas directrices, los tribunales estadounidenses han desarrollado un conjunto de reglamentos o reglas. Estas reglas guían a los participantes—el juez, el jurado, el fiscal y el abogado defensor—en el curso del proceso, de tal modo que garantice al acusado un juicio justo.

El proceso del juicio consta de dos partes: el proceso preliminar y el juicio propiamente dicho. De hecho, constituye una serie de pasos. Estos pasos se deben seguir en cada caso penal.

Sin embargo, las cosas no siempre ocurren exactamente como se describen. Bien visto, todos somos individuos únicos: parecemos seres diferentes aun vestidos con la misma ropa y actuamos de forma distinta en la idéntica situación. En el proceso de la justicia penal, las diferencias individuales se traducen en que los procesos sean cada vez un poco diferentes. Por lo tanto, el proceso de la justicia penal no es siempre idéntico a como se describe en los libros.

*Puedes descubrirlo por ti mismo. Después de leer este capítulo, tu clase deberá prepararse para representar un juicio fingido: Los estudiantes pueden asumir los papeles de cada uno de los personajes que aparecen en* El caso de la redada de drogas en la Ciudad Central, *para representar el juicio en la clase. Los "abogados" de la clase deberán decidirse por una estrategia para defender a Daisy y a Haroldo. Al "jurado" de la clase se le informará de la responsabilidad que tiene de llegar a un veredicto.*

## EL PROCESO PRELIMINAR

- La formulación de cargos
- La comparecencia inicial
- La vista preliminar
- El acta de acusación
- La lectura de cargos

### La formulación de los cargos

Después de que un(a) sospechoso(a) es detenido(a), se le hace la formulación de cargos en la comisaría (estación o cuartel de policía). Es una lista formalizada de los nombres de las personas

**Habla Legal**

la lectura de cargos • la fianza • la formulación de cargos • el acta de acusación • la deliberación del jurado • la sentencia pactada • la vista preliminar • el (la) fiscal • la libertad bajo palabra • el juicio • el veredicto y de los actos delictivos que se les imputa. Normalmente, después de la formulación de cargos se les fotografía y se les toman las huellas dactilares. Se recoge su propiedad personal y se guarda en depósito. A cada persona se le permite hacer una llamada telefónica antes de pasar a la celda. El proceso descrito arriba se llama en inglés *booking*.

## La comparecencia inicial

La comparecencia inicial (se dice *initial appearance* en inglés) tiene lugar en la sala del magistrado. Debe tener lugar dentro de las 72 horas si existía una orden de detención. Solo se permite que sea a las 48 horas si la detención se hizo sin una orden judicial de detención.

El propósito de la comparecencia inicial es para asegurarse de que la persona acusada de un delito entiende los cargos que se le hacen, y que se recibe el debido proceso legal.

*El derecho a tener un abogado.* El juez le preguntará a el(la) acusado(a) si ha contratado a un abogado. (En inglés la frase es *to have a right to a lawyer*.) El juez también averiguará si el acusado es "indigente". Ser indigente significa faltar los fondos para pagar a un abogado (se dice *indigent* en inglés).

Hasta 1963, no se interpretó que la Constitución garantizaba a la persona indigente el derecho a contar con los servicios de un abogado. Esto cambió con la decisión del Tribunal Supremo de los EE.UU. en el caso de *Gideon contra Wainwright*.\* En dicho caso, el tribunal mantuvo que el Estado debía proporcionar un abogado a cualquier persona indigente acusado de un delito grave. Sin embargo, el acusado puede renunciar el derecho de tener presente un abogado en la comparecencia inicial.

En 1972, el Tribunal Supremo de los EE.UU. decidió que no es suficiente cuando el Estado proporciona un abogado a los acusados indigentes en caso del cargo del delito grave.\*\* El Tribunal afirmó que el Estado debía proporcionar un abogado a los acusados indigentes siempre que hubiera la posibilidad del confinamiento, lo cual

puede ocurrir tanto en el caso de delitos menores como en el de delitos graves.

El juez puede nombrar un abogado de entre los que componen el colegio local de abogados para que represente a un acusado indigente. En algunas jurisdicciones, se nombrará a uno o más abogados como el o la "defensor público" (en inglés, *public defender*). Sus emolumentos los paga el gobierno para que defiendan a los indigentes acusados de delitos en una jurisdicción dada.

*La fianza.* Durante la comparecencia inicial, el juez también determinará el monto de la fianza. En el caso de algunos delitos más serios, el juzgado de primera instancia (tribunal superior) es el tribunal que debe determinar la cuantía de la fianza. La fianza (se dice *bail* en inglés) es una cantidad de dinero que se debe depositar con el tribunal. El dinero es una garantía de que el acusado comparecerá ante el tribunal cada vez que se requiera y de que se presentará a juicio. Mediante el depósito de la fianza, el acusado puede librarse de permanecer encarcelado hasta el día del juicio.

En Georgia, a un acusado se le permite generalmente que quede en libertad bajo fianza. Así es a menos que el delito sea capital (de mayor gravedad), en cuyo caso, los tribunales suelen negar la fianza. En muchos casos, la fianza se niega si el acusado es un delincuente habitual (se le llama *repeat offender*). También se negará la fianza si el delito es violento, como el asalto con agravante, aunque no sea un delito capital.

¿Cómo funciona la fianza? Consideremos la siguiente situación:

**SITUACIÓN 1.** Espiro Libre y Salvador Salida han sido detenidos y han sido acusados de allanamiento de morada. El juez pide una fianza de $5,000 por persona. Ninguno de los dos cuenta con tanto dinero. ¿Cómo pueden conseguir ese dinero para que les pongan en libertad?

Salvador Salida tiene bastante suerte. Su hermana se aviene a garantizar al tribunal el importe de la fianza con una parte de sus bienes.

¿Qué ocurre si Salvador simplemente no aparece a la hora del juicio? Se perderá la fianza, y

---

\* 372 U.S. 335 (1963).

\*\* *Argersinger contra Hamlin*, 407 U.S. 25 (1972).

## ILUSTRACIÓN 17-1
## Cómo los acusados quedan en libertad antes del juicio

| Método | ¿Quién paga? | El costo | Los requisitos |
|---|---|---|---|
| Fianza: el juez la determina, a menos que esté prohibida | El acusado<br><br>o | Ninguno si el acusado se presenta al juicio—la fianza se devuelve; todo si el acusado no se presenta. | La cantidad suficiente de dinero en efectivo o de propiedad para cubrir la cuantía de la fianza. |
| | el fiador | El fiador cobra entre el 10% y el 15% de la cantidad de la fianza. | Los fondos suficientes para pagar al fiador—el fiador debe correr el riesgo con el acusado. |
| Plan del 10%: el 10% se abona al tribunal | El acusado | Si el acusado comparece al juicio, el tribunal retiene un pequeño porcentaje (el 10% del depósito) y el resto de la cantidad se devuelve. | Los fondos suficientes para pagar al tribunal—el tribunal debe correr el riesgo con el acusado. |
| ROR (release on recognizance): la libertad bajo palabra | Nadie | Gratis. | El acusado debe tener suficientes puntos a su favor—los puntos reflejan el historial del acusado, la naturaleza del crimen del que se le acusa, su historial de trabajo y sus relaciones con la comunidad. |

el Estado se incautará de la propiedad de su hermana para venderla. Esta cantidad cubrirá la cuantía de la fianza que se le debe al tribunal.

Espiro se pone en contacto con un fiador (*bail bondsman*). Es lo que muchos acusados hacen para pagar la fianza. El fiador garantiza la fianza, si el acusado no aparece en la próxima fecha señalada por el tribunal. El fiador lo hace con cobrar una prima. Ella es generalmente entre el 10 y el 15 % del valor de la fianza.

La fianza de Espiro Libre es por $5,000. Tendrá que pagar por lo menos un 10% de la cuantía, o sea $500, si quiere salir de la cárcel. Espiro no tiene esa cantidad. Así que debe seguir encarcelado hasta después del juicio. Lo mismo ocurre si el fiador sospecha que Espiro no va a presentarse ante el tribunal. En ese caso, el fiador se puede negar a contratar la fianza con Espiro.

Hay alternativas al sistema de fianza. La ilustración 17-1 presenta otras dos posibilidades.

El plan del 10% se emplea en algunos estados. La libertad bajo palabra (*ROR, release on recognizance*) se usa algunas veces en Georgia. Bajo esta posibilidad no se requiere la garantía monetaria. El tribunal permite que el acusado quede en libertad bajo su propia firma. A menudo, se llama la "garantía bajo firma" (*signature bond* en inglés) en vez de la "garantía bajo palabra". La garantía bajo palabra es una oportunidad para todos los que la merecen—sin tomar en cuenta sus medios económicos—de probar que no sea un riesgo.

En la comparecencia inicial, el juez oirá los argumentos del fiscal y del abogado defensor, por lo que se refiere a si se debe poner una fianza y por qué cantidad. El abogado defensor intentará que al acusado se le deje en la libertad bajo palabra. Si no tiene éxito, el abogado intentará que el juez pida una fianza por la cantidad más baja que sea posible.

⚖️ En nuestro caso, tanto Daisy Traficante como Haroldo al Mayor comparecieron ante el juez Soilo Severo. Los dos casos se consideran por separado. El juez Severo determina que Haroldo al Mayor puede contratar a su propio abogado (él contrata a la señora Valentina Viva, una abogada con experiencia en la defensa penal). Daisy Traficante es indigente (no tiene fondos). Por lo tanto, el tribunal le nombra un defensor público, Lorenzo Liberti.

En el caso de la venta de las drogas estupefacientes, solo el juez de un tribunal superior (el juzgado de primera instancia), puede determinar la cuantía de la fianza. Los abogados de Haroldo y Daisy solicitan del tribunal que se establezca las fianzas para sus clientes. En el caso de Haroldo, el juez Honesto del Juzgado de Primera Instancia pide una fianza de $100,000. La petición de Haroldo de quedar en la libertad bajo palabra es desestimada. Una de las razones es que no ha residido mucho tiempo en la Ciudad Central. Ni tampoco ha tenido trabajo fijo. Por lo tanto, al tribunal le preocupa que no tenga conocidos en la comunidad. Así pues, solo la fianza monetaria garantizaría su comparecencia ante el tribunal. A Daisy Traficante le pide una fianza de $50,000. Tampoco se acepta su petición de quedar en la libertad bajo palabra.

## La vista preliminar

Esta audiencia, en se llama en inglés *preliminary hearing*, se lleva a cabo generalmente ante un tribunal de magistrados (juzgado de instrucción). Su propósito es determinar

1. si hay causa probable (suficiente)–o no la hay–para creer que (a) se ha cometido un delito, y (b) el acusado es la persona que ha cometido el delito.

2. si los cargos presentados son apropiados a los actos cometidos y si los actos constituyen un delito grave o un delito menor (infracción).

Por el momento, el tribunal no se preocupa si el acusado es culpable o si es inocente. Simplemente quiere determinar si existe suficiente evidencia que indique que al acusado se le debe procesar.

Durante la vista preliminar, cada lado introduce evidencia. El fiscal pretende mostrar que hay causa probable. El abogado defensor trata de mostrar que no la hay.

¿Qué pasa si se establece que existe la causa probable durante esta vista preliminar? Si el caso trata de una infracción, se remite al tribunal apropiado y se fija una fecha para el juicio. Si el caso es un delito grave, se remite al fiscal del condado para que lo presente (*presentment* o *presentation*) ante el jurado de acusación (una audiencia especial que se llama en inglés *the grand jury*). El acusado puede renunciar a la presentación. Por acción legislativa, la presentación también se omite en el caso de ciertos delitos menores.

⚖️ Haroldo y Daisy han pasado por la vista preliminar, uno tras otro, en el Juzgado de Instrucción (Tribunal de Magistrados) del Condado de Río Arriba. Cynthia Capaz, subfiscal del condado, actúa en la capacidad de fiscal (Véase la ilustración 17-2 con el reparto de personajes en este caso.) Ella introduce como evidencia los testimonios de los agentes de policía que efectuaron la detención. La evidencia incluye las drogas estupefacientes que se confiscaron. La fiscalía quiere establecer que sí existe suficiente causa probable para que el juez remita a Haroldo y a Daisy al tribunal de acusación (*grand jury*).

Los abogados defensores, la licenciada Viva y el abogado Liberti, tratan de desacreditar a los testigos. Ellos preparan el terreno para presentar más adelante una petición en la cual pedirán la supresión de la evidencia física, con el alegato de que la evidencia se obtuvo ilegalmente. Si se llega a probar que la evidencia se obtuvo de forma ilegal, tal evidencia no se podría utilizar en el juicio.

## Reparto de personajes en el caso de la redada de drogas en LA CIUDAD CENTRAL

**Acusados**

Haroldo al Mayor. Acusado de traficar con la cocaína, de traficar con la marihuana y de contribuir a la delincuencia de un menor.

Daisy Traficante. Acusada de traficar en la cocaína, de traficar con la marihuana y de contribuir a la delincuencia de un menor.

Diego. Estudiante de 16 años, de la escuela secundaria. Acusado del "acto delincuente" de poseer drogas ilegales y de la intención de venderlas. Se le procesará ante el tribunal de menores (Véase el capítulo 18).

**Abogados**

*Fiscales:*

Javier Justicia, fiscal del condado.

Cynthia Capaz, subfiscal del condado.

*Defensores:*

Valentina Viva, abogada de Haroldo al Mayor.

Lorenzo Liberti, defensor público, abogado de Daisy Traficante.

**Jueces**

*La vista preliminar:* Soilo Severo, Juzgado de Instrucción (Tribunal de Magistrados de Río Arriba).

*Tribunal del juicio:* Franco Honesto, Juzgado de Primera Instancia (Tribunal Superior del Condado de Río Arriba).

**Testigos de cargo**

*La policía:* Detective-sargento Pinedo, Detective-sargento Granados y agente de policía Newman. Estos agentes fueron los encargados de investigar y detener a Haroldo al Mayor y a Daisy Traficante.

*El experto del laboratorio técnico-criminal de Georgia:* Testificará sobre la autenticidad de las drogas y sobre el valor de las drogas confiscadas en la redada del almacén.

*Otros:*

Estudiante número 1 (Sandra). Daisy Traficante le ofreció la marihuana y la cocaína, que rechazó.

Estudiante número 2 (Alan). Daisy Traficante le ofreció la marihuana y la cocaína, que rechazó.

Diego. Pudiera ser testigo de cargo *(witness for the prosecution)* contra Haroldo y Daisy por lo que refiere a los cargos de venta de una sustancia controlada y de contribución a la delincuencia de un menor.

---

Sin embargo, el juez Severo decide que el fiscal ha presentado pruebas suficientes para establecer la causa probable en los dos casos.

Durante otra audiencia, los abogados defensores solicitan la reducción de la cantidad de la fianza. Un juez del juzgado de primera instancia rechaza la petición.

Tanto Haroldo como Daisy han convencido a un fiador que les ponga la fianza. Cada uno pagan al fiador el 10% de la cantidad inicial de la fianza. El pago asciende a $10,000 en el caso de Haroldo al Mayor y a $5,000 en el de Daisy Traficante.

Recordarás que a Daisy se le declaró indigente. Se nombró a un defensor público para que la representara en su caso. Tal vez te preguntes, "Si Daisy es indigente, ¿cómo puede permitirse el lujo de pagar $5,000 para conseguir la fianza?" Es una buena pregunta. ¿Cuál pudiera ser la respuesta?

## El acta de acusación

En Georgia, todos los delitos capitales (*v. gr.*, el asesinato, la violación, el asalto a mano armada) deben presentarse ante un tribunal de acusación (*grand jury*). Algunos delitos menores como el hurto de comercios, las transacciones fraudulentas con tarjeta de crédito, la falsificación y la entrada ilegal en un automóvil no se presentan ante el jurado de acusación. En estos casos, el fiscal procede a base de una "acusación". El procedimiento tiene el propósito de acelerar el proceso. También elimina la necesidad de tener los testigos presentes.

El tribunal de acusación decide si hay que procesar a las personas sospechosas de cometer un delito grave. *Acusarle* (en inglés, el verbo será *to indict*) es levantar formalmente un acta de cargos contra el sospechoso de haber cometido un delito. Ahora, puede ser que te preguntes: ¿Qué es exactamente un jurado de acusación (*grand jury*)? ¿Qué hacen sus miembros?

Cada condado (o distrito judicial) tiene su propio jurado de acusación. El jurado de acusación es un grupo de ciudadanos escogidos al azar entre los ciudadanos de la comunidad (el deber de acudirse como miembro de un jurado sólo les requiere de los ciudadanos y no de los residentes legales u otros trabajadores documentados) . En Georgia, un jurado de acusación tiene entre 16 y 23 votantes que están inscritos para la votación en el condado. Sirven en el jurado por un período de tres meses. Los jurados de acusación gozan de ciertos poderes y obligaciones que varían según el caso. Su responsabilidad principal es determinar si hay que formular cargos contra las personas que el fiscal del condado presenta ante ellos.

En términos generales, el jurado de acusación solo oye parte de la evidencia del caso. Ésta es la evidencia que el fiscal decide presentar o que el jurado pide. Normalmente, los acusados no presentan la evidencia a su favor. El jurado el punto en que ya decide si haya oído la suficiente evidencia. Entonces decidirá si formula cargos contra el acusado del(os) crímen(es) de que se le acusa, y extenderá o bien la "acta cierta de acusación" (*true bill of indictment*) o bien ninguna (*no bill of indictment* es la expresión en inglés).

Si se expide la acta de acusación, se le hacen los cargos formalmente al acusado y se le acusa del delito. ¿Qué pasa si el jurado de acusación no percibe que haya pruebas suficientes? ¿Se expedirá ninguna acta? En ese caso, los cargos se retiran y el acusado quedará libre.

¿Por qué es necesario dar este paso adicional? La revisión de un caso por el jurado de acusación es otra protección constitucional. Asegura que hay suficiente base para formular el cargo de que se ha cometido un delito grave, y de que hay evidencia de que el acusado puede haberlo cometido.

### EL CASO DE LA REDADA DE DROGAS EN LA CIUDAD CENTRAL, *continuación*

En la audiencia del tribunal de acusación, Daisy y Haroldo fueron acusados de los delitos enumerados en la ilustración de la página 283. Ahora que han sido acusados formalmente, el siguiente paso es la lectura formal de los cargos.

### Solo los hechos

1. ¿Cuál es la primera audiencia que se lleva a cabo después de una detención? ¿Qué es lo que el juez quiere saber?

2. ¿A toda persona acusada de un delito grave se le garantiza un abogado? ¿Y en el caso de un delito menor (*misdemeanor*)?

3. ¿Qué es la fianza? ¿Qué diferencia hay entre quedar en la libertad bajo fianza y quedar en la libertad bajo palabra?

4. ¿Cuáles son los dos propósitos de la vista preliminar?

5. Define lo que es el acta formal de acusación (*indictment*). ¿Quién determina si las personas han de ser acusadas formalmente?

### Piensa

1. ¿Crees que el sistema de fianzas es bueno? Explica las respuestas.

2. La Octava Enmienda prohíbe la fianza excesiva. ¿Son las siguientes fianzas excesivas?

   a. $50,000 para Daisy

   b. $100,000 para Haroldo

   c. $1,000,000 para una persona acaudalada, acusada de tráfico de drogas con el propósito de financiar una empresa particular

   d. $250,000 para un indigente acusado de robar la tienda de la esquina a mano armada

3. Hasta aquí se han explicado varios procesos preliminares. Explica por qué todos estos procesos son, o no son, necesarios para asegurar el debido proceso legal (*due process*).

## La lectura de los cargos

La lectura de los cargos tiene lugar ante un tribunal de estado, o en un juzgado de primera instancia. Es una audiencia formal que en el inglés se dice *arraignment* en la cual el juez lee en voz alta los cargos contra el acusado. A continuación, se le pregunta al acusado cómo se declara—culpable (*guilty*) o inocente (*not guilty*).

Algunas veces, el tribunal acepta una tercera declaración que se llama *nolo contendere*, una declaracion de no contestar. Esta frase del idioma latín quiere decir: "yo no me declaro ni culpable ni inocente ante los cargos que se presentan contra mí. No intentaré probar mi inocencia ni refutar mi posible culpabilidad". En otras palabras, el tribunal tiene la libertad para hallar que los acusados que se declaran *nolo contendere* son culpables y dictarles la sentencia. Las personas que así se declaran no admiten su culpabilidad. Sin embargo, a los efectos prácticos, la declaración de *nolo contendere* equivale a una condena.

La declaración de *nolo contendere* se emplea algunas veces en los casos automovilísticos. Se emplea también en los casos que posiblemente resulten en una multa, en vez de en el encarcelamiento.

Si el acusado se declara inocente, se establece la fecha del juicio. El acusado o continúa libre bajo fianza o bajo palabra, o regresa a la cárcel hasta la fecha del juicio.

También se puede hacer una declaración especial de inocencia por razones de la enajenación mental (locura, demencia). Se emplea casi siempre en casos de delitos capitales. Si así ocurre, el tribunal tendrá que oír el testimonio experto de los psiquiatras y psicólogos. Se deben resolver dos cuestiones: ¿el acusado está ahora enajenado mentalmente? ¿estaba mentalmente enajenado cuando cometió el delito alegado?

¿Qué pasa si se determina que el acusado está demente en la actualidad o si resulta mentalmente incompetente para ser procesado? El tribunal puede mandar que el acusado sea internado en un hospital estatal hasta que se considere que sea competente para ser procesado.

¿Qué ocurre si se establece que el acusado estaba mentalmente enajenado en el momento en que cometió el delito? Eso no significa que el acusado queda en libertad. El tribunal puede mandar que el acusado sea recluido en un hospital estatal o en cualquier otro establecimiento similar, hasta que se le declare cuerdo. Cuando se determine que está en su sano juicio, el acusado quedará en libertad normalmente.

Existe una preocupación creciente con aquellos culpables que, al declararse dementes, han quedado en libertad. Por dicha causa, muchos estados están considerando una solución diferente: El juicio se puede celebrar si el acusado se declara demente. Al acusado se le puede declarar culpable. En Georgia, los jurados pueden determinar que una persona es culpable, pero que está mentalmente enajenado. El resultado será generalmente que el acusado sirva la pena a que se le ha sentenciado en un hospital estatal o en una prisión donde existan programas de tratamiento psicológico especiales. Una vez que se le considere en su sano juicio, la persona no quedará en libertad. El tiempo de la pena a servir es el mismo que si al acusado no se le hubiera declarado demente. Por lo tanto, desde el punto de vista de la defensa, es mucho mejor que al acusado se le declare "inocente por razón de enajenamiento mental" que "culpable pero mentalmente enajenado".

## Si la persona se declara culpable

¿Qué sucede si la persona se declara culpable? En dicho caso, el tribunal debe estar convencido que tal declaración es razonable y que se hace libremente. El tribunal debe estar seguro que, con toda probabilidad, la persona sea culpable como se le ha acusado. El tribunal debe asegurarse también que el acusado ha recibido el debido proceso legal. No se ha debido violar ninguno de sus derechos.

Una vez que así se ha determinado, el tribunal fija la fecha para dictar la sentencia. Antes de esa fecha, se hace una investigación para determinar si existen circunstancias mitigantes o agravantes. Si así es, el tribunal las considerará al sentenciar al acusado.

Las *circunstancias mitigantes* son aquéllas que inclinarían al juez a pronunciar una sentencia más leve (*mitigating circumstances* en inglés). Por ejemplo, si el acusado hubiera tenido un problema que explique por qué cometió el delito. O tal vez, el acusado tenga un historial limpio, sin ningún detención previa. Estas circunstancias pueden hacer que el juez se incline a ser más indulgente a la hora de pasar la sentencia, de lo que normalmente hubiera sido el caso.

Las *circunstancias agravantes*, por otro lado, tienden a predisponer al juez a ser más severo en la sentencia. Una de las circunstancias agravantes (*aggravating circumstances*) puede ser un largo historial delictivo. O pudiera ser que el delito fuera particularmente cruel o ensañado.

### La sentencia pactada

Durante las primeras partes del proceso judicial, el fiscal y el abogado defensor generalmente se reúnen para ver si el caso se puede "resolver" sin que haya juicio. Estos esfuerzos se conocen como la *sentencia pactada* (o acordada). El acuerdo, que se llama *plea bargaining*, puede comenzar poco después que el acusado encuentra un abogado.

En la sentencia pactada, el abogado defensor algunas veces sugiere a su cliente que considere declararse culpable de un cargo menos serio. Por ejemplo, supongamos que al cliente se le acusa de robo con el allanamiento de morada, lo que es un delito grave penado con una condena de 20 años o menos de prisión. Al cliente se le puede pedir que considere declararse culpable del delito menos serio de la entrada ilícita en la propiedad ajena. Esta infracción acarrea una sentencia de 12 meses o menos de prisión y/o una multa de hasta $1,000.

Otras veces, el abogado defensor puede sugerir al cliente que se declare culpable del cargo para recibir una "sentencia recomendada" por el fiscal. Por ejemplo, la sentencia recomendada pudiera ser menos severa de lo que sería normalmente, o pudiera ser más favorable para el acusado de lo que generalmente sería en ese caso.

Con frecuencia, la negociación del pacto se lleva a cabo con el conocimiento y el permiso del juez. Sin embargo, los jueces se reservan el derecho de decidir la sentencia. El acuerdo entre el fiscal y el abogado defensor no obliga al juez a aceptarlo. El juez puede tener motivos para creer que de otra forma el acusado se declararía inocente, pero que acepta la sentencia pactada simplemente por el miedo al juicio (que tiene el acusado).

En la actualidad, la práctica tiende a resolver mediante de los acuerdos tantos casos como sea posible. De esta forma se intenta aligerar el número de casos ante los tribunales. Lo cual no quiere decir que un fiscal trate de pactar la sentencia en cada caso. Cada caso se revisa cuidadosamente de antemano. Se consideran factores como (a) cuánta evidencia tiene el fiscal contra el acusado, (b) cuál es el historial delictivo del acusado, y (c) la gravedad del crimen.

La sentencia pactada tiene algunos beneficios, pero también tiene aspectos negativos. A lo largo de los años, ha habido gran debate sobre si es deseable permitirla o si no lo es.

Por un lado, muchos creen que el actual sistema judicial no podría sobrevivir sin la existencia de las sentencias pactadas. Argumentan que si hubiera que juzgar a todos los acusados de un delito, el sistema judicial se hundiría bajo el peso de la gran cantidad de los casos a resolver y que el gasto al contribuyente sería enorme.

Otros se oponen a las sentencias pactadas porque les parece que la responsabilidad de juzgar al culpable recae sobre el fiscal, en lugar de recaer sobre el juez y el jurado. Alegan además que el pacto va contra el derecho de cada uno a ser juzgado por un jurado de sus iguales. Alegan también que las sentencias pactadas permiten que los culpables reciban penas demasiado leves. ¿Qué opinas tú?

### EL CASO DE LA REDADA DE DROGAS EN LA CIUDAD CENTRAL, *continuación*

Durante la lectura de cargos en el Juzgado de Primera Instancia del Condado de Río Arriba (Tribunal Superior), Daisy y Haroldo se declararon inocentes. A Daisy se le propuso un acuerdo para que se declarase únicamente culpable de poseer una droga de la Categoría II. Éste es un cargo menor. Declinó la propuesta pues prefería correr el riesgo del juicio. La abogada de Haroldo al

## Las defensas legales en Georgia

### La defensa propia

Puede ser la defensa de uno mismo, de otros y/o de la casa. Se debe mostrar la justificación de lo que se ha hecho, pues normalmente sería un delito. Por ejemplo, matar a alguien que intenta secuestrar al perro de la familia no sería justificable. En inglés se dice *self-defense*.

### La intoxicación involuntaria

La intoxicación debe ser involuntaria. Se aceptan varias excusas: "negligencia excusable" (Ejemplo: Sandra tomó ponche en una fiesta, sin saber que contenía alcohol); "fraude, artificio o estratagema" (Ejemplo: alguien puso LSD en el ponche de Frank); y "coerción" (Ejemplo: a Billie le hicieron beber el ponche a la fuerza).

### Demencia

Se debe probar incapacidad mental (es decir, no ser capaz de entender la diferencia entre el bien y el mal) en el momento de actuar.

### Compulsión ilusoria

El delito se debe haber cometido bajo una compulsión ilusoria. Un ilusionismo es una creencia falsa, aunque la persona ilusa cree que es verdad. La compulsión se ha de deber a una enfermedad mental, a una herida, o a un defecto natal. Por ejemplo, una mujer que sufre de compulsión ilusoria cree que la persona a quien ha matado era un gran animal feroz, que iba a atacar a su familia.

### Entrampamiento

Se afirma que el delito no se habría cometido si un agente de la policía no hubiera engañado al acusado. Se afirma que el agente ha participado en una actividad delictiva para animar al acusado a hacer lo mismo. El agente debe haber desarrollado la idea de la actividad delictiva sin la ayuda del acusado. Se emplea a menudo en los casos de drogas ilegales.

### Coartada

El acusado debe probar que estaba en otro lugar que no fuera el escenario donde supuestamente se cometió el delito.

### Coerción

El acusado afirma que cometió el delito para evitar amenazas de muerte inmediata o de heridas muy graves. El temor debe ser razonable. Esta defensa no tiene aplicación en el caso de asesinato, y se emplea solo cuando el acusado es el amenazado, y no otros. Supongamos que alguien te llamó por teléfono y te amenazó con hacerte un daño, a menos que robases unas joyas valiosas y se las enviases por correo. No podrías valerte de la defensa coercitiva porque la amenaza no fue inmediata. O, supón que alguien te amenazó con un daño a menos que matases a otra persona. No podrías emplear esta defensa porque no es aplicable en el caso de asesinato.

### Identificación equivocada

Se afirma que el delito fue cometido a causa de una identificación equivocada de la situación. Por ejemplo, Jennifer disparó contra Juan, creyendo que era un "intruso". En realidad, Juan es un primo que entró en la casa de Jennifer para darle una sorpresa.

---

Mayor propuso un acuerdo al fiscal. A la licenciada Viva le dijeron que no. El fiscal y sus asistentes los subfiscales tienen como política fija la prosecución de todos los vendedores de drogas al por mayor.

## Si la persona se declara inocente: Las defensas de la ley

Existe un concepto fundamental en el sistema legal de este país: se presume que toda persona es inocente hasta que el Estado prueba que es culpable más allá de la duda razonable (*reasonable doubt*). El acusado no tiene que probar nada.

Tampoco tiene que subir al estrado del testigo para mantener su propia inocencia. El fiscal no puede ni siquiera comentar esto ante el jurado.

Más allá de lo dicho, hay otras defensas que el acusado puede emplear. Algunas veces, esas defensas se emplean durante el proceso para llegar a una sentencia pactada. Generalmente, se emplean durante el juicio propiamente dicho. En cada caso, el abogado debe decidir qué defensas pudieran aplicarse al caso.

La descripción de las defensas más importantes y comúnmente empleadas se exponen en la ilustración 17-3. Estas defensas son útiles cuando se relacionan al caso. ¿Crees que la abogada de Haroldo al Mayor pudiera servirse de alguna de ellas? ¿Se podrían emplear en la defensa de Daisy?

La forma más común de defenderse contra los cargos delictivos es con negarlos. La refutación de los cargos se prueba, si es posible, mediante los testigos y las coartadas (*alibis*). El intento de echarle la culpa a otra persona es también otro método efectivo de defensa.

Los abogados defensores pueden también hacer uso de diversas peticiones (*motions*). Estas *peticiones preliminares* son muy importantes. Entre las peticiones que se llaman *pretrial motions* en el inglés, hay una para que se excluya alguna prueba obtenida ilegalmente (*motion to suppress evidence*) en el juicio. Esa se presenta para prevenir la introducción de evidencia perjudicial al acusado. El defensor afirmará que la evidencia se ha obtenido ilegalmente. ¿Recuerdas el nombre que se da a la regla que se aplicaría en este caso? O un abogado puede presentar una "petición de prórroga" (*motion for a continuance*), con el propósito de tener más tiempo para preparar el caso. Algunas veces, el abogado cree que la comunidad será hostil al acusado. Entonces, el abogado puede presentar una "petición de cambio de jurisdicción". Se trata de una petición para cambiar el lugar del juicio (se dice *motion for a change of venue*).

### EL CASO DE LA REDADA DE DROGAS EN LA CIUDAD CENTRAL, *continuación*

Valentina Viva y Lorenzo Liberti, los abogados defensores, se reunieron para decidir las defensas que iban a emplear en el juicio. Como este caso tiene que ver con la venta de drogas, la defensa propia no será factible (o una buena defensa). Tampoco hay motivos para que Daisy o Haroldo aleguen la enajenación mental en su defensa.

Haroldo y Daisy no pudieron emplear la coartada en su defensa pues se les encontraron con "las manos en la masa". En casos de drogas, se alega a menudo el entrampamiento (*entrapment*). ¿Por qué Haroldo o Daisy no emplearían esa defensa? (Tal vez tengas que volver a leer algunas partes de la historia para encontrar la razón).

Daisy pudiera considerar la coerción (coacción) como defensa. Pudiera afirmar que Haroldo le ha amenazado con el daño físico muy grave si no lo ayudaba. Recuerda sin embargo que ciertas cosas hay que probarlas para que la defensa tenga éxito.

Considera qué defensas, o qué estrategias de defensa podrían emplear los abogados de Haroldo al Mayor y de Daisy Traficante.

---

### Solo los hechos

1. ¿Qué es una lectura de cargos?
2. Apareja los siguientes términos con las definiciones breves:

   a. circunstancias agravantes

   b. sentencia pactada

   c. circunstancias mitigantes

   d. nolo contendere

   1. una declaración que no es de culpabilidad ni de inocencia
   2. un suceso que inclinaría al juez a pronunciar una sentencia más leve
   3. un suceso que induciría al juez a ser más severo en la sentencia
   4. un arreglo mediante el que el acusado se declara culpable para recibir una condena menor

3. Qué es (a) ¿una petición para que se excluya una prueba obtenida ilegalmente? (b) ¿una petición de prórroga? (c) ¿una petición para cambiar de jurisdicción?

---

### Piensa

1. ¿Por qué la persona haría la declaración de *nolo contendere* en un caso penal?
2. ¿Crees que ponerse de acuerdo en una sentencia es deseable o es indeseable? Da las razones de tu punto de vista.
3. ¿Crees que el entrampamiento es una defensa válida en un caso de drogas? ¿Por qué?
4. ¿Se debe permitir una defensa basada en la demencia? ¿Por qué?

---

## EL JUICIO

Los juicios, tanto civiles como penales, se pueden dividir en seis partes principales:

1. Selección del jurado
2. Declaraciones iniciales

3. Presentación del caso
4. Conclusiones
5. Deliberación del jurado
6. Veredicto

Sin embargo, existe una diferencia principal entre un juicio civil y uno penal. Ciertas garantías constitucionales tienen aplicación en los procedimientos penales, pero no lo tienen en los juicios civiles. Las garantías incluyen el derecho a tener un abogado, el derecho a examinar a los testigos contra uno mismo y el derecho al juicio ante jurado. Al juez le concierne que estos derechos se observen en un juicio penal. En un juicio civil, la preocupación del juez es sencillamente que se sigan las reglas del derecho procesal civil.

¿Por qué el tribunal se preocupa más por la protección de los derechos en un juicio penal?

Una de las principales razones es que el gobierno procesa y a la vez juzga el caso penal. Por lo tanto, el acusado necesita la protección contra el gobierno que le otorgan las constituciones de los EE.UU. y de Georgia. En un caso civil, los dos lados se consideran como iguales, y el Estado raramente es una de las partes.

Otra razón es que en un juicio penal, los acusados pueden perder la libertad, los derechos civiles y hasta la vida. ¿Recuerdas lo que pueden perder en un juicio civil?

Los procedimientos de un juicio penal se parecen mucho a los de un juicio civil. Por lo tanto, sería oportuno repasar la sección dedicada a los juicios en el capítulo 12 ("En un pleito"). Como recordarás, las dos partes en un caso civil se llaman el demandante (o querellante) y el demandado (o acusado). En el proceso penal, las dos partes son el "Estado" y el acusado. Cuando el texto del capítulo 12 hace referencia al demandante, puedes asumir que lo que se dice allí se refiere generalmente al fiscal.

### Selección del jurado. Interrogatorio preliminar

El primer paso es la selección del jurado, que se hace como en un caso civil. Cada abogado hace preguntas encaminadas a determinar si cada futuro miembro del jurado será justo e imparcial. A cada lado se le permite un número ilimitado

de eliminaciones de jurados debidas a la causa, *v. gr.*, prejuicio, conocimientos personales de los hechos. A cada abogado se le permite también hacer un número limitado de recusaciones sin especificar las razones.

Los abogados se sirven de las recusaciones para eliminar del jurado a quienes les *parecen* que pudieran perjudicar su caso. Puede ser que no sepan exactamente por qué; simplemente les parece así. La recusación permite a los abogados eliminar a un cierto número de futuros miembros del jurado por cualquier razón que crean que perjudicará el caso. Sin embargo, no pueden nunca eliminar a un miembro del jurado por razones de raza o de sexo.

La selección de los miembros del jurado es importante, porque tanto el fiscal como el defensor intentan la selección de jurados en quienes puedan confiar, o que crean que considerarán imparcialmente el caso. A menudo, la selección del jurado en un juicio penal supone la diferencia entre la condena y la absolución.

### Declaraciones iniciales

En un caso penal, el fiscal tiene el derecho de hacer la primera declaración inicial. Las declaraciones iniciales son generalmente breves. Su propósito es poner al jurado al tanto de los dos lados del caso. Tanto el fiscal como el abogado defensor darán su opinión de lo que van a probar durante el juicio.

El fiscal resumirá los cargos existentes (ilustración 17-4) contra el acusado. Él o ella pedirá a los miembros del jurado que consideren la evidencia presentada que prueba cada cargo.

A Haroldo al Mayor y a Daisy Traficante se les juzga al mismo tiempo. Cada uno tiene su respectivo abogado defensor. Cada abogado puede hacer una declaración inicial de parte de su cliente.

### La presentación del caso

La presentación es la parte principal del juicio. El fiscal debe probar que lo que alega es cierto, y que el acusado es culpable más allá de una duda razonable. El fiscal presenta primero su evidencia. El defensor lo hace siempre después. De este modo, el defensor tiene la oportunidad de refutar la evidencia del fiscal.

**Cargos contra Haroldo al Mayor**

- Tráfico de marihuana
- Posesión de una droga de la Categoría II (cocaína) con intención de distribuirla
- Venta de una droga de la Categoría II (cocaína)
- Contribución a la delincuencia de un menor de edad

**Cargos contra Daisy Traficante**

- Tráfico de marihuana
- Posesión de una droga de la Categoría II (cocaína) con intención de distribuirla
- Venta de una droga de la Categoría II (cocaína)
- Contribución a la delincuencia de un menor de edad

Cada delito tiene un número de componentes que debe probar el fiscal. Estos elementos son como las piezas de un rompecabezas. Una vez reunidas y ensambladas, deberán dar una imagen clara de culpabilidad más allá de una duda razonable.

En un delito de este tipo, el fiscal debe probar los siguientes elementos:

- que cada uno de los acusados tenía en su posesión una cantidad suficiente de drogas para que constituyeran la posesión con intención de venderlas

- que las drogas en cuestión eran realmente drogas de la clase que el fiscal afirma que eran

- que los acusados actuaron de modo que son culpables de contribuir a la delincuencia de un menor

- que los acusados actuaron de tal manera como si efectuasen la venta de sus drogas ilícitas

Para probar el caso, el fiscal presenta la evidencia. Pone testigos de cargo en el estrado para que testifiquen (Ver la lista de testigos de cargo que podrían testificar, p. 276). Los agentes de policía testificarían sobre la detención y la evidencia confiscada. El fiscal también introduciría evidencia tangible como armas, huellas dactilares, drogas y varios documentos.

Al fiscal solo se le permite emplear el historial delictivo del acusado (si es que existe) bajo dos condiciones. Éstas son cuando

1. el acusado introduce evidencia de tener un buen carácter moral, o

2. la condena anterior se relaciona estrechamente con el delito presente.

¿Pudiera el fiscal llamar a Diego como testigo de cargo? Sí, pero tendría que proporcionarle un abogado, pues su testimonio se podría emplear contra él en la audiencia de su caso como menor de edad. El testimonio de Diego pudiera esclarecer dos cargos: la contribución a la delincuencia de un menor y la venta de una sustancia controlada. Si cualquiera de los dos lados llama a Diego, el juez podría celebrar esa parte del juicio a puerta cerrada. Eso lo haría para proteger a Diego.

Después de que cada testigo de cargo ha declarado ante el jurado, el defensor puede repreguntar a los testigos. Lee con atención las secciones que tratan de las reglas de evidencia, en el capítulo 12 ("En un pleito"). También tienen aplicación en casos delictivos. Asimismo, te harás una idea de cómo se encuadran las preguntas y de cómo se les reformulan las preguntas a los testigos.

Una vez que el fiscal termina la presentación de las pruebas, el defensor presenta su evidencia. La presentación de la defensa se hace de la misma forma que la de la acusación. El fiscal tiene la misma oportunidad de repreguntar a los testigos de descargo, que el defensor tuvo en el caso de los testigos de cargo.

¿Quiénes debieran ser los testigos de descargo? Eso depende de la estrategia que siga el defensor. Por ejemplo, el abogado de Daisy Traficante, Lorenzo Liberti, puede que se decida a probar que Daisy fue coaccionada a vender las drogas. Entonces, llamaría a testigos que produzcan la evidencia que mantiene dicha defensa. Si Daisy lo consintiera, pudiera hacer que Daisy testificase. Recuerda que la Quinta Enmienda otorga a los individuos el derecho de callar, en vez de declarar contra sí mismos.

Otra estrategia sería preguntarle a Daisy si estuviera dispuesta a entregar evidencia al Estado. Entonces podría ser testigo de cargo contra Haroldo. La cooperación resultaría en una sentencia más leve para ella.

Los defensores pueden llamar también a testigos que avalen la buena conducta de uno u otro acusado. Sin embargo, la presencia de testigos que avalen el buen carácter de los acusados permite que el fiscal introduzca la evidencia de previas condenas que se relacionen con la honradez del acusado.

En algunos casos, puede ser que el defensor no presente nueva evidencia. Todo su caso puede consistir en un intento de desacreditar el testimonio de cargo. Esta estrategia tiene el propósito de dejar al jurado con una duda razonable en cuanto a la culpabilidad del acusado.

## Conclusiones

Es estas declaraciones, cada abogado intentará convencer al jurado de que su caso es fidedigno, en lugar del caso contrario. Recuerda que los abogados no pueden mencionar nada en sus conclusiones que no se haya presentado durante el juicio. Pero cualquiera de los dos lados puede sacar conclusiones de los hechos y de la evidencia que el jurado haya visto u oído.

## Deliberación del jurado y veredicto

Cuando la parte de la presentación ha concluido, el juez *instruye* al jurado. Es decir, que el juez instruye al jurado sobre la ley que se debe aplicar en este caso. El juez le dice al jurado lo que es el concepto de la "carga de la prueba". Él o ella explicará que el fiscal tiene la carga de probar más allá de una duda razonable, que los acusados son culpables de los delitos de que se les acusa.

El juez dirá algo parecido a "si el jurado cree que la evidencia es suficiente, más allá de una duda razonable, para establecer la culpabilidad de los acusados de dichos delitos, entonces el jurado tiene la obligación de declararles culpables".

El juez recuerda a los miembros del jurado que es su obligación llegar a un veredicto de culpabilidad o de inocencia por cada uno de los cargos especificados en el acta de acusación. Si el veredicto es de culpabilidad en cada caso, debe ser por unanimidad.

Finalmente, el juez recuerda a los miembros del jurado que tal vez no crean que la evidencia es suficiente. O que tengan una duda razonable. En esos casos, la obligación de los miembros del jurado es declarar que los acusados son inocentes.

Después de la instrucción, los miembros se retiran a la sala del jurado para deliberar. Cuando llegan a un veredicto, los participantes en el juicio y el jurado vuelven a la sala del tribunal. El juez pide a los acusados que se pongan de pie y se vuelvan hacia el jurado. Entonces, el presidente del jurado le entrega el fallo al juez o al secretario judicial, para que lo lea en voz alta. El juez da las gracias al jurado, los despide y cesan en sus obligaciones.

Si el veredicto es "absolutorio", el tribunal pone en libertad a los acusados. No se les puede volver a juzgar por ese delito otra vez. Si el veredicto es "condenatorio", el juez pasará sentencia. O el juez pedirá una investigación previa a la sentencia y un informe. Cuando el informe está listo, el juez da una fecha para que los acusados vuelvan al tribunal para oír la sentencia.

---

### Solo los hechos

1. ¿Cuál es la diferencia principal entre un juicio civil y un juicio penal?
2. ¿Cuáles son las seis partes principales del proceso de un juicio penal?
3. La parte contraria que se opone al acusado en un juicio penal es el _____. La parte contraria que se opone al demandado (o acusado) en un juicio civil es el _____.
4. ¿Quién tiene la carga de probar que lo alegado es cierto en un juicio penal?

---

### Piensa

1. ¿Crees que el proceso del juicio es igualmente justo tanto para el fiscal como para el acusado? Explica la respuesta.
2. En el juicio fingido ¿qué tipo de personas quisiera el defensor que fueran los miembros del jurado? ¿Qué tipo preferiría el fiscal?

3. Considera lo que pudiera pasar si el acusado no tuviera las siguientes protecciones constitucionales en un juicio penal:

   a. el derecho de no declarar contra uno mismo

   b. el derecho a enfrentarse a los testigos

   c. el derecho a un juicio con jurado

   d. el derecho a tener un abogado si es posible que sufra pena de reclusión

## EN RESUMEN

En este capítulo hemos examinado el proceso del juicio en un caso penal. Ya sabes los papeles que desempeñan el abogado defensor, el fiscal, el juez y el jurado. Te has enterado de qué tipos de evidencia se pueden presentar y qué defensas se pueden seguir. Ahora ya estás listo para tomar parte activa en el proceso de un juicio: Debes estar preparado para representar un juicio fingido en tu clase.

Si tu clase decide participar en esa actividad, te beneficiará mucho. Una auténtica apreciación de los procedimientos que se siguen en la sala del tribunal solo se pueden conseguir durante un juicio. De forma similar, un conocimiento completo de cómo las leyes protegen a los acusados solo se puede adquirir en el ambiente de un juicio.

La alternativa a montar un juicio fingido en tu clase sería ir al juzgado de tu condado y presenciar un juicio auténtico. En la mayor parte de las salas de tribunales se permite la presencia de espectadores. Llama por teléfono al juzgado y pregunta qué día y a qué hora empieza un juicio. Asegúrate de que el juicio que quieres presenciar está abierto al público.

Después de leer este capítulo, estarás listo para hacer algunas comparaciones. Piensa en las diferencias que hay entre un juicio penal y un juicio civil. ¿Cómo se parecen? ¿Cómo son diferentes? Dado que estos procedimientos son para mayores de edad, pronto podrás hacer otra comparación. En el capítulo 18, aprenderás cómo funciona el proceso de la justicia juvenil, incluyendo la audiencia formal de un joven. ◼

# 18 La justicia de menores

En el caso de *La redada de drogas en la Ciudad Central*, dos de los tres delincuentes son adultos. Uno de ellos no lo es. Diego, el estudiante de la escuela secundaria, tiene 16 años de edad. Como es menor de 17 años, el estado de Georgia tratará su caso de manera distinta. El caso quedará bajo la jurisdicción del tribunal de menores del condado donde el acusado reside.

En el proceso de la justicia penal, los menores de edad no han sido tratados siempre de forma diferente que a los adultos. La diferencia en el trato empezó a desarrollarse a los comienzos del siglo diecinueve. Antes de esa época, a todo el mundo se le trataba y se le encarcelaba del mismo modo y en las mismas instituciones, sin que importara la edad.

El primer tribunal de menores se estableció en Chicago en 1899. En 1906, la legislatura de Georgia estableció las bases legales para un tribunal de menores. En 1911, el primer tribunal de menores de Georgia se estableció en el Condado de Fulton.

Hoy día, todos los condados de Georgia tienen un local del tribunal de menores. El tribunal de menores puede formar parte del tribunal superior. O puede ser un tribunal independiente que actúa bajo su propia autoridad. En cualquier caso, la jurisdicción del tribunal es la misma.

Generalmente, los jueces del tribunal superior del circuito nombran a los jueces de los tribunales independientes de menores. Si no existe un tribunal independiente, el juez del tribunal superior preside el tribunal de menores.

En los condados más grandes, los casos pueden ser oídos por los jueces asociados (*associate judges*) que son nombrados por el juez del tribunal de menores. Antes se les llamaba los árbitros.

Los tribunales de menores de Georgia son controlados por la ley del año 1971 que se conoce como el código de menores (*juvenile code*). La filosofía de los tribunales de menores es proteger al joven en vez de ser punitiva (es decir, inclinada al castigo). El tribunal de menores hace lo sea para el mayor provecho del joven (o de la joven), a la vez que considera el mejor interés o provecho de la sociedad.

No todos están de acuerdo con esta forma de tratar a los menores. Algunas personas creen

---

la custodia • el acto delictivo • la audiencia formal • la decisión Gault • la corrección informal • la admisión • el (la) menor de edad • la ofensa contra el estatuto que el tribunal de menores es demasiado tolerante con los delincuentes juveniles o menores. Creen que un número mayor de los jóvenes deberían de ser juzgados ante los tribunales de adultos. Otros arguyen que los menores no son adultos. A menudo, pasan por un período de rebelión o inconformidad en el que hacen cosas que no harían si fueran mayores. Dicen que los tribunales de menores han funcionado bastante bien. ¿Qué opinas?

## ¿Qué clase de casos se conocen en el tribunal de menores?

El tribunal de menores tiene la jurisdicción sobre los jóvenes con menos de 17 años de edad, de quienes se dice que han cometido un acto delictivo (*delinquent act* en inglés) o una ofensa contra el estatuto (*status offense*). El acto delictivo sería delito si lo hubiera cometido un adulto. Como contraste, una ofensa contra el estatuto es un acto que no sería delito si lo hubiera cometido un adulto. Los ejemplos serían la conducta incontrolable, la huída de casa y hacer novillos. (Véase la ilustración 9-1 p. 137 donde se da una lista de las ofensas contra el estatuto.) El tribunal de menores también tiene la jurisdicción sobre los menores que cometen ofensas de tránsito.

Además, el tribunal tiene jurisdicción sobre los jóvenes de 17 años de edad, o menores de esa misma edad, de los que se dice que han sido abusados, desatendidos o desprovistos de las necesidades de la vida. Esto se trató en el capítulo 9.

El tribunal puede retener la supervisión de los jóvenes que han sido sentenciados como menores hasta que cumplan los 21 años de edad. Sin embargo, si cometen otra ofensa después de que tienen 17 años, pasan al tribunal para los adultos.

La enmienda de 1994 del Código del Tribunal de Menores de Georgia establece que los menores de edad que cometen ciertos delitos violentos sean tratados iguales como los adultos. Da al tribunal superior la jurisdicción exclusiva sobre cualquier menor que haya cometido ciertas ofensas. Éstas son el asesinato, el homicidio sin premeditación, la violación, la sodomía con agravante, el abuso sexual agravado a un menor de edad, la agresión sexual con agravante y el atraco cuando se comete con un arma de fuego.

Antes de que se le levante un acta de acusación a un menor, el fiscal del condado puede decidir, después de una investigación y por causa extraordinaria, no procesar el caso ante el tribunal superior. El fiscal del condado retirará entonces el caso y lo pasará al tribunal de menores. También, después del acta de acusación, el tribunal superior puede pasar un caso al tribunal de menores, después de una investigación y por causa extraordinaria. Sin embargo, existen algunos casos capitales que el tribunal superior no puede transferir. Éstos incluyen el asesinato, la violación y el atraco con arma de fuego.

Se cree que los niños que tienen menos de 13 años de edad son incapaces de formular la intención criminal. Esto quiere decir que si cometen un delito capital, el tribunal de menores debe ocuparse de ellos.

## BAJO CUSTODIA

Pongamos el caso de Solón Niño, que tiene menos de 17 años y comete un delito. La policía lo detiene. Esta captura no se llama una detención. La expresión correcta será que Solón "ha quedado bajo custodia".

A un joven se le puede poner bajo custodia si existen las bases razonables para creer que él o ella hayan cometido un acto delictivo o una ofensa contra el estatuto (*status offense*). O un joven puede quedar bajo custodia si se han abusado de él y/o está desatendido. Ninguno de estos sucesos se consideran como una detención, de modo que se puede asegurar legalmente que el menor nunca ha sido detenido. Lo cual es efectivamente así, siempre que el único contacto con la justicia penal sea por medio del tribunal de menores.

¿Qué es lo que puede suceder probablemente cuando un menor de edad queda bajo custodia por haber cometido un acto delictivo? Veamos lo que le ocurre a Diego.

⚖ Cuando la policía detuvo a Haroldo y a Daisy, puso a Diego bajo custodia. En la comisaría, a Diego lo subieron al despacho del inspector Gonzalo de Quesada. El inspector Quesada es el agente de menores en el departamento de policía de la Ciudad Central.

El oficial Quesada no estaba demasiado sorprendido cuando vio a Diego, pues Diego había experimentado varios problemas con el sistema legal durante el año anterior. Se le detuvieron por hacer una carrera acelerada en la carretera y se le suspendió la licencia (permiso) de motorista por seis meses. Se le había detenido dos veces por hurto en un almacén. En cada caso, el propietario o el gerente del almacén no quiso firmar una denuncia contra Diego (una denuncia, una queja o *complaint* en inglés, es el documento que se debe entablar para iniciar el proceso del tribunal de menores).

El inspector Quesada notificó a las autoridades de menores que Diego estaba bajo custodia. Ellos mandarían a alguien para llevar a Diego al centro de detención para los menores.

El inspector Gonzalo de Quesada también llamó a la madre de Diego. Ella se presentó en la comisaría tan pronto como le fue posible. Estaba muy emocionada. Explicó que estaba divorciada. Tenía que trabajar muchas horas al día para ganar lo suficiente para los dos. Cada vez era más difícil, dijo, llevarse bien con Diego.

El inspector Quesada le dijo que Diego había sido detenido por la posesión de las drogas, incluyendo una buena cantidad de cocaína. Si Diego fuera un adulto, dijo Gonzalo de Quesada, a Diego se le juzgaría por un delito grave. Como era menor de edad, su caso se oiría ante el tribunal de menores. Pero los cargos eran de todos modos muy serios.

El inspector Quesada le leyó a Diego la advertencia Miranda. El inspector quería preguntarle al joven qué había hecho.

## LOS DERECHOS Y LA PROTECCIÓN DE LOS MENORES

Los jóvenes menores de edad, iguales como los adultos, tienen el derecho a guardar el silencio cuando se les interroga sobre un supuesto delito. Tienen el derecho a retener un abogado cuando se les ha acusado de un acto delictivo o de una ofensa contra el estatuto (*status offense*).

Aunque la ley de Georgia no lo requiere, cuando la policía o cualquier otra persona interroga a los jóvenes, es deseable que el padre o la madre, o un tutor o un abogado esté presente. Además, el Tribunal Supremo de Georgia ha indicado que los padres deberían estar presentes cuando un joven renuncia a los privilegios de la Quinta Enmienda.

Sin embargo en Georgia, las reglas para determinar si una confesión puede emplearse contra el acusado ante el tribunal son más estrictas en el caso de los menores de edad que en el caso de los adultos. Un tribunal considerará si el menor de edad renunció voluntariamente a sus derechos sabiendo lo que hacía. El tribunal se fijará en varios factores tales como la edad del menor, su escolaridad y el entendimiento que el menor tiene de sus derechos legales. También se considerarán los métodos de interrogación y si al menor se le permitió consultar con un adulto.

### El caso Gault

El derecho de un menor de edad a estar representado por un abogado data solamente de la década de los años 1960. Hasta entonces, los tribunales de menores a menudo no daban a los menores de edad los derechos constitucionales garantizados a los adultos. Irónicamente, esta negación fue el resultado de los esfuerzos para proteger y ayudar a los delincuentes menores de edad. El caso llamado el "caso Gault" inició ciertos cambios en los conceptos y procedimientos del sistema de justicia para los menores de edad.*

En dicho caso, Gerald Gault, de 15 años de edad, fue detenido por hacer una llamada obscena por teléfono a la vecina. A los padres no se

---

* *In re Gault*, 387 U.S. 1 (1967).

les notificó que estaba bajo custodia. Ni se les dijo tampoco la naturaleza de la denuncia contra Gerald. No hubo ningún abogado presente en la audiencia. El principal testigo contra Gault no fue la vecina que le había denunciado, sino un agente de policía que declaró lo que la vecina le había dicho. El juez declaró culpable a Gault y le mandó a un reformatorio hasta que cumpliera los 21 años de edad.

El caso Gault se apeló y la decisión se anuló. El Tribunal Supremo de los EE.UU. ha mantenido que los menores de edad que están en peligro de perder la libertad tienen varios derechos. Tienen el derecho a que se les notifique de los cargos que hay contra ellos. Pueden enfrentarse a los testigos y repreguntarles. Pueden guardar el silencio. Pueden estar representados por un abogado. Sin embargo, un abogado no aparece usualmente en un caso de menores hasta que se entabla una petición oficial. Tienen también el derecho a que se les entregue una copia de la audiencia y tienen el derecho a una apelación.

Antes de seguir adelante, sería de ayuda examinar el diagrama de cómo fluye el proceso de la justicia de menores (en la ilustración 18-1). Como la ilustración demuestra, el sistema legal es complicado. Permite muchos resultados diferentes. Fíjate en las diferencias que hay entre el proceso del tribunal de menores y los casos que ahora quedan bajo la jurisdicción del tribunal superior.

---

### Solo los hechos

1. ¿Qué es una ofensa contra el estatuto (*status offense*)? ¿Qué es un acto delictivo?
2. Llena los espacios en blanco: Un tribunal de menores en Georgia tiene la jurisdicción sobre cualquier menor de 17 años de edad que supuestamente haya cometido (a) _____, (b) _____ o (c) _____. También tiene la jurisdicción sobre cualquier menor (d) _____ o más joven que haya sido supuestamente desprovisto o del que se ha abusado.
3. ¿Cuál es la filosofía de los tribunales de menores?
4. Nombra por lo menos dos derechos importantes que el caso Gault estableció.
5. Bajo la ley de Georgia ¿qué delitos resultarán en el trato de los menores como si fueran adultos?

---

### Piensa

1. La edad para la responsabilidad de un adulto que comete un delito ¿debiera ser los 17 años de edad? Da razones que sostengan tu opinión.
2. Compara los derechos de los menores de edad con los derechos de los adultos (capítulo 15). ¿Se niega a los menores de edad alguno de los derechos que tienen los adultos? ¿Por qué sería así?
3. ¿Por qué las ofensas contra el estatuto (*status offenses*) pueden discriminar en contra de los jóvenes? ¿Por qué son necesarias?

---

## LA ADMISIÓN

El primer paso en el proceso de la justicia de menores se llama la *admisión* (en inglés se dice *intake*). Un joven al que se le ha puesto bajo custodia se le entregará a un oficial de admisiones del tribunal de menores. El oficial de admisiones empezará a investigar inmediatamente el caso. El tribunal de menores debe tomar dos decisiones importantes dentro de las primeras 72 horas.

En primer lugar, el oficial de admisiones debe averiguar si hay suficiente evidencia (causa probable) para mantener los cargos que se han hecho contra el joven. Si es obvio que no la hay, el oficial de admisiones debe desestimar el caso en ese momento.

### Las decisiones de la detención

Si hay suficiente evidencia, el oficial de admisiones debe decidir si el joven tiene que permanecer detenido hasta que una audiencia de detención tenga lugar. ¿Por qué a un joven se podrá detener? La razón principal es para evitar que el joven desaparezca, o para que no ataque a otras personas o para que no se haga daño a sí mismo. También es posible que el joven no tenga a dónde acudir. Sus padres o los guardianes legales (tutores) pueda ser que estén ausentes o que no quieran que el joven vuelva a casa, que pasa con alguna frecuencia en la cultura estadounidense.

Para llevar a cabo estas decisiones, el oficial de admisiones necesitará algunos datos. ¿Cuáles son los cargos contra el joven? ¿El joven ha tenido antes problemas con la ley? ¿Cuál es la situación en casa y en la escuela?

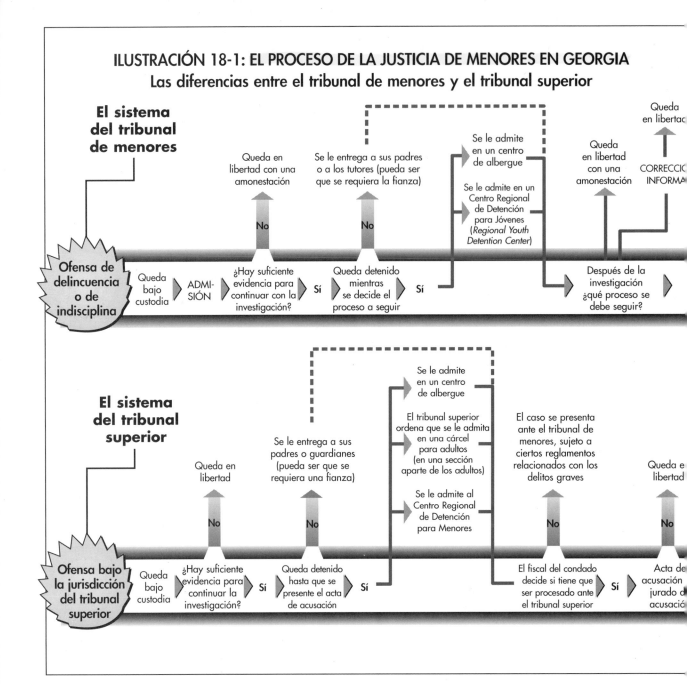

## ILUSTRACIÓN 18-1: EL PROCESO DE LA JUSTICIA DE MENORES EN GEORGIA
### Las diferencias entre el tribunal de menores y el tribunal superior

**El sistema del tribunal de menores**

Ofensa de delincuencia o de indisciplina

Queda bajo custodia → ADMI-SIÓN → ¿Hay suficiente evidencia para continuar con la investigación? → Sí → Queda detenido mientras se decide el proceso a seguir → Sí → ... → Después de la investigación ¿qué proceso se debe seguir?

Queda en libertad con una amonestación (No)

Se le entrega a sus padres o a los tutores (pueda ser que se requiera la fianza) (No)

Se le admite en un centro de albergue

Se le admite en un Centro Regional de Detención para Jóvenes (Regional Youth Detention Center)

Queda en libertad con una amonestación

Queda en libertad

CORRECCIÓ INFORMA

**El sistema del tribunal superior**

Ofensa bajo la jurisdicción del tribunal superior

Queda bajo custodia → ¿Hay suficiente evidencia para continuar la investigación? → Sí → Queda detenido hasta que se presente el acta de acusación → Sí → ... → El fiscal del condado decide si tiene que ser procesado ante el tribunal superior → Sí → Acta de acusación jurado d acusació

Queda en libertad (No)

Se le entrega a sus padres o guardianes (pueda ser que se requiera una fianza) (No)

Se le admite en un centro de albergue

El tribunal superior ordena que se le admita en una cárcel para adultos (en una sección aparte de los adultos)

Se le admite al Centro Regional de Detención para Menores

El caso se presenta ante el tribunal de menores, sujeto a ciertos reglamentos relacionados con los delitos graves (No)

Queda e libertad (No)

Puede ser que la detención no sea necesaria. En ese caso, el joven será entregado a sus padres o guardianes hasta que tenga lugar la audiencia o la resolución del caso.

Si el oficial de admisiones decide que el joven debe quedar detenido, se debe notificar a los padres o a los guardianes.

Una audiencia de detención debe tener lugar dentro de las 72 horas después de la decisión de detención (En el caso de un cargo de la delincuencia juvenil, el período puede ser más largo si expira durante un fin de semana o un día festivo.) En dicha audiencia, el juez decidirá dos cosas. Primero, el juez considera si es en el mayor provecho del joven y de la sociedad que el caso pase a una audiencia formal. Si así es, se presentará la petición. Luego, el juez debe decidir si el joven debe permanecer detenido hasta la

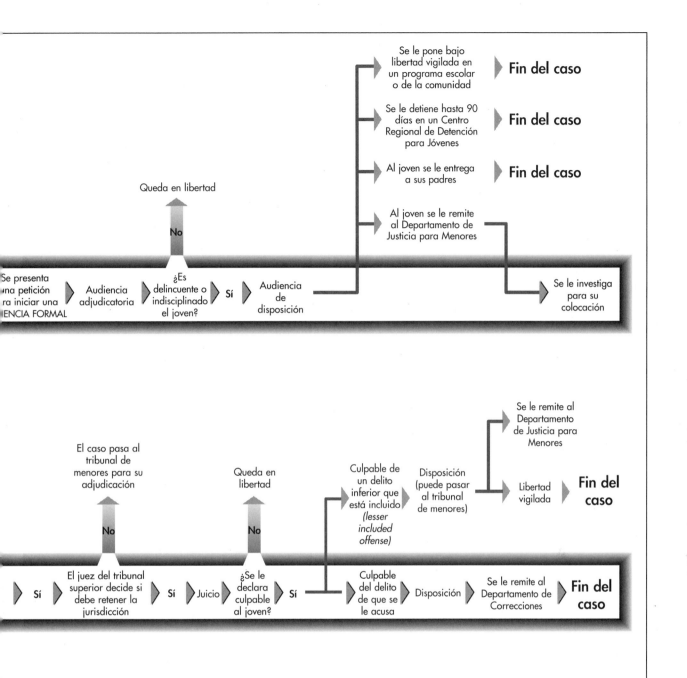

audiencia formal. En Georgia, los menores de edad tienen derecho a la libertad bajo fianza si quedan detenidos.

Donde el joven queda detenido depende del delito. Los acusados de actos delictivos (igual a los delitos penales de los adultos) quedan en uno de los Centros Regionales de Detención para Jóvenes del estado. Hasta hace poco, pudiera ser que por un acto delictivo se les encarcelara en un centro para adultos. Esto se consideró como indeseable y ya no se hace excepto en ciertas situaciones.

Como resultado de la enmienda del año 1994 al Código de los Tribunales de Menores, ciertos menores de edad pueden ser encarcelados en los centros para los adultos. Éstos son menores acusados de los delitos sobre los cuales el tribunal superior tiene la jurisdicción exclusiva.

Además, la seguridad y la protección del público deben requerir razonablemente su detención en una cárcel. Los jóvenes deben ser alojados en una sección separada de los adultos para evitar cualquier contacto físico entre el joven y un delincuente adulto. Además, la detención de un menor en un centro para los adultos requiere la orden del tribunal superior.

Pero ¿qué pasa si al joven se le acusa de un delito contra el estatuto (*status offense*)? (Véase la explicación de la p. 287 y la lista de la p. 137). Los delincuentes contra el estatuto no pueden permanecer en un centro de detención por más de 72 horas (más 48 horas adicionales si el tribunal de menores lo aprueba). Luego tienen que pasar a un *centro de albergue* (*shelter-care facility* en inglés). Estos centros no llevan cerradura (candado) en las puertas. Son sitios para los jóvenes que no son delincuentes y que están allí hasta que se arreglen para que vuelvan a sus casas. Si su propia casa no es una posibilidad, al joven se le puede asignar a un hogar de grupo (*group home*) o a un hogar de crianza (*foster home*, se dice).

### EL CASO DE LA REDADA DE DROGAS EN LA CIUDAD CENTRAL, *continuación*

En el caso de Diego, la oficial de admisiones es la señora Simpática. Ella encuentra la suficiente evidencia para demostrar que los cargos contra Diego no se deben sobreseer (desechar).

La señora Simpática decide poner en libertad a Diego bajo la custodia de su madre. La madre de Diego promete llevarle al tribunal de menores cuando sea necesario. Dice que tratará de que se porte bien hasta la fecha indicada. Antes de que se vayan, la oficial de admisiones le advierte a Diego: "Si la policía te detiene antes de la próxima fecha", le dice, "se te cancela el privilegio de la libertad. Si así es le pediré al juez que quedes detenido en un centro de seguridad hasta que se decida el caso".

### Las decisiones del proceso (procedimientos)

Como en el caso de Diego, a la mayor parte de los jóvenes no se les detiene. Después de ponerlos en libertad, un empleado del tribunal sigue con la investigación. El tribunal de menores necesita saber lo necesario de sus antecedentes y de su situación actual para determinar lo que sea mejor para el joven y para la sociedad en general.

Los datos que se emplearán para decidir el siguiente curso de acción:

1. *La libertad.* Pudiera ser que el oficial de admisiones descubra que la evidencia contra el joven no es suficiente. En dicho caso, el joven queda libre de la jurisdicción del tribunal (*release*).

2. *La corrección informal.* El oficial de admisiones puede decidir la continuación con una corrección informal. Para que haya una corrección informal (*informal adjustment*), el joven debe haber admitido que ha cometido una maldad. También, el joven y sus padres deben de estar de acuerdo con el proceso. Generalmente, las correcciones informales se usan con quienes han cometido pequeños actos de delincuencia juvenil por la primera vez.

La corrección informal es única y solo se halla en el sistema penal de menores. El tribunal decide no oír formalmente el caso, pero retiene la jurisdicción sobre el joven por tres meses. (El juez puede ampliar este período por otros tres meses).

El propósito de la corrección informal es mejorar la conducta del joven. Y se pueden requerir que siga ciertas actividades para que así sea. A los jóvenes delincuentes o de conducta incontrolable se les puede mandar que asistan a la escuela todos los días hábiles. Se les puede requerir la asistencia a los programas especiales o de asesoramiento. Los jóvenes puede ser que tengan que hacer una restitución (o sea una recompensa pagada por los daños que han ocasionado con su conducta). O, se les puede mandar que presten servicios a la comunidad (*community service* se dice en inglés).

3. *La audiencia formal.* El tribunal debe determinar lo que será del mayor beneficio (*best interest*) para el joven y para la sociedad, antes de que se pueda entablar la audiencia formal (*formal hearing* en inglés).

Si se toma la decisión de seguir adelante con la audiencia formal, el testigo que presenta la queja debe firmar una petición que acusa al menor de la delincuencia juvenil (o de la indisciplina o de la desprovisión, según sea el caso). El testigo puede ser un agente de policía, un oficial de la enseñanza o un ciudadano lesionado.

Una vez que el juez firma la petición, se fija una fecha para la audiencia formal. Los padres y el menor son notificados mediante la citación judicial (*summons*). La citación requiere que los nombrados en ella se presenten ante el tribunal en una fecha y hora especificadas. Una copia de la petición donde figuran los cargos contra el joven acompaña a la citación que se manda a los padres.

### EL CASO DE LA REDADA DE DROGAS EN LA CIUDAD CENTRAL, *continuación*

La oficiala de admisiones, la señora Simpática, ha revisado todo el expediente y el informe de la investigación. Ella decide que hay suficiente evidencia para proceder con una petición formal de delincuencia. El agente de policía que tomó a Diego bajo custodia en el almacén firmará ese documento. A Diego y a su madre se les notificará de otros procedimientos adicionales.

---

### Solo los hechos

1. ¿Qué papel desempeña el (o la) oficial encargado de admisiones?
2. ¿Por qué razones el menor puede quedar detenido antes de la audiencia formal?
3. ¿Bajo qué condiciones un menor de edad puede quedar detenido en el centro para los adultos? ¿Qué arreglo residencial debe proveer la cárcel?
4. ¿Qué es una corrección informal? ¿Qué se requiere de cada joven bajo la corrección informal?
5. ¿Qué se debe hacer antes de que se efectúe una audiencia formal?

### Piensa

1. ¿Por qué no hay un proceso como la corrección informal en el proceso penal del delincuente adulto?

## LA AUDIENCIA FORMAL

En algunos tribunales de menores, la lectura de los cargos tiene lugar al mismo tiempo que la audiencia de la detención. Esto es similar al procedimiento que se sigue en el caso de los adultos. Durante la lectura de los cargos, los jóvenes oyen los cargos contra ellos y los admiten o los rechazan. Si la lectura de cargos no se lleva a cabo, a los jóvenes se les informa de los cargos durante la audiencia formal y ellos se declaran inocentes o culpables.

La audiencia formal tiene dos partes. La primera parte es la *resolución judicial* (en inglés, *adjudicatory hearing*). Es básicamente lo mismo que el juicio de un adulto. Su propósito es determinar si el menor ha cometido un acto de la delincuencia juvenil o de la indisciplina. El juicio debe llevarse a cabo dentro de los diez días de la audiencia de la detención, si el menor permanece bajo custodia. Debe tener lugar dentro de los sesenta días siguientes de la lectura de los cargos si el joven no permanece detenido.

Después de oír toda la evidencia, el juez decide si el menor ha cometido la ofensa de que se le acusa.

Si el juez determina que el joven no es delincuente (o indisciplinado), se le pondrá en libertad. Si se determina que los cargos son verdaderos, entonces se convoca la audiencia dispositoria o determinante (en inglés, *dispositional hearing*).

La audiencia dispositoria es la segunda parte de la audiencia formal. Puede seguir inmediatamente a la resolución judicial, pero a menudo tiene lugar en una fecha posterior. Si la disposición va a tener lugar más adelante, el juez puede ordenar una investigación pre-dispositoria, si es que una de las partes lo pide. En la audiencia dispositoria, el juez decide lo que va a ser la "sentencia". En otras palabras, es como una audiencia para la sentencia después del juicio de un adulto.

Durante la audiencia dispositoria, el fiscal y el abogado defensor pueden llamar a los testigos y presentar la evidencia que influya en la sentencia. (Esto es también así en la audiencia para la sentencia de un adulto.) Por ejemplo, el abogado que representa al joven puede presentar

## Diferencias entre la audiencia formal para un menor de edad y el juicio de un adulto

| | La audiencia formal | El juicio de un adulto |
|---|---|---|
| **El propósito** | Hacer lo que es mejor para el menor y decidir si el menor es culpable de cometer un acto de delincuencia. | Para determinar si el acusado es inocente o culpable de los cargos. |
| **El fiscal** | Presentar el caso, reunir los hechos y considerar lo que será de mayor beneficio para el joven. | Para presentar la evidencia que pruebe los cargos del Estado contra el acusado. |
| **El abogado defensor** | Defender al joven contra los cargos; ver que el joven tenga una audiencia imparcial y ver que se sirve el mayor beneficio del joven. | Para defender al acusado contra los cargos; para estar seguro de que el acusado recibe un juicio imparcial. |
| **La evidencia** | El juez establece las reglas de la evidencia para cada caso individual. | Reglas estrictas de la evidencia (véanse los capítulos 12 y 17). |
| **El jurado** | No existe derecho de presentarse ante un jurado (véase la exposición en la sección sobre la "audiencia formal"). | Los acusados tienen el derecho al juicio con jurado. |
| **La prensa y el público** | Los espectadores y la prensa están presentes solo si lo permite el juez. Esto es para proteger al menor. | Generalmente, se permiten la entrada tanto de la prensa como los espectadores. |

algunos testigos que se declaren cómo el joven sea de diligente y trabajador.

En la audiencia formal, el tribunal intenta hacer lo que sea mejor para el provecho del joven. ¿Cómo es diferente este objetivo del objetivo de un juicio penal para un adulto? Examina la ilustración 18-2. Como los objetivos son diferentes, hay otras diferencias en los procedimientos también.

Los menores de edad no tienen el derecho al juicio ante jurado. En 1971, el Tribunal Supremo consideró este derecho de los menores en varios casos.* Los jueces no estuvieron unánimemente de acuerdo. Por un lado se argumentó que un jurado supondría la formalidad, la naturaleza de pugna (*adversarial system* en inglés) y el "clamor" de los juicios con jurado para los adultos. Esto no sería necesariamente al mayor provecho del joven. El otro lado arguyó que las

consecuencias de las audiencias para menores son las mismas que en los juicios de adultos. Por lo tanto, deberían existir protecciones similares. ¿Qué opinas?

## La disposición del caso

Después de oír la evidencia, el juez tiene varias opciones en el trato del menor:

1. Dejar al joven bajo la custodia del padre, de la madre o del guardián legal (tutor) sin la supervisión del tribunal.

2. Poner al joven en la libertad vigilada bajo ciertas condiciones.

3. Poner al joven a disposición del Departamento de Justicia para Menores (*Department of Juvenile Justice* o DJJ por sus siglas en inglés).

4. Recluir al menor en un centro de detención para jóvenes por un máximo de 90 días.

5. Mandar al menor a un campamento estilo militar o de trabajo al aire libre.

---

* In re *Burrus* and *McKeiver contra Pennsylvania*, 403 U.S. 528 (1971).

Usualmente, la remisión al Departamento de Justicia para Menores es por dos años. Sin embargo, si el joven queda bajo el Decreto de Delitos Graves (resumido en la ilustración 18-3), tendrá lugar una audiencia especial para decidir si es necesaria la custodia restringida. Si el juez lo cree necesario, al joven se le pondrá a disposición del Departamento de Justicia para Menores por cinco años. Un joven que tiene 13 años de edad o más que se encuentra culpable de un delito sobre el que el tribunal superior tiene la jurisdicción exclusiva, se le pondrá a disposición del Departamento de Correcciones. Al joven se le recluirá hasta que cumpla los 17 años de edad, separado de los adultos, en un centro designado para proveer la rehabilitación. Sin embargo, el tribunal puede pasar el caso al tribunal de menores en ciertas circunstancias.

La ilustración 18-3 muestra las penas alternativas en el caso de ciertas ofensas.

## EL INGRESO EN EL DEPARTAMENTO DE JUSTICIA PARA MENORES

¿Qué pasa si un joven como Diego ingresa en el Departamento de Justicia para Menores por dos años? ¿Dónde lo colocarán? ¿Por cuánto tiempo? Las respuestas a dichas preguntas serán las decisiones del departamento. Inicialmente, un comité de selección del departamento—que incluyen al representante del tribunal de menores, los padres, etc.—decidirá estas cuestiones. (En la ilustración 18-4 se dan algunas de las posibilidades de colocación.)

Los centros separados para los delincuentes jóvenes no han existido siempre. Hasta el comienzo del siglo XIX, se encarcelaba a los adultos y a los jóvenes de la misma manera y en las mismas instituciones. En 1825 se abrió la Casa de Refugio en la ciudad de New York. Era un sitio donde mantener a los menores de edad. Desde aquel entonces, muchos centros similares se han abierto en los Estados Unidos. A menudo, se les llama con el nombre de *reformatorios* (en inglés se dice *reform schools*).

En el sistema penal de Georgia no se hizo la distinción legal entre los adultos y los menores de edad hasta el año 1905. En ese año, la

---

ILUSTRACIÓN 18-3
## Las penas para las ofensas o delitos graves

**Jóvenes de 13 años de edad por lo menos, que**

- han intentado cometer el asesinato o el secuestro;

- han cometido el secuestro, el incendio intencional premeditado (en primer grado), el asalto con circunstancias agravantes, el incendio sin premeditación (en segundo grado), la agresión con circunstancias agravantes, el robo, el atraco a mano armada pero sin arma de fuego o el secuestro de un vehículo motorizado;

- han cometido cualquier otro acto que, si lo hubiera cometido un adulto, sería un delito grave, suponiendo que se ha determinado que el menor acusado ha sido previamente culpable tres veces de haber cometido lo que fueran delitos graves si los hubiera ejecutado un adulto;

- se les ha descubierto con un arma en su posesión dentro del área de seguridad escolar, o de un edificio escolar o en una función escolar, o en la propiedad de la escuela o en un autobús escolar;

- se les ha descubierto con pistola o revólver en su posesión o bajo su control, si se ha determinado que el joven ha cometido previamente dicho delito; o

- han cometido un acto que queda bajo la jurisdicción exclusiva del tribunal superior, aunque el caso haya pasado al tribunal de menores.

**Si el tribunal determina que dicho joven necesita una custodia restrictiva, el joven**

- quedará a disposición del Departamento de Justicia para Menores al menos durante cinco años;

- será confinado en un Recinto para el Desarrollo de Menores por un período de 12 a 60 meses. Luego, el tribunal de menores debe revisar el caso para decidir si es necesario más tratamiento; o

- quedará bajo supervisión intensiva por un período de doce meses (que no sobrepase la fecha del cumpleaños vigésimo primero) después del período de confinamiento.

---

## ILUSTRACIÓN 18-4
### Lo que le puede ocurrir al joven si se determina que ha cometido un acto delictivo

| Libertad vigilada o supervisión del tribunal | Puesto a disposición del Departamento de Justicia para Menores |
|---|---|
| **Condiciones generales:** | **Opciones:** |
| No faltar a ninguna ley | 1. Entrega condicional a los padres |
| Asistir continuamente a la escuela | 2. Supervisión intensa |
| Presentarse al agente encargado de la libertad vigilada | 3. Tratamiento en un programa no residencial o en un centro diurno |
| Obedecer a los padres o a los tutores | 4. Centro especial residencial o programa (para aprender un oficio, para tratar el abuso de drogas ilegales y bebidas alcohólicas, para trabajar en programas al aire libre, etc.) |
| Abstenerse de drogas o de bebidas alcohólicas | |
| | 5. Recinto para el Desarrollo de Menores (la tarea depende del género, del riesgo al público y de las necesidades especiales de tratamiento) |
| **Otras condiciones posibles:** | |
| Hora de queda | 6. Colocación fuera de casa, en un albergue o hogar de grupo para los jóvenes |
| Prohibición de ciertos lugares y compañeros | |
| Servicio a la comunidad | 7. Campamento de estilo militar |
| Libertad vigilada intensa | 8. Reclusión en el Centro Regional de Detención para Menores |
| Restitución | |
| Programas educativos especiales | |
| Asesoramiento | |
| Suspensión de la licencia (permiso) de motorista | |
| Presentación de ensayos o informes | |
| Exámenes | |
| Honorarios de supervisión | |
| Programa de tratamiento especial residencial | |

Asamblea General estableció el Reformatorio del Estado de Georgia para personas de 16 años de edad o menos.

Hoy día, Georgia tiene una red de facilidades para la detención de los menores. El estado opera 20 Centros Regionales de Detención para Menores (los *RYDC*, o *Regional Youth Detention Centers*). En estos centros, se alberga a los jóvenes detenidos y se les facilita los programas de duración breve. El estado tiene ocho Recintos para el Desarrollo de Menores (los *YDC*, o *Youth Development Campuses*) y una instalación para el desarrollo de menores donde están los jóvenes que cumplen condenas más largas. Estos centros tienen escuela y diversos programas. El estado cuenta también con un centro con programas diurnos para externos y algunos centros residenciales especiales para el tratamiento de las personas que hayan abusado de las drogas y de las bebidas alcohólicas.

Después de quedar en libertad, al joven se le coloca bajo *asistencia*. Este programa, que se llama *aftercare* (los ciudados para después), es para ayudarle a que se reajuste al regresar a casa y a la comunidad.

### EL CASO DE LA REDADA DE DROGAS EN LA CIUDAD CENTRAL, *continuación*

En el Tribunal de Menores del Condado de Río Arriba, el proceso de Diego se llama en el lenguaje legal "*la causa de Diego*" (*In re Diego*). Los casos de menores se suelen titular de esa forma. El título quiere decir que el asunto trata de Diego. La juez del tribunal de menores, Paciencia Prieto, lo preside.

Diego, junto con su madre y su abogado, está en la sala del tribunal. A todos los testigos de uno y otro lado se les ha "secuestrado" (*sequestered* en inglés) durante el juicio. Esto quiere decir que se les mantiene alejados del proceso hasta que les toca declarar. Se hace así para que uno no oiga el testimonio del otro. Por lo tanto, la oficial de admisiones la señora Simpática y el inspector Pinedo están presentes, pero están fuera de la sala del tribunal.

La audiencia de resolución judicial es menos estructurada en comparación con el juicio para adultos. Cuando comienza, la juez Prieto le pide al fiscal que presente la petición contra Diego. Se leen los cargos:

— posesión de menos de una onza de marihuana
— posesión de las drogas (la cocaína) de la Categoría II con intención de venderlas

La juez pregunta si Diego conoce los derechos que tiene en esta audiencia. Como no ha habido una lectura de cargos, le pregunta si acepta o rechaza los cargos. Diego los rechaza.

Igual como en el juicio para adultos, los dos abogados opositores, el fiscal y el abogado defensor, presentan los testigos. Los abogados repreguntan a los testigos. La juez Prieto también hace algunas preguntas. Cuando los dos lados opositores han dado su testimonio, pide las conclusiones finales. En dicho momento, los abogados hacen resumen de los casos.

Si a Diego le hacen los cargos, seguirá la audiencia dispositoria. Es también menos formal que en el proceso para los adultos. Uno de los testigos puede ser un trabajador social empleado por el tribunal que puede contar la historia social del joven. Esta información es similar a la que aparece en "Historias de la vida de Diego", que se dio en la página siguiente.

Después de oír a los dos lados, la juez decidirá qué clase de tratamiento sea apropiado para Diego. ¿Crees que optará por la libertad vigilada o por ponerlo a disposición del Departamento de Justicia para Menores?.

Nótese que Diego pudiera sufrir otras penas si se le condena por la venta o consumo de las drogas. Si se le pone en la libertad vigilada, se perderá su licencia (permiso) de motorista.

Si Diego fuera un adulto, las penas serían mucho más severas. Las leyes estatales promulgadas en el año 1990 que pretenden reducir el abuso de las drogas ilegales restringen la habilidad de cualquier adulto condenado por el uso de drogas para que reciba una licencia profesional del estado, para que le otorguen un préstamo universitario, para recibir una pensión de jubilación del estado o para participar en un contrato del estado.

### Actividad en clase: *El caso de Diego*

En el capítulo 17, se sugirió que se empleara *El caso de la redada de drogas en la Ciudad Central* como la base para montar un juicio simulado (o de prueba). En forma parecida, tu clase pudiera emplear la parte que se refiere a Diego para montar una audiencia ante el tribunal de menores. He aquí algunas alternativas:

- Haz el papel de fiscal o de abogado defensor de Diego. Escoge una de las "historias de la vida de Diego". Luego, organiza la presentación de tu caso. Decide qué testigos vas a llamar y qué evidencia vas a emplear. Recuerda que en una audiencia formal ante el tribunal de menores, todos se interesan por lo que sea mejor para Diego. Redacta tu plan para que puedas presentárselo a la clase. (Esto pudiera ser parte de la preparación para un juicio simulado.)
- Haz el papel de la juez Prieto. Repasa la información sobre Diego que se ha dado en este libro. Decide si es culpable. Luego, basándote en una de las historias de su

# HISTORIAS DE LA VIDA DE DIEGO

## 1: "Es una perra vida"

La vida no le ha tratado bien a Diego. Su padre le abandonó a él y a su madre cuando Diego tenía solo seis años. Desde entonces no han sabido nada de su padre.

Cuando su esposo la abandonó, la madre de Diego no tenía ningún conocimiento especializado. Aceptó un trabajo de noche como mesera (camarera) mientras se preparaba para ser peluquera. Ahora trabaja en un salón de belleza y puede estar en casa por las noches con Diego.

Diego no se lleva bien con su madre. Aunque no lo admite, le echa la culpa por el abandono de su padre. Le echa en cara el hecho de que sean pobres. Ella es una persona nerviosa que le regaña siempre para que recoja sus cosas en la casa. Se enfada con Diego si llega tarde a casa. Se queja si no le dice todo lo que él hace.

A Diego le gusta la escuela. No es un gran estudiante—excepto con las matemáticas, donde brilla como el sol. Le gustaría ir a la universidad, pero tendría que sacar una beca o un préstamo. Además, la mayor parte de sus notas (calificaciones) no son tan buenas como para eso.

Le gusta la escuela también porque allí es donde ve a sus amigos. No les trae mucho a casa. Su madre dice que son un manojo de locos. Tiene razón. Diego hace muchas cosas para impresionar a sus amigos que de otra forma no haría. Por ejemplo, cuando le pusieron una multa por el exceso de la velocidad en su vehículo, resultó que fue el reto de su amigo Bob lo que dio lugar a toda la situación. Y la segunda vez que le detuvieron por el hurto en un almacén, lo que robó fue un fijador de pelo elegante para que Bob se lo regalara a su amiga.

## 2: "La vida por la vía rápida"

Diego creció a toda prisa. De pequeño aprendió rápidamente a andar y a hablar. De adolescente, fue rápido para salir con las chicas, para aficionarse a la bebida y para probar las drogas estupefacientes.

El padre y la madre de Diego se divorciaron cuando tenía seis años. Su padre, un hombre inquieto, urdía nuevos proyectos para ganar dinero tan pronto como abandonaba los viejos. Pero ninguno tenía éxito.

La madre de Diego es completamente diferente. Siempre está preocupada, particularmente con lo que "se dirán" la otra gente de su familia. Se preocupa por si van a tener el suficiente dinero para pagar las cuentas. A Diego le parece que ella siempre está trabajando—en su empleo, en la casa. Parece que nunca se divierte.

El padre de Diego viene a la ciudad de vez en cuando. Algunas veces trae regalos espléndidos aunque son poco prácticos. (Sin embargo, no manda consistentemente los cheques para la manutención del hijo.) Diego adora a su padre. Los conocidos dicen que Diego es como su padre. Lo dicen como advertencia, pero Diego lo toma como si fuera el mayor cumplido posible.

Diego es bien conocido en la escuela. Algunas veces se distingue en las tareas artísticas. Pero sus notas son bajas, y nunca estudia. Los amigos están impresionados con las habilidades especiales de Diego. Sabe cómo emplear una tarjeta de crédito falsa para cargar una llamada a larga distancia. Sabe cómo conseguirse el aguardiente sin una tarjeta de identificación. Y Diego se da maña para salir de dificultades. Solo le han retenido por hurto en los almacenes dos veces. Y solo una vez no ha podido librarse de una multa por el exceso de la velocidad vehicular.

vida, decide qué clase de trato él debiera recibir por parte de la corte. Entonces, determina si recomendarías el mismo tratamiento si hubieras escogido la otra historia de su vida. Informa sobre tus decisiones, sobre las razones por las que lo has hecho así y por qué sí, o por qué no, son diferentes.

---

### Solo los hechos

1. Explica cómo la audiencia formal es diferente del juicio para los adultos.
2. Explica los tres tratamientos básicos que el juez puede emplear en el caso de un joven que ha sido declarado delincuente.
3. ¿Cómo se trataba a los delincuentes jóvenes en Georgia durante los primeros años del siglo 1800?
4. Nombra por lo menos tres requisitos posibles para ganar la libertad vigilada.
5. Nombra por lo menos dos opciones de tratamiento en el Departamento de Justicia para Menores.

---

### Piensa

1. ¿Debieran los menores tener derecho al juicio ante un jurado cuando se trata de los actos que pudieran resultar en el encarcelamiento por más de un año? ¿Se debiera componer el jurado de adultos o de menores? Explica tu opinión.

2. Los procesos del tribunal de menores son generalmente a puerta cerrada. Explica por qué estás de acuerdo o en desacuerdo con dicha práctica.
3. El propósito del tratamiento de los jóvenes es para cambiar la conducta, de modo que no se encuentren en las mismas dificultades otra vez. De las opciones que se han dado, ¿cuáles crees que servirían para ese propósito? ¿Qué otros métodos pudieran ser efectivos?

## EN RESUMEN

En el sistema de la justicia penal, a los jóvenes se les trata de manera diferente que a los adultos. Esta práctica es relativamente moderna. En Georgia, el sistema de justicia de menores ha evolucionado durante el último siglo.

Piensa en lo que anteriormente has aprendido sobre los adultos que son procesados bajo el sistema de justicia penal. ¿Crees que a los delincuentes jóvenes se les trata tan imparcialmente como a los adultos? ¿con tanto cuidado?

En el siguiente capítulo, te enterarás de la última fase en el proceso de la justicia penal: la sentencia. (Fíjate que en el caso de los menores se dice "el tratamiento" en vez de "la sentencia".) Mientras sigues leyendo, piensa en los propósitos del sistema penal para los adultos. Si tuvieras que modificar este sistema, ¿tomarías prestadas algunas ideas del sistema de justicia para menores? ❏

# 19 Las consecuencias

Supongamos que Haroldo al Mayor y Daisy Traficante fueron declarados culpables. ¿Qué pasaría? ¿Se les pondría inmediatamente en prisión?

En Georgia, el juez sentencia al acusado en los casos que no llevan la pena de muerte. La condena se pasa después de que el acusado se declara culpable, o de que ha sido declarado culpable. A menudo, la declaración de culpabilidad es el resultado de un pacto entre el fiscal y el abogado defensor (lo que se llama *plea bargain* en inglés).

Antes de pronunciar la sentencia, el juez quiere generalmente conocer toda la información que sea posible sobre el acusado. Para obtener dicha información, el tribunal puede ordenar una investigación previa a la sentencia. Tambien antes de sentenciar al demandado, el juez siempre tendrá una audiencia previa a la sentencia.

## LA INVESTIGACIÓN Y
## LA AUDIENCIA PREVIA A LA SENTENCIA

En Georgia, si es necesaria una investigación previa a la sentencia, la llevarán a cabo los oficiales de la libertad vigilada del Departamento de Correcciones de Georgia. Todos los tribunales superiores cuentan con oficiales para la libertad vigilada (en inglés se les llaman *probation officers*). Además de encargarse de las investigaciones previas a la sentencia, estos oficiales supervisan a todas las personas que el tribunal han puesto en condición de la libertad vigilada.

Durante la investigación previa a la sentencia, el oficial de la libertad vigilada reúne datos de los antecedentes del acusado. Éstos incluirán el historial penal, más los detalles de empleo, los estudios, los contactos sociales y las relaciones con la comunidad. El juez emplea esta información para decidir la condena.

En los casos relacionados con los daños físicos, psicológicos o económicos que han sido causados a la víctima, el oficial de la libertad vigilada puede informar al tribunal sobre el impacto que el delito haya tenido sobre la víctima.

Durante la audiencia previa a la sentencia, el juez oye también las presentaciones del fiscal y del abogado defensor. Éstas se relacionan con las buenas y malas calidades personales del acusado.

**Habla Legal** • la multa • el encarcelamiento • la libertad condicional • la libertad vigilada
• la restitución • la condena • la pena de muerte (pena capital)

## Haroldo al Mayor

27 años de edad.

Condenado hace seis años por vender una droga de la Categoría II.

Grado universitario en la administración de empresas.

Soltero.

Está actualmente empleado como agente de una compañía de seguros. Ha trabajado en esa compañía dos años y es un empleado valioso.

Su padre natural abandonó el hogar cuando Haroldo tenía dos años.

Tiene dos hermanos mayores; los dos tienen antecedentes penales.

## Daisy Traficante

22 años de edad.

Sin antecedentes penales.

Dejó sus estudios secundarios después de tres años.

Divorciada, mantiene a un hijo de tres años. No recibe pagos del padre para la manutención del hijo.

Tuvo un empleo fijo en una fábrica de productos alimenticios. Fue despedida. No ha tenido trabajo fijo durante los tres últimos años.

Asiste a la iglesia de vez en cuando.

Los padres están casados y contribuyen al sostenimiento económico de Daisy.

El papel del abogado defensor es tratar que el acusado reciba la condena que sea la más mínima. Él (o ella) intentará quitar importancia al papel que el acusado ha jugado en la comisión del delito, o intentará poner de relieve la debilidad de la evidencia que se ha presentado en el juicio. El abogado defensor puede explicar también cómo los problemas de la vida del acusado han contribuido al estado mental actual del acusado, lo que ha sido la causa de haber cometido el delito. El abogado defensor querrá señalar también la ausencia de los antecedentes penales por parte del acusado (con tal de que así sea el caso), y quizás discuta el nivel de cooperación en el caso por parte del acusado. El papel del abogado defensor es llamar la atención sobre cualquier factor que pudiera mitigar (suavizar) la condena. Los factores que mitigan la condena son los que permitirían al juez imponer una condena más ligera a la corriente.

Por el otro lado, el fiscal pondrá el énfasis en el impacto del delito. Llamará también la atención del juez sobre cualquier "circunstancia agravante". Hay circunstancias que pudieran aumentar la severidad de la condena.

Para ver cómo funciona esto, fíjate en los hechos que figuran en los informes de la investigación previa a la condena de Haroldo al Mayor y de Daisy Traficante que se dan arriba. ¿Qué hechos puede poner de relieve el fiscal? ¿Qué hechos puede poner de relieve cada uno de los abogados defensores?

Cuando esta audiencia termina, el juez puede pronunciar la sentencia inmediatamente. O puede posponer la condena para considerar la información que ha recibido.

## LA CONDENA

### Las opciones

El juez tiene varias opciones a la hora de decidir la condena. Éstas dependen del delito y de sus circunstancias. El juez puede ser influenciado también por la edad y por los antecedentes del acusado. ¿Qué opciones tiene el (o la) juez?

*El encarcelamiento.* Estar encarcelado quiere decir estar puesto (recluido) en la prisión o en la cárcel. Representa una opción. El juez puede asignar al acusado una condena cuya duración quede entre los límites fijados por la ley para el delito en cuestión.

Si a la persona se la condena por un delito menor, puede cumplir la condena en una cárcel municipal o del condado, o en un campamento penal del condado. Las cárceles están diseñadas para recluir a la gente que espera el juicio o que ha sido sentenciada a una condena de 12 meses o menos. En gran parte, las personas que han sido condenadas por los delitos menores cumplen la condena en la cárcel.

Generalmente, a la gente que es encarcelada por un delito grave y que recibe condenas de un año o más, se la manda a las prisiones estatales (o a un penal) en vez de a una cárcel. Las prisiones (las penales) están diseñadas para el encarcelamiento a largo plazo. Sin embargo, el delincuente de mayor cuantía pasa algunas veces cierto tiempo en la cárcel mientras espera que se le traslade a la prisión.

La mayor parte de las condenas a prisión por los delitos graves oscilan (véanse las pp. 242-246) dentro de un período variable de años (véase la discusión del capítulo 15). El juez selecciona la duración específica de la condena. Dependerá de las circunstancias en que ocurrió el delito y de los antecedentes del acusado. Por ejemplo, supongamos que la condena en el caso del robo con allanamiento de morada puede durar entre 1 y 20 años en Georgia. A Alvaro B. se le condena por segunda vez por el robo con el allanamiento de la morada. Pudiera ser que reciba una condena mínima de dos años en vez de un año. En el caso de una tercera condena por el robo con allanamiento de morada, Alvaro recibiría la sentencia de cinco años como mínimo. La condena máxima para todos los robos con allanamiento de morada es de 20 años. El juez decidirá en cada situación la condena apropiada dentro de los límites propuestos por el estatuto.

*La libertad vigilada*. El juez puede poner a los acusados en la libertad vigilada en vez de encarcelarlos. ¿Qué les pasa entonces?

La libertad vigilada (*probation* en inglés) se puede definir como un programa de tratamiento. Los condenados no son encarcelados. Sin embargo, deben seguir las condiciones impuestas por el tribunal para que estén en libertad. Estas condiciones pueden ser o "generales" o "especiales". Las condiciones especiales se relacionan con el caso en sí. Por ejemplo, en el caso de agresión simple (*assault*) o en uno de persecución con acoso, la condición especial pudiera ser que no haya contacto con la víctima. El desempeño del servicio para la comunidad (*community service*)

sería otra condición especial. En un caso de las drogas estupefacientes, el tribunal pudiera ordenar el tratamiento de la drogadicción como una condición especial. O si la víctima sufrió daños (*v. gr.*, un vidrio de ventana rota), se puede ordenar la restitución. Cualquier condición que no sea requerida en cada caso sería una condición especial. La imposición de una condición especial permite al juez cierta flexibilidad para imponer las condiciones que se relacionen más estrechamente con los casos específicos.

Por otro lado, las "condiciones generales" de la libertad vigilada son las que se requieren en todos los casos. Incluyen:

- no faltar a la ley
- evitar las costumbres viciosas y ofensivas
- evitar los sitios y las personas de mala reputación o de naturaleza dañina
- presentarse al oficial de la libertad vigilada como se ha mandado
- trabajar seriamente en un empleo adecuado
- no mudarse del actual domicilio, no mudarse fuera de la jurisdicción del tribunal, no marcharse fuera del estado por un período de tiempo alguno sin el permiso previo del oficial de la libertad vigilada

Los oficiales de la libertad vigilada (*probation officers*) supervisan a la gente que está en libertad vigilada que debe reunirse con ellos periódicamente. Usualmente es una vez al mes. Los oficiales de la libertad vigilada son completamente responsables de que los acusados cumplan con las condiciones de la libertad vigilada. Además, tratarán de ayudar a los acusados que supervisan. El oficial de la libertad vigilada puede insistir que el culpable asista a las reuniones terapéuticas de grupo. O el oficial puede ayudar al condenado a encontrar un empleo. O puede también asesorar al delincuente para que no tropiece de nuevo con el sistema de la justicia penal.

Georgia tiene algunos programas especiales de la libertad vigilada. Uno de ellos es el de "libertad vigilada intensa" donde se observa estrechamente al que está en libertad. Los programas de la libertad vigilada intensa usualmente requieren el toque de queda y las visitas más frecuentes al oficial de la libertad vigilada. Otros programas especiales de la libertad vigilada intensa incluyen el confinamiento en casa, la vigilancia electrónica o los programas de trabajo diurno. Los términos de la libertad vigilada los establece el tribunal de acuerdo con la ley.

*El servicio a la comunidad.* Esta opción se está haciendo muy conocido entre los tribunales. En vez de encarcelar a los culpables, el juez puede ordenar que desempeñen algún servicio para el beneficio de la comunidad. La condena se cumple en la ciudad o en el condado donde residen o donde se les condenó. Se arregla generalmente a través del departamento de la libertad vigilada (*probation department*).

El servicio a la comunidad pudiera ser, por ejemplo, hacer de mecanógrafo en un centro de trabajo que se sostiene con fondo públicos. Pudiera ser recoger la basura alrededor de la cárcel o del juzgado. En realidad puede ser cualquier servicio que el juez ordene.

En el caso de condena por la operación de un vehículo en el estado de intoxicación (*DUI*), las leyes específicamente requieren que se desempeñe un servicio para beneficio de la comunidad en el caso de la condena.

*Las multas.* Una multa (*fine* en inglés) es un pago en efectivo que se entrega al tribunal. El empleo de multas como la sanción por haber cometido un delito ha sido corriente durante muchos siglos. Las multas se aplican en el caso de muchos delitos, particularmente en las violaciones de tránsito, en las infracciones y en los delitos relacionados con las drogas. En el caso de una infracción, la persona paga la multa en vez de ir a la cárcel o a una prisión. En el caso de delitos graves, como en los casos de drogas, el delincuente a menudo paga una fuerte multa además de otras condiciones para alcanzar la libertad vigilada. Es decir, si tiene la dicha (o la suerte) de que le pongan en libertad vigilada.

*La restitución.* La restitución quiere decir que se debe pagar a la víctima por los daños que se le ha ocasionado. La restitución (*restitution*) se puede hacer con devolver la cantidad robada de dinero o los bienes robados. En el caso de la lesión a la victima, la restitución se hace con pagar a la víctima el importe de los tratamientos médicos. Y en el caso de daños a la propiedad o los bienes, la restitución consiste en pagar las reparaciones o en reponer los bienes.

Si se violan las condiciones de la libertad vigilada, el tribunal puede revocar (o retractar) la libertad vigilada. La corte llevará a cabo una audiencia (*hearing*) para determinar si en efecto la persona violaba los términos de la libertada vigilada. Si el juez encuentra que sí ha habido tales violaciones de la libertad vigilada, él o ella puede revocar alguna parte o todo el período de libertad vigilada. El juez entonces puede enviar al acusado a la cárcel o imponer un castigo alternativo. Otras sentencias posibles incluyen inscribirse en un programa de rehabilitación residencial para el tratamiento de las drogas ilegales o asistencia en un centro de detención de la libertad vigilada u otra clase de centro donde la persona deberá trabajar para pagar los gastos de las multas y restituciones. Hay dos formas de violar la libertad vigilada:

- violación técnica—ocurre cuando el acusado no ha pagado la cuota mensual de la supervisión de la libertad vigilada o no ha desempeñado el servicio a la comunidad que se le ha ordenado o no ha cumplido con las condiciones especiales o generales de la libertad vigilada. Con gran frecuencia, ocurre cuando el acusado no se presenta al oficial de la libertad vigilada en la fecha prevista.
- violación substancial—ocurre cuando el acusado comete otro delito penal.

*El encarcelamiento y la libertad vigilada.* El juez puede condenar al acusado a que cumpla una parte de la condena en la cárcel o en la prisión y el resto bajo la libertad vigilada. Esto se llama una condenada dividida (*split sentence* en inglés).

*Los programas especiales.* El problema de la falta de espacio (cupo) en las prisiones ha resultado en las alternativas al encarcelamiento. En esta ramo se reconoce que Georgia va a la cabeza. Un programa especial de recién data se llama el "SAI"—alternativa especial de encarcelamiento (*special alternative incarceration* en inglés). Es un programa de 60 a 120 días de disciplina y régimen estrictos que a menudo se emplea con los ofensores sin antecedentes penales o con los que tienen antecedentes de poca monta. Tiene el propósito de desanimar para siempre a los que quisieran relacionarse de nuevo con una prisión. Comúnmente se lo llama la prisión estilo "campamento militar".

## La condena fija en lugar de la indefinida

Excepto por los casos de pena capital que han sido juzgados por un jurado, el juez decide la naturaleza y duración de la condena dentro de los límites impuestos por la ley.

Alguna gente cree que semejante flexibilidad resulta en las prácticas irregulares. Algunas veces—por casi idénticos delitos y circunstancias—un juez impondrá la sentencia mínima. Otro juez impondrá la sentencia máxima. Para ilustrarlo, consideremos las situaciones 1 y 2.

SITUACIÓN 1. Andrés García es culpable de robo con tirón de un bolso que contenía cosas por un valor superior a los quinientos dólares. Es su primer delito. Lo había dejado cesante en el trabajo durante cinco meses. Comete el robo impulsivamente porque está desesperado por la falta de dinero.

SITUACIÓN 2. Carlos L. es culpable de arrebatar un bolso que tenía cosas por un valor superior a los quinientos dólares. Es la primera vez que se declara culpable, pero ha sido detenido antes varias veces por otros delitos parecidos. Si no se ha declarado culpable nunca, es porque nadie ha sido capaz de identificarlo positivamente. Tiene antecedentes de hacer novillos y de conducta incontrolable cuando era menor de edad.

La ley permite una condena de entre un año y veinte años por dicho delito. ¿Qué pasa si el juez del Condado de Río Arriba condena a Andrés a cinco años de reclusión? Pero un juez menos severo en el Condado de Río Abajo sentencia a Carlos a un año. ¿Serían dichas sentencias equitativas en cada caso?

Para corregir esta clase de parcialidad, las legislaturas de algunos estados están a favor de las condenas fijas para cada delito. Bajo dicho sistema, cada delincuente recibiría una condena fija de manera predeterminada. Pudiera ser 5 años por la primera condena y 10 por la segunda. Las circunstancias no se tomarían en cuenta. Todo el mundo recibiría la misma condena por cometer el mismo tipo de delito.

Los jueces argumentan que un sistema de sentencias fijas es demasiado inflexible. En el caso de muchos delitos, la única alternativa razonable al encarcelamiento que los jueces pueden emplear es la libertad vigilada. Los jueces sostienen que las sentencias fijas les obligarían a conceder la libertad vigilada en los casos donde creían que la sentencia fija era demasiado dura. Y la libertad vigilada, sin embargo, pudiera ser demasiado indulgente para el delito y las circunstancias del caso.

Fíjate de nuevo en las situaciones 1 y 2. Bajo el sistema de las condenas fijas, la ley pudiera imponer la sentencia de dos años por el primer delito de robar con tirón. Esto significa que Carlos y Andrés recibirían idénticas condenas. ¿Sería equitativo? ¿Sería más equitativo si Andrés fuera puesto en la libertad vigilada?

No es fácil llegar a un sistema de condenas equitativas. ¿Es el sistema de condenas fijas más equitativo? ¿Qué importancia tiene que sean equitativas?

## Los propósitos de la condena

Para dictar la sentencia, el juez debe saber los antecedentes del acusado y los límites de las condenas (penas) que la ley permite para los delitos. ¿Qué pasa si el acusado es culpable de varios delitos? Entonces, el juez debe decidir si las condenas se deben servir concurrentemente (es decir, al mismo tiempo) o consecutivamente (una detrás de la otra).

La base de estas leyes y decisiones parte de una cuestión filosófica: ¿Por qué condenamos a la gente que comete delitos? Existen cuatro propósitos básicos:

1. *La retribución*—Esencialmente, por venganza. El concepto bíblico de "un ojo por un ojo y un diente por un diente" lo expresa muy bien.

2. *La disuasión*—Para desanimar a las personas de modo que no cometan delitos.

3. *La rehabilitación*—Para ayudar a los delincuentes a cambiar de conducta; para ayudarlos a que se conviertan en ciudadanos responsables.

4. *La incapacitación*—Para proteger a la sociedad de personas peligrosas que faltan a la ley.

Todas las sentencia penales se basan en uno o más de estos principios

## EL CASO DE LA REDADA DE DROGAS EN LA CIUDAD CENTRAL, *conclusión*

¿Qué pasa si los de tu clase determina que Haroldo y Daisy no son culpables? Entonces se les pondría en libertad. Si se determina que uno de ellos, o los dos, son culpables, deben de ser sentenciados.

En este caso, la condena será la responsabilidad de los alumnos de tu clase—no del juez del tribunal superior. La clase deberá considerar

— el pasado (la vida pasada) de cada acusado, tal y como se especifica en los informes previos a la condena;

— las penas que son posibles para dichos delitos;

— si las condenas deberán ser concurrentes o consecutivas; y

— los propósitos de la condena.

Los de la clase deberán deliberar intensamente todo el tiempo que sea necesario antes de pronunciar el veredicto. La vida de estas personas está, literalmente hablando, en las manos del jurado. Puede ser que los de la clase encuentren que la tarea no sea tan fácil. Que la clase recuerde que esto es lo que pasa todos los días en las salas de los tribunales.

### Solo los hechos

1. ¿Qué propósito tiene la investigación previa a la sentencia y a la audiencia?
2. Nombra y define las opciones que tiene un juez en Georgia antes de pronunciar la sentencia.
3. Nombra la categoría que gobierna la clase de delincuentes que serían afectados: (a) un hombre de 21 años de edad que ha cometido el robo con allanamiento de morada; y (b) una mujer de 32 años de edad que es culpable del delito grave pero que no tiene antecedentes penales.
4. ¿Cuáles son los cuatro propósitos de la condena?

### Piensa

1. Considera alguna de las condenas con que se enfrentan los acusados en *El caso de la redada de drogas en la Ciudad Central*. Alguna gente opina que las penas para los culpables de haber contribuido a la delincuencia de un menor son insuficientes. ¿Estás de acuerdo? Si así es, explica por qué. ¿Por qué se multa y se encarcela a la gente que vende las drogas estupefacientes?
2. ¿Qué opinas del sistema de condenas fijas? ¿Resultaría en un sistema de condenas más imparcial? Explícate.
3. Clasifica los cuatro propósitos de las condenas en términos de su eficacia. ¿Cómo defenderías tu forma de clasificación?

## SI SON CONDENADOS A PRISIÓN

Si a Daisy y/o a Haroldo, se les condena a prisión, ¿qué les va a pasar? ¿Adónde los enviarán? ¿Por cuánto tiempo?

### La prisión—el sitio

Las personas condenadas a prisión en Georgia quedan bajo la custodia del Departamento de Correcciones de Georgia (*GDC* es la sigla para decir *Georgia Department of Corrections*). Si se interpone el recurso de la apelación y el delito no es demasiado grave, se pueden quedar libres bajo la fianza. (Los delincuentes que son culpables de cometer un delito menor tienen el derecho absoluto a una fianza de apelación, excepto en los casos que tengan que ver con la violencia doméstica o con la operación de un vehículo en el estado de embriaguez *DUI*.) De lo contrario, pasan usualmente a una instalación de detención.

La instalación de detención (*holding facility* en inglés) es el lugar donde se evalúa a los presos antes de mandarles a la prisión. La evaluación determina las necesidades de cada preso. Estas necesidades tienen que ver con la seguridad, su salud física y mental y sus calidades laborales.

## ¿Qué condena/sanción les toca a Haroldo y a Daisy?

| Si son culpables de— | Prisión / multa |
|---|---|
| **Posesión de una droga de la Categoría II con intento de venderla** | |
| Primera vez | de 2 a 15 años |
| Segunda vez | de 5 a 30 años o cadena perpetua |
| **Venta de una droga de la Categoría II** | |
| Primera vez | de 5 a 30 años |
| Segunda vez | de 10 a 40 años o cadena perpetua |
| **Tráfico de marihuana** (más de 50 libras o unos 22 kilos y medio; las penas son mayores si se pasa de 2,000 libras o unos 907 kilos) | mínima obligatoria de 5 a 15 años más una multa obligatoria de entre los $100,000 dólares y un millón de dólares. |
| **Contribución a la delincuencia de un menor de edad** | de uno a 15 meses y/o una multa de 200 a 500 dólares |
| Segunda vez | de 3 a 12 meses y/o una multa de 400 a 1,000 dólares |
| Tercera vez | de 1 a 3 años y/o una multa de 1,000 a 5,000 dólares |

Luego, el Departamento de Correcciones de Georgia asignará al preso a una de las numerosas instituciones estatales. La asignación dependerá de los antecedentes del preso, de la condena a cumplir y de las necesidades propias del reo.

Las prisiones de Georgia siguen hacinadas. Una de las razones es que Georgia tiene un alto porcentaje de encarcelamiento si se compara con los otros estados e inclusive con los otros países occidentales.

El hacinamiento, particularmente en las prisiones viejas, resultan en las condiciones inhumanas. Para asegurar un ambiente humanitario (benigno) en la prisión y para evitar los pleitos costosos iniciados por los reos y las organizaciones que apoyan a los derechos humanos, el estado sigue el proceso de invertir más dinero en las prisiones nuevas.

Pero las cuestiones básicas son éstas: ¿ La solución al control de la delincuencia en Georgia es construir más prisiones? ¿El tiempo que la gente pasa encarcelada les sirve para evitar las dificultades con la ley? Obviamente no es así. Pero los expertos varian en sus opiniones por lo que sea más efectiva entre todas las opciones. Sin embargo, lo obvio es que las prisiones son caras.

¿Cuánto cuestan? Las prisiones de Georgia recibieron 17,866 presos durante el año fiscal de 2000. Puedes calcular el costo con multiplicar ese número por los $17,402 por año que cuesta mantener en prisión a una sola persona, y esa suma no incluye el precio del edificio.

Compara esa cantidad con el costo de mantener a alguien en la libertad vigilada. En 1999, la libertad vigilada corriente costaba $445 por año, mientras que la libertad vigilada intensa ascendía a $1,260 por año. Además, se espera que las personas en libertad vigilada tengan un empleo y que paguen una cuota mensual, cuando las circunstancias lo permitan.

¿Qué crees que el estado de Georgia debería hacer para solucionar el problema de las prisiones hacinadas? La situación 3 presenta dos puntos de vista.

**SITUACIÓN 3.** *Residente A:* El estado no debiera invertir más dinero en las prisiones. El encarcelamiento modifica muy poco la conducta de los presos. Muchos cometen más delitos cuando quedan otra vez en libertad. Hay muchos *reincidentes* (los *reincidentes* son personas que cometen más delitos después de haber sido condenados por un primer delito; se dice *recidivists* en inglés).

En lugar de poner a muchos delincuentes en prisión, el estado debiera poner todos los que fuera posible en los programas relacionados con la comunidad. Estos programas pueden ayudar mejor a los delincuentes a apartarse de la delincuencia.

## EL DEPARTAMENTO DE CORRECCIONES DE GEORGIA

El Departamento de Correcciones de Georgia administra el sistema estatal de prisiones y de las facilidades correccionales. Éstas incluyen los programas de rehabilitación para los presos de dichas instituciones. El departamento también administra la supervisión de las personas en libertad vigilada, en libertad condicional, o de otras que han quedado en libertad durante el cumplimiento de sus condenas.

*Residente B:* Las condenas debieran de ser en la práctica más duras. La reincidencia ocurre porque las condenas son demasiado leves. Hay pocos delincuentes que van a prisión. Ni siquiera a los criminales se les tiene encerrados el tiempo suficiente. El estado debería construir más prisiones. Si es necesario, se deberían aumentar los impuestos. La seguridad pública vale la pena.

Considera lo que significa la filosofía penal del residente A. ¿Qué pasa con el residente B? ¿Qué punto de vista favorecerías tú? ¿Por qué?

## La prisión—la duración de la condena

La filosofía tuya sobre la condena también afectará tu opinión sobre las prácticas actuales que acortan las condenas de los presos.

Como tal vez sepas, los presos no siempre cumplen toda la condena impuesta por el juez. Puede ser que se les ponga en la libertad antes del tiempo para aliviar el hacinamiento de la prisión. Puede ser que la condena se reduzca como la recompensa por su buena conducta en la prisión. Puede ser que se les ponga en la libertad condicional—a menos que la sentencia del tribunal lo prohíba.

La *libertad condicional* pone a un preso en libertad (se dice *parole* en inglés; o *to be on parole*). Al delincuente se le permite que cumpla el resto de la condena como civil en la comunidad, bajo la supervisión de un oficial de la libertad condicional (*parole officer*). Los presos están a la expectativa de alcanzar la "fecha de la libertad condicional" (*parole date*). Esa fecha marca la condena mínima que la persona encarcelada debe cumplir antes de que se considere la libertad condicional.

Usualmente, la Comisión Estatal para el Perdón y la Libertad Condicional (*State Board of Pardons and Paroles*) decide si al preso se le pondrá en la libertad condicional. En algunos casos, la decisión de la comisión está restringida por los estatutos promulgados por la legislatura del estado. Estas leyes tienen el propósito de reducir la reincidencia así como avisar a los delincuentes en potencia. Por ejemplo, la legislatura de Georgia promulgó una ley en 1995 relacionada con los delitos violentos y graves, donde se requiere que la persona condenada por ciertos delitos (el atraco a mano armada, el asesinato, la violación, el secuestro, la agresión sexual en circunstancias agravantes, el abuso deshonesto de un menor en circunstancias agravantes y la sodomía en circunstancias agravantes) cumpla por lo menos 10 años de la condena en prisión antes de que se le otorgue la libertad condicional.

La comisión consiste de ciudadanos nombrados por el gobernador. Cuando un preso que es elegible solicita la libertad condicional, la comisión revisa la estancia del preso en la prisión. Considera la naturaleza del delito por el cual se le condenó y otros factores. Entonces, la comisión decide si la persona está lista para estar puesta en la libertad condicional.

Si le otorgan la libertad condicional, el reo debe obedecer las condiciones impuestas por la comisión. Los ex-presos en la libertad condicional no se deben relacionar con los delincuentes conocidos, ni faltar a la ley. Deben ver periódicamente al oficial de la libertad condicional (*parole officer*). Se espera que tengan un empleo y que se mantengan empleados. El reo que está en la libertad condicional es supervisado por un oficial de la libertad condicional hasta que cumple la condena entera.

Para ver cómo funciona una condena y la libertad condicional, examinemos un ejemplo. Supón que el juez condenó a Haroldo al Mayor a cinco años de reclusión seguidos de tres años de libertad condicional. Si a Haroldo lo ponen en libertad después de haber estado preso dos años, se le supervisará durante tres años. Después de que haya completado esos tres años sin dificultades, todavía seguirá bajo supervisión durante los otros tres años de la libertad condicional.

Como muchos otros aspectos del sistema de la justicia penal, la libertad condicional tiene su polémica. Los argumentos a favor o en contra se encuentran en la ilustración 19-1.

La Comisión para el Perdón y la Libertad Condicional tiene otros facultades. Tal vez hayas oído que los gobernadores de otros estados han perdonado (*pardoned* en inglés) o indultado (*reprieved* en inglés) a una persona condenada a muerte (un indulto es la suspensión de una condena). Pero en Georgia, el gobernador no tiene poder para otorgar los perdones o los indultos. Éstos solo los otorga por el voto mayoritario la Comisión para el Perdón y la Libertad Condicional.

## LA PENA DE MUERTE

### Los puntos a favor y en contra

Existe un furor de polémica sobre el empleo de la pena de muerte desde hace muchos siglos. En los Estados Unidos, se lo debate de forma permanente.

La polémica tiene que ver con varios asuntos o principios básicos:

1. ¿Tiene el Estado el derecho moral de quitarle la vida a la persona? Los que están a favor de la pena de muerte dicen que sí. Si una persona mata a otra, es justo que el estado le quite la vida al asesino. Los que se oponen dicen que no. Dos malos actos (las pérdidas de las dos vidas) no hacen que uno sea bueno.

2. ¿La imposición de la pena de muerte se reduce el número de delitos graves que se cometen? Los que están a favor dicen que sí. Creen que el miedo a la pena de la muerte hace que muchos delincuentes en potencia consideren sus acciones. Los que se oponen señalan los estudios que no están de acuerdo. No se ha demostrado que la pena de muerte evite que la gente cometa semejantes delitos. Sin embargo, estos estudios no son definitivos.

---

### ILUSTRACIÓN 19-1

### La libertad condicional— puntos a favor y en contra

#### Los puntos a favor

Mediante la libertad temprana, la libertad condicional coadyuva al control del problema del hacinamiento en las prisiones.

Los presos se portan mejor cuando viven a la expectativa de la libertad condicional.

La libertad condicional cuesta menos a los contribuyentes que la prisión.

Las personas en libertad condicional tienen motivos para portarse bien. Saben que pueden volver a prisión si no se portan como ciudadanos que respetan la ley.

La persona en la libertad condicional puede desempeñar un empleo, mantener a su familia, pagar impuestos y contribuir a la economía.

#### Los puntos en contra

El número de casos que los oficiales de la libertad condicional tienen es grande, y no se pueden desempeñar cabalmente la supervisión que se necesita.

La mejor supervisión de la libertad condicional no puede evitar que un preso en libertad condicional cometa otro delito.

A menudo, las personas en la libertad condicional experimentan dificultades para encontrar el trabajo.

La decisión de poner a alguien en libertad condicional es inexacta. Se le puede negar al que la merece y se le puede otorgar al que no la merece.

---

3. ¿La pena de muerte viola los derechos al debido proceso legal y a la igual protección ante la ley abarcados en las Enmiendas Quinta y Decimocuarta de la Constitución estadounidense? Los que están a favor de la pena de muerte argumentan que no. En 1976, el Tribunal Supremo de los EE.UU. proclamó que la pena de muerte no era una pena cruel e insólita (la frase en inglés es *cruel and unusual*

*punishment*) que violara la Octava Enmienda*. Además, el Tribunal permite muchas apelaciones. Ha requerido que los métodos para llegar a la decisión de imponer la pena de muerte sean equitativos. Los que se oponen a la pena de muerte dicen que viola los derechos constitucionales. En la práctica, la gente pobre que no puede pagar a los mejores abogados son a menudo precisamente a los que se ejecuta.

Además, algunas personas dicen que las condenas a pena de muerte no son racialmente equitativas. En *McClesky contra Kemp*,** el señor Warren McClesky afirmó que la pena de muerte de Georgia se basaba en los perjuicios raciales. Citó un estudio universitario donde se mostraba que los acusados tenían cuatro veces más posibilidades de ser condenados a muerte si mataban a una persona blanca que si mataban a una persona afroamericana. El Tribunal Supremo de los EE.UU. desestimó la apelación. Decía que, de hecho, el sistema judicial penal no puede estar totalmente limpio de los prejuicios raciales. Dijo que algún grado de prejuicio no era suficiente para declarar inválido el estatuto de la pena de muerte en Georgia.

Existen otros argumentos. Los que están a favor de la pena de muerte arguyen que la mayor parte de los estadounidenses está a favor. Además, dicen, cuesta menos que una condena larga en la prisión. Los que se oponen a la pena de muerte dicen que, basado en el proceso tan costosa de la apelación (de que se habla más adelante), puede costar tanto o aun más ejecutar a una persona que mantener dicha persona en prisión por el resto de sus días. Tambien, los que oponen a la pena de muerte señalan el hecho que la muerte es irreversible. Cada año hay gente que se deja salir de las prisiones porque se descubre pruebas nuevas que pudieran cambiar el veredicto de los juicios de culpable a inocente.

---

* *Gregg contra Georgia*, 428 U.S. 153 (1976).

** 481 U.S. 279 (1987).

## El proceso de la pena capital

Debido a la finalidad de la sentencia, los casos relacionados con la pena de muerte se tratan de forma algo distinta que los otros delitos graves. (Mientras que algunos delitos como el atraco a mano armada y la violación todavía se llaman los delitos capitales, no lo son en el sentido de estar sujetos a la pena de muerte. La pena de muerte solo se impone por cometer el asesinato, lo cual quiere decir que ése es el único delito capital.) En Georgia, el jurado decide normalmente si el acusado es culpable. El juez determina lo que será la condena. Sin embargo, el jurado que pronuncia un veredicto de culpabilidad tiene que tomar otra decisión ya en ciertos casos capitales: Debe decidir si el acusado debe ser sentenciado a la muerte, a la cadena perpetua o a la cadena perpetua sin que haya la posibilidad de la libertad condicional.

Antes de imponer la pena de muerte, el jurado debe determinar si hubo "circunstancias agravantes" (en inglés *aggravating circumstances*). Éstas se deben basar en la evidencia que se presentó en el juicio o durante la audiencia previa a la sentencia. ¿Qué serían las circunstancias agravantes? La ley de Georgia proporciona diez circunstancias mayores. Una sería si el acusado había sido anteriormente encontrado culpable de un delito capital. Otra sería si se le pagó al acusado para que cometiera el asesinato.

El jurado también oye la evidencia de las "circunstancias mitigantes" (en inglés *mitigating circumstances*). ¿Ser menor de edad será un factor (hecho) mitigante? Aunque el Tribunal Supremo de los EE.UU. ha dicho que los estados pueden ejecutar a los menores de edad, la ley de Georgia prohíbe al estado que pida la pena de muerte para las personas menores de 17 años de edad.

El jurado debe llegar a una decisión unánime en el caso de la pena de muerte. Si los miembros de jurado no están todos de acuerdo, el juez debe imponer la cadena perpetua.

Dado que la ejecución es final, se les da a los presos condenados a muerte muchas oportunidades de intentar que se cambie la condena. Este proceso de apelaciones se ha convertido en algo largo y complicado. Para simplificarlo hasta cierto punto, algunos estados, inclusive Georgia, han adoptado un sistema de la "apelación unificada" *(unified appeal system)*. Éste pone todas las cuestiones por las que un condenado puede apelar la condena en un documento. Este documento se puede presentar una sola vez ante los tribunales de apelación estatales y federales.

Sin embargo, además de las apelaciones, los condenados a muerte pueden presentar tres peticiones de hábeas corpus ante los tribunales estatales y federales. Éstas se deben basar en las cuestiones constitucionales. Tienen que ver usualmente con la alegación de que se han ignorado los derechos fundamentales durante el juicio o en las fases de dictar la sentencia en el proceso de la justicia penal. Típicamente, puede llevar unos nueve o diez años para que estas peticiones alcanzaran pasar por los tribunales.

Algunas personas creen que las peticiones de hábeas corpus deben de limitarse. Otras creen que estas protecciones son importantes cuando se pretende quitar la vida humana. ¿Qué opinas tú?

---

### Solo los hechos

1. Define lo que es la libertad condicional. ¿Cómo la libertad vigilada es distinta de la libertad condicional?
2. ¿Qué es un reincidente?
3. Da dos argumentos a favor de la pena de muerte y dos en su contra.
4. Explica la responsabilidad del jurado en el caso donde la pena de muerte sea posible.

---

### Piensa

1. En cierto tipo de programa basado en la comunidad *(community-based program)*, los delincuentes pasan la noche en la prisión y trabajan en la comunidad durante el día. Defiende tal programa o arguye contra él. ¿Qué filosofía de la condena reflejaría dicho programa?

2. Supongamos que tienes que poner en libertad a algunos presos para aliviar el hacinamiento de la prisión. Debes seleccionarlos entre personadas culpables de (a) la falsificación, (b) el abuso sexual de menores, (d) el homicidio sin la premeditación, (d) el robo con allanamiento de morada, o (e) el incendio intencional. ¿En qué orden pondrías en la libertad a estos presos? Explica las razones por las que decidirías qué grupos de presos vas a poner primero en la libertad.

3. El hecho que la mayor parte de los estadounidenses se declara a favor de la pena de muerte en las encuestas ¿es un buen argumento para imponerla? ¿Qué tal el hecho de que muchos reos sentenciados a la pena de muerte experimentan que sus condenas se derriben al presentar o analizar la evidencia de ADN, varios años después de los juicios pero antes que el Estado les quitara la vida? Explica tu contestación a cada pregunta.

## EN RESUMEN

La condena y el castigo son espacios de muchas polémicas así como son espacios de cambios posibles al sistema legal. Hace no muchos siglos en Inglaterra se ahorcaba a la gente por los delitos que hoy día pudieran reducirse a la libertad vigilada. En este momento en otros países, la condena puede ser considerablemente más o menos severa que lo sea en Georgia. En gran parte, esta variación puede referirse a la pregunta: ¿Por qué castigamos a los delincuentes?

Éstas son precisamente los espacios para el cambio social que preocupan directamente a los ciudadanos. Tal vez estés a favor de penas (condenas) más duras. ¿Cuánto pagarías como contribuyente con tus impuestos para poder encerrar a más delincuentes en la prisión por períodos de tiempo más largos? O pudieras estar a favor de mejores programas de rehabilitación. Pero, ¿cuánta seguridad tuya quisieras arriesgar con la esperanza de que los delincuentes se rehabiliten en los programas basados en la comunidad? ◻

# Parte 5

# LA INMIGRACIÓN

## 20. La inmigración y la ciudadanía

# 20 La inmigración y la ciudadanía

## ¿POR QUÉ ESTUDIAR LA LEY DE INMIGRACIÓN?

La inmigración ha afectado todos los aspectos de la vida estadounidense. Mira a tu alrededor. Fíjate en tus compañeros de clase, en tus vecinos y en tus amigos. Fíjate en la comida que comes y en la música que escuchas. Con la excepción de los indígenas estadounidenses, todos somos resultado de la inmigración. Por dicha razón, a menudo se describe a los Estados Unidos como a una nación de inmigrantes o como el "crisol de razas". El hecho de que somos un crisol de tantas culturas, razas y religiones diferentes, hace que esta nación sea un caso único. Durante más de 300 años, varios grupos étnicos, culturales y sociales han venido a este país para reunirse con familiares, buscar empleo o para encontrar el refugio contra la persecución religiosa o política. Estos inmigrantes, en el pasado y en el presente, trajeron con ellos sus esperanzas y sueños. Por su parte, enriquecieron a los EE.UU. Por lo tanto ¿por qué estudiar la ley de inmigración? Porque los Estados Unidos se formaron gracias a la inmigración.

## ¿CUÁL ES ORÍGEN DE LA LEY DE INMIGRACIÓN Y QUIÉN ESTÁ A SU CARGO?

Como en todos los aspectos de la ley, la Constitución de los EE.UU. es el punto de partida de las leyes que gobiernan la inmigración. El artículo I, sección 8.4 de la Constitución otorga al Congreso el poder sobre la inmigración y la naturalización (la "naturalización" refiere al procedimiento por el cual pasan los inmigrantes para alcanzar la ciudadanía de este país). Este capacidad o facultad se justifica por la obligación que el Congreso tiene de mantener la seguridad de los EE.UU. Bien visto, la relación de los EE.UU. con otras naciones y con sus ciuda-

la inmigración • el Buró de Cuidadania y Servicios de Inmigración • el extranjero • el ciudadano • la ciudadanía derivada • la doctrina de la ley del suelo • la doctrina de la ley de la sangre • el Estatuto Temporal de Protección • el permiso condicional • la tarjeta verde • el refugiado • el asilado • la deportación • la desnaturalización danos puede afectar la seguridad de la nación. El poder del Congreso sobre la inmigración es amplio y, en gran parte, sigue sin cuestionarse. El examen de la gente de otros países que quieren entrar en los Estados Unidos es parte de esta obligación. Sin embargo, la autoridad general para administrar cotidianamente las leyes de inmigración ha sido delegada en la agencia federal que antes se conocía como el Servicio de Inmigración y Naturalización (por sus siglas en inglés; quiere decir. Algunos se dicen "la migra".) Pero ahora es parte del nuevo Departamento de Seguridad Interior (*Department of Homeland Security* con las siglas DHS) por medio de tres dependencias: la Oficina de Ciudadanía y Servicios Migratorios (*BCIS* por sus siglas en inglés, que quiere significar *Bureau of Citizenship and Immigration Services*), la Oficina de Ciudadanía y la Ejecución de Aduanas (*BICE* por sus siglas en inglés, para decir *Bureau of Immigration and Customs Enforcement*) y últimamente la Oficina de Aduana y Patrulla Fronteriza (*BCBP*, o sea *Bureau of Customs and Border Patrol*). Igualmente se incluye bajo el techo del nuevo Departamento de Seguridad Interior la Oficina Ejecutiva Revisora de Inmigración (*EOIR* por sus siglas en inglés, lo cual quiere decir *Executive Office of Immigration Review*) que comprende las cortes (los tribunales) especializados en asuntos de inmigración y un tribunal de apelación llamado la Junta de Apelaciones de Inmigración (*Board of Immigration Appeals*). Finalmente existe un grupo de fiscales que actuan en los casos de inmigración en representación, como es obvio, del estado estadounidense.

La ley define la autoridad de estas agencias. La ley original se llama el Acta de Inmigración y Nacionalidad. Las leyes que gobiernan la ejecución de este Acta se encuentran en el Código de las Regulaciones Federales.

Las formas en que las leyes de inmigración se aplican a los casos particulares se determinan por los tribunales y los cuerpos administrativos (por ejemplo, las agencias como el *BCIS* y su junta de revisión, la Junta de Apelaciones de Inmigración o *Board of Immigration Appeals* en inglés). Un caso puede comenzarlo alguien que solicita un beneficio de inmigración tal como la

* Un concepto importante que se de[be] recordar es que las leyes de inmigración no afectan a los ciudadanos estadounidenses. Las leyes de inmigración regulan la presencia—sea temporal o permanente—de las personas que no son ciudadanos de los Estados Unidos. Las leyes de inmigración llaman "extranjeros" (*aliens*) a los que no son ciudadanos. Las leyes de inmigración también determinan qué extranjeros pueden nacionalizarse (o "naturalizarse" en su argot legal), así cómo y cuándo se les concederá la nacionalidad. Por lo tanto, las leyes de inmigración nos dicen cómo los extranjeros pueden visitar, vivir, trabajar y estudiar en los EE.UU. y cómo pueden nacionalizarse. Pero las leyes de inmigración dejan de afectar a un extranjero una vez que él o ella adquiere la nacionalidad (ciudadanía o *citizenship* en inglés) de los Estados Unidos.

protección bajo las leyes de asilo (expuestas en las páginas siguientes). La solicitud se presenta al *BCIS*, que luego toma la decisión. Si el *BCIS* decide denegar el beneficio solicitado, un juez de inmigración revisa la decisión negativa. Luego, la Junta de Apelaciones de Inmigración revisa la decisión del juez. En algunos casos, los tribunales federales revisan las decisiones de la junta.

Otros cuerpos gubernamentales prestan asistencia en la ejecución de las leyes de inmigración. Por ejemplo, en algunos casos relacionados con los puestos de empleo, el Departamento de Trabajo debe considerar si la inmigración afectará positiva o negativamente al mercado laboral. Semejante decisión puede ser muy importante para determinar si se concederá o se denegará la visa (permiso) de trabajo.

### Solo los hechos

1. Nombra la agencia federal que comprende todas las agencias que tratan con la ley de inmigración.
2. ¿Cómo se llama la ley original de inmigración?

inmigración afectan a los extran-
~~que~~ adquieren la ciudadanía. ¿Es
?

~~tituci~~ón estadounidense otorga las
~~ongreso~~ para que dirija la inmigra-
~~ación?~~

2. ¿A quién regulan las leyes de la inmigración? ¿Qué actividades regulan estas leyes?

## ¿QUIÉN ES UN CIUDADANO Y QUIÉN ES UN EXTRANJERO?

Para que puedas entender quién es un ciudadano, recuerda dos palabras: el *suelo* y la *sangre*.

**El suelo.** La mayor parte de nosotros estamos familiarizados con el concepto de la ciudadanía o la nacionalidad. De acuerdo con la Enmienda Decimocuarta de la Constitución de los EE.UU., las personas que nacieron en este país son ciudadanos de los Estados Unidos. Esta provisión constitucional viene de un principio que se reconoció mucho tiempo antes de que se adoptara la Enmienda Decimocuarta, que dice que la nacionalidad de la persona se determina por su lugar de nacimiento. Este concepto tiene un nombre legal: la doctrina de *jus soli. Jus* es la palabra latina que significa "ley", y *soli* quiere decir "suelo". Por lo tanto, el ciudadano es cualquier persona que haya nacido en los Estados Unidos, lo que incluye todos los cincuenta estados, además de Puerto Rico, las Islas Virgénes, la Samoa Estadounidense, Guam y otras islas o territorios que se consideran como parte de los Estados Unidos. Además, algunas personas nacidas en la Zona del Canal (en el país de Panamá) mientras estuvo bajo el control de los EE.UU. se las puede también considerar como ciudadanos estadounidenses. De acuerdo con las leyes presentes, hay solo una excepción a la doctrina de *jus soli*: un niño nacido en los Estados Unidos de padres que están en el servicio diplomático de otro país no adquiere la nacionalidad estadounidense al nacer.

**La sangre.** Algunas personas son ciudadanos porque nacieron hijos de un padre o madre que son ciudadanos estadounidenses. De acuerdo

con la ley de la inmigración, este tipo de nacionalidad se llama la *ciudadanía derivada*. La ciudadanía derivada (*derived citizenship* en inglés) se refiere a la situación en la que un niño extranjero nacido fuera de los Estados Unidos adquiere automáticamente la nacionalidad estadounidense, cuando por lo menos el padre o la madre son ciudadanos estadounidenses. Este concepto de la ciudadanía derivada tiene un nombre legal: doctrina de *jus sanguinis. Sanguinis* es una palabra latina muy parecida y de igual sentido de la palabra castellana que quiere decir "sangre". Por lo tanto, bajo esta doctrina, la nacionalidad del niño depende de la nacionalidad de los padres de él o de ella.

La ciudadanía de la persona que reclama la ciudadanía de los EE.UU. derivada se rige por la ley que estaba vigente en la fecha del nacimiento de la persona. Hay muchas leyes semejantes con diferentes requisitos, pero son demasiado numerosas y complejas para explorarlas en este capítulo. Lo que es importante es recordar que algunos individuos pueden tener la nacionalidad estadounidense, porque sus padres la tienen, aunque no hayan nacido en los Estados Unidos.

Los ciudadanos nacidos en los Estados Unidos pueden probar su nacionalidad con su partida de nacimiento (*birth certificate*, expedido al nivel estatal). Los ciudadanos derivados pueden solicitar un certificado de nacionalidad con el propósito de probar que son ciudadanos. El *BCIS* tiene a su cargo la consideración de la evidencia que prueba la reclamación de la ciudadanía derivada para determinar si la persona es un ciudadano o no. Si se determina que la ciudadanía existe, el *BCIS* lo certificará.

---

### Solo los hechos

1. ¿A qué se refiere la doctrina de *jus soli*?
2. ¿Cuál es la única excepción a la doctrina de *jus soli*?
3. ¿Qué es un certificado de nacionalidad?

### Piensa

1. Explica el concepto de la nacionalidad derivada.
2. Un niño nacido en un hospital militar fuera de los Estados Unidos ¿se le debería considerar como ciudadano estadounidense?

| Tipo de visa... | Se concede a |
|---|---|
| A | los embajadores, diplomáticos y otros que se dedican al servicio diplomático |
| B | los que se dedican al comercio o al pasatiempo (el turismo) |
| C | la gente que toma los vuelos conectados con destino a otros países |
| D | los tripulantes (los que trabajan en barcos o aviones que temporalmente tocan en los Estados Unidos) |
| E | los inversionistas y comerciantes (los que hacen inversiones de importancia en las importaciones y exportaciones) |
| F | los estudiantes (extranjeros que estudian en una escuela acreditada o en una universidad estadounidense) |
| G | los representantes de las organizaciones internacionales |
| H | los profesionales, enfermeras y trabajadores de temporada |
| I | los empleados extranjeros de los medios de comunicación |
| J | los estudiantes de intercambio |
| K | los esposos, esposas, hijos, prometidos(as), o hijos de prometidos(as) de ciudadanos estadounidenses |
| L | los intratransferidos de una compañía (como en el caso de los empresas multinacionales) |
| M | los estudiantes que buscan la capacitación técnica (vocacional) |
| N | los que están en los Estados Unidos por alguna razón relacionada con la Organización del Tratado del Atlántico Norte (OTAN) |
| O | los científicos, artistas, personal docente y atletas |
| P | los atletas y artistas de categoría internacional |
| Q | los trabajadores del Programa para el Proceso Irlandés de la Paz (que vienen a aprender las técnicas que se emplean en la resolución de los conflictos) |
| R | los que trabajan en las órdenes religiosas |
| S | los informantes (es decir, personas que vienen a este país para dar información en las investigaciones criminales) |
| T | los víctimas del comercio o trata ilegal (tales como la prostitución forzada, trata de blancas, etc.) |
| TN | los que están implicados en el Tratado de Libre Comercio (o sea, los conductores de vehículos, agentes de venta o distribuidores que temporalmente desempeñan su comercio en los Estados Unidos como resultado del TLC) |
| U | los víctimas de las actividades criminales |
| V | los esposos(as) e hijos de los residentes permanentes actuales |

## TODOS LOS DEMÁS SON EXTRANJEROS (*ALIENS*)

De acuerdo con las leyes de inmigración, la gente son ciudadanos o extranjeros. Las leyes de la inmigración no tienen vigencia sobre los ciudadanos. En forma similar, las leyes de inmigración tienen autoridad absoluta sobre los extranjeros en los Estados Unidos. Básicamente, hay dos tipos de extranjeros: (1) los que vienen a los Estados Unidos para pasa una temporada, y (2) los que vienen con la intención de quedarse permanentemente.

### Los que no son inmigrantes

Los que no son inmigrantes (en inglés, *nonimmigrants*) son los extranjeros que vienen temporalmente a los Estados Unidos. La estancia se autoriza usualmente mediante una de las categorías de visa para los no-inmigrantes, creadas por el Acta de Inmigración y Naturalización. Existen numerosas visas que tienen diferentes propósitos para los que no son inmigrantes, cada uno de los cuales concede un cierto período de estancia en los Estados Unidos. La lista en la página anterior da las visas bajo las leyes actuales de inmigración.

Además de las visas que no son de inmigración, es decir, para los que no buscan la estadía permanente, las leyes de inmigración proveen también ciertos estatutos legales que permiten a los extranjeros entrar o permanecer temporalmente en los Estados Unidos. El Estatuto Temporal de Protección (*TPS* por sus siglas en inglés y quiere decir *Temporary Protective Status*) concede el estatus legal temporal y la autorización para que trabajen a los extranjeros que son ciudadanos de ciertos países especificados. Ocurre cuando el gobierno de los Estados Unidos ha determinado que dichos países no ofrecen la seguridad personal a los extranjeros para que vuelvan a casa, por razón de importantes desastres naturales o por la guerra. Por ejemplo, en el año de 1997 un volcán destruyó gran parte de la isla caribeña de Montserrat. Después del desastre natural, el gobierno de los Estados Unidos concedió el Estatuto Temporal de Protección (*TPS*) para los extranjeros que en aquel entonces se encontraban presentes en los Estados Unidos y eran ciudadanos de Montserrat, o habían residido últimamente allí. El *TPS* está en vigencia para esos extranjeros hasta que el gobierno de los Estados Unidos decida que Montserrat tiene la capacidad para ocuparse del retorno de sus ciudadanos. Durante el período del Estatuto Temporal de Protección, los extranjeros sujetos a la protección pueden vivir y trabajar en los Estados Unidos.

Otro tipo de estatuto temporal es el permiso que se llama *condicional* (en inglés se dice *parole*). La regla básica del permiso condicional es que el *BCIS* puede admitir temporalmente a cualquier persona que solicite la admisión en los Estados Unidos antes de que se le conceda la admisión. Los permisos condicionales se conceden sobre la base de cada caso cuando existe

una urgente necesidad humanitaria o se puede resultar en un significativo beneficio para el público en general. Ejemplos de las personas que han recibido, o pueden recibir, los permisos condicionales, incluye a

- los refugiados de Cuba;
- los que están solicitando la residencia permanente en los Estados Unidos, pero que tienen que salir temporalmente del país, y luego regresan para continuar las solicitudes pendientes; y
- los que necesitan venir a los Estados Unidos por razones humanitarias (como la intervención quirúrgica), pero que no tienen derecho a ninguno de las visas que no son de inmigración.

El permiso condicional superior se aprueba generalmente por un período específico de tiempo, y el extranjero debe utilizar el documento condicional para su propósito antes de que expire.

---

### Solo los hechos

1. ¿Qué es un no-inmigrante (*nonimmigrant*)?
2. Nombra tres visas que el Acta de Inmigración y Naturalización provee actualmente.

---

### Piensa

1. Da un ejemplo de una situación en la que se pudiera conceder el estatus de la protección temporal (*TPS*). Da un ejemplo de la situación en que se pudiera conceder el permiso condicional.
2. Fíjate en la lista de visas que aparece en esta sección. ¿A qué visa de no-inmigración tendría derecho un patinador sobre hielo de clase olimpiada? ¿Y un reportero de noticias francés?

### Los inmigrantes

A diferencia de los que no son inmigrantes que vienen temporalmente a los Estados Unidos, los inmigrantes vienen a los Estados Unidos para trabajar y vivir permanentemente. El propósito de un extranjero que quiere inmigrar es convertirse legalmente en un residente permanente. Para hacerlo, el extranjero debe obtener el permiso de residencia permanente conocida popularmente como la "tarjeta verde" (*green card* en inglés aunque ahora no tiene mucho de verde). Una vez que se le concede la tarjeta verde y el extranjero se convierte en residente permanente, a él o a ella se les permite permanentemente vivir, trabajar y viajar por los Estados Unidos. Además, los residentes permanentes tienen el derecho de llegar a ser ciudadanos naturalizados si reúnen todos los requisitos.

Existen cuatro razones por las que puede ser que los extranjeros quieran inmigrar a los Estados Unidos: para reunirse con su familia, para trabajar o para mejorarse profesionalmente, para escapar a la persecución en sus países natales, o para mejorar económicamente su vida y la de sus familias.

## La inmigración basada en la familia

La mayor parte de los inmigrantes, casi las tres cuartas partes, viene a los Estados Unidos para estar cerca de miembros de su familia. La ley permite a los ciudadanos de los Estados Unidos que soliciten la visa de inmigración a favor de los siguientes miembros de su familia: esposo(a), hijos (incluyen a los menores de edad, adultos, solteros o hijos casados; hijastros [en ciertos casos]; e hijos adoptivos), padres y hermanos. A los residentes permanentes que son legales, se les permite que soliciten una visa solo a favor del esposo(a) y los hijos solteros. La aprobación de la solicitud para una "visa de inmigrante familiar" (*family immigrant visa*) puede llevar varios o muchos años. Una vez que se aprueba la solicitud, el pariente que es extranjero puede inmigrar a los Estados Unidos desde otro país o, si el pariente está en los Estados Unidos con una visa que no es de inmigrante, puede recibir el estatus de residente permanente.

La relación del solicitante con el extranjero que quiere ser inmigrante afectará la duración del proceso. Por ejemplo, el esposo o la esposa de un(a) ciudadano(a) de los Estados Unidos reúne los requisitos para recibir inmediatamente el estatus de residente permanente una vez que se haya establecido la relación matrimonial, pero el esposo o esposa de un residente permanente "legalizado" debe esperar entre 4 y 8 años. El hermano o hermana de un ciudadano de los

Estados Unidos puede ser que tenga que esperar 20 años o más para recibir el estatus de residente permanente.

## La inmigración basada en el empleo o en el talento

El segundo tipo de inmigración, inmigración basada en el empleo, permite a los empresarios traer los trabajadores especializados a los Estados Unidos. Este proceso complejo se coordina entre el *BCIS* y el Departamento de Trabajo estadounidense para estar seguros que los empleados extranjeros no quiten los puestos de empleo a los ciudadanos estadounidenses; solo se permite unos pocos trabajadores por cada empresario. Antes de traer los trabajadores inmigrantes a los Estados Unidos mediante una petición de inmigración, los empresarios deben demostrar que no hay estadounidenses calificados que puedan ocupar el puesto. Sin embargo, una vez que los empleados se encuentran en los Estados Unidos y que han sido aprobados como trabajadores inmigrantes, pueden solicitar el paso a la categoría de los residentes permanentes legales. Eventualmente, pueden llegar a ser ciudadanos de los EE.UU. Pueden traer también con ellos a los Estados Unidos, al (la) esposo(a) y a los hijos menores de edad que sean solteros. Por ejemplo, si una empresa quiere emplear como ingeniero a la señora X, de Francia, la empresa debe demostrar al Departamento de Trabajo estadounidense que no hay nadie en el mercado laboral de los EE.UU. que pueda ocupar el puesto. Luego, la empresa debe solicitar una visa de trabajador inmigrante para la señora X, el cual, si se aprueba, permite a la señora X, al señor X y a sus hijos, la entrada en los Estados Unidos, la adquisición del estatus de residente permanente y, más adelante, la ciudadanía de los EE.UU. Los extranjeros que se considera poseen habilidades únicas, o que han ganado premios de prestigio (como el premio Nobel), pueden solicitar una visa de trabajo para inmigrantes sin el apoyo de un empresario o sin una decisión del Departamento de Trabajo.

## Los refugiados y los asilados

Muchos de nosotros conocemos la inscripción de la Estatua de la Libertad que dice, "Dadme

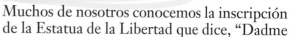

vuestro tropel de masas cansadas, empobrecidas, que ansían respirar libres". El dicho es apropiado porque los Estados Unidos fueron fundados en parte por aquellos que escaparon de los países en que se encontraban, donde eran perseguidos por razones políticas o religiosas. Las leyes de inmigración de los EE.UU. reflejan la responsabilidad que la nación asumió históricamente de ofrecer la protección a los individuos que han sufrido, o que es posible que sufran, la persecución a causa de su raza, nacionalidad, religión, etnicidad, o por sus actividades políticas o sociales. La protección se concede a grupos de gente que se llaman los *refugiados* o los *asilados*. El refugiado (*refugee* en inglés) es un extranjero que obtiene el permiso formal para entrar en los Estados Unidos mientras estaba fuera del país. El asilado (*asylee* en inglés) es el extranjero que ya está en los Estados Unidos y entonces solicita y se le concede el asilo (o sea la protección).

No importa cómo un extranjero entre en los Estados Unidos, sea legal o ilegalmente, él o ella puede solicitar el asilo una vez que está en este país. Los que solicitan el asilo se convierten en los asilados solo después de que su solicitud de asilo ha sido concedida. Tanto los asilados como los refugiados pueden solicitar el estatus legal de residentes permanentes después que han tenido el estatus de asilado o refugiado al menos por un año. El (la) esposo(a) e hijos de los asilados y refugiados también pueden ser considerados como asilados y refugiados. Algunos inmigrantes no pueden recibir el estatus de asilado o de refugiado e incluyen los terroristas, los traficantes de drogas y los que han sido declarados culpables de crímenes graves; los que han perseguido a otros; y los que representan una amenaza seria para la seguridad nacional estadounidense. Existen formas de protección más limitadas para algunas personas en estas categorías.

### Los inmigrantes especiales

Hay una provisión general para los extranjeros en el Acta de Inmigración y Naturalización que incluye a las viudas y los huérfanos de ciudadanos, a ciertos jóvenes, a los ameriasiáticos (o sea, a los hijos de ciudadanos estadounidenses y asiá-

ticos), a las víctimas de la violencia doméstica y a los empleados religiosos. Ellos pueden solicitar una petición especial de inmigración. La petición, si se aprueba, puede resultar en un ajuste del estatus, de modo que la persona puede pasar a ser un residente permanente legal.

### Las personas que están presentes ilegalmente en los Estados Unidos

Los extranjeros que están en los Estados Unidos sin el permiso oficial (del *BCIS*) están ilegalmente en el país. Algunos extranjeros "ilegales" tienen la intención de estar temporalmente, mientras que otros tienen la intención de quedarse permanentemente. Los extranjeros ilegales entran en los Estados Unidos de dos formas: se quedan más tiempo del que permite la visa o violan las condiciones de la visa o se cruzan la frontera ilegalmente.

1. Los que se quedan más tiempo del que permite la visa /los que violan los términos de la visa: Cualquier extranjero que entra en los Estados Unidos legalmente con una visa que no es de inmigración, pero que permanece en el país más tiempo de lo debido o que desempeña una actividad que no se permite en las condiciones de la visa, se considera que está ilegalmente en los Estados Unidos. Por ejemplo, un turista que entra con una visa "B" y que al entrar se le conceden 30 días de estancia, pero que se queda más de 30 días, o que trabaja (los turistas no están autorizados a trabajar) pasa a ser un extranjero ilegal.

2. Los extranjeros que cruzan ilegalmente la frontera: Los extranjeros que cruzan la frontera para entrar en los Estados Unidos sin presentarse en el control de inmigración son también extranjeros ilegales. Por ejemplo, la persona que entra en los Estados Unidos por la frontera mexicana o canadiense oculta en el maletero de un automóvil es un extranjero ilegal para decirlo así. También se le llama muchas veces el trabajador indocumentado, que entra sin los documentos en orden.

Los extranjeros ilegales en estas categorías se enfrentan con varios obstáculos para obtener el estatus legal. La mayor parte de los extranjeros ilegales solicitan el asilo o el estatus de protección temporal *(TPS)* por medio de un familiar o de un empresario. Bajo una provisión limitada de la ley, los extranjeros ilegales que reúnen las condiciones pueden obtener una visa basado en la familia o en el empleo. Deben pagar una multa (en la actualidad, $1,000) y reunir una diversidad de condiciones y de limitaciones temporales. Los que se quedan más tiempo en el país de lo que permite la visa y los que violan los términos de la visa pueden obtener el estatus de residente permanente sin pagar la multa únicamente cuando lo solicitan como esposo(a) o hijo menor de edad de un ciudadano estadounidense. Las personas que cruzan la frontera sin pasar por el control de inspección no pueden solicitar el estatus de residente permanente sin pagar la multa.

---

### Solo los hechos

1. ¿Qué es la tarjeta verde (*green card*)?
2. ¿Cuál es la razón por la que la mayor parte de la gente emigra a los Estados Unidos?
3. ¿Cuál es la diferencia entre el refugiado y el asilado?
4. Nombra los dos tipos de extranjeros que están en el país de forma ilegal.

---

### Piensa

1. ¿Por qué crees que el empresario solo puede traer a los Estados Unidos unos pocos trabajadores especializados bajo la inmigración basada en el empleo?
2. Las leyes de inmigración de los Estados Unidos reflejan la responsabilidad que esta nación asumió históricamente de apoyar los derechos humanos. Explica cómo las leyes de inmigración cumplen con dicho propósito.

## ¿CÓMO LOS EXTRANJEROS PUEDEN PERDER EL ESTATUS O LA HABILIDAD DE OBTENER EL ESTATUS?

La ejecución de cualquier acto delictivo que vaya contra lo que la ley de inmigración define como el *buen carácter moral* puede hacer imposible que un extranjero adquiera el estatus legal (es decir, el estatus de residente permanente), o que retenga el estatus legal previamente obtenido. No solo la condena por el asesinato, la violación, el tráfico de drogas, el abuso deshonesto de menores y el fraude, sino también las acusaciones como el robo o el asalto y la agresión, pueden representar otro obstáculo para obtener o retener el estatus legal de inmigración. Del mismo modo, mentir al *BCIS* para obtener un beneficio de la inmigración constituye el fraude y el testimonio falso y puede poner en peligro el estatus tanto actual como futuro del inmigrante. Por ejemplo, si dices al *BCIS* que no estás casado cuando en realidad lo estás, y el *BCIS* te concede el estatus legal de residente permanente basado en el testimonio falso, pero luego descubre que estás casado, el *BCIS* puede retirarte el estatus legal de residente permanente.

En algunos casos, el extranjero que es culpable de un delito o que ha cometido el fraude o ha dado el testimonio falso puede presentar una renuncia (es decir, una petición de perdón o *waiver* en inglés) al *BCIS* para alcanzar el estatus de residente permanente o para retenerlo. Las renuncias suelen permitirse si la cancelación del estatus del extranjero causara el apuro económico extremo a un ciudadano, al (la) esposo(a) residente, o a un hijo. A pesar de todo, los extranjeros que cometen los actos penales o los fraudes o los testimonios falsos (los dos actos más frecuentes) pueden ser deportados. Otras razones para ser deportados incluyen el quedarse más tiempo en el país de lo que permite la visa y la entrada ilegal al país.

Además, si el *BCIS* cree que un extranjero puede resultar posiblemente una carga para el sistema de beneficiencia (*welfare* o *public assistance* en inglés), puede denegarle al extranjero la solicitud para conseguir el estatus de residente permanente. Por lo tanto, el ciudadano de los EE.UU. o el residente permanente que presenta la petición a favor de un extranjero debe demostrar que gana la cantidad suficiente de dinero para mantener al extranjero o que existe otro ciudadano o residente que se presta a y tiene la capacidad de mantener económicamente al extranjero. Esta persona se llama el *fiador* (en inglés se le llama *sponsor*). Alternativamente, el extranjero que solicita ser un residente permanente puede demostrar que puede trabajar y que es improbable que llegue a ser una carga para el sistema de beneficiencia.

Los extranjeros pueden perder la posibilidad de llegar a ser residentes si se quedan sin el tal fiador. Por ejemplo, si una empresa presenta una solicitud de inmigración basada en el empleo, pero luego retira la oferta de empleo, el extranjero que intenta trabajar en los Estados Unidos no puede pedir el estatus de residente permanente. En forma parecida, si el residente permanente tiene una hija y el residente permanente fallece antes de que la hija pueda adquirir su propio estatus de residente permanente, se le denegará la solicitud. Claro que hay algunas excepciones por razones humanitarias al procedimiento de seguir en el caso de la pérdida del fiador.

Otras formas mediante las que el residente permanente puede perder su estatus una vez que se le haya otorgado incluyen las siguientes:

- *El (la) residente permanente abandona su estatus.* Un(a) residente permanente puede perder su estatus si se ausenta de los Estados Unidos durante un largo período de tiempo. Eso depende de las circunstancias relacionadas con la ausencia y de si tenía o no tenía la intención de abandonar su estatus.

- *El (la) residente permanente renuncia a su estatus.* Un(a) residente puede renunciar (es decir, devolver deliberadamente) a su estatus de residente en cualquier momento, mediante la presentación del cuestionario apropiado a un agente del *BCIS* (o en otro país, con entregarlo en el consulado o la embajada de los Estados Unidos).

- *El BCIS rescinde (o rechaza) el estatus del residente permanente.* El *BCIS* puede rescindir el estatus de residente de un extranjero dentro de los cinco años que siguen a la concesión del estatus, si el *BCIS* descubre que el extranjero no tenía el derecho al estatus cuando inicialmente se lo otorgaron (por ejemplo, si se descubrió

que un extranjero mintió cuando solicitó tal estatus).

- *El residente permanente es deportado.* El estatus de residente permanente se revocará si el residente comete un delito que resulte en la deportación.

---

### Solo los hechos

1. ¿Qué actividades pueden resultar en que el extranjero no obtenga el estatus legal o que sean la causa de que lo pierda?
2. ¿Quién es un fiador?

---

### Piensa

1. Explica el concepto de la renuncia.
2. Un residente permanente hace un viaje de dos semanas por México. Durante su estancia allí, tiene un accidente de automóvil y está en coma durante los dos años siguientes. Tres años después de su partida, intenta volver a entrar en los Estados Unidos. Los agentes de la inmigración le paran, para determinar si abandonó su estatus al estar tres años fuera de los Estados Unidos. Tomando en cuenta lo que sabes, ¿cómo decidirías el caso?

---

## ¿ASÍ QUE QUIERES HACERTE CIUDADANO(A)?

Las personas que no nacieron en los Estados Unidos y que no derivan la ciudadanía a través de sus padres pueden, a pesar de todo, llegar a ser ciudadanos de los Estados Unidos bajo ciertas condiciones. Este proceso de solicitar la ciudadanía se llama la *naturalización*. Las solicitudes para pedir la naturalización se presentan al *BCIS*, que tiene el capacidad exclusiva de determinar si el extranjero puede ser un ciudadano naturalizado. La nacionalidad obtenida mediante naturalización no es una ciudadanía de segunda clase, sino que conlleva el privilegio de la participación completa en el sistema democrática de este país, que incluyen el derecho de hablar con plena libertad, de criticar al gobierno, de trabajar en el sector público y de fomentar los cambios en las leyes del país. De hecho, hay muy pocas diferencias en la ciudadanía por razón de nacimiento y por razón de naturalización, excepto en dos casos importantes: los ciudadanos naturalizados no pueden llegar a ser el o la presidente de los Estados Unidos y, en algunos casos extremos, los ciudanos naturalizados pueden ser desnaturalizados.

## Los requisitos para la naturalización

### Los requisitos de presencia física y legal

Para ser elegible para la naturalización, el extranjero debe reunir los requisitos de la residencia y de la presencia física establecidos por el Acta de Inmigración y Naturalización. Dichos requisitos incluyen los siguientes:

- El extranjero debe haber sido un residente permanente legal de los Estados Unidos, por un mínimo de cinco años (o de tres años si está casado(a) con un(a) ciudadano(a) de los EE.UU.) antes de solicitar la naturalización.
- El extranjero debe mostrar que ha estado físicamente presente en los Estados Unidos por lo menos la mitad del tiempo durante los últimos cinco años.
- El extranjero debe mostrar que ha residido por lo menos tres meses en la ciudad donde él o ella solicita la naturalización.

Los requisitos son menos estrictos para los que residen fuera de los Estados Unidos, pero que trabajan para los Estados Unidos (es decir, los ingresados en el ejército estadounidense). Además, los extranjeros que sirven en las fuerzas armadas de los EE.UU. durante un período de guerra no tiene que demostrar que tenían estatus legal de residente permanente antes de solicitar la naturalización.

### El juramento de la lealtad

Para recibir la ciudadanía por medio de la naturalización, un extranjero debe entender el juramento de la lealtad y estar dispuesto a pronunciarlo y tener la voluntad de hacerlo. Bajo el juramento, el extranjero promete

- apoyar la Constitución de los Estados Unidos;
- "renunciar y abjurar absoluta y por completo toda la lealtad y fidelidad a cualquier príncipe, potentado, estado o soberanía de

los que el solicitante fue antes súbdito o ciudadano";
- apoyar y defender la Constitución y las leyes de los Estados Unidos contra todos los enemigos, extranjeros o domésticos;
- profesar verdadera fe y lealtad a los Estados Unidos; y
- portar armas en defensa de los Estados Unidos o desempeñar servicios auxiliares en las Fuerzas Armadas de los Estados Unidos, o hacer trabajos de importancia nacional bajo la dirección civil cuando lo requiera la ley.

### El requisito de la edad

Con la excepción de las adopciones (de hijos) y de aquellos individuos que han servido honorablemente bajo el estatus de servicio activo en las fuerzas armadas durante época de guerra, los extranjeros deben tener por lo menos 18 años de edad para poder pedir la naturalización.

### El requisito de la competencia mental

Un extranjero debe ser legalmente competente en el momento en que él o ella se presenta al examen de naturalización, el cual es parte de la solicitud de naturalización, y así mismo cuando se administra el juramento de la fidelidad estadounidense (*oath of allegiance*). Es decir que el extranjero debe entender el propósito de la naturalización y de las responsabilidades que conlleva la ciudadanía. Una historia de la incompetencia (incapacidad) mental en el pasado, como haber estado recluido en una institución mental, no es impedimento en el caso de que durante el período de la solicitud y cuando se administra el juramento, el extranjero haya superado el problema lo suficientemente para comprender el concepto de la ciudadanía de los EE.UU. y el deseo de ser ciudadano estadounidense.

### El requisito del dominio del idioma inglés

Los extranjeros que solicitan la naturalización deben saber hablar, leer, escribir y comprender inglés. La entrevista de la naturalización se conduce en el inglés, y da a los extranjeros la oportunidad de oír y contestar las preguntas y demostrar la habilidad de hablar y entender dicha lengua. El agente del *BCIS* también pedirá al extranjero que lea una frase seleccionada al azar y que escriba una frase simple (como por ejemplo, "quiero ser llegar ser ciudadano") dictada por el agente del *BCIS*. Los extranjeros deben poder leer y escribir las frases clara y correctamente.

## El requisito de buen carácter moral

Para que una persona pueda naturalizarse, debe estimarse que tiene un buen carácter moral. El Acta de Inmigración y Naturalización define el *buen carácter moral* con referencia a la lista de actividades específicas que están prohibidas. Sin embargo, existe también un aspecto discrecional del buen carácter moral (*good moral character*); es decir, que el *BCIS* puede considerar otras actividades que no están necesariamente en la lista del acta. No se considera que un extranjero es de buen carácter moral si él o ella

- se embriaga habitualmente;
- se ha encontrado culpable de ciertos delitos como el robo o la violencia;
- practica la prostitución o es alguien que procura los servicios de la prostitución;
- se ocupa del vicio comercial;
- pasa de contrabando a otros extranjeros;
- practica la poligamía;
- ha sido culpable de una violación de las leyes sobre las substancias controladas;
- tiene ganancias procedentes principalmente de los juegos de azar ilegales;
- ha dado el testimonio falso o ha jurado en falso para obtener un beneficio de inmigración;
- ha hecho las declaraciones falsas para obtener la ciudadanía de los EE.UU. o para votar en las elecciones;
- ha faltado al pago de la manutención obligatoria de un menor;
- no ha hecho declaración de impuestos; o
- es un varón que debe hacerlo, pero que no se ha inscrito en el Servicio Obligatorio de Reclutamiento (*Selective Service*).

Se requiere la toma de las huellas dactilares de todos los que solicitan la naturalización, de modo que un agente del *BCIS* pueda pedir a la Agencia Federal de Investigación (*FBI, Federal Bureau of Investigation*) una copia del expediente del solicitante. El agente del *BCIS* tiene el derecho de revisar el expediente completo y toda la historial del extranjero. No es sensato mentir en una solicitud de naturalización. Por ejemplo, si los antecedentes muestran que se ha cometido un pequeño delito y el solicitante ha mentido sobre el incidente, aunque el delito en sí puede que no sea impedimento para la naturalización, se considerará que el solicitante no tiene un buen carácter moral porque él o ella ha mentido. Es decir, que la mentira es más perjudicial que el incidente que el extranjero trató de ocultar. Además, si el solicitante ha mentido bajo el juramento, él o ella ha jurado en falso, y se considera que la ofensa es todavía más seria.

## El requisito del conocimiento de la historia y del sistema político de los Estados Unidos

Además de demostrar un conocimiento del idioma inglés, los que solicitan la naturalización deben demostrar un entendimiento de los fundamentos y de la historia de los EE.UU. y de los principios y el sistema político de los EE.UU., con presentar y aprobar un examen a propósito. Antes del examen, los solicitantes pueden pedir al *BCIS* una lista de preguntas sobre el gobierno y la historia. Un agente del *BCIS*, por lo general, hace 10 preguntas escogidas al azar de entre las 100 preguntas que le son posibles. Las preguntas, que se contestan oralmente, están diseñadas para evaluar el conocimiento básico ("¿Cuáles son las ramas del gobierno?"), un conocimiento específico local ("¿Quién es el alcalde de esta ciudad?") y un conocimiento de algunos cuantos hechos menos conocidos ("¿Quién escribió el *Star Spangled Banner*?"). El solicitante deber ser capaz de contestar, por lo menos, el 60% de las preguntas.

## Las excepciones

Algunas personas pueden ser incapaces de cumplir con todos los requisitos para la naturalización a causa de la incapacitación médica, de la edad avanzada o de las creencias religiosas. Pero a pesar de eso, pueden ser considerados para ser ciudadanos. A un solicitante que tiene la descapacitación física que le incapacite para aprender la lengua inglesa (por ejemplo, la persona sorda o muda) se le puede excusar del requisito de la lengua inglesa. A las personas que son invidentes también se les puede excusar del requisito, aunque la ceguera en sí no es un impedimento para aprender una lengua. En el caso de otras condiciones físicas, el médico debe mostrar que la descapacitación es tal que el solicitante es incapaz de aprender un idioma (es decir, la habilidad de hablar, escribir, leer y entender el inglés). En consecuencia, a causa de su inhabilidad para aprender, se les pueden eximir también del requisito del conocimiento de la historia y del gobierno. Sin embargo, a los extranjeros que pierden las habilidades cognoscitivas como el resultado directo del consumo de las drogas ilegales no se les puede eximir de dichos requisitos.

Además de la excepción por razón de la descapacitación, los extranjeros que han sido legalmente residentes permanentes de los EE.UU. y que son de edad avanzada, puede ser que la entrevista de naturalización y el examen de historia y del gobierno se conduzca en su lengua natal. Los extranjeros que tienen más de 50 años de edad y que han vivido en los Estados Unidos como residentes permanentes durante al menos 20 años, o los mayores de los 55 años de edad y han vivido en los Estados Unidos como residentes al menos durante 15 años pueden atenerse a esta exención.

Algunas personas pueden quedar exentas del juramento completo de la lealtad, a causa de que sus ideas religiosas les prohíbe votar, servir en los jurados, prestar lealtad a la bandera, portar las armas, entrar en la política o por lo demás participar en el sistema político. La Constitución de los EE.UU. protege la libertad de la religión de la misma forma que crea el derecho a ser un ciudadano naturalizado. A causa de que estas estipulaciones pueden estar en conflicto, las leyes de inmigración estipulan que los solicitantes pueden ser considerados para la naturalización sin faltar a los principios básicos de sus creencias religiosas.

## La desnaturalización

La naturalización puede ser revocada si la persona que solicita la nacionalidad mediante la naturalización oculta un hecho material o intencionalmente se representa a sí misma fraudulentamente (es decir, miente) durante el proceso de solicitud. El proceso de revocar la ciudadanía de una persona se llama la *desnaturalización*. En un proceso de la desnaturalización, el gobierno debe probar que

1) el ciudadano naturalizado representó fraudulentamente algún hecho, o lo ocultó;
2) la representación fraudulenta o la ocultación fue a propósito (o intencionada);
3) el hecho fue material (es decir, importante para decidir la concesión de la nacionalidad); y
4) el ciudadano naturalizado obtuvo la nacionalidad como resultado de dicha representación fraudulenta o de la ocultación.

Cuando el gobierno pretende revocar la naturalización en base de la representación fraudulenta o en la ocultación por parte del solicitante, debe demostrar que el ciudadano naturalizado tuvo la verdadera intención de engañar al gobierno. Es decir, el gobierno debe demostrar que el ciudadano naturalizado quería engañarle, y que sabía que mentía en sus declaraciones. Se considera que la desnaturalización es el procedimiento más grave entre todos los de inmigración, y cualquier decisión que hace el *BCIS* contra un ciudadano naturalizado, la revisan cuidadosamente los tribunales de los EE.UU.

### Solo los hechos

1. ¿Qué es la naturalización?
2. Nombra dos maneras en que esta forma de naturalización es diferente de la naturalización basada en el nacimiento.
3. Haz una lista con los tres requisitos que se deben complir antes de que la persona pueda ser naturalizada.
4. Haz una lista de las cuatro cosas que se deben demostrar para que se desnaturalice a un ciudadano.

### Piensa

1. ¿Debiera permitirse que un ciudadano naturalizado llegue a ser el presidente del país? ¿Puedes pensar en otros líderes importantes en el gobierno estadounidense que fueron ciudadanos naturalizados? Sugerencia: Piensa a partir de los padres fundadores del país, y hasta recientemente en la administración de George W. Bush.

2. ¿Es equitativo el requisito de la lengua inglesa como parte del proceso de naturalización? ¿Por qué sí o por qué no lo es?

3. La persona que perdió su habilidad de aprendizaje a causa de las drogas recetadas por los médicos ¿debiera estar exenta del conocimiento del inglés y de la historia y el gobierno de los EE.UU., como requisitos del proceso de naturalización? ¿Qué pasa si las drogas recetadas eran para otro miembro de la familia? ¿Crees que la persona que se haya librado del vicio de la droga, pero que no ha recuperado su habilidad de aprender el idioma inglés y de adquirir conocimientos sobre la historia y el gobierno de los EE.UU, debiera estar exenta de esos requisitos? ¿Por qué sí o por qué no?

4. Una mujer mintió al dar su edad cuando se naturalizó (solo tenía 15 años pero creía que tenía 18, pues sufría de demencia y de delirios). ¿Debiera ser desnaturalizada? En primer lugar, ¿reunía los requisitos para la naturalización?

## EN RESUMEN

En este capítulo has aprendido los principios fundamentales de la ley de la inmigración. Como puedes ver, alcanzar la nacionalidad puede ser tan simple como haber nacido de un ciudadano de los EE.UU., o puede ser tan complicada como buscar la protección bajo las leyes del asilo, recibir el estatuto legal de ciudadano permanente y finalmente solicitar la nacionalidad por medio del proceso de naturalización. Las leyes de inmigración afectan al futuro de las vidas de los individuos y de esta nación. No podemos entender la historia de los EE.UU. sin entender también la historia de la inmigración. Si lo hacemos así, seremos ciudadanos mejor enterados. ❏

# El informe

Cuando los astronautas regresan de la misión en el espacio, participan en una sesión donde dan *informes de regreso* (en el inglés la palabra exacta es *debriefing*). En esta sesión, los expertos les hacen preguntas sobre los detalles de la misión. Las experiencias de primera mano de los astronautas pueden servir para encontrar las soluciones a los problemas persistentes. Pueden sugerir nuevas direcciones para las futuras misiones.

Pero para el astronauta, el informe de regreso es la oportunidad de repasar la experiencia—de poner las cosas en orden.

En cierto sentido, vuelves de una misión a otra región en la que has recogido los datos en las áreas con las que no estabas familiarizado. Has viajado por el sistema legal estadounidense, especialmente por lo que se refiere a los ciudadanos y residentes de Georgia. Has explorado los principios legales y los procesos que mucha gente apenas entiende. Y ahora, es un buen momento para que des un informe, o para poner lo que has aprendido en orden.

Una buena forma de empezar el informe es pensar en lo que haces en un día típico. Entonces, intenta hacer una lista de todas las leyes que afectan a tus actividades. ¿Qué aspectos de la ley civil te afectan? ¿De qué derechos constitucionales haces uso? ¿Qué influencia tienen en ti las leyes penales? Repasa la lista y considera qué parte de tu vida es la que está más controlada por la ley.

Otra tarea interesante del informe es la de redactar las leyes para la comunidad de una isla simple, o para tu clase. Éste es un buen modo de repasar la función e importancia de la ley. Considera qué principios legales son necesarios en una sociedad democrática. Piensa en los tipos de leyes que son comunes para todas las sociedades.

## Una mirada hacia atrás

El informe de regreso es el momento de sentarse para repasar lo que has aprendido. Piensa en las cuatro partes de este libro: los fundamentos, la ley civil, las protecciones constitucionales y la ley penal. En la primera parte, encontraste algunos de los principios básicos del sector público y del sistema legal de este país. Más adelante, aprendiste más sobre estos principios y sobre cómo se aplican a las situaciones específicas. Fuiste introducido, por ejemplo, al derecho que tienes al debido proceso legal (*due process*). Luego, más adelante, descubriste lo que el debido proceso legal significaba en las situaciones específicas como el desahucio, el caso de los daños y perjuicios o en el caso de un delito grave.

También has visto cómo los derechos deben ser sopesados para que exista un balance entre uno y otro. Por ejemplo ¿el derecho de un individuo a hablar o a viajar tiene más peso que el derecho a la privacidad o a la seguridad nacional? La cuestión del balance ha surgido en casi todos los capítulos de este libro. ¿Puedes recordar algunos ejemplos de la ley penal? ¿de la ley constitucional? ¿de la ley civil?

Has aprendido que las leyes cambian a tono con las épocas. Cambian al mismo tiempo que la tecnología y los valores cambian. Leíste cómo los cambios tecnológicos crearon la necesidad de tener leyes para los vehículos motorizados. Leíste cómo se crearon leyes para controlar la violencia doméstica y la operación de un vehículo en estado de embriaguez, y para proteger a las minorías y a los consumidores. Considera cómo estos cambios recientes de las leyes han afectado tu vida. ¿Qué tendencias puedes predecir en las leyes del futuro?

La precisión semántica (o sea la precisión en el uso del idioma) es también importante en la ley. Has encontrado muchos sitios donde un término cotidiano recibe un significado más específico bajo la ley. El término "ley" en sí es un ejemplo de esto, como descubriste en el primer capítulo. La palabra "matrimonio" es otro ejemplo. ¿Recuerdas otros?

Piensa y trata de poner el sistema legal de este país en su debida perspectiva. Has observado con detalle el papel que juegan los tribunales. Has visto cómo se proclaman acá las leyes y cómo se las hacen cumplir. Has observado lo que pasa a cada nivel—nacional, estatal y local. ¿Crees que se tiene el mejor sistema legal para solucionar las disputas? ¿Cuáles son los puntos fuertes del sistema legal estadounidense? Si tuvieras la tarea de mejorar estas leyes o este sistema, ¿por donde empezarías? Por cierto, ¿cómo podemos actuar como ciudadanos o residentes legales para cambiar las leyes del país?

## Una mirada hacia adelante

En el informe de regreso, es también importante pensar cómo utilizarás lo que has aprendido. ¿Qué pasa si se incautan tu aparato estereofónico? ¿Qué pasa si te detienen falsamente por hurtar en un almacén? Ahora tienes algunas ideas de los procesos legales y de las protecciones que suponen. En este libro, de hecho, has encontrado muchos derechos y otras tantas responsabilidades legales. Algunos se aplican a situaciones específicas, como las que tienen que ver con los caseros (dueños) y los inquilinos. Otras—como la igual protección—se aplican a muchas situaciones. Cuando participas en cualquier juego, es importante conocer las reglas. En forma similar, entender estos derechos y obligaciones te ayudarán ahora y en tu vida en este país.

Pudiera ser que este libro haya inspirado a alguno y que considere una carrera profesional en el campo del derecho. Tal vez quieras llegar ser agente de policía o abogado(a). Éstas son especialidades que requieren años del entrenamiento especializado, pero que ofrecen futuros prometedores.

Para la mayoría de ustedes, sin embargo, este libro simplemente ha desvanecido algo del misterio de la ley—una fuerza importante en nuestras vidas. Con el conocimiento de cómo funciona la ley que has adquirido, podrás formar tus propias opiniones bien enteradas que te facilitarán el juicio para explorar las cuestiones legales y constitucionales. Sabrás cómo usar mejor el sistema legal si alguna vez sea necesario. Este conocimiento te llevará a un mejor entendimiento de la ley que te será útil como residente o ciudadano de Georgia y de los Estados Unidos.

# Glosario

*Los términos presentados se define en la misma forma en que se utiliza en el texto del libro y de acuerdo con las leyes del estado de Georgia. Las definiciones representan una traducción del inglés estadounidense de uso común y no del lenguaje legal. (Los términos son traducidos al inglés en letra cursiva para la mayor orientación al sistema estadounidense para los que hablan el español.)*

**abandono** — (1) dejar a los menores de edad sin ninguna supervisión y sin intención de regresar; renunciar todas las responsabilidades de los padres (y las madres) (*abandonment* en inglés); (2) dejar al/a la cónyuge sin ninguna intención de volver. En general, la ausencia de un año se requiere, por ley, para probar que ha habido abandono (*desertion*).

**acción afirmativa** — los pasos que se toma por una organización con fines de remediar las situaciones anteriores de discriminación al contratar, dar ascenso y reclutar empleados. Tales pasos pueden ser requeridos por el sector oficial. En el caso típico, la acción afirmativa comprende emplear ciertas personas de acuerdo con cierta categoría (por ejemplo su raza) de estatus especial con miras a alcanzar un equilibrio dentro de la población laboral (*affirmative action*).

**acreedor** — es la persona que otorga crédito, presta dinero, entrega mercancias o presta servicios antes de que se haya cancelado el monto de la compra o de la deuda (*creditor*).

**acta cierta de acusación** — es un documento que el jurado de acusación (gran jurado) le presenta formalmente al tribunal en el cual se acusa al sospechoso de un delito mayor (*true bill of indictment*). También se dice "acusación fundada".

**acta formal de acusación** — es una acusación formal, generalmente de un delito grave, mediante gran jurado (*indictment*).

**acto delincuente** — es un acto que comete un menor de edad, si hubiera sido sido cometido por un adulto sería considerado como un hecho delictivo (un delito) (*delinquent act*).

**acuerdo de las voluntades** — es uno de los requisitos para que exista un contrato. Las partes tienen que entender y expresar entre sí lo que cada uno espera del otro (se dice *meeting of the minds* en inglés).

**acuerdo prenupcial** — los derechos y las responsibilidades relacionados que la pareja concuerda antes de casarse. Están relacionados con el matrimonio y el posible divorcio o separación de bienes (*prenuptial agreement*).

**Administración de Alimentos y Drogas** (*FDA* por sus siglas en inglés) — es la dependencia federal encargada de imponer las normas y los reglamentos a los alimentos, los productos farmacéuticos, los cosméticos y otros productos para el hogar (*Food and Drug Administration*).

**admisión** — (1) el procedimiento que emplea la policia o las autoridades encargadas de hacer cumplir la ley en cierta ciudad o condado para documentar la detencion de una persona. También se dice "ficha policial" (*booking*); (2) el primer paso en el procesamiento de un delincuente juvenil que ha sido detenido. Se le entrega al funcionario encargado de admisiones del tribunal de menores. El oficial de admisiones empezará a investigar inmediatamente (en inglés se dice *intake*).

**adopción** — el proceso legal de substituir los padres biológicos por los padres adoptivos (*adoption*).

**advertencia Miranda** — es una afirmación de los derechos de la persona que ha sido detenida por la policía. Se basa en las enmiendas Cuarta, Sexta y Décimocuarta de la Constitución estadounidense. La lectura de sus derechos a la persona detenida antes de interrogarla forma parte fundamental del debido proceso legal (*Miranda warning*). Véase el capítulo 16.

**agencia de informes comerciales** — una empresa que recompila información acerca de las personas y publica informes sobre el crédito de ellas, con el fin de que se utilice para determinar si los solicitantes de crédito son dignos de confianza (*credit bureaus* en inglés).

**agresión simple** (*battery* en inglés) — ocurre cuando la persona toca intencionalmente a otra persona sin su consentimiento o permiso. La ley asume que toda persona tiene el derecho a estar libre del contacto físico con otras personas cuando no lo quiere.

**albergue** — son centros donde se alberga a jóvenes temporalmente en un ambiente sin restricciones físicas. Son sitios donde los jóvenes que no son delincuentes permanecen hasta que se mejore su conducta y puedan volver a su casa (*shelter-care facility* en inglés).

**alegaciones** — son los documentos que contienen los cuestiones de hecho y de ley que dirigen al tribunal cada una de las partes de una demanda o acción civil. Por ejemplo, la demanda puesta por el demandante y la réplica del demandado (*pleadings*).

**analogía** — una clase de pensamiento lógico que es fundamental en el sistema legal estadounidense. Se basa en la idea que si dos cosas se asemejan de algunas maneras, lo asemejarán también de otras. Cuando se emplea en los procedimientos legales significa examinar casos que presenten situaciones similares con el fin de aplicar a otros casos similares las formas en que los primeros se hayan resuelto (*analogy*).

**anulación** — la declaración del tribunal (o de la corte) de que un matrimonio jamás existió porque nunca fue válido (*annulment*).

**apelación** — la petición a la corte que revisa las decisiones de los tribunales de primera instancia para determinar si se aplicó la ley en forma adecuada en los casos que reflejan dichas decisiones (*appeal*). El tribunal superior puede confirmar, revertir o modificar la decisión.

**apelaciones unificadas** — es el proceso de combinar en un solo documento las apelaciones del demandado que ha sido condenado a muerte (*unified appeal system* en inglés). También se dice "sistema de apelación unificada".

**apropiación ilícita de la propiedad** — es un daño intencional en el que al propietario se le priva de su propiedad ya sea permanentemente o por un período indefinido (*conversion*).

**arrendamiento por un período determinado** es un contrato de arrendamiento por un período definido. Se termina sin ninguna clase de aviso previo (*notice*) en el día en que vence el término especificado en el contrato (*periodic tenancy* en inglés).

**arrendamiento precario** — ocurre si el inquilino sigue ocupando el espacio arrendado después de que haya vencido el contrato de arrendamiento. El inquilino podrá seguir ocupando el espacio arrendado siempre y cuando el arrendatario lo permita (*tenancy-at-suffrance*).

**arrendamiento sin plazo fijo** — es un contrato de arrendamiento por un período indefinido. Se puede terminar el contrato en cualquier momento, cuando ha mediado un previo aviso (*tenancy-at-will*).

**arrendador**. Véase *casero*

**arrendatario**. Véase *inquilino*

**asalto** — se puede definir como una amenaza de lesión corporal. La persona amenazadora debe parecer que es capaz de ejecutar la amenaza (*assault* en inglés).

**asunción del riesgo** — una de dos posibles defensas contra el cargo de negligencia en la cual se afirma que el riesgo o el daño debe ser previsible y que el demandante procedió a actuar a pesar de la posibilidad de sufrir algún daño. (En inglés, se dice *assumption of the risk*.)

**audiencia** — es el procedimiento legal en el cual se presentan ante el juez argumentos, testigos o evidencias para que el juez emita una decisión relativa al caso (*hearing*).

**audiencia adjudicatoria** o de la resolución judicial — es la primera parte de la audiencia formal para un menor que ha cometido un acto ilegal o que se porta de forma indisciplinada. El propósito es determinar los hechos del caso (en inglés *adjudicatory hearing*).

**audiencia dispositoria** — es la audiencia en el tribunal de menores para determinar la manera más adecuada de tratamiento para un menor de edad delincuente, un acusado de crimen de estatus o un dependiente. Es la segunda fase de la audiencia formal de un menor de edad (en inglés *dispositional hearing*).

**audiencia formal** — es una audiencia ante el tribunal para determinar si el menor de edad necesita protección oficial o tratamiento. Tiene dos partes: la audiencia adjudicatoria y la dispositoria (*formal hearing*).

**audiencia previa a la sentencia** — es una audiencia que se puede realizar después de que el jurado haya pronunciado su veredicto de culpable y antes de que el juez dicte la sentencia. Esto permite el tiempo necesario para realizar la investigación previa a la sentencia (*presentence hearing*).

**base racional** — es una relación justificada entre el propósito de una ley y cualquier clasificación de personas que establece la ley o le corresponde (*rational basis*).

**bases** — son las razones legales para entablar un juicio (por ejemplo, las razones que la corte aceptara como válidas para entablar un caso del divorcio) o para entablar una apelación (*grounds*).

**bienes raíces** — son el terreno y cualquier otro objeto que fijo en él, como por ejemplo, edificios o siembras (se dice *real property*).

**bigamia** — es el delito de estar casado(a) con más que una persona a la vez (*bigamy*).

**bombo** — es la publicidad exagerada que resalta los buenos puntos de un producto. No es legal porque se trata de cuestiones de opinión particular y no de los hechos (*puffery*).

**cárcel** — es un local destinado a la reclusión de presos, generalmente por menos de un año (*jail*).

**cargo** — en la ley (1) las instrucciones del juez al jurado; o (2) la acusación formal de un delito (*charge*).

**cargos de financiación** — son el costo o importe del crédito (*finance charges*); incluyen los intereses, los cargos morosos, los costos de las transacciones (*service charges*) y los seguros sobre el préstamo.

**carta constitutional** — la ley estatal mediante la cual se funda una ciudad y pasa a ser su constitución que establece los poderes y los límites (*charter*).

**casero(a) o arrendador(a)** — dueño(a) de un inmueble arrendado a inquilinos (*landlord, landlady*).

**categoría de estatus especiales** — es un grupo humano que históricamente ha experimentado la discriminación por ciertas características fuera de su control, como la raza, la edad avanzada o el sexo (*status category*). Véase *clasificación de sospechosos*

**causa probable** — son las bases fundamentales (pruebas suficientes) para hacer la acusación (*probable cause*).

**causa propiciatoria** — es un acto que causó o dio lugar a un daño o lesión a otro y sin el cual el daño no hubiera ocurrido (en los casos de negligencia). En otras palabras, debe existir una asociación directa entre el acto y la supuesta lesión que se supone ha sido causada por el acto (*proximate cause* en inglés).

**caveat emptor** — frase en latín que significa "que el comprador esté advertido". Llamada la primera ley del consumidor, indica que el comprador debe tener cuidado en cuanto a la calidad de los productos y los servicios que compra. En inglés la frase es igual (*caveat emptor*).

**centro de detención** — es el lugar donde se evalúa a los presos antes de ser transferidos a la cárcel o a la prisión (*holding facility* en inglés).

**Centro Regional de Detención para Jóvenes** es un lugar destinado a la reclusión de corto plazo de menores condenados por haber cometido actos delincuentes. También se utiliza para detener a los jóvenes que tiene cargos pendientes de delincuencia, hasta que llegue el momento de la audiencia (*Regional Youth Deveopment Center, RYDC* por sus siglas en inglés).

**cese o suspensión de trabajo** — es cuando empresarios suspenden o cesan a los empleados cuando no hay trabajo suficiente. Generalmente, los ceses son temporales. Las empresas tienen el derecho de suspender a todos los empleados que sea necesario para que la empresa pueda continuar funcionando (*layoff*).

**cierre del trato** — cuando se firman todos los documentos y se finaliza la venta de un inmueble; la propiedad es traspasada formalmente del vendedor al comprador (*closing*).

**circunstancias agravantes** — son actos o hechos que agravan o hacen más serio un delito, los cuales podrían influenciar al juez para que imponga una pena más fuerte (*aggravating circumstances*).

**circunstancias apremiantes** — se refiere a una regla que permite el allanamiento sin permiso judicial en situaciones apremiantes. Un ejemplo de situación apremiante es cuando la policía persigue a alguien "encarnizadamente" (en inglés, *hot pursuit*), por acaba de cometer un delito (*exigent circumstances*).

**circunstancias mitigantes (atenuantes)** — son las circunstancias que rodean la comisión de un delito aquéllas que inclinarían al juez a pronunciar una sentencia más leve (*mitigating circumstances*).

**citación** — es una orden escrita expedida por el juez, donde se le informa al demandado que debe comparecer ante el tribunal (*summons* en inglés). También se dice "convocatoria".

**clasificación de sospechosos** — refiere a un grupo de gente que se puede identificar, que tiene rasgos físicos que no se pueden cambiar y que tiene además una historia de prejuicios en su contra. De acuerdo con la cláusula de protección de la Decimocuarta Enmienda, las leyes que discriminan puramente en base de la clasificaciones de esa índole son inconstitucionales (*suspect classification*).

**cláusula elastica** — es una sección de la Constitución estadounidense que otorga al Congreso el derecho de aprobar todas las leyes necesarias para realizar todas las tareas que se han encomendado (*elastic clause*).

**coacción** — (1) una defensa que sostiene que el demandado cometió el crimen por fuerza mayor y contra su voluntad (*coercion*). (2) Para efectos de celebrar un contrato bajo las leyes civiles, la coacción se define como el encarcelamiento, las amenazas u otra acta por lo cual la voluntad de la persona se restringe y su consentimiento se efectua (se dice en inglés *duress*).

**coartada** — la excusa dada para indicar que al momento de la comisión de un delito, el sospechoso estaba en otro lugar (*alibi*).

**codificar (compilar)** — organizar las respectivas leyes por materia (*codify*).

**código** — una compilación de las leyes, como por ejemplo las leyes del estado de Georgia (*code*).

**Código Comercial Uniforme** — es la compilación de las leyes que han sido aprobados en la mayoría de los estados por medio de los cuales se rigen las transacciones comerciales. El código establece ciertas garantías implícitas (*UCC* por sus siglas en inglés; quiere decir *Uniform Commercial Code*).

**Código Oficial Anotado de Georgia (O.C.G.A.)** es la compilación o el código de los estatutos de Georgia. El código consta de varios títulos de acuerdo con la materia tratada (*Official Code of Georgia Annotated*).

**códigos de construcción** — conjunto de leyes que establecen las normas para construir, alterar y reparar edificios (*building codes*).

**Comisión Federal de Comercio** (FTC por sus siglas en inglés) — es una dependencia federal con la capacidad de expedir los reglamentos que regulan ciertas transacciones comerciales y de poner litigios a las empresas por violaciones de los reglamentos (*Federal Trade Commission*).

**Comisión de Servicios Públicos** — es la junta gubernamental que regula las empresas privadas de servicio público que suministran la electricidad, el gas o los servicios telefónicos (*PSC* por sus siglas en inglés, que quiere decir *Public Service Commission*).

**compulsión ilusoria** — es una defensa en una causa penal cuando el acusado afirma que actuó con la firme convicción en lo verdadero de algo que realmente es falso (*delusional compulsion*).

**conclusiones finales** — son las últimas conclusiones que los abogados de ambas partes le presentan al jurado después de haber presentado todas las pruebas en el juicio (*closing arguments*).

**condominio** — es una vivienda de propiedad privada dentro de una unidad multifamiliar. Cada dueño también comparte la posesión de ciertas áreas comunes como los pasillos o los prados (*condominium*).

**consumación** — es uno de los requisitos para que un matrimonio sea válido. En el matrimonio con ceremonia, esto se logra con obtener la licencia de casamiento y realizar la ceremonia (*consummation*).

**consumidor** — es la persona que compra los bienes y los servicios (*consumer*).

**contrato** — es un acuerdo entre dos o más personas que puede hacerse valer legalmente en el cual cada una de las partes tiene que cumplir con la obligación que tiene hacia la(s) otra(s) (*contract*).

**contrato de arrendamiento** — es el contrato para arrendar (alquiler) un inmueble (*lease*).

**contrato laboral colectivo** (convención colectiva) — el contrato entre la empresa y el sindicato de los obreros o empleados que fija los salarios, horarios y condiciones de trabajo (*collective bargaining agreement*).

**contrapartida** — algo de valor recibido o prometido que induce a una persona a realizar un contrato (*consideration*).

**convenios de urbanizaciones** — son las leyes o los reglamentos de tipo municipal que determina con qué propósitos puede el propietario utilizar sus bienes inmobiliarios (*zoning regulations*). También se dice "reglamentación urbanística".

**corrección informal** — es una especie de ajuste que sólo existe en el sistema penal de menores y se ofrece antes de que haya petición formal de juicio a los menores que delinquen por primera vez o cometen una ofensa leve. El tribunal decide no oír formalmente el caso, pero a condición que el joven admita su error y mantenga buena conducta (*informal adjustment*).

**corredor (o agente) de bienes raíces** — es la persona que reúne al comprador y al vendedor del inmueble para tramitar la compraventa.

En inglés se le dice agente de bienes raíces (*real estate broker* o *agent*).

**crédito** — (1) la compra de los bienes o servicios de acuerdo con un plan de pagos postergados; (2) el dinero que se toma prestado.

**crédito abierto** — es el crédito en el cual la suma prestada no es una cantidad fija, por ejemplo, las compras que se hacen con la tarjeta de crédito. A veces se llama el crédito rotativo (*open-end credit*).

**crédito con garantías** — es una deuda que se ha sido respaldada por un tercero o garantizada con una prenda o garantía (*collateral*). Este crédito se llama *secured credit* en inglés.

**crédito del consumidor** — son los préstamos que se efectúan con propósitos familiares, personales o del hogar y que no sean con fines comerciales (*consumer credit*).

**crédito sin garantía** — es un préstamo que se hace sin garantía; el acreedor depende solamente del historial crediticio del deudor y de su promesa de que va a pagar la deuda (en inglés *unsecured credit*).

**crimen** — es el acto que haga daño a las otras personas sea física, financiera o emocional y que se declara que sea crimen por los estatutos (*crime*).

**cuestión de hecho** — es una materia que se va a investigar o debatir en un caso, como por ejemplo si es verdad que el demandado cometió el acto de que se le acusa (*question of fact*).

**cuestión de ley** — es un asunto que trata de los procedimientos o los principios legales que correspondan al caso (*question of law*). También se podrá decir "cuestión de derecho".

**custodia** — es el cuidado y supervisión legal o física de algo o alguien, por ejemplo un menor de edad o un detenido.

**custodia conjunta** o compartida — es un acuerdo entre los padres para compartir la custodia del menor (o de los menores) después del divorcio (*shared custody*).

**daños** — en un pleito civil, es el dinero que se pide para compensar al demandante por daños, pérdida o molestias causadas por otra persona (*damages*).

**daños y perjuicios** — es un acto o falta de acto (agravio) que perjudica a una persona o causa daño a una propiedad. Los daños y perjuicios (*torts*) pueden puede ser sin intención alguna, o intencionado y, en ese caso podría constituir un delito. Un daño y perjuicio siempre se entabla en un pleito civil. También se dice "acto ilícito civil". Véase *negligencia*

**daños y perjuicios intencionados** — es un acto deliberado que daña a una persona o sus bienes. Muchos, pero no todos, de los daños y perjuicios intencionados son además delitos (*intentional torts*).

**dar gato por liebre** — una técnica de venta basada en el engaño. Consiste en atraer a los clientes anunciando artículos o servicios a bajo precio con la intención de persuadirlos a que compren algo más costoso. Esta práctica ilegal se llama *bait and switch* en inglés.

**debido proceso legal** — es el principio de que el gobierno debe actuar de una manera justa y prudente cuando existe la posibilidad de que se le prive al individuo de su vida, de su libertad o de sus pertenencias. El principio está incorporado en las enmiendas Quinta, Sexta y Decimocuarta a la Constitución estadounidense (*due process*).

**decisión extrajudicial** — es el acuerdo mutuo entre las partes que resuelve la disputa antes de entablar el juicio; también es el acuerdo para resolver los asuntos financieros y de otra índole en los casos de divorcio (en inglés se dice *settlement*).

**decisión Gault** — es un dictamen del Tribunal Supremo de los EE.UU. que reconoce a los delincuentes menores de edad los mismos derechos que a los adultos. Incluyen el derecho de recibir instrucción de los cargos, de quedar en silencio, de gozar de los servicios de un abogado, de repreguntar a los testigos y obtener una copia de archivo de los procedimientos; y los derechos de los padres de que se les notifique cuando su hijo es detenido (*Gault decision*).

**declaración jurada** — una declaración jurada por escrito ante un funcionario autorizado, como por ejemplo un juez, por la cual se jura sobre la veracidad del contenido del documento (*affidavit*).

**declaraciones iniciales** — son generalmente exposiciones breves por los abogados de las dos partes durante el juicio. Su propósito es poner al jurado al tanto de los dos lados del caso (*opening statements*).

**defensa propia** — es la justificación que disculpa un acto que en otra circunstancia sería un delito. La persona que cometió el acto lo hizo con la convicción justificada de que era necesario protegerse a sí mismo o a sus bienes de un peligro inmediato (*self-defense*).

**deliberación del jurado** — es la consideración que le da el jurado al caso antes de decidirlo. Durante la deliberación, los integrantes del jurado debaten la evidencia presentada. Ocurre en el juicio, después de la presentación (*jury deliberation*). Véase *veredicto*.

**delito capital** — el más grave de los delitos; la pena podrá consistir en la cadena perpetua o la condena a muerte (pena capital). En inglés se dice *capital felony*.

**delito grave** — un delito serio (*felony* en inglés) que lleva condena de un año de prisión o más. Algunos ejemplos son el homicidio, el secuestro, el robo a mano armada, el incendio intencionado, la violación y la falsificación.

**demandado(a)** — es la parte acusada que cometió la falta o delito en un caso civil o penal (*defendant*).

**demandante** — es la persona que inicia el pleito civil (*plaintiff*).

**democracia pura** — es el sistema político en que todos los ciudadanos (no sus representantes) deciden sobre las leyes.

**democracia representativa** — el sistema político que existe en los Estados Unidos, que consiste en elegir los representantes de los ciudadanos para que formulen las leyes. Se les otorga la autoridad para aprobar las leyes y hacerlas cumplir a nivel local, estatal y nacional. Y esos poderes se reparten entre las tres ramas del gobierno (*representative democracy*).

**demora** — es una táctica legal que emplean los abogados de la defensa antes del juicio, la cual consiste en demorar el juicio valiéndose de varias maniobras legales (*delay*).

**depósito de seguridad** — es la suma que el inquilino le paga por adelantado al dueño de un inmueble de arriendo antes de ocuparlo. Se le devuelve el depósito al inquilino cuando se muda a otra parte, a menos que se necesite el dinero para pagar los daños ocasionados por el inquilino más allá del desgaste cotidiano normal (*security deposit*). También se dice "depósito de garantía".

**desalojar** — (1) el proceso legal de sacar al inquilino o de reclamar la posesión de los bienes si no hace los pagos (*dispossess*); (2) el procedimiento por el cual el arrendador obliga al arrendatario que no ha pagado el alquiler (arrendamiento) a desalojar la vivienda arrendada (*eviction*).

**descubrimiento** — es el intercambio de información entre las partes antes de empezar el juicio (*discovery* en inglés).

**derecho constitucional** — es un derecho o protección básico que otorga una constitución o sus enmiendas, las cuales el gobierno no puede negarle a nadie. También se lo llama "derecho fundamental". Véase también *Primera Enmienda, derechos de*

**derecho fundamental** — es una de las protecciones que garantiza la Constitución estadounidense y las enmiendas a la misma.

**derecho legal** — es un privilegio que está garantizado por el gobierno (*legal right*).

**derecho a trabajar, leyes de** — son ciertas leyes en Georgia y unos cuantos estados, los cuales prohíben las negociaciones colectivas que exijan que, por contrato, todos los empleados formen parte de un sindicato. El contrato tampoco puede exigir que un empleado pague cuotas sindicales (*right to work*).

**derecho de visita** — el derecho que tienen los padres o los parientes de ver al niño después de un divorcio o de la separación legal (*visitation rights*).

**derechos de propiedad (los bienes)** — es tener los derechos en ciertos bienes o propiedad que son superiores a los de cualquier otra persona (*property ownership*).

**desobediencia civil** — violación de una ley para demostrar su injusticia o para llamar la atención sobre un problema (*civil disobedience*).

**detención** — llevarse a la persona físicamente detenida para presentarle con los cargos relacionados con la comisión de un delito (*arrest*).

**detención ilegal** — es uno de los daños y perjuicios intencionadas en que una persona es detenida de forma ilegal por otra , sin su consentimiento (*false imprisonment*).

**deudor** — es la persona que debe dinero o quien compra a crédito (*debtor*).

**días (tiempo) de prórroga** — un período corto (varios días) posterior a la fecha en que se debe pagar el alquiler, durante el cual el inquilino no puede estar desalojado porque no ha pagado el alquiler (*grace period*). También se dice "período de gracia".

**difamación** - son los daños y perjuicios que se ocasionan a una persona mediante una expresión escrita o verbal falsa y perjudicial acerca de su reputación (*defamation*).

**difamación escrita** (impresa) — es cuando el agravio intencional de escribir, publicar o difundir información falsa que perjudica la reputación de alguien *(libel)*.

**difamación verbal (oral)** — es decir o proferir palabras falsas y maliciosas que perjudiquen la reputación de una persona (*slander*).

**disuasión** — es una de las cuatro razones filosóficas que se refieren al propósito de dictar sentencias. Esta punto de vista sostiene que el propósito de castigar al que viola la ley es desanimarlo a que cometa un delito (*deterrence*).

**divorcio** — es el fin de un matrimonio por mandato de la corte (*divorce*).

**divorcio sin culpa** — es el divorcio en el cual a ninguna de las dos partes se le responsibiliza por la disolución del matrimonio (*no-fault divorce*).

**dominio eminente** — es el poder que tiene un organismo del gobierno para expropiar la propiedad privada para el uso público, como por ejemplo, la construcción de una carretera (a cambio de una compensación justa) (*eminent domain* en inglés).

**DUI (conducir bajo la influencia del alcohol o de las drogas)** — es conducir ilegalmente un vehículo cuando se está bajo la influencia del licor o de estupfacientes (*driving under the influence*).

**edad de la mayoría o edad legal** — la edad a partir de la cual cuando se considera la persona es adulto, según lo define la ley estatal. En el estado de Georgia es 18 años (*age of majority*).

**ejecución hipotecaria** — es cuando el acreedor puede recuperar la propiedad adeudada y venderla para saldar la deuda (*foreclosure*).

**ejecutor de un acto ilícito civil** — es el responsable o autor de un agravio de pleito civil relacionado con los daños y perjuicios (*tortfeasor*).

**embargo del sueldo del deudor** — en general, procedimiento legal instaurado por el acreedor contra los bienes del deudor (se dice *garnishment* en inglés) para rematar dichos bienes y cobrar de lo debido. El embargo también se puede efectuar mediante las deducciones del sueldo del empleado o retiros de una cuenta corriente.

**enajenación mental** (locura, demencia) — es la declaración especial de inocencia por razones de demencia. Se emplea casi siempre en casos de delitos capitales. Si así ocurre, se tendrá que presentar ante el tribunal el testimonio experto de los psiquiatras y psicólogos (*insanity defense*).

**encarcelamiento** — es encarcelar o enviar a prision al ofensor o acusado (*incarceration*).

**entrada ilícita en una propiedad inmueble** — son una clase de los daños y perjuicios intencional que implica entrar sin autorización en la propiedad inmueble de otra persona. (En inglés se expresa como *trespass to real property*.)

**entrampamiento** — es una defensa al cargo criminal. En ella se trata de probar que el acusado fue inducido por agentes del orden público a cometer un delito que de otro modo no hubiera cometido (*entrapment*). También se dice "inducción dolosa a la comisión de un delito".

**equidad** — es el poder de un tribunal para no aplicar una regla establecido por la ley a cierta situación para evitar un resultado injusto (*equity*).

**escrutinio estricto** — es la prueba para determinar si una acción oficial afectaría los derechos fundamentales de cierto grupo humano o si la clasificación de dicho grupo como "sospechosa" sea constitucional o no (*strict scrutiny*). También se puede decir "escrutinio objetivo".

**escucha (intercepción) telefónica** — es una clase de la vigilancia electrónica (*wiretap*).

**estatuto de brazo largo** — es la ley estatal que permite al tribunal tener jurisdicción sobre acciones contra personas o propiedades fuera del estado. Por ejemplo, los productos fabricados en otro estado pero son utilizados por un consumidor en la jurisdicción de dicho tribunal (*long-arm statute*).

**evidencia** — son las cuestiones de hecho que tienden a probar o desaprobar otras cuestiones de hecho; también se dice "pruebas documentales". Véase *prueba de oídas*

**evidencia real** — se refiere a las cosas físicas o tangibles que se usan para probar o refutar durante un juicio (*real evidence*). Es uno de los dos principales tipos de evidencia de un juicio.

**evidencia testimonial** — se refiere a los testimonios y las declaraciones juradas por escrito de los testigos en el juicio. Es una de las dos clases principales de la evidencia (*testimonial evidence*). También se dice "prueba testifical".

**excepción automovilística** — una ley mediante la cual se exime del requirimiento general de obtener un permiso escrito del juez para examinar un vehículo (*automobile exception* en inglés).

**expresión comercial** — es la expresión verbal o escrita con la única intención de ganar dinero, como es, por ejemplo, la publicidad. Bajo la Constitución estadounidense goza de menos protección que las otras formas de la expresión (*commercial speech*).

**expresión simbólica** — es un acto protegido por la Primera Enmienda de la Constitución estadounidense porque se realiza con la misma intención de protesta que tiene la expresión hablada. Por ejemplo, izar al revés la bandera nacional en señal de inconformidad y protesta (*symbolic expression*).

**extranjero** — la persona que reside en cualquier nación sin ser ciudadana de ella (*alien*).

**fallo civil** — un litigio civil que requiere que una de las partes le pague a la otra o que tome ciertas acciones como resultado del incumplimiento de algún deber legal (*civil judgment*).

**fiador** — (1) es la persona que, en calidad de préstamo, paga la fianza del acusado y se arriesga a perder la cantidad depositada si el acusado no compareciera en la fecha señalada por el tribunal. Por asumir el riesgo, el fiador le cobra al acusado generalmente de 10 y hasta 15 por ciento del monto de la fianza (*bail bondsman*); (2) la persona que se compromete a pagar la deuda si no lo hace el deudor (*guarantor* en inglés); (3) un ciudadano o residente permanente que presenta la petición de adquirir el estatus de residente permanente para otra persona (extranjera).

**fianza** — es una cantidad de dinero que se debe depositar con el tribunal. El dinero es una garantía de que el acusado comparecerá ante el tribunal cada vez que se requiera y de que se presentará a juicio. Mediante el depósito de la fianza, el acusado puede gozar de libertad hasta el día del juicio (se dice *bail* en inglés).

**fiscal** — abogado oficial (del Estado) en un caso penal. En los tribunales superiores, es el fiscal del distrito (*district attorney* o *DA* por sus siglas en inglés).

**fraude** — quiere decir un engaño, mentira o afirmación deshonesta hecha con el propósito de estafar. El fraude puede impedir que se llegue a un acuerdo al celebrar un contrato (*fraud*).

**garantía** — (1) es la garantía del vendedor o fabricante con respecto a la calidad o el desempeño de algún producto (*warranty*); (2) es la propiedad el acreedor puede vender o quedarse con ella si el deudor no salda la deuda. Esta prenda o garantía prendaria se llama la garantía (en inglés *collateral*).

**garantía de comercialidad, de aplicación y de propiedad** — son las tres clases de las garantía que se contemplan en este libro. Véase las páginas 51-52. Se dice *warranty of fitness, of merchantability, and of title* en inglés.

**garantía explícita (o contractual)** — una clase de garantía en que hay acuerdo entre las partes por la forma de la garantía, por ejemplo un contrato de compra y venta que limite la responsabilidad del vendedor por los defectos en el producto (*contractual warranty*).

**garantía explícita** — es la garantía creada por las acciones del vendedor, tales como una promesa verbal o escrita o una descripción del objeto o una muestra del modelo del producto (*express warrranty*).

**garantía implícita (o reglamentaria)** — es la que la ley impone en una transacción. Las garantías implícitas incluyen la garantía de comercialidad, la garantía de aplicación y la garantía de propiedad (*statutory warranty*).

**garantía limitada** — es una garantía incompleta (*limited warranty*) en el sentido de que no ofrece la garantía plena.

**garantía total** — es una clase de garantía que asegura al comprador que los productos son completamente carentes de defectos al momento de comprarlos. Incluye la obligación por parte del vendedor los repararlos o reemplazarlos dentro del término especificado después de la compra si los productos no resultan ser de la calidad garantizada (*full warranty*).

**gobierno local** — es la expresión estadounidense para indicar el sector oficial o público a nivel local; puede ser el gobierno de la ciudad o del condado (*local government*).

**grados de consanguinidad o afinidad** — el parentesco por relación de sangre o por matrimonio como se declaran en el Código Oficial Anotado de Georgia. Se prohíbe el matrimonio entre las personas con ciertas relaciones consanguineas (*degrees of consanguinity or affinity*).

**gran jurado (jurado de acusación)** — un grupo de 16 a 23 ciudadanos, todos votantes registrados, que se seleccionan para servir como los miembros del jurado por un período de tres meses. Su mayor responsabilidad es determinar si hay pruebas suficientes para encausar (enjuiciar) a las personas acusadas de cometer delitos graves. También puede investigar la conducta de las entidades oficiales, los asuntos públicos, inspeccionar los edificios públicos, etc. (*grand jury*).

**gravamen** — carga que se impone a una propiedad con fines de retenerla hasta que se haya cumplido con alguna deuda u obligación legal. Se puede ejecutar por medio del juzgado cuando una persona presenta la autorización de otra (el deudor) para hacer un trabajo (en inglés *lien*).

**hijo ilegítimo** — se define como aquél cuyos padres no estaban casados cuando el hijo fue engendrado ni contrajeron matrimonio posteriormente. Los estatutos de Georgia definen que es ilegítimo cualquier niño "fuera del matrimonio" (*illegitimate child*).

**hipoteca** — es un tipo de préstamo en el cual una casa u otra prenda mobiliaria se pone como garantía de que se van a pagar los plazos (*mortgage*).

**homicidio** — es el asesinato de una persona (*homicide*).

**homicidio vehicular** — es una violación de las leyes del tránsito vehicular, que se considera un delito mayor, en que la cual la persona muere atropellada por un vehículo cuyo conductor conducía de forma ilegal (por ejemplo, conducir bajo la influencia de alcohol o drogas, imprudentemente o huyendo de la policia) (*vehicular homicide* en inglés).

**horas extras** — son las horas que sobrepasan las 40 horas semanales. Los trabajadores muchas veces se les paga una cantidad superior a la que normalmente ganan por cada hora adicional (*overtime*).

**huelga** — es una táctica utilizado por los trabajadores para imponer un acuerdo entre el sindicato y la gerencia (*strike*). Los trabajadores rehusan trabajar y a veces piquetean frente a la entrada del lugar de trabajo para obstaculizar la entrada de otras personas.

**idéntica protección ante las leyes** — es un principio constitucional garantizado por la Constitución estadounidense y la del estado de Georgia que requiere que el gobierno trate de forma igual e imparcial a todas las personas (*equal protection*). También se dice "amparo jurídico".

**igual de oportunidad en el empleo** (EEO por sus siglas en inglés) — es un mandato federal que les prohíbe a ciertos empleadores discriminar contra las personas por razones de edad, sexo, raza o descapacidad (*equal employment opportunity*).

**incapacitación** — es una de las cuatro filosofías sobre los propósitos fundamentales de dictar sentencia (fallos). Este punto de vista sostiene que el propósito de castigar al ofensor es para proteger a la sociedad de elementos peligrosos que puedan violar las leyes (*incapacitation*).

**incautación** — es el proceso mediante el cual la propiedad personal o inmobiliaria de un deudor se puede vender con la autorización de la corte. El alguacil toma posesión de los bienes y los ingresos de la venta se emplean para cobrar la deuda (*attachment*).

**incesto** — son las relaciones sexuales entre familiares cercanos que no pueden contraer el matrimonio legalmente. Esta clase de relaciones se rigen por los grados de consanguinidad o afinidad (*incest*).

**incumplimiento** — (1) se refiere a la falta de cumplimiento al deber legal (*breach*); (2) no cumplir con una obligación legal, como no pagar un préstamo o no presentar el demandado una respuesta a la reclamación del demandante (*default*).

**indemnizaciones por accidentes de trabajo** — son programas de las administraciones estatales para indemnizar a los empleados que hayan sufrido lesiones a causa de un accidente ocurrido en el lugar de su trabajo (*workers' compensation*). También se dice "subsidios de empleados".

**indigente** — cuando el acusado es persona de recursos económicos limitados y por lo tanto no puede pagarle a un abogado para que lo defienda (*indigent*).

**infracción** — es un delito menos grave que los delitos mayores. La infracción lleva pena máxima de un año de carcel o una multa de $1,000 (mil dólares). Son ejemplos de las infracciones el exceso de velocidad en un vehículo y los robos por menos de $500 (quinientos) dólares (*misdemeanor*).

**infractor habitual** — es el conductor que comete ciertas violaciones de tránsito graves durante determinado período (individualmente o en combinación con otras personas). Una vez que se declare la persona como infractora habitual por el Departmento de Seguridad Pública, será tratada con mayor severidad que lo normal cuando comete otra ofensa de tránsito (*habitual violator*).

**inmunidad** — significa que ciertos funcionarios públicos están exentos de castigos o sanciones por sus acciones. Por ejemplo, los funcionarios del sector público gozan de inmunidad por los daños y perjuicios ocasionados por sus acciones oficiales (*immunity*).

**inquilino** — es la persona que toma en arriendo un bien inmobiliario como un apartamento (*tenant*).

**instalación** — es cuando un objeto de la propiedad personal se une al suelo de forma que se considera permanente y se convierte en la propiedad inmobiliaria. (En inglés se dice *fixture*.)

**intereses** — son uno de los costos del crédito; comprende cierto porcentaje de la suma total del préstamo que se añade a cada pago durante el plazo establecido para saldar la cuenta o el préstamo (*interest*).

**interrogatorio** — es una técnica del proceso de descubrimiento. El abogado de una de las partes le envía las preguntas por escrito al abogado de la otra parte. Se deben contestar por escrito y bajo juramento (*interrogatory*).

**interrogatorio directo** — es el proceso durante el juicio en el cual el abogado hace preguntas al testigo que él mismo ha convocado a declarar (*direct examination*).

**interrogatorio preliminar de un jurado** — el propósito de este examen oral preliminar en lo cual los abogados contrarios interrogan a los aspirantes del jurado es seleccionar un jurado imparcial y justo. (En inglés se dice *voir dire*, una frase francesa que se ha incorporado al lenguaje legal estadounidense).

**intestado** — es cuando la persona fallece sin haber dejado testamento (*intestate*).

**investigación previa a la sentencia** — son las investigaciones sobre el acusado que le encuentra como culpable. El agente de la libertad vigilada reúne datos de los antecedentes del acusado. Éstos incluirán el historial penal, los antecedentes laborales, académicos y sociales y sus relaciones con la comunidad (*presentence investigation*).

**jornada parcial** — refiere a los empleos de menos de 40 horas laborales a la semana (*part-time work*).

**juez** — es la persona que preside en el tribunal (corte) y conduce los procedimientos del juicio (*judge*).

**juicio** — es el proceso de examinar en el tribunal las cuestiones de hecho y las cuestiones de ley de un caso para poder llegar a una decisión (*trial*).

**juntas estatales que examinan y expiden las licencias profesionales** — son las comisiones establecidas por los gobiernos estatales con el fin de fijar las normas y los requisitos para ofrecer ciertos servicios al público, además de expedir los certificados a los que practican ciertas profesiones u ocupaciones tales como la contabilidad, la psicología, la enfermería (*licensing and examining boards*).

**jurado de acusación** — Véase *gran jurado*

**jurado procesal** — es un grupo de los ciudadanos de la localidad (por lo general son doce) escogidos para oír el juicio y decidir el veredicto (*trial jury*). Otros nombres en inglés: *petit jury* o *traverse jury*.

**jurisdicción** — (1) la autoridad de la corte para resolver una controversia en particular. Se puede determinar por la ubicación geográfica, la materia del caso y las personas involucradas en el caso; (2) el territorio de autoridad de un gobierno (*jurisdiction*). Véase también el capítulo 3.

**jurisdicción apropiada** — es la ubicación geográfica donde el tribunal que tenga la jurisdicción puede oír y determinar un caso (*venue*).

**jurisdicción personal** — es la autoridad de la corte de actuar con respeto a las partes que se comparecen ante ella (*personal jurisdiction*).

**jurisdicción sobre la materia** — es la facultad del tribunal para actuar con respeto a las materias que haya que resolver en la disputa (*subject matter jurisdiction*).

**jurisprudencia** — es el resultado de la interpretación por las cortes de los estatutos, sean legislative, constitucional o de la ley común (*case law*).

**justificación** — es una de tres tipos de defensa en los casos de los daños y perjuicios intencional, en que el demandado admite haber cometido los actos del los que se le acusa el demandante, pero niega que dichos actos fueran censurables. Por lo tanto, se consideran inculpables (*justification*).

**lectura de los cargos** — es una audiencia formal (que en el inglés se dice *arraignment*) en la cual el juez lee en voz alta los cargos contra el acusado. A continuación, se le pregunta al acusado cómo se declara — culpable (*guilty*) o inocente (*not guilty*) o *nolo contendere* (no lo desafiaré).

**ley** — son todas las responsibilidades y los derechos que puede hacer cumplir el gobierno o una de sus dependencias, así como también los procedimientos para hacer cumplir las leyes (*law*).

**ley administrativa** — las reglas y los reglamentos formulados por los organismos gubernamentales las cuales les permiten ejecutar los deberes que les fueron asignados por el Congreso estadounidense, las legislaturas estatales o las autoridades locales (*administrative law*).

**ley civil** — todas las ramas de la justicia que no sean de índole criminal o penal (*civil law*).

**ley común** — son los derechos y obligaciones legales que las cortes declaran a falta de los estatutos específicos. Generalmente se basa en el derecho consuetudinario anglosajón que existía en la época de la fundación de los Estados Unidos (*common law*).

**ley constitucional** – como existe en la Constitución de los Estados Unidos y en la constitución de cada uno de los estados (*constitutional law*). Aunque dichas leyes fueron redactadas con la idea de que la estructura fuera permanente, se le pueden efectuar cambios a las leyes constitucionales. A esos cambios se les llama "enmiendas " a la Constitución.

**ley del consumidor** — es la compilación de las leyes que rigen las compras personales, familiares y para el hogar (*consumer law*).

**ley reglamentaria** — son las leyes creados por los representantes elegidos a las entidades legislativas (*statutory law*).

**leyes tipo "rayos del sol"** — son las leyes de Georgia (y de otros estados) que obliga a las dependencias gubernamentales a tener las reuniones abiertas al público cuando se toman decisiones oficiales (*sunshine laws*).

**libertad bajo palabra** — el tribunal permite que el acusado quede en libertad sin fianza hasta la celebración del juicio, previa formalización de su obligación de comparecer, mediante su propia firma (*release on recognizance, ROR* por sus siglas en inglés).

**libertad condicional** — es una sentencia que deja en libertad al acusado para que permanezca en la comunidad (*parole*) bajo la supervisión de un agente de la libertad condicional (*parole officer*). También se dice "condena condicional probatoria".

**libertad de congregarse, asociarse, de religión, expresión y de la prensa** — son los derechos que garantiza la Constitución estadounidense. Se explica en mayor detalle en el capítulo 13.

**licencia de matrimonio** — documento que expide un juez del tribunal de últimas voluntades, el cual se debe obtener antes de que se pueda celebrar una ceremonia formal de matrimonio (*marriage license*).

**manera justa** — es el requisito fundamental al debido proceso legal de que no puede haber acción oficial en contra del individuo sin que lo hiciera de manera justa (imparcial). Por lo general, la manera justa requiere que la persona afectada por la acción reciba aviso previo de la acción propuesta y que se celebre una audiencia para poner objeciones si así lo desea (*fair manner*).

**material obsceno** — no está protegido por la Primera Enmienda porque apela al interés "lascivo", porque representa o describe la conducta sexual de una manera ofensiva y carece del "auténtico valor literario, artístico, político o científico" (*obscene material*).

**matrimonio** — es el acuerdo concertado mediante ritos y formalidades legales entre un hombre y una mujer para unirse como pareja casada (*marriage*).

**matrimonio con ceremonia** — matrimonio que se ejecuta mediante una ceremonia formal, prueba de sangre y licencia de matrimonio (en inglés se dice de esta clase de boda *ceremonial marriage*).

**matrimonio consensual** — es el matrimonio establecido sin ceremonia formal por una pareja que se presenta en forma pública como marido y mujer (*common law marriage*). También se dice "matrimonio de hecho".

**mediación** — es el proceso de resolver una disputa por medio de un tercero imparcial que guía a las partes en la resolución del conflicto (*mediation*).

**menor de edad emancipado** — es la persona que tiene menos de 18 años de edad que la corte declara que está capacitado para vivir independientemente, sin estar bajo el control de sus padres. Tal menor puede asumir las responsabilidades de firmar un contrato para comprarse las necesidades de la vida (*emancipated minor*).

**menor de edad ofensor** — es un menor de edad que no ha cumplido 18 años. La edad es factor que determina si el tribunal de menores tendrá la autoridad jurídica para resolver los casos de delincuencia juvenil y de jóvenes incontrolables, así como los casos de abandono y desatención (maltrato). Se le dice *juvenile* en inglés.

**mitigación** — el demandado que emplea esta defensa admite la acción de la cual se le acusa y que su conducta fue censurable. Sin embargo, intenta reducir la cantidad de los daños que los daños que ha causado, demostrando su buena voluntad y que actuó sin malicia y sin intención alguna de causar daño (*mitigation*).

**molestia** — es un daño legal que en forma continua causa un daño o una inconveniencia a otro (en inglés, *nuisance*). Suele interfiere con el uso o disfrute de la propiedad de otros.

**multa** — es una especie de condena impuesta por la corte que requiere que el acusado pague cierta cantidad especificada al tribunal (*fine*).

**negligencia** — es un agravio que ocurre cuando los daños y perjuicios han sido ocasionados porque la persona no ha cumplido con el deber legal o no ha proporcionado el nivel de cuidado que la sociedad espera que toda persona ejerza para la seguridad y conveniencia de otros (*negligence*).

**negligencia comparada** — es una de las cinco defensas en contra del cargo de la negligencia. En esta defensa ambas partes del litigio comparten la responsabilidad por la negligencia pero el demandante puede cobrar los daños monetarios si su negligencia fue de menor grado que la del demandado (se dice *comparative negligence* en inglés).

**negligencia contributoria (concurrente)** — de acuerdo con la regla, el demandante no puede pedir ninguna retribución monetaria por daños y perjuicios. En Georgia la relga fue reemplazada por la que se conoce como negligencia comparada. En inglés se dice *contributory negligence*.

**negociación** — un método de resolver las disputas en el cual las partes (o sus representantes) hablan entre ellos y buscan un término medio en los asuntos que se debaten (*negotiation*).

**ninguna acta cierta de acusación** — forma parte del procedimiento del jurado de acusación. Se presenta solo una parte de las pruebas del caso. Entonces el jurado decidirá si formula cargos contra el acusado del delito de que se le acusa, y formulará una declaración de que "no hay caso" (*no bill of indictment* es la expresión en inglés).

**niño desprovisto** — es el niño que haya sido maltratado o desatendido (*deprived child*).

**nivel de cuidado** — es la medida que utiliza la corte en los casos de negligencia para determinar la responsabilidad con respecto a proteger del daño que pudieran causarle otros a la persona que se cuida. Se determina mediante la comparación del acto con el comportamiento que esperaría de cualquier persona "prudente y sensata" (*standard of care*).

**nolo contendere** — es una frase en latín que quiere decir "No lo desafiaré". Las personas que así se declaran no admiten su culpabilidad. Se ve con frecuencia en los casos dónde la multa sea más probable que el encarcelamiento.

**notificación** — un elemento básico del debido proceso legal por el cual se requiere que se le notifique a la persona de cualquier acción gubernamental que le pueda afectar. La persona debe saber que el gobierno puede tomar una acción (o en algunos casos pudiera haberla tomado ya) para quitarle la vida, la libertad o la propiedad. En la ley civil, es un requisito para que cada una de las partes mantenga a la otra parte enterada de cualquier acción que se tome (*notice*).

**nulo**, inválido — sin efecto, valor o fuerza legal; se puede cancelar (*void*).

**obligación legal** — es un deber legal que el gobierno puede hacer cumplir (*legal duty*).

**ofensa contra el estatuto** — es un acto como faltar deliberadamente a clases, la conducta incontrolable y la huída de casa, que solamente se considera ofensa cuando lo comete una persona menor de edad (*status offense*).

**orden de registro** — es un documento expedido por el juez que autoriza que la policía lleve a cabo el registro en un lugar determinado para buscar un objeto determinado y confiscarlo (*search warrant*).

**orden de venta de bienes secuestrados** (en inglés *distress warrants*) — orden judicial que le permite al arrendador recuperar el monto del alquiler que le debe el arrendatario mediante la subasta de las pertenencias del arrendatario.

**orden judicial** — es el documento expedido por el juez que autoriza una acción, ya sea de detención o de registro.

**orden judicial de detención** — es el documento mediante el cual que se da la autoridad oficial a una persona autorizada, como un agente de policía, el permiso para efectuar una detención. En inglés se llama el documento un *arrest warrant*.

**ordenanza** — es una ley creada por el gobierno local (municipal, de la ciudad o del condado) (*ordinance*).

**órdenes de investigación** — es la orden para efectuar una investigación por medios electrónicos. El documento que le da permiso a la policía para encontrar pruebas en un caso penal mediante la escucha telefónica (la vigilancia electrónica) u otros métodos similares (*investigative warrants*).

**órdenes de silencio** — son las órdenes que prohíben los reportajes de la prensa antes y durante el juicio (se les denominan *gag orders* en inglés).

**padre (madre) biológico(a)** — es el padre (la madre) natural del niño (*biological parent*).

**pago de adelanto (caparra)** — el depósito que paga el vendedor de bienes raíces al comprador en potencia cuando firman el contrato de compra (*earnest money*).

**pago globo** — es el último de los pagos de un préstamo, el cual es mucho mayor que los anteriores y podría resultarle problemático saldar al deudor desprevenido (*balloon payment*).

**palabras beligerantes (de altercado)** — son las expresiones que pudieran causar una "inminente perturbación del orden público". Es decir que incitan a otros a la violencia contra uno mismo o contra otros (*fighting words*). No están protegidas por la Primera Enmienda.

**partes** — (1) las personas involucradas en la comisión de un delito; (2) los lados opositores en un pleito; (3) las personas que llevan las obligaciones por un contrato (*parties*).

**participación interesada** — es el derecho del acreedor de reclamar la prenda en garantía para venderla y saldar la deuda en el caso que el deudor falte en sus pagos. Se dice *security* *interest* en inglés. También se dice "interés en una propiedad".

**peligro obvio y presente** — doctrina de censura de la libertad de expresión, limitándola si tiende a causar violencia o peligro, que se halla en la Primera Enmienda. Por ejemplo, si la corte determina que la palabra (expresión) de la persona podría incitar a otros a cometer acciones ilegales, esa expresión no será protegida y se podría ser declarada ilegal (*clear and present danger*).

**pena (condena) de muerte** — es la pena máxima que se le impone a la persona que haya sido declarada culpable por haber cometido un delito punible con la pena capital. Hay pena de muerte en solo algunos de los estados de este país (*death penalty*).

**pensión de divorcio** — pensión que debe pagar por disposición judicial un cónyuge divorciado a su ex-cónyuge, para su manutención personal (*alimony*).

**pensión de jubilación** — es un acuerdo por el cual se le paga al trabajador después de jubilarse. La suma que se le paga generalmente se basa en los ingresos del trabajador y el tiempo de permanencia en el empleo (*pension*).

**pensión para la manutención de los hijos** — son los pagos que hace uno de los padres a la persona que tenga la custodia del menor (ya sea tutor legal o uno de los padres) con el fin de que se utilice para el sustento del menor (*child support*).

**persecución maliciosa** — es un daño legal en que la persona, con intención maliciosa, causa que otra persona sea detenida y enjuiciada sin ninguna causa justa (*malicious persecution*).

**petición, derecho a** — es el derecho de individuo de requerir acceso a todos los funcionarios públicos y a las dependencias oficiales, como se específica en la Constitución estadounidense (*petition, right of*).

**petición de cambio de jurisdicción** — documento mediante el cual se le hace al juez competente la petición para cambiar el lugar del juicio (se dice *motion for a change of venue*).

**petición de delincuencia formal** — es el documento que se debe entregar el testigo que tiene las quejas antes de que se pueda realizar la audiencia formal en un caso referente a un menor de edad (*formal petition of delinquency*).

**petición de hábeas corpus** — petición que hace el reo de comparecer ante el juez con el fin de evaluar la legitimidad de la detención. Usualmente está en disputa si al reo le fueron negados sus derechos fundamentales durante el juicio o en la etapa previa a la sentencia en el proceso de la justicia penal. Forma parte del debido proceso legal y se garantiza en la Constitución estadounidense (*habeas corpus petition*).

**petición de prórroga** — es la solicitud que un abogado dirige al juez competente de posponer el juicio con el propósito de tener más tiempo para preparar el caso (*motion for a continuance*).

**petición para suprimir la evidencia** — un abogado se la presenta para prevenir la introducción de evidencia perjudicial al acusado. El defensor afirmará que las evidencias se obtuvieron ilegalmente (*motion to suppress evidence*).

**peticiones preliminares** — son las peticiones que los abogados presentan al tribunal antes del juicio para que adopte alguna medida o dicte una resolución (se llaman *pretrial motions* en inglés).

**pleito (litigio)** — es emplear el proceso judicial (desde entablar el pleito hasta la apelación) para resolver una disputa (*litigation*).

**pleito de 1983** — es un pleito sobre los derechos civiles en contra de un funcionario público en que el demandante reclamaba la violación de sus derechos fundamentales por alguna acción oficial. Se llamó de esa forma porque el estatuto federal en que se basa el pleito se encuentra en la sección 1983 del Código Federal (*1983 suit*).

**poderes del estado** — es la autoridad del tribunal para requerir que una de las partes cumpla el deber legal (*powers of the state*).

**poderes policiales** — es la autoridad en que se basan muchas de las leyes estatales y locales para garantizar la salubridad, seguridad y bien-estar público (*police powers*).

**precedente** — es una regla de ley establecida por una decisión de la corte y que se aplica al resolver casos similares (*precedent*).

**preguntas sugerentes** — son las preguntas hechas de tal manera que sugieren la respuesta que el interrogador desea (en inglés se dice *leading questions*). No es permitido emplearlas en el interrogatorio directo.

**presidente del jurado** — es la persona elegida por el jurado para ser su vocero y dirigirlo (*foreman*).

**prestación (beneficio) laboral** — es una prestación que el empleador brinda al empleado u obrero. Puede tratarse de las vacaciones pagadas, los días de baja por enfermedad, los seguros médicos o el bono de fin de año (en inglés se dice *benefit* o *fringe benefit*).

**préstamo** — es el dinero que se pide prestado a un banco, a una empresa financiera o a otra institución de crédito o a una persona, con el acuerdo de que se pagará la deuda dentro de un período determinado (*loan*).

**Primera Enmienda, derechos de** — son la libertad de libre ejercicio de la religión, la libertad de expresión y de prensa; el derecho de la gente a congregarse pacíficamente y asociarse con quienquiera, todos otorgadas por la Declaración de Derechos y Garantías (*Bill of Rights*) de la Constitución estadounidense. Véase *derechos constitucionales; derechos fundamentales*

**principal** — es el monto original de un préstamo (*principal*).

**prisión** — es un lugar seguro que funciona bajo la administración del gobierno estatal para encarcelar a los reos con sentencias de un año o más (*prison*).

**procedimientos extrajudiciales para la resolución de disputas** (*ADR*) — son los métodos alternativos al juicio cuando se pretende buscar otra solución a los pleitos. Los *ADR* es un proceso por lo general menos formal y complicado que los procedimientos judiciales formales. Usualmente es menos costoso. Se dice *alternative dispute resolution* en inglés. Véase también *mediación; negociación*

**proceso de justicia penal** — son los procedimientos desde el momento en que se sospecha que una persona ha cometido un delito hasta que las autoridades pongan a esa persona en libertad incondicionalmente (*criminal justice process*).

**proceso preliminar** — es la primera fase del proceso penal. Consiste en la formulación de los cargos; la comparecencia inicial; la vista preliminar; el acta de acusación; y la lectura de los cargos (*preliminary proceedings*).

**propiedad personal** — refiere a toda clase de bienes (*personal property*), tangible e intangible, excepto los bienes raíces.

**prueba de oídas** — testimonio que usualmente no se admite en el juicio de un adulto, porque no se basa en el conocimiento directo o personal de un testigo. Es la repetición de lo que ha dicho otra persona y no es de confianza (en inglés, *hearsay evidence*).

**Pureza de los Alimentos y de las Drogas, Acta de** (*Pure Food and Drug Act*) — la primera ley importante para la protección del consumidor fue aprobado por el Congreso en el año 1906. Estableció las normas para identificar correctamente las etiquetas en los envases alimenticios, medicinales o de las bebidas alcohólicas.

**queja** — (1) el primer documento legal que se presenta en un pleito civil en cual se detalla el reclamo, el tribunal de jurisidicción y los remedios que se buscan; (2) en un pleito criminal (penal), es un documento formal presentado por un testigo o la víctima al fiscal que acusa a la persona de cometer tal ofensa (*complaint*). También se dice "querella"; "denuncia".

**quiebra** — el procedimiento legal que se lleva a cabo porque la persona no puede cancelar sus deudas. Los bienes de la persona se puede incautar para cumplir con las demandas de pago. Las deudas restantes quedan canceladas (*bankruptcy*).

**razonamiento arbitraria** — una razón que no es ni sensata ni lógica porque no tiene una base racional. Un requerimiento del debido proceso legal es que no le quite la vida, ni la libertad ni los bienes a la persona por razones arbitrarias (*arbitrary reasoning*).

**rebeldía, declarar en** — decisión de un juez que determina que una persona está obstruyendo intencionalmente el orden en una corte o no está obediciendo una orden judicial. A la persona se le puede imponer una multa o darle una sentencia de encarcelación (*in contempt of court*).

**rechazar por causa** — en la selección de los miembros del jurado antes del juicio, se puede descartar a uno de los aspirantes a integrar el jurado por alguna razón, como por ejemplo, si tuviera alguna clase de relación con una de las partes del caso (*reject for cause*). También se dice "rechazar por motivo justificado".

**Recinto (Reclusorio) de Menores** — es un reclusorio de largo plazo para los jóvenes condenados de haber cometido actos delinquentes (los *YDC* por sus siglas en inglés, o *Youth Development Campus*).

**recuperación** — es un procedimiento legal al cual puede recurrir el acreedor para recobrar lo que haya servido para garantizar el préstamo si el deudor no paga la deuda (*repossession*).

**recusación sin causa** — en la selección del jurado antes del juicio, el abogado de la defensa puede tachar un miembro potencial del jurado de la lista de los candidatos sin dar la razón (*peremptory strike*).

**reformatorio** — es una prisión para los ofensores menores de edad. En el estado de Georgia, el término (*reform school*) ya no se usa oficialmente.

**regla de exclusión** — prohíbe utilizar las pruebas obtenidas ilegalmente en un juicio penal (*exclusionary rule* en inglés).

**reglamentos sobre el medio ambiente** — son las leyes que tienen que ver con el uso de la tierra y las propiedades, a fin de mantener al medio ambiente limpio y sano para todos los habitantes (*environmental regulations*).

**rehabilitación** — es una de las cuatro razones filosóficas sobre las que se fundamentan los propósitos de dictar sentencia. La razón sostiene que la sentencia tiene el propósito de cambiar el comportamiento criminal de la persona a uno que sea deseable para convivir en la sociedad (*rehabilitation*).

**reincidentes** — son las personas que siguen cometiendo delitos después de haber sido condenados por el primer delito (se dice *recidivists* en inglés).

**renunciar** — es renunciar voluntariamente a algún derecho, privilegio o beneficio (*waive*).

**réplica** — es un documento legal que se presenta ante el secretario judicial del tribunal en el cual el demandado admite o refuta la reclamación que el demandante hecha por el demandante en la demanda (*answer* en inglés). También se dice "respuesta".

**repreguntación** — (1) es el interrogatorio de la parte contraria que ha presentado el testigo durante la audiencia o el juicio (*cross-examination*); (2) es el interrogatorio adicional del testigo por el abogado que lo citó. Sigue el interrogatorio del testigo por el abogado de la otra parte o también puede ocurrir al fin de la presentación de una de las partes (*redirect*).

**requerimiento** — es una orden de que cese alguna actividad. Si pudiera ocurrir mucho más daño mientras está pendiente un pleito por molestias, el tribunal puede expedir una orden temporal de amparo. Esa orden requiere que el defendido cese inmediatamente la actividad (*injunction* en inglés).

**responsable** — es la persona que cometió los daños y perjuicios y por lo tanto tiene que responder por ellos con el pago de los daños (*liable*).

**responsabilidad estricta** — es la responsabilidad legal por los daños, aunque la falta no se deba a la negligencia o la conducta intencionada (*strict liability*). También se podrá decir "responsibilidad objetiva".

**restitución** — el tribunal requiere que el acusado le pague dinero o le brinde servicios a la persona que ha sufrido un daño por su acto delincuente o que preste servicios en beneficio de la communidad (*restitution*).

**retribución** — es una de las cuatro razones filosóficas que fundamentan el propósito de dictar las sentencias. Esta razón sostiene que la sentencia sea necesaria para vengarse por el daño ocasionado por el ofensor, por el cual es responsable. Sigue el concepto de la Biblia que dice "ojo por ojo y diente por diente" (*retribution*).

**salario mínimo** — es la paga por hora mínimo que los empleadores deben pagarles a los empleados, porque deben regirse los reglamentos federales en cuanto a salarios y horarios (*minimum wage*).

**seguro a todo riesgo (comprensivo)** — es la cobertura para todos los daños al vehículo que no fueran el resultado de un choque (colisión). En inglés se lo llama *comprehensive insurance*.

**seguro contra colisión o choque** — la cobertura para los daños al vehículo de uno causado por el impacto con otro vehículo (*collision insurance*).

**seguro contra los motoristas insuficientemente asegurados** — es un seguro de automóvil que protege al conductor asegurado de las pérdidas financieras que podría tener debido a un accidente, el cual, según se determinó, fue causado por un motorista no asegurado (*uninsured motorist coverage*). También se dice "seguro contra conductores no asegurados".

**seguro de responsabilidad** — un tipo de seguros de automóviles que es obligatorio según la ley de Georgia. Abarca tanto los daños a la propiedad (vehículo y otra propiedad cualquiera) así como las lesiones personales. Cuando el asegurado tiene la culpa, el seguro paga los daños a las otras partes que sufran de los daños físicos o de sus bienes (*liability insurance*).

**Seguridad Social** — es un plan de seguros del gobierno federal. Cada persona que paga sus cuotas al plan durante sus años de trabajo puede cobrar los pagos al jubilarse o si quedara discapacitado. Si el asegurado falleciera, se le pagarán los beneficios a sus dependientes (*Social Security*).

**sentencia** — es la sanción judicial o pena impuesta por la corte al que se ha juzgado culpable de un delito o una infracción (*sentence*).

**sentencia definitiva** — es el sistema de asignar las penas en que el juez no tiene la facultad de determinar el tipo o la duración de la condena (*definitive sentencing*).

**sentencia indefinida** — casos en los cuales el juez decide la naturaleza y la duración de la condena dentro de los límites impuestos por la ley, excepto en los casos de pena capital que han sido juzgados por un jurado (*indefinite sentencing*).

**sentencia pactada** — son las negociaciones entre el abogado defensor y el fiscal en una causa penal. Consiste en que el demandado acepte declararse culpable a cambio de la sustitución del delito imputado por otro menos grave (*plea bargaining*).

**separación de la iglesia y el estado** — es el principio constitucional que le prohíbe al gobierno fomentar cualquier religión o discriminar en contra de esa religión (*separation of church and state*).

**separación legal** — es un arreglo por lo cual marido y mujer viven separados, de acuerdo con las disposiciones que haya especificado la corte. No constituye el divorcio y no pone fin al matrimonio (*legal separation*).

**servicio a la comunidad (por orden judicial, con carácter de pena o sanción)** — representa una opción mediante la cual el juez dicta la sentencia de que el acusado realice algún trabajo en beneficio de la comunidad durante un tiempo determinado. Los servicios pueden ser de diversa índole, inclusive hacer la limpieza en un edificio oficial (el edificio de la corte, por ejemplo) (*community service*).

**servidumbre** — es el documento que cede ciertos usos de la propiedad a las personas que no sean los dueños. También podría restringir el uso de la propiedad por parte del dueño (*easement*).

**sindicato** — es una organización que, con el consentimiento de los trabajadores, los representa en el trato con los dueños (la gerencia) de la empresa donde trabajan (*labor union*). Uno de los principales tipos de sindicato son el sindicato gremialista cuyos miembros tienen la misma ocupación o profesión (*craft unions* en inglés). El segundo tipo de sindicato es el que tiene afiliados que trabajan en una misma industria (*industrial unions*).

**solicitud para que se entreguen documentos** — documento legal, mediante el cual el abogado pide al abogado opuesto que le proporcione ciertos documentos para examinarlos y sacarles copias antes del juicio (*request for production*).

**stare decisis** — es un principio legal por el cual una decisión previamente tomada por la corte se puede aplicar a otro casos cuando los hechos son similares (*stare decisis* en inglés; "estar a lo decidido").

**subsidio por desempleo** — es un programa oficial mediante el cual las personas desempleadas reciben un subsidio durante cierto período de tiempo (*unemployment compensation*).

**subsidos de empleados** — Véase *indemnizaciones por accidentes de trabajo*.

**tabla de los actuarios de seguros** — la tabla de cifras que se utiliza para pronosticar cuántos años vivirá la persona. Se basa en las expectativas estadísticas de promedio de vida para gran número de personas (*actuarial table*).

**testamento** — es el document en el cual la persona deja establecido cómo deben ser distribuidos sus bienes después de su fallecimiento (*will*).

**testigo** — (1) la persona que testifica en el juicio o en la audiencia; (2) la persona que presencia la firma de un documento, como por ejemplo el testamento de otro (*witness*).

**testigo experto** — es una persona que por su formación o trayectoria profesional es la más indicada para testificar sobre los aspectos técnicos o únicos del caso (*expert witness*).

**testigo que avale la buena conducta** — el que declara acerca de la vida, los antecedentes personales y la personalidad de un acusado y no así acerca de los hechos pertinentes al caso (*character witness*). También se llama "testigo de conducta y carácter".

**título** — es el documento que establece el traspaso de los bienes del vendedor al comprador (*deed*).

**título como garantía de la deuda** — el documento que establece los bienes inmobiliarios del comprador como la garantía de la deuda (*deed to secure debt*).

**título de propiedad** — es el documento que comprueba que la persona es dueña de una propiedad y por ende tiene el derecho legal sobre ella (*title*).

**trabajo infantil, leyes de** — son las leyes que imponen restricciones especiales sobre el explotación de menores en el mercado laboral. Esta clase de leyes por lo general regulan la clase de trabajo, los horarios y la edad de los niños trabajadores (*child labor laws*).

**transacción** — es cualquier actividad comercial (compra, venta, alquiler, etc.) (*transaction*).

**tribunal de magistrados** — es el tribunal de primera instancia del estado de Georgia que tienen competencia en las ofensas menos graves que los delitos y los procedimientos penales preliminares (*magistrate court*).

**tribunal de menores** — es la corte que resuelve asuntos sobre menores de edad. En cada condado de Georgia existe un tribunal de menores con jurisdicción sobre niños delincuentes, incontrolables, desatendidos, maltratados y que necesitan de algún tratamiento especial o los que hayan cometido infracciones de tránsito (*juvenile court*).

**tribunal de primera instancia** — son las cortes en que los casos se oyen y se deciden por primera vez. Los casos que se deciden en este tribunal se puede apelar después (*trial court*).

**tribunal de últimas voluntades** — en el estado de Georgia, es un tribunal de jurisdicción limitada. Tiene la facultad de validar los testamentos, de encargarse de la distribución del patrimonio para las personas que fallecen sin los testamentos, nombrar los tutores, expedir las licencias de matrimonio, etc. (*probate court*). También se dice "tribunal de legalización de testamentos".

**tribunal estatal** — es una corte de primera instancia en el estado de Georgia que se fundó para disminuir la cantidad de los casos en los demás tribunales. Tiene jurisdicción sobre las infracciones y muchas disputas civiles (*state court*).

**tribunal superior** — es el tribunal o la corte de primera instancia de máxima jerarquía con jurisdicción general (*superior court*). Tiene la jurisdicción exclusiva en ciertos casos, entre otros los de delitos graves y los casos de divorcio; se puede oír asimismo las apelaciones provenientes de los tribunales inferiores.

**tutor o padre/madre putativo(a)** — es el tutor temporal autorizado por el estado o designado por la corte para cuidar un menor de edad (*foster parent*).

**tutor** — es la persona adulta con la responsabilidad legal de un menor de edad (niño) o de sus bienes (*guardian*).

**usura, leyes para controlarla** — son las leyes estatales que limitan la cantidad máxima que se puede cobrar de interés en los préstamos (*laws of usury*).

**variación** — es una excepción al reglamento que rige el desarrollo urbano (zoning laws) que se le concede la junta de reglamentación urbanística al propietario (*variance*).

**venta a crédito** — se refiere a la compra de artículos mediante el pago a plazos más interés (*credit sale* en inglés).

**veredicto** — es la decisión del juez o del jurado que determina si el demandado es culpable de acuerdo con los cargos (*verdict* en inglés).

**veredicto dirigido** — (1) en la ley penal, un veredicto de inocencia (no culpable) por parte del juez cuando la fiscalía no ha presentado suficientes pruebas para probar la acusación; (2) en la ley civil, el veredicto por parte del juez que concuerda con lo que afirma una de las partes de que no hay forma de que la otra pueda probar el caso (*directed verdict*).

**vista (plena), a la** — es la doctrina que estipula que la policía, cuando está actuando sin orden de registro (allanamiento), solamente pueden confiscar los artículos que tenga a la vista (*plain view doctrine*).

**vista preliminar** — es un procedimiento que se lleva a cabo antes del juicio en un caso penal para determinar si existe una causa probable (*preliminary hearing*).

**vivienda subvencionada** — es la vivienda de la que es dueña la administración pública, destinada a la gente de escasos recursos. De acuerdo con las necesidades de la familia, la mayor parte o todo el alquiler es pagado por el sector público (*public housing*).